नामवर सिंह

28 जुलाई, 1926 को बनारस, उत्तर प्रदेश के जीयनपुर नामक गाँव में जन्म। प्राथमिक शिक्षा बग़ल के गाँव आवाजापुर में। काशी हिन्दू विश्वविद्यालय से बी.ए. और एम.ए.। 1953 में उसी विश्वविद्यालय में व्याख्याता के रूप में अस्थायी पद पर नियुक्ति। 1959 में चकिया चन्दौली के लोकसभा चुनाव में भारतीय कम्युनिस्ट पार्टी के उम्मीदवार। चुनाव में असफलता के साथ विश्वविद्यालय से मुक्त। 1959-60 में सागर विश्वविद्यालय के हिन्दी विभाग में असिस्टेंट प्रोफ़ेसर। 1960 से 1965 तक बनारस में रहकर स्वतंत्र लेखन। 1965 में 'जनयुग' साप्ताहिक के सम्पादक के रूप में दिल्ली में। इस दौरान दो वर्षों तक राजकमल प्रकाशन के साहित्यिक सलाहकार। 1970 में जोधपुर विश्वविद्यालय के हिन्दी विभाग के अध्यक्ष-पद पर प्रोफ़ेसर के रूप में नियुक्त। 1971 में 'कविता के नए प्रतिमान' पर 'साहित्य अकादेमी पुरस्कार'। 1974 में जवाहरलाल नेहरू विश्वविद्यालय (दिल्ली) के भारतीय भाषा केन्द्र में हिन्दी के प्रोफ़ेसर के रूप में योगदान। 1987 में वहीं से सेवा-मुक्त। अगले पाँच वर्षों के लिए वहीं पुनर्नियुक्ति। 1993 से 1996 तक राजा राममोहन राय लाइब्रेरी फ़ाउंडेशन के अध्यक्ष। 'आलोचना' त्रैमासिक के प्रधान सम्पादक और महात्मा गांधी अन्तरराष्ट्रीय हिन्दी विश्वविद्यालय (वर्धा) के कुलाधिपति रहे।

निधन : 19 फरवरी, 2019

आधुनिक विश्व साहित्य और सिद्धान्त

नामवर सिंह

सम्पादक
आशीष त्रिपाठी

राजकमल पेपरबैक्स

राजकमल पेपरबैक्स में
पहला संस्करण : 2023
दूसरा संस्करण : 2026

राजकमल पेपरबैक्स : उत्कृष्ट साहित्य के जनसुलभ संस्करण

राजकमल प्रकाशन प्रा. लि.
1-बी, नेताजी सुभाष मार्ग, दरियागंज
नई दिल्ली-110 002
द्वारा प्रकाशित

शाखाएँ : अशोक राजपथ, साइंस कॉलेज के सामने, पटना-800 006
पहली मंजिल, दरबारी बिल्डिंग, महात्मा गांधी मार्ग, प्रयागराज-211 001
1, अनमोल सोराबजी सन्तुक लेन, धोबी तलाव, मरीन लाइंस, मुम्बई-400 002

वेबसाइट : www.rajkamalprakashan.com
ई-मेल : info@rajkamalprakashan.com

विकास कम्प्यूटर एंड प्रिंटर्स
ट्रॉनिका सिटी-201 102
द्वारा मुद्रित

मूल्य : ₹599

ADHUNIK VISHWA SAHITYA AUR SIDDHANT
Criticism by Namwar Singh
Edited by Ashish Tripathi

ISBN : 978-81-19159-14-7

आधुनिक विश्व साहित्य और सिद्धान्त

क्रम

विश्व साहित्य से एक भारतीय संवाद *9*

खंड-1

आधुनिक विश्व साहित्य

आधुनिक विश्व साहित्य का परिदृश्य 29

खंड-2

आधुनिक विश्व साहित्य : वैचारिक आयाम

आधुनिक कला और साहित्य : वैचारिक प्रेरणाएँ 53
आधुनिकता, आधुनिक साहित्यिक आन्दोलन और विचारधाराएँ 74
कार्ल मार्क्स और साहित्य 85
मार्क्सवाद : प्रमुख सिद्धान्त 98
मार्क्सवाद : कुछ सवाल, कुछ जवाब 119
मार्क्सवादी सौन्दर्यशास्त्र के विकास की दिशा 124
लेनिन और हम 130
उपन्यास और यथार्थवाद 141
जॉर्ज लूकाच : विश्वकोश के आयाम वाला बुद्धिजीवी 145
लूसिएँ गोल्डमान : वैज्ञानिक विचारक और दार्शनिक 156
साहित्य का समाजशास्त्र : लूसिएँ गोल्डमान 160
रेमंड विलियम्स : प्रभुत्वशाली पश्चिमी संस्कृति का प्रत्याख्यान 194
साहित्य का समाजशास्त्र : रेमंड विलियम्स 199
शताब्दी का अवसान और उत्तर-आधुनिकता 216
उत्तर-आधुनिकता से एक बहस 233
उत्तर-आधुनिकता और मार्क्सवाद 244
इतिहास के प्रेत 253

खंड-3

आधुनिक विश्व कविता

आधुनिक रूसी कविता का आरम्भ 263
पुश्किन की खोज में 277
शताब्दी के अन्त में ब्रेख़्त 289
क्रान्तिकारी कवि पाब्लो नेरुदा 295
पाब्लो नेरुदा : वैश्विक जड़ों वाला लातीनी-अमरीकी वट-वृक्ष 299
पृथ्वी का कवि : पाब्लो नेरुदा 307
कॉमरेड पाब्लो नेरुदा को लाल सलाम 311
साँड़ के सींगों पर लहूलुहान कवि : लोर्का 315

खंड-4

आधुनिक विश्व साहित्य और भारत

उन्नीसवीं सदी का भारतीय पुनर्जागरण : यथार्थ या मिथक 327
भारतीयता के औपनिवेशिक प्रारूप 350
कलात्मक सौन्दर्य का आधार 366
सामाजिक संकट और साहित्य 376
राजनीति और साहित्यकार 382
आधुनिक साहित्य की जटिलता बनाम पाठक 388
रोमांटिक बनाम आधुनिक 397
उपनिवेशवादी स्वच्छंदतावाद और आधुनिकता 401
बीसवीं शताब्दी का भारतीय साहित्य : नई चुनौतियाँ 416
भारत के आरम्भिक उपन्यास : देश और उपन्यास का साथ-साथ जन्म 428
'अंग्रेज़ी ढंग का नॉवेल' और भारतीय उपन्यास 432
उपन्यास और राजनीति 439
प्रेमचन्द और टॉल्स्टॉय 444
भारतीय उपन्यास की अवधारणा 450
वी.एस. नायपॉल : नोबेल, अमेरिका परस्ती और इसलाम-विरोध 455
उत्तर-आधुनिकता और हिन्दी साहित्य 460

विश्व साहित्य से एक भारतीय संवाद

प्रो. नामवर सिंह हिन्दी का चेहरा थे। उनमें हिन्दी समाज, साहित्य-परम्परा और सर्जना की संवेदना रूपायित होती थी। वे न सीमित अर्थों में साहित्यकार थे और न आलोचक। वे हिन्दी में मानवतावादी, लोकतांत्रिक और समाजवादी विचारों की व्यापक स्वीकृति के लिए सतत संघर्षशील प्रगतिशील आन्दोलन के अग्रणी विचारक थे। उन्होंने हिन्दी की साहित्यिक सर्जना को समुचित विचार और दृष्टि के साथ शिक्षितजनों के बीच स्वीकृति दिलाने का महत्त्वपूर्ण कार्य किया। साथ ही, स्वातंत्र्योत्तर भारतीय समाज और राजनीति की जनपक्षधर शक्तियों को अपनी वैचारिकता, आलोचकीय प्रतिभा और लोकसंवेदी तर्कप्रवण वक्तृता से निरन्तर मज़बूत किया। वे देश में समतावादी समाज का सपना सँजोये रखनेवाली सामाजिक शक्तियों के पक्ष में और सामन्तवादी-पुनरुत्थानवादी शक्तियों और पूँजीवादी-फासीवादी शक्तियों से निरन्तर मुठभेड़ करनेवाले वैचारिक योद्धा थे। उन्होंने जहाँ एक ओर धर्म, लोक, परम्परा और संस्कृति के मानवीय मूल्यों पर ज़ोर देनेवाले सर्जकों और विचारकों की विरासत की सटीक व्याख्या की, वहीं इनको उपकरण बनाकर सामाजिक भेदों को स्वीकृत करानेवाले बौद्धिक प्रयत्नों के ख़िलाफ़ हमलावर तेवर अपनाए। उन्होंने परम्परा और आधुनिकता के मूल्यांकन की प्रगतिशील परम्परा को आगे बढ़ाया।

नामवर जी मूलत: साहित्यिक समाज के हिस्से थे, पर उनकी सबसे बड़ी ख़ूबी यह थी कि वे उसमें क़ैद नहीं रहे। उन्होंने साहित्येतर समाज में अपनी स्वीकार्यता निर्मित की। साहित्येतर अनुशासनों के संवेदनशील शिक्षितों और बौद्धिकों के बीच वे सहज ही अपनी छाप छोड़ सके तो इसके पीछे उनकी सामाजिक प्रतिबद्धता, जनपक्षधरता और अकुंठ प्रतिभा है। साहित्य की सीमित साहित्यिक व्याख्या से बाहर निकालकर उसे सामाजिक सम्बद्धता के वृहद् परिप्रेक्ष्य में देखने की प्रवृत्ति, जो प्रगतिशील साहित्य-धारा की प्रमुख पहचान है, को उन्होंने व्यापक रूप से फैलाने में प्राय: एक बुद्धिजीवी कार्यकर्ता की तरह कार्य किया। इस क्रम में उन्होंने ठेठ स्थानीय स्थितियों से लेकर वैश्विक परिदृश्य की अपनी भ्रमहीन समझ का परिचय दिया। समाजशास्त्र, राजनीतिशास्त्र, दर्शन, इतिहास, अर्थशास्त्र जैसे अनेक अनुशासनों की नवीनतम हलचलों की जानकारी और उन्हें जनता के दीर्घकालिक हितों के परिप्रेक्ष्य

में कसने का विवेक उन्हें भारतीय लोक और मार्क्सवाद की सच्ची समझ से प्राप्त हुआ। उनकी गहरी जड़ें साहित्य की धरती में थीं। परन्तु, 'ज्ञानियों' और 'पोथी पंडितों' की तरह वे सूचनाओं के उच्चारणकर्ता-लेखक मात्र नहीं थे। वे ज्ञान को आतंक की तरह नहीं, संवेदना के सहभागी की तरह प्रस्तुत करते थे। बौद्धिक प्रतिभा की कौंध उनके लेखन में हर जगह व्याप्त है, परन्तु यह ध्यान में रखना आवश्यक है कि परिदृश्य में प्रभावी हस्तक्षेप करनेवाली और हिन्दी आलोचना में क्लासिक का दर्जा प्राप्त कर चुकी अनेक महत्त्वपूर्ण किताबों के बावजूद वृहद् हिन्दी समाज में उनकी ख्याति प्राय: उनके व्याख्यानों के कारण रही है।

व्यक्तियों, विचारकों और लेखकों पर बात करते हुए हम अक्सर उन्हें एक इकाई मान लेते हैं, जबकि उन्हें क्रमश: विकसनशील माना जाना चाहिए। उन्हें एक इकाई मान लेने से उनके आन्तरिक परिवर्तनों पर हमारा ध्यान नहीं जा पाता है। उदाहरण के तौर पर तुलसी और निराला को ले सकते हैं। यदि हम यह मान लें कि पूरे जीवन-भर तुलसीदास एक ही तुलसीदास रहे हैं तो रामचरितमानस लिखनेवाले तुलसीदास और विनय पत्रिका, कवितावली, गीतावली और हनुमान बाहुक लिखनेवाले तुलसीदास में कोई अन्तर नहीं रह जाएगा। हमें मानना चाहिए कि 'रामचरितमानस' के लेखक तुलसीदास के विचार भिन्न थे और उन विचारों में से बहुत सारे विचारों को विनय पत्रिका, कवितावली, गीतावली तक आते-आते या तो उन्होंने पूरी तरह छोड़ दिया या उनका फोकस बदल गया था। अपनी बाद की कविता में उन्होंने जीवन-जगत को देखने का एक नया नज़रिया विकसित किया। निराला भी अपनी जीवन-यात्रा और अपनी रचना-यात्रा में एक ही निराला नहीं रहे। अपनी पहली कविता 'जुही की कली' से लेकर अन्तिम कविता 'पत्रोत्कंठित जीवन का विष बुझा हुआ है' तक निराला अनेक चरणों में अलग-अलग दिखाई देते हैं। उनके जीवन-जगत को देखने के नज़रिए और विचारों में निरन्तर परिवर्तन होता गया है। तुलसीदास और निराला की तरह नामवर सिंह भी एक नामवर सिंह नहीं हैं। उनकी पूरी आलोचना-यात्रा को तीन युगों में बाँटा जा सकता है।

पहले दौर में, 1952 से 1975 तक, नामवर जी का फोकस पूँजीवाद की प्रच्छन्न वैचारिकी से उत्पन्न प्रगतिशीलता विरोधी साहित्य चिन्तन है। विशेषत: कलावाद। वे इससे गहरी मुठभेड़ करते हैं। दूसरे दौर में, 1973 से 1992 तक, उनके विचारों के केन्द्र में दूसरी परम्परा अर्थात लोकधर्मी साहित्य है, जिसके प्रतिनिधि हैं नागार्जुन और हरिशंकर परसाई जैसे कवि-लेखक। तीसरे दौर में, 1992 से 2019 तक, नामवर जी का फोकस ज़्यादा वैचारिक है। राजनीतिक। नामवर जी शीतयुद्ध के ज़माने के हैंगओवर से बाहर निकलते हैं। वह प्रगतिशीलता के 'नई कविता'—'नई कहानी' और 'लोकधर्मिता'—'दूसरी परम्परा' वाले प्रादर्शों से आगे बढ़कर नए जमाने के सवालों से टकराते हैं। इस दौर में नामवर जी दो सामाजिक-राजनीतिक प्रवृत्तियों

का लगातार बहुत ही ताक़तवर ढंग से एक विचारक कार्यकर्ता की तरह मुक़ाबला करते हैं। ये दो पहलू हैं—पुनरुत्थानवादी-कट्टरपंथी—सम्प्रदायवादी फासीवाद तथा नवउपनिवेशवादी—नवसाम्राज्यवादी पूँजीवाद। नवपूँजीवाद जिसे सामान्यत: भूमंडलीकरण कहा जाता है। निबन्धों, साक्षात्कारों और व्याख्यानों के माध्यम से नामवर जी ताकत के साथ फासीवाद पर हमला करते हैं और उसके लिए वैचारिक समर्थन जुटाने के क्रम में वे शीतयुद्ध के ज़माने के बुर्जुआ लोकतांत्रिक विचारकों के साथ खड़े होते हैं।

विचार यात्रा के दूसरे और तीसरे दौर में नामवर जी आलोचना की सीमित दुनिया से बाहर निकलकर विपरीत परिस्थितियों में एक शिक्षक और एक विचारक के तौर पर, एक कार्यकर्ता की तरह हिन्दी क्षेत्र में घूमते हैं। वे कस्बों-नगरों में जाते हैं। साहित्यिक और ग़ैर-साहित्यिक विषयों पर शिक्षित लोगों से बातचीत करते हैं। पढ़े-लिखे लोगों से बात करना कितना ज़रूरी है यह इस बात से समझा जा सकता है कि हिन्दी क्षेत्र का ताक़तवर दक्षिणपंथी, घनघोर सम्प्रदायवादी और फासीवादी चेहरा, जिसे हम आज देख रहे हैं, इस क्षेत्र की गँवई अनपढ़ जनता से नहीं, बल्कि कुपढ़ शिक्षितों से आकार लेता है। हिन्दी क्षेत्र में फासीवाद इसलिए ताक़तवर हो सका है, क्योंकि शिक्षित लोग सुपढ़ होने के बजाय कुपढ़ हुए हैं। उन्होंने परम्परा, संस्कृति, धर्म, आधुनिकता, ज्ञान-विज्ञान—सबकी अतार्किक और अतिरेकी सम्प्रदायवादी—फासीवादी व्याख्याओं पर भरोसा किया है। शिक्षित लोगों के पास जाना और उनसे बात करना ज़रूरी है। उनके बीच जाकर धर्मनिरपेक्ष, लोकतांत्रिक, प्रगतिशील और जनवादी विचारों को पहुँचाना ज़रूरी है। उनके दिमाग़ों में छाए हुए वैचारिक जालों को साफ़ करना ज़रूरी है। इस बात की ज़रूरत को प्रगतिशील आन्दोलन और नामवर जी बहुत गम्भीरता से समझते थे। इस ज़रूरत को गहराई से समझने के कारण अपने हज़ारों व्याख्यानों के माध्यम से नामवर सिंह जी ने प्रगतिशील नवजागरण को आगे बढ़ाया। उन्होंने साहित्यिक कृतियों, साहित्यकारों और साहित्यिक प्रवृत्तियों के विश्लेषण द्वारा जहाँ समाज के अन्धकार के ख़िलाफ़ रोशनी के दीये जलाये, वहीं सचेतन विधि से समाज को नई दुनिया में समतावादी सपनों के साथ प्रवेश दिलाने की कोशिश की। जाति, धर्म, पूँजी और लिंग के अनेक अवरोधों को उपकरण की तरह इस्तेमाल करनेवाली सामाजिक-राजनीतिक ताक़तों के ख़िलाफ़ वैचारिक संघर्ष चलानेवाले बुद्धिजीवियों में वे अग्रणी रहे हैं। प्रसिद्ध मार्क्सवादी आलोचक डॉ. रामविलास शर्मा ने प्रेमचन्द को जनता का शिक्षक कहा था। कहना न होगा कि नामवर सिंह समकालीन समाज में शिक्षित जनता के शिक्षक थे।

इस प्रक्रिया में नामवर सिंह एक संवादी के रूप में उभरकर आए। उनके 'संवादी' की बुनियादें एक ओर भारतीय समाज, लोकतंत्र और प्रगतिशील आन्दोलन में हैं तो दूसरी ओर उनके निज व्यक्तित्व में। नामवर सिंह के व्याख्यान उनके संवादी-व्यक्ति

की सबसे सटीक अभिव्यक्ति करते हैं। कहना न होगा कि नामवर सिंह आधुनिक हिन्दी के सबसे बड़े संवादी हैं। जिस अर्थ में महात्मा गांधी आधुनिक भारत के। वाद विवाद संवाद को अनिवार्य मानते हुए संवाद के प्रत्येक रूप के लिए प्रस्तुत। संवादी आलोचक। आलोचना में 'सहयोगी प्रयास' के पक्षधर।

आलोचना मूलतः संवाद है और आलोचक एक संवादी। आलोचक रचना से संवाद करता है। इस संवाद में वह 'ज्ञान' और 'शास्त्र' के ऐसे प्रतिनिधि के रूप में उपस्थित होता है, जिसमें 'रचना' के प्रति गहरा राग है। वह चाहता है कि रचना का मूल्य 'समाज' भी समझे। इस प्रक्रिया में सबसे पहले उसे एक 'सहृदय', 'आस्वादक', 'दर्शक', 'श्रोता' या 'पाठक' के रूप में 'रचना' में प्रवेश करना होता है। इस क्षण उसे 'ज्ञान' या 'शास्त्र' के प्रतिनिधि का जामा उतार फेंकना चाहिए। 'आस्वाद'—प्रक्रिया में उसे सिर्फ़ और सिर्फ़ जीवन का प्रतिनिधि होना चाहिए। जीवन, जो समाज से बाहर और समाज में, भिन्न-भिन्न रूपों और स्तरों में गतिमान होता है—कभी शान्त तो कभी आवेगमय, कभी सहज तो कभी जटिल, कभी मूर्त तो कभी अमूर्त, कभी यथार्थ तो कभी स्वप्न। इसीलिए एक आलोचक को रचना-विवेक पाने से पहले जीवन-विवेक प्राप्त करना होता है। कहना न होगा कि रचना-विवेक का अनिवार्य सम्बन्ध जीवन-विवेक से है। आलोचक जब 'रचना' से दूर, 'ज्ञान' और 'शास्त्र' में विचरण कर रहा होता है, वह 'रचना' का प्रतिनिधि होता है, तभी तो वह ज्ञानी, शास्त्रज्ञ या आचार्य नहीं, आलोचक है। 'रचना' अथवा 'शास्त्र' में सीमित जनों को प्रायः वह 'पराया' और कभी-कभी 'शत्रु' लगता है। इसका कारण उसकी विचित्र स्थिति है क्योंकि वह 'जीवन', 'रचना' और 'शास्त्र' के पृथक्-पृथक् वृत्तों में नहीं, उनके उभयनिष्ठ में रहता है। उसकी मूल वृत्ति उसे बाध्य करती है कि वह संवादी बने।

एक विश्वसनीय आलोचक रचना, जीवन और शास्त्र में निरन्तर संवाद करता रहता है। काव्य-परम्परा और भाषा परम्परा से कृति के विशिष्ट सम्बन्ध को समझने के लिए उसे इन दोनों के साथ भी संवादरत रहना होता है। यह भी स्पष्ट है कि आधुनिक आलोचक के लिए 'शास्त्र' भाषाशास्त्र और काव्यशास्त्र ही नहीं है। इनके साथ इतिहास, दर्शन, समाजविज्ञान, राजनीतिविज्ञान, मनोविज्ञान और अन्य नये विकसित होते ज्ञान अनुशासन भी 'शास्त्र' के ही रूप हैं। इनके मध्य निरन्तर संवाद करनेवाले आलोचक ही एकात्मकता से बच पाते हैं। वे ही रचना का ज़्यादा विश्वसनीय विवेचन कर पाते हैं।

नामवर सिंह 'साहित्य' मात्र को तत्त्वतः संवाद मानते हैं। ऐसा इसलिए भी है कि एक आलोचक के रूप में उन्होंने आलोचना को संवाद के माध्यम के रूप में देखा और अपनाया है। बहुपक्षीय संवाद नामवर सिंह संवादी आलोचक हैं। संवाद को आधुनिक लोकतांत्रिक समाज का बुनियादी आधार मानते हुए ही उन्होंने

'आलोचना के लोकतंत्र' पर बल दिया है। विरोधी और समानान्तर विचारधाराओं के साथ इसीलिए उनका संवाद निरन्तर बना रहा है—अपने ही लोगों की आपत्तियों और आक्षेपों के बावजूद। उनकी आलोचना और बौद्धिकता में उनका संवादी स्वभाव सर्वाधिक महत्त्वपूर्ण है जो प्रगतिशील आलोचना और विचारधारा की जनतांत्रिकता को स्थापित और विकसित करता है। इससे उनका पक्ष ज़्यादा उदार और समावेशी बनकर उभरता है। अपने विचार-पक्ष के साथ दृढ़ता से जुड़े रहने के बावजूद ये दूसरे पक्ष के विचारों के महत्त्व को समझते और स्वीकार करते हैं। इसीलिए वाद-विवाद की प्रक्रिया से गुज़रते हुए वे संवाद तक पहुँचने का सामर्थ्य रखते हैं। नामवर सिंह की आलोचना में संवाद के विविध रूप मिलते हैं।

आधुनिक आलोचक को अपनी शास्त्रीय और देशज परम्पराओं के साथ ही समकालीन परिदृश्य को प्रभावित करनेवाली बाहरी या विदेशी परम्पराओं से भी संवाद अनिवार्य रहा है। आधुनिक आलोचक का समकाल सिर्फ़ देशी या राष्ट्रीय परिदृश्य से ही परिभाषित नहीं होता। इसमें वैश्विक परिदृश्य भी शामिल होता है। सम्भवतः यही कारण है कि नामवर सिंह लगातार आधुनिक विश्व साहित्य और सिद्धान्तों के सम्पर्क में रहे हैं।

हिन्दी के आलोचकों में विश्व साहित्य और विशेषतः आलोचना और साहित्यिक सिद्धान्तों के प्रति दिलचस्पी, सामान्यतः देखी जाती है। रामचन्द्र शुक्ल और रामविलास शर्मा से लेकर युवतम आलोचकों में यह प्रवृत्ति मौजूद है। नामवर सिंह इनमें विशेष महत्त्वपूर्ण हैं। उन्होंने ज़िम्मेदारी के साथ विश्व साहित्य के प्रमुख लेखकों को न सिर्फ़ उद्धृत किया है, बल्कि अनेक पर स्वतंत्र निबन्ध लिखे और व्याख्यान दिये हैं। पाब्लो नेरुदा, बर्टोल्ट ब्रेख्त, लोर्का, एफ.आर. लिविस, जॉर्ज लूकाच और लूसिए गोल्डमन आदि के नाम सहज ही आते हैं। लियो तोल्स्तोय, मैक्सिम गोर्की, अन्तोन चेखव, अर्नेस्ट हेमिंग्वे और लू-शुन जैसे लेखक उनकी स्मृतियों में निरन्तर बने दिखाई देते हैं। यह भी दिखाई देता है कि अनेक लोकप्रिय और मान्य लेखकों, आलोचकों और सिद्धान्तकारों की मान्यता और लोकप्रियता से वे अनाक्रान्त रहते हैं। भारतीय परम्परा और आधुनिक भारतीय लेखन की ठोस ज़मीन पर जमे उनके पाँव उन्हें 'बाहरी' को अपनाने और उसका मुग्धताहीन मूल्यांकन करने का विवेक और साहस देते हैं। 'टेरी इगल्टन मेरे लिए कोई प्रमाण नहीं है' जैसा वाक्य कहने का साहस आज शायद उन्हीं में है।

विश्व साहित्य के प्रति नामवर जी की गहरी रुचि का ही प्रमाण है कि उन्होंने आधुनिक विश्व साहित्य का एक परिचय लिखा। पुस्तक में संकलित 'आधुनिक विश्व साहित्य का परिदृश्य' शीर्षक निबन्ध 12वीं कक्षा के विद्यार्थियों के लिए लिखा गया है। यह भी दिलचस्प है कि यह निबन्ध साहित्य या साहित्येतिहास की पुस्तक के लिए नहीं, इतिहास की पाठ्य पुस्तक के लिए लिखा है। 'समकालीन विश्व

साहित्य' शीर्षक की इस पुस्तक में बी. गांगुली, इन्दिरा अर्जुन देव, जगमोहन और अर्जुन देव जैसे मान्यता प्राप्त इतिहासकारों के निबन्ध शामिल हैं। नामवर जी के इस निबन्ध की यह सीमा है कि उसका 'ग्रहीता/पाठक' 12वीं के छात्र-छात्राएँ हैं। सामान्य परिचयात्मक टिप्पणियों के क्रम में ही, नामवर जी ने, जगह-जगह अनेक महत्त्वपूर्ण सूत्र दिये हैं, जो सामान्यीकृत होने के बाद भी विशेष रूप से ध्यान देने योग्य हैं। सबसे पहले तो यही बात ध्यान खींचती है कि नामवर जी ने 'आधुनिक विश्व' का अर्थ 'यूरोप' या 'अमरीका' तक सीमित नहीं किया है। 'विश्व' और 'विश्व साहित्य' को परिभाषित करते हुए जगह-जगह यूरोपीय राष्ट्रों की अमानवीय क्रूरताओं को संकेतित करनेवाले उपनिवेशवाद और साम्राज्यवाद जैसे पदों का प्रयोग बार-बार किया है। उन्होंने प्रमुखता के साथ एशियाई, अफ्रीकी और लैटिन अमरीकी साहित्य के ब्योरे दिये हैं। जगह-जगह प्रमुख प्रवृत्तियों, लेखकों और रचनाओं का विशेष इन्द्राज है और उन पर आत्मीय आलोचनात्मक टिप्पणियाँ हैं। प्रमुख लेखकों पर टिप्पणियाँ करते समय विश्व में उनकी लोकप्रियता या प्रभाव की तुलना में स्थानीय और राष्ट्रीय समाजों में उनके हस्तक्षेप को ज़्यादा महत्त्व दिया गया है। यह अकारण नहीं है। एक आलोचक की सुचिन्तित विचार नीति इसके पीछे कार्य कर रही है। यह इसके बावजूद है कि नामवर जी कार्ल मार्क्स की 'विश्व साहित्य' की अवधारणा को स्वीकारते हैं। उन्होंने इस लेख के प्रारम्भ में इस अवधारणा का उल्लेख किया है।

1848 में प्रकाशित 'कम्यूनिस्ट मेनिफेस्टो' में कार्ल मार्क्स ने स्पष्ट रूप से लिखा था : 'आधुनिक उद्योग ने विश्व बाज़ार की स्थापना की...विश्व बाज़ार को अपने लाभ के लिए इस्तेमाल कर पूँजीवादी वर्ग ने हर देश में उत्पादन और खपत को एक सार्वभौम रूप दे दिया...पुरानी स्थानीय और राष्ट्रीय पृथकता और आत्मनिर्भरता का स्थान चौतरफा अन्त:सम्पर्क ने, समस्त राष्ट्रों की परस्पर निर्भरता ने ले लिया। भौतिक उत्पादन की तरह बौद्धिक उत्पादन के जगत में भी यह परिवर्तन घटित हुआ। अलग-अलग राष्ट्रों की बौद्धिक कृतियाँ सार्वभौम सम्पत्ति बन गईं। राष्ट्रीय एकांगीपन और संकुचित दृष्टिकोण, दोनों अधिकाधिक असम्भव होते जा रहे हैं और अनेक राष्ट्रीय और स्थानीय साहित्यों से एक विश्व साहित्य उत्पन्न हो रहा है।' मार्क्स का अभिप्राय है कि पूँजीवाद के उदय और प्रसार का परिणाम है—'विश्व साहित्य'। नामवर सिंह ने अपने आलेख में इस बिन्दु पर न कोई बात की है, न ही इसका खंडन किया है। यह भी स्पष्ट है कि प्रारम्भिक हिस्से में 'यूरोप', 'मध्यवर्ग', 'औद्योगिक सभ्यता', 'आधुनिक समाज' और 'उपन्यास' केन्द्र में इसीलिए हैं। हालाँकि उनकी 'आलोचना' करनेवाले साहित्य को भी उचित जगह मिली है :

> 'उपन्यास को आधुनिक 'मध्यवर्ग का महाकाव्य' ठीक ही कहा गया है। वह आधुनिक समाज का यथार्थ चित्र भी है और इसके साथ ही आधुनिक

> सभ्यता की तीखी समीक्षा भी। रोज़मर्रा की ज़िन्दगी उसका विषय है और यथार्थवाद उसकी पद्धति।
>
> सदी के परिवर्तन-बिन्दु पर यूरोपीय उपन्यास की यह गौरवशाली परम्परा कुछ-न-कुछ बची हुई थी—इंग्लैंड और फ्रांस जैसे विकसित देशों से अधिक रूस जैसे पिछड़े देश में। दोस्तोएव्स्की (1821-1881) और तोल्स्तोय (1828-1910) इस दौर के सबसे महान उपन्यासकार हैं। दोनों ही उपन्यासकार यूरोप की आधुनिक सभ्यता के सबसे बड़े आलोचक हैं। औद्योगिक प्रगति और भौतिक समृद्धि से उन्हें सन्तोष न था। उनकी नज़र यूरोपीय समाज के उस पहलू पर भी थी जिसमें गाँवों की बर्बादी, किसानों की दुर्दशा, कारख़ानों में मज़दूरों की बदहाली और मध्यवर्ग का आध्यात्मिक पतन शामिल है। दोस्तोएव्स्की ने 'कारामाजोव बंधु' (1879) में और तोल्स्तोय ने 'पुनर्जीवन' (1899) में आधुनिक समाज की तीखी आलोचना करते हुए एक नई व्यवस्था और एक नये मनुष्य के जन्म की ओर संकेत किया है।'

नामवर सिंह की 'आलोचक-दृष्टि' और 'मार्क्सवादी विचार पद्धति' अनेक जगहों पर उनके 'इतिहासकार' को नियंत्रित और निर्देशित करती है। ऐसी जगहों पर उनका विवेचन मारक और बेधक है। बीसवीं सदी के प्रारम्भिक दशकों में उभरे 'नई कला' के आन्दोलन 'भविष्यवाद', 'बिम्बवाद', 'दादावाद' आदि पर उनकी यह टिप्पणी इसका सर्वोत्तम उदाहरण है :

> 'नई कला' के ये सारे आन्दोलन क्षणभंगुर साबित हुए। इनके शीघ्र लोप का कारण इन कला-आन्दोलनों में निहित दोष है। इनमें कई तरह के अन्तर्विरोध थे : शिष्ट रुचि और जन रुचि, दोनों को एक साथ सन्तुष्ट करने का तनाव और मध्यवर्ग की नई आकांक्षाओं के साथ, निराशावादी मनोदशा के साथ तालमेल आदि। इसके अतिरिक्त प्रयोगशील कलाकार में भविष्य दृष्टि की अपेक्षा 'पीछे देखू' मनोवृत्ति थी। अधिकांश प्रयोगशील कलाकार अराजनीतिक थे। इटली के भविष्यवादियों की तरह कुछ ऐसे भी थे जिनका झुकाव दक्षिण पंथ की ओर था। सच तो यह है कि कला में क्रान्ति की लम्बी-चौड़ी बात करने के बावजूद अपनी जीवन-दृष्टि में ये प्रयोगवादी कलाकार तनिक भी परिवर्तनवादी न थे।'

नामवर सिंह की उपनिवेशवाद-साम्राज्यवाद विरोधी चेतना को स्पष्ट रूप से, परन्तु प्राय: शान्त रूप में, इस आलेख के उन हिस्सों में विन्यस्त देखा जा सकता है जो लैटिन अमरीकी, सोवियत, एशियाई और अफ्रीकी साहित्य पर केन्द्रित हैं। एशिया

के साहित्य को ज़्यादा प्रमुखता दी गई है। भारतीय, चीनी, जापानी, अरबी, तुर्की और फ़ारसी साहित्य का आलोचनात्मक इतिहास क़ाबिलेग़ौर है। इसकी सामान्य पृष्ठभूमि के रूप में लिखा गया विवरण भी ध्यान देने योग्य है। पश्चिम के सम्पर्क में आने के बाद एशिया में हुए पुनर्जागरण और प्रबोधन की चर्चा के बाद वे लिखते हैं :

> यह भी इतिहास की एक विडम्बना है कि जो यूरोप एक ओर एशिया की प्राचीन समाज-व्यवस्थाओं को तहस-नहस कर रहा था, वही प्राचीन खोदकर निकाल भी रहा था। इस प्रकार यूरोपीय प्राच्यविद्याविदों ने एक अपनी मनपसन्द 'प्राच्य' (ओरिएंट) और 'प्राच्यवाद' (ओरिएंटलिज़्म) का मिथक निर्मित किया जिससे एशियाई साहित्य काफ़ी दूर तक प्रभावित हुआ।
>
> पश्चिम के सम्पर्क की प्रतिक्रिया एशिया के प्रत्येक देश में अलग-अलग हुई, किन्तु एक बात सब में समान है कि पश्चिमी साहित्य को एकदम ख़ारिज किसी ने नहीं किया। साहित्य की अपनी प्राचीन परम्परा से ग्राह्य तत्त्वों का पुनराविष्कार करने के साथ ही समर्थ लेखकों ने यूरोपीय साहित्य से भी वांछित रूपों को ग्रहण किया, जैसे—कथात्मक गद्य के रूप में 'नॉवेल' और कविता के क्षेत्र में 'मुक्त छन्द' (फ्री वर्स)।
>
> किन्तु पाश्चात्य रूप-विधान को अपनाते हुए एशियाई देशों में साहित्य ने अन्तर्वस्तु स्वदेशी रखी। उन्नीसवीं सदी के अन्त और बीसवीं सदी के आरम्भ में यह अन्तर्वस्तु थी राष्ट्रवाद। इसलिए इस दौर के सारे एशियाई साहित्य में राष्ट्रीय जागरण अथवा राष्ट्रीय मुक्ति का स्वर प्रधान है। इस क्रम में यदि अतीत का गौरव-गान है तो उनके साथ ही प्राचीन रूढ़ियों के प्रति आत्म-समीक्षा की भी दृष्टि है। आधुनिक एशियाई साहित्य की एक विशेषता और है जो उसे लैटिन अमरीकी तथा अफ्रीकी साहित्य से एकदम अलग करती है। यूरोप के दबाव के बावजूद एशियाई देशों ने अपना साहित्य-सृजन किसी यूरोपीय भाषा में न कर मुख्यत: अपनी ही भाषा में किया है।

इस लम्बे उद्धरण को यहाँ प्रस्तुत करने की मंशा सिर्फ़ इतनी ही है कि यह बताया जा सके कि नामवर जी किस प्रकार परिवर्तनों के पीछे के विविध वैचारिक और सामाजिक प्रभावों को पहचानने का उद्यम करते हैं। साथ ही वे विविध वैचारिक-सामाजिक शक्तियों की आपसी गति की पड़ताल करते हुए विशिष्ट साहित्यिक प्रवृत्ति की विशिष्टता को साफ़ तरीक़े से व्यक्त करते हैं।

'आधुनिक विश्व साहित्य का परिदृश्य' शीर्षक निबन्ध का एक खंड 'आधुनिक सोवियत साहित्य' पर केन्द्रित है। मार्क्सवाद में गहरी आस्था का एक स्वाभाविक

विकास सोवियत संघ में कायम कम्यूनिस्ट व्यवस्था और उसके सामाजिक-सांस्कृतिक परिणामों में दिलचस्पी के रूप में देखा गया है। नामवर जी के इस आलेख में एक अपेक्षाकृत कठोर टिप्पणी सोवियत व्यवस्था में मौजूद स्टालिनवादी प्रवृत्तियों और स्टालिन युग पर मिलती है। वे स्पष्ट तौर पर मानते हैं कि स्टालिनवाद ने साहित्य-रचना को नकारात्मक रूप से प्रभावित किया :

> 'स्टालिन की दमन नीति के कारण 1926-53 के बीच तीन दशकों तक साहित्य-रचना को गहरी क्षति पहुँची। यह स्थिति स्टालिन की मृत्यु के बाद भी लगभग दो दशकों तक एक हद तक बनी रही। अलेक्जेंडर सोल्जेनित्सिन उन रूसी लेखकों में सबसे अधिक प्रसिद्ध हैं जो स्वेच्छा में अथवा विवश होकर सोवियत संघ के बाहर रहते थे उनको 1970 में नोबेल पुरस्कार दिया था। सोवियत संघ के विघटन के बाद वे रूस लौट आए। वर्ष 1980 के दशक में 'ग्लासनोस्त' के कारण साहित्य-सृजन में पूरी स्वतंत्रता मिली है और इसके फलस्वरूप नये सृजन के साथ ही अतीत की प्रतिबन्धित रचनाएँ भी प्रकाश में आई हैं।'

सोवियत साहित्य में नामवर जी की दिलचस्पी लगातार बनी रही है। इस पुस्तक का तीसरा खंड आधुनिक विश्व कविता पर केन्द्रित है। इस खंड में एक लेख है—'आधुनिक रूसी कविता का आरम्भ'। सामान्यत: यह लेख स्टालिन पूर्व उभरे रूसी कवियों पर केन्द्रित है। फिर भी इसमें स्टालिन युग में काम कर रहे अनेक कवियों का उल्लेख और विस्तृत विवेचन भी है। बावजूद इसके, इस लेख में स्टालिनवादी नीतियों का न तो सन्दर्भ लिया गया है और न उन दबावों की चर्चा की गई है, ऊपर जिनका संकेत किया गया है। यह आलेख 7 नवम्बर, 1977 को लिखा या पूरा किया गया है। 1977 से 1998 के बीस वर्षों में आया यह परिवर्तन उल्लेखनीय है। 1977 में जिन बातों का उल्लेख ज़रूरी न था, 1998 में नामवर जी उनकी मुखर और कठोर आलोचना कर रहे हैं।

'आधुनिक रूसी कविता का आरम्भ' में क्रान्ति के ठीक पहले और बाद के कवियों का विस्तृत विवेचन है। सोवियत क्रान्ति इस विवेचन का अनिवार्य परिप्रेक्ष्य है। इस आलेख में व्लादिमीर मायकोवस्की, अलेक्सान्द्र ब्लोक, आन्ना अखमातोवा, ओसिप मन्देलश्ताम, वेलीमिर ख्लेब्निकोव, सर्गेई येस्येनिन, मारीना त्स्वेतायेवा, बोरीस पास्तरनाक और निकोलोई जबोलोत्स्की आदि भारत में विख्यात और कम परिचित कवियों का परिचय और विवेचन है। सोवियत साहित्य में गहरी दिलचस्पी के बिना आत्मीयता का वैसा आभास कठिन है, जो इस विवेचन में है। नामवर जी ने अनेक कवियों का ऐसा वर्णन किया है, जैसे वे रूसी न होकर हिन्दी कवि हों! 'कविता' के 'आधुनिक रूपों' की गहरी समझ, नामवर जी की काव्यालोचना का सबसे ताक़तवर

पहलू है। 'प्रगीत' से लेकर जटिल भावबोध की लम्बी कविताओं तक, लोकप्रिय मुखर पोस्टर कविता से लेकर गहरी राजनीतिक चेतना की अंडरटोन कविताओं तक, लोकगीत—मुखी कविता से लेकर गझिन गद्य कविता तक—नामवर जी सबमें समान रूप से प्रविष्ट होने और उसका आस्वाद लेने की क्षमता रखते हैं। इस आलेख में नामवर जी की टिप्पणियाँ यह बताने के लिए काफ़ी हैं कि प्रत्येक कवि की निजता, स्वाभाविकता और विशिष्टता को अलग-अलग पहचानने और काव्य-परम्परा और समकालीन परिदृश्य में उसे उसकी जगह में रखने में उनका कौशल अद्वितीय है। हिन्दी आलोचना में यह गुण सम्भवत: रामचन्द्र शुक्ल के बाद अकेले उन्हीं में है। इसीलिए यह अफ़सोस भी रह-रहकर उभरता है कि काश, उन्होंने हिन्दी साहित्य का न सही, हिन्दी कविता का एक विधिवत् इतिहास लिखा होता। यह भी इच्छा जागती है कि नामवर जी को प्रतिनिधि सोवियत उपन्यासों पर भी इसी तरह लिखना चाहिए था। ख़ैर, जो न हो सका—उसका क्या? जो सामने है, उसका महत्त्व समझा जाना चाहिए।

पुश्किन सोवियत जनता में कबीर-तुलसी और मीर-ग़ालिब की तरह लोकप्रिय हैं। रवीन्द्रनाथ टैगोर, इकबाल और निराला की तरह 'आधुनिकता' की शीर्ष उपज। गहरे सम्मान से लिखा गया यह निबन्ध 'पुश्किल' की खोज में सिर्फ़ पुश्किन की कविता का विवेचन नहीं करता, बल्कि उस सम्मान और आत्मीयता का भी बोध कराता है, जो पुश्किन के प्रति रूसी जनता में होगा। 'पुश्किन' के नाम से ही ज़्यादा सम्बोधित होनेवाले अलेक्सान्द्र पुश्किन के जीवन के ब्योरे भी इसमें बारीकी से समाहित हैं—किंवदंतियाँ भी। नामवर जी के कविता-पगे आलोचक मन की यह एक श्रेष्ठ बानगी है। दूसरी भाषा का कवि होने के बावजूद पुश्किन की कविता का आत्मीय और सूक्ष्म विवेचन यहाँ है। सामान्य वृत्तान्तों में भी एक रागदारी है—एक गहरा अपनापा! :

- ठेठ स्थानिकता पुश्किन के प्रकृति-चित्रों की विशेषता है। वे रूसी प्रकृति के चितेरे हैं। लगता है, जैसे पहली बार कोई कवि चीज़ों को रूसी नाम से बुला रहा है! जैसे ताज़ा गिरी हुई कच्ची बर्फ़ पर कोई पहले-पहल क़दम रख रहा है!

- सच तो यह है कि पुश्किन क्रान्ति के साथ-साथ प्रेम के भी गायक थे—बल्कि यह ज़्यादा सही होगा कि क्रान्ति और प्रेम दोनों ही उस विशाल हृदय में साथ-साथ अग़ल-बग़ल रहते थे। लिरिक अथवा प्रगीत के छोटे रूपबन्ध में प्रेम का विस्फोट प्राय: छोटे-छोटे टुकड़ों (फ्रैगमेंट्स) के रूप में हुआ है। चाहे तो उन्हें स्फुलिंग कह लें या रत्न-कण। ऐसा ही एक प्यारा सा प्रगीत है 'क्या रखा है मेरे नाम में तुम्हारे लिए?' इसमें प्रेम भी है और बगावत भी।

- दरअसल पुश्किन का यह स्मारक जार अलेक्सांद्र की स्मृति में निर्मित लौकिक स्मारक नहीं है, बल्कि एक अलौकिक स्मारक है क्योंकि यह हाथों से नहीं बनाया गया है—इसे बनाया है शब्दों ने काव्य वीणा के रागों से इस प्रकार कवि का यह स्मारक मुक्ति के गीतों का स्मारक है।

'धन्य हैं वे लोग जो पुश्किन की भाषा जानते हैं'—जैसे उच्छ्वास से इस निबन्ध का समापन होता है, जो एक पुस्तक की भूमिका है। 'भूमिका' की कुछ औपचारिकताएँ इसके बाद भी हैं, पर नामवर जी का निबन्ध तो पुश्किन में डूबा-डूबा-सा रह ही जाता है—लगभग चुप—कुछ न कह पाया-सा। भाषिक असमर्थता का बयान करता—'गूँगे के गुड़-सा!'

एक आलोचक के रूप में रचना में प्रवेश करने, डूबने, मुग्ध होने के ऐसे संकेत नामवर जी 'भाषा' में कम ही छोड़ते हैं। बावजूद इसके इस निबन्ध में ये निशान बचे रह गए हैं। विश्व के आधुनिक कवियों में पाब्लो नेरुदा पर नामवर जी ने सबसे अधिक लिखा है। इस पुस्तक में उनके ऐसे चार लेख संकलित हैं। बर्तोल्त ब्रेख्त और फेडरिको गार्सिया लोर्का भी इस क्रम में उनके पसन्दीदा कवि हैं।

एक आलोचक के रूप में नामवर जी की रागात्मक दिलचस्पी भले ही रचनात्मक साहित्य में ज़्यादा रही है, परन्तु एक बौद्धिक के रूप में विश्व की विचारधाराओं और सिद्धान्तों से संवाद करना उन्हें सदैव ज़रूरी लगा है। रामचन्द्र शुक्ल की परम्परा में वे अपने समकालीन सिद्धान्तकारों और सौन्दर्यशास्त्रियों से वे निरन्तर टकराते रहे हैं। इस पुस्तक के दूसरे खंड में संकलित निबन्धों और व्याख्यानों की परिधि में लगभग समूची बीसवीं सदी है, उसमें उपजे सिद्धान्त और विचारक हैं। इन लेखों में नामवर जी एक प्रखर बौद्धिक और तार्किक की तरह हमारे सामने ज़्यादा आते हैं। पुस्तक के चौथे खंड में भी अनेक भाषणों और निबन्धों में हम इसी रूप में नामवर जी को देखते हैं। ये निबन्ध विश्व साहित्य और सिद्धान्तों से एक भारतीय विचारक-आलोचक का गहरा संवाद है। यह एक ऐसा भारत है जहाँ विश्व एक सच्चे साथी के रूप में मौजूद रहता है। यह भारत उस दुनिया का हिस्सा है, जहाँ कोई भी मुल्क, कोई भी समाज विश्व से अलग होकर नहीं रह सकता। एक ओर साथी विश्व है तो दूसरी ओर शोषक विश्व। एक और अपनेपन से भरा विश्व है तो दूसरी ओ़र पराया बनाये रखनेवाला विश्व। एक ओर जनवादी विश्व है तो दूसरी ओर जनशत्रु विश्व। हिन्दी में पगा-डूबा एक आलोचक जब ऐसे विश्व में उतरता है तो वह एकतान नहीं हो सकता। उसे प्रतिपल एक जटिल, बहुस्तरीय, बहुआयामी विश्व-यथार्थ से सामना करना पड़ता है। इन निबन्धों में हम ऐसे ही नामवर को देखते हैं। विशेष रूप से एक निबन्ध का

मैं उल्लेख करना चाहूँगा—'बीसवीं सदी का भारतीय साहित्य : नई चुनौतियाँ'। कहना न होगा कि नामवर जी की वैचारिक तेजस्विता और विवेकी विवादशीलता का मुखर स्वरूप यहाँ देखने को मिलता है। इस निबन्ध में मान्यता-प्राप्त विचारों, सिद्धान्तों, कृतियों से रचनात्मक संवाद है और विवादी मुठभेड़ भी। संवाद और विवाद की इस प्रक्रिया में नामवर सिंह एक 'स्वतंत्र' विचारक के रूप में सामने आते हैं—निर्भय और विवेकी।

आइए, इस निबन्ध के माध्यम से इसे समझने की कोशिश करें! 'बीसवीं शताब्दी का भारतीय साहित्य : नई चुनौतियाँ' शीर्षक निबन्ध 1991 ई. में लिखा गया है। भारतीय साहित्य के बारे में कुछ सामान्य और कुछ विशेष विवरणात्मक जानकारियाँ देकर विषय को स्पष्ट किया जाएगा—शीर्षक से ऐसा अनुमान होता है। परन्तु नामवर जी ऐसा कुछ नहीं करते। वे विवेचन के क्रम में सबसे पहले अंग्रेज़ी के माध्यम से धीरे-धीरे लोकप्रिय हो रही अवधारणाओं को सामने रखते हैं, जिससे यह स्पष्ट होता है कि वास्तविक चुनौतियाँ विचार की दुनिया से क्रमश: सामने आ रही हैं। इस क्रम में वे सबसे पहले अपनी मूल धारणा सामने रखते हैं : नामवर जी के निशाने पर बीसवीं शताब्दी के उत्तरार्द्ध में यूरोप और अमरीका से आए अनेक साहित्यिक सिद्धान्त हैं—'कॉमनवेल्थ लिटरेचर', 'पोस्ट कॅलोनियल लिटरेचर' और 'थर्ड वर्ल्ड लिटरेचर'। इन सिद्धान्तों का विरोध इसलिए है क्योंकि ये साहित्यिक संकल्पनाएँ 'प्रति-उपनिवेशीकरण के साहित्यिक उभार को वशीभूत करने के लिए' की गई हैं। नामवर जी की मान्यता स्पष्ट है। 'तृतीय विश्व साहित्य' के बारे में वे कठोरतम शब्दों का प्रयोग करते हैं—"एक तरह से यह 'प्रथम विश्व साहित्य' का वर्चस्व क़ायम रखने की नई चाल है और ध्यान से देखें तो 'तृतीय विश्व साहित्य' की संकल्पना उपनिवेशोत्तर युग का नया प्राच्यवाद है।" वे इतने पर ही नहीं रुकते। इसे अधिक स्पष्ट करते हुए वे लिखते हैं—"लगता है, अपने-आपको परिभाषित करने के लिए यूरोप और अमरीका को अब भी एक 'अन्य' की आवश्यकता है और इस पाश्चात्य परिकल्पना में यह निहित है कि तीसरी दुनिया को भी अपने-आपको परिभाषित करने के लिए उसी प्रकार एक 'अन्य' अनिवार्य है और यह 'अन्य' पश्चिम के सिवा और कौन हो सकता है!"

जिन लोगों को लगता है कि हिन्दी की मेधा यूरोपीय अमरीकी सिद्धान्तों का अनुकरण ही करती रहती है, उन्हें पूर्वज रामचन्द्र शुक्ल को याद करते हुए नामवर सिंह के इन कथनों पर ग़ौर करना चाहिए। नामवर जी भारतीय अंग्रेज़ी अकादमिक जगत में मान्यता प्राप्त इन सैद्धान्तिक संकल्पनाओं से, जिस तरह, एक स्वतंत्र मेधा की तरह मुक़ाबला करते हैं—वह क़ाबिलेग़ौर है। इससे नामवर जी की तेजस्विता स्वाभाविक रूप से सामने आती है। नामवर सिंह साफ़ तौर पर देखते और स्पष्ट करते हैं कि यह पूँजीवादी राष्ट्रों के विचार-अभियान का हिस्सा है :

'स्पष्टत: यह 'प्रथम विश्व' की उर्वर कल्पना की उपज है, जिसके 'उत्तर-आधुनिक चिन्तन' का मूल मंत्र है—'डिफरेंस' अर्थात् 'भिन्नता'। वह भिन्नता पश्चिम की दृष्टि में पूर्व की 'नियति' है। इसलिए पूर्व यदि हर तरह से अपनी 'भिन्नता' की रक्षा करता रहे तो पश्चिम के लिए पूर्व की इससे बड़ी सार्थकता न होगी। यह नई दृष्टि पुराने यूरोपीयकरण और अमरीकीकरण से कितनी भिन्न है! क्या यह भी उपनिवेशीकरण का एक नया छल-हृदय नहीं है?

अब यदि हममें से कुछ लोगों को उपनिवेशीकरण का यह छल नहीं दिखाई पड़ रहा है तो इसलिए कि सांस्कृतिक उपनिवेशवाद हमारी चेतना का अभिन्न अंग बन चुका है। शायद वह कहीं हमारे 'अवचेतन' में रह गया है। फ्रेडरिक जेम्सन के शब्दों में वह हमारा 'राजनीतिक अवचेतन' (पोलिटिकल सबकांशस) है। इस अवचेतन का दबाव इतना दुर्निवार है कि हम अपनी अस्मिता की परिभाषा भी प्राय: अपने भूतपूर्व उपनिवेशवादी स्वामियों की भाषा में करते हैं—भाषा में ही नहीं बल्कि उनके द्वारा निर्मित संकल्पनाओं के माध्यम से है। इस तरह भूत तो उस लौंग में ही है जिस लौंग से हम उस भूत को भगाने का मंत्र जप रहे हैं।'

अनेक आधारों पर यह निबन्ध स्वातंत्र्योत्तर भारतीय लेखकों की गहरी आलोचना करता है। आलोचना का मूल आधार प्रति-उपनिवेशीकरण की प्रक्रिया में आई शिथिलता है। नामवर जी मानते हैं कि 'मुद्दा चाहे परम्परा और आधुनिकता का हो, चाहे क्षेत्रीय और राष्ट्रीय अस्मिता का रूपगत नये प्रयोगों का हो अथवा लोकधर्मी रूपों के आत्मसात् का—इन सबका समाधान प्रति-उपनिवेशीकरण के ही परिप्रेक्ष्य में सम्भव है।' इस मूल स्थापना के कारण वे 'प्रति-उपनिवेशन' पर ज़ोर देने के आधार पर ही बीसवीं सदी के भारतीय साहित्य का मूल्यांकन करते हैं। इस प्रक्रिया में उन्हें निराशाजनक परिणाम मिलते हैं। वे स्वतंत्रता-पूर्व और स्वतंत्रता-पश्चात के साहित्य की तुलना करने पर मजबूर होते हैं। वे यह भी लक्षित करते हैं कि राष्ट्रीय आन्दोलन के ज़माने में भारतीयों में व्याप्त साम्राज्यवाद-विरोधी चेतना की तीव्रता की तेज़ी में कमी आई है और पुनरुत्थानवाद का प्रसार हुआ है। इसके पीछे के कारणों पर न तो वे यहाँ बात करते हैं, और न ही शायद यहाँ उसका अवकाश था। फिर भी वे स्पष्ट करते हैं : 'कभी-कभी लगता है कि पिछली पीढ़ी के लेखक इस मामले में हमसे कहीं अधिक सजग और आत्मसजग थे। शायद इसीलिए स्वाधीनता प्राप्ति के बाद भारतीय लेखक कुछ-कुछ उपनिवेशवाद के प्रति नरम पड़ गए हैं। रुख़ में एक प्रकार का दुचित्तापन आ गया है। इस दुचित्तेपन को प्राय: आधुनिकता का लक्षण भी मान लिया जाता है। यह सिर्फ़ भद्रलोक की सामान्य शिष्टता ही नहीं,

बल्कि आधुनिक साहित्यशास्त्र और सौन्दर्यशास्त्र का एक स्पृहणीय मूल्य भी माना जाने लगा है। भाषा तक में एक प्रकार का दुचित्तापन आ चला है। गद्य का ठेठ-ठाठ बदल रहा है। यक़ीन न हो तो उन्नीसवीं सदी के तथाकथित अविकसित किन्तु ठेठ देशी गद्य से मिलाकर देख लें।'

उपनिवेशीकरण की तेज़ आँधी ने हमारे जीवन के प्रत्येक भाग को तेज़ी से बदला है। हमारे सांस्कृतिक बोध और सौन्दर्य दृष्टि यहाँ तक कि हमारे भाषिक व्यवहारों में तेज़ी से बदलाव आया है। इसीलिए उपनिवेश-पूर्व भारत लगभग खो गया है। उसकी खोज में अनेक बार हमारी संस्कृति, हमारा धर्म और हमारी सामाजिकता अतीतमोही भी हुई है।

आज़ाद भारत में साम्राज्यवाद के विरुद्ध संघर्ष कमज़ोर पड़ा है। इसके अनेक नकारात्मक परिणाम सामने आ रहे हैं। नामवर जी एक विचारक के तौर पर स्पष्ट हैं कि आत्मालोचन का यह गहरा स्वर, आजकल आलोचना में कम ही दिखाई पड़ता है। इसमें गहरे दुख से उपजा कठोर व्यंग्य भी है :

> 'आज बहुत से भारतीय लेखक विदेशी अदालत में न्याय के लिए खड़े होना सम्मान की बात समझते हैं, और पश्चिमी आलोचकों के सामने अपनी 'भारतीयता' प्रमाणित करने में गौरव अनुभव करते हैं।
>
> हमारे सौभाग्य से यह महान दायित्व भारतीय अंग्रेज़ी के लेखकों ने अपने ऊपर ले लिया है। यह स्वाभाविक भी है। 'भारतीय साहित्य' के प्रतिनिधि लेखक, सच पूछिए तो भारतीय अंग्रेज़ी के ही लेखक हैं; हिन्दी, बंगला, तमिल अथवा किसी अन्य भारतीय भाषा का साहित्य तो 'क्षेत्रीय साहित्य' है।'

यह सहज ही लक्षित किया जा सकता है कि नामवर जी यूरोप और अमरीका के पिछलग्गू भारतीय अंग्रेज़ीदाँ लेखकों और तथाकथित आलोचकों से मुक़ाबला कर रहे हैं जिनके माध्यम से नव-उपनिवेशीकरण के वैचारिक औज़ार भारतीय भाषाओं में, विशेष रूप से अकादमिक जगत और आलोचना में प्रवेश करते हैं। नव-उपनिवेशन की यह प्रक्रिया 'तृतीय विश्व साहित्य' जैसे वैचारिक छद्मों के माध्यम से चलाई जाती है। नामवर जी स्वातंत्र्योत्तर भारतीय समाज में बढ़े औपनिवेशिक दबावों से एक हद तक खिन्न हैं। सांस्कृतिक विकास की प्रक्रिया के वे कौन से पहलू हैं, जिनमें बंग-भंग का तेजस्वी विरोध करनेवाला, पर भारत-विभाजन के सामने मौन घुटने टेकनेवाला, साम्प्रदायिक घृणा के कारण लाखों लोगों को मौत के घाट उतरते हुए देखनेवाला 'भारत' धीरे-धीरे धार्मिक कट्टरतावाद और साम्प्रदायिक फासीवाद की गिरफ़्त में आ रहा है? यह निबन्ध फरवरी 1991 में लिखा गया है। रामजन्म भूमि आन्दोलन के दौर में बाबरी मस्जिद ध्वंस से लगभग पौने दो साल पहले। नामवर

सिंह एक ओर साम्राज्यवाद विरोध के लिए राष्ट्रवाद के उपस्थिति को अनिवार्य मानते हैं तो दूसरी ओर राष्ट्रवाद की संकीर्ण और पुनरुत्थानवादी-फासीवादी रूपों के प्रति सतर्क करते रहे हैं। पिछले तीन दशकों में आए फासीवादी उभार के प्रति कठोर आलोचनात्मक रुख़ अपनाने में हिन्दी लेखकों में सबसे ताक़तवर आवाज़ों में एक आवाज़ उनकी रही है—निर्भय और विवेकी। फासीवादी शक्तियाँ 'राष्ट्रवाद' का नाम इस्तेमाल करती रही हैं। उसके लिए उन्होंने 'अतीत', 'परम्परा' और अन्ततः 'धर्म' की अपनी संकीर्ण व्याख्याओं का आक्रामक इस्तेमाल किया है। अपने निबन्धों और व्याख्यानों में नामवर जी इन व्याख्याओं की तर्कपूर्ण और विवेकसंगत आलोचना करते रहे हैं। विस्तार के लिए उनकी पुस्तकों 'ज़माने से दो दो हाथ' और 'समय से संवाद' को देखा जा सकता है। इस निबन्ध में भी वे स्पष्ट हैं कि उपनिवेशीकरण के नये हमले का सामना करते हुए इनके प्रयोग में सावधान रहना होगा :

> 'उपनिवेशीकरण के नये हमले का मुक़ाबला कैसे करें? अपनी परम्परा से? लेकिन कौन-सी परम्परा? परम्परा स्वयं ही एक पुनर्निर्मिति है। वर्तमान द्वारा अतीत का मनोवांछित पुनराविष्कार। कल के उपनिवेशवादी और आज के साम्राज्यवादी हमारे अतीत का एक रूप प्रस्तुत कर रहे हैं, जो आदिम है और बहुत कुछ हमारे पिछड़ेपन का सूचक। स्वयं हमारे घर के हिन्दू सम्प्रदायवादी परम्परा के रूप में कुछ और पेश कर रहे हैं जो बेहद इकहरा है—इकहरा और संकुचित।'

स्वतंत्रता आन्दोलनयुगीन राष्ट्रवाद की स्मृति एक हद तक ही नव-उपनिवेशीकरण का प्रत्याख्यान कर पाएगी, क्योंकि स्वतंत्रता के बाद समाज का विकास भिन्न प्रकार से हुआ है। 'राष्ट्र' की 'शक्ति' का दुरुपयोग अपनी ही जनता के ख़िलाफ़ खुलकर किया है। 'रामराज्य का डंडा', 'न्यायदेवी की चाबुक' और 'शासन की बन्दूक़' के प्रयोग के बारे में नागार्जुन की अनेक कविताएँ याद कीजिए। 'आग लगे इस रामराज्य में', 'शासन की बन्दूक़', 'पाँच पूत भारत माँ के', 'अधिनायक' जैसी कविताएँ हिन्दी में ही लिखी गई हैं। 'भूल ग़लती' और 'अँधेरे में' भी। जिस हिन्दी में ये कविताएँ लिखी गईं उसी में नामवर जी का यह प्रश्न सहज ही है—'किसका राष्ट्र?' नामवर जी की समझ स्पष्ट है कि 'राष्ट्र' की दवा ज़्यादा काम आनेवाली नहीं है :

> 'राष्ट्रवादी रूपक' से भी आज काम निकलने की सम्भावना नहीं है। उपनिवेशवाद के ख़िलाफ़ राष्ट्र की तस्वीर इस्तेमाल करें तो किसका राष्ट्र? क्या राष्ट्र उसका है जिसके हाथ में राजसत्ता है? फिर उनका राष्ट्र क्या है जो इस राजसत्ता से पीड़ित होने के कारण उसे बदलना चाहते हैं? जो लोग इन चालीस वर्षों की आज़ादी में भी इनसान से एक दर्जा नीचे रहने

> के लिए मजबूर हैं, वे इस राष्ट्रवाद के साथ अपने-आपको कैसे एकाकार कर सकते हैं? राष्ट्र की अस्मिता के लिए कोई दलित अपनी अस्मिता को कब तक क़ुर्बान करे? बीसवीं शताब्दी की आरम्भिक राष्ट्रीय चेतना अब फिर जाग्रत नहीं की जा सकती और न अब उसकी याद दिलाने से ही काम बनेगा।

यह उचित ही है। यों भी बीसवीं शताब्दी को आरम्भिक राष्ट्रीय चेतना इतनी निर्दोष न थी। उसमें पुनरुत्थानवाद और साम्प्रदायिक हिन्दूवाद के वे बीज ताक़तवर ढंग से मौजूद थे, जो बीसवीं सदी के अन्तिम दशक में अपने सबसे भयावह रूप में प्रकट हुए।

हम 2010 से नामवर जी की पुस्तकों के प्रकाशन में संलग्न हैं। अब तक सोलह पुस्तकें प्रकाशित हुई हैं। चार पुस्तकें प्रकाशन की प्रक्रिया में हैं। खोज का यह काम 2005 में प्रारम्भ हुआ। निरन्तर पत्र-पत्रिकाओं-पुस्तकों, पुस्तकालयों, इंटरनेट एवं ख़ासतौर पर निजी संग्रहों को खँगालने पर यह सामग्री प्राप्त हुई—लगभग 2000 पृष्ठ। उसमें नामवर जी के आलेखों, व्याख्यानों और साक्षात्कारों के लिप्यंतरित पाठ, वाचिक टिप्पणियाँ, व्यक्तिगत साक्षात्कार एवं सामूहिक परिसंवाद शामिल हैं। इसके बावजूद अभी अनेक आलेख और व्याख्यानों और साक्षात्कारों के मुद्रित पाठ खोजे जाने बाक़ी हैं। नामवर जी ने जब स्वयं यह संग्रह देखा तो उन्हें आश्चर्य हुआ। अनेक आलेख, व्याख्यान और साक्षात्कार उनकी स्मृति में नहीं थे। इस सामग्री को पुस्तकों में बाँटने की प्रमुखतः दो योजनाएँ विकल्प के रूप में सामने थीं—विषयवार पुस्तकें और लिखित-वाचिक की अलग-अलग पुस्तकें। हमने बीच का रास्ता अपनाया। सामयिक विषयों पर एक स्वतंत्र पुस्तक 'ज़माने से दो दो हाथ' के साथ प्रेमचन्द पर केन्द्रित पुस्तक 'प्रेमचन्द और भारतीय समाज' में आलेख, भाषण एवं वाचिक टिप्पणियाँ एक साथ मौजूद हैं। इसके अतिरिक्त व्याख्यानों की चार पुस्तकें 'आलोचना और विचारधारा', 'साहित्य की पहचान', 'यथाप्रसंग' तथा 'समय से संवाद' ; लिखित की पाँच पुस्तकें 'कविता की ज़मीन और ज़मीन की कविता', 'हिन्दी का गद्य पर्व', 'पूर्वरंग', 'आलोचना और संवाद' तथा 'तुम्हारा नामवर' और साक्षात्कार-संवाद की तीन पुस्तकें 'साथ साथ', 'सम्मुख' तथा 'संग सत्संग'। नामवर जी के पुस्तक केन्द्रित आलेखों, व्याख्यानों, साक्षात्कारों और वाचिक टिप्पणियों और साक्षात्कार—अंशों से हमने 'किताबनामा' पुस्तक बनाई और आत्मकथात्मक वक्तव्यों, आलेखों और साक्षात्कारों से 'जीवन क्या जिया'। इन पुस्तकों से गुज़रते हुए आप नामवर जी की प्रतिभा के विविध आयामों से संवाद कर सकेंगे। प्रस्तुत पुस्तक नामवर जी के भक्ति कविता और कबीर सम्बन्धी आलेखों, व्याख्यानों और साक्षात्कार अंशों का संकलन है।

सम्पूर्ण खोज-यात्रा में स्मृति शेष प्रो. कमला प्रसाद जी के साथ ही हिन्दी के वरिष्ठ कथाकार प्रो. काशीनाथ सिंह का प्रोत्साहन मेरी शक्ति रहा है। अनेक आदरणीय वरिष्ठों एवं मित्रों ने इस कार्य में निरन्तर दिलचस्पी ली है और बहुविध सहयोग किया है।

इस सम्पूर्ण यात्रा के प्रारम्भिक पाँच-छह वर्षों में एक बात मैं निरन्तर महसूस करता रहा कि इसके संग्रहण एवं प्रकाशन के प्रति नामवर जी में गहरी असम्पृक्ति रही है। सम्भवत: यही कारण है कि इतनी ढेर सारी सामग्री अब तक पुस्तक रूप मे संकलित-प्रकाशित नहीं हो सकी है। अनेक व्याख्यान व साक्षात्कार तो उन्होंने प्रकाशित रूप में देखे भी न थे। आज के समय में, जबकि लोग आत्म प्रदर्शन की प्रवृत्ति के शिकार हैं, नामवर जी में एक किसान का-सा संकोच था। अपने लिखे और बोले हुए के प्रति नामवर जी की यह असम्पृक्ति और उसके व्यवस्थित प्रस्तुतिकरण के प्रति उनका यह संकोच, मुझे अनेक तरह से अपरिग्रह के पुराने मूल्य का ही एक नया रूपान्तर लगता रहा है। उनके समकालीनों, हमउम्रों और उन्हें ज़्यादा जानने का दावा करनेवाले लोगों के विचारों के समानान्तर मुझे नामवर जी में एक 'सूफ़ियाना विराग' मिलता है। एक बार मेरे पूछने पर उन्होंने स्पष्ट रूप से कहा था कि 'चाहे निबन्ध हों या पुस्तक, मुझे उसका प्रकाशन तभी ज़रूरी लगता रहा है, जबकि वह मौजूदा परिदृश्य में हस्तक्षेप करे, उसके ठहराव को तोड़े और वाद विवाद संवाद की प्रक्रिया को आगे बढ़ाए। मेरी ज़्यादातर पुस्तकें अपने समय की बहसों में भागीदार होकर लिखी गई हैं। इसीलिए संग्रह के लिए संग्रह निकालना मेरी प्राथमिकता नहीं रही है।' इसी विचार के कारण पर्याप्त सामग्री के बावजूद उनके संग्रह सामने नहीं आ सके। मैंने देखा था कि 'वाद विवाद संवाद' के साथ ही आलोचना में उनकी एक अन्य पुस्तक का विज्ञापन छपा था—'जब हिन्दी नई चाल में ढली'। वह पुस्तक नहीं आ सकी। शुरुआती दिनों में मैंने भी उनके आलोचनात्मक निबन्धों के पुस्तक रूप में प्रकाशन की जब भी बात की, उन्होंने ज़्यादा रुचि नहीं ली।

इसके बावजूद यदि इन पुस्तकों का प्रकाशन हो रहा है, तो इसका आशय यह नहीं है कि नामवर जी का विचार बाद में बदला था। वस्तुत: अनेक मित्रों के निरन्तर दबाव और आग्रह के कारण उन्होंने इनके प्रकाशन की अनुमति दी थी। संकोच के साथ। इनके प्रकाशन से गत सत्तर वर्षों से अधिक में फैली उनकी ये रचनात्मकता अपने ज़्यादा आयामों में उभर सकेगी। छह दशकों में प्रगतिशील आलोचना की प्रभावशाली एवं निर्णायक भूमिका का खुलासा भी उनसे हो सकेगा तथा नामवर जी की अपनी वैचारिक स्थिति अधिक स्पष्ट हो सकेगी।

इस पुस्तक के प्रकाशन के पहले ही नामवर जी हमें छोड़कर चले गए हैं। पुस्तक की पांडुलिपि देखकर वे ख़ुश हुए थे। अगली किताबों के बारे में भी उन्होंने उत्साहपूर्ण प्रतिक्रिया दी थी। 1957-58 में उन्होंने हिन्दी कविता का एक प्रतिनिधि

संचयन तैयार किया था। हमने उसकी पांडुलिपि उन्हें दिखाई तो वे बच्चों की तरह ख़ुश हुए। बोले, इसे अप-टू-डेट करना चाहिए। हमने इस सम्बन्ध में बातें की। सकुचाते हुए जब मैंने उनसे उनकी रचनावली की अनुमति माँगी, तो न सिर्फ़ उन्होंने उसकी अनुमति दी बल्कि उसके खंडों की योजना पर भी पूछताछ की। पहली दस किताबों और रामचन्द्र शुक्ल रचनावली के प्रकाशन के बाद उनमें अपनी पुस्तकों के प्रकाशन को लेकर एक उत्सुकता जागी थी। अस्वस्थता के बावजूद वे अगली पुस्तकों के बारे में लगातार पूछते, बात करते रहते थे। योजनाएँ बनने के बाद उनके क्रियान्वयन में होनेवाली देरी से वे नाराज़ और दुखी हो जाते थे। आज वे नहीं हैं। मेरे लिए यह निजी क्षति है जिसकी भरपाई सम्भव नहीं है। एक ख़ालीपन जो हमेशा एक शून्य की तरह जीवित रहेगा। अनिवार्यतः। उनके न रहने पर उनके साथ बनी योजनाएँ पूरा करने के लिए हम प्रतिबद्ध हैं।

नामवर जी की अनुपस्थिति में नामवर जी को वैचारिकता का महत्त्व बढ़ेगा, ऐसा मेरा विश्वास है। उनकी वैचारिकता, बेहतर के लिए उनकी प्रतिबद्धता, उनका आलोचना संघर्ष—हमें निरन्तर विकसित करेगा। उनके विचारों का समग्र जल्द से जल्द प्रकाशित हो ताकि नामवर जी को सम्पूर्णता में देखा-पढ़ा-समझा जा सके, ऐसी हमारी कामना है।

—आशीष त्रिपाठी

खंड-1

आधुनिक विश्व साहित्य

आधुनिक विश्व साहित्य का परिदृश्य

इतिहास में उन्नीसवीं सदी, और चीज़ों के अलावा, विश्व साहित्य के उदय के लिए याद की जाएगी। विश्व साहित्य के उदय का स्वागत करते हुए कार्ल मार्क्स ने कम्यूनिस्ट पार्टी के घोषणा-पत्र (1848) में लिखा है : 'आधुनिक उद्योग ने विश्व बाज़ार की स्थापना की। विश्व बाज़ार को अपने लाभ के लिए इस्तेमाल कर पूँजीपति वर्ग ने हर देश में उत्पादन और खपत को एक सार्वभौम रूप दे दिया। पुरानी स्थानीय और राष्ट्रीय पृथक्ता और आत्मनिर्भरता का स्थान चौतरफ़ा अन्त:सम्पर्क ने, समस्त राष्ट्रों की परस्पर-निर्भरता ने, ले लिया। भौतिक उत्पादन की तरह बौद्धिक उत्पादन के जगत में भी यह परिवर्तन घटित हुआ। अलग-अलग राष्ट्रों की बौद्धिक कृतियाँ सार्वभौम सम्पत्ति बन गईं। राष्ट्रीय एकांगीपन और संकुचित दृष्टिकोण, दोनों अधिकाधिक असम्भव होते जा रहे हैं और अनेक राष्ट्रीय और स्थानीय साहित्यों से एक विश्व साहित्य उत्पन्न हो रहा है।'

विश्व साहित्य के इस उदय का एहसास यूरोप के साहित्यकारों को भी था। वृद्ध गेटे (1749-1832) पहले से ही विश्व साहित्य की चर्चा कर रहे थे।

साम्राज्य-विस्तार और उपनिवेश-निर्माण की प्रक्रिया में यूरोप एशिया, अफ्रीका और अमरीका की संस्कृतियों और साहित्यों के सम्पर्क में आ चुका था। वह इन देशों के साहित्य से प्रभावित भी हो रहा था तथा उन्हें प्रभावित भी कर रहा था।

उन्नीसवीं सदी का अन्त और बीसवीं सदी का आरम्भ होते-होते यूरोप विश्व साहित्य का केन्द्र बन चुका था। साहित्य का गौरवशाली युग बीत चुका था। किन्तु संध्या के इस झुटपुटे में भी उसके साहित्य का आकर्षण कम नहीं हुआ था।

उन्नीसवीं सदी के यूरोप की सबसे बड़ी साहित्यिक उपलब्धि है उपन्यास। रम्य आख्यान पहले भी लिखे गए थे और अन्यत्र भी। लेकिन जिसे 'नॉवेल' (उपन्यास) कहते हैं, वह और चीज़ है। वह गद्य की ऐसी नई विधा है जिसकी सृष्टि यूरोप की आधुनिक प्रतिभा ने की। उपन्यास को आधुनिक 'मध्यवर्ग का महाकाव्य' ठीक ही कहा गया है। वह आधुनिक समाज का यथार्थ चित्र भी है और इसके साथ ही आधुनिक सभ्यता की तीखी समीक्षा भी। रोज़मर्रा की ज़िन्दगी उसका विषय है और यथार्थवाद उसकी पद्धति।

सदी के परिवर्तन-बिन्दु पर यूरोपीय उपन्यास की वह गौरवशाली परम्परा कुछ-न-कुछ बची हुई थी—इंग्लैंड और फ्रांस जैसे विकसित देशों से अधिक रूस जैसे पिछड़े देश में। दोस्तोएव्स्की (1821-1881) और टॉल्स्टॉय (1828-1910) इस दौर के सबसे महान उपन्यासकार हैं। दोनों ही उपन्यासकार यूरोप की आधुनिक सभ्यता के सबसे बड़े आलोचक हैं। औद्योगिक प्रगति और भौतिक समृद्धि से उन्हें सन्तोष न था। उनकी नज़र यूरोपीय समाज के उस पहलू पर भी थी जिसमें गाँवों की बर्बादी, किसानों की दुर्दशा, कारखानों में मज़दूरों की बदहाली और मध्यवर्ग का आध्यात्मिक पतन शामिल है। दोस्तोएव्स्की ने 'कारामाजोव बन्धु' (1879) में और टॉल्स्टॉय ने 'पुनर्जीवन' (1899) में आधुनिक समाज की तीखी आलोचना करते हुए एक नई व्यवस्था और एक नये मनुष्य के जन्म की ओर संकेत किया है।

ब्रिटेन में टामस हार्डी (1840-1928), विलियम मॉरिस (1834-1896) और जॉन रस्किन (1819-1900) अंग्रेज़ी के यथार्थवादी उपन्यासकारों की परम्परा में ग्रामीण समाज के विघटन, औद्योगिक शहरों की कुरूपता और दस्तकारी के विनाश का मार्मिक चित्र प्रस्तुत कर रहे थे। फ्रेंच लेखक जोला (1840-1902) अपने उपन्यास 'जर्मिनल' (1885) में खान मज़दूरों के विद्रोह को वाणी दे रहे थे तो नार्वे के नाटककार इब्सन (1828-1906) अपने नाटकों के द्वारा मध्यवर्गीय समाज के पारिवारिक जीवन की विडम्बनाओं की प्रस्तुति से मध्यवर्गीय समाज की जड़ें हिला रहे थे।

कविता में स्वच्छंदतावाद (रोमांटिसिज़्म) की क्रान्तिकारी और उदात्त परम्परा का अन्त हो चुका था और उसका स्थान एक ऐसी काव्य-प्रवृत्ति ले रही थी जिसमें प्रतीकों के माध्यम से कवि अपने अद्वितीय अनुभव की ठीक-ठीक अभिव्यक्ति को चरम लक्ष्य समझता था। फ्रेंच प्रतीकवाद इस दौर का प्रमुख काव्यान्दोलन है जिसके प्रमुख कवि स्तेफान मलार्मे (1842-1898) और आर्थर रैम्बो (1854-1891) हैं।

बीसवीं सदी का आरम्भ और नये प्रयोग

बीसवीं सदी के आरम्भ से लेकर प्रथम विश्वयुद्ध (1914-1918) तक के वर्ष अन्य कलाओं के साथ-साथ साहित्य में भी नये प्रयोगों का दौर है। निरन्तर नवीकरण यदि पूँजी की अपनी आन्तरिक आवश्यकता है तो पूँजीवादी युग की कला इस नवीकरण की प्रक्रिया से बच नहीं सकती। इस मामले में कला ने विज्ञान का अनुसरण किया जहाँ प्रगति मूलमंत्र है और 'नया' तथा 'परवर्ती' श्रेष्ठता का समकक्ष है। इसलिए कलाकारों ने भी अनुभव किया कि कला को लगातार नया होने का प्रयत्न करना चाहिए। समकालीन होने का मतलब ही है तकनीकी नवीनता। इस प्रकार 'नई

कला' का आन्दोलन चल पड़ा। इसे अवाँगार्द (हरावल दस्ता) भी कहा जाता है। पेरिस इस 'नई कला' आन्दोलन का केन्द्र बन गया। संसार के विभिन्न देशों से युवा कलाकार एक-एक कर पेरिस में इकट्ठे होने लगे थे जिनमें से कुछ शरणार्थी थे और कुछ बोहेमियन। इतिहासकारों के अनुसार पिछली सदी के अन्त में पेरिस में लगभग बीस हज़ार व्यक्ति ऐसे थे जो अपने-आपको कलाकार कहते थे। पेरिस 'रोशनियों का शहर' के रूप में मशहूर हो चला। यह वही शहर है जहाँ एक समय स्वयं फ्रांस के चित्रकार आरी मातीस (1869-1954), उपन्यासकार मार्सेल प्रूस्त (1871-1922) और कवि पोल वालेरी (1871-1945), स्पेन के चित्रकार पाब्लो पिकासो (1881-1973), रूसी चित्रकार शागल (1889-1985), रूसी संगीतकार स्त्राविंस्की (1882-1971), इटली के चित्रकार मोदिग्यानी (1884-1920) और पोलैंडवासी चित्रकार पाल क्ली (1879-1940) जैसे नये प्रयोगकर्ता तथा महान कलाकार मौजूद थे।

नये लेखकों को अपने समानधर्मी कलाकारों के समान ही नये रूपों और नई भाषा की ज़रूरत इसलिए थी कि वे चेतना की उन नई गहराइयों को व्यक्त करना चाहते थे जिन्हें पहले उद्घाटित नहीं किया गया था। उन्हें ऐसे भाषायी औजारों की ज़रूरत थी जो बुद्धि से परे के रहस्यों का पता लगा सकें। मार्सेल प्रूस्त ने अपने विराट उपन्यास 'बीती बातों की याद' (1913-1927) में अपनी 'अस्मिता' की खोज के लिए स्मृति परतों को एक-एक कर उधेड़ना शुरू किया और उसके लिए उपन्यास में एक नई तकनीक ईजाद की।

कवियों ने स्वयं भाषा में निहित सम्भावनाओं की तलाश करते हुए मुक्त छंद (फ्री वर्स) की कोशिश की और काव्य-भाषा को अनावश्यक अलंकारों से मुक्त करके सटीक बिम्ब पर ज़ोर दिया। इस दृष्टि से इस दौर के महत्त्वपूर्ण कवि पोल वालेरी (1871-1945), विलियम बटलर येट्स (1885-1939), रेनर मारिया रिल्के (1875-1926) और टी.एस. इलियट (1888-1965) महत्त्वपूर्ण हैं।

इसी बीच इटली में कवि मारिनेत्ती (1876-1944) ने कविता का एक नया घोषणा-पत्र (1909) प्रकाशित किया जिसमें आधुनिक मशीन युग की गति और लय के अनुरूप कविता को भी गतिशील बनाने पर ज़ोर था। वे अपने को भविष्यवादी (फ्यूचरिस्ट) कहते थे। 'भविष्यवाद' का प्रभाव इटली के बाहर रूस के कुछ कवियों पर भी पड़ा। प्रारम्भ में कुछ समय तक ब्लादीमिर मायकोएव्स्की (1893-1930) भी इस वाद की ओर आकृष्ट रहे।

अंग्रेज़ी में बिम्बवाद नाम से एक काव्यान्दोलन चला जिसके हिमायती एज़रा पाउंड (1885-1974) थे और सिद्धान्तकार टी.ई. ह्यूम (1883-1917)। यह काव्यान्दोलन स्वच्छंदतावाद के उच्छ्वसित वाग्विलास का घोर विरोधी था और कविता को एक ठोस मूर्त और संक्षिप्त बिम्ब तक ही सीमित रखने के पक्ष में था।

'नई कला' के ये सारे आन्दोलन क्षण-भंगुर साबित हुए। इनके शीघ्र लोप का कारण इन कला-आन्दोलनों में निहित दोष है। इनमें कई तरह के अन्तर्विरोध थे : शिष्ट रुचि और जन रुचि—दोनों को एक साथ सन्तुष्ट करने का तनाव और मध्य वर्ग की नई आकांक्षाओं के साथ निराशावादी मनोदशा के साथ तालमेल आदि। इसके अतिरिक्त प्रयोगशील कलाकार में भविष्य-दृष्टि की अपेक्षा 'पीछे देखूँ' मनोवृत्ति थी। अधिकांश प्रयोगशील कलाकार अराजनीतिक थे। इटली के भविष्यवादियों की तरह कुछ ऐसे भी थे जिनका झुकाव दक्षिण पंथ की ओर था। सच तो यह है कि कला में क्रान्ति की लम्बी-चौड़ी बात करने के बावजूद अपनी जीवन-दृष्टि में ये प्रयोगवादी कलाकार तनिक भी परिवर्तनवादी न थे। कुल मिलाकर ये कला-आन्दोलन उन्नीसवीं सदी के यथार्थवाद के घोर विरोधी थे। अतिरेक के बावजूद इस आन्दोलन ने कुछ प्रतिभाशाली कवि पैदा किये, जैसे—फ्रेंच कवि अपोलेनेयर (1880-1918) तथा रूसी कवि अलेक्सान्द्र ब्लाक (1880-1921)।

दो महायुद्धों के बीच का पाश्चात्य साहित्य

प्रथम विश्वयुद्ध ने साहित्य और कला के क्षेत्र में होनेवाले सृजन के नये प्रयोगों पर तो आघात किया ही, सामाजिक पुनर्जीवन की उस आशा पर भी पानी फेर दिया जिसके साथ बीसवीं सदी शुरू हुई थी। इस युद्ध ने यूरोपीय समाज की जड़ें हिला दीं। पेरिस अब भी कलाकारों और साहित्यकारों के आकर्षण का केन्द्र बना रहा किन्तु 'रोशनियों का शहर' की रोशनी काफ़ी मद्धिम पड़ गई थी। साहित्यकारों की दृष्टि में यूरोप की संस्कृति मरणासन्न थी, मनुष्य की नियति अनिश्चित प्रतीत हो रही थी और अबुद्धिवाद के भयावह रूप प्रकट होने लगे थे। कुल मिलाकर यह सांस्कृतिक संकट का दौर था।

स्पेंगलर ने इस युग को 'पश्चिम का पतन' (1918-22) के रूप में परिभाषित किया और टी.एस. इलियट ने 'बंजर ज़मीन' (द वेस्ट लैंड—1922) कहा। थॉमस मान ने अपने प्रसिद्ध उपन्यास 'जादू का पहाड़ ' (1924) में तपेदिक के सैनिटोरियम के प्रतीक के रूप में यूरोप के बीमार समाज को प्रस्तुत किया।

साहित्य के क्षेत्र में नये प्रयोग एकदम बन्द नहीं हुए, किन्तु हुआ यह कि इन प्रयोगों का लक्ष्य सभ्यता की समीक्षा हो गया। फ्रॉयड के विचार फैलकर व्यापक बौद्धिक वातावरण के अंग बन गए और उन विचारों ने मनुष्य के अवचेतन में दबी पड़ी बुद्धि से परे की वृत्तियों की खोज के लिए प्रेरित किया। जेम्स ज्वाइस (1882-1941) ने अपने नितान्त प्रयोगशील उपन्यास 'यूलिसिज' (1922) में सिर्फ़ चौबीस घंटे के घटनाक्रम के दायरे में मानव-मन की गहराइयों की सूक्ष्म से सूक्ष्म परतों को खोलकर रख दिया। डी.एच. लारेंस (1885-1930) ने 'सेक्स' (काम) के मामले में फ्रॉयड का तिरस्कार करते हुए भी अपने उपन्यासों में 'सेक्स' के माध्यम से यूरोपीय

सभ्यता की नपुंसकता को प्रस्तुत किया। वर्ष 1916 में 'दादावाद' नामक एक नया कला-आन्दोलन शुरू हुआ जिसने जीवन की निरर्थकता की अभिव्यक्ति की। 'दादा' का अनुसरण करते हुए आन्द्रे ब्रेतो (1896) ने अति यथार्थवाद (सर्रियलिज़्म) नामक कला-आन्दोलन चलाया जिसके अनुसार मानव चेतना की मुक्ति का सर्वोत्तम उपाय स्वचालित लेखन है क्योंकि अवचेतन में दबे बिम्बों की अभिव्यक्ति इसी प्रकार सम्भव है। वर्जिनिया वुल्फ़ (1882-1941) ने भी इसी अवधि में अपने मनोवैज्ञानिक उपन्यास लिखे जिनके अनुसार जीवन ऐंद्रिय संवेदनों का ऐसा प्रवाह है जिसका कोई निश्चित लक्ष्य नहीं होता।

इस दौर में कुछ ऐसे भी उपन्यासकार हुए जिन्होंने उपन्यास शिल्प में कोई नया प्रयोग तो नहीं किया किन्तु उन्होंने जीवन के अर्थ की खोज में ग़ैर-यूरोपीय जनों को समझने की कोशिश की। जोजेफ़ कॉनराड (1857-1924) जन्म से पोलैंडवासी होते हुए भी इंग्लैंड के नागरिक बन गए और उन्होंने अपनी अभिव्यक्ति के लिए अंग्रेज़ी भाषा को वरण किया। उन्होंने 'अन्धकार का अन्तस्तल' (1909) नामक उपन्यास में अफ्रीका में श्वेत लोगों की स्थिति का चित्रण किया। इसी प्रकार ई.एम. फार्स्टर (1879-1971) ने 'ए पैसेज टु इंडिया' (1924) उपन्यास में भारतीय जनों के बीच रहने का अनुभव अंकित किया और फ्रांसीसी उपन्यासकार आन्द्रे मालरो (ज. 1901) ने 'मानवीय अवस्थिति' (1933) में चीन के क्रान्तिकारी संघर्ष की शुरुआत को उपन्यास का जीवन्त रूप दिया।

दोनों महायुद्धों के बीच यूरोप के बड़े देशों की अपेक्षा छोटे देशों में भी कुछ बड़े ही प्रतिभाशाली साहित्यकार हुए। उदाहरण के लिए स्पेन में फेदेरिको गार्सिया लोर्की (1890-1938), जिन्होंने अपने मार्मिक गीतों और काव्य नाटकों के द्वारा अन्तरराष्ट्रीय ख्याति-प्राप्त की। मध्य यूरोप के देशों में चेकोस्लोवाकिया की साहित्यिक परम्परा काफ़ी समृद्ध है। इस दौर के दो चैक लेखक ऐसे हैं जिन्हें अन्तरराष्ट्रीय मान्यता मिली : यारोस्लाव हासेक (1884-1923) और कारेल चापेक (1890-1938)। हासेक का विशाल उपन्यास 'अच्छा सिपाही श्वाइक' प्रथम विश्वयुद्ध तथा आस्ट्रिया के साम्राज्य पर विनोदपूर्ण व्यंग्य है और कारेल चापेस के व्यंग्य चित्र भी बेजोड़ हैं। हंगरी में इस बीच दो प्रतिभाशाली कवि हुए : अत्तिला जोजेफ (1906-1938) और मिक्लोश रादनोती (1912-1945)। इनकी कविताएँ मरणोपरान्त विश्व के सामने आईं तो लोग चमत्कृत रह गए। हंगरी के ही विश्वप्रसिद्ध साहित्य समालोचक और सौन्दर्यशास्त्री जॉर्ज लूकाच (1885-1971) हैं जो मार्क्सवादी आलोचना के आधार-स्तम्भ हैं। इसी क्रम में आयरलैंड जैसे छोटे देश का भी नाम लिया जा सकता है जिसने इस दौर में अंग्रेज़ी साहित्य को जार्ज बर्नार्ड शॉ, विलियम बटलर येट्स, जेम्स ज्वाइस, जान सिंजे जैसे प्रतिभाशाली लेखक दिये।

द्वितीय विश्वयुद्ध के आसपास फ्रांस और जर्मनी में अस्तित्ववाद नामक विचारधारा का व्यापक प्रचलन हुआ जिसके तहत कुछ महत्त्वपूर्ण उपन्यास और नाटक लिखे गए। अस्तित्ववादी लेखक के रूप में फ्रांस के दो लेखकों को अन्तरराष्ट्रीय ख्याति मिली। उनके नाम हैं—ज्याँ पाल सार्त्र (1905-1980) और अल्बैर् कामू (1913-1960)। सार्त्र का प्रसिद्ध उपन्यास है 'उबकाई' (1938) और कामू का 'अजनबी' (1942)। दोनों ही जीवन की निरर्थकता और मनुष्य के अजनबीपन का चित्रण करते हैं।

अस्तित्ववादी साहित्य के प्रसंग में चेकोस्लोवाकिया के जर्मन लेखक फ्रांज काफ्का (1883-1925) का भी ज़िक्र किया जाता है! इनका प्रसिद्ध उपन्यास 'मुकदमा' है जिसमें एक मामूली आदमी को अपराधी घोषित कर दिया गया है किन्तु उसे नहीं मालूम होता कि उसका अपराध क्या है और न यही मालूम होता है कि उसकी सुनवाई किस अदालत में होगी।

नाटक और थिएटर के क्षेत्र में इस युग को एक बड़ा जर्मन साहित्यकार पैदा करने का गौरव प्राप्त है और उसका नाम है : बर्टोल्ट ब्रेख्त (1898-1956)। ब्रेख्त एक समर्थ कवि भी हैं किन्तु विश्व में वे 'मदर करेज' और 'खड़िया का घेरा' जैसे क्रान्तिकारी नाटकों और 'एपिक थिएटर' तथा 'एलियनेशन इफेक्ट' जैसी मौलिक अवधारणाओं के लिए विशेष रूप से प्रसिद्ध हैं।

बीसवीं सदी का अमरीकी साहित्य

आज़ाद होने के बाद उन्नीसवीं सदी में ही अमरीकी साहित्य ने वाल्ट विटमैन (1819-1892) जैसे लोकतंत्र के मस्त गायक, हर्मन मेल्विल (1819-1891) जैसे साहसिक उपन्यासकार और मार्क ट्वेन (1835-1910) जैसे प्रखर व्यंग्यकार के द्वारा अपनी अलग पहचान बना ली थी। किन्तु अमरीकी साहित्य का स्वतंत्र राष्ट्रीय व्यक्तित्व प्रथम विश्वयुद्ध के बाद उभरा। भौतिक समृद्धि, औद्योगिक उन्नति और राजनीतिक शक्ति के कारण संयुक्त राष्ट्र अमरीका यूरोप के अनेक लेखकों और बुद्धिजीवियों के लिए आकर्षण का केन्द्र बन गया था। यूरोप से भागे हुए शरणार्थियों के लिए अमरीका सबसे बड़ा शरणस्थल था और द्वितीय विश्वयुद्ध से पहले ही उनका ताँता लगा हुआ था। देश-विदेश के इन लेखकों और स्थानीय रेड इंडियन मूल निवासियों तथा नीग्रो लोगों के मेल-जोल से संयुक्त राष्ट्र अमरीका में एक नया 'सामंजस्य' पैदा हो रहा था। इस प्रक्रिया में अमरीकी साहित्य का रंग समकालीन यूरोपीय साहित्य से भिन्न हो गया।

अमरीकी उपन्यास में यथार्थवाद की वह परम्परा अब भी जीवित थी जबकि यूरोप उसे इस बीच छोड़ चुका था। थियोडोर ड्रेजर (1871-1945) का उपन्यास 'एक अमरीकी त्रासदी' (1925) और जॉन स्टाइनबेक (ज. 1902) का उपन्यास

'क्रोध के अंगूर' (1939) इस यथार्थवाद के ज्वलंत उदाहरण हैं। वस्तुत: यह बर्बर यथार्थवाद था जिसे बर्दाश्त करना यूरोप की भद्र रुचि के लिए सम्भव न था। विलियम फाकनर (1897-1962) के धुर दक्षिण के अज्ञात जीवन पर लिखे हुए उपन्यास भी अमरीका की अपनी ठेठ परम्परा के सूचक हैं। किन्तु इस दौर के जिस अमरीकी कथाकार को अन्तरराष्ट्रीय ख्याति मिली, वह अर्नेस्ट हेमिंग्वे (1898-1961) हैं। ख़ास तौर से ठंडे ढंग से हिंसा के चित्रण के लिए और संक्षिप्त वाक्यों वाली भाषा के लिए हेमिंग्वे का उपन्यास 'बूढ़ा मछेरा और समुद्र' श्रेष्ठ माना गया है। किन्तु हेमिंग्वे का महत्त्व मुख्य रूप से उनकी कहानियों के कारण है।

इन उपन्यासकारों के समान उत्तरी अमरीका में ठेठ अमरीकी रंग के कवि भी हुए जिनमें रॉबर्ट फ्रास्ट (1874) को उनकी सादगी तथा रोज़मर्रा की ज़िन्दगी के बिम्बों और प्रतीकों के कारण विशेष ख्याति मिली। टी.एस. इलियट और एज़रा पाउंड भी पैदाइशी अमरीकी कवि थे किन्तु उनका कार्यक्षेत्र इंग्लैंड ही रहा और उनकी मानसिकता भी बहुत कुछ यूरोपीय थी। उनकी क्षतिपूर्ति के रूप में अमरीका को वैलेस स्टीवेंस (1879-1955) जैसा चिन्तनशील और आधुनिकतावादी कवि मिला। अमरीकी अलोचकों की राय में विलयन कार्लोस विलियम्स (1883-1963) अमरीकी मिजाज का ज़्यादा अपना कवि है और उसकी कविताएँ सही मायने में अमरीकी मिट्टी की उपज कही जा सकती हैं।

1920 के दशक में एक महान सांस्कृतिक आन्दोलन शुरू हुआ, जिसका सम्बन्ध अश्वेत लोगों के आत्मगौरव के अधिकार को पुष्ट करना था। इस आन्दोलन को 'हारलेम नवजागरण' के नाम से जाना जाता है। (हारलेम न्यूयॉर्क शहर की मलिन बस्ती है, जहाँ अधिकतर अश्वेत लोग रहते हैं।) इस आन्दोलन ने बहुत-से अन्तरराष्ट्रीय ख्याति-प्राप्त कवि, लेखक, विद्वान तथा संगीतकार पैदा किये। इनमें से दो थे—लौंग्स्टन ह्यूस (1902-1967) जो कवि, कहानीकार तथा उपन्यासकार थे; दूसरे थे कवि क्लाउद मैक्के, जो जमैका के रहनेवाले थे, पर अमरीका में बस गए थे।

द्वितीय विश्वयुद्ध के बाद उत्तरी अमरीका में एलेन गिंसबर्ग के नेतृत्व में वीटनिक कविता का उदय हुआ जिसकी अन्तरराष्ट्रीय स्तर पर नवीनतावादी काव्य की एक विशिष्ट प्रवृत्ति के रूप में काफ़ी चर्चा है।

साहित्य में अमरीका का महत्त्व वस्तुत: सर्जनात्मक साहित्य में ज़्यादा साहित्यिक समालोचना के लिए है। एक कवि-आलोचक ने अमरीका में इसे समालोचना का युग कहा है जो उचित ही है। यह अमरीकी आलोचना 'नई आलोचना' के नाम से प्रसिद्ध है। साठ के दशक के बाद से अमरीका में साहित्य-सिद्धान्त की चर्चा सबसे ज़्यादा है और वह 'डिकंस्ट्रक्शन' कहलाती है। इसके फ्रेंच चिन्तक ज्याक देरिदा हैं लेकिन उसके लिए सबसे उर्वर भूमि अमरीका के विश्वविद्यालय ही हैं।

बीसवीं सदी का लैटिन अमरीकी साहित्य

लैटिन अमरीका के अन्तर्गत दक्षिण अमरीका, मैक्सिको, निकारागुआ तथा कैरेबियन में क्यूबा आदि के देश आते हैं जो किसी समय स्पेन और पुर्तगाल के उपनिवेश थे। स्वभावत: इन देशों की साहित्यिक भाषा स्पेनिश और पुर्तगाली है। संयुक्त राष्ट्र अमरीका की अपेक्षा कुछ बातों में अमरीकी साहित्य यूरोप के काफ़ी निकट होते हुए भी बहुत-सी बातों में अधिक अलग हैं। इसका एक कारण तो इन देशों का आर्थिक पिछड़ापन है और दूसरा कारण इनका भूगोल है। कुछ देश घने जंगलों और भयानक नदियों के कारण कटे-छँटे हैं तो कुछ में लम्बे-चौड़े रेगिस्तान हैं। इन देशों में श्वेत लोगों की अपेक्षा अश्वेत आबादी का अनुपात भी काफ़ी है। यहाँ सदियों पुराने मिथकों और किंवदंतियों की परम्परा भी काफ़ी सशक्त और जीवित है। इन तमाम बातों ने लैटिन अमरीकी साहित्य को विशिष्ट रंग दिया है।

लैटिन अमरीकी साहित्य में आधुनिकतावादी आन्दोलन का अग्रदूत निकारागुआ का कवि रूबेन दारियो (1867-1916) है जिसने स्पेन के साहित्य को भी नई दिशा देने में महत्त्वपूर्ण भूमिका अदा की। इसके साथ ही चिली के कवि ग्राबिएला मिस्वाल (1889-1957) का नाम सबसे महत्त्वपूर्ण है। वस्तुत: लैटिन अमरीकी साहित्य विशेष रूप से कविता के लिए विख्यात है। लैटिन अमरीकी कवियों में जिन्होंने अन्तरराष्ट्रीय ख्याति अर्जित की, उनमें प्रमुख हैं : पेरू के चेसार वायेखो (1895-1948), चिली के पाब्लो नेरुदा (1904-1973), अर्जेनटीना के होर्खे लुइस बोर्खेस (1899-1984), क्यूबा के निकोलास गियें (ज. 1902), मैक्सिको के ओक्तावियो पाज़ (ज. 1914 तथा निकारागुआ के अर्नेस्तो कार्देनाल (ज. 1925)।

लैटिन अमरीकन कथा-साहित्य की भी अपनी अलग पहचान है। इस दृष्टि से अर्जेनटीना के कवि-कहानीकार होर्खे लुइस बोर्खेस की नीति-कथा शैली में लिखी हुई लघुकथाएँ तथा फंतासियाँ आधुनिक विश्व साहित्य में बेजोड़ मानी गई हैं।

लैटिन अमरीकन उपन्यास को अन्तरराष्ट्रीय स्तर पर मान्यता दिलाने का श्रेय कोलम्बिया के लेखक गाब्रिअल गार्सिया मार्केस (ज. 1928) को है जिनका प्रसिद्ध उपन्यास 'एकान्त के एक सौ साल' अपने जादुई यथार्थवाद के कारण विशिष्ट माना जाता है।

इस क्षेत्र के सबसे जाने-माने फ्रेंच भाषा के कवि एमि सिजयर (ज. 1913) हैं। उनका जन्म कैरीबियन फ्रांसीसी उपनिवेश मार्तिनीक में हुआ था। कवि एमि सिजयर नेग्रीच्युड आन्दोलन के अग्रदूतों में से एक माने जाते हैं।

लैटिन अमरीकन साहित्य में राष्ट्रीय चेतना और सामाजिक न्याय का स्वर प्रबल है। अपनी क्रान्तिकारी चेतना और रूप-विधान की ताज़गी के कारण यह साहित्य संसार की मुक्तिकामी जनता के लिए विशेष रूप से आकर्षक है।

बीसवीं सदी का सोवियत साहित्य

भूतपूर्व सोवियत संघ में रूसी भाषा के अलावा बाल्टिक काकेशियाई, मध्य एशियाई गणराज्यों की एक दर्जन से अधिक प्रमुख भाषाओं में साहित्य का विकास हुआ और इनमें प्रत्येक साहित्य की अपनी लम्बी परम्परा है। वर्ष 1917 की क्रान्ति के बाद रूसी भाषा के साथ अन्य गणराज्यों की भाषाओं के साहित्य को भी फूलने-फलने के अवसर बढ़े। किन्तु इसके साथ ही यह भी सच है कि सोवियत साहित्य के प्रेरणास्रोत मैक्सिम गोर्की (1868-1936) अपनी आवारा ज़िन्दगी की 'कहानियों' और 'माँ' (1908) नामक उपन्यास के द्वारा पहले ही विश्वविख्यात हो चुके हैं। क्रान्ति के बाद भी उन्होंने उसी तरह के कुछ और उपन्यास लिखे किन्तु उनका अधिक समय सोवियत लेखकों को प्रोत्साहन देने तथा अन्य सांस्कृतिक कार्यों में बीता। वस्तुत: सोवियत रूस का प्रतिनिधि उपन्यास 'धीरे बहे दोन रे' (1929) है जिसके लेखक मिखाइल शोलोखोव (1905-1984) हैं। उपन्यास के समान ही कहानी की विधा में भी क्रान्ति के बाद श्रेष्ठ रचनाएँ हुईं जिनमें इसाक बाबेल (1894-1938) और इवान बनिन (1870-1953) की कहानियाँ क्लासिक का दर्जा हासिल कर चुकी हैं। किन्तु सचाई यह है कि बीसवीं सदी का रूसी कथा-साहित्य अपनी उन्नीसवीं सदी की ऊँचाई प्राप्त न कर सका। इलिया एहरेनबग (1891-1967) ने फासिस्टों द्वारा यूरोप के देशों पर किये गए आक्रमणों तथा द्वितीय विश्वयुद्ध के बारे में उपन्यास लिखे। द्वितीय विश्वयुद्ध के बाद सर्वश्रेष्ठ सोवियत लेखक किरगीज़िया के चंगेज ऐतमातोव (ज. 1928) थे और श्रेष्ठ कहानीकार वसीली शकसिन (1939-1974)। अन्तरराष्ट्रीय ख्याति-प्राप्त करनेवाले उपन्यासकारों में साइबेरिया के दो लेखक विशेष रूप से उल्लेखनीय हैं : वालेंतीन रस्पूतिन (ज. 1937) और विक्तर अस्ताफ़येव (ज. 1924)।

तुलनात्मक दृष्टि से बीसवीं सदी की रूसी कविता की स्थिति बेहतर है। बीसवीं सदी के आरम्भ में रूसी कविता में अनेक प्रकार के नये प्रयोग हुए। इनमें अतिवादिता भी थी। किन्तु उन प्रयोगवादी कवियों ने क्रान्ति के बाद प्रौढ़ होकर सार्थक कविताएँ लिखीं। इन कवियों में सबसे पहला नाम स्वभावत: अलेक्सान्द्र ब्लाक (1880-1921) का है। क्रान्ति के स्वागत में उन्होंने जो 'वे बारह' शीर्षक कविता लिखी, वह उनकी अमर रचना है। ब्लादीमिर मायकोएव्स्की (1894-1930) सोवियत क्रान्ति के प्रतिनिधि कवि हैं। अन्य विशिष्ट कवियों में बोरीस पास्तरनाक (1890-1960), अन्ना अख्मातोवा (1889-1966), मारीना त्स्वेतायेवा (1892-1941), ओसिप मंदेलश्ताम (1891-1938), सर्गेइ येसेनिन (1895-1925) के नाम विश्व स्तर पर मान्य हैं। द्वितीय विश्वयुद्ध के बाद की पीढ़ी के जिन रूसी कवियों को अन्तरराष्ट्रीय ख्याति मिली, उनमें येवगेनी येव्तुशेंको (ज. 1933) और आन्द्रेई वोज्नेसेंस्की (ज. 1933) के नाम विशेष रूप से उल्लेखनीय हैं।

सोवियत संघ के विघटन से बहुत साल पहले आधिकारिक रूप से स्वीकार कर लिया गया था कि स्तालिन की दमन नीति के कारण 1926-53 के बीच तीन दशकों तक साहित्य-रचना को गहरी क्षति पहुँची। यह स्थिति स्तालिन की मृत्यु के बाद भी लगभग दो दशकों तक एक हद तक बनी रही। अलेक्जेंडर सोलजेनित्सिन उन रूसी लेखकों में सबसे अधिक प्रसिद्ध हैं जो स्वेच्छा से अथवा विवश होकर सोवियत संघ के बाहर रहते थे। उनको 1970 में नोबेल पुरस्कार दिया था। सोवियत संघ के विघटन के बाद वे रूस लौट आए। वर्ष 1980 के दशक में 'ग्लासनोस्त' के कारण साहित्य-सृजन में पूरी स्वतंत्रता मिली है और इसके फलस्वरूप नये सृजन के साथ ही अतीत की प्रतिबन्धित रचनाएँ भी प्रकाश में आई हैं। इन मुश्किलों के बावजूद इसमें कोई सन्देह नहीं कि बीसवीं सदी का रूसी साहित्य गुण में यूरोप और अमरीका के समकालीन साहित्य से किसी तरह हेठा नहीं था!

एशिया में साहित्य के विकास की दिशाएँ

आधुनिक एशियाई साहित्य के विकास में यूरोप के हस्तक्षेप ने निर्णायक भूमिका अदा की है। एशिया और उत्तरी अफ्रीका के अधिकांश देशों पर यूरोपीय साम्राज्यवादी देशों का प्रत्यक्ष आधिपत्य था। कुछ देश ऐसे थे, जैसे—चीन, उन पर साम्राज्यों का अप्रत्यक्ष रूप से अधिकार था। जापान ही एशिया का एक मुख्य ऐसा देश था, जो साम्राज्यों के आधिपत्य से मुक्त रहा। संस्कृति और साहित्य की दृष्टि से अपेक्षाकृत अधिक प्राचीन और समृद्ध होते हुए भी एशिया के देश यूरोपीय हस्तक्षेप के समय बहुत कुछ अवरुद्ध विकास के दौर से गुज़र रहे थे। यूरोपीय हस्तक्षेप से एशिया के सामाजिक और सांस्कृतिक जीवन में हरकत आई। आर्थिक लूट और राजनीतिक दमन के बावजूद एशिया के देशों का नये विज्ञान और टेक्नोलॉजी से परिचय हुआ और औद्योगिकीकरण की प्रक्रिया शुरू हुई। एक-एक कर एशियाई देशों में यूरोपीय शिक्षा-प्रणाली का प्रचलन हुआ और धीरे-धीरे एक ऐसे शिक्षित वर्ग का उदय हुआ जो अपनी भाषा के अलावा अंग्रेज़ी, फ्रेंच या और कोई यूरोपीय भाषा जानता था। आधुनिक एशियाई साहित्य के विकास की अगुवाई इस द्विभाषी शिक्षित वर्ग ने की। इसी नवशिक्षित वर्ग के नेतृत्व में एशियाई देशों में उन्नीसवीं सदी के अन्त और बीसवीं सदी के आरम्भ में वह नई सांस्कृतिक चेतना फैली जिसे आधुनिक पुनर्जागरण कहा जाता है।

इस एशियाई पुनर्जागरण में कुछ योगदान यूरोप के प्राच्यविद्याविदों का भी है। यूरोप के विद्वानों ने पूर्वी देशों में प्राचीन पांडुलिपियों की खोज की और फिर उनका सम्पादन और प्रकाशन किया। यूरोपीय पुरातत्त्वविदों ने प्राचीन ऐतिहासिक अवशेषों की खुदाई की और इस तरह इतिहास की भूली-बिसरी कड़ियों को फिर से

जोड़ने का प्रयास किया। ऐसी ही खुदाइयों की उपलब्धि हैं—अंकोरवाट, हड़प्पा, मोहेनजोदड़ो, अजंता की गुफाएँ और दजला-फ़ारात के नगर।

यह भी इतिहास की एक विडम्बना है कि जो यूरोप एक ओर एशिया की प्राचीन समाज-व्यवस्थाओं को तहस-नहस कर रहा था, वही प्राचीन खोदकर निकाल भी रहा था। इस प्रकार यूरोपीय प्राच्यविद्याविदों ने एक अपनी मनपसन्द 'प्राच्य' (ओरिएंट) और 'प्राच्यवाद' (ओरिएंटलिज़्म) का मिथक निर्मित किया जिससे एशियाई साहित्य काफ़ी दूर तक प्रभावित हुआ।

पश्चिम के सम्पर्क की प्रतिक्रिया एशिया के प्रत्येक देश में अलग-अलग हुई, किन्तु एक बात सबमें समान है कि पश्चिमी साहित्य को एकदम ख़ारिज किसी ने नहीं किया। साहित्य की अपनी प्राचीन परम्परा के ग्राह्य तत्त्वों का पुनराविष्कार करने के साथ ही समर्थ लेखकों ने यूरोपीय साहित्य से भी वांछित रूपों को ग्रहण किया, जैसे कथात्मक गद्य के रूप में 'नॉवेल' और कविता के क्षेत्र में मुक्त छंद (फ्री वर्स)।

किन्तु पाश्चात्य रूप-विधान को अपनाते हुए एशियाई देशों में साहित्य ने अन्तर्वस्तु स्वदेशी रखी। उन्नीसवीं सदी के अन्त और बीसवीं सदी के आरम्भ में यह अन्तर्वस्तु थी राष्ट्रवाद। इसलिए इस दौर में सारे एशियाई साहित्य में राष्ट्रीय जागरण अथवा राष्ट्रीय मुक्ति का स्वर प्रधान है। इस क्रम में यदि अतीत का गौरव-गान है तो उसके साथ ही प्राचीन रूढ़ियों के प्रति आत्मसमीक्षा की भी दृष्टि है। आधुनिक एशियाई साहित्य की एक विशेषता और है जो उसे लैटिन अमरीकी तथा अफ्रीकी साहित्य से एकदम अलग करती है। यूरोप के दबाव के बावजूद एशियाई देशों ने अपना साहित्य-सृजन किसी यूरोपीय भाषा में न कर मुख्यत: अपनी ही भाषा में किया। एशियाई देशों में अंग्रेज़ी या फ्रेंच में कविता, कहानी या उपन्यास लिखनेवाले अपवाद ही हैं, लैटिन अमरीका और अफ्रीका की तरह सामान्य नियम नहीं।

भारतीय साहित्य

एशिया में राष्ट्रीय पुनर्जागरण की अभिव्यक्ति सबसे पहले भारतीय साहित्य में हुई और उसके प्रथम प्रतिनिधि साहित्यकार रवीन्द्रनाथ ठाकुर (1861-1941) हैं। रवीन्द्रनाथ एशिया के पहले नोबेल पुरस्कार विजेता साहित्यकार (1913) हैं। स्पष्ट है कि अन्तरराष्ट्रीय ख्याति सबसे पहले उन्हीं को मिली। रवीन्द्रनाथ में प्राचीन भारतीय परम्परा और नवीन यूरोपीय चेतना का सुन्दर समन्वय है। वे राष्ट्रीय जागरण के साथ ही विश्व मानववाद के श्रेष्ठ गायक हैं। साठ वर्षों की लम्बी साहित्य-साधना में रवीन्द्रनाथ ने कविता, कहानी, उपन्यास, निबन्ध आदि गद्य-पद्य की सभी विधाओं में रचना की और प्रत्येक विधा में श्रेष्ठता का प्रतिमान स्थापित किया। नोबेल पुरस्कार उन्हें 'गीतांजलि' नामक छोटे-से काव्य-संग्रह पर मिला जिसकी कविताएँ मूलत: बंगला में लिखी गई थीं लेकिन उनका अंग्रेज़ी अनुवाद उन्होंने स्वयं किया। अंग्रेज़ी

भाषा पर अधिकार होते हुए भी रवीन्द्रनाथ ने अपनी भाषा बंगला में ही सृजनशील साहित्य रचा, यह उनके राष्ट्रीय स्वाभिमान का प्रमाण है। रवीन्द्रनाथ ने भारतीय कविता को नये ढंग का 'लिरिक' दिया। तीन खंडों में संकलित 'गल्पगुच्छ' नामक पुस्तक की कहानियों के द्वारा उन्होंने भारत में आधुनिक कहानी की भी शुरुआत की जिसमें से कुछ कहानियाँ विश्व साहित्य में स्थान पाने योग्य हैं। उनके 'गोरा' और 'घरे बाइरे' शीर्षक उपन्यास भी श्रेष्ठ उपन्यासकार की प्रतिभा का आभास देते हैं। संगीत के क्षेत्र में भी रवीन्द्रनाथ ने मौलिक सृष्टि की जिसका प्रमाण रवीन्द्र संगीत है। वृद्धावस्था में उन्होंने चित्र-रचना में भी नये प्रयोग किये जिन्हें आज भी चित्रकला-मर्मज्ञ उच्चकोटि की कलाकृति मानते हैं। रवीन्द्रनाथ की बहुमुखी प्रतिभा अनायास ही यूरोप के 'रेनेसांस' के मुकम्मल कलाकार की याद दिलाती है। वे भारतीय स्वाधीनता संघर्ष के अग्रदूत और आधुनिक भारतीय साहित्य के जनक थे इसलिए राष्ट्रपिता महात्मा गांधी उन्हें आदर से 'गुरुदेव' कहते थे।

उपन्यास

यूरोप के साथ भारत के सम्पर्क की सबसे महत्त्वपूर्ण उपलब्धि 'उपन्यास' है जिसका जन्म भारतीय साहित्य में उन्नीसवीं सदी के उत्तरार्द्ध में ही हो गया और बंगला के प्रसिद्ध उपन्यासकार बंकिमचन्द्र चटर्जी (1838-1894) इस दौर के पहले महत्त्वपूर्ण लेखक हैं। उन्होंने अधिकांशत: ऐतिहासिक उपन्यास लिखे। इन उपन्यासों में सबसे अधिक ख्याति 'आनन्द मठ' (1882) को मिली, विशेष रूप से 'वंदे मातरम्' जैसे ओजस्वी राष्ट्रगीत के कारण।

किन्तु विश्व उपन्यास में भारत की अपनी विशिष्ट पहचान बनाई उर्दू-हिन्दी के उपन्यासकार और कहानीकार प्रेमचन्द (1880-1936) ने। उन्होंने भारतीय किसान को अपने उपन्यास का 'हीरो' बनाया और किसानों के दुख-दर्द तथा संघर्ष की यथार्थवादी गाथा लिखी। प्रेमचन्द के दर्जन भर उपन्यासों में 'रंगभूमि' (1924) और 'गोदान' (1936) अमर कृतियाँ हैं तथा लगभग तीन सौ कहानियों में 'कफ़न', 'पूस की रात', 'सवा सेर गेहूँ', 'शतरंज के खिलाड़ी' क्लासिक का दर्जा हासिल कर चुकी हैं।

प्रेमचन्द ने ग्राम-जीवन के उपन्यासों की जो परम्परा क़ायम की, उसे मज़बूत करनेवाले लेखकों में बंगला के तीन बनर्जी—विभूतिभूषण बनर्जी (1899-1954), ताराशंकर बनर्जी (1898-1971) तथा मानिक बनर्जी (1908-56)—प्रमुख हैं। विभूतिभूषण के उपन्यास 'पथेर पाँचाली' (1929) को सत्यजित राय की फ़िल्म के द्वारा अन्तरराष्ट्रीय ख्याति मिल चुकी है। ताराशंकर के उपन्यास 'गणदेवता' और मानिक के उपन्यास 'पद्मानदीर माझी' का अनुवाद भी अनेक भाषाओं में हो चुका है। हिन्दी में इस परम्परा को आगे बढ़ाया फणीश्वरनाथ रेणु (1921-1977)

ने अपने उपन्यास 'मैला आँचल' (1954) के द्वारा, उड़िया में गोपीनाथ महंता (ज. 1915) ने 'परजा' के द्वारा, मलयालम में तकषी शिवशंकर पिल्लै (ज. 1912) ने 'मछुआरे' के द्वारा, गुजराती में पन्नालाल पटेल (ज. 1918) ने 'मलेलाजीव' के द्वारा, शिवराम कारन्त (ज. 1902) ने 'चोमन डुडि' के द्वारा और मराठी में भालचन्द्र नेमाड़े (ज. 1938) ने 'कोसला' के द्वारा। इस प्रकार ग्राम-जीवन तथा अंचल विशेष के उपन्यास भारतीय भाषाओं में और भी लिखे गए हैं।

मध्यवर्ग की सामाजिक और पारिवारिक समस्याओं को लेकर उपन्यास लिखनेवालों में सबसे लोकप्रिय बंगला के उपन्यासकार शरत् चन्द्र चटर्जी (1876-1938) हैं। हिन्दी में इस प्रकार के मनोवैज्ञानिक उपन्यास लिखने में सबसे अधिक ख्याति जैनेन्द्र कुमार (1905-1988) को मिली। कन्नड़ में नैतिक अन्तर्द्वन्द्व को लेकर लिखा हुआ प्रसिद्ध उपन्यास 'संस्कार' है जिसके लेखक यू.आर. अनन्तमूर्ति (1932-2014) हैं।

1947 में भारत का विभाजन एक ऐतिहासिक ट्रैजेडी है, जिसके बारे में उर्दू और हिन्दी में कुछ अत्यन्त उच्च कोटि के उपन्यास लिखे गए। हिन्दी में यशपाल (1903-1973) का 'झूठा-सच' (1958-60) और उर्दू में कुर्रतुल-ऐन-हैदर का 'आग का दरिया' (1927-2007) सबसे महत्त्वपूर्ण है।

स्वाधीनता के बाद मराठी में 'दलित लेखन' का आन्दोलन चला। इसके अन्तर्गत दलित वर्ग के लेखकों ने समाज के सबसे निचले तबके के बारे में स्वानुभव पर आधारित कुछ बहुत मार्मिक उपन्यास लिखे। इन उपन्यासों में दया पवार (1935-1996) का 'अछूत' सबसे प्रसिद्ध है। दूसरे महत्त्वपूर्ण दलित लेखक बाबू राव बाग़ुल (1931-2008) हैं।

कहानी

उपन्यास के साथ ही साथ भारत में आधुनिक ढंग की कहानी रचना का भी सूत्रपात हुआ। रवीन्द्रनाथ ठाकुर और प्रेमचन्द के बाद कहानी विधा को जिन लेखकों ने समृद्ध किया, उनमें यशपाल और जैनेन्द्र (हिन्दी) के अलावा मलयालम के बैकोम मुहम्मद बशीर (ज. 1914) और उर्दू के सआदत हसन मंटो (1912-1935), राजेन्द्र सिंह बेदी (1915-1984) और कृश्न चन्दर (1914-1977) के नाम विशेष रूप से उल्लेखनीय हैं। स्वाधीनता के बाद भारतीय भाषाओं में पत्र-पत्रिकाओं के माध्यम से कहानी विधा में विशेष प्रगति हुई है और अनगिनत प्रतिभाएँ सामने आई हैं।

कविता

भारतीय भाषाओं में कविता की परम्परा बहुत लम्बी और समृद्ध रही है। फिर भी पश्चिमी साहित्य के सम्पर्क में आने पर आधुनिक भारतीय कविता नई दिशाओं की

ओर बढ़ी। बीसवीं सदी के आरम्भ में भारतीय कविता में रोमांटिक उत्थान आया। रवीन्द्रनाथ ठाकुर इस रोमांटिक आन्दोलन के अग्रदूत थे और अंग्रेज़ी के वड्र्सवर्थ और शेली जैसे रोमांटिक कवि प्रेरणास्रोत। किन्तु भारतीय रोमांटिक कविता अंग्रेज़ी रोमांटिक कविता से इस बात में विशिष्ट थी कि इसमें सामन्तवाद-विरोध के साथ साम्राज्यवाद-विरोध का स्वर भी समाविष्ट था। वस्तुत: भारत की रोमांटिक कविताएँ भारत के स्वाधीनता-संग्राम की वाणी थीं। स्वाधीनता-संग्राम के दौरान भारत की सभी भाषाओं में श्रेष्ठ रोमांटिक कवि हुए। इनमें सबसे उल्लेखनीय हैं उर्दू के मुहम्मद इकबाल (1876-1938), हिन्दी के निराला (1897-1961), बंगला के काज़ी नज़रूल इस्लाम (1899-1976), मराठी के केशवसुत (1866-1905), मलयालम के जी. शंकर कुरुप (1902-1978)। तमिल के राष्ट्रवादी कवि सुब्रह्मण्य भारती (1882-1921) भी इसी दौर के श्रेष्ठ कवि हैं।

सन् 1936 में प्रगतिशील साहित्य आन्दोलन के कारण भारतीय कविता में परिवर्तन आया। कविता कल्पना के आकाश से नीचे उतरकर धरती पर आई और उसने भाव तथा भाषा, दोनों स्तरों पर यथार्थवाद का रास्ता अपनाया। कविता प्रकृति और व्यक्तिगत प्रेम की सीमित दुनिया से बाहर निकलकर रोज़मर्रा की ज़िन्दगी और आम आदमी के दुख-दर्द को व्यक्त करने की दिशा में प्रवृत्त हुई। इसी समय कविता में नये प्रयोगों की भी शुरुआत हुई। प्रयोग की इस प्रवृत्ति में एक हद तक अंग्रेज़ी की इलियट-प्रवर्तित आधुनिकतावादी कविता की भी प्रेरणा थी। भारतीय भाषाओं में इस नई कविता के प्रमुख कवि हैं : हिन्दी के अज्ञेय (1911-1987) और मुक्तिबोध (1917-1964), उर्दू के मजाज (1909-1955) और फ़ैज़ (1911-1984), बंगला के जीवनानन्द दास (1899-1954), मराठी के बी.एस. मढेंकर (1907-1956) और गुजराती के उमाशंकर जोशी (1911-1987)।

1947 में स्वाधीनता-प्राप्ति के बाद नई कविता ने और भी प्रगति की। प्रतिभाशाली कवियों की पूरी एक नई पीढ़ी ने कविता के क्षेत्र में प्रवेश किया, जिसे अंग्रेज़ी अनुवाद के माध्यम से अन्तरराष्ट्रीय ख्याति मिली। इन कवियों में रघुवीर सहाय और केदारनाथ सिंह (हिन्दी), सुकान्त भट्टाचार्य और शक्ति चट्टोपाध्याय (बंगला), दिलीप चित्रे और अरुण कोल्हटकर (मराठी), रमाकान्त रथ (उड़िया) के नाम विशेष रूप से उल्लेखनीय हैं।

नाटक और रंगमंच

पाश्चात्य नाटक और रंगमंच का परिचय पाकर भारत के नाटककारों और रंगकर्मियों ने अपनी प्राचीन नाट्य-परम्परा को पुनर्जीवित करने के साथ ही पश्चिमी और पूर्वी शैलियों का समन्वय करके नये नाट्य-प्रयोग की शुरुआत की। इस प्रयास में शेक्सपियर के अतिरिक्त मोलियर, इब्सन, चेख़व और ब्रेख्त की प्रेरणा सबसे

महत्त्वपूर्ण रही है। इस बीच लोकनाट्य की विभिन्न शैलियों का भी पुनरुद्धार और संस्कार किया गया। वर्ष 1936 में बने भारतीय जन-नाट्य संघ (इप्टा) के संगठित प्रयास से लोकजागरण के लिए नये रंगमंच और नये नाटकों के निर्माण की दिशा में काफ़ी प्रगति हुई। नाटक और रंगमंच के क्षेत्र में सबसे उल्लेखनीय कार्य बंगाल, महाराष्ट्र और कर्नाटक में हुआ। नये नाटककारों में सबसे महत्त्वपूर्ण हैं बादल सरकार (बंगला), विजय तेंदुलकर (मराठी) और गिरीश कारनाड (कन्नड़)। रंगमंच के विकास में सबसे महत्त्वपूर्ण योगदान शम्भू मित्र, इब्राहिम अल्काजी, श्रीराम लागू, बी.वी. कारन्त, हबीब तनवीर और सत्यदेव दुबे का है।

भारतीय अंग्रेज़ी के प्रसिद्ध लेखक हैं मुल्कराज आनन्द (ज. 1905), राजा राव (ज. 1909) और आर.के. नारायण (ज. 1906)।

चीनी साहित्य

1919 में चीन में एक महान सांस्कृतिक तथा राष्ट्रीय आन्दोलन शुरू हुआ जिसे 'चतुर्थ मई आन्दोलन' के नाम से जाना जाता है। इस काल में एक नये साहित्यिक आन्दोलन की शुरुआत हुई जिसके नेता हू शिह (1891-1962) और चेन तु-सिउ (1879-1942) थे। उन्होंने पूर्ववर्ती कृत्रिम भाषा के स्थान पर 'पाइ-हुआ' अर्थात् 'सीधी-सादी' भाषा के प्रयोग पर बल दिया। चीनी साहित्य के लिए बोलचाल की भाषा का यह आन्दोलन क्रान्तिकारी सिद्ध हुआ। चीनी साहित्य के इतिहास में 1919-1937 का काल युगांतकारी माना जाता है। इस बीच चीन में राष्ट्रीयता की भावना का व्यापक प्रसार हुआ। एक ओर विज्ञान और टेक्नोलॉजी के साथ-साथ पश्चिमी यूरोप के आधुनिक विचारों से चीनी बुद्धिजीवी परिचित हो रहे थे तो दूसरी ओर रूस की क्रान्ति का भी प्रभाव पड़ रहा था। डॉ. सन यात-सेन ने कुमिंतांग नाम से जिस राष्ट्रवादी राजनीतिक पार्टी का गठन किया था, उसमें कम्यूनिस्ट भी शामिल थे। किन्तु 1925 में उनकी मृत्यु के बाद च्यांग काई शेक ने कम्यूनिस्टों को निकालकर ही सन्तोष नहीं किया बल्कि उनके दमन का भी रास्ता अपनाया। स्वभावत: इस राजनीतिक उथल-पुथल के दौर में चीनी बुद्धिजीवियों और साहित्यकारों में भी विचारों के स्तर पर ध्रुवीकरण हुआ। कुछ का झुकाव पश्चिम की ओर था तो कुछ का सोवियत रूस और समाजवाद की ओर।

इस दौर में चीनी साहित्य में जो प्रतिभा उभरकर सबसे ऊपर आई, उसका नाम है लू-शुन (1881-1936)। उन्हें अक्सर जार्ज बर्नार्ड शॉ और मैक्सिम गोर्की का सम्मिलित रूप कहा जाता है। इसका कारण है उनका प्रखर व्यंग्य और जनसाधारण के लिए मानवीय करुणा। लू-शुन के हाथों चीनी साहित्य में नये ढंग के यथार्थवादी कथा साहित्य की शुरुआत हुई। कोई उपन्यास उन्होंने नहीं लिखा लेकिन उनकी

'पागल की डायरी' और 'आई क्यू की कहानी' विश्व कथा-साहित्य में अद्वितीय और अमर कृतियाँ हैं। कहानियों के समान ही लू-शुन के छोटे-छोटे व्यंग्यात्मक निबन्धों ने भी जन-जागृति में क्रान्तिकारी भूमिका अदा की थी।

लू-शुन की ही यथार्थवादी परम्परा को आगे बढ़ानेवाले उपन्यासकार और कहानीकार हैं माओ तुन (1896-1981) जो क्रान्ति के बाद चीन के संस्कृति-मंत्री हुए। माओ तुन का सबसे प्रसिद्ध उपन्यास है 'अर्द्धरात्रि' (1923)। उन्होंने आगे चलकर 1927-1928 में 'मोहभंग, दुविधा और खोज' शीर्षक से एक त्रयी लिखी जो 'ग्रहण' नाम से एक साथ प्रकाशित हुई। इसमें विदेशी आक्रमण, ज़मींदारी प्रथा, आर्थिक विपन्नता और राष्ट्रीय अव्यवस्था के दौर में विभिन्न सामाजिक वर्गों के व्यक्तियों की मनोदशा का अत्यन्त यथार्थवादी चित्रण हुआ है।

इसी वामपंथी परम्परा के महत्त्वपूर्ण कवि कुओ मोजो (1892-1978) हैं जो आगे चलकर चीन के उपप्रधानमंत्री पद पर आसीन हुए किन्तु चीन के सबसे महत्त्वपूर्ण क्रान्तिकारी कवि वस्तुत: आइचिंग (ज. 1910) हैं, जिन्होंने 26 वर्ष की उम्र में 1936 में अपने प्रथम कविता संग्रह से चीनी कविता में क्रान्ति उपस्थित कर दी। इनके प्रेरणास्रोत रैम्बो, मायकोएव्स्की और विटमैन थे। स्वाधीन चीन में भी 1957 तक ये रचनारत रहे। किन्तु इसके बाद इन्हें राजनीतिक दृष्टि से सन्दिग्ध समझकर सुधार के लिए कम्यून में भेज दिया गया जहाँ बीस वर्षों तक उन्होंने तनहाई का जीवन बिताया। राजनीतिक स्थिति बदलने पर ये पुन:स्थापित हुए और बुढ़ापे में भी नये उत्साह से काव्य-सृजन करते रहे।

चीन के ग़ैर-वामपंथी लेखकों में हू शिह (1891-1962) अन्त तक समझौताहीन प्रयोगशील बने रहे। पा चिन (ज. 1905) की रुचि कन्फूशियन-परिवार के विघटन के चित्रण तक सीमित रही। इस प्रवृत्ति के लेखकों में आइलीन चाङ के उपन्यास 'धान के अंकुर का गीत' (1955) को पश्चिमी देशों में अत्यधिक महत्त्वपूर्ण माना गया है। इसी प्रकार छियेन-छुग शू के उपन्यास 'घिरा हुआ शहर' (1947) की भी काफ़ी प्रशंसा हुई है। इस पीढ़ी के लेखक लाओ शू (1899-1966) सबसे महत्त्वपूर्ण हैं और उनका उपन्यास 'रिक्शावाला' अन्तरराष्ट्रीय ख्याति पा चुका है।

राजनीतिक उथल-पुथल, विशेषत: सांस्कृतिक क्रान्ति के कारण, चीनी साहित्य को काफ़ी क्षति पहुँची। फिर भी इसमें कोई सन्देह नहीं कि चीन में बीसवीं सदी के दौरान उच्चकोटि के उपन्यासों, कहानियों और कविताओं की रचना हुई और इन रचनाओं से विश्व साहित्य समृद्ध हुआ।

जापानी साहित्य

जापान में आधुनिक साहित्य का आरम्भ मेजी पुनरुत्थान (1889) के साथ सम्बद्ध है। इस युग में पाश्चात्य साहित्य के साथ जापान के बुद्धिजीवियों और लेखकों का

सम्पर्क हुआ। अंग्रेज़ी तथा अन्य यूरोपीय भाषाओं के साहित्य का अनुवाद बड़े पैमाने पर हुआ। साहित्य में बोलचाल की भाषा के प्रयोग पर बल दिया गया। शोयो-त्सुबोउचि (1859-1935) का ग्रंथ 'उपन्यास के तत्त्व' (1883) आधुनिक जापानी साहित्य की 'गीता' माना जाता है। इस ग्रंथ के द्वारा उन्होंने उपन्यास में यथार्थवाद का महत्त्व रेखांकित किया। इसके साथ ही त्सुबोउचि ने स्वयं भी यथार्थवादी उपन्यास लिखकर उदाहरण प्रस्तुत किया।

जापानी उपन्यास को कलात्मक परिपक्वता प्रदान करने का श्रेय मोरी ओगाई (1862-1922) को है। इस दौर के दूसरे महत्त्वपूर्ण उपन्यासकार नात्सु-मे तोसेकी (1867-1916) हैं। तोसेकी का उपन्यास 'मैं बिल्ली का बच्चा हूँ' एक अध्यापक की पालतू बिल्ली की आत्मकथा है, जिसमें मनुष्य की विसंगतियों और मध्यवर्गीय समाज के खोखलेपन पर तीखा व्यंग्य किया गया है। इनकी सबसे प्रसिद्ध कृति 'बोच्चान' है जो एक स्कूल टीचर की आत्मकथा है।

1912 से 1925 के बीच का काल जापानी साहित्य में ताइशो-युग कहलाता है। रूस पर जापान की विजय के कारण जापान में जो आत्मविश्वास आया, वह मानसिकता इस युग के साहित्य का मुख्य स्वर है। शिगा नाओया (1883-1971) के उपन्यास 'अँधेरी रात की राह' को इस काल की सर्वश्रेष्ठ कृति कहा जा सकता है। वर्ष 1926 में सम्राट हिरोहितो के राज्यारोहण के साथ जापानी साहित्य का शोवा-युग शुरू होता है। वर्ष 1928 में जापान मज़दूर संगठन की स्थापना के साथ जापान में सर्वहारा साहित्य-सृजन का ज़ोर बढ़ा। विशेष बात यह है कि जापानी सर्वहारा साहित्य की रचना करनेवालों में बहुत-से लेखक स्वयं मज़दूर वर्ग के हैं।

1931 में मंचूरिया और 1932 में शंघाई में सैनिक हस्तक्षेप करने के साथ जापान में फासिस्ट शक्तियाँ बल पकड़ने लगीं। इस वातावरण में जापानी बुद्धिजीवियों को पीड़ा हुई। उसका चित्रण खुनोसुके आकुतागावा (1892-1937) की रचनाओं में मिलता है। शोवा-युग के अवसाद और निराशा को कलात्मक रूप से प्रतिबिम्बित करने का काम ओसालू दाज़ाई (1909-1948) ने भी किया।

जापानी कविता विश्व में 'हाइकू' के लिए प्रसिद्ध है जो एक अत्यन्त प्राचीन काव्य-रूप है। आधुनिक युग में नये जापानी कवियों ने हाइकू को नई संवेदना के साथ पुनर्जीवित किया। मासाओका शिकि (1867-1902) हाइकू के चार प्रमुख कवियों में एक माने जाते हैं। कविता के क्षेत्र में जापान में भी बीसवीं सदी के आरम्भ में रोमांटिक उत्थान का दौर था।

द्वितीय विश्वयुद्ध के बाद जापानी साहित्यकारों में सबसे महत्त्वपूर्ण काफू नागाइ (1879-1959) और यासुनारि कावाबाता (1899-1972) हैं। कावाबाता को 1968 का नोबेल पुरस्कार का सम्मान प्राप्त है।

अरबी, तुर्की और फ़ारसी साहित्य

आधुनिक अरबी कविता के रहनुमा अमीन रेहानी (1876-1940) और खलील जिब्रान (1883-1931) हैं जिन्हें 'महजरी' अथवा न्यूयॉर्क शायर कहा जाता है। इन्होंने इस्लाम-पूर्व और सूफी परम्परा के स्वप्नदर्शी कवि की अवधारणा को पुनर्जीवित किया। रेहानी नेवाल्ट विटमैन से प्रेरणा लेकर अरबी में मुक्त छंद और गद्य कविता की शुरुआत की। चालीस के दशक से अरबी कविता में चार धाराएँ दिखाई पड़ती हैं : (1) तफला (1947-57)—इसके प्रमुख कवि अलू सय्यब (1926-64) और अल् बयाती (1926) हैं। इसे इराक़ी स्कूल भी कहते हैं। अल् बयाती इराक़ी कम्यूनिस्ट पार्टी से सम्बद्ध थे। इनकी 'बारिश का गीत' बहुत मशहूर है। (2) मजल्लत शेर तहरीक (1957-67)—इसे सीरिया स्कूल भी कहते हैं। इसके सभी शायर अरब क्रिश्चियन हैं। (3) हुजैराँ तर्जवा (1967-82)—इसे जून का अनुभव भी कहते हैं। इजरायल के हाथों अरब की अपमानजनक हार इस दौर की कविता का मुख्य विषय है। इस दौर के सबसे महत्त्वपूर्ण शायर फिलिस्तीनी कवि मोहम्मद दरवेश (1942) हैं, जिन्हें अन्तरराष्ट्रीय ख्याति-प्राप्त है। (4) बेरुत तजर्बा (1982)—जून, 1982 में इज़रायल ने लेबनान पर हमला करके बेरूत पर क़ब्ज़ा कर लिया था। इस दर्द को जिन कवियों ने वाणी दी, उनका सम्बन्ध इस दौर से माना जाता है। अरबी कविता के इन सभी युगों से अरब जाति की प्रबल राष्ट्रीय भावना का अहसास होता है।

नये तुर्की साहित्य के अग्रदूत और सबसे बड़े कवि तौफ़ीक फ़िक्रत (1887-1815) हैं। विज्ञान में उनकी आस्था थी और वे अपने ज़माने की बुराइयों के कट्टर आलोचक थे। कमाल अतातुर्क ने जब तुर्की गणराज्य के प्रथम राष्ट्रपति की हैसियत से तुर्की में आधुनिकीकरण की प्रक्रिया शुरू की तो उनका ध्यान तुर्की भाषा के सुधार की ओर भी गया। उन्होंने 1932 में तुर्की भाषा वैज्ञानिक सोसाइटी की स्थापना की और इस सोसाइटी के द्वारा उन्होंने बोलचाल की तुर्की का प्रचलन किया और लैटिन लिपि को मान्यता दी। यहाँ से तुर्की साहित्य में एक क्रान्तिकारी दौर की शुरुआत हुई। इस दौर में सबसे क्रान्तिकारी तुर्की कवि नाज़िम हिकमत (1902-63) हैं जिन्हें अन्तरराष्ट्रीय ख्याति-प्राप्त हुई। उनकी ज़िन्दगी का ज़्यादा समय जेल और देश-निकाला की सजा भुगतते हुए सोवियत रूस में बीता। तुर्की कविता पर भी पश्चिम की आधुनिकतावादी कविता का असर पड़ा। इस असर के सबसे महत्त्वपूर्ण कवि ओहिनिवेली कनिक (1914-50) हैं। तुर्की ने पचास के दशक में 'किसान' कवियों को भी पैदा किया जिनमें सबसे उल्लेखनीय मोहम्मद बशरन (ज. 1926) हैं। तुर्की के युवा कवियों में सबसे प्रयोगशील सजाइ करकोच (ज. 1933) हैं। उन्होंने अनेक फ्रेंच कविताओं का अनुवाद किया है। वे अपने धार्मिक विश्वासों में परम्परावादी हैं। किन्तु कविता की तकनीक में सुर्रियलिस्ट हैं। क्रान्तिकारी कवियों की नवीनतम धारा के सबसे होनहार कवि अताओल बहरामलू (ज. 1942) हैं।

ईरान में आधुनिक फारसी कविता के अग्रदूत नीमा योशेच (1896-1959) हैं। इन्होंने फ्रेंच राज्य क्रान्ति के विचारों से प्रेरणा लेकर ईरान में क्रान्तिकारी भावना फैलाने का प्रयास किया। 'कारे शबेपा' इनकी प्रसिद्ध कविता है जिसके केन्द्र में आम आदमी है। नीमा की परम्परा को आगे बढ़ानेवाले समकालीन फारसी के सबसे बड़े कवि अहमद शामलू (ज. 1925) हैं। अपने कम्यूनिस्ट विचारों के लिए शामलू को कई बार जेल की सजा भुगतनी पड़ी। उन्होंने फ़ारसी में 'आज़ाद बह्र' का प्रचलन किया। ईरान के नॉवेलनिगारों में दो लेखक सबसे महत्त्वपूर्ण हैं—एक तो बुजुर्ग अलवी जो प्रगतिशील विचारों के हैं और उनका नॉवेल 'चश्मेहा' काफ़ी मशहूर है। दूसरे उपन्यासकार हैं—सादिक हिदायत (1903-1951), जो कुछ-कुछ अस्तित्ववादी विचारधारा से प्रभावित हैं। इन्होंने फन्तासी शैली में मनोवैज्ञानिक उपन्यास लिखे हैं। अंग्रेज़ी में उनके एक उपन्यास का अनुवाद 'अंधा उल्लू' (द ब्लाइंड आउल) शीर्षक से हुआ है। तमाम पाबन्दियों के बावजूद ईरान में महिला लेखिकाओं का भी उदय हुआ जो अपने विचारों में काफ़ी क्रान्तिकारी हैं। ऐसी लेखिकाओं में सबसे महत्त्वपूर्ण नाम फ़रोग़ फ़र्रुख़ज़ाद (1934-1966) का है।

अफ्रीकी साहित्य

विश्व रंगमंच पर अफ्रीकी साहित्य का प्रवेश द्वितीय विश्वयुद्ध के बाद हुआ। अफ्रीका में उपनिवेशवाद और रंगभेद के विरुद्ध असन्तोष का आरम्भ बीसवीं सदी के प्रथम दशक में ही हो गया था। गांधी जी ने दक्षिण अफ्रीका में जातीय अत्याचार के विरुद्ध आवाज़ उठाई थी। प्रथम विश्वयुद्ध के बाद अफ्रीका के बहुत-से देशों में राष्ट्रवादी आन्दोलन शुरू हुआ किन्तु राष्ट्रीयता की लहर सम्पूर्ण अफ्रीका में द्वितीय विश्वयुद्ध के बाद ही प्रबल हुई। इस राष्ट्रीय आन्दोलन के प्रमुख नेता घाना के क्वामे न्यूक्रूमा थे। उन्होंने ही सबसे पहले 'आज़ादी अभी' का नारा दिया। अफ्रीकी राष्ट्रवाद का प्रमुख स्वर उपनिवेशवाद-विरोधी था। यह उपनिवेशवाद-विरोध अफ्रीकी बुद्धिजीवियों ने किया। अफ्रीकी जागरण का नेतृत्व पश्चिमी शिक्षा-प्राप्त अफ्रीकी बुद्धिजीवियों ने किया। अफ्रीकी साहित्य एशियाई साहित्य से इस बात में भिन्न है कि अफ्रीकी साहित्य का माध्यम सामान्यत: फ्रेंच, अंग्रेज़ी, पोर्तुगीज या यूरोपीय भाषाएँ ही रहीं। लियोपोल्ड सेदोर सेंगोर (ज. 1906) पहले अफ्रीकी साहित्यकार हैं जिन्हें अन्तरराष्ट्रीय ख्याति मिली। वर्ष 1960 में जब सेनेगल फ्रांसीसी उपनिवेशवाद के शिकंजे से मुक्त हुआ तो सेंगोर उसके प्रथम राष्ट्रपति भी चुने गए। उन्हें फ्रेंच में लिखनेवाले सबसे बड़े अफ्रीकी कवि के रूप में मान्यता मिली। उन्हें 'नेग्रीच्यूड' का मसीहा कहा गया। सेंगोर ने 'नेग्रीच्यूड' की भावना को व्यक्त करनेवाली प्रतिनिधि अफ्रीकी कविताओं का एक संकलन भी प्रकाशित किया जिसकी भूमिका प्रसिद्ध फ्रांसीसी साहित्यकार ज्याँ पाल सार्त्र ने लिखी थी। सेनेगल के ही दूसरे महत्त्वपूर्ण

उपन्यासकार सेम्बीन उस्मान (ज. 1923) हैं जिन्होंने अपने यथार्थवादी उपन्यासों, कहानियों और विशेषत: फ़िल्मों के द्वारा अन्तरराष्ट्रीय स्तर पर अफ्रीकी पहचान की स्थापना की। उस्मान ने साहित्य में इस स्तर पर पहुँचने के लिए लम्बा संघर्ष किया। शुरू-शुरू में वे एक मछुआरे थे फिर गोदी मज़दूर और उसके बाद ट्रेड यूनियन नेता। वे फ्रांस की कम्यूनिस्ट पार्टी के सदस्य भी थे। उस्मान एक कमिटेड लेखक हैं। उन्होंने अफ्रीकी उपन्यास को गतिशील यथार्थवाद प्रदान किया। 'लमन्दा' और 'जाला' शीर्षक उपन्यासों और इन्हीं उपन्यासों पर स्वयं उन्हीं द्वारा बनाई गई फ़िल्मों को विशेष ख्याति मिली है।

दक्षिण अफ्रीका के साहित्यकारों में दो नाम सबसे प्रसिद्ध हैं : कवि डेनिस ब्रूटस (ज. 1924)और उपन्यासकार अलेक्स ला गुमा (ज. 1925)। दक्षिण अफ्रीका की श्वेत सरकार की सख्त रंगभेद नीति के कारण साहित्यकारों को अनेक प्रकार की यातनाओं से गुज़रना पड़ा। जेल की सजा और देश-निकाला आम बात थी। इन कठिन स्थितियों ने दक्षिण अफ्रीकी साहित्य को सबसे ज़्यादा जुझारू रूप प्रदान किया है। स्वभावत: वहाँ के सभी कवि राजनीतिक संघर्ष में भाग लेनेवाले सक्रिय कार्यकर्ता हैं। डेनिस ब्रूटस की कविताएँ भी जेल और देश-निकाले के इन्हीं अनुभवों की अभिव्यक्ति हैं। पीड़ा की सच्ची अनुभूति और बिम्बों की ताजगी के कारण ये कविताएँ समकालीन अंग्रेज़ी कविता की अमूल्य निधि मानी जाती हैं।

ला गुमा दक्षिण अफ्रीकी कम्यूनिस्ट पार्टी के सदस्य और प्रतिबद्ध उपन्यासकार हैं। अपने प्रथम उपन्यास 'ए वाक् इन दि नाइट' (1962) के प्रकाशन के साथ ही वे मशहूर हो गए। उन्होंने अनेक मार्मिक कहानियाँ भी लिखी हैं जो ज़्यादातर 'ब्लैक अर्फ़ियस' पत्रिका में छपी हैं। ला गुमा को 1973 में अफ्रीका एशियाई लेखक संघ ने साहित्य का 'लोटस' पुरस्कार देकर सम्मानित किया था।

नाइजीरिया सम्भवत: साहित्य-सृजन में सभी अफ्रीकी देशों से आगे है। यहाँ के लेखकों की संख्या भी अधिक है और कृतियाँ भी अधिक प्रकाशित हुई हैं। नोबेल पुरस्कार वैसे तो काफ़ी विवादास्पद हो चुका है, फिर भी अफ्रीका में साहित्य का पहला नोबेल पुरस्कार पाने का गौरव नाइजीरिया के अंग्रेज़ी कवि, नाटककार और उपन्यासकार वोले शोयेंका (1934) को ही प्राप्त हुआ। उनके अनेक नाटक ब्रिटेन में खेले गए हैं। चिनुआ अचेबे (1930) नाइजीरिया के दूसरे अन्तरराष्ट्रीय ख्याति-प्राप्त साहित्यकार हैं जिन्होंने अपने उपन्यासों, कहानियों, लेखों और भाषणों से अफ्रीकी साहित्य को मान्यता दिलाने में अहम् भूमिका निभाई है और कुछ लोगों की राय में अचेबे शोयेंका से ज़्यादा बड़े लेखक हैं।

अचेबे के मुख्य उपन्यास हैं : 'थिनास फाल एपार्ट' (1958) और 'ए मैन ऑफ़ दि पिपुल' (1966)। उनका एक कहानी संग्रह काफ़ी चर्चित हुआ है : 'गर्ल्स ऐट

वार एंड अदर स्टोरीज' (1972)। उन्होंने कविताएँ भी लिखी हैं और 'बिवेयर सोल एंड ब्रदर्स' (1921) नाम से कविता संग्रह प्रकाशित भी हुआ है। अफ्रीकी साहित्य के प्रचार-प्रसार के लिए अचेबे 'ओकिके' नामक एक साहित्यिक पत्रिका भी निकालते हैं। हाइनेमन एजुकेशनल बुक्स के 'अफ्रीकन राइटर सीरीज' के सम्पादकीय सलाहकार की हैसियत से उन्होंने अफ्रीकी साहित्य के प्रकाशन में महत्त्वपूर्ण योगदान दिया।

गैब्रिएल ओकारा (1921) नाइजीरिया के अग्रणी कवि हैं। इनके कविता संग्रह 'दि फिसर मैन्स इन्वोकेशनल' (1978) को कॉमनवेल्थ पोएट्री प्राइज़ (1979) प्राप्त है। ओकारा ने अंग्रेज़ी में अपनी स्थानीय बोली का मिश्रण करके भाषा के अनूठे प्रयोग किये हैं। उनकी कविता में अफ्रीकी मौखिक परम्परा की गूँज सुनाई पड़ती है।

क्रिस्टोफर ओकिबो (1932-1967) नाइजीरिया के ऐसे क्रान्तिकारी कवि हैं, जो नाइजीरियाई गृहयुद्ध के दौरान बियाफरा की फौज में मेजर की हैसियत से लड़ते हुए वीरगति को प्राप्त हुए। नाइजीरिया में उनके बारे में अनेक किंवदंतियाँ प्रचलित हैं। अचेबे और शोयेंका जैसे लेखकों ने उनकी स्मृति में अपनी रचनाएँ समर्पित की हैं। कीनिया के सबसे महत्त्वपूर्ण और क्रान्तिकारी लेखक हैं गुगी वा थियांगे (1938)। अपने लेखन के लिए उन्होंने स्वाधीन कीनिया में जेल की सजा भी काटी और देश-निकाला भी भोगा। कई वर्षों तक उन्होंने इंग्लैंड में शरणार्थी की तरह जीवन बिताया क्योंकि उन्हें स्वदेश आने की अनुमति नहीं थी। अपने प्रथम उपन्यास 'वीप नाट चाइल्ड' के प्रकाशन (1964) के साथ ही गुगी ने अपनी विशिष्ट पहचान बना ली। उनके अन्य प्रसिद्ध उपन्यास हैं : 'दि रीवर बिटवीन', 'ए ग्रेन ऑफ़ व्हीट' और 'पेटल्स ऑफ़ ब्लड' (1977)। एक अन्य लेखक गुगी वा मिरी के साथ मिलकर उन्होंने एक नाटक 'आई विल मैरी हेवेन आई वांट' लिखा जो रंगमंच की प्रस्तुति पर इतना उत्तेजक प्रमाणित हुआ कि कीनिया सरकार ने उसके प्रदर्शन पर रोक लगा दी। अफ्रीकी लेखकों में गुगी सम्भवत: सबसे क्रान्तिकारी हैं।

मेजा मवांगी (1948) गुगी के बाद दूसरी पीढ़ी के सबसे जागरूक लेखक हैं। मवागो का सबसे प्रसिद्ध उपन्यास है : 'किल मी क्विक' (1973)। इस पर उन्हें 1974 का 'केन्याटा पुरस्कार' मिला। इसमें उन्होंने अपनी पीढ़ी के गरीबों और दलितों की समस्याओं का चित्रण किया। गुगी से अपना अन्तर स्पष्ट करते हुए मवांगी ने लिखा है कि 'उन्होंने माउ-माड में सक्रिय लोगों की निजी दुख-गाथा लिखी है जबकि मैंने निस्संग मशीन के उद्घाटन का प्रयास किया है।' मवांगी के अन्य उपन्यास हैं : 'केरकेस फॉर हाउंड्स', 'गोइंग डाउन रीवर रोड', 'काकरोच डांस'।

अफ्रीका के अधिकांश देशों के स्वाधीन हो जाने के बाद अफ्रीकी साहित्य की विषयवस्तु में ज़बर्दस्त परिवर्तन आया है। औपनिवेशिक अनुभव और सांस्कृतिक संघर्ष अब अफ्रीकी साहित्य के मुख्य विषय नहीं रहे। नया अफ्रीकी साहित्य देश के अन्दर के शत्रुओं से संघर्ष कर रहा है। कुछ देशों में उपन्यास गाँव से हटकर शहर की ओर उन्मुख हो रहा है और कुछ देशों के साहित्य में साधारण जनता के असन्तोष और विद्रोह को अधिक प्रखरता से व्यक्त किया जा रहा है।

अफ्रीकी साहित्य में साहित्य की माध्यम भाषा को लेकर भी एक नया आन्दोलन शुरू हो चला है। गुगी जैसे कुछ लेखकों ने अंग्रेज़ी, फ्रेंच आदि यूरोपीय भाषाओं को छोड़कर अफ्रीका की अपनी स्थानीय भाषाओं में साहित्य-रचना की पहल की है। इस प्रकार स्वयं अफ्रीकी भाषाओं में भी साहित्य-सृजन का आन्दोलन चल पड़ा है।

['राष्ट्रीय शैक्षिक अनुसंधान और प्रशिक्षण परिषद' द्वारा कक्षा 12वीं के छात्रों के लिए प्रकाशित इतिहास की पाठ्य-पुस्तक 'समकालीन विश्व इतिहास' में 'समकालीन विश्व साहित्य' शीर्षक से संकलित, प्रथम संस्करण : अप्रैल, 1998]

खंड-2

आधुनिक विश्व साहित्य : वैचारिक आयाम

आधुनिक कला और साहित्य : वैचारिक प्रेरणाएँ

[1]

आज हम पश्चिम में उभरे आधुनिकतावादी आन्दोलनों की चर्चा करेंगे। राष्ट्रीय नाट्य विद्यालय की ओर से यद्यपि आपको नाटक और रंगकर्म में प्रशिक्षित करने के लिए ही बुलाया गया है लेकिन नाटककार की दुनिया और रंगकर्म इतना व्यापक है और इतनी चीज़ों से जुड़ा हुआ है कि प्रत्येक रंगकर्मी का उद्देश्य यह होना चाहिए कि उसका परिप्रेक्ष्य व्यापक हो। मेरा ख़याल है कि इस व्यापक परिप्रेक्ष्य से परिचय कराने के लिए ही मुझे इस ओरिएंटेशन कार्यक्रम में बुलाया गया है कि मैं नाटक के अलावा कला और साहित्य की अन्य विधाओं के बारे में बताऊँ—विशेष रूप से आधुनिक युग में क्या हुआ है। मैं आपके सम्मुख पिछले 100 वर्षों में ख़ास तौर से उन्नीसवीं सदी से कला और साहित्य में जो आधुनिकतावादी आन्दोलन और प्रवृत्तियाँ चलीं, उनकी एक झलक प्रस्तुत करूँगा। वैसे दुनिया जितनी तेज़ी से बदल रही है, साहित्य, कला और रंगकर्म भी उतनी ही तेज़ी से बदल रहा है। आजकल पश्चिम में ही नहीं, बल्कि यहाँ भी लोग आधुनिकतावाद या आधुनिकता की बात नहीं करते, बल्कि उत्तर-आधुनिकतावाद या उत्तर-आधुनिकता की चर्चा कर रहे हैं। हिन्दी में भी। इसलिए आज जो कुछ हो रहा है, उसकी चर्चा हम नहीं करेंगे, बल्कि उसकी चर्चा करेंगे, जो हो चुका है। कभी-कभी पुरानी बातों को जानना भी ज़रूरी हो जाता है। अगर अख़बार से काम चल जाता तो लोग इतिहास क्यों पढ़ते? इसलिए कभी-कभी अख़बार की दुनिया से निकलकर हमको अतीत की, बीती हुई दुनिया की ख़बर भी रखनी पड़ती है। इसलिए मैं आज आपके सामने पोस्ट मॉडर्निज़्म या उत्तर-आधुनिकता की चर्चा नहीं करूँगा। यूँ भी उसे समझने के लिए यह समझना ज़रूरी है कि आधुनिकता क्या है?

अभी कुछ दिन पहले मैं एक किताब पढ़ रहा था जिसके लेखक हैं : 'मार्शल बेरेमेन'। किताब का शीर्षक बहुत दिलचस्प है : 'All that is solid melts into Air' अर्थात् 'जो कुछ ठोस है, वह पिघलकर हवा में उड़ गया।' यह किताब आधुनिकता के बारे में है और यह पंक्ति कार्ल मार्क्स का जुमला है। आम तौर पर, आधुनिकता के साथ मार्क्स का रिश्ता बहुत कम जोड़ा जाता है। मार्क्स का रिश्ता तो समाजवाद

और साम्यवाद से जोड़ा जाता है। उसको सिर्फ़ पूँजी (Capital) का लेखक माना जाता है। इसलिए मार्क्स का आधुनिकता, आधुनिक कला और आधुनिक साहित्य से कोई रिश्ता हो नहीं सकता। फ़ैज़ के शब्दों में कहें तो : 'आजकल बदनाम है उस एक दीवाने का नाम'। मार्क्स का नाम तो सोवियत रूस में समाजवाद के पतन के बाद अब ख़ासा बदनाम-सा हो चला है। सबसे पहली बात जो आपके सामने कहना चाहूँगा, जिसे मार्शल ने अपनी पुस्तक में कहा है कि आधुनिक होने का मतलब है उस दुनिया में रहने का एहसास, जो दुनिया इतनी बदल गई है कि 'जो ठोस था, वह भाप बनकर उड़ गया है।' मार्क्स ने कहा है कि : 'उन्नीसवीं सदी से पहले की जो दुनिया थी, वह बड़ी ठोस दुनिया थी—स्थिर और जड़।' उसे उसने सामन्तवाद का कुलीन तंत्र नाम दिया। हम लोग हिन्दुस्तान में अगर इसे देखना चाहें तो ऐतिहासिक भवनों और ऐतिहासिक अवशेषों को देखें। उदाहरण के लिए लाल किला, जामा मस्जिद या ताजमहल। कितना ठोस है! उस समय की ज़िन्दगी को देखना चाहें तो वाहनों को देखें। अपने सामने हाथी की तसवीर रखें, दिखाई देगा धीरे-धीरे चलना, कोई ज़रूरी नहीं है, लेकिन शान है। मार्क्स ने कहा कि जब से यह टेक्नोलॉजी आई है, यह सब बदल गया है। बिजली और भाप यानी ऊर्जा का एक नया स्रोत मालूम हुआ। ऊर्जा के इन नये स्रोतों से नई टेक्नोलॉजी आई। इस टेक्नोलॉजी में इतनी तेज़ी, इतनी रफ्तार, इतनी आँच थी कि जो बर्फ़ की तरह ठोस था—पिघलकर पानी हुआ, बल्कि भाप बनकर उड़ गया और ऐसी दुनिया सामने आई जहाँ हर चीज़ तय नहीं है। सदियों से नहीं चली आ रही है, अपनी जगह पर क़ायम नहीं है। पहले राजा थे तो उनके बेटे पुश्त-दर-पुश्त गद्दियों पर बैठते चले आ रहे थे। सिंहासन ठोस था। इसलिए परिवर्तन का एहसास नहीं होता था। लगता था कि यह दुनिया इतनी पुख़्ता नींव पर क़ायम है कि इसको कोई हिला नहीं सकता। लेकिन जब टेक्नोलॉजी के द्वारा परिवर्तन हुआ तो वह ठोस दुनिया हमारी आँखों के आगे से हट गई और पिघलकर सब कुछ भाप जैसा दिखाई पड़ने लगा।

ऐसी बदलती हुई दुनिया में रहने का अनुभव दो तरह का हो सकता है—एक तो जिसे आप थ्रिल या उत्तेजना कहते हैं। गाँव या किसी छोटी जगह (अब तो गाँव में भी परिवर्तन हो गया है) से जैसे ही आप दिल्ली आएँ और दिल्ली में खुदा-न-ख़ास्ता रेडलाइन बस में चढ़ें तो आपको एक तेज़ रफ्तार चीज़ में चलने में उत्तेजना का भी एहसास हो सकता है और तो दूसरा एहसास 'डेड' का भी हो सकता है। इसलिए 'थ्रिल' और 'डेड', दोनों चीज़ें जब भाप बनती हैं तो हमें एक और 'थ्रिल' का अनुभव होता है, अपनी रगों में सनसनी-सी महसूस होती है, साथ ही डर भी लगता है कि गिर सकते हैं, दुर्घटना हो सकती है। इसलिए इस बदलती हुई दुनिया में लोगों ने कहा कि मॉडर्न होने का मतलब है—ठोस की बजाय भाप

बनकर उड़ना। बहुत-से लोग हैं जो उसी ठोस दुनिया में जी रहे हैं। उनके लिए कोई परिवर्तन नहीं हुआ है। ऐसे लोग अपना गाँव-घर छोड़कर कहीं नहीं जाते हैं। उनके जीवन में कोई फ़र्क़ नहीं आया। लेकिन ज़्यादातर लोग उस तेज़ रफ्तार या परिवर्तन के बीच से होकर गुज़रना चाहते हैं। आप समुन्दर के किनारे उसका गर्जन और ऊँची उठती लहरों को देखें और डर के मारे किनारे ही खड़े रहें, और बग़ैर नहाए ही लौट आएँ, क्योंकि आपका अनुभव गाँव की तलैया में तैरने का है, लेकिन कुछ लोग हैं जो 'बच्चन' के शब्दों में कहते हैं : 'तीर पर कैसे रुकूँ मैं आज लहरों में निमंत्रण?' बग़ैर यह विचार किये कि डूब भी सकते हैं, छलाँग लगाते हैं और उस 'थ्रिल' और 'डेड' के बीच लहरों पर पंजे मारते हुए तैरते हैं।

अब ऐसी बदलती हुई दुनिया में वे लोग जो किनारे खड़े नहीं रहे, बल्कि जिन्होंने उसकी लहरों में छलाँग लगाई, उसको अनुभव किया और उस अनुभव को रंगों में, रेखाओं में, शब्दों में और संगीत में बाँधा और बाँधने की इस कोशिश से जो चीज़ पैदा हुई, उसे आधुनिकता (मॉडर्निटी) या 'आधुनिक' (मॉडर्न) कहा। फ्रांस के कवि 'रेम्बों' ने कहा था कि 'आज आधुनिक होना ज़रूरी है'। यह परिवर्तन सबसे ज़्यादा शहरों में हुआ। ऐसा नहीं है कि इसके पहले शहर नहीं होते थे। शहर पहले भी थे। उत्तर-वैदिक काल में महाभारत में इसके उल्लेख मिलेंगे और यूरोप में भी मिलेंगे। पुर हुआ करते थे। अब भी आप देखते हैं कि बहुत-से गाँवों के नाम 'पुर' हैं और बहुत-से शहरों के नाम में भी 'पुर' लगा हुआ है, जैसे 'कानपुर', तिरूवन्तपुरम्' आदि तो शहर पहले भी हुआ करते थे। लेकिन उस ज़माने के शहर और आधुनिक काल में (टेक्नोलॉजी के ज़माने में) जो शहर बने, इन शहरों में फ़र्क़ था। किसी भी पुराने शहर में चले जाइए, आपको दो शहर मिलेंगे। दिल्ली में एक 'शहरपना' अन्दर की दिल्ली की है जिसे पुरानी दिल्ली या सिर्फ़ दिल्ली कहते हैं और 'दिल्ली दरवाजा' से निकलकर जैसे ही बाहर आते हैं तो नई दिल्ली में पहुँचते हैं। यहाँ पहुँचकर आपको मालूम होगा कि शहर-शहर में फ़र्क़ होता है। एक दिल्ली जो फसील कहलाती है, उसमें भी 'शहरपना' है, पर जो टूटी हुई-सी है और बहुत पुरानी है, लेकिन दूसरी ओर नई दिल्ली भी है। उस शहर और इस शहर की ज़िन्दगी में आपको बहुत फ़र्क़ दिखाई देगा। अब पुराने शहर के बीच में यह जो नया शहर बना है, इन शहरों में रहनेवाले लोग ही ठीक-ठीक इस परिवर्तन का अनुभव कर सकते थे। जैसे—भूकम्प आए तो उसकी ख़बर तो दूर से ही आपको अख़बार से मिल जाती है लेकिन उस भूकम्प के 'एपी' सेंटर पर जो लोग रहते हैं, वे उस भूकम्प की धड़कन को अपनी रगों में महसूस कर सकते हैं। गाँव में रहनेवाले आदमी उस परिवर्तन को इतना अनुभव नहीं कर सकते, जितना शहर में रहनेवाला आदमी महसूस भी करता है। वह उस परिवर्तन को केवल जानता ही नहीं, अपनी रगों में, नसों में, नाड़ी में, अपनी हर धड़कन में महसूस भी करता है।

इसलिए यह अनुभव जहाँ हुआ, उसके 'एपी' सेंटर शहर थे। वे शहर जो सबसे पहले आधुनिक बने, उनमें इसका अनुभव ज़्यादा हुआ। इसलिए उन्नीसवीं सदी के मध्य में एक ही शहर में दो आदमी साथ-साथ थे, और एक-दूसरे को नहीं जानते थे। वह शहर पेरिस था और उस पेरिस शहर में कार्ल मार्क्स एक ओर 1848 में 'कम्यूनिस्ट मेनीफेस्टो' लिख रहे थे तो वहीं दूसरी ओर उसी शहर में, उसी समय एक कवि था, जिसका नाम शार्व बोर्दलेयर है। वह शहर का, शहरी ज़िन्दगी का पहला कवि था। उस पेरिस में मार्क्स ने जब यह घोषणा-पत्र लिखा, उसी समय शार्व बोर्दलेयर ने एक किताब लिखी : 'The Flowers of Evil'। अब आप देखें कि पाप के फूल क्या होते हैं। फूल तो ख़ूबसूरत होते हैं और फूल में कोई पाप नहीं होता, लेकिन यहाँ नये परिवर्तन को बोर्दलेयर ने पाप एविल के रूप में देखा। बहुत कुछ नष्ट हुआ, बर्बाद हुआ पर उसके साथ पेरिस ही वह जगह थी, जहाँ से आधुनिकता या आधुनिक-चेतना का आरम्भ हुआ।

इस संक्रमण या परिवर्तन को जिस एक कवि ने पहली बार पकड़ा, वह शार्व बोर्दलेयर था। कहा जाता है कि सारी आधुनिक प्रवृत्तियों का आरम्भ शार्व बोर्दलेयर से हुआ। ऐसा नहीं है कि टेक्नोलॉजी केवल पेरिस में ही आई, इंग्लैंड में भी आई थी। ब्रिटिश चैनल के उस पार पेरिस था तो इधर लन्दन, लेकिन उस समय लन्दन में चार्ल्स डिकेंस था। आपने उसके 'डेविड कॉपर फील्ड', 'ग्रेट एक्सपेक्टेशन' जैसे कुछ नॉवल पढ़े होंगे। उसके कुछेक उपन्यासों पर फ़िल्में तो बनी ही हैं, कई नाटक भी खेले गए हैं और उस ज़िन्दगी के बारे में उसने भी लिखा है। चार्ल्स डिकेंस और चार्ल्स बोर्दलेयर, दोनों चार्ल्स हैं, लेकिन बोर्दलेयर के 'फ्लावर ऑफ ईविल' और डिकेंस के 'ग्रेट एक्सपेक्टेशन', दोनों में बड़ा फ़र्क़ है। डिकेंस उस रूप में आधुनिक नहीं माना जाता, जैसेकि चार्ल्स बोर्दलेयर माने जाते हैं। क्यों?

पेरिस कई मामलों में लन्दन से बहुत अलग था, क्योंकि लन्दन व्यापार का एक बड़ा केन्द्र था, लेकिन पेरिस में जहाँ बोर्दलेयर से 50-60 साल पहले फ्रांसीसी क्रान्ति हो चुकी थी, और जहाँ यूरोप का सबसे बड़ा राजतंत्र बोरबो खानदान था। अगर आपमें से कभी कोई वर्साय गया हो तो उसने देखा होगा कि सचमुच 'रायल्टी' और राजतंत्र का ठाट-बाट कैसा होता है, इसलिए जो भी बड़े परिवर्तन हुए, वे पेरिस में हुए, लन्दन में नहीं। इसके अलावा पेरिस में एक और बड़ी ख़ूबी थी। जैसे आजकल दिल्ली में देख रहे हैं कि जितने ही 'घर छोड़ू' हैं—चाहे वे दक्खिन के हों, मद्रास के हों, केरल के हों—वे सारे के सारे लोग घर छोड़कर दिल्ली की ओर भाग रहे हैं। एक ज़माने में सारे यूरोप के देश-निकाला लोग घर या देश छोड़ भाग-भागकर पेरिस में शरण लेते थे। उनमें बहुत-से ऐसे लोग थे, जो प्रतिभाशाली थे। इनमें कुछ लिखना जानते थे, कुछ तसवीर बनाना जानते थे, कुछ गाना जानते थे। ऐसे लोगों के लिए पेरिस में बहुत सुविधाएँ थीं जो लन्दन में उस समय नहीं

हो सकी थीं। इन तमाम रुचियों के लोगों की पेरिस में बहुत पहले से परम्परा चली आ रही थी, जिसे फ्रेंच में 'सालों' कहते हैं। कॉफी हाउस या रेस्तराँ का एक ऐसा कोना जहाँ इस तरह की विभिन्न रुचियों के लोग, चाहे नाटक लिखनेवाले हों, रंगकर्मी हों, उपन्यासकार हों, चित्रकार हों, गायक हों यानी तरह-तरह के लोगों का एक छोटा-सा गुट इकट्ठा होता था। और चूँकि शहरों में आवास की व्यवस्था हमेशा कठिन रही है, इसलिए ठंड या बरसात के दिनों में सड़कों पर बने ओवर ब्रिज के नीचे रहनेवाले ये लोग शाम को कम-से-कम चार-पाँच घंटे के लिए एक जगह इकट्ठा होते थे और जहाँ उनकी अपनी सारी गुरबत, सारा अभाव और सारी कमियाँ ख़त्म हो जाती थीं; जहाँ एक साथ मिलकर वे अपने भावों और विचारों का आदान-प्रदान किया करते थे।

पेरिस के ऐसे 'सालों' में, जिसका गहरा सम्बन्ध शार्व बोर्दलेयर से था। वे ऐसे ही सालों में रहते थे, जहाँ उनके चित्रकार मित्र भी थे, उपन्यासकार भी थे, नाटककार भी थे और वे सभी आपस में मिलते थे। इस तरह आधुनिकता या आधुनिकतावादी आन्दोलनों का केन्द्र शहर थे। हम इस बात को समझाने के लिए हिन्दी का उदाहरण या भारतीय वातावरण का उदाहरण लेकर देख सकते हैं। भक्ति की कविता को आप देखें और संत, भक्त, फकीरों को देखें, जिनके लिए किसी शहर की ज़रूरत नहीं थी। तुलसीदास जहाँ रहे, वह राजापुर, कौन-सा शहर था? मलिक मोहम्मद जायसी अमेठी में दूर एक खानकाह में पड़े हुए थे। इसलिए सूफियों, संतों, फकीरों की कविता गाँवों में, झोंपड़ियों में, चल रही थी। किसी झोंपड़ी में पड़े हैं और वहाँ भक्ति-भाव से भजन चल सकता है। दूसरे रंग की कविता थी।

इसके बाद 'दरबारी कविता' लिखी गई, जो दरबारों में लिखी गई, जिसको हिन्दी में हम रीतिकाल या अलंकार काल कहते हैं। भारत की हर भाषा में 50-100 साल तक इस तरह की दरबारी कविता हुई है। उर्दू की कविता के बारे में यह आम समझ है कि वह दरबारों की कविता है। लेकिन सच्चाई यह है कि जितने भी बड़े शायर हुए, वे तब आए, जब दरबार ख़त्म हो रहे थे। बाज़ार उठ रहे थे। ग़ालिब आए तो बहादुरशाह ज़फर थे, लेकिन उनकी सल्तनत को दिल्ली का पालम कहते हैं या पालम जितनी दूर तक है, उतनी ही दूर तक उनकी सल्तनत थी और कहलाते थे हिन्दुस्तान के बादशाह। हिन्दुस्तान की बाक़ी हुकूमत अंग्रेज़ बहादुर, या कम्पनी बहादुर के हाथ में थी। तो यह बादशाहत थी। क्या देते ग़ालिब को या मीर को? इनकी कविता 'दरबारी कविता' नहीं थी, बल्कि महफिलों और बज़्मों की कविता थी। कभी-कभी यह महफिल तवायफों के कोठों पर हुआ करती थी यानी यह 'दरबारी कविता' नहीं थी। अब तक की कविता या तो झोंपड़ियों की थी या महलों, दरबारों की। आधुनिक कविता जहाँ शुरू हुई, वह एक तरह से बाज़ार की कविता थी और शहर के बाज़ार की कविता थी।

तो जैसे फ्रांस में शार्व बोर्दलेयर थे, वैसे ही हिन्दुस्तान में आधुनिक उर्दू कविता में पहला कवि ग़ालिब थे : 'तुम शहर में हो तो हमें क्या ग़म, जब उठेंगे ले आएँगे बाज़ार से जाकर दिलो-जाँ', और कविता में बाज़ार और शहर, पहली बार ग़ालिब की कविता में आता है। हिन्दी कविता में इससे पहले बाज़ार और शहर सुनाई नहीं पड़ता है।

तो शहर और बाज़ार में एक नये ढंग का साहित्य, एक नये ढंग की कला पैदा हुई, जिसे हम आधुनिक या मॉडर्न कहते हैं। अब सवाल यह है कि यह जो परिवर्तन हो रहा था, उसको कैसे देखा जाए? यह परिवर्तन कब हुआ, कैसे हुआ, इसके बारे में लोगों में काफ़ी बहस है। मैंने मोटे तौर पर कहा कि उन्नीसवीं सदी के मध्य यानी उत्तरार्द्ध से शुरू हुआ। उन्नीसवीं सदी का यूरोप आज के हिन्दुस्तान से भी पिछड़ा हुआ था। आजकल का जो यूरोप दिखाई पड़ रहा है, वह ऐसा नहीं था। उन्नीसवीं सदी में काफ़ी पुराना था—वैसे ही, जैसे ईस्ट इंडिया कम्पनी के आने के बाद दिल्ली में उनके क़ब्ज़े के वक़्त की दिल्ली थी और जब वे तख़्त पर बैठ गए तो थोड़ा-बहुत परिवर्तन शुरू हो गया। वहाँ ज़्यादा हुआ और यहाँ कम हुआ, लेकिन परिवर्तन होना शुरू हो गया था। लेकिन आप जानते हैं कि परिवर्तन को मापनेवाला और ठीक-ठीक रिकॉर्ड करनेवाला कोई यंत्र नहीं होता। मान लीजिए, 'आर्थिक और टेक्नोलॉजिकल' परिवर्तन हो जाते हैं, लेकिन साहित्य और कला में उसके साथ तो तुरन्त परिवर्तन नहीं होते। इसको आँकने और समझने में बहुत वक़्त लगता है और कभी-कभी लोगों को 50-60 साल बाद महसूस होता है कि यह परिवर्तन हुआ था, और तब हुआ था। इस सिलसिले में आधुनिक काल की एक अंग्रेज़ी लेखिका हैं वर्जीनिया वुल्फ़। वर्जीनिया वुल्फ़ ने एक बहुत दिलचस्प लेख लिखा है। उनके उपन्यास उतने दिलचस्प नहीं होते थे, जितने लेख होते थे और 'कॉमन रीडर' के नाम से उनके कई लेखों का संग्रह भी छपा है। उसमें एक लेख है : 'Mr. Bennett and Mrs. Brown'। यह लेख दिलचस्प क्यों है, हम अभी देखेंगे और जिससे समझ में आएगा कि आधुनिकता क्या है, उसकी थोड़ी सी झलक उससे आपको मिलेगी। उस लेख में उन्होंने पहली बात नाटकीय अन्दाज़ में कही है कि दिसम्बर, 1910 में अचानक ह्यूमन नेचर बदल गया।

उन्होंने बड़े नाटकीय अन्दाज़ से जो कहा, उनका कोटेशन आपको सुनाना चाहता हूँ, अंग्रेज़ी में है : 'On or about December 1910 human nature changed. All human relations shifted those between Masters and Servent, husbands and wives, parents and children and when human relations change their is the same time change in relations, conduct, practice and literature.'

दिसम्बर, 1910 में मानव स्वभाव बदल गया। सारे मानवीय रिश्ते मालिक और नौकर, पति और पत्नी तथा अभिभावक और बच्चों के रिश्ते में बदल गए और जब

मानवीय रिश्ते बदले तभी धर्म, आचरण, व्यवहार और साहित्य में भी एक बदलाव आया। रिश्ते बदले तो फिर उसके साथ बहुत-सी चीज़ें बदलीं। रिश्तों के बदलने के बारे में हम-आप बहुत अच्छी तरह जानते हैं। जब कोई बाहर की चीज़ आती है, जो पहले नहीं थी, तो उसके आने पर रिश्ते बदल जाते हैं। उदाहरण के लिए कोई भी एक परिवार है, उस परिवार में जैसे ही बेटे की शादी हुई और एक परायी लड़की घर में आई तो उस एक बाहरी आदमी के आने के बाद पूरे परिवार के आपसी रिश्ते बदल जाते हैं। माँ की नज़र में बेटा फिर वही नहीं रहता है। उसके प्रेम का साझीदार एक और आदमी आ जाता है और उस बहू के आने के बाद यही नहीं कि बाप और बेटे या माँ और बेटे के बीच में सम्बन्ध बदलता है, बल्कि माँ-बाप के बीच आपसी रिश्ता भी बदल जाता है और कुछ दिनों के बाद इन दोनों के सम्बन्ध से एक तीसरा और बाहरी आदमी, छोटा बच्चा आ जाए, तो देखिए कि सबके आपसी रिश्ते फिर कैसे बदलते हैं। यह है सम्बन्धों का बदलना। इसलिए जैसे ही कोई चीज़ बाहर से आती है तो आपसी रिश्तों का जो ढाँचा है, पूरा का पूरा ही बदल जाता है। समायोजन करके हम फिर नये तरीक़े से अपना रिश्ता क़ायम करते हैं। इसलिए जो आधुनिकता आई या नये परिवर्तन हुए, वह किसी नई चीज़ के आने से हुए। समाज में एक मशीन आई तो उस मशीन के साथ एक कारखाना खुला। कारखाना खुलने के बाद पहले का जो ज़मींदार मालिक था, वह जब मिल मालिक बना तो पहले के जो उसके मज़दूर थे, जो खेत पर काम करनेवाले थे, वे अब कारखाने में काम करने लगे। तो आदमी वही हैं, लेकिन उनके बीच का रिश्ता बदल गया। इसलिए जब वर्जीनिया वुल्फ़ ने कहा कि 1910 में मुनष्य का स्वभाव बदल गया, तो स्वभाव बदलने का अर्थ है कि इनसानी रिश्ते बदले। रिश्ते बदलने से फिर उस आदमी का ढाँचा बदल गया। वह वे सब बातें सोचने लगा, जो पहले नहीं सोचा करता था। इन तमाम चीज़ों के सोचने का कुछ लोगों को अहसास हुआ और कुछ लोगों ने कहा कि हम नहीं बदलेंगे। जो नहीं बदलना चाहते थे, वे अब भी इस परिवर्तन को अपने ही साँचे में रखकर देखना चाहते थे। ऐसे लोग फिर 'मॉडर्न' नहीं होते, वे 'अनमॉडर्न' होते हैं। पुराने ख़याल के होते हैं। रवीन्द्रनाथ की कविता की एक पंक्ति है : 'कालरे घाये शेयी तुमरे थाकती जेचाए अचल होए मानेर जारा, चालार धारा, नित्य थाकै नूतन धारा।'

जो स्थिर और अचल रहना चाहता है, वह काल के घात से मर जाता है, लेकिन जो इस धारा में बहता है, वह 'नित्य थाके नूतन धारा' बना रहता है। नदी बह रही है और आप चट्टान की तरह से अड़ जाएँ और कहें कि हम नहीं बहेंगे, तो धारा के धक्के से आप हिलेंगे, डुलेंगे, लुढ़केंगे, टूटेंगे और आख़िर में रेत होकर उसी के साथ बहेंगे और लकड़ी का टुकड़ा, जो खड़ा नहीं रहना चाहता है, उसके साथ बह रहा है। दूर-दूर तक न मालूम कहाँ-कहाँ उसी के साथ बहता हुआ जाएगा।

वर्जीनिया वुल्फ़ ने 'मिस्टर बेने एंड मिसेज ब्राउन' नाम के इस लेख में एक दिलचस्प कहानी के द्वारा इसी बात को समझाया है। अंग्रेज़ी में उस ज़माने में 1910 के आसपास तीन लोगों का बड़ा नाम और प्रताप था : एक आर्नल बेनेट थे, दूसरे एच.जी. वेल्स और तीसरे गार्ल्स वर्दी थे, जिनका नाटक भी शायद यहाँ राष्ट्रीय नाट्य विद्यालय में कभी-कभी खेला जाता है। ये लोग बड़े मानव उपन्यासकार थे। किसी ज़माने में एच.जी. वेल्स और आर्नल बेनेट का बड़ा नाम था। आजकल अलमारियों में इनकी किताबें धूल चाट रही हैं, उनको कोई नहीं पढ़ता। लेकिन 1910-20 ही नहीं, बल्कि 1940-41 तक इन लोगों का बड़ा रौब था। वे 'बेनेट' जिसे कहें, वही उपन्यास है अगर बेनेट कहें कि यह नॉवेल नहीं है तो नॉवेल नहीं माना जाएगा। आर्नल बेनेट ने कहा कि भई, आजकल उपन्यास लिखते हैं लोग, उनके उपन्यासों में न सलीके से कहानी कहना जानते हैं और न उनके यहाँ कोई न भूलनेवाला अविस्मरणीय चरित्र होता है। इसलिए जो चरित्र पैदा कर सके, खड़ा कर सके, वही उपन्यासकार है।

इस लेख में वर्जीनिया वुल्फ़ ने उनका जवाब दिया और कहा कि (लन्दन में दो शहर हैं—रिचमंड और वाटरलू) अचानक एक दिन मेरी शामत आई। रिचमंड में जैसे ही गाड़ी रुकी और मैं तुरन्त उस गाड़ी के कम्पार्टमेंट में घुस गई, तो देखा कि एक कोने में लगभग चालीस के आसपास की एक महिला बैठी हुई हैं। मान लीजिए कि उनका नाम मिसेज ब्राउन है। अकेली, तन्हा, ठीक-ठाक हैं। वहीं एक और आदमी बैठे हुए हैं और दोनों आपस में बातें कर रहे हैं। मुझे संकोच हुआ और मैं ज़रा दूर हटकर बैठ गई। वे मिसेज ब्राउन के बारे में पूछ रहे थे कि आप कहाँ रहती हैं? धीरे-धीरे उन्होंने जानना चाहा कि आपका मकान है कि नहीं, आपके पति हैं कि नहीं, क्या आमदनी है? मकान को किराए पर दे दिया है तो कितना किराया है? और वह मकान किस ढाँचे का है? उन्होंने सब कुछ जान लेना चाहा, जिससे वे मिसेज़ ब्राउन का विश्लेषण कर सकते थे कि ये क्या हैं? वर्जीनिया वुल्फ़ ने कहा कि ये मि. बेनेट हैं, जो समझते हैं कि किसी आदमी को विश्लेषित करने का तरीक़ा यह है कि उसकी जायदाद कितनी है और वह अकेला है, तो क्यों अकेला है, डिवोर्स तो नहीं हो गया? या पास पैसे नहीं हैं, तो उसके बच्चों ने उसे छोड़ दिया है? इन तमाम चीज़ों को लेकर एक परम कारुणिक दृश्य पैदा करनेवाला नॉवेल लिखा। मि. बेनेट ने अन्त में कहा कि 'हेयर इज ए कैरेक्टर'। वर्जीनिया वुल्फ़ ने कहा कि थोड़ी देर बाद वह सज्जन उतर गए और एक और सज्जन घुसे। उन्होंने मिसेज ब्राउन को देखा और देखकर भी उन्होंने उससे बहुत ज़्यादा बातें नहीं कीं। उन्होंने खुद अपनी कहानी शुरू की तो वे खिड़की के बाहर झाँकने लगे और फिर उनके सामने एक ऐसा खुशनुमा सपना आया जिसमें ऐसी दुनिया हो, जहाँ सभी लोगों के पास बहुत अच्छे मकान हों, कोई स्त्री अकेली न हो, जहाँ पैसा हो, परिवार हो, बच्चे हों और वहाँ रह सकें। बाद में जब उतरकर चले तो मालूम हुआ कि ये मि. वेल्स थे, जो यूटोपिया में

दिलचस्पी रखते थे। एक सुन्दर भविष्य का सपना देखकर, जिन्होंने मिसेज ब्राउन को नहीं देखा, बल्कि उनकी नज़र बराबर ट्रेन की खिड़की की उन तमाम सुन्दर चीज़ों पर थी, जहाँ वे मिसेज ब्राउन के होने की कल्पना कर सकते थे। वर्जीनिया वुल्फ़ ने कहा कि वाटरलू के पास मिसेज ब्राउन जब उतरीं तो उन्होंने कहा कि 'I am Brown catch me if you' (मैं ब्राउन हूँ, मुझे पकड़ सकते हो तो पकड़ो)। वर्जीनिया वुल्फ़ कहती हैं, ये मिसेज ब्राउन हो सकती हैं, मि. बिनेट हो सकते हैं। यह कोई भी ज़िन्दगी हो सकती है। इस ज़िन्दगी को हर लेखक अपने-अपने ढंग से पकड़ने की कोशिश करता है और उसका दावा होता है कि उसने इस ज़िन्दगी को पूरी तरह समझ लिया है, लेकिन ये जितने लोग गए, जो खिड़की के बाहर झाँककर यूटोपिया की रचना कर रहे थे, या जो इनकी जायदाद के बल पर इनके चरित्र को समझने की कोशिश कर रहे थे, मिसेज ब्राउन के दिल के अन्दर झाँककर उनकी आत्मा में देखने की कोशिश नहीं की कि उनके पास सब कुछ है, फिर भी कुछ ऐसा है, जिसके कारण वे उदास हैं, जिसका रहस्य वे खुद भी नहीं जानती हैं, दूसरे को बताना तो बड़ा मुश्किल है। मि. बिनेट और मिसेज ब्राउन के द्वारा वर्जीनिया वुल्फ़ ने कहना चाहा कि इसलिए पहले के लोग पुराने नुस्खों के आधार पर इस बदलती हुई दुनिया और ज़िन्दगी को पकड़ने की कोशिश कर रहे थे, जो यथार्थवादी थे, वर्णन करना जानते थे। प्रेमचंद के उपन्यासों में आप देखेंगे, झोंपड़ी है तो वह टूटी हुई है। नाटक वाले ख़ास तौर से विस्तार का बहुत ध्यान रखते हैं। यथार्थवादी नाटक प्रस्तुत करने के लिए किसी गरीब को ले आएँगे। उसके कपड़े फटे हुए होंगे, पाँव नंगे होंगे, जूते फटे हुए होंगे और चेहरे पर तमाम झुर्रियाँ होंगी। ये सब मिलाकर एक बड़ी रियलिस्टिक फीचर पेश करने की कोशिश करेंगे, और यह एहसास दिलाने की कोशिश करेंगे कि यह पात्र उस आदमी का सच्चा प्रतिनिधि है, जिसका चरित्र हम उपस्थित करना चाहते हैं। यानी पहले के लोगों का पूरा का पूरा ध्यान विस्तार और वर्णन में रहता था, जिसको यथार्थवाद या प्रकृतिवाद कहा जाता है। वर्जीनिया वुल्फ़ ने कहा कि इतनी मेहनत करने की कोई ज़रूरत नहीं है, यह सब कुछ अन्दर झाँककर ज़रा-सा एक खिड़की खोलकर बिना मिसेज ब्राउन को देखे, और केवल उसका वर्णन करें और बाक़ी चीज़ों को छोड़ भी दें तो शायद आप मिसेज ब्राउन के चरित्र को ज़्यादा उजागर कर सकते हैं। 'मॉडर्न फिक्शन' नामक वर्जीनिया वुल्फ़ का एक लेख है, जिसमें उन्होंने कहा है : 'इंग्लैंड के चार्ल्स डिकेंस से लेकर मि. गार्ल्स वर्दी तक ये सारे यथार्थवादी, प्रकृतिवादी और प्रातिनिधिक कला के लोग हैं, जिनका सम्बन्ध बाहरी तमाम चीज़ों से है, लेकिन मनुष्य की आत्मा में जिनकी कोई दिलचस्पी नहीं है।'

दूसरी ओर रूस के लोग हैं—टॉल्स्टॉय और दोस्तोएव्स्की, जिनकी दिलचस्पी, ख़ास कर दोस्तोएव्स्की की बाहर की चीज़ों में कम, मनुष्य की आत्मा में झाँककर उसकी एक-एक लहर, जो उसके मन में उठती हैं, उसका ब्योरा देने में अधिक है।

इसलिए अगर हम एक ओर रूसी नॉवल को देखें, दूसरी ओर इंग्लैंड के, तो हमारा नॉवेल 'दरिद्र' दिखाई पड़ता है। यह मॉडर्न फिक्शन नहीं है। इस तरह वर्जीनिया वुल्फ़ ने उपन्यासों के बारे में बताने की कोशिश की है कि उपन्यास में कम-से-कम बाहर की दुनिया का चित्रण नहीं है, बल्कि मनुष्य के अन्दर जो अँधेरी कोठरियाँ हैं, जिनमें रोशनी नहीं है, उनमें झाँककर, आँखें फाड़कर देखें। जहाँ कुछ नहीं दिखाई पड़ता, वहाँ से हिम्मत, साहस के साथ कुछ निकालकर ले आने की कोशिश करें। जैसे दोस्तोएव्स्की ने किया। ब्रदर का 'रम्जोव' या 'लेटस ऑन ग्राउंड' या 'क्राइम एंड पनिशमेंट'—कई किताबें हैं। उसका भारतीय भाषाओं में अनुवाद भी हुआ है। इसलिए मॉडर्निज़्म के बारे में दो चीज़ें मालूम होती हैं। एक तो यह कि यह एंटीरियलिस्टिक प्रवृत्ति थी, यानी रियलिज़्म और नेचुरलिज़्म जो उन्नीसवीं सदी के पूर्वार्द्ध तक भली-भाँति फल-फूल रहा था और लेखक को सराहा जाता था, उसके विरुद्ध एक प्रतिक्रिया थी। इन लेखकों के सामने भी चुनौती थी कि मैं ज़िन्दगी हूँ, मुझे पकड़ सको तो पकड़ो, तो इन लेखकों के सामने उस ज़िन्दगी को पकड़ने की चुनौती थी। पहले के लोगों ने भी की, लेकिन लगा कि ज़िन्दगी में अभी भी कुछ ऐसा है जो ठीक-ठीक पकड़ में नहीं आया। इस ज़िन्दगी के अन्दर, झाँकने की कोशिश में इनके मन में रियलिज़्म और नेचुरलिज़्म के प्रति प्रतिक्रिया पैदा हुई, लेकिन इससे पहले इस आधुनिकता की शुरुआत एक आन्दोलन के रूप में पेंटिंग में हुई, और पेंटिंग में इस आधुनिकतावाद की शुरुआत जिन लोगों ने किया था, उनमें सिज़ा, देलाक्रुआ, देआ, वान गाग प्रमुख थे। ये बड़े पेंटर उन्नीसवीं सदी के उत्तरार्द्ध के हैं जिसमें विन्सेंट वान गाग का नाम काफ़ी चर्चित है। इनको अंग्रेज़ी में इम्प्रेशनिस्टिक और इनके आर्ट को इम्प्रेशनिज़्म कहा जाता है।

आजकल लोग नहीं मानते, लेकिन सबसे बड़ी सच्चाई यह है कि अलग-अलग शताब्दियों में अलग-अलग किसी एक कला की प्रधानता थी। मोटे तौर से सत्रहवीं और अठारहवीं शताब्दी के यूरोप में साहित्य का वर्चस्व था। जिस शताब्दी में शेक्सपियर और मिल्टन हुए हों तो ज़ाहिर है कि उस शताब्दी में साहित्य का प्रभुत्व रहा होगा। उस समय आपको बड़े चित्रकार या बड़े संगीतकार नहीं मिलेंगे। उन्नीसवीं सदी के पूर्वार्द्ध में जो स्वच्छंदतावाद का युग माना जाता है, इस दौर में स्वच्छंदतावादी कविताएँ लिखी गईं। लेकिन तमाम लोगों का संगीत के प्रति लगाव था, यहाँ तक कि स्वयं रोमांटिक कविता का मूल विषय भी संगीत हुआ करता था। अगर वड्र्सवर्थ की 'सोलिटी रिबर' कविता आपके ध्यान में हो तो वड्र्सवर्थ जिस चीज़ पर झूमे थे, वह अकेली कटाई करनेवाली जो गा रही थी, उस गाने पर वे मुग्ध थे। इसलिए लोगों में, जैसेकि रवीन्द्रनाथ की कविताओं में यह बहुत मिलेगा कि मैं गान गा रहा हूँ। एक गायक के रूप में कवि सामने आता है। अपने को लेखक नहीं, गायक कहता है। रवीन्द्रनाथ गान गाते थे। अपनी कविता को भी वे गान कहते थे

और उनकी कविता में आम तौर से आपको बंसी बजाने के, शंख बजाने के, इन चीज़ों के ज़्यादा प्रतीक मिलेंगे। कवि से ज़्यादा रवीन्द्रनाथ अपने को गायक कहते हैं।

स्वच्छंदतावाद का दौर बुनियादी रूप में संगीत की सदी थी। इसकी तुलना में उन्नीसवीं सदी का उत्तरार्द्ध मोटे तौर से चित्रकला का युग था और चित्रकला से इस आधुनिकता की जो शुरुआत हुई, उसको कला के इतिहासकारों ने 'इम्प्रेशनिज़्म' या 'इम्प्रेशनिस्टिक पेंटिंग' का नाम दिया है। मैं जानबूझकर इस शब्द का हिन्दी अनुवाद नहीं कर रहा हूँ। 'प्रभाववाद' कहने से हमें कुछ समझ में नहीं आएगा क्योंकि हिन्दी के प्रभाव शब्द का एक अर्थ इन्फ्लूएंस भी होता है, इसलिए इम्प्रेशन और इन्फ्लूएंस, दोनों में कहीं भ्रम न हो जाए, इसलिए मैं इम्प्रेशनिज़्म को प्रभाववाद नहीं कर रहा हूँ। क्या है इम्प्रेशनिज़्म? इन चीज़ों की जानकारी के लिए ऑर्नाल्ड हाउज़ेर (Hauser) की एक बहुत अच्छी किताब है : 'कलाओं का सामाजिक इतिहास'। पहले वह चार अलग-अलग खंडों में छपी थी पर अब उसको एक बनाकर भी छापा है। उसमें इम्प्रेशनिज़्म पर एक पूरा अध्याय लिखा है और उसको समझाने की कोशिश की है जिसका एक उद्धरण मैं आपको दूँगा : 'द सेकेंड हॉफ ऑव नाइंटींथ सेंचुरी पेंटिंग बीकम्स द लीडिंग आर्ट्स'। इम्प्रेशनिज़्म से सारी कलाएँ प्रभावित हुई थीं। इम्प्रेशनिज़्म क्या है, इसका कुछ आभास आपको वर्जीनिया वुल्फ़ के कथन से मिलेगा जिसका अभी मैं वर्णन आपके सामने करूँगा। इम्प्रेशनिज़्म की शुरुआत तो पेंटिंग से हुई लेकिन इसका असर कविता पर पड़ा। नाटक और रंगमंच पर भी और उपन्यास पर भी पड़ा। कोई कला नहीं बची थी जिस पर इम्प्रेशनिज़्म का असर न पड़ा हो।

इम्प्रेशन उसे कहते हैं जब किसी क्षण-विशेष में किसी चीज़ को देखकर आपके मन पर क्या असर पड़ा और उस असर को आप चित्रित कर दें। उसके सारे ब्योरे आप छोड़ दें और यह बताने की कोशिश करें कि इसको देखकर किसी क्षण-विशेष में आपकी मनःस्थिति कैसी थी? उदाहरण के लिए लोगों ने चेख़व की कहानी के बारे में कहा है कि चेख़व की कहानियों में एक ख़ास तरह की उदासी झलकती है, जैसे पतझड़ की शाम का माहौल हो। उनके नाटकों में भी उतना ही इम्प्रेशन है। आप 'थ्री सिस्टर्स' या 'चेरी आर्चर' को ही देखें तो अन्त महत्त्वपूर्ण नहीं है कि सुखान्त होता है या दुखान्त। बाहर जहाँ चेरी की बगिया कट रही है, वहीं अन्दर बैठे हुए लोग जिस माहौल में हैं, वह एक उदासी का माहौल है। यानी चेख़व अपने समाज का एक इम्प्रेशन क्रिएट करना चाहते हैं कि वह समाज ऐसा है जिसकी उदासी पतझड़ की एक शाम के समान है। अब अगर यह इम्प्रेशन हमको देना है तो हमारे लिए कोई ज़रूरी नहीं है कि किसी आदमी की प्रोफाइल चित्रित करें या किसी समय का लैंडस्केप करें।

रियलिज़्म के जनक माने जाते हैं आन्द्रे ब्रेतां। दादावादी आन्दोलन बहुत थोड़े समय तक रहा। तीन साल से ज़्यादा नहीं चला। 1922 में यह ख़त्म हुआ और

1924 में आन्द्रे ब्रेतां ने सुर्रियलिज़्म शुरू किया। इन सारे आन्दोलनों में जो दो चीज़ें महत्त्वपूर्ण थीं, उनमें एक कोलाज़ है। कोलाज एक ऐसी कला है जिसमें ऐसी परस्पर विरोधी चीज़ें, जिनमें कोई रिश्ता नहीं है, एक जगह इकट्ठा करके आज के यथार्थ भ्रम को, अन्तर्विरोध को और विरोधाभास को दिखाना है। हमारे हिन्दुस्तान की वर्तमान ज़िन्दगी सुर्रियलिस्टिक है। इस रूप में आपको एक सड़क पर गुज़रते हुए एक लम्हे में पुरानी दिल्ली की तरफ़ कटे पाँव घसीटता हुआ एक भिखारी दिख जाए और वहीं एक निहायत ख़ूबसूरत बनी-ठनी एक औरत दिखाई दे—तो यही सुर्रियलिज़्म है। दूसरा यह है कि सुर्रियलिस्टिक लोगों ने कहा कि यह सच्चाई है कि अपनी ज़िन्दगी में भी और कला में भी हम लोग बाहर के सेंसर का बड़ा विरोध करते हैं, लेकिन हम लोग खुद बहुत सेंसर करते हैं। मतलब हम लोग स्वयं बिना जाने ही बहुत सारी चीज़ों को दबाए हुए हैं। फ्रायड ने जब अचेतन की खोज की तो कहा कि एक तो हमारा चेतन है, लेकिन उसके नीचे हम सप्रेस करते हैं, सेंसर करते हैं, और वे सारी चीज़ें हमारे अचेतन में चली जाती हैं।

सुर्रियलिस्टिक लोगों ने कहा कि सजी कला के लिए ज़रूरी है कि यह सेंसर ख़त्म हो इसलिए उन्होंने ऑटोमेटिक राइटिंग (स्वचलित लेखन) पर ज़ोर दिया। विशेष मन:स्थिति में आप जो महसूस कर रहे हैं, उसे बिना काटे-पीटे अभिव्यक्त कर दें क्योंकि आदमी जो सोच-समझ करता है, उसमें झूठ की गुंजाइश बहुत अधिक होती है। इसलिए उनका कहना था कि अगर सच्चा साहित्य लिखना है तो सच्चे मन का होना बहुत ज़रूरी है। इसी कारण सुर्रियलिस्टिक लोगों ने ऑटोमेटिक राइटिंग (स्वचलित लेखन) पर एक तकनीक के रूप में बल दिया और जो फ्रायड के मनोविज्ञान के बाद ही सम्भव था। यह आन्दोलन इस मामले में विध्वंसक और विद्रोही था। इसे बुर्जुआ भद्र लोगों की बनावटी ज़िन्दगी के ख़िलाफ़ विद्रोह के रूप में लेना चाहिए। सभ्य लोगों के ऊपर की चिकनाहट और शिष्टाचार के नीचे बड़ी हिंसा पलती रहती है। आजकल के हिन्दूवादी बाबरी मस्जिद तोड़ते हैं, जबकि कुछ लोग कहते हैं कि हिन्दू बड़े अहिंसक और शान्ति-प्रेमी हुआ करते हैं। इसके बरअक्स दूसरे धर्मों के लोगों को कहते हैं कि ये मांस खानेवाले तो कसाई होते हैं इसलिए हिंसक हुआ करते हैं। बड़ा दावा किया जाता है बुद्ध और महावीर का उदाहरण लेकर कि 'अहिंसा परमोधर्म:' इनका आदर्श रहा है। एक सुर्रियलिस्टिक होता तो कहता कि ऊपर तो अहिंसा का ढोंग है जबकि सच पूछिए तो भारतीय समाज बहुत ही हिंसक और पीड़क रहा है। प्रेमचन्द ने इस पर 'हिंसा परमोधर्म:' नाम की एक कहानी भी लिखी है। तो बुर्जुआ ढोंग और पाखंड है। इसके विरुद्ध कला में चाहे वह पेंटिंग हो या नाटक, चाहे कविता हो या उपन्यास हो, दादावादी और सुर्रियलिस्टिक लोगों ने आगे चलकर अंग्रेज़ी में एक 'सर्वसिव मूवमेंट' शुरू किया, जिसे वे क्रान्तिकारी कहा करते थे। इत्तफाक से इनमें से कुछ

लोग क्रान्तिकारी थे और मार्क्सवाद से प्रेरित और प्रभावित भी थे। पार्लेवार और आरागों आगे चलकर कम्यूनिस्ट पार्टी के सदस्य भी रहे। अगर आपने सल्वाडोर डाली का चित्र 'पिघली हुई घड़ी' देखा हो तो उससे आपको अन्दाज़ा लगेगा कि सुर्रियलिस्टिक पेंटिंग में किस तरह की चीज़ें ले आ रहा था और दूसरी चीज़ों में भी कैसे उसका प्रचार हुआ।

इन सब बातों का निष्कर्ष यह है : आधुनिकतावादी आन्दोलन की प्रेरणा क्या थी? उन्नीसवीं सदी की जो आधुनिकता थी, टेक्नोलॉजी और उद्योग-धंधों के द्वारा पैदा हुई। इसकी दो लहरें थीं : एक उन्नीसवीं सदी के उत्तरार्द्ध की, जिसमें इम्प्रेशनिज़्म और सिम्बोलिज़्म मुख्य था और दूसरी, बीसवीं सदी के पूर्वार्द्ध की धारा, जो दादावाद, सुर्रियलिज़्म और फ्यूचरेलिज़्म—इन तीन धाराओं के साथ पैदा हुई, जिसको हम अवाँगार्द कहते हैं। इसलिए एक का नाम मोटे तौर से आधुनिकतावाद है, दूसरे का अवाँगार्द, एडवांस गार्ड या हरावल दस्ता है। कुल मिलाकर पश्चिमी यूरोप की दुनिया में ये सारे के सारे आन्दोलन पैदा हुए। एक बात पर आप ध्यान देंगे कि इतने कम समय में इतने ज़्यादा आन्दोलन हुए। मैंने कुछ ही नाम बताए जबकि यूरोप के हर देश में और यूरोप के बाहर के देशों में भी इस तरह के पचासों आन्दोलन हुए। सबने घोषणा-पत्र निकाला, सबका एक दल था, आन्दोलन था। साहित्य और कला की दुनिया में पहली बार इतनी तेज़ी से परिवर्तन होता रहा। एक आन्दोलन एक साल चला, तो कोई दो साल। मार्क्स ने बहुत पहले पूँजीवाद के बारे में कहा था : 'पूँजीवाद का अन्तर्निहित नियम है कि अपने को बदले बिना रह नहीं सकता।'

आप विज्ञापन देखते होंगे। विज्ञापन में एक साबुन बनानेवाली फैक्टरी या एक तेल बनानेवाली फैक्टरी कितनी तेज़ी से बदलती जाती है। टेक्नोलॉजी का भी यही नियम है और बाज़ार का भी। लगातार अपने को बदलते जाओ। पुराने ज़माने में लोग किसी दुकान पर जाते थे तो जानी-पहचानी दुकान पर वही जाना-पहचाना सामान मिलता हो तो लेकर आएँगे। आज के ज़माने में लोग जाना-पहचाना, चिर-परिचित सामान नहीं लेना चाहते। कहेंगे, कोई नई चीज़ दिखाइए। पूँजीवादी बाज़ार का यह नियम कला और साहित्य का हिस्सा बन गया। बाज़ार के साथ कला और साहित्य लगातार बदलते जाने के लिए अभिशप्त हो गए। यही वजह है कि आधुनिकतावाद में आपको हर दो, तीन या चार साल के बाद एक नया आन्दोलन मिलेगा। भाग्यशाली या अभागा हमारा भारतवर्ष है, जहाँ कला और साहित्य की दुनिया में ज़्यादा परिवर्तन नहीं हो रहा है। साहित्य में वही लोग दिखाई पड़ रहे हैं और वैसी ही चीज़ें लिख रहे हैं। 1940 के आसपास एक 'नई कविता' आई थी। बदकिस्मती से चालीस साल तक वही चलती रही। थोड़ा-बहुत परिवर्तन हुआ लेकिन कोई नया नाम नहीं आया। एक नई कहानी आई। लोगों ने कोशिश की कि कुछ नाम-वाम बदलो, लेकिन नहीं

बदली। नाटक में भी लोगों ने एकाध बार उछाले, लेकिन बहुत ज़्यादा परिवर्तन नहीं हुआ। ज़ाहिर है कि हम लोग उतनी दूर तक पूँजीवादी बाज़ार के अधीन नहीं हुए थे लेकिन अब डॉ. मनमोहन सिंह के चलते जो 'नैयक' नामक पॉलिसी आई है, उससे उम्मीद है या आशंका है कि हम फिर बाज़ार के इतने क़रीबी अंग बनेंगे कि कला और साहित्य में लगातार परिवर्तन को बाध्य होंगे।

सल्वाडोर डाली के लिए मशहूर है कि वे मादक द्रव्यों का सेवन करते थे। उनके द्वारा लिखा हुआ एक्युअल (ऑटोमैटिक राइटिंग) experiment किया था उन्होंने। ब्रेख्तोव के बारे में भी कहा जाता है। ऐसे कई लोग हैं जो इस तरह के करते हैं। जो बहुत गहरे नशीले पदार्थ या ख़तरनाक तक नहीं करते, वे मामूली वाइन से ही काम चला लेते हैं। पुराने लोगों का यह ख़याल है कि नशे के द्वारा ही आदमी अपने असली रूप में आता है।

ग़ालिब का एक शेर मशहूर है :

हमसे खुल जाओ ब-वक़्त-ए-मय-परस्ती एक दिन

तो ब-वक़्ते मयपरस्ती ही तुम खुल सकते हो वर्ना तुम बन्द रहते हो। तो ब-वक़्ते मयपरस्ती आदमी सहज होता है। और अगर मय कुछ नशीला पदार्थ है तो दूसरे L.S.D.O. और बाक़ी चीज़ें हैं, उनका और गहरा यानी ज़्यादा असर होता है और वह आदमी के सेंसर को मुक्त करती है।

संवाद (प्रश्नों के उत्तर)

[1] जहाँ मॉडर्निज़्म की बात करते हैं तो हमारे पास स्टोर करने के लिए, मतलब फौरन, जैसे बड़े-बड़े नाम आपने लिये, तो मॉडर्निज़्म का हमारे यहाँ अधिकार नहीं रहा या फाइनेंसली कुछ ऐसा केस रहा है जिसे मॉडर्न इंडिया कहेंगे?

जवाब : हमने जानबूझकर हिन्दुस्तान का ज़िक्र नहीं किया है क्योंकि यह एक बड़ा और विवादास्पद विषय है कि हिन्दुस्तान में आधुनिकता कब, कैसे आई। पाश्चात्य होने मात्र से ज्ञान के मामले में कोई बहुत अच्छी चीज़ इसमें नहीं है। और पश्चिम में इन-इन (ऊपर बताई गई) स्थितियों में आधुनिकीकरण से पहले टेक्नोलॉजी का विकास भी वहाँ पहले हुआ जबकि हिन्दुस्तान में देर से शुरू हुआ। आधुनिकतावाद एक तरह का अन्तरराष्ट्रीय फेनॉमिना है इसलिए देर में हुआ आन्दोलन भी अन्तरराष्ट्रीय है, जैसे दुनिया के हर देश में, एक दौर में रोमांटिसिज़्म आया। कहीं पहले, तो कहीं बाद में। हर देश और हर राष्ट्र की अपनी परम्परा के अनुसार उसका स्वरूप भिन्न हुआ, भारत में भी। भारत में साहित्यकारों को लेकर विचार करना चाहिए। बंगला से बुद्धदेव बोस, मराठी से मासी मढेकर और हिन्दी से अज्ञेय—तीनों आधुनिकतावाद के प्रवर्तक हैं। तीनों लोगों ने 1936-37 के आसपास

लिखना शुरू किया। अंग्रेज़ी पढ़े-लिखे लोग थे। यूरोपीय साहित्य बहुत अच्छी तरह जानते थे। अपनी परम्परा भी बहुत अच्छी तरह जानते थे। संस्कृत का भी ज्ञान था और एक हद तक मध्यकालीन कविता का भी। इन तीनों ने आधुनिकतावाद का आरम्भ भारत में किया लेकिन हिन्दी का आधुनिकतावाद, मराठी का आधुनिकतावाद और बंगला का आधुनिकतावाद भी एक जैसा नहीं है। उनमें कुछ समानताएँ हैं तो कुछ अन्तर भी है। अपनी भाषा की संस्कृति और प्रकृति के अनुरूप हर भाषा में आधुनिकतावाद का स्वरूप अलग-अलग था। यूरोप में भी हर चीज़ फ्रेंच पैटर्न पर नहीं थी। इंग्लैंड और फ्रांस में केवल ब्रिटिश चैनल का फ़र्क़ है। लेकिन फ्रांस की बहुत-सी प्रवृत्तियाँ इंग्लैंड में नहीं पहुँचीं और इंग्लैंड में जो हुआ, वह फ्रांस में नहीं आया। इंग्लैंड में बिम्बवाद था, फ्रांस में नहीं था। रशियन प्रतीकवाद फ्रेंच प्रतीकवाद से एकदम अलग था। इटली में पहुँचा ही नहीं। कई जगह प्रतीकवाद नाम का आन्दोलन ही नहीं चला। इसलिए मैंने कहा कि आधुनिकतावाद अन्तरराष्ट्रीय फेनॉमिना है। यह स्पेनिश में देर से पहुँचा। लैटिन अमरीका में भी काफ़ी देर से पहुँचा और उसका स्वरूप भी बिलकुल दूसरा था। हमारे यहाँ, भारत में जल्दी आ गया। यहाँ 1938-39 में आधुनिकतावाद का आरम्भ हो गया, जबकि हमारी अर्थ-व्यवस्था और सामाजिक जीवन में उतनी आधुनिकता नहीं आई थी।

[2] यह सही है कि नाटक के लिए फिजिकली पाठक या दर्शकों का समूह एक जगह निश्चित समय तक इकट्ठा रहता है और देखता है। इस दृष्टि से पाठक या दर्शक सामूहिक या सामाजिक होता है लेकिन जो प्रोडक्शन है, रंगमंच पर उसकी प्रस्तुति और प्ले राइट के रूप में उसका दृष्टिकोण किसी चीज़ के बारे में निजी होता है। डायरेक्टर जब किसी चीज़ को करता है तो उसका अपना इंडिविजुअलिस्टिक इंटरप्रेटेशन होता है। उसमें पंचायत नहीं होती, जिसमें कोई कहे कि भई, यह कर लीजिए, वह कर लीजिए, और लेखक भी उस यथार्थ को जिस दृष्टि से देखता है, वह भी उतना ही पर्सनल होता है। अब सवाल यह है कि वह लोगों को कितना स्वीकार्य होता है?

जवाब : यह आपके विज़न के पॉवर पर निर्भर करता है। उदाहरण के लिए बैकेट जैसा हाइली सब्जेक्टिव और हाइली कोई दूसरा प्ले राइटर जो नहीं है, लेकिन इस गेम को वह इम्पोज़ करके मनवा लेता है कि यह इंडिविजुअलिस्टिक है। उसका एक नाटक है : 'न्यू आर वेटिंग फॉर गोडो', जो दिल्ली में भी खेला गया। अब प्रोडक्शन में कोई खामी भले हो लेकिन बैकेट अपने उस पावर के बलबूते, 'वैटिंग फॉर गोडो' को लोगों पर इम्पोज कर ले जाता है। वे लोग जो थियेटर को केवल एंटरटेनमेंट समझते हैं, जो 'बुड्ढी घोड़ी लाल लगाम' देखनेवाले लोग हैं, उनके लिए आपका क्या, कोई भी नाटक, नाटक नहीं है। लेखक में हमेशा इंडिविजुअलिटी होती

है और वह सब्जेक्टिव हुआ करती है, पर यदि उसमें सामाजिक सच्चाई की ताक़त है तो वह विलक्षण कृति होगी और वह थियेटर में भी सक्सेसफुल हो सकती है बल्कि जो लेखक बहुत ज़्यादा सामाजिक है, वह असफल होता है। जिस चीज़ को सब जानते हैं तो उसे देखने थियेटर में आएँगे। हम कुछ ऐसा देखना चाहते हैं जिसमें ज़िन्दगी की सच्चाई हो, एहसास हो, अनुभव हो और जिस पर हमारी नज़र न पड़ी हो।

कलाकार और पाठक के बीच का रिश्ता पूँजीवादी व्यवस्था के कारण टूट गया क्योंकि समाज में बिखराव हुआ और उसके कारण बहुत सारी समस्याएँ पैदा हुईं जो एक एकाकी समाज-व्यवस्था में पहले नहीं थीं। पहले जो सामुदायिक जीवन था, उसमें हर आदमी एक दूसरे को जानता था। एलिजावेथियन या ग्रीक थियेटर के ज़माने में नाटक लिखनेवाले, करने और देखनेवालों में वह फासला नहीं था, वह दीवार नहीं थी जो आज के पूँजीवादी दौर में पैदा हुई है। आधुनिक काल में लिखनेवाले, करने और देखनेवाले—तीनों में ही फासला बहुत अधिक बढ़ गया। पूँजीवाद में वर्गीय विभाजन बहुत ज़्यादा हो गया तो हर चीज़ विभाजित हो गई, जिसके कारण ये समस्याएँ पैदा हुईं। लेकिन यदि हम फिर से एकाकी समाज-व्यवस्था की ओर बढ़ें तो बिखराव जैसे-जैसे कम होगा तो स्थिति यह हो सकती है कि दर्शक आगे हों और लिखने-करनेवाले पीछे। कभी-कभी सचमुच यह होता है कि दर्शक आगे होता है और लिखनेवाला पीछे पड़ने लगता है और हिन्दुस्तान में थियेटर के बारे में शायद ऐसी स्थिति है, मैं नहीं मानता कि हिन्दुस्तान में दर्शक बहुत पीछे हैं और लेखक बहुत आगे चले गए हैं। हमारे यहाँ जो दर्शक हैं, उनमें जागरूकता ज़्यादा विकसित है। हमारे प्ले राइटर इस मामले में पिछड़ रहे हैं। इसके कारण हमारे यहाँ थियेटर के रंगकर्मी ज़्यादा हैं क्योंकि उन्होंने आधुनिक नाटकों को लेकर और उन्हें खेलकर अपना दर्शक समूह तैयार कर लिया है। दर्शक भी रंगकर्मियों से सीख सकते हैं और उसके बाद हमारे लेखक भी आगे आएँगे। समय के सारे ब्योरे सड़क के ईंट, पत्थर, कंकर थे, पर हमारे लिए महत्त्वपूर्ण यह है कि किसी विशेष क्षण में वह कैसा लग रहा है। उदाहरण के लिए वान गाग की पेंटिंग्स आपने देखी होंगी। पेड़ आग की लपट और शोलों के सामने दिखाई देंगे। इसलिए इम्प्रेशनिज़्म प्रातिनिधिकता के ख़िलाफ़ था। किसी को हू-ब-हू नहीं चित्रित करना है बल्कि किसी विशेष क्षण में मन की स्थिति को प्रस्तुत करना है। होसर ने भी इसको बताने की कोशिश की है। एक बार एक कलाकार ने कहा कि कभी-कभी पूरी किताब का जो असर हमारे मन पर पड़ता है, उसकी बजाय एक पेज ज़्यादा ताक़तवर असर डालता है और कभी-कभी उस एक पेज से ज़्यादा असर एक वाक्य डालता है और उस एक वाक्य से ज़्यादा असर कभी-कभी एक शब्द डालता है। सारी किताब भूल जाती है, पर किसी एक पेज, एक वाक्य या एक शब्द में ही इतनी इंटेंसिटी होती है कि वह हमें याद रह जाता है। इम्प्रेशनिज़्म चीज़ों को एटम के रूप में देखता है,

जैसे आप पर अणुओं की, परमाणुओं की, क्षणों की वर्षा हो रही हो! कभी तमाम चीज़ों के साथ ओस से ढकी हुई एक पत्ती भी होती है, लेकिन हमारा ध्यान उस एक पत्ती पर से टपकती हुई एक बूँद पर रुक जाता है और हम उसी को कहते हैं कि इस क्षण यही एक चीज़ है। प्रातिनिधिक कला के लोग सारे जंगल को देखते हैं, जबकि इम्प्रेशनिस्टिक पेंटर उस पूरे जंगल में किसी एक दरख़्त, दरख़्त में एक पत्ती, उस पत्ती से टपकी, गिरी, अब गिरी-सी एक बूँद को पेंट करके जैसे उस एक विशेष ज्ञान में पूरे जंगल को दिखा देना चाहता है। कोई प्रातिनिधिक चित्रकला का आदमी होगा तो पतझर में जो पत्तियाँ गिर रही हैं, पेड़ों के नीचे पीली पत्तियाँ बिछी हुई हैं, दरख़्त आधे नंगे और पत्तों से भरे हुए हैं, विस्तार से वर्णन करेगा और इम्प्रेशनिस्टिक पेंटिंग करनेवाला आदमी 'शमशेर बहादुर की कविता के समान 'एक पीली शाम, पतझर का ज़रा अटका हुआ पत्ता यानी सिर्फ़ उसी को पेंट करके बता देगा कि पतझड़ क्या है। यह सारी फिलॉसफी 'इम्प्रेशनिज़्म' की है। उसका मकसद आपके सामने वह वातावरण पेश करना है, जिसमें एक-एक चरित्र महत्त्वपूर्ण है।

पिछले वर्षों में हमारे यहाँ बाबरी मस्जिद गिराई गई। अब कोई उस बाबरी मस्जिद की तसवीर ले कि जो पहले थी, फिर गिरी और एक-एक ईंट गिराई जा रही है और उस तसवीर के द्वारा वह सूचित करना चाहता हो, लेकिन एक बड़ा कलाकर इस पूरे हादसे को, जो हिन्दुस्तान के इतिहास में कभी नहीं हुआ था, इस ट्रेज़डी का गहरा इम्प्रेशन ज़रूरी नहीं कि उस मस्जिद को तोड़ने के लिए लोगों का चढ़ना और उसका टूटना पूरे विस्तार के द्वारा ही अभिव्यक्त हो, बल्कि इस पूरे विस्तार को छोड़कर इस बड़ी ऐतिहासिक त्रासदी को आदमियों के चेहरे का भाव सूचित कर रहा है। इसलिए कला बहुत मुश्किल है। उस एक मन:स्थिति को जो अमूर्त है, मन में जो चीज़ें घुमड़ रही हैं, बिना वर्णन किये कुछ एक चीज़ों के साथ आप दिखा सकें। यह इम्प्रेशनिज़्म की फिलॉसफी है। इसलिए उन्नीसवीं शताब्दी के उत्तरार्द्ध में ऑर्नाल्ड होसर ने कहा है कि 'सभी विचार और सारी कलाएँ दर्शन पर आधारित हैं और वह दर्शन है—इम्प्रेशनिज़्म।' आगे चलकर बीसवीं शताब्दी में एक फ्रेंच फिलॉसफ़र बर्गसाँ ने क्षण की व्याख्या नये सिरे से की और उसके महत्त्व को सीमित किया कि कभी-कभी ज़िन्दगी में कोई एक क्षण-विशेष बहुत महत्त्वपूर्ण होता है। उस क्षण को पकड़ने के लिए फ्रांस के ही एक मशहूर उपन्यासकार मार्शल क्रूस ने 'द थिंग्स आर रिमेम्बर्स इन पास्ट' शीर्षक एक मोटा नॉवेल लिखा। अतीत के एक बीते हुए क्षण को दुबारा जीने के लिए उस क्षण को पकड़ने में अपनी पूरी कला खर्च की। उस दौर की जितनी कलाएँ हैं, वे पेंटरली आर्ट कही गईं। अंशत: नाटककारों में इब्सन और स्टीनबर्ग, जिनको फैशन में आजकल बहुत मॉडर्न नहीं कहा जाता, किसी कैरेक्टर या किसी प्लाट को नहीं प्रस्तुत करते बल्कि किसी क्षण विशेष में मन:स्थिति को प्रस्तुत करते हैं। ये लोग नैचुरलिस्ट भी नहीं थे, बल्कि

नैचुरलिस्ट ट्रेडीशन से बाहर निकल रहे थे। आजकल भ्रम से उन लोगों की थियेटर में व्याख्या नैचुरलिज़्म के ढंग से की जाती है, जबकि वे नैचुरलिज़्म की दायरे को तोड़ रहे थे और इम्प्रेशनिज़्म की दिशा में बढ़ रहे थे। चेख़व के नाटक तो आम तौर से इसी तरह के माने ही जाते हैं। कविता की यह बराबर कोशिश थी कि वह एक भावचित्र दिखाई पड़े। नाटक भी एक भाव, एक मूड, एक मन:स्थिति सामने रखता है, न कि कोई कहानी या जीते-जागते चरित्र बल्कि कुल मिलाकर नाटक ख़त्म होने के बाद एक विशेष मन:स्थिति से वही हासिल होता है जिसे पुराने लोग रस कहा करते थे। इम्प्रेशनिस्टिक फिलॉसफी थी। ऑर्नाल्ड होसर के इस कथन में बहुत हद तक सच्चाई है कि आधुनिकतावाद जब शुरू हुआ तो यथार्थवाद और प्रकृतवाद के विरुद्ध एक एंटीरिप्रेजेंटेशनल इम्प्रेशनिज़्म के साथ शुरू हुआ और इम्प्रेशनिज़्म के मूल में सब्जेक्टिविज़्म था। सब्जेक्टिविज़्म के साथ व्यक्तिवाद जुड़ा हुआ है।

साहित्य अकादेमी ने रवीन्द्र के निबन्धों के दो संकलन छापे हैं। उसमें दूसरे खंड में एक निबन्ध है जो बुद्धदेव बोस से हुई उनकी बातचीत पर आधारित है। उसमें रवीन्द्रनाथ ने इसी बात पर बल दिया है। बुद्धदेव बोस ने उनसे पूछा कि आपने क्या किया है? तो उन्होंने जवाब दिया कि बहुत-से लोगों ने वर्षा की यह शाम देखी होगी, हज़ारों साल पहले से देखते चले आ रहे होंगे लेकिन मैंने बंगाल की इस बरसाती शाम को एक विशेष क्षण में जिस रूप में देखा और उसको जैसे चित्रित किया है, वह मैं ही कर सकता था, दूसरा नहीं। कला के बारे में इस तरह प्रत्येक कृति अद्वितीय और अनुपम होती है।

आधुनिकता के साथ कलाकृति की अद्वितीयता, अनुपमता की एक अवधारणा आई जो इसके पहले नहीं थी। पहले के लोगों का सिद्धान्त था कि हमसे पहले जो कहा गया है, उसमें थोड़ा-सा और बदलकर वही कहानी हम कहें, जैसे लोक-साहित्य में होता है। वाल्मीकि ने राम की कहानी कही। तुलसीदास ने भी राम की कहानी कही। मैथिलीशरण ने भी राम की कहानी कही। राम की कहानी को इन सभी ने अपने-अपने ढंग से कहा। उनका कहना था कि पहले किसी ने कोई रामदरबारी गाया हो, तो उस रामदरबारी में अपने हिसाब से विविधता पैदा करना हमारा काम है। इम्प्रेशनिस्ट लोगों का कहना था कि हमारा काम विविधता लाना नहीं है बल्कि एक विशेष क्षण में एक विशेष व्यक्ति जो देखता है, उस अद्वितीयता को पकड़ने की कोशिश करता है। आधुनिकता की शुरुआत इसलिए इस इम्प्रेशनिज़्म के साथ हुई, जो उन्नीसवीं शताब्दी की मुख्य वस्तु थी। इम्प्रेशनिज़्म की पहली अभिव्यक्ति फ्रांस में और मोटे तौर से इसका असर यूरोप में अपने-अपने ढंग से हुआ, जिसको लोगों ने प्रतीकवाद नाम दिया था और जिसका सबसे बड़ा पुरोहित फ्रांस का कवि मलार्मे था। यह एक तरह का रहस्यवाद था। इन लोगों की दिलचस्पी ज़िन्दगी के रहस्यों में थी। जो चीज़ सीधी-सादी दिखाई पड़ रही है, उसको रहस्यात्मक बनाने में थी।

जैसे एक अच्छी-ख़ासी लड़की या स्त्री दिखाई पड़ रही है, उसको एक रहस्यमयी परी-सी बना दें। किसी ने कहा कि ये कलाकार सुन्दरता के उपासक थे, कुरूपता के नहीं। वे सुन्दरता को रहस्य बना देते थे और यह रहस्य इस हद तक बढ़ जाता है कि कलात्मकता किसी सुन्दर स्त्री की छवि को चुड़ैल के रूप में ढाल देता है। इसलिए क्लासिकल आर्ट में किसी जीती-जागती स्त्री को देखें तो वह अच्छी-बुरी जैसी भी हो, पहचानी जा सकती है। उसके नाक-नक्श, बाल, आँख सब ठीक दिखाई पड़ते हैं, लेकिन प्रतीकवादी उसे ऐसा वायवीय बना देंगे कि वह एकदम रहस्यमयी मालूम हो। रवीन्द्रनाथ ने जिसे 'अर्द्ध एक नारी तुमी, अर्द्ध एक कल्पना' कहा था जिसमें उन्होंने आधी नारी और आधी कल्पना के रूप में चित्रित करके एक रहस्य निर्मित किया। उनका कहना था कि एक कविता का विषय कुछ नहीं होता। कविता की पंक्ति, उसका संगीत और उसकी ध्वनि ही अपने-आपमें उस कविता की उपलब्धि है। आप किसी कलाकार से पूछें कि इस पेंटिंग का क्या मतलब है? तो आपकी तरफ़ ऐसे घूरकर देखेंगे कि कहाँ का जाहिल आ गया है, जो पूछ रहा है कि इसका क्या मतलब है! दरअसल पेंटिंग का मतलब नहीं होता, वह सिर्फ़ पेंटिंग होती है। इसलिए आज आप सिर्फ़ पेंटिंग और उसके कम्पोज़िशन को देखिए, उसके कलर को देखिए और देखने से यदि आपकी इन्द्रियों को आनन्द मिलता है तो ठीक है। ये इम्प्रेशनिज़्म की ख़ूबी थी और प्रतीकवाद ने भी यही किया कि कविता का कोई अर्थ नहीं होता, वह अपने-आपमें होती है। इसलिए वे कहते हैं कि किसी ख़राब विषय के बारे में या 'न कुछ' के बारे में लिखी गई सुन्दर कविता की सुन्दर पंक्तियाँ ज़्यादा महत्त्वपूर्ण हैं, किसी महान विषय के बारे में लिखी गई निहायत ख़राब पंक्तियों की अपेक्षा। दूसरे शब्दों में राम बारे में लिखी पंक्तियाँ और शून्य के बारे में लिखी गई अच्छी पंक्तियाँ—इन दोनों को साथ-साथ रखा जाए, तो शून्य के बारे में लिखी गई सुन्दर पंक्तियाँ कविता है और राम के बारे में लिखी गई निहायत ख़राब कविता—पंक्तियाँ क्या किसी चीज़ के अन्तर्गत नहीं आएँगी? इसलिए कविता में, कला में, पेंटिंग में या अन्य चीज़ों में थीम महत्त्वपूर्ण नहीं होती। कुछ लोगों के लिए होती भी है और वह भी इस मायने में कि यह देवी-देवताओं की बनी हुई है या शकुन्तला और दुष्यन्त के बारे में पेंटिंग है। अहा!, क्या कहने! लेकिन यदि आपने ऐसी पेंटिंग बनाई है, जिसका न शकुन्तला-दुष्यन्त से, न राम से, न भगवान से, न देवी-देवता से, न राजा-महाराजा से, न किसी बड़े आदमी से कोई ताल्लुक है और न ही गरीब-मज़दूर या इसी तरह के किसी अन्य विषय से सम्बन्धित है तो वह प्रतीकवाद, इम्प्रेशनिज़्म का ही एक हिस्सा था। बहुत सारे प्रतीकवादी नाटक भी लिखे गए। प्रतीकवाद लोगों का सबसे प्रिय विषय मौन था। कुछ नाटक ऐसे लिखे गए हैं जहाँ पूरे नाटक में कुछ ही शब्द बोले जाते हैं, ज़्यादा मौन ही होता है। ब्रेख्त के नाटक इसी तरह के हैं। इसलिए प्रतीकवादी लोगों की दिलचस्पी बक-बक में नहीं थी। वह बातूनी लोगों का मंच नहीं

था बल्कि ज़्यादा घड़ियाँ मौन में बीतेंगी। उनका ख़याल था कि शब्द कम कहते हैं, शब्दों के बीच का जो अन्तराल है, वह ज़्यादा कहता है। आपने देखा होगा कि कुछ टी.वी. सीरियल या फ़िल्मों में ऐसे चरित्र आते हैं जो बोलते कम हैं, चुप ज़्यादा रहते हैं और शायद उनका ख़याल रहता है कि अपनी चुप्पी से वे कुछ ज़्यादा कहते हैं। आपने 'उपन्यास' नाम का सीरियल देखा होगा। उसमें शेखर कपूर चुप रहकर ज़्यादा सम्प्रेषित करने की कोशिश कर रहा है। जिसमें ज़्यादा देर तक होंठ हिलते ही रह जाएँ, कोई शब्द न निकले, तो वह ज़्यादा अर्थगर्भित है, इसकी अपेक्षा कि कोई आदमी बलराज साहनी की तरह लच्छेदार व्याख्यान दे जाए।

प्रतीकवादी जो गीत लिखे गए, उनकी अपनी समस्या वही मौन है। इसलिए इन लोगों की आधुनिकता की सबसे बड़ी समस्या थी या उनका जो कन्सर्ट था, जो माध्यम था, उनका कहना था कि भाषा अपने-आपमें खुद एक समस्या है। इसको एक आदमी ने बड़े अच्छे ढंग से कहा है कि 'भाषा तो एक शीशा है।' बहुत दिनों तक हम उस खिड़की से दुनिया को देखते रहे। यह भूल ही गए कि हमारे और दुनिया के बीच एक शीशा है। अचानक हमारी नज़र उस शीशे पर पड़ी, जिसके जरिये हम देखते रहे और तब पता चला कि यह शीशा कैसा है। दुनिया और हमारी नज़र के बीच जो शीशा है, उनकी प्रकृति भी तो बदल सकती है। अचानक हमारी नज़र उस शीशे पर पड़ी और अटक गई, तब से हम उस शीशे को ही समझने की कोशिश कर रहे हैं। दुनिया को देखना छोड़ दिया है। अब तक हम भाषा के माध्यम से दुनिया को समझ रहे थे।

यानी हम आज की सच्चाई को भाषा के माध्यम से समझने की कोशिश कर रहे हैं। जैसे सेक्यूलर, हिन्दुत्व, लोकतंत्र आदि शब्दों के माध्यम से हम आज के हिन्दुस्तान को समझने की कोशिश कर रहे हैं। इन शब्दों को जब स्वयं देखना शुरू करेंगे तब मालूम होगा कि ये जिन चीज़ों को बताना चाहते हैं। शायद उनमें ही कोई गड़बड़ी है। इसलिए आधुनिकतावादी आन्दोलनों में से प्रतीकवादी लोगों ने एक बड़ा काम किया भाषा के बारे में कि जिस माध्यम का इस्तेमाल करके हम दुनिया को देखते हैं, जानते हैं, समझते हैं, समझाते हैं और चित्रित करते हैं, प्रस्तुत करते हैं, वह माध्यम ही अपने-आपमें सन्दिग्ध है। यह समस्या कि हम क्या कहें और कहें तो कैसे या न कहें, तो क्यों न कहें—इन चीज़ों की चर्चा कविता-उपन्यास आदि में तो मिलेगा ही, कदाचित् नाटकों में भी इन समस्याओं को नियंत्रित करने की कोशिश की गई है। शायद पेंटिंग व रंग से जिस आसानी से खुद चित्रित किया करते थे, वे रंग अब सन्दिग्ध हो गए हैं। अतः उनकी प्रकृति पर विचार करना उन कलाकृतियों का एक माध्यम हो गया।

जिसे हम आधुनिकता कहते हैं, इस आधुनिकता की एक लहर है। इसमें प्रकृतवाद, प्रतीकवाद, इम्प्रेशनिज़्म, बिम्बवाद आदि कई लहरों पर लहरें आती रहीं, जिसे 1910 को वर्जीनिया वुल्फ़ ने कहा है कि मानव प्रकृति बदल गई। 1910 के आसपास इस आधुनिकतावादी आन्दोलन का एक दूसरा बड़ा परिवर्तन हुआ। यानी

प्रतीकवाद और इम्प्रेशनिज़्म के बाद ये आन्दोलन चलते, तो इसके कवि, लेखक बाद तक जीवित रहते, लेकिन 1910-11 के आसपास एक नया आन्दोलन शुरू हुआ—नई टेक्नोलॉजी की शुरुआत के साथ।

इटली और रूस में इसका नाम भविष्यवाद था। आन्दोलन के अगुवा रूस के एक कवि बायकोस्की और इटली का मेरीनेस्की थे। फ्रांस के प्रतीकवादी और इम्प्रेशनिस्ट लोगों में आभिजात्यता बहुत ज़्यादा थी। ये उच्च वर्ग के लोगों की अभिरुचि और टेस्ट में गहरी दिलचस्पी रखनेवाले थे। जैसे—दिल्ली का एक हिस्सा है, जो ब्यूटी पार्लर में ही दिलचस्पी ज़्यादा रखता है, जबकि सच्चाई यह है कि दुनिया में इतनी ज़्यादा सुन्दरता है नहीं, उसके बारे में लोग बात भले ही किया करें और जहाँ तक कला की बात है तो दुनिया में जो असुन्दरता है, उसके लिए कला में जगह ही नहीं है जबकि ज़िन्दगी में असुन्दरता भरी हुई है। सुन्दरता कम है, कला ज़्यादा है। बायकोस्की ने इसके बारे में कहा है कि कला सुरुचि या अभिरुचि के मुँह पर एक तमाचे की तरह है। ये जो प्रतीकवादी और इम्प्रेशनिस्ट थे, ख़ास तौर से पेरिस या अन्य शहरों के भद्र और सुरुचि-सम्पन्न लोगों की दुनिया थी, उससे अलग बहुत असुन्दर ज़्यादा है इसलिए कला उनके मुँह पर तमाचा की तरह से होनी चाहिए। 'क्लाउड इन ट्राइजर्स' नाम की एक कविता है, जिससे इसका अन्दाज़ा लगा सकते हैं। प्रतीकवादी लोगों के दिमाग़ में कभी नहीं आया होगा कि आदमी पतलून में दिखाई पड़े और उसकी 'पतलून में बादल' हो और उसके बारे में लिखा जाए। तो इन लोगों के साथ एक नया आन्दोलन शुरू हुआ और इस नये आन्दोलन का नाम फ्रांस में 'अवाँगार्द' रखा गया। अंग्रेज़ी में इसका साहित्यिक अनुवाद होगा एडवांस और गार्ड को हिन्दी में आप कहेंगे, 'हरावल दस्ता'। आर्मी की कई टुकड़ियाँ होती हैं लेकिन आर्मी का वह टुकड़ा जो अटैक करने में, अचूक हमला करने में तेज़ हो, ट्रेंड हो तो उसे 'एडवांस गार्ड' या 'हरावल दस्ता' कहते है। कला की दुनिया में इसे अवाँगार्द के साथ भविष्यवाद या दादावाद भी कहते हैं और आगे चलकर 1922-24 के आसपास एक नया शब्द बना सुर्रियलिज़्म। ये आन्दोलन आधुनिकतावाद के ही हैं लेकिन ये आधुनिकतावाद की दूसरी लहर है, जिस लहर को अवाँगार्द कहते हैं। ये अवाँगार्द लहर अपेक्षाकृत अपने को ज़्यादा विद्रोही और क्रान्तिकारी कहती है। यह इम्प्रेशनिज़्म और प्रतीकवाद के विरुद्ध थी।

दादावाद का प्रवर्तक ट्रिस्टन ज़ारा (Tristan Tzara) था। यह रोमानिया में पैदा होनेवाला फ्रेंच कवि था। पेरिस में 1919 में इनका ग्रुप इकट्ठा हुआ, उसमें बहुत-से अच्छे लोग थे। उनमें तीन आदमियों के नाम बहुत प्रसिद्ध हैं, जो आज भी फ्रांस के महत्त्वपूर्ण कवियों में माने जाते हैं—पालेल्वार, लुई आरागों और आन्द्रे ब्रेयतान।

[राष्ट्रीय नाट्य विद्यालय के छात्रों के बीच 27 जुलाई, 1993 को दिया गया वक्तव्य।
अब तक अप्रकाशित। पहली बार प्रकाशित]

आधुनिकता, आधुनिक साहित्यिक आन्दोलन और विचारधाराएँ

अभी हाल में एक फ्रांसीसी दार्शनिक देरिदा ने कम्यूनिस्ट मेनीफेस्टो को ही आधार बनाकर और शेक्सपियर के मशहूर नाटक 'हैमलेट' के हवाले से, जिसमें मरे हुए बाप का भूत आता है, एक किताब लिखी, जिसमें साम्यवाद नाम का एक चरित्र या एक प्रेत है। इस किताब में देरिदा दिखाते हैं कि यूरोप पर साम्यवाद का प्रेत मँडरा रहा है। इस बात को पढ़-सुनकर लोगों को बहुत अचम्भा हुआ कि उत्तर-आधुनिकतावाद का जनक जॉक देरिदा मार्क्स को याद कर रहा है। हमारे यहाँ आधुनिकता या आधुनिकवाद का ज़िक्र करनेवाले मार्क्स को नहीं याद करते। मार्क्स के कम्यूनिस्ट मेनीफेस्टो का उद्धरण है जिसमें मार्क्स ने पूँजीवाद की तारीफ की है, जबकि मार्क्स को पूँजीवाद का दुश्मन माना जाता है, उसकी जड़ खोदनेवाला समझा जाता है। लेकिन ये कम लोग जानते हैं कि पूँजीवाद की इतनी तारीफ मार्क्स के पहले किसी ने नहीं की। यह उद्धरण उसी से ताल्लुक रखता है।

बुर्जुआ व्यवस्था निरन्तर क्रान्तियों के साथ स्थापित हुई थी और इन क्रान्तियों के बिना वह रह ही नहीं सकती थी। बराबर बदलते जाना उसकी फितरत थी। उत्पादन के साधनों में परिवर्तन, सामाजिक सम्बन्धों में परिवर्तन क्रान्तिकारी ढंग से होता जा रहा था, या ज़माना अनन्त निश्चितताओं का था। यह राजाओं, सामन्तों, नवाबों के ज़माने से इस मामले में अलग था कि बराबर अपने को बदलता जा रहा था।

आप लोग आज ही देख रहे होंगे कि हमारे देखते-देखते रिन की टिकिया विज्ञापनों ने कितने नाम बदल दिये हैं, कितने रंग-रूप बदल लिये हैं। एक कोलगेट टूथपेस्ट वही नहीं, जो दस साल पहले बिक रह था। कंटेंट भले ही उसका वही हो लेकिन टेक्नोलॉजी का अपना तर्क है कि वह बदलेगी। वही कोई चीज़ अगर दुहराई गई तो बेकार हो जाएगी। पिछले दस साल में मारुति कार के ही कितने मॉडल बदल चुके हैं। पहले के लोग बदलने में विश्वास नहीं करते थे। पुरानी से पुरानी चीज़ के संरक्षण में विश्वास करते थे। पुराना कोई कुआँ है जो दादा के

ज़माने से चला आ रहा है। उसमें कीड़े पड़ गए हैं, लेकिन बोरिंग नहीं करवाएँगे। पुराना पलंग दादा के ज़माने का है, चला आ रहा है, उससे चिपके हुए हैं। पर बदलेंगे नहीं, लेकिन बुर्जुआवादी बदलते हैं। बदलना उसका काम था।

कभी जो पवित्र समझा जाता था, वह आज और भ्रष्ट हो चुका है। पूँजीवाद का कुछ-कुछ असर आप लोग आज भी महसूस कर रहे होंगे। बहुत-सी पवित्र चीज़ें सहसा अपवित्र हो गईं। गांधी कभी बहुत पवित्र समझे जाते थे, पर आज गांधी क्या हैं? और जो भी था ठोस, टिका हुआ लगता था, कब ख़त्म हो जाएगा, कोई ठीक नहीं। यहाँ तक कि नेहरू के ज़माने में जब कांग्रेस सत्ता में थी तो हम समझते थे कि कांग्रेस हमेशा रहेगी और अब लगता है कि यह कितने दिन रहेगी?

जब 1848 में मार्क्स ने 'कम्यूनिस्ट मेनीफेस्टो' लिखा था तो उसी समय की क्रान्ति होनेवाली थी। उस क्रान्ति में निहित एक 'आप्टीमिज़्म', एक आशावाद के विफल होने के बाद मार्क्स कहते हैं कि 1848 की या उसके बाद की ये जो तथाकथित क्रान्तियाँ हैं, ये अपने अन्दर की सतह पर इस बात की सूचक हैं कि पूरा यूरोप जैसे ज्वालामुखी पर खड़ा है। झाँककर नीचे देखें तो अतल गहराई दिखाई पड़ेगी और जलता हुआ लावा अन्दर बहता हुआ दिखाई पड़ेगा। जैसे भूकम्प आया नहीं है, लेकिन भूकम्प है। मार्क्स ने पूछा भी है कि क्या आप इस भूकम्प को महसूस करते हो? कम लोग होते हैं जो भूकम्प आने से पहले उसकी धड़कन को सुन लें, अपने रगों पर महसूस करें, लेकिन मार्क्स महसूस करते थे। मार्क्स राजनीतिक अर्थतंत्र में क्रान्ति की बात कर रहे हैं कि बुर्जुआ सोसाइटी बराबर अपने को बदलती रही है, लेकिन बुर्जुआ सोसाइटी अर्थतंत्र बदलती है, टेक्नोलॉजी बदलती है, सामाजिक सम्बन्ध बदलती है, लेकिन कला और साहित्य के बारे में क्या होता है? क्या व्यवस्था कला और साहित्य को भी बुर्जुआ बदलती है? पेप्सी कोला को बदलता है। टाटा स्टील के लिए, चाय के लिए और हज़ार चीज़ों के लिए विख्यात हैं लेकिन टाटा टेक्नोलॉजी बदलो, पोलिटिकल इकोनॉमी बदलें और इसका असर बाज़ार को बदले लेकिन वह आर्ट लिटरेचर को बदले, यह उनसे उम्मीद हम नहीं करते। हो सकता है कि वह यह सब न बदलना चाहें। उसी बुर्जुआवादी के साथ अजीब बात है कि मार्क्स जब अर्थशास्त्र और राजनीति के साथ चेंज की बात कर रहे थे, 1848 के आसपास यूरोप के नक्शे में देखें तो मार्क्स के समकालीन कुछ लोग ऐसे थे, जो कला और साहित्य को भी बदल रहे थे और कह रहे थे कि उसे बदलने की ज़रूरत है। मार्क्स के समकालीनों में फ्लावेयर का नाम आपने सुना होगा। स्पेनिश दार्शनिक को अपने समय में लोगों ने नहीं जाना, लेकिन बाद में पहचाना कि वे बहुत महत्त्वपूर्ण थे। उसी ज़माने में दोस्तोएव्स्की भी थे। एक ओर मार्क्स अर्थतंत्र, समाज-व्यवस्था और टेक्नोलॉजी

के परिवर्तनों के सिलसिले में बात करते हैं तो दूसरी ओर मार्क्स के समकालीन, जिन्हें हम आधुनिकतावाद का प्रवर्तक मानते हैं, वे साहित्य और कला के नये सिद्धान्त और नये किस्म की रचनाएँ रच रहे थे। सवाल यह है कि इन दोनों में कोई सम्बन्ध है या नहीं?

भारत में आधुनिकतावाद और आधुनिकता की चर्चा हुई, तो उसके समानान्तर समाजशास्त्र और अर्थशास्त्र के लोग एक शब्द आधुनिकीकरण का प्रयोग करते थे। इस सन्दर्भ में यह समझा जाता था कि आधुनिकीकरण अलग चीज़ है और आधुनिकता अलग। दोनों में कोई रिश्ता नहीं। जैसे मार्क्स में और बोर्दलेयर में लोगों को कोई रिश्ता नहीं दिखाई देता।

उस ज़माने में समझा जाता था कि मार्क्सवाद आधुनिकता का दुश्मन है। एक मशहूर मार्क्सवादी आलोचक जॉर्ज लूकाच, जो हंगरी के रहनेवाले थे, उन्होंने अपना कैरियर एक ड्रामा और थियेटर क्रिटिक के रूप में शुरू किया था और इसी रूप में हंगरी में जाने जाते थे। बाद में उन्होंने फिक्शन पर बहुत ज़्यादा लिखा। वे भी समझते हैं कि मार्क्सवाद आधुनिकता का विरोधी और दुश्मन है। जिस समय पूँजीपति वर्ग यूरोप के आर्थिक, सामाजिक, राजनीतिक ढाँचे को बदल रहा था, उसी पूँजीपति वर्ग का एक और हिस्सा था जिसका बाज़ार और पूँजी से लेना-देना नहीं था। उसकी पूँजी तो कलम और उसका दिमाग़ मंच पर काम करनेवालों का थियेटर था, पेंटिंग करनेवालों का ब्रश था। हिस्सा उसी वर्ग का था। कहने का मतलब है कि तमाम चीज़ों के साथ आधुनिक आन्दोलन को समझने की ज़रूरत है तो पूँजीपति वर्ग के इस हिस्से द्वारा लाई गई पूँजीवादी क्रान्ति के परिणामस्वरूप यूरोप में हज़ारों साल पुराने शहरों के समानान्तर नये शहरों का निर्माण हुआ। शहर तो पहले से थे हज़ारों साल से। काशी, कहते हैं ढाई हज़ार साल पुराना है। हैदराबाद को चार सौ या तीन सौ साल हुए। कलकत्ता भी इतना ही पुराना माना गया है। तो कुछ हज़ारों साल पुराने शहर हैं तो कुछ तीन-चार सौ साल पुराने हैं। यूरोप में भी बड़े पुराने शहर हैं लेकिन पूँजीवाद के बाद एक नये शहर का निर्माण हुआ। लन्दन वही था, लेकिन लन्दन एक और लन्दन बन गया। पेरिस वही था लेकिन एक और पेरिस बन गया। मेट्रोपालिट होकर मेट्रोपॉलिटन सेंटर बने। ये जो नये मेट्रोपॉलिटन शहर थे, वहाँ बाज़ार और पूँजी के साथ ही नहीं आता-जाता बल्कि माइग्रेशन भी बहुत व्यापक पैमाने पर होता है। रूस, रोमानिया, दिल्ली, हंगरी, अमरीका—सभी जगहों के लोग पेरिस और बर्लिन चले आ रहे हैं। दिल्ली को ही लीजिए। सम्भव है, कुछ लोग ऐसे हों, जिन्हें दिल्ली का स्वाद लग जाए और वे इसे छोड़कर न जाना चाहें। मैं भी बनारस का रहनेवाला था। दिल्ली आया तो सोचा नहीं था कि यहाँ पर रह जाऊँगा, पर रह गया। इसलिए दिल्ली शहर तो है और शहर की एक तसवीर है

हमारे यहाँ। शहर डराता है लोगों को। दुश्मन जैसा मालूम होता है। उर्दू शायरी में आप 'मीर' और 'ग़ालिब' को याद करें। मीर कहते हैं :

पगड़ी अपनी सँभालिएगा मीर,
और बस्ती नहीं, वे दिल्ली हैं

मीर के समानान्तर ग़ालिब की यह बात भी देखिए :

तुम शहर में हो तो क्या ग़म जब उठेंगे
ले आएँगे बाज़ार से जा कर दिलो-जान और

जो संवेदनशील लोग हैं, उनके लिए शहर केवल बाज़ार ही नहीं, कुछ और भी है। इसलिए पूँजीवादी बाज़ार के लिए विकास के बाद लन्दन, पेरिस, सेंटपीटर्सबर्ग, बर्लिन, फ्रांस, न्यूयॉर्क आदि शहरों में न जाने कहाँ-कहाँ से लोग आ गए और ये शहर प्रवासियों के केन्द्र बन गए। आज के ज़माने में कहें तो मुहाजिरों के केन्द्र बन गए। 'मुहाजिर' यानी हिजरत करनेवाले लोग, जो अपना वतन छोड़कर आए, जैसे—यू.पी., बिहार से जाकर कराची में बसे हुए लोग। पिकासो कहाँ पैदा हुए? स्पेनिश बोलनेवाले पेरिस आए। इस तरह नये शहरों में अजनबियों की भीड़ इकट्ठा हुई। यह उन्नीसवीं सदी का वह ज़माना था जब पासपोर्ट और वीजा नहीं होता था। प्रथम विश्वयुद्ध के बाद यानी 1918 के बाद पासपोर्ट और वीजा सिस्टम चला है। पहले कोई पासपोर्ट, कोई वीजा नहीं था। आप जहाँ चाहे जा सकते हो। यह शुरू का पूँजीवादी था जो हमेशा नोबिलिटी पर विश्वास करता था। सारी धरती पर पूँजीवादी जा सकता था इसलिए दुनिया खुली हुई थी। अपना माल बेचने और ख़रीदने के लिए खुला बाज़ार था। कोई आदमी कहीं भी जा सकता था। पुराने ज़माने के लोग अपने गाँव से बँधे रहते थे। गरीब और मज़दूर लोग खेत छोड़कर नहीं जा सकते थे। उन्हें ज़मींदारों ने अपने कर्ज से बाँधकर रखा था। इसलिए लोग अपने गाँव और पेशे से बँधे हुए थे। इसे पूँजीवादी की मेहरबानी कहिए कि हम दिल्ली में दिखाई दे रहे हैं। अगर सामन्ती ज़माना होता तो वहीं अपने गाँव या कस्बे से बँधे होते और उसी धंधे में लगे होते। पूँजीवाद ने पूरी दुनिया खोल दी। पूँजीवादी बड़े सेठ ने राजनीति को बदला, अर्थतंत्र को बदला, समाजतंत्र को बदला लेकिन उसी बुर्जुआ वर्ग का हिस्सा जो पढ़ने-लिखने में काम करता था, जो उसके कारखाने में काम करनेवाला मज़दूर तो नहीं था लेकिन कहा जाता था कि उसके पास इतनी पूँजी नहीं थी कि वह बड़ा सामन्त और सम्पन्न बन जाए। इसलिए यह लुम्पिन प्रोलेटेरियट लेखकों, कलाकारों का इलाका होता था जिसे बहुत-से लोग नकचढ़े 'लुम्पिन' का इलाका कहते हैं। यह थियेटर, लिटरेचर, पेंटिंग वगैरह का मरकज है। यह लुम्पिन सर्वहारा के साथ पैदा हुए पूँजीपति के साथ नहीं। वे पूँजीपतियों के माल की तरह एक

जगह से दूसरे जगह गए और मेट्रोपॉलिटन सेंटर में पहुँचे। इनका रिश्ता वही था, जो होना चाहिए—जलन, डाह, आग, गुस्सा, विरोध। इसलिए लुम्पिन प्रोलेटेरियट वर्ग भी जैसे पूँजीपति वर्ग की पुरानी अर्थ-व्यवस्था, टेक्नोलॉजी से नाराज होकर उसको बदलने पर तुला हुआ था। साहित्य और कला में पहले से जो कुछ था, उसे तोड़-फोड़कर नया करना चाहता था और अर्थतंत्र में पूँजीपति क्रान्ति कर रहा था। कला और साहित्य में लुम्पिन प्रोलेटेरियट ऑफ आर्ट कर रहा था और यह काम वह कहीं-न-कहीं बुर्जुआ आदि के ख़िलाफ़ कर रहा था। इसलिए आधुनिकतावादी आन्दोलन-प्रवृत्ति से बुर्जुआवाद का विरोधी था। इसलिए कोई आदमी आप से कहे कि आप नेशनल स्कूल ऑफ ड्रामा में पढ़ते हुए इन विदेशी वादों, कलाओं और आन्दोलनों को क्यों पढ़ते हैं तो उनसे साफ़ कहना चाहिए कि यूरोप में जो दो यूरोप हैं, आपकी दिलचस्पी 'एनरान' में है और हमारी दिलचस्पी उसमें है जो 'एमरान' को तोड़ना चाहते हैं। इसलिए हम उनकी कला और साहित्य में दिलचस्पी रखते हैं, क्योंकि आपको देखने में लगता है, हम पश्चिम के पुजारी हैं। लेकिन सच्चाई है कि हम पश्चिम के उन लोगों के पुजारी हैं, दोस्त हैं, हिमायती हैं जो पश्चिम की एक दूसरी छवि बनाते हैं, बुर्जुआवाद का विरोधी हैं। दोस्तोएव्स्की को पढ़कर आपको लगेगा कि वह बुर्जुआ से इतना घृणा करते हैं। बोर्दलेयर की 'द फ्लावर्स ऑफ इविल' (The Flowers of Evil) किताब का नाम ही बताता है कि बाद के कुल उस नये पेरिस से प्यार नहीं बल्कि नफ़रत करते थे। प्रोस्टीट्यूशन पर लिखी उनकी कविताएँ बताती हैं कि खुद वेश्या से उनका नफ़रत नहीं लेकिन उस व्यक्ति से है क्योंकि उसकी वजह से एक पूरा का पूरा शहर भ्रष्ट बना हुआ है। और बाज़ार क्या होता है? जब हम औरत को बाज़ारू औरत कहते हैं तो इससे हमारे बाज़ार के बारे में हमारे रूप का पता चलता है कि हम बाज़ार को क्या समझते हैं। जितने भी कलाकार या खुद जो पूँजीवादी से घृणा करते जबकि उनकी ताक़त को जानते थे, पहचानते थे और उन्होंने घोषणा की थी कि पूँजीवादी का कब्र खोदनेवाला खुद उसके साथ पैदा हुआ है जिसे हम सर्वहारा प्रोलेटेरियट या मज़दूर कहते हैं और जो कारखाने में काम करता है। जिस तरह मार्क्स पूँजीवादी व्यवस्था या तंत्र से नफ़रत करते थे, उसी तरह पीढ़ी के कलाकार और साहित्यकार भी उस व्यवस्था और उससे जुड़ी और पैदा हुई कला और साहित्य से नफ़रत करते थे और उसे तोड़-फोड़कर कुछ नया बनाना चाहते थे। कला और साहित्य जो लुम्पिन प्रोलेटेरियट था, उसे लोग लफंगा कहते हैं। वैसे लेखकों और कलाकारों को लोग लफंगा ही समझते हैं। दूसरे लोग ही नहीं, माँ-बाप भी समझते हैं। यह और बात है कि सच्चा लफंगा कौन है? ये लफंगे भी कुछ नया करना चाहते थे। इनका नारा था : 'मेक इन न्यू' (यह एज़रा पाउंड का वर्ड है)। इन लोगों ने खुद अपने लिए एक नया नाम चुना। वह नाम प्रचलित है और मॉडर्निज़्म या मॉडर्निटी से ज़्यादा वह नाम है—अवाँगार्द। यदि

आप अंग्रेज़ी में कहें तो एडवांस गार्ड कहेंगे और हिन्दी में कहना चाहें तो 'हरावल दस्ता'। यह आर्मी का शब्द है। फौज में एक छोटी-सी पूर्णतः प्रशिक्षित वह टुकड़ी होती है जो सबसे पहले हमला बोलती है और बाक़ी सेना उसके साथ चलती है। हरावल फारसी का शब्द है। पुरानी हिन्दी कविता में हरावल आपको रीतिकाल में मिलेगा। तो 'हरावल दस्ता या गार्ड'—आर्मी का यह शब्द कला और साहित्य में इन लोगों ने लिया और कहा कि हम लोग साहित्य और कला के हरावल दस्ता हैं, 'एडवांस गार्ड' हैं, जो पहले आगे बढ़ते हैं, बाक़ी समाज हमारे पीछे-पीछे चलता है। एज़रा पाउंड का ही एक दूसरा नया कथन था : 'आर्टिस्ट आर एंटीना ऑफ द रेंज', लोगों ने पहले समझा। दूसरे शब्दों में कहें तो साहित्य और साहित्यकार और कलाकार एक तरह से कला के ग़ौरिल्ला थे। राजनीति के ग़ौरिल्ला तो होते ही हैं। ग़ौरिल्ला लड़ाई में ये किसी एक जगह या एक क्षेत्र में नहीं होते। बर्लिन, पेरिस, लन्दन और तमाम अन्य मेट्रोपॉलिट सेंटर्स में इसकी अनुगूँज थीं। फ्रांस के बड़े अच्छे उपन्यासकार, कला-समीक्षक आन्द्रे मात्वों, जो सांस्कृतिक मंत्री रह चुके हैं, उन्होंने ऐसे संग्रहालय की कल्पना की है कि जिसमें दुनिया की सारी कृतियाँ—साहित्य की, पेंटिंग की—की होंगी। एक ऐसा काल्पनिक आधुनिक कला संग्रहालय है, जो बिना दीवारों का है। अगर आपके पास दिमाग़ है, आपने पढ़ा है, तो खुद आपके अन्दर मौजूद है। ग़ालिब ने भी कहा था कि 'बे-दर-ओ-दीवार का एक घर बनाना चाहिए।' यह बे-दरो-दीवार का जो घर है, उसे हर कलाकार बनाता है। इसलिए अवाँगार्द के घर की कोई दीवार नहीं। इसकी दीवार लन्दन या बर्लिन तक में मौजूद नहीं है। यह बे-दर-ओ-दीवार का घर एस्थैटिक गुरिल्ला ने बनाया था और वही इंटरनेशनल कैपिटल आर्ट्स बना।

आधुनिकतावादी आन्दोलन उन्नीसवीं सदी के मध्य से लेकर बीसवीं सदी के आरम्भ तक चले लेकिन इनकी कहानी और इनको 1950-60 के आसपास लोगों ने व्यवस्थित किया और इस पूरी कहानी को लोगों ने अपने-अपने ढंग से लिखा। कुछ लोगों ने उसमें एक चुनी हुई परम्पराएँ बनाईं कि आधुनिकतावादी आन्दोलन तो यही है, बाक़ी नहीं है। जैसे कुछ लोगों के लिए कांग्रेस का आन्दोलन ही आज़ादी की लड़ाई है। बहुत दिनों तक उसमें खुदीराम बोस का ज़िक्र ही नहीं होता था। उसमें सोशलिस्टों और कम्यूनिस्टों का ज़िक्र नहीं होता था।

उसी तरह से आधुनिकतावादियों में कुछ लोगों का ख़याल था कि एक यह आन्दोलन ही सब कुछ था। जैसे कुछ लोगों ने बोर्दलेयर मलार्मे, कॉलरवी यानी आन्दोलन को पकड़ा और कहा कि मुख्य आन्दोलन यही था। जो उनके सिद्धान्त को नहीं मानता था, वह उसमें नहीं आता। कुछ लोगों ने कहा कि आधुनिक आन्दोलन में यथार्थवादी ज़िक्र नहीं करना चाहिए। क्योंकि आधुनिकतावाद का जन्म ही हुआ है अयथार्थवाद के रूप में। इसलिए कुछ लोगों ने जब सिरे से यथार्थवाद को ख़ारिज

किया तो बेचारा नैचुरलिज़्म किस खेत की मूली है! इसलिए नैचुरलिज़्म को लोगों ने ख़ारिज कर दिया। इब्सन को लोग मॉडर्न नहीं मानते। स्टीनबर्ग को कुछ लोग मान लेते हैं, कुछ उसी के साथ ख़ारिज कर देते हैं, उत्तर-आधुनिकतावाद लेखन भी नहीं है। वह अलग बात है कि सम्बन्धों के कारण कुछ लोग मेहरबानी मान लेते हैं, पर उनका बस चले तो उसे भी न मानें। इसलिए बहुवचन में कहें या एक वचन में कहें, आधुनिकतावादी आन्दोलन की अलग-अलग कहानी लोगों ने लिखी है, जबकि सच्चाई यह है कि जिस तरह ऊपर से देखने पर सारी दुनिया का पूँजीवाद एक ही जैसा लगता है, लेकिन हर पूँजीवाद एक ही जैसा नहीं था, आज भी नहीं दिखाई पड़ता है। उसके समानान्तर ग़ौरिल्ला लोगों ने जो यह एक नया कला का आन्दोलन चलाया, वह बहुलतावादी था। उसमें बहुत सारे रंग, बहुत सारी आवाज़ें, और बहुत-से विचार थे क्योंकि कलाकार व्यक्तिवादी होते हैं, पूँजीवादी होते हैं। पूँजीवादी कम, व्यक्तिवादी ज़्यादा होते हैं। कलाकार उसी पूँजीवाद की दुनिया में रहनेवाला उससे ज़्यादा व्यक्तिवादी होता है। इससे हमारे पुराने लोग भी परिचित थे। वे कहते थे—वह मुनि ही नहीं जिसका मत भिन्न न हो। वह मुनि कैसा जो दूसरे से सहमत हो जाए? वह थियेटर का आदमी कैसा, जो दूसरे के थियेटर को पसन्द करे कि मैं सहमत हूँ? वह कवि ही क्या, जो दूसरे की कविता को ठीक कहे? हम आपका आदर करते हैं लेकिन साहब, आपका रास्ता अलग है, हमारा अलग। संस्कृत में चलता है : 'मुरारे साथियो पंथा'। एक मुरारी कवि हो गए, बहुत कम लोग जानते होंगे। वह बोले, हमारा तीसरा रास्ता है। तीसरा का अर्थ है अलग। इसलिए एक बात, जिस पर मैं ज़ोर देना चाहता हूँ कि कहने के लिए लोग एक मानते हैं।

यानी जिन बुद्धिजीवियों ने भगवान तक को एक नहीं रहने दिया, वे कला-साहित्य को कैसे एक रहने देंगे? ईश्वर एक नहीं है, अनेक हैं। लाख हम कहते रहें कि नाम अलग-अलग होंगे लेकिन हैं एक ही। फिर भी वे लोग कहते हैं कि नाम जब अलग है तो वह एक कैसे हो सकता है? इसलिए इतने ज़्यादा आन्दोलन चले कि आप उँगलियों पर गिना नहीं सकते। एक ही आन्दोलन के अन्दर साथ काम करनेवाले लोग अलग-अलग थे। हमारे यहाँ रोमांटिक कवि हैं, जिन्हें हिन्दी में छायावादी कहते हैं। लेकिन छायावाद के जयशंकर प्रसाद अलग, महादेवी अलग, निराला अलग, पंत अलग। बंगला में रवीन्द्रनाथ ही अकेले नहीं थे। रवीन्द्रनाथ के समय और भी लोग थे जो उनसे अलग लिखते थे। यह बात आपको हर भाषा की कविता में दिखाई देगी। भक्तों में सारे भक्त एक नहीं थे। तुलसी अलग, सूर अलग, जायसी अलग, कबीर अलग, रैदास अलग, नानक अलग। इसी तरह आधुनिकतावादी आन्दोलनों की बात जब हम करते हैं तो यह समझें कि मूवमेंट ही अलग नहीं बल्कि हर मूवमेंट का सदस्य भी अलग-अलग था। कहने के लिए मलार्मे, वर्ले, रेम्बों, पार्लवार्ली—चारों यहाँ सिम्बोलिस्ट (Symbolist) या प्रतीकवादी कहलाते हैं। लेकिन

मलार्मे जैसा वर्ले नहीं लिखता। वर्ले जैसा रेम्बों नहीं लिखता। पार्लवार्ली मलार्मे को उस्ताद मानते थे फिर भी वह ऐसा नहीं लिखते थे। इसलिए उस्ताद और शागिर्द को कभी-कभी एक नहीं समझना चाहिए। उर्दू शायरी में मिर्जा ग़ालिब उस्ताद थे अल्ताफ़ हुसैन के। अब आप इस नाते 'ग़ालिब' और 'हाली' की कविता को एक समझ लेंगे तो बड़ी दिक्कत होगी। ग़ालिब का अन्दाज़े-बयाँ और था और हाली तो बेचारे बड़े ब्रह्मचारी, सात्त्विक और पवित्र आदमी थे। वे कहते हैं :

आगे बढ़े न क़िस्सा-ए-इश्क़-बुताँ से हम
सब कुछ कहा मगर न खुले राज़-दाँ से हम

ग़ालिब यह नहीं कह सकते। और ग़ालिब ने तो कहा है कि 'हम ही कर बैठे ग़ालिब पेश-दस्ती एक दिन।'

ये तो पेशदस्ती करने का भी हौसला रखते थे। गरज यह कि एक ही प्रतीकवादी आन्दोलन में चार कवि, चार तरह के थे। वह ही नहीं होगा कि आप आम लगाकर देख लें और वह उग जाए। बनारस का लँगड़ा या मालदा का अपना आम होता है। वेस्ट बंगाल का या हर जगह का भिन्न होता है, यही बात कला और साहित्य के बारे में भी लागू होती है। उदाहरण के लिए फ्रेंच सिम्बोलिज़्म और सिम्बोलिज़्म सांस्कृतिक परम्पराओं का भेद होने के कारण आप देखेंगे कि मैटाफिजिक दोनों की अलग-अलग है। सिम्बोलिज़्म की पोलिटिक्स इस हद तक हुई कि गोगोल 1917 की क्रान्ति का स्वागत करते हैं और 'The Twelve' नाम की कविता लिखते हैं। पार्लवार्ली मौजूद थे लेकिन वह इस तरह की क्रान्तिकारी कविता नहीं लिख सकते थे। इसलिए सिम्बोलिज़्म नाम तो एक है लेकिन फ्रेंच अलग है, रशियन अलग है। बीच में केवल ब्रिटिश चैनल है, लेकिन अंग्रेज़ों का तो कहना है कि सिम्बोलिज़्म टिपिकल कॉन्टिनेंटल फिनॉमिना है। तो इस बारे में इतना ही। इंग्लैंड में सिम्बोलिज़्म आया ही नहीं और जिन लोगों के बीच में आया, वे शुद्ध सिम्बोलिस्ट नहीं थे। आर्थ साइमेंट ने किताब लिखी तो वे कवि नहीं थे, आलोचक थे। डब्ल्यू.बी. येट्स को सिम्बोलिस्ट कहते थे, लेकिन डब्ल्यू.बी. येट्स इस तरह के सिम्बोलिस्ट थे तो कुल मिलाकर बात इतनी है कि लन्दन और पेरिस में बहुत ज़रा-सा फासला है। यानी कलकत्ता और दिल्ली तो बहुत दूर है, इससे भी कम है। बावजूद इसके फ्रेंच सिम्बोलिज़्म लन्दन में नहीं पहुँचा। तो यह न समझें कि प्रतीकवाद शुद्ध फ्रांसीसी फिनॉमिना समझा जाता है। उसका रूप रूस में मिलता है। अन्यत्र नहीं मिलता।

दूसरा नाम मैं लेना चाहता हूँ—एक्सप्रेशनिज़्म का। बताया जाता है कि बाटरबेक्स आरम्भिक दिनों में बहुत एक्सप्रेशनिस्टिक थे। इस रूप की छाया अन्य व दूसरे नाटककारों पर भी पड़ी। लेकिन एक्सप्रेशनिज़्म—यह जर्मन फिनॉमिना है। एक्सप्रेशनिज़्म फ्रांस में चला नहीं और हिन्दी में बहुत-से लोग एक्सप्रेशनिज़्म को

बेनीदेतो क्रोंचे के नाम से जानते हैं जो एस्थेटिक्स थे। उनको आइडिया ही नहीं है कि एक्सप्रेशनिज़्म पेंटिंग और थियेटर में ज़्यादा चला है। कुछ-कुछ साहित्य में आ गया होगा लेकिन एक्सप्रेशनिज़्म मुख्यत: जर्मनी में थियेटर के एक वाद के रूप में जाना जाता है। केवल एक जर्मन एक्सप्रेशनिज़्म शब्द है। इंग्लिश एक्सप्रेशनिज़्म या ब्रिटिश एक्सप्रेशनिज़्म जैसा कोई शब्द ही नहीं है।

एक और प्रवृत्ति चली, वह है फ्यूचरिज़्म। फ्यूचरिज़्म इटैलियन और रशियन फिनॉमिना है। इटली में मैग्नस्की और रूस में ब्लादीमिर मायकोएव्स्की—इन सभी आन्दोलनों का नाम लेकर मैंने आपको यह बताना चाहा है कि इन आन्दोलनों में कुछ फ्रेंच हैं, कुछ जर्मन हैं, कुछ इटैलियन हैं, कुछ रशियन हैं, कुछ ब्रिटिश हैं। चूँकि सबका नाम लिया है और अपने पुराने अंग्रेज़ आकाओं का नाम न लें तो ठीक नहीं हो, तो इंग्लैंड या एंग्लो-इंडियन फिनॉमिना कह लीजिए। दो कम उम्र वाले दो वाद 'इमैजिनिज़्म और वोर्टिसिज़्म' वहाँ पैदा हुए और वह भी अमरीकनों के कारण तो बने होते ही नहीं। ये दोनों कविता तक सीमित थे। इमैजिनिज़्म, जिसको बिम्बवाद कहते हैं, जब पाउंड ने इसको छोड़ दिया तो इमेनिज़्म को लोग एमीलिज़्म एमिली डिकिन्सन कहने लग गए। उस लेडी ने बहुत दिनों तक उस आन्दोलन को बढ़ाया। इन दोनों आन्दोलनों का तो साहित्यिक श्रेय पाउंड को जाता है। वादों और सम्प्रदायों वगैरह के मामले में मैंने कहा कि अमरीका का यदि स्पर्श न हुआ होता तो इंग्लैंड भी पैदा नहीं करता। इन आन्दोलनों में से मैं दो का ज़िक्र ज़रूर करना चाहता हूँ। क्योंकि दोनों विरोधी हैं और जिससे आपको आधुनिक आन्दोलनों के दो छोरों का पता चलेगा। एक ज़मीन से दूर पलायनवादी, घनघोर, निराशावादी निहिलिस्ट, अभिजनवादी भद्र लोगों का बड़ा क्रान्तिकारी आन्दोलन और दूसरा है सुर्रियलिज़्म। तो ये दो छोर हैं। एक-दूसरे के घोर विरोधी। इनका सिद्धान्त अलग है, और बाक़ी चीज़ें भी।

आगे जिस मूवमेंट की बात मैं आपसे करना चाहता हूँ, वह है फ्रेंच सिम्बोलिज़्म। हिन्दी में उसे प्रतीकवाद कहते हैं। तो इस फ्रेंच प्रतीकवादी आन्दोलन के लीडर स्टीफेन हैं। वे 1848 में पैदा हुए और 1898 में उनकी मृत्यु हुई। यह आन्दोलन 1880 के आसपास शुरू हुआ। फ्रेंच सिम्बोलिज़्म पर सबसे अच्छी किताब अंग्रेज़ी में है : 'एक्सेल्स कैसल'। आप लोगों को वह नॉवेल की तरह से लगेगी। कम-से-कम फर्स्ट और लास्ट चैप्टर उस किताब का। 1931 में छपी थी यह किताब। इसके कई एडीशन हुए हैं। इसके लेखक हैं एडमंड विल्सन जो अमरीकन हैं, अब नहीं रहे। वे बहुत साफ़-सुथरा लिखनेवाले लोगों में रहे हैं।

तो यह फ्रेंच सिम्बोलिज़्म क्या है, इसको समझने के लिए स्टीफन मलार्मे के बारे में थोड़ा जान लेना ज़रूरी है। ये इंग्लिश के टीचर थे, रोजी के लिए इंग्लिश पढ़ाते थे। हर मंगलवार को तमाम लोग उनके एक छोटे-से फ्लैट वाले घर में

इकट्ठा होते थे। उसका एक खाका एडमंड विल्सन ने अपनी किताब में दिया है, वह इस प्रकार है :

हिन्दी में आधुनिकता के प्रवर्तकों में एक बहुत बड़े कवि हो चुके हैं : सच्चिदानन्द हीरानन्द वात्स्यायन 'अज्ञेय'। अगर आपने देखा हो या उनसे कभी आप मिले हों या इसी तरह कभी आपको निर्मल वर्मा से मिलने का मौका मिले और आप उन्हें देखें तो उनका चेहरा अपको मलार्मे के चेहरे से मिलता हुआ-सा दिखाई पड़ेगा, व्यक्तित्व चाहे जो था, तो उस समय इलाहाबाद में 'परिमल' नाम की एक संस्था थी। जैसे उसकी बैठकों में भी धूप, दीप, नैवेद्य के साथ एक बन्द कमरे में, खिड़कियों के परदे गिरा दिए जाएँ, 'कुछ अँधेरा, कुछ उजाला, क्या समाँ है', और इस धुँधलके में बहुत मरी हुई-सी आवाज़ में कविता पढ़ने की परम्परा थी। आवाज़ में जैसे कोई मंत्र पढ़ा जा रहा हो कविता के बारे में! यह लगभग रिलीजस एटीट्यूड था।

सिम्बोलिज़्म की कविता के बारे में, दृष्टिकोण में एक पवित्रता का आग्रह था। सिम्बोलिस्ट प्योर हिमायती थे कि कविता को शुद्ध होना चाहिए। और आप समझ लीलिए कि रूढ़िबद्धता वहीं पलता है, जहाँ बहुत शुद्धता हो। अक्सर अन्दर से बहुत गन्दे लोग कभी-कभी बाहर से पवित्रता का ढोंग रचते हैं। इसलिए जो बहुत पवित्रता का नाम ले, उस पर शक करिए। इस देश के अधिकांश मन्दिर, जहाँ स्वच्छता और पवित्रता का डंका पीटा जाता है। हमारे नाटकों, उपन्यासों, कहानियों को पढ़ें तो उससे अन्दाज़ा लगेगा कि वे कितनी गन्दी जगहें हैं। जिन मन्दिरों में बाहर से पवित्रता और स्वच्छता दिखाया जाता है, देवदासी प्रथा के वही अड्डे रहे हैं दक्षिण में। उत्तर के मन्दिर बाहर से ही देखने में बहुत गन्दे लगते हैं। मैं दक्षिण के मन्दिरों की बात कर रहा हूँ जो बाहर से साफ़-सुथरे दिखाई पड़ते हैं।

एक लिखी कविता का ज़िक्र करना चाहूँगा कि ये लोग जो भाषा की समस्या हल करनेवाले और शुद्ध कविता वाले थे, इनका रुख़ क्या था। कविता अंग्रेज़ी में है। 'द वाइट वॉटर' पर लिखी हुई कविता है। कविता यूँ है कि एक आदमी है, जो कल्पना करता है कि वह नाव पर है और उसे सहसा एक औरत के पदचाप सुनाई पड़ रहे हैं, लेकिन वह उसकी ओर नहीं देखता है और चुपचाप अपनी नाव मोड़कर चला जाता है। क्योंकि वह उसे देखकर अपना मोहभंग नहीं करना चाहता।

'वह नाव पर, सहसा एक औरत के पदचाप' (लेक थी, झील थी, वह उसके स्टेट में पड़ती थी), तो वह लौट जाता है और अचानक जो सारांश है प्रोज का, वह सुन लीजिए कि वह कल्पना करता है :

He imagine himself roaing a boat
On to the state of the woman
A woman friend
Although her hears her foots

He refuse to look up
Prefering her, imagine face to reality
Silenty and without the glass
He since the boat around the rose on way explaining.

और उस कविता के इस हिस्से में वह कल्पना करता है कि वह नाव से जा रहा है। पैरों की आहट पड़ती है फिर भी उसकी ओर वह नहीं देखता है और बिना देखे चुपचाप अपनी नाव मोड़कर वह चला आता है। क्योंकि वह उसे देखकर अपना मोहभंग नहीं करना चाहता। वह कहता है कि क्यों मैंने ऐसा किया? गद्य कविता है—So wage a concious concept it sufficient to itself. वेगनेस जो है, अपने-आपमें काफ़ी है। नहीं देखा उसका चेहरा, ख़यालों में तो कैसी होगी, यह काफ़ी है। It will not constress the delight in dude with generating which both allowed and demand excusion of all feel. उसको देखने का मतलब है, दूसरे तमाम चेहरों से यानी कल्पना करना कि उसका चेहरा ऐसा नहीं, ऐसा होगा। यह ख़याल ही अपने-आपमें बहुत अच्छा है। शमशेर जी ने लिखा है :

हम अपने ख़याल को सनम समझे थे,
हम अपने ख़याल को भी कम समझे थे
होना था, समझना न था, क्या शमशेर
होना भी कहाँ था, वो जो हम समझे थे।

कुछ लोग अपने प्रिय की अपेक्षा प्रिय के ख़याल में ही रहना पसन्द करते हैं। वह हाड़-मांस का आदमी शायद इतना अच्छा न हो। इसलिए उसने कहा कि यह जो इस मूवमेंट में एक्सेल निसारा को मिलने के बाद जो कुछ है, उसमें वल्ग़ैरिटी है, तो मलार्मे का जो ख्वाब है, वह बेहतर है और वह उसी सपनों की दुनिया में रहना है तो कुल मिलाकर सिम्बोलिज़्म एक तरह का रहस्यवाद है।

तो वह उस ख्वाब में हमेशा रहा है। यह poet of nothingless है। इसलिए सिम्बोलिज़्म एक तरह का (misticism) रहस्यवाद है।

[राष्ट्रीय नाट्य विद्यालय द्वारा अपने छात्रों के लिए आयोजित ओरियंटेशन कार्यक्रम में 18 मार्च, 1995 को दिया गया व्याख्यान। अब तक अप्रकाशित। पहली बार प्रकाशित]

कार्ल मार्क्स और साहित्य

लेनिन ने मार्क्सवाद के तीन मूल स्रोतों का उल्लेख किया है जिनसे आपमें से अधिकांश लोग भली भाँति परिचित होंगे। वे तीनों मूल स्रोत हैं : जर्मन दर्शन, ब्रिटिश अर्थशास्त्र और फ्रेंच समाजवाद। मैं एक अरसे से यह अनुभव करता रहा हूँ कि एक चौथा स्रोत और है जिसका उल्लेख किया जाना चाहिए। और यह चौथा स्रोत साहित्यिक है। मेरी दृष्टि में वह चौथा स्रोत ग्रीक ट्रैजेडी है। यह किस प्रकार है और कैसे उसे मार्क्सवाद के मूल स्रोतों में गिना जा सकता है, इसे हम लोग कुछ तथ्यों के आधार पर देखने की कोशिश कर सकते हैं।

सन् 1841 में, जब मार्क्स तेईस वर्ष के युवक थे, बर्लिन विश्वविद्यालय में उन्होंने अपनी डॉक्टरेट की थीसिस प्रस्तुत की। इसका शीर्षक था : 'एपिकुरुस और देमोक्रुतुस के प्रकृति-दर्शनों का अन्तर'। एपिकुरुस और देमोक्रुतुस ग्रीक दार्शनिक थे। ख़ास तौर से हिन्दी के विद्यार्थियों का ध्यान इसकी ओर जाना चाहिए, जो शोध-प्रबन्ध के नाम पर किसी समकालीन कहानीकार, उपन्यासकार या किसी कवि को चुनकर आसानी से थीसिस लिखकर शोध की नैया के सहारे डिग्री हासिल कर लेना चाहते हैं। युवा मार्क्स ने अपने शोध-प्रबन्ध के लिए दो प्राचीन ग्रीक दार्शनिकों को चुना था और उनके बीच प्रकृति-दर्शनों के अन्तर जैसे विषय को चुना था। इस शोध-प्रबन्ध की भूमिका में (उसे अपने भावी श्वसुर को समर्पित करते हुए उन्होंने भूमिका लिखी थी) प्रसिद्ध ग्रीक ट्रैजेडी लेखक एस्खिलुस की—जिसे अंग्रेज़ी उच्चारण के अनुसार आम तौर पर एस्काइलस के नाम से ज़्यादातर लोग जानते हैं—प्रसिद्ध ट्रैजेडी 'प्रॉमेथ्युस बाउंड' (बद्ध प्रॉमेथ्युस) से—जिसे पुन: अंग्रेज़ी उच्चारण के अनुसार 'प्रॉमिथियस बाउंड' के नाम से ज़्यादातर लोग जानते हैं—मार्क्स ने जो उद्धरण दिया था, उसमें विशेष रूप से एक प्रसंग उन्होंने चुना था। प्रॉमेथ्युस चट्टान से बँधा हुआ है। उसे दंड दिया गया है। देवताओं के पिता 'ज़ेउस' ने—जिसे अंग्रेज़ी उच्चारण के अनुसार 'ज़ियस' कहा जाता है, संस्कृत के बहुत नज़दीक—जिसे 'द्यौस्' कह सकते हैं और जो 'इन्द्र' के पर्याय-जैसा है—हेरमेस को भेजा था प्रॉमेथ्युस को समझाने के लिए कि तुम चट्टान से बँधे हुए हो, गिद्ध तुम्हारे सीने को नोच रहा है, इस दंड

से बेहतर है कि तुम समझौता कर लो, पितर ज़ेउस तुम्हें क्षमा कर देंगे। प्रॉमेथ्युस ने चट्टान से बँधी हुई अवस्था में हेरमेस को जवाब दिया कि 'विश्वास रखो, मैं अपनी दुर्भाग्यपूर्ण स्थिति के बदले तुम्हारी सेवकवाली स्थिति कभी स्वीकार नहीं करूँगा। मैं पितर ज़ेउस की ताबेदारी करने के बदले इस चट्टान की सेवकाई करना बेहतर समझता हूँ।' इस उद्धरण के बाद मार्क्स ने टिप्पणी की थी कि दर्शनशास्त्र के पंचांग में प्रॉमेथ्युस सबसे बड़े शहीद और संत थे। उसी 'प्रॉमेथ्युस बाउंड' से शोध-प्रबन्ध के अन्तर्गत उन्होंने एक और उद्धरण दिया था : 'सच तो यह है कि मैं समस्त देव-मंडल से नफ़रत करता हूँ।' तेईस वर्ष के युवा मार्क्स ने दर्शनशास्त्र के शोध-प्रबन्ध की भूमिका में एक साहित्यिक कृति का उद्धरण देते हुए अपना मन्तव्य स्पष्ट किया था। यह युवा दार्शनिक का साहित्य से पहला स्रोत-ग्रहण था, जिसमें मार्क्स का हीरो आदि विद्रोही प्रॉमेथ्युस था।

1843 में जब मार्क्स डॉक्टरेट पाने के बावजूद विश्वविद्यालय की नौकरी नहीं पा सके, तब उन्होंने पत्रकारिता का व्रत लिया और कुछ मित्रों की सहायता से 'राइनीश त्साइटंग' नामक पत्र का सम्पादन आरम्भ किया। उस अख़बार के राज-विरोधी और क्रान्तिकारी तेवर को देखते हुए प्रशियन सरकार ने सेंसर का एक नया कानून पास किया था। उस कानून का विरोध मार्क्स ने अपने अख़बार के द्वारा किया। उस अख़बार में 1843 में एक प्रसिद्ध कार्टून छपा। शायद आप लोगों में से कुछ लोगों ने मार्क्स की जीवनी पर लिखी हुई पुस्तकों में, ख़ास तौर से फ्रांत्स मेहरिंग की प्रसिद्ध पुस्तक में, कार्टून का चित्र देखा हो। कार्टून का शीर्षक है : 'प्रॉमेथ्युस बाउंड', लेकिन ऊपर जो कार्टून बना हुआ है, उसमें स्वयं कार्ल मार्क्स छापेखाने की मशीन से जंजीरों में बँधे हुए हैं और उनके सीने में नोचनेवाला एक गिद्ध है और वह गिद्ध प्रशियन सरकार का सेंसर है। उस गिद्ध के पंजे से बँधी हुई एक डोरी है, जिसका संचालन करनेवाली शक्ति दूर बैठी हुई है, जो राजसत्ता है। शीर्षक है : 'प्रॉमेथ्युस बाउंड'! बँधा हुआ जो व्यक्ति है, वह स्वयं कार्ल मार्क्स हैं। लेनिन ने टिप्पणी की है कि मार्क्स दुनिया के इतिहास में दूसरा प्रॉमेथ्युस था और वह दूसरा प्रॉमेथ्युस किन अर्थों में था (और गहरे अर्थों में था), फ्रांत्स मेहरिंग ने इसका वर्णन किया है। प्रॉमेथ्युस वह आदि विद्रोही था, जिसने आग चुराई थी, जो आग देवताओं के पास थी। प्रॉमेथ्युस, स्वयं देवता था, लेकिन उसने अग्नि चुराई थी मानव-जाति के लिए, उसके हित के लिए, जिस मानव-जाति का वह सदस्य नहीं था। मार्क्स ने आग चुराई थी सर्वहारा के लिए, जिस सर्वहारा का वह सदस्य नहीं था। (करतल-ध्वनि) और इस अग्नि-चोरी में किस साहस का परिचय दिया था प्रॉमेथ्युस ने? इसमें पाना कुछ नहीं था, अपने लिए कुछ नहीं पाना था; सिर्फ़ खोना ही खोना था। मार्क्स ने मज़दूरों के लिए कहा था कि दुनिया के मज़दूरो, एक हो! तुम्हारे पास खोने के लिए कुछ नहीं है

और पाने के लिए सारी दुनिया है। अगर खोने के लिए हैं, तो जंजीरें हैं, इसके सिवा तुम्हारे पास खोने के लिए कुछ भी नहीं है। यह था दर्शन के पंचांग का सबसे बड़ा संत और शहीद—दूसरा प्रॉमेथ्युस।

मार्क्स को लेनिन ने जो दूसरा प्रॉमेथ्युस कहा, तो कौन-सी आग थी जिसे मार्क्स ने चुराया था? वह आग ज्ञान की आग थी और जैसा हमारे यहाँ कहा गया है, ज्ञान मुक्ति है। ज्ञान को हमारे यहाँ अग्नि कहा गया है। 'ऋते ज्ञानान्न मुक्तिः'—ज्ञान ही मुक्ति है। ज्ञान अग्नि है। 'गीता' में ज्ञान को अग्नि कहा गया है और कहा है कि इस ज्ञान की अग्नि से पवित्र करो अपने को। उस 'ज्ञान' की अग्नि को, जो कुछ लोगों तक सीमित थी, मुक्त करके—उस सम्पूर्ण दलित, पीड़ित, शोषित और अन्ततः अज्ञान में पली हुई विशाल वाहिनी के लिए, जिसे सर्वहारा के नाम से जानते हैं—मार्क्स ले आया था, इसलिए इतिहास में वह दूसरा प्रॉमेथ्युस था।

आरम्भिक दिनों में ही मार्क्स को अपने लेखन को लेकर संघर्ष का पहला अनुभव 'राइनी समाचार-पत्र' पर लगाए गए सेंसर के प्रसंग में हुआ। यहाँ भी प्रेसबिल आया था। पत्रकारों ने संघर्ष किया था। बहुत कुछ लिखा गया होगा। आप लोगों में से कदाचित् कुछ लोगों ने मार्क्स के वे लेख—जो अब जिल्द-1-2-3 में संकलित हैं—देखे होंगे। आप उनमें देख सकते हैं कि सेंसर पर मार्क्स ने जो लेख लिखे हैं, वे केवल सेंसर के विरुद्ध कानूनी संघर्ष चलाने के लिए नहीं लिखे गए! वे जिस भाषा में, जिस शैली में लिखे गए हैं, उससे कोई भी रचनाकार ईर्ष्या कर सकता है, स्पर्धा अनुभव कर सकता है। उसमें एक महत्त्वपूर्ण स्थापना यह है कि सेंसर के विरुद्ध संघर्ष वस्तुतः लेखन की स्वतंत्रता के लिए संघर्ष है। मार्क्स ने यह महत्त्वपूर्ण स्थापना की थी, और सेंसर ने कहा था कि तुम यही बातें कह सकते हो, लेकिन इस भाषा में नहीं, इस शैली में नहीं। इस सन्दर्भ में मार्क्स ने कहा था कि लेखक के लिए साहित्य साधन नहीं है, साध्य है और इस हद तक साध्य है कि उसके लिए और उसकी रक्षा के लिए, उसकी स्वतंत्रता के लिए, अक्सर वह अपने अस्तित्व की बाजी लगा दिया करता है। जो साहित्य को साधन समझते हैं, वे साहित्य के व्यापारी हैं। वे उसकी स्वतंत्रता को, उसकी रचनाशीलता के महत्त्व को नहीं समझते हैं। यह युवा मार्क्स की पहली घोषणा थी और यह घोषणा उन लोगों के लिए आँख खोलनेवाली साबित होनी चाहिए, जिनका ख़याल है कि मार्क्स साहित्य को वर्ग-संघर्ष का साधन समझते थे, हथियार समझते थे, और साहित्य की स्वायत्तता—स्वतंत्रता—में विश्वास नहीं करते थे। ऐसी धारणा जो लोग पाले हुए हैं, वे मार्क्स के लिखे हुए सेंसर-सम्बन्धी भाग को देखें, उन निबन्धों को देखें और देखें कि किस प्रकार मार्क्स साहित्य के साध्य होने में विश्वास करते थे। उस साध्य के लिए एक लेखक, एक रचनाकार अपने जीवन की, अपने अस्तित्व की बाजी लगा देने का जोखम उठाता है।

1841, 1842, 1843 के आरम्भिक तीन वर्षों के बाद की उनकी प्रसिद्ध कृति है 1844 की, जिसे 'पेरिस पांडुलिपि' के नाम से जानते हैं : 'इकोनॉमिक एंड फिलॉसिफिकल मैनस्क्रिप्ट्स' अंग्रेज़ी अनुवाद है। 'आर्थिक और दार्शनिक पांडुलिपियाँ' के नाम से हम सभी लोग परिचित हैं, जिसमें पहली बार मार्क्स ने, युवा मार्क्स ने, अपने सिद्धान्तों की बुनियाद रखी। इस ग्रंथ का पता बीसवीं सदी में पहली बार 1932 में चला और इस ग्रंथ के प्रकाशन के बाद मार्क्सवादी मानववाद की एक नई लहर पूरे विश्व-चिन्तन में फैली, जिसे आधार बनाकर लोगों ने युवा मार्क्स और प्रौढ़ मार्क्स के क्रान्तिकारी और मानववादी विचारों के अन्तर को उछालने की कोशिश की थी।

यह है मार्क्स के निर्माण का काल, जब मार्क्स मार्क्स हुए और उस निर्माण के काल में, जैसा मैंने आपसे निवेदन किया, नियामक भूमिका अदा करनेवाला वह मिथक है, जो प्रॉमेथ्युस का था और जो प्रतीत बन गया था मार्क्स के जीवन का, विद्रोह का, संघर्ष का, क्रान्ति का! मार्क्स के जीवन का संघर्ष प्रॉमेथ्युस का संघर्ष था। मार्क्स के जीवन के संघर्ष की यातना, वेदना, व्यथा और पीड़ा उस प्रॉमेथ्युस के संघर्ष-सी थी। आकस्मिक नहीं है कि इस प्रॉमेथ्युस के मिथक को मार्क्स का समकालीन और इंग्लैंड में थोड़ी ही दूर पर स्थित एक दूसरा क्रान्तिकारी, जिसके बारे में मार्क्स ने कहा था कि वह जीवित रहता तो समाजवादी होता, अपना रहा था। अंग्रेज़ी के प्रसिद्ध रोमांटिक कवि शेली ने उसी प्रॉमेथ्युस के प्रतीक से प्रेरित होकर, ग्रीस की ट्रैजेडी से प्रभावित होकर, 'प्रॉमेथ्युस अनबाउंड' लिखा था। यह था वह मिथक, जो मुक्ति का, संघर्ष का, निजी और व्यक्तिगत संघर्ष का नहीं, मानवता की मुक्ति का और उसके संघर्ष का मिथक था। इसीलिए मैंने आपसे निवेदन किया कि मार्क्स के निर्माण में जहाँ एक ओर जर्मन दर्शन का, जिसमें मुख्य स्थान है हेगेल का; ब्रिटिश अर्थशास्त्र का, जिसमें मुख्य स्थान एडम स्मिथ और रिकॉर्डो का है, और फ्रेंच समाजवाद का हाथ है जिसमें सेंट साइमन और फूरिये आदि का नाम लिया जाता है। वहाँ इन तमाम स्रोतों के अलावा उनके साथ एक दूसरा प्रेरणास्रोत भी था, जो साहित्य से आया था और जिसमें प्रथम स्थान ग्रीक ट्रैजेडी का है। इस ग्रीक ट्रैजेडी के अलावा, जैसा उल्लेख किया जाता रहा है और आप सभी लोग परिचित हैं, मार्क्स ट्रैजेडी के दूसरे प्रसिद्ध लेखक शेक्सपियर के उतने ही बड़े प्रेमी थे। जो लगभग उनके परिवार की नित्य चर्चा का और दैनिक पाठ का अंग बन गया था, साहित्यकारों की एक और लम्बी सूची है, जिन्हें मार्क्स ने पढ़ा था। इसलिए जब मैंने कहा कि मार्क्सवाद और मार्क्स के मूल प्रेरणास्रोतों में साहित्य को गिना जाना चाहिए और ख़ास करके ग्रीक ट्रैजेडी को गिना जाना चाहिए, तो यह कोई चौंकानेवाली नई बात नहीं है। मार्क्सवाद के निर्माण में वस्तुत: उसका योग है। यह जो साहित्य से मार्क्स ने लिया, उसके बारे में विद्वानों ने कहा

है कि मार्क्स ने साहित्य के बारे में जो कुछ कहा, वह बहुत महत्त्वपूर्ण है। लेकिन उससे किसी कदर कम महत्त्वपूर्ण नहीं है वह भावबोध, जिसका निर्माण मार्क्स ने साहित्य को आत्मसात् करके किया था।

साहित्य से प्राप्त होनेवाली यह भाव-सम्पदा हैं साहस, धैर्य, करुणा और क्रोध की मानवीय शक्तियाँ। जब तक मनुष्य में ये गुण न हों, तब तक वह क्रान्तिकारी नहीं हो सकता। केवल विचारों से अगर क्रान्तिकारियों का निर्माण हुआ करता, तो जैसा डॉ. रामविलास शर्मा ने एक जगह लिखा है, क्रान्तिकारियों की भीड़ लग जाती। केवल विचारों से ही यदि क्रान्तिकारी बनते होते, तो अनेक व्यक्ति द्वन्द्वात्मक भौतिकवाद की पोथियों को पढ़कर, उसके जानकार बनकर क्रान्तिकारी के रूप में गली-गली मारे-मारे फिरते। वे मानवीय गुण-अवगुण हैं, वह भाव-सम्पदा है, जो क्रान्तिकारी के व्यक्तित्व का निर्माण करती है, जिस व्यक्तित्व के निर्माण के द्वारा वह विचार वस्तुत: कार्य में प्रवृत्त हुआ करता है, क्रान्तिकारी अमल का रूप लिया करता है। प्राय: मनुष्य की भाव-वृत्ति उसे प्रेरित करनेवाली शक्ति हुआ करती है, स्रोत हुआ करती है और वह स्रोत अक्सर साहित्य से आया करता है। जानना ही, क्रान्ति के दर्शन को जानना ही क्रान्ति नहीं है। उस दर्शन को महसूस करना और महसूस करके अमल में ले आना क्रान्ति के लिए उपयोगी हुआ करता है। एक फ़िल्म का मशहूर गाना है : 'कुछ लोग जो ज़्यादा जानते हैं, इनसान को कम पहचानते हैं'। 'जानना' और 'पहचानना', ये दो चीज़ें हैं। मार्क्स आजीवन एक दर्शन, एक क्रान्तिकारी दर्शन और विज्ञान का निर्माण करते रहे और विकास करते रहे और जीवन की, व्यक्तिगत जीवन की कठोर परिस्थितियों के बीच, अभावों के बीच, असुविधाओं के बीच करते रहे। उसके लिए जो शक्ति उन्हें मिली थी, जो धीरज, जो ताक़त, जो उत्साह उन्हें मिला था, उसका स्रोत साहित्य था। उनका क्रान्तिकारी व्यक्तित्व जिन तत्त्वों से निर्मित हुआ था, उनमें एस्खिलुस, शेक्सपियर, दाँते, गेटे, हाइने, बाल्ज़ाक जैसे महान् साहित्यकारों का विशाल साहित्य था, जो कहीं-न-कहीं उनको शक्ति देता रहा। इसीलिए मार्क्स जिस क्रान्तिकारी दर्शन का, विचार का निर्माण कर सके, उसका एक बहुत बड़ा स्तम्भ वह साहित्य है। यह आकस्मिक नहीं है कि कम्यूनिस्ट मेनीफेस्टो को लेनिन ने 'सर्वहारा का गीत' कहा है, गीत यानी 'लिरिक'। कम्यूनिस्ट मेनीफेस्टो के विचारों से असहमत होते हुए भी उसकी उठान जिस साहित्यिक ढंग से, काव्यात्मक ढंग से होती है, उसको पढ़कर कोई भी आदमी झूम सकता है।

मार्क्स की रचनाएँ सिर्फ़ सिद्धान्तों की तर्कसम्मत व्याख्या और विवेचन नहीं हैं। आम तौर से जो युवा मार्क्सवाद के विशेषज्ञ हैं, उनकी एक आम शिकायत है कि मार्क्स ने एक शुष्क तर्कशास्त्र का जटिल जाल रचा है और उन्होंने एक अमूर्त मानव, उसमें भी आर्थिक मानव की, 'इकोनॉमिक मैन' की प्रतिष्ठा करने

की कोशिश की है। ऐसा कहनेवाले भूल जाते हैं कि मार्क्स की रचनाओं का मनुष्य अमूर्त मनुष्य नहीं है, आर्थिक मनुष्य भी नहीं है। उसके पीछे छिपा हुआ दरअसल एक मानव-हृदय का स्पन्दन है। मार्क्स आर्थिक मनुष्य के लिए संघर्ष नहीं कर रहे थे; मार्क्स सम्पूर्ण मनुष्य के लिए संघर्ष कर रहे थे—उस मनुष्य के लिए, जो आत्म-निर्वासन से, 'एलिएनेशन' से मुक्त होने के बाद केवल आर्थिक सुविधाएँ पानेवाला ही न रहे, बल्कि जो जीता-जागता इनसान हो। शोषण के कारण जिसकी इन्द्रियाँ कुंठित हो गई हों, जो सुन्दर कपड़े बनाता हो, सुगन्धित द्रव्यों का निर्माण करता हो; रंग, रूप, रस, स्पर्श से भरी हुई सुन्दर वस्तुओं का निर्माण करते हुए भी उस शोषण की मशीन के चक्र में पिसता हुआ अपनी घ्राण-शक्ति खो चुका हो, श्रवण-शक्ति खो चुका हो, स्वाद खो चुका हो, स्पर्श खो चुका हो। वह मनुष्य जब इस चक्र से मुक्त हो तो वह मुक्त मनुष्य, सजीव जीता-जागता इनसान हो, जिसमें सूँघने की, देखने की, रंगों को पहचानने की और संगीत का आनन्द लेने की क्षमता हो, जो हृदयहीन न हो, बल्कि जो क्रुद्ध होकर तमतमा उठता हो और करुणा से विगलित हो उठता हो—इस सम्पूर्ण मनुष्य के लिए मार्क्स ने संघर्ष किया था। इसीलिए मार्क्स की रचनाओं में एक तर्कशास्त्री का तर्क-कर्कश रूप नहीं मिलता, बल्कि उसके पीछे, जैसाकि मैंने कहा, मानव-हृदय का वह स्पन्दन मिलता है, जहाँ मार्क्स क्रोध से तिलमिलाते हैं, व्यंग्य से चोट करते हैं और यथास्थान मनुष्य के लिए करुणा से विगलित हो उठते हैं।

मार्क्स की रचनाएँ प्रचलित अर्थ में अर्थशास्त्र नहीं हैं। आप लोगों में से जिन लोगों ने एडम स्मिथ, रिकॉर्डो या केंस को पढ़ा हो, वे उसके समानान्तर मार्क्स की रचनाओं को रखकर पढ़ें तो लगेगा कि वे अर्थशास्त्र की पुस्तकें नहीं हैं, बल्कि अर्थशास्त्र के साथ ही वे अनूठा दस्तावेज हैं, जिनमें मानव का मस्तिष्क ही नहीं गूँजता है, बल्कि जहाँ मनुष्य का धड़कता हुआ हृदय है। यही हृदय और मस्तिष्क दोनों का योग है जिसके बारे में कहा गया है कि मार्क्सवाद यदि मुक्ति का दर्शन है तो इस मुक्ति के दर्शन का मस्तिष्क दर्शन है और सर्वहारा उसका हृदय है। यदि इस हृदय को निकाल दीजिए, तो अन्य दर्शनों के समान फिर हेगेल और मार्क्स में कोई अन्तर नहीं रह जाएगा। दर्शन उसका मस्तिष्क है और इतिहास की क्रान्तिकारी शक्ति, बदलनेवाली शक्ति, 'सर्वहारा' उसका हृदय है और इन दोनों के योग से मार्क्सवाद निर्मित हुआ है। इसीलिए मैंने आपसे निवेदन किया कि मार्क्सवाद के मूल स्रोतों में जहाँ तीन का उल्लेख किया जाता है, वहाँ चौथे का, अन्तिम स्रोत का उल्लेख करना नितान्त आवश्यक है। कदाचित् यही वजह है कि मार्क्स अपने व्यक्तित्व से और अपनी रचनाओं से साहित्य को जितना प्रेरित और प्रभावित कर सके, संसार के इतिहास में दूसरा विचारक और दूसरा दर्शन नहीं है जिसने उतने बड़े पैमाने पर रचनाकारों को प्रेरित किया हो। प्रभाव और प्रेरणा का स्रोत केवल

मार्क्स की सृष्टि नहीं है। जैसा मैंने कहा, वह क्रान्तिकारी व्यक्तित्व है, जिसका मूल प्रॉमेथ्युस के व्यक्तित्व से पता चलता है। यह मूल तत्त्व है, जिसे सामान्यत: मानववाद कहा जाता है। मार्क्सवाद मानववाद है कि नहीं है, इस पर स्वयं पिछले दो दशकों में काफ़ी बहस हुई है। मार्क्सवाद के अन्दर भी ऐसे विचारक हुए हैं, जिन्होंने इसका विरोध किया है, और 'मानववाद' का एक विशेष अर्थ है। मैं उन फ्रांसीसी संरचनावादियों का ज़िक्र करके आपका माथा इस गर्मी में भारी नहीं करना चाहता, किन्तु इस पर भी बहस है कि मार्क्सवाद मानववाद नहीं है, वह विज्ञान है और एक वैज्ञानिक विचारधारा है, और इस पर ज़्यादा बल दिया गया है। गोया मानववाद और विज्ञान, दोनों विरोधी चीज़ें हैं। मित्रो, मैं आपसे निवेदन करना चाहता हूँ कि हज़ारों-हज़ार लोग, करोड़ों जन, वे किसान-मज़दूर जो संघर्ष करनेवाले हैं और अपनी ज़िन्दगी को बदलनेवाले हैं, वे मार्क्सवाद से वह चिनगारी पाते हैं, जो उनके बुझे हुए दिल में आग पैदा करती है, वह आग उन्हें गर्मी और रोशनी देती है। वह केवल विज्ञान का एक सूत्र या सिद्धान्त नहीं है, बल्कि वह मानववादी चेतना है, तड़प है, जिससे प्रेरित होकर वे लोग क्रान्ति की आग में कूदने के लिए तैयार हो जाते हैं। यह मानववाद मार्क्सवाद का पुछल्ला नहीं है, परिशिष्ट नहीं है, बल्कि मार्क्सवाद का मर्म है, उसका अभिन्न अंग है। मार्क्सवाद के इस मानववाद का गहरा सम्बन्ध सौन्दर्यशास्त्र, सौन्दर्य की कल्पना अथवा कला और साहित्य के बुनियादी सिद्धान्त से है, जोकि मार्क्सवाद के केन्द्र में है।

मैंने 1844 में रचित 'आर्थिक और दार्शनिक पांडुलिपियाँ' का ज़िक्र किया है। उन आर्थिक और दार्शनिक पांडुलिपियों में मार्क्स ने वह सिद्धान्त दिया, जिसे अंग्रेज़ी में 'लेबर थ्योरी ऑफ़ वैल्यू' कहते हैं। समस्त मूल्यों का स्रोत श्रम है और इस श्रम के आधार पर ही उत्पादन, इसकी प्रक्रिया, इसकी शक्तियाँ और इसके विकास के द्वारा ही पूरे मनुष्य का इतिहास निर्मित हुआ है। मुझे कल की चर्चा तो नहीं करनी चाहिए, लेकिन कल साहित्यिक गोष्ठियों में बार-बार जो चर्चा हुई थी, वह याद आ रही है। यह सामान्य धारणा है और कल इस स्थापना को लेकर सभी लोग एकमत थे कि साहित्य की भाषा में जो 'सृजनशीलता' आती है, वह लोकभाषा से आती है। लोकभाषा सृजनशील होती है, सृजनात्मक होती है। उसी से शक्ति लेकर साहित्य अपने रूढ़ घिसे हुए प्रतीकों और रूपकों से मुक्त होता हुआ सृजनशीलता की ओर अग्रसर होता है। सवाल उठता है कि लोकभाषा क्यों सृजनशील होती है? क्योंकि लोकभाषा के निर्माण करनेवाले सृजनशील हैं। जो लोक है, जो मेहनत करनेवाला है, वही सृजनशील होता है। 'उत्पादन' और 'सृजन' एक ही सिक्के के दो पहलू हैं। इसलिए जो सामाजिक मूल्यों, नैतिक मूल्यों और आर्थिक मूल्यों का निर्माता है, वही सौन्दर्य के मूल्यों का, कला के मूल्यों का, साहित्य के मूल्यों का भी निर्माता है। संक्षेप में आर्थिक और दार्शनिक पांडुलिपि की यही स्थापना है।

सृष्टि के आरम्भ में उत्पादन-प्रक्रिया के साथ जिस सामूहिक जन ने अपने श्रम से पहली बार कोई हथियार या 'औज़ार' बनाया होगा जंगल काटने के लिए, जिसने पहली बार धान का एक पौधा रोपा होगा, उसी के साथ उसने अपने कंठ में एक गीत भी रोपा होगा। कॉडवेल ने इसे बड़े विस्तार से 'इल्यूजन एंड रिएलिटी' के 'द बर्थ ऑफ़ पोएट्री' शीर्षक निबन्ध में दिखाया है कि सामूहिक श्रम के साथ, उत्पादन-प्रक्रिया के साथ ही गीतों की सृष्टि हुई है, उत्पत्ति हुई है। यह आकस्मिक नहीं है कि वैदिक ऋचाओं का घोष जो मानव-कंठ से हुआ, उसके साथ ही मानव-सभ्यता में नई कृषि-व्यवस्था की और बाक़ी चीज़ों की रचना हुई थी। इसलिए सौन्दर्यशास्त्र मार्क्सवाद को लागू करने के लिए कोई दूसरा, अलग से बना हुआ क्षेत्र नहीं है, जैसे एक 'भाषाविज्ञान' होता है और दूसरा 'व्यावहारिक भाषाविज्ञान' होता है। कुछ लोगों के लिए 'प्रिंसिपल्स ऑफ़ लिटररी क्रिटिसिज़्म' होते हैं और फिर 'प्रैक्टिकल क्रिटिसिज़्म' होते हैं।

सौन्दर्यशास्त्र 'एप्लाइड मार्क्सिज़्म' नहीं है। मार्क्सवाद के बुनियादी सिद्धान्तों में से, 'लेबर थ्योरी ऑफ़ वैल्यू' के मूल में ही सौन्दर्य था, इसलिए मार्क्स ने यह महत्त्वपूर्ण स्थापना की थी कि पशुओं से इतर प्राणियों में मनुष्य इस बात में भिन्न है कि मनुष्य सौन्दर्य के नियमों के अनुसार निर्माण करता है। उदाहरण के लिए उन्होंने कहा कि अदना मकड़ी जिस महीन जाले का निर्माण करती है, किसी मनुष्य के लिए वह सम्भव नहीं है। बड़ा-से-बड़ा 'जुलाहा' या तन्तुवाय भी उतना बारीक, महीन जाल बुन नहीं सकता। चिड़ियों में इंजीनियर कहलानेवाली बया जितना ख़ूबसूरत घोंसला बनाती है, आप खुद वैसा घोंसला बनाकर देख लीजिए, चूक सकते हैं। मार्क्स ने कहा कि यह सही है किन्तु उस मकड़ी से, उस बया से मनुष्य इस माने में भिन्न है कि बया केवल अपने आकार का घोंसला बना सकती है, मकड़ी अपने लिए ही जाला बना सकती है, जबकि मनुष्य ऐसा भवन बना सकता है, ऐसी चीज़ें बना सकता है, जो केवल उसी के आकार की न हों। वह स्वयं पशु के या पक्षी के लिए भी भवन बना सकता है। बया अपने लिए घोंसला बना सकती है, लेकिन अपने मालिक या किसी मनुष्य के लिए घर नहीं बना सकती है। यह मनुष्य की ही क्षमता है कि वह उसके लिए घोंसला भी बना सकता है, पिंजड़ा भी बना सकता है और अपने लिए, रहने के लिए घर भी बना सकता है। जिसे 'टेक्निक' और जिसे 'मेजर' कहा गया है, उस माप का बोध मनुष्य को होता है और उस 'माप'—अनुपात—की सारी चीज़ों को हम कभी शिल्प कहते हैं, कौशल कहते हैं, आगे चलकर हम उसे 'कला' कहते हैं। इसलिए आप देखें कि सात सुर पशुओं और पक्षियों से ही मनुष्य ने लिये हैं, लेकिन कोयल केवल पंचम में ही गा सकती है, ऐसा नहीं कि पूरा सरगम गाए! यह मनुष्य का ही वैभव है, गरिमा है कि वह कोयल का पंचम ही नहीं, बल्कि ऋषभ भी गा सकता है, षड्ज भी गा सकता है,

सातों सुर आयत्त करके मनुष्य संगीत का निर्माण कर सकता है। यह जो क्षमता है, इसी को सौन्दर्य-नियम कहते हैं, इसी को 'लॉज ऑफ़ ब्यूटी' कहा गया है। इसीलिए सौन्दर्य के नियम कोई रहस्यात्मक सत्ता नहीं हैं, जिसे सिर्फ़ सौन्दर्यशास्त्री जानता हो अथवा क्रोचे का 'सौन्दर्यशास्त्र' पढ़ने से ही समझ में आएगा। मार्क्स ने जब यह कहा कि यह मनुष्य की, श्रम की और श्रम करनेवाले मनुष्य की विशेषता है कि वह सौन्दर्य के नियमों के अनुसार निर्माण करता है, तो यह कथन इस बात का सूचक है कि सौन्दर्यशास्त्र स्वयं मार्क्सवाद के केन्द्र में है; उसका 'बाई प्रोडक्ट' नहीं है, कोई 'फोकट का माल' नहीं है कि मुख्य चीज़ तो चीनी है और साहित्य शीरे के रूप में पैदा हुआ है। इसलिए विश्व-दर्शन है मार्क्सवाद और इस विश्व-दर्शन के केन्द्र में वह सौन्दर्य है, साहित्य है, कला है।

यही वजह है कि मार्क्स अपने दर्शन, चिन्तन और व्यक्तित्व के द्वारा सहज ही कला-प्रेमियों, कला-निर्माताओं, साहित्यकर्मियों और साहित्य-सर्जकों को दूर-दूर तक प्रभावित और प्रेरित कर सके। विरोधियों के कहने के बावजूद कि मार्क्सवाद साहित्य और कला का शत्रु है, लोग उससे प्रेरणा लेते हैं। मित्रो, यह आकस्मिक नहीं है कि आम तौर से जिन-जिन लोगों को साहित्य और कला का शत्रु कहकर उनसे दूर रखने की कोशिश की गई है, अपने सहज ज्ञान से और सहज प्रतिभा से साहित्यकारों और कलाकारों ने उन चिन्तकों और विचारकों से सहज प्रेरणा ली है। आप परिचित होंगे, प्लेटो को कवियों का दुश्मन कहा जाता है, इसलिए कि उसने अपने 'रिपब्लिक' से कवियों को निकाल बाहर किया था; अरस्तू को कवियों का हिमायती कहा जाता है, उसने 'पोएटिक्स' लिखी और उसका औचित्य साबित किया। लेकिन विचित्र विडम्बना है कि दुनिया के रोमांटिक कवियों ने प्लेटो से प्रेरणा ली, अरस्तू से नहीं ली। शेली, कीट्स, बायरन उस प्लेटो से प्रेरित और प्रभावित थे, जो कवियों का दुश्मन कहा जाता था; उस अरस्तू से प्रभावित होनेवाले तो मध्ययुगीन धार्मिक चिन्तक थे! पूरा का पूरा 'मध्ययुग' जिसमें एक चावल के दाने पर कितने फ़रिश्ते खड़े हो सकते हैं, इस पर चर्चा करनेवाले, बाल की खाल निकालनेवाले लोग थे। वह प्लेटो था, जिसने रोमांटिक कवियों की कल्पना को पंख दिये और उड़ने की ताक़त दी। इसलिए दुश्मन कहते रहे कि मार्क्सवाद साहित्य और कला का दुश्मन है, पर दुनिया के कवियों ने, नाटककारों ने, उपन्यासकारों ने, कथाकारों ने मार्क्स से प्रेरणा ली। जो अंजाम प्लेटो की विचारधारा का हुआ, विचित्र विडम्बना है कि कहीं-न-कहीं मार्क्स की विचारधारा के साथ भी वही हुआ, और यह आकस्मिक नहीं है कि बहुत-से मार्क्स-विरोधी इन दोनों को एक ही खाने में रखते हैं। आप लोगों में से जिन्होंने कार्ल पॉपर की 'दि ओपेन सोसाइटी एंड इट्स एनेमीज़' नाम की किताब पढ़ी होगी, उन्होंने देखा होगा कि उसने विस्तार से साबित किया है कि मार्क्स एक निरंकुशतावादी, तानाशाही—टोटेलिटेरियन—राज्यसत्ता का निर्माण

करनेवाला सिद्धान्तकार है, जो दरअसल प्लेटो और हेगेल की परम्परा में आता है। यानी बार-बार मार्क्स को उस ग्रीक चिन्तन से जोड़ा जाता है, जिससे उन्होंने स्वयं अपने को कहीं-न-कहीं जोड़ा था। यह दूसरी बात है कि उन्होंने प्लेटो की जगह अपने को एपिकुरुस से जोड़ा था और नाटककारों में एस्खिलुस से।

मैं इस बात की ओर आपका ध्यान आकृष्ट कर रहा था कि सौन्दर्यशास्त्र और कला को मार्क्स इसलिए प्रेरित और प्रभावित कर सके कि स्वयं उनके क्रान्तिकारी चिन्तन के मूल में सौन्दर्यशास्त्र है, कलाशास्त्र है। इसलिए आप देखेंगे कि वैचारिक संघर्ष समाजवादी दुनिया में साहित्य और कला को लेकर जितनी गम्भीरता से होते हैं, कदाचित् दूसरी किसी जगह नहीं। जॉर्ज लूकाच 'एस्थेटिक्स' की दुनिया में राजनीतिक और दार्शनिक संघर्ष करते रहे। यही नहीं, बल्कि समाजवादी देशों में एक उपन्यास और कविता को लेकर जितना बड़ा हंगामा होता है, साहित्य और कला से प्रेम का दावा करनेवाले दुनिया के दूसरे देशों में नहीं। वहाँ प्राय: बड़ी रचनाएँ एक पुरस्कार या इनाम के साथ ख़त्म हो जाया करती हैं। समाजवादी देशों में साहित्य कसौटी पर होता है। साहित्य पर पूरी व्यवस्था 'दाँव' पर लगाई जाती है। बर्टोल्ट ब्रेख्त से किसी ने कहा कि तुम्हारी रचनाओं को लेकर, नाटकों को लेकर जर्मनी और रूस में इतनी बहस होती है, विरोध होता है, हमारे यहाँ आकर अगर नाटक खेलो, वे बहुत लोकप्रिय होंगे। उसने कहा : 'जिस समाज में मेरे नाटक गम्भीरता से लिये जाते हैं, भले ही वहाँ विरोध होता हो, मैं वहीं रहना पसन्द करूँगा। उसकी जगह मैं उन लोगों के बीच जाना पसन्द नहीं करूँगा, जो मसखरे हैं और जो हमारे नाटकों को मनोरंजन की चीज़ समझते हैं।' एक कलाकार के लिए यह ज़्यादा बड़ी चीज़ है कि उसकी साहित्यिक कृति को गम्भीरता से लिया जाए। समझ-बूझ के साथ किया गया विरोध, एक गम्भीर विरोध, सस्ते समर्थन और स्वीकृति की अपेक्षा एक रचनाकार का ज़्यादा बड़ा सम्मान है। मार्क्सवाद साहित्य और कला को जो गम्भीरता से लेता है, वह प्रमाण है कि सौन्दर्यशास्त्र, कलाशास्त्र, साहित्यशास्त्र मार्क्सवाद के केन्द्र में है, उसके मर्म में है। यह मार्क्स के समस्त विवेचन से प्रमाणित होता है। उसमें से और चीज़ों को छोड़कर केवल एक बात का उल्लेख करके मैं अपना वक्तव्य समाप्त करूँगा।

मार्क्स की प्रसिद्ध कृति 'पूँजी' में उनकी सबसे बड़ी देन यह है कि उन्होंने पूँजीवादी समाज का, अपने ज़माने के पूँजीवादी समाज का, बहुत गहराई से विश्लेषण किया है और विश्लेषण करने के बाद स्थापना की है कि इस समाज ने अपनी कब्र खोदनेवालों को अपने साथ ही पैदा किया है। वह सर्वहारा है, जो इसके जन्म के साथ पैदा हुआ है। पूँजीवाद के जन्म के साथ ही पूँजीवाद की कब्र खोदनेवाला सर्वहारा पैदा हुआ है, जो इसको समाजवाद में बदलेगा और नई समाज-व्यवस्था की ओर ले जाएगा। मार्क्स ने पूँजीवाद की आलोचना आर्थिक स्तर पर, राजनीतिक

स्तर पर, नैतिक स्तर पर की है। उसी विश्लेषण के क्रम में उन्होंने जिन दो बातों की ओर संकेत किया है, उनसे अन्दाज़ा लगा सकते हैं आप कि किस प्रकार सौन्दर्यशास्त्र और कलाशास्त्र के नियम मार्क्सवाद के मूल में हैं।

पूँजीवादी समाज के दो अभिशाप हैं, जो साहित्यिक रूप में दिखाई पड़ते हैं। वह सिद्धान्त प्रसिद्ध है, जिसे अंग्रेज़ी में 'फेटिशिज़्म ऑफ़ कमॉडिटी' कहते हैं। पूँजीवाद की बुनियाद है माल-निर्माण। हर चीज़ यहाँ बाज़ार में बिकाऊ है। जो चीज़ बेचने-ख़रीदने की नहीं थी, पूँजीवाद ने उसे भी माल बना दिया। सिर्फ़ कपड़ा, चीनी, इस्पात को ही नहीं, बल्कि उसने विद्या को, ज्ञान को, प्रेम को भी माल बना दिया। 'घोषणा-पत्र' में मार्क्स ने यह स्पष्ट लिखा है। जिस विद्या को इसी देश में—हम लोग भली भाँति जानते हैं—गुरु प्रेम से दे दिया करता था और शिष्य श्रद्धा से ले लिया करता था, आज के हम गुरु-घंटाल उसे वेतनों द्वारा देते हैं और फीस द्वारा शिष्य लिया करते हैं। विद्या बेचने और ख़रीदने की चीज़ हो गई है (करतल-ध्वनि) और स्वयं प्रेम किस हद तक बेचने-ख़रीदने की चीज़ हो गया है, यह हम अपने परिवारों में भी देख सकते हैं। प्रेमचन्द ने अपने उपन्यास 'ग़बन' में एक जगह दिखाया है कि पति रमानाथ जिस दिन साड़ी ख़रीदकर लाया, उस दिन दाल में घी कुछ विशेष पड़ गया था और एक नई सब्जी भी बनी थी। (हँसी) प्रेम-जैसी चीज़, जो सहज एवं हृदय का व्यापार माना जाता है, इस समाज-व्यवस्था में वह भी बेचने और ख़रीदने की चीज़ हो गई है। बहुत-से लोग, जो कहते हैं कि तुम पर मैं जान दे सकता हूँ और जो दिल तो न्योछावर करते ही रहते हैं, भली भाँति जानते हैं कि वहाँ दिल का मतलब पैसा हुआ करता है, उसे दिया और ख़रीदा भी जाता है। मार्क्स ने दिखाया कि इस व्यवस्था में विद्या और प्रेम-जैसी चीज़ें भी बेचने और ख़रीदने की चीज़ें हो गई हैं। परिणामस्वरूप इस पूँजीवादी व्यवस्था में साहित्य एक ओर व्यवसाय बनता है और दूसरी ओर 'फेटिशिज़्म' के सिद्धान्त के अनुसार वह जड़-पूजा की वस्तु बनता है। ऊपर से देखने में दोनों चीज़ें विरोधी मालूम होती हैं— साहित्य का बाज़ारू होना और साहित्य का पूजा की वस्तु होना।

साहित्य की जड़-पूजा का मुख्य रूप है—कलावाद, सौन्दर्यवाद। आकस्मिक नहीं है कि पूँजीवाद में साहित्य अथवा कला 'कला' हो जाती है। एक है कला और दूसरी 'कला'। इसलिए आप देखेंगे कि आधुनिक समाज में, इस पूँजीवादी व्यवस्था में एक ओर साहित्य का बाज़ारूकरण होता है, बाज़ारूपन उसमें आता है और दूसरी ओर यह वही दौर है जिसमें शुद्ध साहित्य, शुद्ध कविता, शुद्ध कला, सौन्दर्यवाद और कलावाद की सृष्टि होती है। यह आकस्मिक नहीं है कि इसी दौर में एक ओर गुलशन नन्दा और दूसरी ओर निर्मल वर्मा साथ-साथ पैदा होते हैं। एक ओर साहित्यिक कृति नितान्त बाज़ारू है और दूसरी ओर साहित्य अत्यन्त शुद्ध, पवित्र जड़-पूजा की वस्तु हो गया है। आप आसानी से समझ सकते हैं कि यह

वह समाज-व्यवस्था है, जिसमें नारी एक ओर वेश्या होती है और दूसरी ओर देवी होती है; वह या तो पूजनीय होती है या वेश्या होती है। दोनों के बीच, जो सहज रूप से मानवी हो, और बिना देवी हुए भी यह हाड़-मांस की, घरेलू स्त्री हो, जिसमें प्यार भी मौजूद हो, इस रूप में वह बहुत कम आती है। इसलिए मार्क्स ने पूँजी का विश्लेषण करते हुए यह स्थापित किया और यह निष्कर्ष निकाला कि पूँजीवाद इनसानियत का, मनुष्यता का दुश्मन है और चूँकि यह मनुष्यता का, मानवता का, मानव-भावों का दुश्मन है, इसलिए पूँजीवादी सभ्यता और पूँजीवादी व्यवस्था स्वयं साहित्य और कला की दुश्मन है। जब यह उन्हें बाज़ारू बनाती है, तब उसकी शत्रुता स्पष्ट रहती है, लेकिन जब यह उन्हें पूजनीय वस्तु बनाती है, तब उसकी शत्रुता उतनी खुली हुई नहीं रहती।

पूँजीवाद द्वारा साहित्य का विरोध और साहित्य की दुश्मनी सबसे ज़्यादा ख़तरनाक रूप में वहाँ प्रकट होते हैं, जहाँ वह आपातत: साहित्य को पूजा की, श्रद्धा की वस्तु बनाता है। चूँकि यह अधिक सूक्ष्म है इसीलिए यहाँ यह शत्रुता समझ में नहीं आती है। मैं अपनी बात को स्पष्ट करने के लिए बेहतर है कि साहित्य से ही उदाहरण दूँ। आप लोगों में से कदाचित् कुछ लोगों ने राजेन्द्र सिंह बेदी की 'लाजवन्ती' नाम की कहानी पढ़ी होगी। 'लाजवन्ती' कहानी देश के बँटवारे से उत्पन्न होनेवाली समस्या को लेकर लिखी गई है। अनेक स्त्रियों का अपहरण हुआ था, कुछ का 'पुनर्वास' हुआ, उन्हीं में एक लाजवन्ती थी। उसके पति बड़े समाज-सुधारक, नये विचारों वाले आदमी थे। वे संकीर्ण नहीं थे। वे तमाम स्त्रियों का उद्धार कर रहे थे, इसलिए जो अपहृता थीं, धर्षिता थीं, उन्हें वे शिविर में ले आए और फिर 'घर बसाओ' आन्दोलन चलाकर उन विवाहित स्त्रियों को अलग-अलग घरों में उन्होंने स्थापित किया। लाजवन्ती को स्वभावत: वे अपने घर ले आए और घर ले आने के बाद उसे कभी डाँटा नहीं, झिड़का नहीं। वे उसे 'देवी' कहते रहे, उसकी पूजा करते रहे, उसे श्रद्धा एवं सम्मान की दृष्टि से देखते रहे, फिर भी वह सूखती जा रही थी, क्योंकि सारे सम्मान, सारी श्रद्धा और पूजा के बावजूद लाजवन्ती पत्नी-रूप में स्वीकार नहीं की गई। वह तरसती रह गई कि मुझे पहले की तरह अगर वह डाँटते, डपटते, झिड़कते तो ज़्यादा अच्छा था। इस पूजा से वह डाँट-फटकार कहीं बेहतर थी। इस पूँजीवादी समाज में साहित्य को शुद्ध कला, शुद्ध साहित्य बनाकर जिस दैवी पद पर पहुँचाया गया, आपातत: वह कला का बहुत बड़ा सम्मान है, लेकिन यह शुद्ध कला, शुद्ध साहित्य, जो पूँजीवाद के दौर में उत्पन्न होता है, कला और साहित्य को निष्प्राण बनाने की चेष्टा है। मार्क्स ने 'फेटिशिज़्म ऑफ़ कमॉडिटी' नाम के सिद्धान्त के द्वारा इसकी स्थापना करने की कोशिश की थी। मार्क्सवाद वह विचारधारा है, जो पूँजीवाद के खात्मे के साथ पूँजीवाद की उस प्रवृत्ति का अन्त करने का आह्वान करती है, जो साहित्य और कला की दुश्मन है।

मार्क्स-विरोधी आम तौर से मार्क्स के साहित्य और कला-सिद्धान्तों की कड़ी आलोचना करते हैं, क्योंकि वे जानते हैं कि मार्क्स साहित्य और कला को कौन-सा रूप देना चाहते हैं, क्रान्ति की किस आग से उसे सम्पन्न करना चाहते हैं, सप्राण बनाना चाहते हैं, जीवन्त बनाना चाहते हैं। यह वह चीज़ है, जो मार्क्सवाद के केन्द्र में है अर्थात् साहित्य को मार्क्स सच्चे अर्थों में साहित्य मानते हैं, जैसे लाजवन्ती को सच्चे अर्थों में नारी बनाने की कोशिश। और सच्चे अर्थों में जब साहित्य बनता है तो यह सही है कि उसमें मज़दूर का पसीना भी आएगा और मज़दूर के मैले और गन्दे हाथ भी आएँगे, उसके हृदय की आग भी आएगी। इससे यह ज़रूर है कि शुद्ध कलावादियों को लगेगा कि परीलोक की कल्पना की दुनिया या कल्पना की चीज़ को, 'कल्पना के कानन की रानी' को, ये लोग खेतों और फैक्टरियों में ले आकर गन्दा कर रहे हैं। कुछ लोगों का ख़याल है कि अज्ञेय साहित्य की सुन्दरता की रक्षा करते हैं और नागार्जुन उस कविता को खेत की मेड़ों पर नचाते हैं और कारखानों के धुएँ से उस पर कालिख पोतते हैं! मार्क्स साहित्य को ऐसा बनाकर सच्चे अर्थों में एक जीती-जागती वस्तु बनाना चाहते थे, जो इस लायक बन सके कि धूल-धक्कड़ और खेतों और कारखानों के बीच पैदा हो, उनसे जुड़े और जुड़कर सप्राण हो, जीवन्त हो और जीवन्त होकर वह काम करे, जिसे करने का दायित्व सर्वहारा पर रखा गया है। दरअसल वर्ग-संघर्ष जिस प्रकार मार्क्स के इतिहास-दर्शन के मूल में है, साहित्य उसी प्रकार वर्ग-संघर्ष का 'संचालक' है, वेग-शक्ति है। भाव और बोध, दोनों के द्वारा साहित्य उस वर्ग-संघर्ष में योग देता है जिसे मार्क्स ने इतिहास का 'लोकोमोटिव' कहा था। मार्क्स की दृष्टि में समाज की क्रान्तिकारी शक्ति सर्वहारा अपनी पार्टी के साथ और साहित्य तथा कला के हथियारों के साथ समाज को बदलने की दिशा में वह क्रान्तिकारी काम करता है, जिसका सपना मार्क्स ने देखा था। मित्रो, जैसाकि मैंने कहा, साहित्य वह चौथा स्रोत है, जो मार्क्स के चिन्तन के मूल में है। यही वजह है कि मार्क्स इतने बड़े पैमाने पर दुनिया के हर देश, हर भाषा और हर साहित्य में तमाम विरोधों के बावजूद कवियों, लेखकों, नाटककारों, कलाकारों तथा आलोचकों को प्रेरणा देते रहे हैं।

[बिहार प्रगतिशील लेखक संघ और सिटीजंस फोरम के संयुक्त तत्त्वावधान में आयोजित कार्ल मार्क्स-निधन-शत-वार्षिकी-समारोह में दिया गया व्याख्यान; अगस्त, 1983]

मार्क्सवाद : प्रमुख सिद्धान्त

[1]

अकबर इलाहाबादी ने कहा था :

रक़ीबों ने रपट लिखवाई है जा-जा के थानों में।
अकबर नाम लेता है ख़ुदा का इस ज़माने में॥

ख़ुदा तो नहीं लेकिन ख़ुदा के पैगम्बर हुआ करते हैं और कुछ ख़ुदा नहीं बल्कि इनसान ही पैगम्बर हुआ करते हैं। एक ऐसी राजनीतिक पार्टी है जो यह सुनेगी कि नेशनल स्कूल ऑफ़ ड्रामा में लड़कों को मार्क्सवाद पढ़ाया जा रहा है तो उन लोगों को थोड़ी तकलीफ होगी। वे लोग कहेंगे कि अब एन.एस.डी. में भी मार्क्सवाद पढ़ाया जा रहा है। इसलिए ऐसे रकीब हैं जो थाने में तो नहीं, संसद में रपट लिखवाएँगे।

बहरहाल, नाटक के विद्यार्थियों को मार्क्स और मार्क्स के विचारों से क्यों परिचित होना चाहिए, तो इसलिए कि मार्क्स की बहुत गहरी दिलचस्पी ग्रीक थिएटर में थी। अंग्रेज़ी में उसको 'स्काइलस' कहते हैं। 'एस्किलिस' ग्रीक ट्रैजेडी पर मार्क्स ने बहुत लिखा है। उनकी थीसिस दिमॉक्रितस पर थी, जो ग्रीक विचार हैं और उस सिलसिले में ग्रीक ट्रैजेडी उन्होंने बहुत गहराई से पढ़ा था। उसके बाद उनकी बहुत गहरी दिलचस्पी शेक्सपियर में थी। शेक्सपियर के उद्धरण मिलते हैं उनकी किताबों में और उनको याद थे। इसके अलावा चूँकि वे जर्मनी के थे और उनसे पहले गेटे हो चुके थे और हाइने तो उनके समकालीन थे, उनके मित्रों में से थे।

लगभग यही स्थिति फ्रेंच थिएटर के बारे में थी। इसलिए उनकी किताबों में 'मार्क्स ऑन आर्ट एंड लिटरेचर'—पूरी किताब आपको मिलेगी अंग्रेज़ी में और हिन्दी में भी एडिट की हुई—जहाँ साहित्य ही नहीं, रंगमंच के बारे में भी उनके टिप्पणियाँ हैं, और कुछ रंगमंच को तो उन्होंने प्रभावित भी किया है। बर्टोल्ट ब्रेख्त ने एलिअनेशन इफेक्ट थ्योरी मार्क्स के विचारों से ली थी और घोषित रूप से मार्क्सवादी रंगमंच के रूप में बर्टोल्ट ब्रेख्त का रंगमंच जाना जाता है।

हम लोग मार्क्सवाद पर ऐसे समय बात कर रहे हैं, जब सोवियत रूस में सन् 1991 में समाजवाद के खात्मे के साथ ही यह माना जाने लगा कि मार्क्स की भी मौत हो गई। परन्तु कुछ ऐसे बड़े लोग हैं जो बार-बार मरते हैं और बार-बार ज़िन्दा होते रहते हैं। गांधी जी की भी हत्या हुई फिर भी गांधी जी ज़िन्दा हो रहे हैं। इसी तरह साहित्यकारों और बड़े लोगों के बारे में यह बिलकुल सही है कि वे मरते रहते हैं और जीते रहते हैं।

अजीब बात है कि मार्क्स की मौत—जिस पर सबसे ज़्यादा ख़ुशी अमरीका को हुई क्योंकि समाजवाद ख़त्म हुआ और इस दौर में यह माना जाता है कि पूँजीवाद का कोई विकल्प नहीं है, जिस पूँजीवाद की क़ब्र खोदने की कोशिश की थी मार्क्स ने, वह पूँजीवाद फिर पैदा हो गया। बल्कि वह तो मौजूद था और मज़बूत हो रहा है। इतना मज़बूत हुआ है कि लगने लगा है, अब दुनिया पूँजीवादी रास्ते पर ही चलेगी।

अमरीका में 1999 में फ्रांसिस व्हीन द्वारा लिखित एक किताब 'कार्ल मार्क्स' प्रकाशित हुई। बड़ी किताब है वह। फ्रांसिस व्हीन ने उसकी भूमिका में लिखा है कि जो वहाँ का वॉल स्ट्रीट है—बड़े कॉरपोरेट सेक्टर के लोगों का वॉल स्ट्रीट, और 'न्यूयॉर्क टाइम्स' ने एक स्पेशल नम्बर—मार्क्स का नम्बर—निकाला। उसने कहा कि बात करते हुए एक आदमी ने कहा कि साहब, नये ज़माने का अगर कोई हीरो है तो वह कार्ल मार्क्स है। न्यूयॉर्क ने पोल किया लोगों को—और लोगों ने कहा कि जिस वैश्वीकरण की बात हम आज कर रहे हैं, वह वैश्वीकरण तो मार्क्स ने 1848 में भविष्यवाणी की थी 'कम्यूनिस्ट मेनिफेस्टो' में कि पूँजीवाद वैश्वीकृत ही होगा। एक देश में पूँजीवाद बन्द हो ही नहीं सकता है और उसने 'ग्लोबलाइज़ेशन' शब्द का इस्तेमाल किया। इसलिए अमरीका में लोगों ने स्वागत किया और कहा कि पूँजीवाद को अगर समझना है तो मार्क्स के बिना उसको नहीं समझा जा सकता है। इसलिए कि 'कैपिटल' नाम की किताब तीन जिल्दों में मार्क्स ने लिखी थी। बेसिकली उसको तो कम्यूनिस्ट, बाक़ी चीज़ें कहते हैं, लेकिन he was philosopher, economist of capitalism. कैपिटल क्या है, यह समझना चाहता था। अगर आप पूँजी क्या है, पूँजीवाद क्या है, समझना चाहते हैं आज भी, तो मार्क्स को पढ़ना बहुत ज़रूरी है। इसलिए 1999 में बहुत दिलचस्प बायोग्राफ़ी लिखी हुई है।

मार्क्स क्या था? जब वह आदमी मरा है तो उसके अन्तिम संस्कार में केवल ग्यारह आदमी थे। मार्क्सवाद का लब्बोलुआब उनके साथी एंगेल्स ने केवल दो पन्नों में शोक-वक्तव्य (फ्यूनरल स्पीच) में बता दिया है कि मार्क्स ने क्या कहा था, क्या कहना चाहते थे।

कार्ल मार्क्स दरबदर रहा ज़िन्दगी भर, जर्मनी में पैदा हुआ, कोई नौकरी नहीं मिली। अच्छे घर का बेटा था और फ्रांस आया। फ्रांस से निकाला गया। बेल्जियम

में गया। बेल्जियम से निकाला गया। अन्त में इंग्लैंड में जाकर उसने शरण ली और एक बेरोज़गार—आजकल बेकार नौजवानों को समझना चाहिए, ज़रूरी नहीं कि हर बेकार कार्ल मार्क्स बन जाए। लेकिन ज़िन्दगी में कोई मुस्तकिल नौकरी उस आदमी को नहीं मिली और उसकी जगह लन्दन म्यूजियम की लाइब्रेरी में उसकी पूरी ज़िन्दगी बीती। प्रोफेशन के नाम पर जर्नलिस्ट थे, कॉलम लिखते थे अख़बारों में। कुछ अमरीका के अख़बारों में भी लिखा।

मूलतः जर्नलिस्ट और इन तमाम चीज़ों के बीच अनेक तरह की बीमारियों से घिरे रहते थे। कारबंकिस के शिकार थे। लीवर-पेन हुआ करता था और उस हालत में वह आदमी—कल्पना कीजिए कि लाइब्रेरी में बैठकर जो लिखा वह—50 volumes, thousands of pages, collected works of Marks—आप पढ़ें तो 50 वॉल्यूम, बड़े वॉल्यूम में, एक पूरी अलमारी लाइब्रेरी के भर जाएगी, यह काम उसने किया। लेकिन वह केवल कुर्सी तोड़नेवाला आदमी नहीं था, बल्कि लड़नेवाला आदमी भी था। इसलिए जहाँ भी मज़दूर संगठन बनाया, उसने एक कम्यूनिस्ट लीग की स्थापना की और खुद जब पेरिस कम्यून, 1871 में हुआ तो उसमें बाक़ायदे अंग्रेज़ तो बन्दूक उठाकर लड़ने के लिए आए थे और मार्क्स उसके साथ, उसके पीछे स्ट्रेटेजी बनाने के लिए—हर क्रान्तिकारी काम में संगठन करना और उस आन्दोलन को चलाना और उसके लिए बाक़ायदे स्ट्रीट फायरिंग में हिस्सा लेना। यह सारे काम एक करिश्मा मालूम होता है कि एक माफ़िया, एक ऐसा इनसान! एक ओर 50 जिल्दों में लिखी हुई उसकी किताबें—जिसके जीते-जी बहुत कम किताबें छपीं, जो कुछ छपीं, मरने के बाद छपी हैं। वह पब्लिश नहीं कर सकता था। उन ख़तरनाक विचारों को कोई छाप नहीं सकता था। चैस प्लेयर ज़बरदस्त थे। मार्क्स की जो जीवनी है और उसका जो व्यक्तित्व है, जो शख्सियत है, वह जीवन खुद अपने-आपमें बहुत बड़ी प्रेरणा है।

फ्रांसीसी समाजवाद की एक परम्परा थी। समाजवाद का नाम लेनेवाले मार्क्स कोई पहले आदमी नहीं थे, लेकिन मार्क्स ने जो किताब लिखी, उनमें दो किताबें बहुत महत्त्वपूर्ण हैं। पहली किताब जो दुनिया में बाइबिल से भी ज़्यादा बिकनेवाली किताब है 'कम्यूनिस्ट मेनिफेस्टो'—कम्यूनिस्ट घोषणा-पत्र। एक पतली-सी 1848 में लिखी गई किताब है।

इसलिए पहली बात मैं बता दूँ कि मार्क्स का नाम जुड़ा हुआ है कम्यूनिज़्म से। यद्यपि समाजवाद उनके विचारों के आधार पर क़ायम किया गया, लेकिन समाजवादी और भी थे। हिन्दुस्तान में भी आप देखेंगे तो एक सोशलिस्ट पार्टी हुआ करती थी और दूसरी कम्यूनिस्ट पार्टी थी और लोग हैरानी में पड़ते हैं कि कम्यूनिस्ट भी सोशलिज़्म चाहते हैं और सोशलिस्ट भी सोशलिज़्म चाहते हैं। क्या फ़र्क़ है दोनों में? तो फ्रांस के सोशलिस्टों को देखकर कहा कि then I am not

Marksist. इसलिए मार्क्स ने खुद कहा है कि मैं मार्क्सिस्ट नहीं हूँ। मैं मार्क्सवादी नहीं हूँ। इसका मतलब है कि मार्क्स का विचार कोई 'वाद' नहीं है। वाद होता है—क्लोज सिस्टम। मार्क्स बार-बार अपने को वैज्ञानिक कहते थे। फ्रांस के जो सोशलिस्ट लोग थे, वह समाजवाद का सपना देखनेवाले लोग थे, जिसको अंग्रेज़ी में 'यूटोपिया' कहते हैं। सपना देखनेवालों की कोई कमी नहीं है। हम लोग भी बैठे-बैठे कुर्सी पर सोकर सपना देख सकते हैं। ऐसा ज़माना आएगा जिसमें सब बराबर होंगे, सबको रोज़गार मिलेगा, कोई भूखा नहीं होगा, सभी स्वस्थ होंगे, लम्बी उम्र पानेवाले होंगे—यह सपना मार्क्स ने ज़िन्दगी में कोई पहली बार नहीं देखा। यह सपना तो हर आदमी—हर दुखी आदमी भी देखता रहा है और जो दुखी नहीं है, वह भी देखता रहा है। टॉमस मूर का यूटोपिया बहुत मशहूर है।

मार्क्स ने कहा कि यूटोपिया में हम नहीं विश्वास करते। शमशेर जी का एक शेर है : 'हक़ीक़त को लाये तख़य्युल के बाहर, मेरी मुश्किलों का हल जो कोई लाये।' स्वर्ग है लेकिन कहाँ है, मरने के बाद ही अगर वह दिखाई पड़ता है तो उसके बाद वहाँ से लौटकर आनेवाला तो कोई है नहीं, बताएगा कि कैसा है। धरती पर जब उतर आए, उस ख़याल की दुनिया को हक़ीक़त में उतार दें धरती पर, तब समझा जाए—हाँ, कोई काम आपने किया है। इसलिए मार्क्स यूटोपिया में स्वप्न देखनेवालों में नहीं थे। उनका स्वप्न साइंस पर आधारित था और साइंस में कोई वाद नहीं होता। न्यूटन बड़े अच्छे वैज्ञानिक थे, लेकिन साइंस में कोई न्यूटनवाद नहीं पढ़ाया जाता है। आइंस्टाइन बहुत बड़े साइंटिस्ट थे, लेकिन आइंस्टाइनवाद नाम की चीज़ नहीं है। विज्ञान में सिद्धान्त ज़रूरी होता है, लेकिन वहाँ कोई इज़्म नहीं है। इसलिए मार्क्सवाद विज्ञान है और विज्ञान के लक्षण और विज्ञान के रूप में उन्होंने इसका विकास किया, यद्यपि वह दर्शनिक भी थे।

इसलिए मार्क्स के विचारों पर बना-बनाया हलवा बनाकर आपको दे दें और कह दें, गपक जाइए, खा जाइए और रट लीजिए, तो फिर आप मार्क्स को नहीं जान पाएँगे। इसलिए मैंने कहा कि मार्क्स खुद क्या थे, उनकी ज़िन्दगी का संघर्ष क्या था और उनके विचारों की झलक की पहली किताब और वही सबसे अच्छी किताब है, 'कम्यूनिस्ट मेनिफेस्टो' उसका पूरा नाम है : 'मेनिफेस्टो ऑफ कम्यूनिस्ट पार्टी'। यद्यपि उन्होंने उसका 'मेनिफेस्टो' लिखा, मेनिफेस्टो भी नहीं था, लाइन ऑफ़ एक्शन तैयार करने के लिए लिखा गया था, लोगों को जाग्रत करने के लिए। उस मेनिफेस्टो को साहित्य की तरह पढ़ना चाहिए। कुछ हिस्से मैं आपको सुनाऊँगा, तो आपको लगेगा, यह तो जैसे बाइबिल की पोइट्री है, उसी तरह से एक कविता है।

मार्क्स के कुछ सूत्र हैं, एक-एक वाक्य के, जिससे पता लग सकता है कि मार्क्सवाद किसे कहते हैं या मार्क्स के विचार क्या थे। पहला उनका सूत्र है : दार्शनिकों ने दुनिया की तरह-तरह से व्यख्याएँ कीं, जबकि असल काम उसे

बदलना है। 'फायरवाख़ पर यह उनके सात-आठ नोट्स हैं, उसमें आख़िरी चीज़ है—Philosopher serve tried to interpret world, but main thing how to change it. दुनिया कब पैदा हुई, दुनिया का विकास कैसे हुआ, दुनिया क्या है, तरह-तरह से इसको दार्शनिकों ने समझाने की कोशिश की। मार्क्स ने कह दिया—हम समझते-समझते मर गए, वह समझाते-समझाते थक गए, असल काम है कि बदलो; हमें बदलो, हमारे आसपास के परिवेश को बदलो।

मार्क्स की दिलचस्पी थी कि बदला जाए। यह क्या है, क्यों है, कैसे है—इन सवालों का कभी जवाब नहीं मिलेगा और जो समझदार लोग रहे हैं; बुद्ध ऐसे ही लोगों में थे। बुद्ध जब सारनाथ में आए—बनारस में गंगा के तट पर आनन्द, उनके बड़े प्रिय शिष्य थे—उनसे अक्सर पूछा करते थे कि यह संसार कब पैदा हुआ है? यह संसार कब तक रहेगा? इसे किसने बनाया है? बुद्ध चुप रहते थे। एक दिन बुद्ध ने कहा कि तुम्हारा जवाब दूँगा। एक बार गौतम बुद्ध नाव से गंगा पार कर रहे थे, उनके साथ आनन्द। जब पार हो गए तो गौतम बुद्ध ने कहा—आनन्द, तुमको जवाब मिल गया? आनन्द बोले—नहीं, क्या जवाब? इस पर बुद्ध बोले—तुमने नहीं पूछा कि नाव किसने बनाई है, कैसे बनाई है, तुम पार उतर गए और तुम्हारी दिलचस्पी इसी में थी कि डूब न जाए नाव, जल्दी पार हो जाए। यह बुद्ध का बड़ा मशहूर कथन है। राहुल जी ने उसको कोट किया है। यह नहीं कि नाव को सिर पर ढोए-ढोए फिरो कि आगे जब नदी आएगी तो पार करेंगे, जब आगे नदी आएगी तो फिर नाव बनाएँगे, फिर पार कर लेंगे। असल सवाल है—पार करना इस दुनिया को। इसे किसने बनाया है, कब बनाया है, कैसे बनाया है, इन तमाम चीज़ों की उधेड़बुन से क्या फायदा! असल काम है कि हम पार करें नदी को।

इसलिए मार्क्स कहते थे, असल काम है इस दुनिया को बदलना। उनका दूसरा सूत्र था—doubt every thing. हर चीज़ में शक करो, सन्देह करो, विश्वास में भी सन्देह करो। अपने विचारों में भी। अभी जो सोचा है, कहा है, उस पर फिर सोचो। कहीं ऐसा न हो जाए, कहीं वैसा न हो जाए, सोचो। विज्ञान का आदमी प्रयोगशाला में अन्तिम परिणाम लेते समय कोई रीडिंग जब करता है, तीन रीडिंग तो कम-से-कम कर लेता है। एक बार रीडिंग की, दूसरी बार दूसरी तरह की रीडिंग आई, थर्ड रीडिंग कुछ और आई। हर चीज़ पर सन्देह करो, यह उनका सूत्र था।

तीसरा सूत्र था—nothing is final, nothing is sacred. इसलिए कोई चीज़ फाइनल नहीं है। एक शो किया, कुछ दिनों तक चला, जब दुबारा करते हैं तो फिर एक शो करते हुए फिर क्रिएटिव करते हैं, बराबर सुधार करते हैं। सुधार की गुंजाइश रहती है इसलिए nothing is sacred. कोई धर्मग्रंथ नहीं है कि उसमें बदलेगा नहीं। आप कुरान शरीफ में कुछ बदलाव नहीं कर सकते हैं। आप गुरु ग्रंथ साहिब में कुछ बदलाव नहीं कर सकते हैं। वेद में आप बदलाव नहीं कर सकते हैं। मात्रा

तक नहीं तोड़ सकते आप। क्योंकि यह पवित्र है। ईश्वर का वचन है। मार्क्स ने कहा कि नहीं, यह साइंस है। साइंस में कुछ भी सेक्रेड नहीं होता। आइंस्टाइन ने जनरल थ्योरी ऑफ़ रिलेटिविटी से पहले—स्पेशल थ्योरी ऑफ़ रिलेटिविटी दी है। एक बनाने के बाद, फिर आख़िरी तक काम करते रहे। उन्होंने कहा कि नहीं, रिलेटिविटी में भी अलग-अलग डोमिनेशन है। इसीलिए साइंस में परीक्षण महत्त्वपूर्ण है। परीक्षण ही मुख्य चीज़ है। परीक्षण करो।

इसलिए मार्क्स की प्रणाली खुली है। मुक्ताकाशी रंगमंच करनेवालों को समझना चाहिए, उससे पहले आपका दिमाग़ खुला होना चाहिए। गांधी जी कहा करते थे कि हम चाहते हैं कि हमारे घर के दरवाज़े और सारी खिड़कियाँ खुली रहें और सारी दुनिया की हवाएँ आएँ—लेकिन एक शर्त है कि हमें उड़ा न ले जाएँ। इसलिए दिमाग़ के दरवाज़े और खिड़कियाँ खुली रहें। ऐसी स्थितियाँ आती हैं कि आँखें बन्द हो जाती हैं, झपक जाती हैं; उस समय भी आँखें खुली रखें। इसलिए ऐसा आदमी वैज्ञानिक ही हो सकता है। ऐसा आदमी कोई पैगम्बर नहीं हो सकता, धर्म-सुधारक नहीं हो सकता। यह साधु-संत-महात्मा नहीं हो सकता कि पहुँचे हुए हैं। कहा जाता है कि पहुँचे हुए हैं। कहाँ पहुँचे हैं? वहाँ पहुँचे हुए। मार्क्स ने कहा कि कोई कहीं नहीं पहुँचता है। अन्त में तो पहुँचते सभी वहाँ ही हैं—कब्रिस्तान में या श्मशान में पहुँचने का मतलब है—मौत। इसलिए अन्त के साथ लगाया जाता है एक शब्द, अंग्रेज़ी में होता है : 'डेड एंड'। अंग्रेज़ी में सुना होगा। डेड एंड—death is the end, जहाँ आपने बन्द किया दरवाज़ा। इसलिए मार्क्सवाद कुछ फार्मूले नहीं है, सूत्र नहीं है, मंत्र नहीं है, बल्कि परीक्षण करो।

इसलिए उनकी कोई किताब कभी पूरी नहीं हुई—उनकी आख़िरी किताब 'पूँजी' कभी पूरी ही नहीं हुई। पहला खंड उनकी ज़िन्दगी में छपा, दूसरा और तीसरा उनके मरने के बाद एंगेल्स ने एकत्र करके छापा और मज़े की बात यह है कि मार्क्स के नाम पर लोग वर्ग और वर्ग-संघर्ष कहते हैं—clsas and clsas struggle. What is clsas, वह नहीं परिभाषित कर सके। अधूरा है। एक पैराग्राफ़ लिखा हुआ है, और एंगेल्स ने ज्यों-का-त्यों उसे छाप दिया। इसलिए मार्क्स कहते थे कि Nothing is final, nothing is sacred. Doubt everything, and nothing is absolute। अंग्रेज़ी में दो शब्द होते हैं—एब्सोल्यूट एंड रिलेटिव। इसलिए कुछ एब्सोल्यूट नहीं है। एब्सोल्यूट केवल ब्रह्म होता है। कुछ भी अन्तिम नहीं है, कुछ भी। कुछ उपन्यास, कुछ किताब, कुछ नाटक स्टेज पर तो ख़त्म हो जाता है, लेकिन उसके बाद भी वह चलता रहता है। जैसे कहने के लिए एक जगह तो अन्त हुआ, लेकिन ओपन एंडेड होता है। ओपन एंडेड होने का मतलब है, वहाँ से प्रश्न दिमाग़ में शुरू होते हैं। वह नाटक बहुत प्रभावशाली माना जाता है, जो सवाल पर सवाल पैदा करता है, नये सवाल पैदा करता है। इसलिए मार्क्स सवाल पर सवाल

पैदा करता है। मार्क्स स्वयं उकसाने में भी विश्वास करते थे और मार्क्स एक और बात कहा करते थे, जो गेटे का कोटेशन था। गेटे कहा करते थे—All theory is gray, my friend. But forever green is the tree of life। सिद्धान्त जो है, वह पीला पत्ता है, लेकिन जो ज़िन्दगी का शाश्वत अमर वृक्ष है, वह हरा है। इसका मतलब हुआ कि मार्क्स जिस ज़िन्दगी के बारे में लिख रहे हैं, वह एवरग्रीन है। बड़ी चीज़ है उसको बदलना और समझना भी, बजाय इसके कि एक सिद्धान्त में आप उसको बाँध दें। मैथेमेटिक्स इसलिए बहुत नीरस समझा जाता है और कविता इसीलिए सरस मानी जाती है।

किसी उर्दू के शेर को या दोहा को या चौपाई को हम बार-बार पढ़ते हैं, उसमें से नया-नया अर्थ निकलता है, जिसको संस्कृत में कहते हैं : 'क्षणे-क्षणे नवन्त्याम् पेति तदैव...रूपेण रमयति।' सौन्दर्य की ख़ूबी है : 'ज्यों-ज्यों निहारिये नेरे ह्वै नैननि, त्यों-त्यों खरी निकर सी निकाई।' कोई पेंटिंग हो, कोई सौन्दर्य हो तो क्यों बार-बार देखते हैं? एक बार देख लिया, समझ लेना चाहिए कि हो गया; लेकिन जब देखते हैं तब उसमें से कोई नया नुक्ता उभरता है, कोई नई चीज़ निकलती है। इसी अर्थ में the green is a eternal tree of life.

इसीलिए जीवन का व्यवहार इतना समृद्ध है कि उसके लिए कोई एक सिद्धान्त, कोई नियम बनाकर चुकता नहीं है, पकड़ में आता नहीं है। इसलिए मार्क्स जैसा रिवोल्यूशनरी आदमी, बदलनेवाला आदमी, हर क्षण बदलनेवाले जीवन को समझने की कोशिश करने के लिए कुछ मोटे-मोटे तरीक़े उसने बताने की कोशिश की। मैं केवल 'कम्यूनिस्ट मेनिफेस्टो' के आधार पर कह रहा हूँ। उसका पहला ही वाक्य है जो उन्होंने 'हैमलेट' नाटक से लिया है :

'हैमलेट' में पिता का जो प्रेत है, सबसे पहले आता है और हैमलेट उससे प्रेम से बातचीत करता है। 'कम्यूनिस्ट मेनिफेस्टो' भी प्रेत से शुरू होता है। आज यूरोप को एक भूत आतंकित कर रहा है—कम्यूनिज़्म का भूत। यह जो भूत है, बार-बार उसमें आता है। कम्यूनिज़्म का भूत यूरोप पर मँडरा रहा है। यह 1848 में कह रहे थे मार्क्स।

आज लोगों को आश्चर्य होता है, जबकि रूस में समाजवाद लगभग ख़त्म हो गया है। बहुत दिनों तक ही नहीं मँडराता रहा कम्यूनिज़्म का भूत, बल्कि उसके बाद भी—जब 1917 की क्रान्ति हुई और रूस समाजवादी देश बन गया—पूरे यूरोप पर मँडराता रहा कम्यूनिज़्म का भूत, जिसको 'हौआ' कहते हैं। कम्यूनिज़्म का हौआ जो डरानेवाला है। नींद हराम हो गई थी दुनिया के पूँजीपतियों की और आज इतने दिनों के बाद जब मैंने कहा कि रूस में समाजवाद का अन्त हो गया तो मार्क्स की भी मौत हो गई, लेकिन मार्क्स का प्रेत जैसे आज भी मँडरा रहा है कई लोगों के दिमाग़ में। अमरीका पर तो मँडराता ही रहा। दूसरा महायुद्ध जब ख़त्म हुआ तो एक

लम्बी—एंटी-कम्यूनिज़्म अमरीका में लोगों को पकड़ा गया, रोजनवर्ड को फाँसी हुई। इसलिए भूत मँडराता है और उसकी वापसी होती है।

मार्क्स की ज़िन्दगी में 1848 की क्रान्ति असफल हुई फ्रांस में। उसके बाद 1871 में जो एक प्रेस कम्यून क़ायम हुआ, डेढ़-दो महीने रहा। मज़दूरों का राज्य था। प्रेस कम्यून कहलाता था। वह भी ख़त्म हुआ। फिर रूस में क्रान्ति हुई 1917 में, फिर 1991 में वह ख़त्म हुई। इसके बावजूद ऐसा समझा जाता था कि अब समाजवाद ख़त्म हो गया, लेकिन अमरीका के बगल में क्यूबा अब भी मौजूद है। कास्त्रो मौजूद है। यही नहीं, चे ग्वेरा की हत्या हुई। लेकिन एक-एक करके लैटिन अमरीकन कंट्रीज़ में देखें, तो आधे दर्जन से ज़्यादा देशों में, समाजवादी पार्टी सत्ता में आई, कम्यूनिस्ट पार्टी आई। बोराविया में आई, ब्राजील में आई। मैक्सिको में कुछ ढुलमुल हुआ है, फिर वहाँ परिवर्तन हो रहा है।

इसलिए यह एक चक्र के समान—कम्यूनिज़्म का इंस्पेक्टर या भूत, जो मार्क्स ने 'कम्यूनिस्ट मेनिफेस्टो' में कहा था—उसका आतंक दुनिया में तब से समाप्त नहीं हुआ, उस भूत की वापसी रह-रहकर होती रहती है, मौत होती है और भूत बनता है। फिर वह भूत हकीकत में बनता है। एक ऐसा भी दौर आया था जब मार्क्स के जीवनकाल में—सौ साल जब मनाया गया था तो आधी दुनिया उस समय समाजवादी थी।

जिसको मार्क्स ने भूत और प्रेत के तौर पर कहा था, उसे नाटक के लोगों को बेहतर समझना चाहिए 'हेमलेट' से। The time is out of the joint.—यह 'हेमलेट' का वाक्य है। मार्क्स इस्तेमाल करता है इसी वाक्य को। पूँजी को और पूँजीवाद को समझने के लिए मार्क्स को पढ़ना बहुत ज़रूरी है क्योंकि पूँजी और पूँजीवाद को समझने के लिए खुद वॉल स्ट्रीट के लोग कहते हैं कि 'कैपिटल' से बेहतर टेक्स्ट बुक आज भी नहीं है। जिस वर्ल्ड मार्केट की बात हम लोग करते हैं, उसका आधार पूँजीवाद तो हमारे यहाँ था ही नहीं। हम लोग 'पूँजी' और 'पूँजीवाद' शब्द का इस्तेमाल तो करते रहे हैं बहुत दिनों से, लेकिन आज के इस दौर में यह बहुत तेज़ी से हुआ है—जबकि मार्क्स के विचार आज से एक सौ पचास साल पहले के हैं।

'पूँजी' से कुछ उद्धरण दे रहा हूँ। पूँजीपति वर्ग ने, जहाँ पर उसका पलड़ा भारी हुआ—सभी सामन्ती, पितृसत्तात्मक-काव्यात्मक सम्बन्धों का अन्त कर दिया। उसके नग्न स्वार्थ के नगद पैसे-कौड़ी, हृदय-शून्य व्यवहार के सिवाय मनुष्यों के बीच और कोई सम्बन्ध नहीं बचा। इसे कैश-नैक्सेस-कैश का सम्बन्ध बनना कहते हैं। पूँजीवाद ने क्रान्तिकारी भूमिका इतिहास में अदा की, जो इतिहास में इसके पहले किसी आदमी ने, किसी राजा-महाराजा ने नहीं किया था। उसने एक शब्द कहा। मार्क्स के बाद वह बहुत चला है, यद्यपि वह फ्रेंच शब्द है। हम लोग जिसे

कहते हैं 'बुर्जुआ' मार्क्स कहते हैं : Burjwaji historically has played most revolutionary part. It has a complex wonders far surprising Egipytion Piramids, Roman Aquaducts, Gauthik Kathikals. It has conducted its predictions that put in the shades all farmers of nations.

यह क्रान्तिकारी काम किया है कि हम लोग चकित होते हैं। अफ्रीकी लोग कहते हैं कि मिस्र का पिरामिड और रोमन एक्वाडक्ट्स बनाया, गोथिक कथीकल्स बनाए हैं। लेकिन मेरा ख़याल है कि पूँजीवाद ने ही अमरीका में सबसे ऊँची बिल्डिंग्स बनाए हैं, जिसे निशाना बनाया गया था। आज जितनी ऊँची बिल्डिंग—यहीं लाल किला के बगल में है—और उसके बाद अंग्रेज़ों ने भी कुछ और चीज़ें बनाई हैं; लेकिन इस बीच आप देखें तो उससे ज़्यादा ऊँची, 20 मंज़िला बिल्डिंग तो दिल्ली में बनने लग गई हैं। कुछ बड़ी शानदार बिल्डिंग बनने लग गई हैं। न्यूयॉर्क में ऐसे स्काईक्रेपर्स बने हुए हैं जो कोई राजा या नवाब नहीं बनवा सकता था और उसमें निर्माण के अलावा एज़ ए मैटेरियल प्रोडक्शन।

लम्बी-लम्बी, दूर-दूर की यात्राएँ करके लोगों ने दुनिया को खोजा। पूँजीवाद के ज़माने से पहले दुनिया कितनी छोटी थी, अमरीका खोजकर निकाला था, दक्षिण अफ्रीका खोजकर निकाला गया था। अंटार्कटिका का पता नहीं था। सारी दुनिया खोज करके, कहाँ-कहाँ से लोगों ने यात्राएँ करके दुनिया को खोजकर निकाला और आज ग्लोब जिस रूप में है, 'पृथ्वी' शब्द हम इस्तेमाल करते हैं, नहीं जानते थे। पृथ्वी कहने का मतलब हम लोग दक्षिण-पूर्व एशिया तक ज़्यादा गए थे, जापान और कुछ एशिया की जानकारी थी। बाक़ी कुछ जानकारी ही नहीं थी। कुछ यूरोप की होगी, कुछ इंग्लैंड की होगी, लेकिन एक पूरा महाद्वीप लोगों को नहीं मालूम था।

आज संवाद के सूत्र इतने बड़े पैमाने पर हैं, जिसे सूचना तकनीकी (इन्फॉर्मेशन टेक्नोलॉजी) कहते हैं, लेकिन तब तक चिट्ठियाँ घोड़ों से और बाक़ी चीज़ों से भेजी जाती थीं। आज एक सेकेंड में आप दुनिया के एक छोर से दूसरे छोर को जोड़ते हैं। सारा का सारा उस बुर्जुआजी ने, पूँजी ने, मैटेरियल प्रोडक्शन पैदा किया और मैटेरियल प्रोडक्शन पैदा करने के साथ उसने इंटेलेक्चुअल प्रोडक्शन को तो छोड़ ही दिया और मनुष्यों के सामाजिक सम्बन्धों को बदल दिया। पहले सम्बन्ध हमारे रक्त के सम्बन्ध होते थे। और कभी-कभी लोग कहा करते थे कि blood thicker than water. लेकिन आज तो कहना चाहिए कि ब्लड से भी ज़्यादा थिकर चीज़ है और वह थिकर चीज़ है रुपये-पैसे का सम्बन्ध—कैश में सब। जो भुगतान करता है हमको और जिसके लिए हम पैदा करते हैं, सारा सम्बन्ध आने-पाई, आर्थिक सम्बन्ध में बदल गया। पति-पत्नी के बीच प्रेम होते हुए भी जिस दिन कोई बहुत सुनहरी या रत्न की बढ़िया भेंट लेकर आता है, उस दिन प्रेम और गाढ़ा हो जाता है। जो खिला-पिला न सके, केवल दिल ही देता रहे तो भूखों मरने के लिए कोई

आदमी कब तक प्यार करता फिरेगा? इसलिए माँ-बेटे के बीच, बाप-बेटे के बीच, पति-पत्नी के बीच, प्रेमिका और प्रेमी के बीच, भाई-भाई के बीच आर्थिक सम्बन्ध मज़बूत होते हैं। आर्थिक सम्बन्ध ख़राब होते हैं, सम्बन्ध बिगड़ते हैं। अंग्रेज़ी में इसे कैश-नेक्सेस-कैश का सम्बन्ध बनना कहते हैं। यह पूँजीवाद के ज़माने में हुआ और आख़िर में बड़ी पोइटिक लैंग्वेज़ में कहते हैं : I can not exist without revolutionising the instrument of production and there by relation of production and with them the whole relations of society. All fix past frozen relations are swept away all the solid melts layer. जो ठोस है, वह जैसे भाप बनकर उड़ गया हो!

इसलिए पूँजीवाद की एक क्रान्तिकारी भूमिका थी और पूँजीवाद का उदय मनुष्यता के इतिहास में एक बहुत ही महत्त्वपूर्ण चरण था। आज भले ही हम लोगों को लगता हो कि प्री-हिस्टोरिक समाज बहुत अच्छा था। आरम्भ का समाज कुछ समय का बहुत अच्छा रहा होगा। संयुक्त परिवार, जिसकी बड़ी गाथाएँ लिखी जाती हैं, यह भूल जाते हैं कि संयुक्त परिवार अभिशाप भी हो गया था। मेरे परिवार में हमारे पिताजी तीन भाई थे। सबके बच्चे थे। उनकी शादियाँ हो गईं तो क़रीब तीस-चालीस आदमियों का परिवार हो गया। जो भोजन बनता था, उसके लिए बर्तन छोटा पड़ता था और यह भी होता था कि बहुत-से बच्चे बिना खाए-पीए सो जाते थे, पता ही नहीं चलता था। इसलिए एक संयुक्त परिवार सम्पत्ति (ज्वाइंट फैमिली एसेट) होते हुए भी अभिशाप बन गई थी और आख़िर में यह तय हुआ कि अब तीन-तीन पीढ़ियों को लेकर परिवार नहीं रह सकता, इसलिए हम लोग—लड़कर नहीं—यूँ ही अलग-अलग हो जाएँ तो बहुत अच्छा है, ज़्यादा अच्छा सम्बन्ध बना रहेगा। इसलिए अब देखें तो संयुक्त परिवार नाम की चीज़ दुनिया से ख़त्म हो गई। हिन्दुस्तान में भी धीरे-धीरे संयुक्त परिवार ख़त्म हो रहे हैं, एकल परिवार बन रहे हैं।

इसलिए पूँजीवाद के दौर में, जिसे उत्पादन के साधन, उत्पादन के औजार कहते हैं, उसमें इतनी बारीकियाँ आईं और उन बारीकियों के साथ फिर धीरे-धीरे समाज में ही बदलाव आया, रिश्ते में बदलाव आया और इस तरह ज़िन्दगी में बदलाव आया। यह पूरा का पूरा रेग्यूलाइज़ किया। यह कार्ल मार्क्स कह रहे थे, जिसे पूँजीवादी अपना दुश्मन समझते थे। अतः पूँजीवाद का जितना गुणगान मार्क्स ने किया, उतना तो किसी ने किया ही नहीं था उसके पहले। लेकिन इसके बाद मार्क्स ने 19वीं सदी के अन्त में कहा कि पूँजीवाद का क़ब्र खोदनेवाले इस पूँजीवाद के अन्दर ही पैदा हो गए हैं, जिसे वर्किंग क्लास कहते हैं। मार्क्स से भूल हुई, थोड़ी जल्दबाजी की उन्होंने। एक बर्थ-पेन होता है और एक डेथ-पेन—मरते समय का दर्द और पैदा होने का दर्द। दोनों में दर्द लगभग, कभी-कभी एक जैसा

दिखाई पड़ता है। दरअसल पूँजीवाद का जो बर्थ-पेन था, मार्क्स उसको डेथ-पेन समझने में चूक कर बैठे।

1900 के आसपास पूँजीवाद ने अभी इम्पायर बनाना शुरू किया था दुनिया को खोज करके, फतह करके, पूँजी जमा करके इम्पायर बना था। 1900 में कोई नहीं समझ सकता था। उस समय भारत में कहा जाता था, अंग्रेज़ी राज्य वह है जिसमें सूरज नहीं डूबता, जिस राज्य में सूरज नहीं डूबता है। 1900 में अगर गांधी जी सोचते इस बारे में कि यह तो ख़त्म होने जा रहा है, डूब रहा है तो भूल करते; क्योंकि 47 साल लग गए उसको। पहला महायुद्ध अगर नहीं हुआ होता और फिर दूसरा महायुद्ध नहीं हुआ होता तो शायद अंग्रेज़ी राज्य इतनी जल्दी टूटता ही नहीं। 1947 में लगा कि साम्राज्यवाद ख़त्म हो गया, लेकिन हम लोग 2000 ईसवी के आसपास देख रहे हैं कि साम्राज्यवाद एक नया बन रहा है—अमरीकी साम्राज्यवाद। अमरीका समझ रहा है कि ब्रिटिश साम्राज्यवाद भले ही ख़त्म हो गया हो, लेकिन अमरीकी साम्राज्यवाद एक नया बन रहा है। सारी दुनिया पर उसका स्वामित्व है।

इसलिए मार्क्स जिस उगते हुए पूँजीवाद का गुणगान कर रहा था और करते हुए सोच रहा था कि इस पूँजीवाद को ख़त्म करनेवाले खुद मज़दूर पैदा हो रहे हैं, छटपटा रहे हैं। विद्रोह हुए, क्रान्तियाँ हुईं, लेकिन कुल मिलाकर लगा कि इतिहास का होता है—मार्क्स का एक वाक्य है कि अपने इतिहास का निर्माता मनुष्य खुद है, लेकिन अपनी मर्जी से इतिहास नहीं बना सकता। इतिहास कविता नहीं है कि आपकी इच्छा हो कि लिखेंगे तो लिख डालेंगे आप। अपने इतिहास को बनानेवाला मनुष्य है, इसमें कोई शक नहीं है, लेकिन जैसे होंठ और चाय के बीच में अनेक बाधाएँ आती हैं, अपनी मर्जी से नहीं बना सकता है। बर्टोल्ट ब्रेख्त का एक 'लाइट ऑफ गैलीलियो' नाटक में दो बिन्दुओं के बीच लाइन की क्या परिभाषा है—the definition of State line? दो बिन्दुओं की सबसे छोटी दूरी को रेखा कहते हैं। सीधी रेखा यही है कि दो डॉट्स हैं, उनके बीच में लघुतम दूरी जो है वह सीधी रेखा है। ब्रेख्त कहता है—दो बिन्दुओं के बीच की दूरी कभी-कभी टेढ़ी भी हो जाती है। इसलिए सबसे छोटी दूरी तो सीधी रेखा है, लेकिन वह रेखा हमेशा सीधी नहीं होती, कभी-कभी टेढ़ी भी हो जाया करती है।

इसीलिए 'पूँजी' पूरा नहीं हो सका। जो तीसरा खंड लिखनेवाले थे, वह नहीं लिख पाए, इसलिए कि 1900 तक पूँजीवाद अपने उरूज पर था, जवानी पर था। पहले मार्क्स का ख़याल था कि क्रान्ति सबसे पहले यूरोप में होगी; क्योंकि सबसे पहले पूँजीवाद यूरोप में आया है। उसके कब्र खोदनेवाले मज़दूर यहाँ हैं, मज़दूरों का संगठन है, कई बार क्रान्तियाँ भी यहाँ हुई हैं, युद्ध इसलिए यहाँ होगा। बार-बार वह सोचते रहे कि पूँजीवाद जहाँ है, वहीं समाजवाद आएगा। जो पिछड़े हुए इलाके हैं, जो ग्रामीण समाज है, जहाँ फ्यूडलिज़्म है, वहाँ नहीं आएगा। लेकिन

रूस में दिसम्बर क्रान्ति, 1812 में हुई, फिर नरोदनिक लोग पैदा हुए और ज़ार के शासन तले रूस बड़ा पिछड़ा हुआ इलाका था, एग्रेगियन था। अचानक जब वे लोग पत्र-व्यवहार करने लगे तो मार्क्स ने कहा कि अब यूरोप से मुझे उम्मीद नहीं है। लगता है कि क्रान्ति तुम्हारे ही यहाँ सीधे छलाँग लगाएगी, फ्यूडलिज़्म से सीधे सोशलिज़्म क़ायम होगा। अपनी आख़िरी चिट्ठियों में वे लिखते हैं कि यूरोप से अब मुझे उम्मीद नहीं है। रूस पिछड़ा हुआ है, फ्यूडल है, ज़ार समाज है। खेतीबाड़ी होती है, उद्योग-धन्धे बहुत कम हैं। मिलें नहीं हैं, कारखाने नहीं हैं, लेकिन लगता है कि बिना पूँजीवाद के गुजरे तुम लोग सीधे समाजवाद में जा सकते हो। अजीब बात है कि जब लेनिन ने इस दिशा में प्रयास किया तो लेनिन उन चिट्ठियों को नहीं जानते थे। वे चिट्ठियाँ तब तक नहीं मिली थीं और 1917 में क्रान्ति हो गई, तब लेनिन ने कहा कि इस क्रान्ति के द्वारा सत्ता तो बदल दी हमने, लेकिन समाजवाद नहीं आएगा। लेनिन ने यहाँ नई आर्थिक नीति बनाई, और कहा कि पहले पूँजीवाद आएगा, और आगे चलकर राज्य आधारित पूँजीवाद के रूप में विकास हुआ। यदि आप हड़बड़ी करेंगे, नैचुरल लॉज के साथ ज़बरदस्ती करेंगे तो जैसे शीशी का छेद सँकरा हो और आप उसमें एक मोटा-सा डंडा डालने की कोशिश करें तो शीशी टूट जाएगी और हो सकता है कि लकड़ी भी टूट जाए। बिना पूँजीवाद के दौर के, जिसको 100 साल में यूरोप ने हासिल किया था, उस पूँजीवाद को लाने की कोशिश में इतने लोग मारे गए। क्लेक्टेवाइजेशन जब हुआ, स्तालिन के ज़माने में और नतीजा हुआ कि ज़बरदस्ती करने पर पूँजीवाद की एक चीज़ खो दी रूस ने और वह लोकतंत्र नाम की चीज़ नहीं थी।

पूँजीवाद के साथ राजनीतिक व्यवस्था बदलती है। पूँजीवाद था, लेकिन उस पूँजीवादी दौर में मार्क्स जैसा आदमी रह-रहकर अपने विचारों को लिख सकता था, सोच सकता था और वह जेल में डाला गया। लोकतंत्र था। पार्लियामेंट थी। इसलिए रूस ने जल्दी से सामन्ती समाज से पूँजीवाद को पार करके समाजवाद की मंज़िल पर पहुँचने की कोशिश की तो चरमराकर 70 वर्षों में ढह गया। प्राकृतिक न्याय के साथ ज़बरदस्ती करेंगे, तो जैसे शीशी टूट जाती है या वह लकड़ी टूट जाएगी, उसी तरह मार्क्स के अनुसार रूस में समाजवाद का पतन होना ही चाहिए था। विज्ञान कहता है कि आप जबरदस्ती नहीं कर सकते। मनमाने ढंग से समाज नहीं बना सकते। समाजवाद वहीं जीवित रहेगा, जहाँ लोकतंत्र भी जीवित रहेगा।

यह तभी होगा जब लोकतंत्र के राजनीतिक व्यवस्था और आर्थिक व्यवस्था, दोनों साथ-साथ चलेंगे। मसलन भारत-पाकिस्तान, दोनों एक ही देश के दो टुकड़े हैं। पाकिस्तान उतनी प्रगति नहीं कर सका—आर्थिक और सामाजिक जीवन में भी—हिन्दुस्तान उसकी अपेक्षा कुछ कर सका। इसलिए कि हम लोगों में लोकतंत्र बचा रहा है, पाकिस्तान में लोकतंत्र हो ही नहीं सका। याद रखिए, लोकतंत्र और

सामाजवाद, दोनों चीज़ें साथ-साथ और बहुत ज़रूरी हैं। इसलिए कैपिटलिज़्म की और देन के अलावा सबसे बड़ी देन है—पॉलिटिकल देन और वह है डेमोक्रेसी।

मैं मार्क्स के बारे में बात कर रहा था। वे कहते थे कि डाउट एव्रीथिंग, नथिंग इज सेक्रेड, खुद उनके विचार भी नहीं। इसलिए इन विचारों को समझने के तरीक़े के तहत उन्होंने दो चीज़ें बताईं। दो शब्द इस्तेमाल किए जाते हैं—द्वन्द्वात्मक भौतिकवाद (डायलेक्टिकल मैटेरियलिज़्म)।

इसमें दर्शन दो चीज़ की बन गई। एक को आदर्शवाद (आइडियोलिज़्म) कहते हैं और दूसरे को भौतिकवाद (मैटेरियलिज़्म)। एक को भौतिकवाद और दूसरे को भाववाद। आइडिया और मैटर। समझा जाता है कि विज्ञान भौतिकवादी है। उसमें पदार्थ से चेतन कैसे पैदा होती है, इसकी प्रक्रिया पर लोग विचार करते हैं। चाहे बायोलॉजी के लोग हों, चाहे जूलॉजी के; चाहे फिजिक्स, केमेस्ट्री तो प्रयोगशाला में सीधे-सीधे मैटर की जाँच करते हैं लेकिन बायोलॉजी और जूलॉजी चेतन चीज़ों की भी, पौधों की भी जाँच करते हैं और कहते हैं कि पौधे में भी थोड़ा-बहुत चेतन तत्त्व होता है।

डार्विन ने विकासवाद का सिद्धान्त प्रतिपादित करते हुए बताया कि कैसे जड़ से चेतन तक का विकास हुआ है। मार्क्स ने विज्ञान के आधार पर और विज्ञान में विश्वास करते हुए कहा कि पदार्थ पैदा हुआ है और पदार्थ में ही गुणात्मक परिवर्तन होकर चेतना आती है। इसलिए भौतिकवादी दर्शन है। रिलीजन और साइंस में यही फ़र्क़ है कि रिलीजन में ईश्वर या परमात्मा या चेतन पहले है, और उसी ने सबको एक दिन बनाया है, पैदा किया है। जैसे कि कोई कारखाना था भगवान का, जिसमें उन्होंने मूर्तियाँ बाँटीं गढ़-गढ़कर, और उन्हें छू दिया तो उनमें प्राण आ गया। इसलिए धार्मिक आदर्शवाद है। सारे के सारे रिलीजन-मज़हब आदर्शवादी हैं। वे मानकर चले कि वह भौतिकवादी दर्शन है और विज्ञान ने यह साबित कर दिया है। चाहे वह डार्विन का विकासवाद हो। अजीब बात है कि डार्विन और मार्क्स लगभग समकालीन थे।

[2]

लेकिन एकमात्र वही नहीं है। अगर ऐसा ही होता तो क्यूबा बगल में अमरीका को चुनौती कैसे देता? चीन के पास उतनी दौलत नहीं है, यद्यपि उसकी विकास-दर काफ़ी दिखाई पड़ती है। लेकिन सब होते हुए कुछ तो है जिसके कारण अमरीकी राष्ट्रपति निक्सन को चीन जाना पड़ा और चीन से इसी कमी के कारण, सारे साम्राज्य और पूँजी के स्रोत ख़त्म हो जाने के कारण, जो वही इंग्लैंड एक समय अमरीका से ज़्यादा ताक़तवर था, आज इंग्लैंड के ब्लेयर बुश के नीचे दुम दबाए घूमते हैं। बुश के ख़िलाफ़ ब्लेयर नहीं जा सकते हैं। अर्थतंत्र ही मुख्य है। मार्क्स का सिद्धान्त भौतिकवाद कहलाता है। लेकिन यह केवल भौतिकवाद नहीं है, यही ऐतिहासिक

भौतिकवाद है। यानी भौतिकवाद का एक इतिहास है और इतिहास का कहीं अन्त भी होता है। इसलिए इस ऐतिहासिक भौतिकवाद को देखने की ज़रूरत है। उसके साथ एक और शब्द इस्तेमाल करते हैं—मैथडोलॉजी, जिसको द्वन्द्वात्मकता कहते हैं :

हेगेल, जो सबसे बड़ा दार्शनिक था, गुरु के समान था, जब मार्क्स ने भौतिकवाद की बात की तो उसने कहा कि हेगेल के यहाँ जो द्वन्द्वात्मकता सिर के बल खड़ी थी, मैंने उसको पैर के बल खड़ा कर दिया। फ़िराक़ साहब ने अपना एक शेर गोरखपुर में सुनाया था। पंडित जी थे, जो बहुत वेदान्त वगैरह की बात कर रहे थे, समझदारी की बात कर रहे थे, तो उन्होंने कहा :

वाइज ने खड़े इल्म को भी सिर के बल किया,
इतना पढ़ा-लिखा है कि जाहिल कहें जिसे॥

हेगेल के बारे में मशहूर है कि हेगेल के यहाँ द्वन्द्वात्मकता सिर के बल खड़ी थी। सिर नीचे माने विचार नीचे, पाँव ऊपर। उनके यहाँ द्वन्द्वात्मकता थी, लेकिन आदर्शवादी थी। विचार को मुख्य मानते थे। जबकि मार्क्स के यहाँ भौतिकवादी द्वन्द्वात्मकता मैटेरियलिस्ट थी।

द्वन्द्वात्मकता पर लम्बी-चौड़ी किताबें लिखी गई हैं : 'डायलेक्टिक्स ऑफ़ नेचर'। मोटे तौर से द्वन्द्वात्मकता माने दो। हर चीज़ जो एक दिखाई पड़ती है, वह एक होती नहीं है, उसमें दो होते हैं, जैसे दाल। ऊपर से मूँग को देखें, एक है, छीलिए तो लगेगा कि उसमें दो दाल हैं। इसलिए दो हिस्से होते हैं। सबसे बड़े द्वन्द्वात्मकता तो हम ही हैं। एक औरत है, एक मर्द है। एक मेस्कुलाइन जेंडर है, एक फेमिनिस्ट जेंडर है। सोचिए, दुनिया में केवल मर्द ही होते तो सृष्टि हुई होती? अगर औरतें न हुई होतीं या केवल औरतें ही होतीं तो क्या सृष्टि—जिसे मानव सृष्टि कहते हैं—का विकास हुआ होता? पेड़-पौधों तक में है। उनमें भी नर-मादा का द्वन्द्व होता है। एक का पराग उठकर दूसरी जगह जाता है।

इसलिए आदर्शवादी भी मानते हैं कि ब्रह्म हैं तो उनकी एक माया भी है। यही नहीं, बल्कि भगवान हैं तो फिर एक शैतान भी है। एक चीज़ होगी तो उसका उलटा तो होगा ही। बिजली में पॉजिटिव है तो निगेटिव भी है। ख़ाली पॉजिटिव ही रहे तो बिजली नहीं होगी। निगेटिव भी होना चाहिए। पूरी सृष्टि दो पर टिकी हुई है। और तो और, आदमी के दो पाँव हैं। पहले तो चार रहे होंगे। चार से दो किया हम लोगों ने। लेकिन एक ही पाँव हो तो कैसे चलेंगे?

इसलिए पदार्थिक या पदार्थ में विकास की एक सम्भावना होती है। कोई होता है, बनता है, करता है, इसलिए कि उसकी प्रकृति द्वन्द्वात्मकता होती है। दो होते हैं, तो उन दोनों के रिश्ते क्या होते हैं? कभी-कभी घर्षण भी होता है, टकराव भी होता है, मेल भी होता है। दोनों तरह के होते हैं। इसलिए पूँजी या पूँजीवाद में एक पूँजीवादी

है तो दूसरा वर्किंग क्लास है, यह द्वन्द्वात्मकता है और इस द्वन्द्वात्मकता के जरिये ही विकास होता है। द्वन्द्व न हो तो विकास न हो। और विकास छोड़ दीजिए, द्वन्द्व न हो तो भाषा भी न हो। अगर मुँह हो और कान न हो तो भाषा का विकास नहीं होगा। आदमी बोलता तभी है जब कोई सुननेवाला हो। टेलीफ़ोन ही ख़त्म हो जाए, अगर ख़ाली एक ही तरफ़ सब बोलने ही वाले हों। सुननेवाले न हों तो काहे के लिए टेलीफ़ोन?

इसलिए द्वि, द्वन्द्व और रिश्ता, दोनों प्रकार का हो सकता है। इसलिए द्वन्द्वात्मकता का सम्बन्ध होता है, अन्तरानुशासिक सम्बन्ध होता है और द्वन्द्वात्मकता का जाल बड़ा होता है। केवल दो ही नहीं होते हैं, दो से कई होते हैं, अनेक होते हैं, जैसे कि इनसानी रिश्ते होते हैं और इनसानी रिश्तों के बारे में मैं समझता हूँ कि भारत बहुत समृद्ध है। हम लोगों के यहाँ रिश्तों के बहुतों नाम हैं—हिन्दी में, और उर्दू में—अंग्रेज़ी में तो बहुत कम हैं। इस्लाम में तो अलग-अलग कहते हैं, जैसे चचाजात भाई। भाई तो है, लेकिन चचाजात है। अलग-अलग आप देखें, दादा-दादी, नाना-नानी। उनके यहाँ नाना और दादा के लिए अलग-अलग शब्द नहीं हैं। उसमें मैटरनल और पैटरनल जोड़ते हैं। ग्रांड में फादर जोड़ेंगे और मदर जोड़ देंगे।

यह बात ऐतिहासिक परिस्थिति में होती है। आज के भारतीय समाज में इतने प्रकार के अन्तर वैयक्तिक हैं कि वह सम्बन्ध—समाज को ज़्यादा जटिल बनाते हैं। सामन्ती समाज बहुत सरल था। उससे और पहले जब सामन्ती समाज नहीं था तो और भी सरल था। दिन-पर-दिन अब इतनी रिलेशनशिप हो गई है प्रोफेशन के अनुसार, एक आदमी की पहचान बहुत ज़्यादा हो गई है। एकल पहचान हमारी नहीं है। हर आदमी रिश्ते के अलावा कहीं नौकरी करता है तो वहाँ कुछ और है। वह किसी राजनीतिक दल में है तो वहाँ और है। किसी एक धार्मिक समुदाय का सदस्य है तो वहाँ उसकी हैसियत और है। कम-से-कम एक आदमी को ऐसे लोग मिलेंगे जो 15-20 हैसियत से बात करते हैं कि हम इस हैसियत से बोलें या उस हैसियत से बोलें—विभिन्न पहचानें।

मार्क्स कहते हैं कि ऐसे जटिल समाज में मानव-सम्बन्ध और समाज के ताने-बाने की जटिलता के बीच ही हम मानव-समाज को समझ सकते हैं और बदलने की कोशिश कर सकते हैं। समुदाय है, जाति है, इसके अलावा हम एक जिले के हैं, वहाँ की बोली बोलते हैं, फिर एक सूबे के हैं, और एक देश के हैं, एक महाद्वीप के हैं। मार्क्स के अनुसार इनके तहत की जा सकती है। सारे सम्बन्धों की जाँच-पड़ताल, द्वन्द्वात्मक सम्बन्ध—हर चीज़ का इतिहास होता है। एक पेड़ का इतिहास होता है तो इनसान का इतिहास तो होगा ही। आप इलाज कराने जाते हैं तो डॉक्टर पहले आपकी केस हिस्ट्री देखता है—आपके माता-पिता को यह बीमारी थी कि नहीं थी? आपको डायबिटीज है तो वह डायबिटीज आपकी वंशानुगत है या आपकी है? जब एक व्यक्ति बीमार है तो उसको ठीक करने के लिए उसकी केस हिस्ट्री ज़रूरी होती

है तो एक किस समाज के इतिहास को बिना जाने आप कैसे ठीक कर सकते हैं? हिन्दुस्तान को ठीक करनेवाले आदमी के लिए यह जानना तो और भी ज़रूरी है।

और हमारे ऊपर हुकूमत करने लगे तो पहला काम उन्होंने किया कि खोद-खोदकर हमारे इतिहास को जानना चाहा कि ये कब के हैं। तमाम खुदाइयाँ करके हड़प्पा, मोहेनजोदड़ो को खोजा। आर्किलॉजिकल सर्वे से खोदकर पता लगाया कि ये किस नस्ल के हैं? आर्य कहाँ से आए हैं और कौन-कौन-सी नस्लें हैं यहाँ। आपका इतिहास हम जान जाएँ तो आपकी ज़िन्दगी मेरी मुट्ठी में होगी। इतिहास इतना महत्त्वपूर्ण है। अगर हम आपका इतिहास नहीं जानते तो बेवकूफी कर बैठेंगे। जिन कौमों का इतिहास वे नहीं जानते थे, उसमें मारे गए। सिक्खों से भिड़े और सिक्खों से पिट गए। फिर सिक्खों को क़ब्ज़े में भी किया उन्होंने। आदिवासी लोगों के बारे में ऐसा उनको भ्रम हो गया और इसलिए बिरसा मुंडा जैसा क्रान्तिकारी आदमी खड़ा हो गया उनके ख़िलाफ़ लड़ने के लिए। वह समझते थे कि ये बड़े सीधे-सादे जानवरों की तरह हैं। उन्हें मालूम हुआ कि नहीं, जानवर नहीं हैं। ये ज़्यादा ख़तरनाक हो सकते हैं। इसलिए इतिहास बहुत महत्त्वपूर्ण है।

वेदान्त पढ़नेवाले के लिए तो आँख मूँदिए, ब्रह्म को जान लीजिए या नमाज पढ़नेवाला आदमी मस्जिद गया, सजदे में झुका और खुदा से भेंट-मुलाक़ात हो गई। यह तो हो सकता है, लेकिन अगर आप समाज को बदलना चाहते हैं तो आप प्रार्थना करके या मन्दिर में जा करके समाज को नहीं बदल सकते हैं। उस समाज का इतिहास आपको जानना पड़ेगा—ऐतिहासिक भौतिकवाद, द्वन्द्वात्मक भौतिकवाद और दोनों में संघर्ष और टकराव की पहचान जब करेंगे, तब आप उस समाज को बदल सकते हैं।

आख़िर में, मार्क्स चूँकि क्रान्तिकारी थे तो इतिहास का अगला कदम भी देखते थे, भविष्य के बारे में भी देखते थे कि इतिहास का अन्त कहाँ होगा। किसी महात्मा के पास जाएँ या वैद्य के पास जाएँ तो हम यह देखते हैं कि हम अच्छे हो जाएँगे या नहीं। अन्त में हमको क्या हासिल होगा। मार्क्स अगर यह न बताते कि आज़ाद होंगे नहीं, पूँजीवाद है, इसमें संघर्ष है। लेकिन कुल मिलाकर हम होंगे या नहीं होंगे फ्री, अगर यह न बताते मार्क्स, तो वे वैज्ञानिक न होते। वे कहते हैं कि तुमको कोई देगा नहीं, तुमको स्वतंत्र करने कोई नहीं आएगा, तुमको खुद अपने को मुक्त करना पड़ेगा। इसलिए वर्तमान ऐतिहासिक स्थिति से मुक्त होने के लिए उन्होंने दो सन्देश दिये। 'मेनिफेस्टो' का जहाँ अन्त करते हैं, वहाँ मार्क्स कहते हैं : workers of world unite, you have nothing to loose but your chain. एक हो मज़दूरो! अकेला चना भाड़ नहीं फोड़ सकता है। दुनिया के सारे मज़दूर अगर एक हो जाएँ, यद्यपि आज तक नहीं हुए। अगर सारे मज़दूर एक हो जाएँ, खड़े हो जाएँ तो खोने के लिए उनके पास केवल उनकी जंजीरें हैं। यह कविता है : you have nothing to loose but your chain. खोने के लिए तुम्हारे पास कुछ भी नहीं है, कोई दौलत नहीं है। खोने के लिए पूँजीपतियों के पास तो पूँजी है, पर मज़दूरों के पास तो केवल जंजीरें हैं।

यह स्लोगन जो 'कम्यूनिस्ट मेनिफेस्टो' के अन्त में है—हाईगेट सिमिट्री पर, जहाँ मार्क्स की मूर्ति लगी हुई है, वे क्रिमिट किए गए हैं। उस पर हर्फ़ लिखा हुआ है : workers of All the countries unite, you have nothing to loose but your chain. इसलिए मार्क्स का दर्शन हर बड़े दर्शन के समान है।

बुद्ध ने भी कहा था : मोक्ष और मुक्ति, हर दर्शन का अन्त होता है। रास्ते अलग-अलग हैं। इस्लाम भी मुक्त होने का रास्ता सिखाता है, हिन्दू धर्म भी सिखाता है, सिख मत भी सिखाता है, पारसी मत भी सिखाता है। हर मज़हब कामयाब इसलिए है कि वह अन्त में बताता है कि आदमी फ्री हो सकता है। मार्क्स का दर्शन इस हिसाब से भी स्वतंत्रता का है। मोक्ष, मुक्ति हो सकती है।

लेकिन उनका कहना है, स्वतंत्रता एक प्रक्रिया है। कोई मंज़िल नहीं है कि आप पहुँच गए। पहुँचने के बाद आप कहें कि जैसे एवरेस्ट पर, हम मंज़िल पर पहुँच गए, तो जी नहीं, आदमी हर कदम, एक-एक कदम स्वतंत्र होता चलता है। Freedom is a process and long process on thats. कुछ बातों में हम बँधे होते हैं। कुछ बातों में हम खुलते हैं। इसलिए इस प्रक्रिया को मार्क्स ने कहा कि छोटा भी किया जा सकता है। कभी-कभी ऐसा भी होता है कि हम हिसाब लगाते रहते हैं और अचानक ही हम निष्कर्ष पर फ्लैस की तरह से पहुँचते हैं। क्रान्ति कई मंज़िलें इकट्ठा भी पार कर सकती है। इसलिए मार्क्स ज़िन्दगी को समझने की एक समझ देते हैं, उसका एक तरीक़ा बताते हैं और तरीक़ा बताने के बाद उस दुःख से, बन्धन से, ग़ुलामी से मुक्त होने का रास्ता भी बताते हैं। इसीलिए मार्क्सवाद में एक तरह का मानववाद है। यह ईश्वर-केन्द्रित नहीं है। यह दिव्य दर्शन नहीं है। श्री अरविन्दो और श्री दाँते की तरह से डिवाइन कॉमेडी नहीं है। बाल्जाक ने अपना लिखा, उसका पूरा नाम दिया था : 'ह्यूमन कॉमेडी'।

श्री अरविन्दो की डिवाइन कॉमेडी होगी, जो गुफा में बैठकर ग्रेट मदर के साथ उन्होंने खोजा था और लिखा था। मार्क्स ने युद्धभूमि में जो कुछ लिखा, वह एक तरह की ह्यूमन कॉमेडी के रूप में पेश करने की कोशिश की, जिसमें ट्रैजेडी की भी कहानी शामिल है।

संवाद

प्रश्न : मार्क्सवाद में हमें कैसे पता चलेगा कि यह चीज़ सही है या ग़लत है?

नामवर सिंह : अभ्यास। किसी विचार की परख होती है अभ्यास में, मैं एक मिसाल दूँगा। तैरने के बारे में। बनारस में गंगा के किनारे पाँच-छह नौजवान इकट्ठे हुए जो तैरना नहीं जानते थे। उनको गंगाजी में नहाने की इच्छा थी। एक

ने कहा कि स्वीमिंग पर किताब ख़रीदकर ले आओ। तो स्वीमिंग पर उन्होंने एक किताब ख़रीदी और एक हफ़्ते उस किताब का अभ्यास कमरे में किया, फ़र्श पर फर्स्ट मूवमेंट, सेकेंड मूवमेंट, थर्ड मूवमेंट; अलग-अलग मूवमेंट उसमें बताए गए थे। एक हफ़्ते तक ख़ूब प्रैक्टिस की कमरे में। इसके बाद गए गंगाजी के किनारे। तब एक ने दूसरे से कहा कि तुम पानी में घुसो और वह स्वयं किताब लेकर खड़ा हो गया और कहा कि मैं जो बताऊँ, उसी हिसाब से मूवमेंट करना। फर्स्ट मूवमेंट, तो फर्स्ट मूवमेंट में वह आगे पानी में गया। सेकेंड मूवमेंट, दोनों हाथ फैलाए। थर्ड मूवमेंट, पानी को यों करना था, लिखा हुआ था। थर्ड मूवमेंट किया, फिर फोर्थ भी किया। तब तक बजाय आगे जाने के, वह पानी के नीचे जाने लगा। थोड़ी देर में देखा गया, मूवमेंट तो बढ़ रहे हैं, लेकिन पानी में कुछ ऊपर-नीचे हो रहा है। मतलब वह डूब रहा था। डूबने की यही प्रक्रिया होती है, अन्दर जाएँ, फिर ऊपर।

एक मल्लाह बगल में नाव लिये खड़ा था। उसे लगा कि यह लड़का डूब जाएगा, पकड़कर उसे निकाल लिया। उसने कहा कि ऐसे नहीं तैरा जाता है। और कहा कि यूँ ही पानी में फेंक देने से, फिर फर्स्ट मूवमेंट, सेकेंड मूवमेंट, थर्ड मूवमेंट करने से कभी तैरना नहीं आएगा। इसलिए स्वीमिंग का सिद्धान्त पढ़कर, आप अभ्यास करने की कोशिश करेंगे तो अभ्यास आपको बताएगा कि यह सिद्धान्त कहाँ ग़लत है। इसलिए मार्क्सवाद वह मैनुअल नहीं है कि कमरे में या पुस्तकालय में पढ़कर आप चलें क्रान्ति करने के लिए। आप या तो पहले ही गिरफ्तार हो जाएँगे या गोली लगेगी और मर जाएँगे। जीवन के बीच से आप धीरे-धीरे अनुभव करेंगे।

दुनिया में पदार्थ महत्त्वपूर्ण है बनिस्बत विचार के। उस सिलसिले में देखें कि जब तक हमारा पेट नहीं भरेगा, हम ज़िन्दा नहीं रहेंगे। तब तक हम आगे करेंगे क्या? वह जीवन समझाता है कि हमारे हाथ-पाँव हमारे दुरुस्त रहें, आँखें दुरुस्त रहें, तो पढ़ भी लेंगे, कुछ समझ भी लेंगे और दुनिया को बदल भी देंगे। मार्क्स इसी बात पर बार-बार ज़ोर देते थे। हेगेल वगैरह सबको पढ़ा था उन्होंने। पढ़ते रहते थे, लेकिन उन्होंने मार्क्सवाद हासिल किया लगातार संघर्ष के बीच से। उस समय वह कार्यकर्ता थे। नेपाल में प्रचंड ने जो हासिल किया है, कोई किताब पढ़कर नहीं हुआ, माओ की किताब पढ़कर नहीं हुआ, बल्कि वास्तविक जीवन-संघर्ष से हुआ। उस आदमी को बीस साल से उन जनजातियों के बीच में काम करते हुए, संगठित करते हुए, लड़ते हुए एक परिपक्व राजनीतिक समझ आई है कि हम चीन की तरह से यहाँ क्रान्ति नहीं कर सकते हैं, बल्कि लोकतांत्रिक तरीक़े से, कदम-दर-कदम सुधार ला सकते हैं। इसलिए प्रैक्टिस बहुत महत्त्वपूर्ण है।

मार्क्सवाद का दूसरा नाम 'प्रगति का दर्शन' है। विज्ञान के बारे में कहा जाता है कि जो आदमी प्रयोगशाला में हाजिर नहीं होता, वह कभी विज्ञान नहीं पढ़ सकता

है। इसी तरह थिएटर में, एन.एस.डी. की पुस्तकालय में पढ़कर आप रंगमंच नहीं कर सकते। रंगमंच के लोगों को समझ लेना चाहिए कि अभ्यास मुख्य चीज़ है। इसलिए मैटेरियल चीज़ है प्रैक्टिस-प्रॉसेस। यह सिखाती है। ज़िन्दगी के संघर्ष आपको ज्ञान देते हैं जो किताबों से नहीं मिलता, यह मार्क्सवाद बताता है। ब्रेख्त पर लिखी डेढ़ दर्जन किताब बेशक पढ़ जाएँ, समझ में नहीं आएगा; लेकिन जब इन-प्रैक्टिस ब्रेख्त के थिएटर देखेंगे, तब समझ में आएगा। मार्क्सवाद में सही-ग़लत का निर्णय, विकास का दर्शन—अभ्यास से होगा। एक किताब पढ़कर, गीता पढ़कर आप ज्ञान प्राप्त कर लें, ऐसा नहीं होगा।

प्रश्न : पूँजीवाद यहाँ हमेशा से नहीं था, क्या हमेशा रहेगा?
नामवर सिंह : देखिए, सीधी बात है कि पूँजीवाद हमेशा से यहाँ नहीं था। किसी समय आया है तो ज़ाहिर है, हमेशा नहीं रहेगा। जब सामन्तवाद 800 साल तक रहा, तब हम सोचते थे कि राजाओं का राज्य ख़त्म होगा। जब हम रियासतों में रहते थे तो सोचते ही नहीं थे कि राजाओं का राज्य कभी ख़त्म होगा। हम समझते थे कि अंग्रेज़ ससुरे यहाँ से अब नहीं जाएँगे। जब वे आए थे तो हमने कहा, सात समुन्दर पार करके आए हैं तो ये कहाँ जानेवाले हैं! लेकिन हम लोग बड़े भाग्यशाली हैं कि वे चले गए। उसी तरह से यह पूँजीवाद है। यह अमरौती खाकर नहीं आया है। दुनिया में कोई भी चीज़ अमर नहीं है। जब कोई चीज़ अमर नहीं है तो पूँजीवाद ही अमरौती खाकर कैसे आएगा? सामन्तवाद 600 से 800 साल तक रहा है, जबकि पूँजीवाद को आए तो जुमा-जुमा चार दिन हुए हैं, 400 साल भी इसके नहीं हुए हैं। 16वीं शताब्दी के अन्त या 17वीं सदी की शुरुआत से इसको मान सकते हैं। हमारे यहाँ तो और भी लेट आया है।

पूँजीवाद भी जाएगा। कई देशों में तो ख़त्म भी हो गया है। वहाँ ख़त्म हुआ है तो हमारे यहाँ भी ख़त्म हो सकता है। यही ऐतिहासिक भौतिकवाद बताता है कि हर चीज़ का इतिहास होता है। जिसका इतिहास होता है, उसका मतलब यह है कि इतिहास का अन्त भी होता है। इसलिए पूँजीवाद भी जाएगा लेकिन अपनी ऐतिहासिक भूमिका अदा करके जाएगा। नाटक ख़त्म होगा एक बार, लेकिन नाटक की जो लिखी हुई स्क्रिप्ट है, जब तक कोई उसे उजाड़ न दे बीच में, तब तक ख़त्म नहीं होगा। टर्न लेगा। यह एक लम्बी प्रक्रिया है। इसलिए अचानक एक शाप देने से हमारे यहाँ से यह चला जाए, नष्ट हो जाए—जाने तो ऐसे वाला नहीं है वह। हमारे यहाँ तो सच्चे अर्थों में पूछिए तो पूँजीवादी विकास अभी 1991 से शुरू हुआ है। राज्य आधारित पूँजीवाद न हमारे यहाँ था, न प्लांड इकोनॉमी थी। राजसत्ता ही सारा विकास का काम करती है। कॉरपोरेट सेक्टर 1991 के बाद आया है। नरसिम्हा राव के ज़माने से है। इसलिए पूँजीवाद के विकास के साथ कुछ चीज़ें अच्छी हो रही हैं और होंगी।

रही बात इसके विकास के तौर-तरीक़े की, तो जैसे जिस क्रम में यह इंग्लैंड में रहा, अमरीका में रहा, वैसे ही भारत के नियंत्रण में रहेगा। मसलन इसी पूँजीवादी विकास की प्रक्रिया में। मोटे तौर पर 1929 में एक बड़ी भारी मंदी आई थी। आप लोग तो तब पैदा भी नहीं हुए थे। बड़ा भारी डिप्रेशन था। इम्फेशन हुआ। पूरे यूरोप में भूसे के भाव तमाम चीज़ें बिकती थीं। दूसरे विश्वयुद्ध के पहले की घटना है।

कींग्से ने मार्क्स की मदद लेकर अर्थतंत्र में लोककल्याणकारी राज्य की कल्पना की, तब किसी तरह से अमरीका और इंग्लैंड की अर्थ-व्यवस्था सुधरी, वरना ढह गई थी। मतलब नोट की गड्डियाँ भरी पड़ी थीं और नोट की कोई कीमत नहीं रह गई थी, रुपये की कीमत नहीं थी। चीन ने रूस वाले रास्ते से अपने को बचाया है वरना वह भी ख़त्म हो जाता। उसी तरह हम लोग भी राज्य की जो योजनाबद्ध भूमिका हुआ करती थी, उस राज्य की भूमिका से धीरे-धीरे हटकर कॉरपोरेट सेक्टर में जा रहे हैं; लेकिन उसके साथ हमें ध्यान रखना है कि कल्याण की चीज़ें हम लोग करें। स्वास्थ्य की, शिक्षा की, रोजगार के अवसर उपलब्ध करें और अगर ऐसा नहीं करेंगे तो तख्ता उलट जाएगा, जनता के असन्तोष को देखते हुए।

अमरीका में पूँजीवाद टिका हुआ है तो इसलिए कि लोगों का मुँह भरता रहता है। हमारे यहाँ किसान इसी तरह से आत्महत्याएँ करते रहेंगे तो नेपाल वाली हालत हो जाएगी। यहाँ भी उसी तरह से संसद और राष्ट्रपति भवन और प्रधानमंत्री भवन का घेराव हो जाएगा। इसलिए हर व्यवस्था को अपने को बचाने के लिए लोकोन्मुख नीतियाँ अपनानी ही पड़ती हैं, झुकना पड़ता है। उसके तरीक़े निकालने पड़ते हैं। हम लोगों ने यह तरीक़ा आरक्षण के रूप में निकाले हैं। स्त्रियों के लिए भी कुछ अवसर निकालने की बात हो रही है। आदिवासियों के लिए कुछ लोग प्रयास कर रहे हैं, तो होगा।

प्रश्न : क्या दुनिया में कम्यूनिज़्म कभी आ सकता है?

नामवर सिंह : मार्क्स के अनुसार कम्यूनिज़्म मानवीय विकास की चरमावस्था है। मार्क्स ने उसको कहा है : 'from each according to capacity to each according to it's need.' वह तो ऐसा समाज है जिसको स्वर्ग कह सकते हैं। एक सपना—वह सपना ज़िन्दा रखना चाहिए। एक कविता में एक पंक्ति है कि 'सबसे ख़तरनाक है हमारे सपनों का मर जाना'। सपना तो हम ज़रूर देखते रहेंगे कि ऐसा दिन ज़रूर आएगा। आ सकता है। आना चाहिए। किसी दिन ऐसा हो कि हमारा सपना मर जाए, उस दिन हम भी मर जाएँगे। मुझे ख़ुशी है कि अब भी हमारे यहाँ लोगों में—जवानों में—सपना ज़िन्दा है।

मार्क्स ने यही काम किया था, 'कम्यूनिज़्म' शब्द का इस्तेमाल करके एक सपना दिया था और कहा था कि इसको ज़िन्दा रखो। सपना लड़ने की ताक़त

देगा। जिसके पास सपना ही नहीं है, वह लड़ेगा तो किसके लिए लड़ेगा? हम एक सपने के लिए लड़ते हैं।

नेपाल के लोग, सभी ने काठमांडू में राजमहल को घेर लिया। गोलियाँ चलीं, बहुत सारे लोग मारे गए—उस सपने के लिए कि हम राजशाही ख़त्म करेंगे। हमारा राज्य हो, पंचायत का।

तो हमारे लिए भी आज़ादी सपना थी। आज़ादी की लड़ाई में बहुत सारे लोग मारे गए। तबाही हुई, जेल में गए। हम लोग तो बड़े मौज में हैं। तरस गए जेल जाने के लिए। कोई आदमी, कोई नौजवान आजकल जेल नहीं जाता है। चोरी करके भी कोई जेल नहीं जाता, नारा लगाकर क्या जाएगा! अगर कोई जाता भी है तो थाने से ही छूटकर चला आता है। तिहाड़ जाने की नौबत ही नहीं आती और फाँसी-वाँसी पाना तो बहुत दूर की बात है। अपने देश में ख़त्म हो गई यह चीज़। इस देश में आजकल छात्र संघ के चुनाव में जो उत्साह दिखता है, उसमें भी यह कहीं नहीं नज़र आता है।

[राष्ट्रीय नाट्य विद्यालय द्वारा अपने छात्रों के लिए आयोजित ओरिएंटेशन कार्यक्रम में 09 सितम्बर, 2006 को दिये गए व्याख्यान। अब तक अप्रकाशित। पहली बार प्रकाशित]

मार्क्सवाद : कुछ सवाल, कुछ जवाब

प्रश्न : मार्क्सवाद और माओवाद में क्या फ़र्क़ है?

नामवर सिंह : उसी की एक शाखा है। देखिए, मार्क्स के विचारों के भी—किस्म-किस्म के मार्क्सवादी हैं। होता है, जैसे धर्म में होता है। ख़ाली इस्लाम एक नहीं है, हिन्दू भी एक नहीं है। इतने सम्प्रदाय हैं। कुछ कहने लायक नहीं है। उसी तरह से मार्क्स के नाम पर और मार्क्सवाद के नाम पर कई विचारों के लोग हैं। आप देखें, कम्यूनिस्ट पार्टियाँ कई हैं—सी.पी.आई., सी.पी.एम., सी.पी.एम.एल., सी.पी. एम.एल. लिबरोन, फिर आन्ध्रा वाले। माओ आजकल आया है। हमारे देश के माओवादी और नेपाल के माओवादी एक ही हैं कि अलग-अलग हैं, पता लगाना पड़ेगा। तो कई होते हैं और उसके कारण होते हैं।

मोटे तौर से मुझे लगता है और ईमानदारी से ये मतभेद हैं, ऐसा नहीं है। विचारों की, हैरत की चीज़ है। ऐसा होता है। राजनीतिक लड़ाई में दो चीज़ें होती हैं। एक स्ट्रेटेजी होती है—लाँग रेंज और दूसरी टेट्रिक्स होती है। तो कभी-कभी थ्योरी तो एक है, स्ट्रेटेजी भी शायद एक हो, कुछ दूर तक कुछ लोगों में; लेकिन टेट्रिक्स राजनीति में रोज बदलती रहती है तो मतभेद होता है। इसलिए अलग-अलग हैं और इसीलिए इनको एक करने की कोशिश भी होती रहती है बार-बार और ब्राउडली उनको कहा जाता है—लेफ्ट, लेफ्टिस पार्टी। एक लेफ्ट नाम की चीज़ तो क़ायम है। वह लेफ्ट है। इसलिए वहाँ भी संयुक्त मोर्चा बनता है और लेफ्ट यूनिटी की भी बात की जाती है।

प्रश्न : पहली बात तो यह है कि फूकोयामा ने लिखा : 'एंड ऑफ़ हिस्ट्री'—इतिहास का अन्त हो गया। पूरी किताब है : 'एंड ऑफ़ हिस्ट्री एंड द लास्ट मैन'। फूकोयामा की रेटोरिकल, अलंकृत भाषा थी। इतिहास का अन्त हो गया, माने रूस के अन्त को उसने कहा कि अब इतिहास का अन्त हो गया। दुनिया में अब समाजवाद नहीं आएगा। उसका सीधा मतलब यही था?

नामवर सिंह : पहली बात तो यह है कि अभी अन्त तो बहुत दूर है। अभी शुरू ही नहीं हुआ है। मार्क्स ने एक जगह लिखा है। किताब में कि अभी तो हम लोग

जैसे प्री-हिस्ट्री की ऐज़ से निकल रहे हैं। खुद कैपिटलिज़्म के बारे में। मैंने कहा, कैपिटलिज़्म अपना—पूर्ण पुटेंशियलिटी कैपिटलिज़्म को जिस रूप में होनी चाहिए, वह अभी नहीं दिखाई पड़ता है दुनिया में। कारण यह है कि कैपिटलिज़्म रेवोल्यूशनाइज़ करता रहता है। मार्क्स ने कहा है कि कैपिटलिज़्म की पावर है। It always rular it can not live with revolutionization itself. अपने को चेंज किए बिना वह जीवित नहीं रह सकता।

इसलिए आप सोचो, सूचना तकनीकी का नाम, किसी ने कल्पना की थी कि इतनी तेज़ी से होगा। इस एक आईटी ने ही आकर इतना ज़्यादा चेंज कर दिया है, फिर ऐसा ही कोई उपकरण आएगा, वह दूसरा बदलाव हो जाएगा। इसलिए यह बदलाव करनेवाली प्रक्रिया जो है, उसका यहाँ कोई अन्त नहीं है। यह है कि उसके आधार पर अर्थतंत्र में बदलाव होगा, राजनीतिक व्यवस्था में बदलाव होगा। मसलन लोकतंत्र से बढ़कर कोई राजनीतिक व्यवस्था अभी तक दिखाई नहीं पड़ती है। उस डेमोक्रेसी को ज़्यादा से ज़्यादा सहभागी लोकतंत्र बनाना है। आदर्श लोकतंत्र एक ज़माने में हुआ करता था। प्रत्यक्ष लोकतंत्र था। हमारे यहाँ गणराज्यों में, पंचायतों में जैसे होता है। अभी हमारे यहाँ अप्रत्यक्ष लोकतंत्र है, सहभागी लोकतंत्र है।

सहभागी लोकतंत्र में आप देखें, बहुत खामियाँ हैं। सही रिप्रेजेन्टिव नहीं होता है। ग़लत लोग खड़े होते हैं और वोट की प्रक्रिया ग़लत है। इसको ज़्यादा से ज़्यादा सच्चे अर्थों में सच्चा लोकतंत्र बनाना है—राजनीतिक व्यवस्था को। अभी तो यही बाक़ी है। पुराने ज़माने में—राजाओं के ज़माने में—यह थी ही नहीं। दस राजदरबारी होते थे और राज्य किया करते थे मिल करके। राजा थे। व्यक्ति का शासन नहीं है। सच्चे अर्थों में अभी हम लोगों ने विकेन्द्रीकृत भी नहीं किया है। आज विकेन्द्रीकरण के तमाम अवसर हैं। जैसे छोटे-छोटे गणराज्य थे।

आप लोग देख रहे हैं, अखंड भारत के नाम पर, हम लोग एकता पर काम कर रहे थे। आजकल धीरे-धीरे प्रादेशिक स्वायत्तता की माँग दिन-पर-दिन बढ़ती जा रही है। दिल्ली के पास यह ताक़त न रहे, बल्कि छोटे-छोटे इलाकों में भी ताक़त रहे। छोटे-छोटे राज्य भी बन रहे हैं। डर है लोगों को कि और छोटे-छोटे राज्य बन सकते हैं। जनपदों का भी एक राज्य हो सकता है जिसको जिला कहते हैं। था एक ज़माने में भारत में। भारत में एक ज़माने में बहुत छोटे-छोटे गणतंत्र थे। लिच्छवी गणतंत्र, बज्रिका गणतंत्र, छोटे-छोटे गणतंत्र थे। सम्भव है कि एक ज़माना आए, कि केवल एक दिल्ली राज्य करे। उसकी जगह छोटे-छोटे, सच्चे अर्थों में लोकतंत्र हो, जहाँ प्रत्यक्ष लोकतंत्र हो। हो सकता है, अभी तो पॉलिटिकल—ये सारी पॉलिटिकल चीज़ें जुड़ी हुई हैं—पॉलिटिकल चेंजेज से। अगर टेक्नोलॉजी इतनी विकसित हो जाए। सम्भव है कि एक ऐसा भी दौर आए। बहुत सारा खर्च हम लोग रक्षा पर करते हैं। बहुत पैसा इस देश का रक्षा पर जाता है। ऐसा समाज बने, ऐसा विश्व बने जिसमें

रक्षा पर इतना खर्च न करना पड़े और तब और बेहतर स्थिति हो सकेगी। रक्षा पर जितना खर्च करते हैं, अगर वह रुपया लोगों की स्वास्थ्य पर, शिक्षा पर लगाएँ, अस्पताल खोलने में लगाएँ तो सोचिए, क्या सूरत होगी?

एक और चीज़ देख रहे होंगे, हमारे और आपके देखते-देखते लोगों की जीवन-प्रत्याशा बढ़ी है। पहले कोई 60 से भी ज़्यादा जी जाए तो समझा जाता था, करिश्मा था। औसतन हमारे यहाँ उम्र लोगों की 50-60 के बीच की हुआ करती थी। आजकल तो देखता हूँ कि इतने लोग मिल जाते हैं कि 70-80 पार करना बहुत आसान हो गया है। हमें पेंशन वाले लोगों ने बताया कि—साहब, परेशान है सरकार। जब से पेंशन वाला सिस्टम है तो कहते हैं कि अब तो पेंशन लेनेवाले इतने ज़्यादा हो गए हैं, सीनियर सिटीजनों की भीड़ लगी हुई है। मैं भी उनमें से एक हूँ—चिन्ता करानेवाले। लोगों में बढ़ रही है उम्र, जबकि अभी उतनी स्वास्थ्य की सुविधा नहीं मिली है। थोड़ी और सुविधा मिल जाए, आदमी स्वास्थ्य के प्रति सचेत हो जाएँ। मैं तो देखता हूँ, सबेरे-सबेरे घूमने जाता हूँ तो कार से लोग आते हैं। काफ़ी लोग। अच्छे घरों के लोग—स्त्रियाँ-पुरुष। स्त्रियों की तादाद ज़्यादा होती है। देखता हूँ कि पुरुष ज़्यादा बातचीत करते हैं, औरतें नहीं बातचीत करतीं, केवल स्वास्थ्य ही बनाने में लगी रहती हैं। अब इतने ज़्यादा पार्क हैं, घूमने की सुविधा है, लोग स्वास्थ्य के प्रति सचेत बहुत ज़्यादा हो गए हैं।

तो ये चीज़ें जिस तरफ़ इशारा कर रही हैं, इसके पॉलिटिकल, इकोनॉमिक कांसीविपेंसेज बहुत सारे होंगे। हम लोग इतने पर्यावरण के प्रति सचेत नहीं थे। प्रदूषण इतना बढ़ गया है—हालाँकि मार्क्स ने इतना ज़्यादा नहीं लिखा है—लेकिन साइंस के डेवलपमेंट के साथ पर्यावरण का विनाश बड़े पैमाने पर हो रहा है और पानी बहुत बड़ी समस्या होनेवाली है। साफ़ हवा आपको मिल सके, धूप मिल सके—इन सारी चीज़ों को मार्क्स ने नहीं लिखा है और मार्क्स ऐसे डॉक्टर नहीं हैं जिनके पास जाएँ और वह कहें कि हर चीज़ का इलाज हमारे पास है। आख़िरी बात, मैं ख़त्म करता हूँ।

बर्टोल्ट ब्रेख्त की एक कविता है, उसका भाव यह है कि कम्यूनिस्ट पार्टी के ऑफिस में ब्रेस्ट ने कहा है कि कामरेड सेक्रेटरी, दफ्तर में एक बोर्ड लगा दीजिए। लोगों ने हमारे दफ्तर में आना बन्द कर दिया है, क्योंकि उनका ख़याल है कि हमारे पास सारे सवालों का जवाब है और सारी समस्याओं का हल है। इसलिए आप एक सूची टाँग दीजिए कि कुछ समस्याएँ ऐसी भी हैं जिनका जवाब हमारे पास नहीं है तो शायद लोग आने लग जाएँ। इसलिए उस डॉक्टर के पास मत जाइए, जिसके पास हर मर्ज का इलाज है। वह झूठ बोलता है, धोखेबाज है। उस डॉक्टर के पास जाइए, जो कहे, कुछ ऐसे भी मर्ज हैं जिनका इलाज हमारे पास नहीं है। इसलिए आपके सारे सवालों का जवाब मेरे पास नहीं है। मैं साफ़ बोर्ड

लगा देना चाहता हूँ कि बहुत-से सवाल ऐसे हैं जिनका जवाब मैं भी नहीं जानता हूँ, न आपको दे सकता हूँ।

प्रश्न : अभी हमारे देश में जो आर्थिक स्थिति है, जो राजनीतिक स्थिति है, उसमें मार्क्सवाद की क्या सम्भावना है? आगे चलकर क्या सम्भावनाएँ बनती हैं?
नामवर सिंह : यही तो मार्क्सवाद के पनपने की ज़मीन है। कभी किसी ने यह सोचा था कि उस पहाड़ी, उजाड़ नेपाल के इलाके में माओवाद पैदा होगा? जहाँ गरीबी होगी, भूख होगी, दुखी लोग होंगे, पीड़ित लोग होंगे, जॉबलेस होंगे, बेचैन होंगे—कुकुरमुत्ता घूरे पर ही उगता है और आप उसको कुकुरमुत्ता मानते हैं, 'मशरूम' जिसको कहते हैं, मशरूम भी अगर उग सकता है उस पर, तो यही गुरबत है। यही जो जहालत है, यह मार्क्सवाद के लिए बहुत खाद का काम करेगी, ऐसी मेरी समझ है।

प्रश्न : मार्क्स को कुछ लोग कहते हैं, अच्छा है। कुछ लोग कहते हैं, आर.एस.एस. विचारधारा अच्छी है। सबके अपने-अपने प्वाइंट ऑफ़ व्यूज़ हैं। हम किस तरफ़ जाएँ? रैगिंग पर भी ऐसा ही है।
नामवर सिंह : रैगिंग का ऐसा है, जैसे मैंने कहा, उस पर सीरियस डिबेट होना चाहिए, हाथापाई नहीं। मेरा ख़याल है कि जब हम तर्क और बहस में कमज़ोर पड़ते हैं तब घूँसे और मुक्केबाजी शुरू होती है, मारपीट शुरू होती है। उलझाए रखें और बाध्य करें कि भाई, आप भी पढ़ने आए हैं, हम भी पढ़ने आए हैं। एक रैगिंग का उदाहरण दे रहा हूँ। यह हम लोगों की आम चीज़ है। इस पर बहस और डिबेट—दुनियाभर के डिबेटिंग सोसाइटीज़ में होती हैं। आपके यहाँ कॉमन रूम में बहस होती है शनिवार की शाम में। इस पर बहस करेंगे एक बार, दो बार, तीन बार और देखेंगे कि रैगिंग कहाँ नहीं होती है और कहाँ होती है। गाँव के स्कूलों में, कॉलेजों में, वहाँ भी है। नहीं होती, तो हमारे ज़माने में रैगिंग होती ही नहीं थी। यह रैगिंग इमिटेशन है। आयात किया है हम लोगों ने, कुछ जगहों से। कभी आप लोगों ने सुना है कि ऑक्सफोर्ड, कैम्ब्रिज में रैगिंग के बारे में? आपने अमरीकन यूनिवर्सिटीज़ में कभी रैगिंग के बारे में सुना है? ये कहाँ से ले आए हम, किस जगह से आई है रैगिंग, उसकी हिस्ट्री में जाना चाहिए कि यह कहाँ से पैदा हुई, कब पैदा हुई, किस क्लास के लोग हैं जो रैगिंग की बात कर रहे हैं? गरीब किसान का लड़का या गाँव से जो आनेवाला है, वह तो नहीं जानता इन चीज़ों को। दुनिया-भर के देश फालतू तर्क देते हैं, इसलिए इतिहास डिस्कस करने के बजाय पुलिस का सहारा लेते हैं। डिसिप्लिन के लिए वाइस चांसलर तक जाने के बजाय आप लोग पढ़े-लिखे लोग हैं—'Let's me discussed. Free, fraink discussion and than resolve it, what is dobut.' छात्र संगठन में डिबेट ऐसी चीज़ों पर होनी चाहिए, बहस होनी चाहिए। अनुशासन के नाम पर फलाँने कह दें और हम मान जाएँ,

ऐसा न करें। ज़रूर मतभेद होंगे लेकिन हम लोग पढ़े-लिखे लोग हैं, बहस करें, उस पर बात करें।

एक चीज़ आपको बताऊँ। आज़ादी की लड़ाई के दौरान—उस दौर से स्कूलिंग हमारी हुई है—मैं गुज़रा हूँ। बाक़ायदे उस समय तो यूनियन नहीं होती थी। हमारे यहाँ बनारस हिन्दू यूनिवर्सिटी में पार्लियामेंट होती थी और प्रधानमंत्री चुना जाता था। डिबेटिंग सोसाइटी थी। स्टूडेंट यूनियन 1974 के बाद बनी है हमारे यहाँ। कोई यूनियन नहीं होती थी और उसमें बाक़ायदे डिबेट होता था—ओपन डिबेट, हर हॉस्टल में, शनिवार को। हम लोगों के यहाँ सटरडे ईवनिंग में डिबेट होता था। कोई विषय रखा जाता था बहस करने के लिए और इस पर चुने जाते थे, कौन अच्छा स्पीकर है। स्पीकिंग अपने-आपमें एक आर्ट है। इंग्लिश में, हिन्दी में बोलनेवालों में आप कैसा अच्छा बोलते हैं, आर्ग्यू करते हैं, बहस करते हैं—ये चीज़ें ख़त्म हो गईं। आइटम है यह, इस पर बहस हम लोग कर सकते हैं। तय करें कि शिक्षा के बारे में छात्र और शिक्षक अगर बहस नहीं करेंगे तो हम लोग दूसरे लोगों को क्या छोड़ेंगे, फिर पुलिस आकर फैसला करेगी।

हम लोग सारे अधिकार पुलिस को, सरकार को और दूसरे लोगों को दे रहे हैं और बीच-बीच में हम लोग और बुरा काम करते हैं इन संस्थाओं में, कि किसी विधायक या किसी सांसद को बुला लिया और ख़ास तौर से उसको, जिसकी पृष्ठभूमि काफ़ी ख़राब है। कुछ पैसा दे देगा आपको, इसी बहाने कहेगा, उसको इनवाइट कर लीजिए। आप बुला लेंगे, उसका स्वागत करेंगे, माला पहनाएँगे। मुस्कराकर उधर ले जाएगा, फ़ोटो खिंचाएगा और कहेगा कि हम गए थे। इसलिए हम लोग उन परम्पराओं का निर्वाह करें तो अच्छा हो सकता है।

[राष्ट्रीय नाट्य विद्यालय द्वारा अपने छात्रों के लिए आयोजित ओरिएंटेशन कार्यक्रम में
31 जुलाई, 2004 को दिये गए व्याख्यान के बाद का प्रश्नोत्तर।
अब तक अप्रकाशित। पहली बार प्रकाशित]

मार्क्सवादी सौन्दर्यशास्त्र के विकास की दिशा

मार्क्सवादी सौन्दर्यशास्त्र पर डॉ. रमेश कुंतल मेघ का पांडित्यपूर्ण लेख सुनने के बाद सोचना पड़ रहा है कि सौन्दर्य की चर्चा इतनी असुन्दर क्यों होती है। एक तो सौन्दर्यशास्त्र जैसा गम्भीर विषय, फिर उस पर कुंतल मेघ जी की गुरु-गम्भीर भाषा। 'ज़िक्र उस परिवेश का और फिर बयाँ अपना।'—'राज़दाँ भी रकीब होने के लिए लाचार है, बेशक किसी और अन्दाज़ में।' कुंतल मेघ जी की यही भाषा सुनकर अज्ञेय ने कभी कहा था कि कुंतल तो कभी-कभी छँट भी जाते हैं, मेघ कभी नहीं छँटते।

सौन्दर्यशास्त्र कुछ ऐसा है कि इसके आसमान में बारहों महीने मेघ छाए रहते हैं। सौन्दर्यशास्त्र की जन्मकुंडली को ध्यान में रखें तो मार्क्सवाद की ज़मीन पर कोई सौन्दर्यशास्त्र रचने में ख़तरे ही ख़तरे हैं। कविताएँ पहले भी लिखी जाती थीं, नाटक भी खेले जाते थे और चित्र भी बनाए जाते थे। सबके कुछ-न-कुछ प्रयोजन थे। लोग इन्हें पढ़ते भी थे और देखते भी थे। तरह-तरह से। लेकिन एक समय ऐसा आया कि विविध प्रकार की इन क्रियाओं को एक ही रहस्यमय शक्ति के अन्दर अन्तर्भुक्त करके उसे 'सौन्दर्य' और 'कला' का नाम दे दिया गया और फिर उसका एक शास्त्र भी तैयार हो गया जो 'सौन्दर्यशास्त्र' कहलाया। यह सब अठारहवीं सदी में घटित हुआ। जर्मनी में। 'जर्मन विचार-प्रणाली' के रूप में मार्क्स ने जिस मानसिकता का विवेचन किया है, यह सौन्दर्यशास्त्र उसी का एक अंग है। इस प्रकार सौन्दर्यशास्त्र कोई निष्पक्ष और निरामिष शास्त्र-मात्र नहीं, बल्कि एक 'विचार-प्रणाली' के रूप में उदित हुआ। 'सौन्दर्यानुभूति' अथवा 'कलानुभूति', इस विचार-प्रणाली का ब्रह्मास्त्र है जिसके द्वारा जीवन की समस्त समस्याओं से सहज ही त्राण सम्भव है। आकस्मिक नहीं कि सौन्दर्यशास्त्र में सबसे अधिक चिन्तन-मनन इस सौन्दर्यानुभूति के स्वरूप को लेकर ही हुआ है। इसके बाद अगर किसी चीज़ पर विचार हुआ है तो वह 'सौन्दर्य' है और यह सौन्दर्य भी सौन्दर्यशास्त्रीय ऊहापोह की प्रक्रिया में इतना 'नर्गण' बन गया कि अन्तत: आई.ए. रिचर्ड्स को 'दैट पैरलाइज़िंग ऐपेरिशन ब्यूटी' के रूप में इसे याद करना पड़ा। अकबर इलाहाबादी के शब्दों में :

बाहम शबेविसाल ग़लतफ़हमियाँ हुईं।
था उनको वहम भूत का, मुझको था परी का।

सौन्दर्य जब भूत या चुड़ैल की दशा को प्राप्त हो जाए तो उस दिशा में कदम रखते समय विशेष सावधानी की आवश्यकता है—ख़ास तौर से एक मार्क्सवादी को। यह शास्त्र आसमान में इतनी ऊँचाई तक पहुँच गया है कि यदि कोई उससे अपनी यात्रा शुरू करे तो धरती तक पहुँच पाना मुश्किल ही है। और कुंतल मेघ के मार्क्सवादी सौन्दर्यशास्त्र की पहली मुश्किल यही है।

दूसरी मुश्किल मुश्किल नहीं, बल्कि प्रलोभन है। प्रलोभन 'शास्त्र' रचने का। एक अरसे से अपने लोग 'मार्क्सवादी सौन्दर्यशास्त्र' की माँग कर रहे हैं—ऐसा शास्त्र, जिसमें कला और साहित्य के बारे में मार्क्सवादी दृष्टि से सभी आवश्यक बातें सूत्रबद्ध कर दी गई हों। प्रत्येक प्रश्न पर सुनिश्चित मत सुलभ हों तो जीवन-यात्रा सुगम रहती है और जीवन-संघर्ष सुरक्षित। स्तालिन ने ऐसी ही आवश्यकता की पूर्ति के लिए 'द्वन्द्वात्मक और ऐतिहासिक भौतिकवाद' शीर्षक निबन्ध को सूत्रबद्ध किया था और 'सोवियत संघ की कम्यूनिस्ट पार्टी के संक्षिप्त इतिहास' में उसे समाविष्ट करके सभी पार्टी-सदस्यों के लिए सुलभ बनाया था। स्तालिन से पहले कुछ ऐसा ही प्रयास बखारिन ने भी किया था जिसे उसने मार्क्सवादी समाजशास्त्र का सुगम, गुटका अथवा 'पाप्यूलर मैनुअल' की संज्ञा दी थी।

बखारिन की इस 'गुटका' पर ग्राम्शी ने उस समय जो टिप्पणी की थी, वह आज भी उपयोगी है—मार्क्सवादी सौन्दर्यशास्त्रियों के लिए भी। दुर्भाग्य से स्तालिन की पुस्तक को देखने के लिए ग्राम्शी जीवित न रहे, वरना उस पर लिखी हुई समीक्षा का प्रभाव और भी व्यापक हुआ होता और शायद विश्व मार्क्सवादी-चिन्तन कुछ भयंकर भूलों से बच भी जाता। बहरहाल, ग्राम्शी ने सबसे पहले तो यह सवाल उठाया कि जो सिद्धान्त अभी वाद-विवाद, खंडन-मंडन और विस्तार की अवस्था में है, उसके बारे में क्या एक सरल सुगम सुबोध गुटका लिखना सम्भव है? यह सवाल उठाना इसलिए ज़रूरी है कि सरल गुटका रूपत: जड़सूत्रवादी, शैली की दृष्टि से संयत और वैज्ञानिक दृष्टि से किसी विषय की संतुलित व्याख्या के अलावा और कुछ हो ही नहीं सकती। इसलिए जब तक कोई सिद्धान्त विकास की पूर्ण परिपक्वावस्था तक नहीं पहुँच जाता, उसे गुटकाबद्ध करने का कोई भी प्रयास असफल होने के लिए बाध्य है। ग्राम्शी की दृष्टि में मार्क्सवादी दर्शन जिस अनुभव पर आधारित है, उसे कुछ खाँचों में खतियाया नहीं जा सकता, क्योंकि वह अपनी विपुल विविधताओं से सम्पन्न स्वयं इतिहास है। ऐसी स्थिति में मार्क्सवाद की परिकल्पना खंडन-मंडन और एक सतत संघर्ष के रूप में ही की जा सकती है। इसलिए सही सैद्धान्तिक और ऐतिहासिक शब्दावली में प्रश्न ही क्यों न प्रस्तुत किए जाएँ?

ग्राम्शी के ये विचार स्वयं मार्क्स के चिन्तन और लेखन की मूल धारा में हैं। मार्क्स की प्राय: सभी रचनाएँ 'क्रिटिक' अथवा 'समीक्षा' की संज्ञा से अभिहित हैं। वस्तुत: मार्क्सवाद का जन्म ही एक आलोचनात्मक दर्शन के रूप में हुआ, जिसकी

प्रकृति खंडन-मंडन की है। इसे सर्वजन-सुलभ बनाने के लिए सूत्रबद्ध करने का काम एंगेल्स ने अन्तिम दिनों में शुरू किया। इससे मार्क्सवाद के प्रचार-प्रसार में मदद तो ज़रूर मिली, लेकिन जैसाकि लक्षित किया गया है, कहीं-कहीं सरलीकरण का ख़तरा भी पैदा हुआ, यद्यपि यह उतना बड़ा सरलीकरण नहीं था।

मार्क्सवादी सौन्दर्यशास्त्र आज विकास की जिस अवस्था में है, उसमें तो शास्त्र-निर्माण का प्रयास और भी घातक होगा। सबक लेने के लिए दो उदाहरण पर्याप्त होंगे। पहला उदाहरण है सोवियत संघ में 'समाजवादी यथार्थवाद' का शास्त्र-निर्माण। शास्त्र बनते ही सामाजिक यथार्थ भी सूत्रबद्ध हो गया और उस यथार्थ को अभिव्यक्त करने की शैली भी। देखते-देखते एक नया रीतिवाद चल पड़ा : रचना में भी, आलोचना में भी। जिस देश ने समाजवादी क्रान्ति की, वह साहित्य और कला के क्षेत्र में कोई क्रान्ति करने से ठिठक गया। यथार्थ का ऐसा और इतना अपमान तो क्रान्ति के पहले के साहित्य में भी नहीं हुआ था और उन्नीसवीं सदी के यूरोप के साहित्य में भी नहीं जब बुर्जुआ क्रान्ति ने यथार्थवाद को जन्म दिया था। हालत बहुत कुछ हिन्दी की रीतिवादी कही जानेवाली साहित्य-प्रवृत्ति की-सी हो गई, जब अलंकारशास्त्र के लक्षण ग्रंथों को सामने रखकर कविताएँ लिखी जा रही थीं। वैसे न यथार्थवाद बुरा है, न समाजवाद ही। मार्क्स ने एक समय इन्हीं दोनों अवधारणाओं का साहित्य-समीक्षा में, फुटकल ही सही, कितने क्रान्तिकारी और लचीले ढंग से इस्तेमाल किया था। लेकिन शास्त्रबद्ध होते ही वही क्रान्तिकारी अवधारणाएँ जड़ सूत्रवाद में बदल गईं।

दूसरा उदाहरण जॉर्ज लूकाच का 'सौन्दर्यशास्त्र' नामक विशाल ग्रंथ है। लगभग साठ वर्षों के दीर्घ साहित्य-चिन्तन को अन्तत: एक व्यवस्थित शास्त्र में बाँधने का विराट प्रयास। हज़ारों पृष्ठों का यह विशाल ग्रंथ अभी तक जर्मन भाषा में ही उपलब्ध है और जो जर्मन अच्छी तरह जानते होंगे, वही इसके बारे में कुछ विश्वासपूर्वक कह सकने में सक्षम होंगे। अंग्रेज़ी में अभी तक उसके बारे में जो कुछ कहा गया है और उसके छिट-पुट अंशों से जो आभास मिला है, उसके आधार पर इतना तो कहा ही जा सकता है कि इसमें समस्त कलाओं को 'अनुकरण' में निश्शेष करने की असफल चेष्टा की गई है। इस प्रकार मार्क्सवादी लूकाच जब सभी कलाओं को एक शास्त्र में बाँधने चलते हैं तो अन्तत: अरस्तू की शरण जाने को बाध्य होते हैं। किसी अंग्रेज़ी साप्ताहिक ने इस ग्रंथ की समीक्षा के साथ एक ऐसा कार्टून.छापा था, जिसमें लूकाच मार्क्स की दाढ़ी के साथ अरस्तू की शक्ल-सूरत और पोशाक में पेश आते हैं। हज़ारों साल के वैविध्यपूर्ण कला-इतिहास को एक अनुकरण की अवधारणा में समेटने का प्रयास कितना उपहासास्पद है! यह कैसा ऐतिहासिक भौतिकवाद है जो एक जड़ शास्त्र की वेदी पर समूचे इतिहास की बलि चढ़ाने में भी नहीं हिचकता! आश्चर्य नहीं जो अभी तक यह ग्रंथ बहुत कुछ अनपढ़ा ही रह

गया। इससे तो कहीं अधिक जीवन्त अपेक्षाकृत वे छोटी रचनाएँ हैं जिन्हें कोच ने खंडन-मंडन के रूप में लिखा है।

इन दो विराट असफलताओं को देखते हुए भी आज यदि कोई विचारक हिन्दी में मार्क्सवादी सौन्दर्यशास्त्र का व्यवस्थित शास्त्रीय ग्रंथ लिखने का प्रयास करता है तो वह धन्य है। (और आचार्य शुक्ल जोड़ते—धिक्कार है।)

जॉर्ज लूकाच के दृष्टान्त से मार्क्सवादी सौन्दर्यशास्त्र की इस लम्बी परम्परा का एक कमज़ोर पहलू सामने आता है। अक्सर वह स्वयं 'कला' नामक संस्था को चुनौती देने में चूक गया और कला की क्लासिकी परिभाषा को स्वीकार कर लेने में उसे कोई हानि नहीं दिखाई पड़ी। बुनियादी रूप में एक बार इन परिभाषाओं को स्वीकार कर लेने के बाद तो फिर थोड़े-बहुत हेर-फेर के साथ इस-उस कवि या कृति के मूल्यांकन का कार्य ही शेष रहता है, और कहने की आवश्यकता नहीं कि मार्क्सवादी सौन्दर्यशास्त्रियों ने इस क्षेत्र में अपनी प्रतिभा का जौहर बखूबी दिखाया है—ऊँची संस्कृति के बड़े-से-बड़े विचारकों से होड़ लेते हुए। व्याख्या और मूल्यांकन की भाषा निश्चय ही भौतिकवादी भी है और ऐतिहासिक भी, लेकिन कुल मिलाकर वह प्रभुत्वशाली परम्परा से बहुत अलग नहीं है। इसलिए मार्क्सवादी सौन्दर्यशास्त्र से अक्सर परम्परावाद की गंध आए तो आश्चर्य नहीं। जॉर्ज लूकाच तो 19वीं सदी के यथार्थवादी उपन्यासों की परम्परा के हिमायती हैं ही, रूस के समाजवादी यथार्थवाद के तहत लिखे उपन्यासों का यथार्थवाद भी उस परम्परा में कुछ विशेष नहीं जोड़ता।

मार्क्सवादी सौन्दर्यशास्त्र को यदि परम्परावाद के इस लकीर के फकीर से मुक्त होना है, तो फिर उन लेखकों के पास जाना होगा जिन्होंने इस परम्परावाद को चुनौती देने का साहस किया। ऐसे ही लेखकों में अपने यहाँ प्रेमचन्द हैं, जिन्होंने 1936 में प्रगतिशील लेखक संघ की स्थापना के समय ही ऐलान किया था कि हमें सौन्दर्य की परिभाषा बदलनी होगी। मूल उर्दू में उनके शब्द थे : 'हमें हुस्न का मेयार तब्दील करना होगा क्योंकि अभी तक उसका मेयार अमीराना, ऐशपरवराना था।' अजीब बात है कि प्रेमचन्द का यह वाक्य सौन्दर्यशास्त्र पर चिन्तन करते समय किसी मार्क्सवादी को याद नहीं आता। इस कथन की प्रासंगिकता प्रेमचन्द-जयंती तक ही सीमित रहती है—न उसके बाद और न उसके पहले। प्रेमचन्द के इस कथन की ताक़त यह है कि उन्होंने अपनी कहानियों और उपन्यासों के जरिये सौन्दर्य का एक नया 'मेयार' क़ायम किया था, जहाँ स्वयं उन्हीं के शब्दों में : 'कशमकशे हयात में हुस्न का मेराज' हैं। दूसरे शब्दों में : 'जीवन-संग्राम में सौन्दर्य का परमोत्कर्ष' है।

सौन्दर्य की परिभाषा बदलने की इस दिशा में प्रेमचन्द के बाद भी प्रगति हुई है। नागार्जुन से धूमिल तक और यशपाल से ज्ञानरंजन तक कवियों और कथाकारों की एक अच्छी-ख़ासी परम्परा है, जिसने सौन्दर्य-सम्बन्धी पुरानी सुरुचि को तोड़कर

नई अभिरुचि के लिए सर्जनात्मक आधार प्रस्तुत किया है। यदि ये सर्जनात्मक प्रयोग आज के मार्क्सवादी सौन्दर्यशास्त्र के लिए कोई अर्थ नहीं रखते तो फिर वह निर्गुण सौन्दर्यशास्त्र भी व्यर्थ है। बर्टोल्ट ब्रेख्त ने ऐसे ही सौन्दर्यशास्त्र को 'उत्पादन का शत्रु' कहा था। 'उत्पादन' के भौतिकवाद से यदि सौन्दर्यशास्त्रीय 'सुरुचि' को ठेस पहुँचती हो तो 'सृजन' कह लीजिए, फलश्रुति स्पष्ट है। नये कला-सृजन से ही सौन्दर्यशास्त्र का विकास सम्भव है। सिद्धान्त व्यवहार से ही विकसित होता है। फल में फल नहीं लगता। फल बीज से पैदा होता है और वह भी तब, जब धरती के गर्भ में आता है। व्यवहार-जगत की इस जानी-मानी बात का ज़िक्र इसलिए कि मार्क्सवादी सौन्दर्यशास्त्र बनाते समय बर्टोल्ट ब्रेख्त कभी नहीं याद आते, जबकि जॉर्ज लूकाच दिमाग़ पर हमेशा सवार रहते हैं।

प्रेमचन्द के प्रसंग से आज की एक और कमी पर नज़र पड़ती है। हम जैसे भूलते जा रहे हैं कि सौन्दर्य में भी वर्ग-भेद होता है और सौन्दर्यबोध के निर्माण में वर्गदृष्टि की भी भूमिका होती है। प्रेमचन्द ने इस सच्चाई को जीवन के अनुभव से समझा था और मार्क्सवाद पढ़कर भी बहुत-से लोग इस सत्य को पकड़ने में अक्षम दिखाई पड़ रहे हैं। इधर के सौन्दर्यशास्त्रीय चिन्तन से कुछ ऐसा आभास होने लगा है कि सौन्दर्य और सौन्दर्यबोध वर्गों से ऊपर कोई अतींद्रिय अनुभूति है। यह भी एक विडम्बना ही है कि आज़ादी की लड़ाई के दिनों में जब भारत की सारी जनता एक साथ मिलकर लड़ रही थी तो मार्क्सवादी बुद्धिजीवियों में वर्ग-भेद की चेतना ज़रूरत से ज़्यादा प्रबल थी और अब जब आज़ादी मिलने के बाद समाज में वर्गभेद स्पष्ट होकर उभरने लगा तो बुद्धिजीवियों की वह वर्गचेतना धीरे-धीरे कुंठित होने लगी है। वर्गभेद बढ़ने के साथ वर्गबोध का ह्रास—यह विरोधाभास है या विडम्बना? मार्क्सवादी सौन्दर्यशास्त्र भी इस असर से अछूता नहीं है।

वर्ग-चेतना का ऐसा ह्रास तो आज़ादी के ठीक बाद के शीतयुद्ध वाले दशक में भी नहीं हुआ था, जब मार्क्सवाद के असर को ख़त्म करने के लिए 'विचार-प्रणाली के अन्त' का प्रचार ज़ोरों पर था। उस समय शीतयुद्ध की इस विचारधारा से लड़ने की भावना प्रबल थी और इसलिए एक विचार-प्रणाली के रूप में मार्क्सवाद के लिए आग्रह भी था। यह भी एक विडम्बना ही है कि इधर जब से विचार-प्रणाली को मार्क्सवादी चिन्तन के अन्तर्गत प्रमुख ही नहीं बल्कि केन्द्रीय स्थान प्राप्त हुआ है, स्वयं मार्क्सवाद में आस्था क्षीण हुई है। देखा जाए तो 'विचार-प्रणाली के युग का अन्त' अब हुआ है। यह तथाकथित नव-मार्क्सवाद की देन है।

फिर भी कुछ लोगों को शिकायत है कि हिन्दी का मार्क्सवादी साहित्य-चितन पश्चिम के विकसित नव-मार्क्सवाद से अपरिचित होने के कारण ही अभी तक विकास नहीं कर पा रहा है। आयात से ही विकास सम्भव होता तो विचारों के मामले में तो सरकार से किसी लाइसेंस की भी ज़रूरत नहीं है। कल जो कांट, हेगेल और

क्रोचे के सहारे भारत में सौन्दर्यशास्त्र का विकास कर रहे थे, वे आज भी आयात में किसी तरह पीछे नहीं हैं। अडोन, हर्बर्ट मारकजे, वाल्टर बेंजामिन, ग्राम्शी, रेमंड विलियम्स, फ्रेडरिक जेम्सन, टेरी इगलटन ही नहीं, बल्कि रोलाँ बार्न, मिशेल फको, ज्याक देरिदा, ज्याक लाकाँ आदि के नाम अपने यहाँ भी समय-असमय लेखों और भाषणों-संभाषणों में टपकते ही रहते हैं। फिर भी यह तथ्य है कि सौन्दर्य की परिभाषा नहीं बदल रही है—कम-से-कम शास्त्र के धरातल पर। पश्चिमी देशों में इस बीच कहीं कोई बड़ी राजनीतिक क्रान्ति भले न हुई हो, विचारों की दुनिया में काफ़ी उथल-पुथल हुई है—विशेषत: मार्क्सवादी चिन्तन में। यह परिवर्तन इक्की-दुक्की इकाइयों तक सीमित नहीं है, बल्कि विचार-जगत की पूरी संरचना में आया है, जिसे संरचनात्मक परिवर्तन भी कह सकते हैं। पुराने सवालों के नये जवाब देने की जगह एकदम नये तरीक़े से नये सवाल उठाए जा रहे हैं। 'आधार' और 'अधिरचना' के सम्बन्धों पर ही नये सिरे से विचार नहीं हो रहा है, बल्कि स्वयं इन संकल्पनाओं की प्रकृति को लेकर नये सवाल किये जा रहे हैं। जिस भाषा को एक समय चन्द भाषावैज्ञानिकों और काव्यभाषा को लेकर चिन्तित रहनेवाले काव्य-चिन्तकों के हवाले कर दिया गया था, आज वह भाषा विचार-प्रणाली के केन्द्र में आ गई है। बातें और भी हैं और मार्क्सवादी सौन्दर्यशास्त्र के लिए सार्थक भी। किन्तु इनमें से प्रत्येक का एक निश्चित राजनीतिक सन्दर्भ है और अपने राजनीतिक सन्दर्भ को भूलकर उनमें से किसी की ओर कुतूहलवश लपकने से विशेष लाभ होनेवाला नहीं है।

इसलिए जैसाकि पहले कहा गया, असल सवाल उस सौन्दर्यशास्त्र का है जो हमारे सौन्दर्यबोध को बदलने में कारगर अस्त्र हो। मेरी जानकारी में इस बीच इस दिशा में एक ही कोने से संगठित स्वर उठा है। मराठी के दलित लेखकों ने एक अलग वैकल्पिक सौन्दर्यशास्त्र बनाने का नारा दिया है। अभी तक वह शास्त्र बना भले ही न हो, लेकिन सौन्दर्यबोध का एक विकल्प तो सामने आया ही, इसमें कोई सन्देह नहीं। मार्क्सवादी सौन्दर्यशास्त्र अभी तक उसकी उपेक्षा ही करता आया है। दुविधा शायद वर्ग-वर्ण के द्वैत अथवा द्वन्द्व को लेकर है। किन्तु इसमें कोई शक नहीं कि अन्तत: इस चुनौती को स्वीकार करना ही पड़ेगा। प्रश्न प्रभुत्व का है, सत्ता का है और यह ऐसा प्रश्न है जिसकी उपेक्षा सौन्दर्यशास्त्र भी नहीं कर सकता—मार्क्सवादी सौन्दर्यशास्त्र तो और भी नहीं।

[4 सितम्बर, 1983 को दिल्ली में आयोजित 'जनवादी लेखक संघ' के सम्मेलन में दिये गए भाषण के रमेश उपाध्याय द्वारा सम्पादित 'कथन' (अक्टूबर-दिसम्बर, '83) में प्रकाशित आलेख का संशोधित और पुनर्लिखित रूप]

लेनिन और हम

लेनिन ने हर्ज़ेन की शतवार्षिकी के अवसर पर लिखते हुए कहा था : 'हर्ज़ेन की जन्म-तिथि को सौ वर्ष बीत चुके हैं। समस्त उदारवादी रूस उन्हें श्रद्धांजलि अर्पित कर रहा है किन्तु समाजवाद के गम्भीर प्रश्नों से बड़ी सावधानी के साथ कतराता हुआ और बड़ी मेहनत से उस बात को छिपाता हुआ, जो क्रान्तिकारी हर्ज़ेन को एक उदारवादी से अलग करती है। दक्षिणपंथी अख़बार भी हर्ज़ेन की वर्षगाँठ मना रहे हैं, लेकिन इस मिथ्या दावे के साथ कि हर्ज़ेन अपने जीवन के अन्तिम वर्षों में क्रान्ति से विमुख हो गए थे। और विदेशों में हर्ज़ेन के बारे में जो उदारवादी तथा नरोदनिक भाषण दिये जा रहे हैं, उनमें लफ़्फ़ाज़ी के अलावा और कुछ नहीं है। मज़दूर वर्ग की पार्टी को हर्ज़ेन की वर्षगाँठ कूपमंडूकों की तरह उनका गौरव-गान करने के लिए नहीं बल्कि स्वयं अपने कर्तव्यों को स्पष्ट करने के लिए और यह मालूम करने के लिए मनानी चाहिए कि जिस लेखक ने रूसी क्रान्ति का पथ प्रशस्त करने में इतनी बड़ी भूमिका अदा की, उसका स्थान इतिहास में वस्तुत: क्या था?'

इस कथन की रोशनी में स्वयं लेनिन की जन्मशती मनाते हुए हम कह सकते हैं कि यह अवसर लेनिन के गौरव-गान के लिए नहीं—क्योंकि उनके गौरव को अतिरिक्त गान की अपेक्षा नहीं है—बल्कि आज की स्थिति में अपने कर्तव्य को स्पष्ट करने के लिए है। ज़ाहिर है कि लेनिन हर्ज़ेन नहीं थे, इसलिए उनके क्रान्तिकारी रूप में न तो शक पैदा करने की गुंजाइश है और न उसे किसी तरह छिपाना ही सम्भव है। फिर भी यहाँ के दक्षिणपंथी अख़बार लेनिन की जन्मशती के समारोहों के प्रति अपना गुस्सा न छिपा सके। जहाँ तक उदारवादियों का सवाल है, उनकी सुविधा के लिए संयोग से गांधी जी की जन्मशती की तात्कालिक पृष्ठभूमि उपलब्ध हो गई इसलिए उन्हें लेनिन को गांधी बनाकर पेश करने की जैसे छूट मिल गई। किन्तु इससे कहीं अधिक भयंकर है लेखकों और बुद्धिजीवियों के संसार की निपट उदासीनता! यदि यह उदासीनता प्रचलित पाखंड और लफ़्फ़ाज़ी की प्रतिक्रिया भर होती तो एक बात थी लेकिन यहाँ तो सिरे से मैदान साफ़ है। आज हिन्दी के बहुत-से लेखकों को इस बात की भी जानकारी नहीं है और न यह जानने की दिलचस्पी ही है कि हमारी स्वाधीनता के संघर्ष का एक वह भी दौर था जब

लेखकों और बुद्धिजीवियों ने बड़ी मेहनत से ढूँढ़कर लेनिन की रचनाओं को पढ़ा, उनमें से कुछ एक का अनुवाद किया और फिर भरसक अपनी भाषा में लेनिन के विचारों को आम जनता तक पहुँचाने की कोशिश भी की। कहने की आवश्यकता नहीं कि स्वाधीनता-आन्दोलन के उस आरम्भिक दौर में सामान्य भारतीय को 1917 की अक्टूबर क्रान्ति में आशा की एक नई किरण दिखाई पड़ी थी और असन्दिग्ध रूप में उससे राष्ट्रीय स्वाधीनता के संघर्ष को बल मिला था तथा समाजवाद की मंज़िल क़रीब मालूम हुई थी। शुरू-शुरू में बहुतों को शायद इस बात का पता न था कि भारत के स्वाधीनता-आन्दोलन में शुरू से ही लेनिन की गहरी दिलचस्पी रही है और वे रूस की समाजवादी क्रान्ति की सफलता भारत जैसे उपनिवेशों की राष्ट्रीय मुक्ति के प्रयास से सम्बद्ध मानते थे। फिर भी उस दौर के प्रबुद्ध लेखक और बुद्धिजीवी देश के राजनीतिक नेताओं के साथ ही भारत की राष्ट्रीय मुक्ति को सोवियत रूस की समाजवादी क्रान्ति से सम्बद्ध समझते थे और इसी दृष्टि से उन्होंने लेनिन के जीवन, कर्म और विचारों में गहरी रुचि ली थी। 'प्रताप', 'अभ्युदय' और 'वर्तमान' जैसे पत्र ही नहीं बल्कि 'प्रभा', 'माधुरी' और 'सरस्वती' जैसी साहित्यिक पत्रिकाओं के पन्ने भी लेनिन के साथ आम हिन्दी लेखकों और बुद्धिजीवियों के गहरे लगाव की गवाही देते हैं। आज हिन्दी के जो लेखक लेनिन की ओर से उदासीन हैं, वे दरअसल अपनी ही प्रगतिशील एवं क्रान्तिकारी परम्परा से भी अनभिज्ञ हैं, और इस तरह उन्होंने अपने-आपको अपने ही इतिहास से विच्छिन्न कर लिया है।

यदि यह उदासीनता लेनिन तक ही सीमित होती तो एक बात थी, लेकिन रवीन्द्रनाथ, ग़ालिब और गांधी की शतवार्षिकियों के प्रति भी रुख़ यही था जिससे स्पष्ट है कि यह उदासीनता ज़्यादा व्यापक है और इसकी जड़ें भी ज़्यादा गहरी हैं। जैसाकि एक नये कवि ने स्वीकार किया है : 'वह हमारी ख़ास दुनिया या तो नक़ली उदासीनता से या सतही दिलचस्पी से कमोबेश छिन्न-भिन्न हो चुकी है।' क्या यह 'नक़ली उदासीनता' और 'सतही दिलचस्पी' एक ही सिक्के के दो पहलू नहीं हैं—परस्पर-विरोधी होते हुए भी परस्पर-सम्बद्ध? क्या उस 'लफ़्फ़ाज़ी' और इस 'चुप्पी' में कोई आपसी सम्बन्ध नहीं है? कहना न होगा कि लफ़्फ़ाज़ी और चुप्पी की यह मिली-जुली स्थिति राजनीति में तानाशाही को जन्म देती है तथा नक़ली उदासीनता और सतही दिलचस्पी की मनोभूमि साहित्य को अन्ततः बंजर बनाती है। यह स्थिति इतनी नगण्य नहीं कि इससे कतराकर अपने कर्तव्य को स्पष्ट करना सम्भव हो।

स्पष्टतः इस स्थिति के साथ आज़ादी के 23 वर्षों का इतिहास जुड़ा है जिसे समझने के लिए और समस्याओं की तरह इस विषय में भी 15 अगस्त, 1947 तक जाना होगा क्योंकि वह अनेक अर्थों में भारत के लिए एक गहरी विभाजक रेखा है। इस दिन इतिहास इस अर्थ में विभक्त हुआ कि स्वाधीनता-आन्दोलन की एक क्रान्तिकारी परम्परा खंडित हुई। उस दौर की अनेक जनवादी प्रतिज्ञाएँ तोड़कर

राजनीतिक नेतृत्व ने भारत के लिए पूँजीवादी विकास का रास्ता चुना। इस प्रकार समझौता और सुविधा का वह रास्ता खुला जिसने अनेक टुटपुँजिया राजनीतिक नेताओं की तरह टुटपुँजिया मध्यवर्ग के लेखकों और बुद्धिजीवियों को भी पूँजीवादी सुविधा के सोपानों का आरोही बना दिया। स्वाधीनता-आन्दोलन के दौरान 'गरीब हिन्दी' के 'गरीब' लेखकों की जो छोटी-मोटी जनवादी परम्परा बनी थी, वह भी देखते-देखते खंडित हो गई। आज़ादी क्या मिली कि संचित तप के भोग का खुला अवसर उमड़ पड़ा! औरों की तो बात ही क्या, पिछले दौर के अनेक जनवादी लेखक भी देर-सबेर एक-एक करके सुविधा की इसी 'क्यू' में जा खड़े हुए! इस प्रकार इन लेखकों ने अपनी ही गौरवशाली परम्परा से नाता तोड़ लिया। विडम्बना यह है कि यह सब राष्ट्र-निर्माण के नाम पर हुआ। मसलन नाम समाजवाद का लिया गया और काम पूँजीवादी रास्ते के लिए हुआ। कथनी और करनी के इस भेद ने उस राष्ट्रीय पाखंड को जन्म दिया जिससे लफ़्फ़ाज़ी पैदा होती है जिसका असर केवल राजनीति में ही नहीं बल्कि साहित्य में भी देखा जा सकता है।

नये लेखकों ने आरम्भ में इस स्थिति के ख़िलाफ़ विद्रोह का झंडा उठाया जिसका एक उदाहरण 'धुरीहीनता' सम्बन्धी बहस के रूप में तत्कालीन पत्रिकाओं में सुरक्षित है। किन्तु कुछ दिनों बाद ही यह स्पष्ट हो गया कि विद्रोह का सारा नाटक स्वयं वैसी ही सुविधा प्राप्त करने का साधन मात्र था। समाज में टुटपुँजिया मध्यवर्ग की स्थिति को देखते हुए लेखकों का यह सोपान-आरोहण तनिक भी आश्चर्यजनक नहीं है। फ़िलहाल स्थिति यह है कि एक लेखक को लेखक के नाते इस समाज-व्यवस्था में सुविधा ही नहीं बल्कि सम्पन्नता प्राप्त करने की सम्भावना का भी पूरा एहसास हो गया है। और आज इस तथ्य से इनकार नहीं किया जा सकता कि हिन्दी के अधिकांश लेखक शासक वर्ग के किसी-न-किसी प्रकार के प्रतिष्ठान द्वारा हजम कर लिये गए हैं—फिर वह प्रतिष्ठान चाहे सरकारी हो या ग़ैर-सरकारी अथवा अर्द्ध-सरकारी! इस प्रकार अपनी वस्तुगत स्थिति में आज अधिकांश लेखक व्यवस्था के अंग हैं; निस्सन्देह मानसिक स्तर पर उनमें से बहुतों में असन्तोष है, कुछ में विद्रोह भी है, किन्तु जब तक व्यवस्था से प्राप्त होनेवाली सुविधा छोड़ने का साहस नहीं जुटता, सारा असन्तोष और सारा आक्रोश क्रमश: एक अपराध-बोध में परिणत होकर सम्पूर्ण चेतना को भोथरा बना रहा है। इसकी एक अभिव्यक्ति है वह 'गुस्सा', जो 'हाशिए पर चुटकुला बन रहा है', और 'नीरो को मात देते हुए व्यंग्य-हास्य की कविताएँ लिखनेवाले साहित्यकार' भी शायद इसी वर्ग में आते हैं। इन लेखकों से यह शिकायत नहीं हो सकती कि वे व्यवस्था का खुला समर्थन करते हैं। जब स्वयं यह व्यवस्था ही अपने कल्याणकारी रूप के बारे में आश्वस्त नहीं है, तो वह किसी लेखक से अपनी प्रशस्ति की अपेक्षा कैसे कर सकती है? ऐसी स्थिति में तो विरोध ही प्रशस्ति का काम करता है बशर्ते

उसमें एक साथ ही सबका विरोध हो—समग्र विरोध, जैसाकि आज के अनेक लेखकों का अन्दाज़ा है।

निस्सन्देह ईमानदार लेखक अपनी इस विडम्बनापूर्ण स्थिति को अच्छी तरह समझता है, जैसाकि एक लेखक ने लिखा भी है कि 'जब तक मैं सिर्फ़ अपनी दुश्चिन्ता को अभिव्यक्ति देता हूँ, समाज के प्रति अपने क्षोभ को व्यक्त करता हूँ, तब तक वह केवल एक मनोवैज्ञानिक समस्या ही रहती है जो सत्ताधारियों को ख़तरा नहीं बन सकती। जब मैं अपनी हताश स्थिति का वर्णन करता हूँ तब किसी को कोई आपत्ति नहीं होती, क्योंकि मेरी हताशा उनकी संस्थाओं की शक्ति की ही पुष्टि करती है। मेरे ऊलजलूल-से-ऊलजलूल विचार, मेरी तितीक्षा, मेरा व्यंग्य—सबको ग्राहक मिल जाते हैं क्योंकि इनके माध्यम से मैं सिर्फ़ इसी बात की गवाही देता हूँ कि जो शक्ति-सम्पन्न हैं, वे कितने उदार हैं। वे अपनी जगह पर इतना सुरक्षित महसूस करते हैं कि मुझे ऐसी बहुत-सी बातों का पक्ष-समर्थन करने दिया जाता है जो मुझे प्रगतिशील लगती हैं। तात्पर्य यह कि भ्रष्टाचार पर, शोषण पर और निजी स्वामित्व के एकाधिकारों द्वारा जनमानस के विषक्तीकरण पर प्रहार का कोई फल नहीं हो सकता अगर वे कोई स्पष्ट विकल्प प्रस्तुत न करें।'

किन्तु इससे भिन्न एक स्थिति और है जिसमें नया सुविधाप्राप्त लेखक नये सुविधाभोगी समुदाय की रुचियों का साझीदार बन गया है और इस प्रकार अपनी कृतियों में उस संस्कृति को प्रतिफलित करने लगा है। आज़ादी के बाद जिस तेज़ी से भारत में एक नये सम्पन्न मध्यवर्ग का उदय हुआ है, उसके समानान्तर अरसे से 'गँवार' समझा जानेवाला हिन्दी साहित्य भी शहराती और 'आधुनिक' हुआ है। कहने की आवश्यकता नहीं कि यह नया मध्यवर्ग अपनी सम्पन्नता के बावजूद जितना असंस्कृत और फूहड़ है, उसकी रुचि को तुष्ट करनेवाला साहित्य भी कम फूहड़ नहीं है। आवश्यक नहीं कि वह अनिवार्यत: प्रचलित अर्थ में 'अश्लील' हो—तथाकथित 'अश्लीलता' से नाक सिकोड़ने का तेवर अपनाकर भी यह साहित्य ज़्यादा अश्लील है क्योंकि उसमें ख़ास तरह का बाज़ारूपन है।

इस प्रकार आज साहित्य में यदि एक ओर टुटपुँजिया मध्यवर्ग के पुंसत्वहीन आक्रोश की प्रधानता है तो दूसरी ओर नये सम्पन्न मध्यवर्ग के असंस्कृत आत्मतोष की। स्पष्ट है कि समाज का यह स्तर लेनिन में कोई दिलचस्पी नहीं ले सकता!

लेनिन का 'दो संस्कृतियों' का सिद्धान्त इस सन्दर्भ में विशेष अर्थ रखता है। 1913 में लेनिन ने यह सामान्य स्थापना की थी कि 'प्रत्येक आधुनिक राष्ट्र में दो राष्ट्र हैं।...प्रत्येक राष्ट्रीय संस्कृति में दो राष्ट्रीय संस्कृतियाँ हैं।' आगे इस सूत्र की व्याख्या करते हुए लेनिन ने स्पष्ट किया कि तीव्र वर्ग-संघर्ष वाले समाज की राष्ट्रीय संस्कृति में वस्तुत: दो संस्कृतियाँ होती हैं : एक बुर्जुआ संस्कृति, जो प्राय: प्रभुत्वशाली होती है और दूसरी जनवादी तथा समाजवादी संस्कृति, जो मेहनतकश

और शोषित जनता के जीवन की स्थितियों से उत्पन्न होकर जनवाद और समाजवाद की विचारधाराओं के सहारे विकसित होती है। यह संस्कृति प्राय: बीज रूप में अविकसित रहती है और इसीलिए राष्ट्रीय जीवन में प्रभाव की दृष्टि से इसका स्थान गौण होता है। कहने की आवश्यकता नहीं कि एक राष्ट्र के अन्दर स्थित ये दोनों संस्कृतियाँ ऐकान्तिक रूप से परस्पर-व्यवच्छिन्न नहीं हैं। इनमें घात-प्रतिघात स्वाभाविक है और इस द्वन्द्व के फलस्वरूप बीच में एक 'तीसरी संस्कृति' के अनेक स्तरों का भी निर्माण हो सकता है। आवश्यक नहीं कि इस बिचौलिया संस्कृति में शेष दोनों के गुण-ही-गुण शामिल हों क्योंकि दोनों के दोषों की तलछट के रूप में भी तीसरे का निर्माण सम्भव है। जो हो, प्रत्येक स्थिति में इस संस्कृति का स्वरूप अन्य दो संस्कृतियों की शक्ति के सन्तुलन पर निर्भर है।

हिन्दी साहित्य इस नियम से बाहर नहीं है और आज़ादी के बाद तो विशेष रूप से बुर्जुआ संस्कृति ही प्रभुत्वशाली है। निस्सन्देह यह कड़वा सत्य है किन्तु इसे स्वीकार करने के अलावा कोई चारा नहीं है। स्पष्टत: इस संस्कृति को 'संस्कृति' से कोई सरोकार नहीं है। जो संस्कृति राजनीति और साहित्य के सम्बन्ध के बुनियादी सवाल को बार-बार उठाकर आज तक मुल्तबी करती आ रही हो, उसके राजनीतिक आधार के बारे में किसी सन्देह के लिए गुंजाइश नहीं रह जाती। संकट की घड़ी में बुर्जुआ वर्ग ऐसे ही वितंडा का सहारा लेता है और राजनीतिक संघर्ष में पार पाने की सम्भावना न देख धर्म, संस्कृति या साहित्य में आश्रय पाने का प्रयास करता है, इस आशा के साथ कि शायद वहाँ ख़तरनाक राजनीति के प्रभाव से बचाव सम्भव है। आज के भारत में इस बुर्जुआ संस्कृति की यह विशेषता है कि वह उत्पादन से अधिक उपभोग-प्रधान है और उसकी यह उपभोग-प्रकृति साहित्य पर भी हावी है जिसके उदाहरण बड़े पैमाने पर बिकनेवाली रँगी-चुनी पत्रिकाओं में आसानी से मिल जाते हैं। निस्सन्देह इनकी भी अदा साहित्यिक ही होती है, किन्तु इनमें साहित्य विज्ञापन से ज़्यादा अहमियत नहीं रखता और राजनीति भी यहाँ आकर किसी कम्पनी का विज्ञापन या चुटकुला बनकर रह जाती है जिसका उपयोग ज़ायका बदलने से ज़्यादा नहीं है; यह दूसरी बात है कि निहित स्वार्थ की प्रतिक्रियावादी राजनीति की छौंक साफ़ रहती है।

ऐसे माहौल में यदि स्वयं साहित्य की सार्थकता ही सन्दिग्ध हो उठे तो कोई आश्चर्य नहीं। आकस्मिक नहीं जो इस बीच अनेक लेखक 'साहित्य क्यों' के प्रश्न पर एकबारगी गम्भीर हो उठे हैं। यह प्रश्न जहाँ एक ओर सच्चे साहित्य-कर्म के परम्परागत संस्कार के बचे रहने का सूचक है, वहीं दूसरी ओर वह व्यवस्था के हितों के रक्षक चतुर बुद्धिजीवियों के उन सामयिक नारों में से एक भी हो सकता है जिन्हें समय-समय पर फुलझड़ी के रूप में छोड़कर आम लोगों का ध्यान असली मुद्दे से हटाने की कोशिश की जाती है। आकस्मिक नहीं है कि आज की स्थिति

में 'साहित्य क्यों' का प्रश्न उठानेवाले लेखकों ने स्पष्ट घोषणा कर दी है कि वे प्रतिष्ठान को केवल थोड़ा-सा लचीला बनाना चाहते हैं—इस प्रतिष्ठान को तोड़कर कोई नया प्रतिष्ठान बनाने का इरादा उनमें नहीं है। इन्हीं से सम्बद्ध वे लेखक हैं जिन्होंने साफ़- साफ़ मान लिया है कि साहित्य के किये कुछ नहीं हो सकता, वह एकदम निरर्थक और फालतू है। साहित्य की यह स्थिति स्पष्टत: उस संकट की सूचक है जिससे आज की समूची व्यवस्था गुज़र रही है।

वस्तुत: यह पूँजीवादी व्यवस्था का संकट है जिससे भारतीय लेखक का साक्षात्कार पहली बार हुआ है। जो पूँजीवाद अभी तक भारतीय लेखक के लिए सिर्फ़ एक किताबी शब्द अथवा अधिक-से-अधिक एक मानसिक अवधारणा-मात्र था, वह अब उसके जीवन की वास्तविकता बनकर सामने आ खड़ा हुआ है। विडम्बना यह है कि बहुत-से लेखक आज भी इस नई ऐतिहासिक स्थिति को समझने और समझकर स्वीकार करने की ओर से विमुख हैं। कुछ स्मृतिजीवी लेखक आज भी मानसिक स्तर पर अपने बचपन के संसार में जी रहे हैं तो कुछ अनुभव के स्तर पर इस पूँजीवादी संक्रमण के लक्षणों को अभिव्यक्त करते हुए भी बोध के स्तर पर इस नये ऐतिहासिक परिदृश्य से सर्वथा अनजान हैं। जिन्होंने सामाजिक सम्बन्धों में अमानुषिकता, संवेदनहीनता, अजनबीपन, अकेलेपन आदि का साहित्यिक चित्रण किया है, उनकी दृष्टि में भी यह सब पूँजीवादी अर्थ-व्यवस्था की उपज नहीं बल्कि 'मानव-नियति' अथवा कोई अबूझ अभिशाप है। दूसरी ओर ऐसे 'भारतीय लेखक' हैं जिनकी दृष्टि में सामाजिक सम्बन्धों की अमानुषिकता तथा अजनबीपन आदि अधिकांशत: पाश्चात्य साहित्य का कोरा अनुकरण-मात्र है और यदि उनमें से कुछ अनुभूत है तो उसका सम्बन्ध केवल महानगरों के जीवन से है जो स्पष्टत: विशाल भारतीय जीवन का एक छोटा-सा अंग-भर है। इस सीमित, एकांगी एवं अवास्तविक संसार से मुँह फेरकर वे लेखक गद्गद भाव से गाँव का वह चित्र उपस्थित कर रहे हैं जिसमें ममतामयी माँ है, स्नेहमयी भाभी है, करुणामयी दादी है और वटवृक्ष के समान अडिग विशाल बाबा हैं। उनकी दृष्टि में पूँजीवाद ऐसी अर्थ-व्यवस्था है जिसका सम्बन्ध केवल शहरों से होता है और जिससे भारत के गाँव आज भी, बल्कि अभी तक, एकदम अछूते हैं। कहने की आवश्यकता नहीं कि यह दृष्टि पूँजीवाद के स्वरूप से तो अनजान है ही, आज के भारत की वास्तविकता के ढाँचे में होनेवाले उस नये परिवर्तन को भी देखने में असमर्थ है। प्रेमचन्द ने जिस 'महाजनी सभ्यता' के आरम्भिक रूप को आज से पैंतीस-छत्तीस साल पहले देख लिया था, उससे आज का 'प्रबुद्ध' लेखक इतना अनजान क्यों है? यह भारत की नई पूँजीवादी व्यवस्था द्वारा फैलाए हुए मोहावरण की सफलता है या स्वयं हिन्दी लेखक की वर्ग-चेतना की विफलता? क्या यह सच नहीं है कि आज ज़्यादातर हिन्दी लेखक अपनी वर्ग-स्थिति दूसरों से तो क्या,

स्वयं अपने-आपसे ही छिपाने की विडम्बना के शिकार हैं? क्या आत्म-विस्मरण की इस स्थिति से साहित्य अछूता रह सकता है?

लेखक में वर्ग-चेतना का यह लोप भी एक प्रकार का 'एलियनेशन' अथवा आत्मनिर्वासन है जो पूँजीवादी समाज-व्यवस्था की विशेष देन है। अपने-आपसे विच्छिन्न लेखक अपनी शक्ति से विच्छिन्न होता है जिसका परिणाम है निरुपायता और असहायता का एहसास! अपनी असहायता का जैसा चरम एहसास हिन्दी में लेखक को आज है, वैसा रोमांटिक दौर में भी न था, बल्कि उस समय तो लेखक अपने-आपमें ज़मीन-आसमान एक कर देने की ताक़त का अनुभव करते थे! इस स्थिति में यदि साहित्य भी अपनी शक्ति से अलग हो जाए तो कोई आश्चर्य नहीं, क्योंकि विलगाव की इस व्यापक प्रक्रिया से साहित्य का बच सकना कठिन है। व्यवस्था से सम्बद्ध वर्ग-बोध-शून्य लेखक की यह विडम्बना है कि वह व्यवस्था का विरोध करते हुए भी अपने विरोध की निरर्थकता के एहसास से कुंठित रहने को अभिशप्त है। साहित्य की शक्ति में आवश्यकता से अधिक विश्वास करना 'रोमांटिसिज़्म' हो सकता है किन्तु साहित्य को सर्वथा अशक्त मान लेना यथार्थवाद नहीं है। इस विश्वास को लेकर तो व्यवस्था को लचीला बना सकना भी असम्भव है। इसीलिए हिन्दी में 'प्रतिबद्धता' को लेकर पिछले दशक में जो इतनी बहस हुई, वह अन्ततः एक ढोंग या पाखंड बनकर रह गई! जहाँ साफ़-साफ़ अपनी वर्ग-स्थिति को स्वीकार करने का भी साहस न हो, वहाँ आम जनता के साथ प्रतिबद्ध होने की बात तो दूर, किसी भी वर्ग से प्रतिबद्धता का सवाल गोल ही रहेगा। आकस्मिक नहीं कि प्रतिबद्धता के नाम पर अधिकांश लेखकों ने प्रायः 'अपने समय के साथ प्रतिबद्ध होने' या 'अपने परिवेश के साथ प्रतिबद्ध होने' की गोलमोल बातें कीं।

स्पष्टता का तकाज़ा है कि हम चीज़ों को उनके सही नाम से पुकारें। सवाल यह है कि हमें साहित्य की निरर्थकता से सन्तोष है या क्षोभ? सवाल यह है कि हमें साहित्यकार की असहायता की स्थिति स्वीकार है या अस्वीकार? यदि सचमुच क्षोभ है और अस्वीकार है तो फिर सवाल यह है कि हम साहित्य को फिर से सार्थक और साहित्यकार को फिर से समर्थ बनाने के लिए क्या कर सकते हैं?

हम क्या करें? यह सवाल आज हिन्दी लेखकों के भी सामने है—उसी तरह, जैसे लेनिन के सामने इस सदी के आरम्भ में था बल्कि मूलतः यह सवाल तो लेनिन से पहले चेर्निशेव्स्की तथा उनके समकालीन रूसी लेखकों के सामने था। असहायता और निरुपायता की स्थिति वहाँ भी थी। लेनिन स्वयं निर्वासन में थे। किन्तु एक पूर्ववर्ती बुद्धिजीवी के सवाल को लेनिन ने क्रान्तिकारी सिद्धान्त में बदल दिया और इस सवाल का जवाब देने के प्रयास में उस क्रान्तिकारी पार्टी का जन्म हुआ जिसने पन्द्रह वर्ष के अन्दर ही समाजवादी क्रान्ति को अंजाम दिया। हिन्दी के लेखकों और बुद्धिजीवियों का स्वाभिमान कम नहीं है। ज़ाहिर है कि न तो वे

किसी राजनीतिज्ञ के पीछे चलने को तैयार हैं और न किसी लेनिन का इन्तज़ार ही करना चाहेंगे। फिर भी 'क्या करें' का उत्तर तो देना ही पड़ेगा और इसके लिए वे पार्टी बनाने जैसा असाहित्यिक कार्य करने की ज़हमत भले न उठाएँ, लेकिन वर्तमान 'साहित्यिकता' से कुछ तो मुक्त होना ही पड़ेगा। और इस दिशा में लेखक को पहले इस सवाल का उत्तर देना पड़ेगा कि तुम किधर हो? किसके साथ हो?

और यहीं लेनिन द्वारा निर्दिष्ट दूसरी संस्कृति—जनवादी संस्कृति—का सवाल उठता है जो बीज रूप में आज हिन्दी में मौजूद है; किन्तु जनवादी शक्तियों के विभाजन तथा जन-आन्दोलनों के बिखराव के कारण उस संस्कृति में वह शक्ति नहीं आ पा रही है जिससे प्रभुत्वशाली संस्कृति को चुनौती दी जा सके। इसके अतिरिक्त इस वर्ग का साहित्य भी लेखक समुदाय की दृष्टि से अपने निम्न-मध्यवर्गीय आधार के कारण अनेक आन्तरिक संकटों से गुज़र रहा है। निस्सन्देह इस वर्ग के लेखकों में व्यवस्था के प्रति घोर विरोध का भाव है। वे इसे जड़ से बदलने के लिए भी आकुल हैं और इसके साथ ही उनके सामने एक विकल्प भी है, किन्तु इन तमाम बातों के बावजूद उनमें अधीरता इतनी है कि वे एक प्रकार के 'क्रान्तिकारी स्वच्छंदतावाद' की ओर अग्रसर हो चले हैं। सामान्यत: इनके प्रेरणास्रोत हैं गोरों के विरुद्ध काले लोगों का आन्दोलन, विश्वव्यापी उभरती हुई छात्र-शक्ति जिसका चरमोत्कर्ष फ्रांस की 'मई क्रान्ति' है तथा अमरीकी साम्राज्यवादी आक्रमण के विरुद्ध वियतनाम का संघर्ष! विचारों की दृष्टि से इनमें और भी विविधता है। कुछ हैं जो हर्बर्ट मारकुस के प्रभाव में हैं तो कुछ फैनन और कारमाइकेल के। इनमें जो सबसे क्रान्तिकारी हैं, वे चे ग्वारा, कास्त्रो, रेज़ी देब्रे तथा अन्तत: माओ-त्से-तुंग को अपना आदर्श मानते हैं। फिर भी राजनीति के प्रति इनके रुझान में कुछ बातें इतनी समान हैं कि इन सबको सुविधा के लिए 'स्वच्छंदतावादी क्रान्तिकारी' कहा जा सकता है। इस क्रान्तिकारिता का मूल मंत्र है : 'नो कम्प्रोमाइज़' अर्थात् कोई समझौता नहीं—न वर्ग-शत्रु के साथ कोई फौरी रजामन्दी या किसी तरह की छूट और न ही प्रतिकूल परिस्थितियों में अपनी जान बचाने के लिए क्रान्तिकारी सिद्धान्तों की शुद्धता के बारे में तालमेल का प्रयास! इन क्रान्तिकारियों की सामान्य मान्यता यह है कि अब क्रान्ति के हरावल दस्ते की भूमिका अदा करने की स्थिति में मज़दूर वर्ग नहीं है, मौजूदा दौर में यह भूमिका मुख्यत: किसान अदा करेंगे और ये किसान भी एशिया, अफ्रीका, लैटिन अमरीका जैसे 'तीसरी दुनिया' के देशों के किसान होंगे; किसानों के इस हरावल दस्ते का साथ देंगे छात्र तथा काले लोग। इस दृष्टि से वे संसार की प्राय: सभी कम्यूनिस्ट पार्टियों को ग़ैर-क्रान्तिकारी तथा जड़ मानते हैं और सोवियत संघ को विश्व-क्रान्ति का अग्रणी नेता मानने के स्थान पर बुर्जुआ तथा 'सामाजिक-साम्राज्यवादी' कहते हैं। इनके लिए क्रान्ति का एक ही अर्थ है—सशस्त्र क्रान्ति, जिसका सबसे विकसित रूप है छापामार युद्ध। स्पष्टत: इन क्रान्तिकारियों

के लिए लेनिन में विशेष आकर्षण नहीं है। कास्त्रो, चे ग्वारा तथा रेज़ी देब्रे जैसे युवा क्रान्तिकारियों के करिश्मे से ये इतने अभिभूत हैं कि इन्हें लेनिन की ओर देखने का अवकाश ही नहीं। इनकी दृष्टि में चीन की 'सांस्कृतिक क्रान्ति' के प्रभामंडल के सामने अक्टूबर क्रान्ति फीकी है।

इन नये क्रान्तिकारियों के हृदय में हर तरह के अन्याय के विरुद्ध जो आग भड़क रही है, उसकी अनाविल नैतिकता और बलिदान के लिए स्वत:स्फूर्त साहस को देखकर जहाँ मन में आदर का भाव पैदा होता है, वहीं उनकी राजनीतिक समझ को देखकर लेनिन की सुप्रसिद्ध पुस्तक 'उग्रपंथी कम्यूनिज्म : एक बचकाना मर्ज़' की याद आती है। यह सही है कि लेनिन की 1920 की लिखी हुई पुस्तक को 1970 के युवकों पर आँख मूँदकर लागू करना ज़्यादती होगी किन्तु उस उग्रवाद के 'टुटपुँजिया मध्यवर्गीय' आधार का लेनिन का विश्लेषण आज भी सोलहों आने सही है। निस्सन्देह जैसाकि लेनिन ने कहा था, यह अराजकतावाद मज़दूर वर्ग के आन्दोलन के अवसरवादी पापों की सज़ा का ही एक प्रकार है; किन्तु इससे उसकी टुटपुँजिया मध्यवर्गीय कमज़ोरियाँ संगत साबित नहीं होतीं। टुटपुँजिया मध्यवर्ग इतनी आसानी से क्रान्तिकारी अतिरेक की ओर इसलिए जाता है कि वह पूँजीवादी व्यवस्था में जितना कष्ट झेलता है, उससे ज़्यादा उसका अनुभव करता है। उसमें गुस्से की मात्र जितनी ज़्यादा होती है, संगठन अनुशासन और दृढ़ता की क्षमता उतनी ही कम होती है। इसलिए वह आवेश में आकर दुस्साहसिक प्रयास तो कर बैठता है किन्तु कड़े संघर्ष में उतनी ही जल्दी पस्त होकर उदासीन भी हो जाता है। लेनिन के ये निष्कर्ष क्रान्तिकारी संघर्ष की लम्बी अवधि के प्रत्यक्ष अनुभव के परिणाम थे। जब भीतर के गृहयुद्ध और बाहर के चौतरफ़ा साम्राज्यवादी आक्रमणों के दबाव में आकर उन्होंने ब्रेख्त-लिटोव्स्क की सन्धि की तो उस ज़माने के उग्रवादियों ने भी लेनिन का विरोध किया और महान् अक्टूबर क्रान्ति के नेता पर उन्होंने साम्राज्यवाद के साथ समझौता करने का आरोप लगाया। आगे चलकर इतिहास ने साबित कर दिया कि लेनिन का वह निर्णय कितना समझदारी भरा और सही था। अपने ज़माने के उग्रवादियों के लिए लेनिन के हृदय में भी कम स्नेह और आदर न था, लेकिन सवाल रणनीति और रणकौशल सम्बन्धी क्रान्तिकारी समझ का था और इस मामले में लेनिन समाजवादी क्रान्ति की इतनी बड़ी उपलब्धि को बचकानी दुस्साहसिकता के दाँव पर लगाने को तैयार न थे। निश्चय ही लेनिन की रणनीति और रणकौशल की द्वन्द्वात्मकता उग्रवादियों के लिए काफ़ी पेचीदा है और क्रान्ति की रोमांटिक दृष्टि यदि उसकी ओर उतनी तेज़ी से आकृष्ट नहीं होती तो इसमें आश्चर्य की कोई बात नहीं।

लेकिन आश्चर्य तो इस बात का है कि आज के रोमांटिक क्रान्तिकारी जिस वियतनाम को 'मेरा नाम, तेरा नाम' की तरह जपते हैं, स्वयं उसके संघर्ष की

ग़ैर-रूमानियत की ओर उनका ध्यान नहीं जाता। सभी जानते हैं कि वियतनाम का क्रान्तिकारी संघर्ष चे ग्वारा का छापामार युद्ध नहीं है बल्कि इस युद्ध में इसके अलावा भी अनेक रणकौशल अपनाए गए हैं। इस संघर्ष का हरावल दस्ता केवल किसान नहीं बल्कि मज़दूरों के नेतृत्व में किसानों-मज़दूरों का संगठित मोर्चा है जिसमें वियतनामी जनता का बहुत बड़ा देशभक्त हिस्सा शामिल है। इस संघर्ष का नेतृत्व कम्यूनिस्ट पार्टी कर रही है—लेनिनवादी पार्टी के ढाँचे पर निर्मित कम्यूनिस्ट पार्टी, जिसको नये उग्रवादी ग़ैर-क्रान्तिकारी घोषित कर चुके हैं। इसके अतिरिक्त वियतनाम के इस साम्राज्यवाद-विरोधी युद्ध में सोवियत संघ पूरी तरह वियतनाम के साथ है। इतना होते हुए भी यदि नये क्रान्तिकारी क्रान्ति का कोई रोमांटिक ख़याल अपने दिमाग़ में पाल रहे हैं तो इसे बचकानापन ही कहा जाएगा। दूसरी ओर जो युवक मारकुस, फैनन और कारमाइकेल के प्रभाव में आकर मार्क्सवाद-लेनिनवाद को 'पुराना' तथा अप्रासंगिक मान बैठे हैं, उन्हें ठंडे दिमाग़ से इस पहलू पर भी सोचना चाहिए कि आख़िर पश्चिम का बुर्जुआ प्रेस इतने 'ख़तरनाक' क्रान्तिकारियों को क्यों इतना उछाल रहा है? निस्सन्देह यह उन विचारकों की आलोचना नहीं है किन्तु उनके विचारों पर रोशनी डालने का एक नुक्ता ज़रूर है।

इसका अर्थ यह नहीं है कि भारत के शासक वर्ग ने नक्सलवादियों का हौवा खड़ा करके उनके ख़िलाफ़ जो जेहाद छेड़ रखा है, वह संगत है। शासक वर्ग की इस चाल से भारत के रोमांटिक क्रान्तिकारी भी समझ गए होंगे कि क्रान्ति का रास्ता इतना संक्षिप्त और संकुचित नहीं है। छह महीने का रास्ता छोड़कर छह दिन का रास्ता अपनाना एक राजकुमार के लिए चाहे जितना रोमांचक हो किन्तु क्रान्ति के लिए कोई 'शॉर्ट कट' नहीं है। यही नहीं, बल्कि भारत की वर्तमान स्थिति में यह आग के साथ खिलवाड़ है। जिस समय वामपक्षी दलों में गहरी फूट हो, मज़दूरों और किसानों के संगठन छिन्न-भिन्न और कमज़ोर हों, उदारपंथी केन्द्रीय सत्ता लड़खड़ा रही हो, तमाम दक्षिणपंथी शक्तियाँ एकजुट हो रही हों, पूँजीपतियों की इज़ारेदारी बाढ़ पर हो, गाँव से लेकर शहरों तक के विशाल निम्न-मध्यवर्गीय स्तर में गहरा असन्तोष हो तथा आर्थिक संकट के साथ राजनीतिक संकट में तीव्रता आ रही हो, ऐसे समय क्या समाजवादी क्रान्ति की दिशा में दुस्साहसपूर्ण कदम उठाने में जनवाद को भी खो देने का ख़तरा नहीं है? आख़िर कम्बोडिया के सवाल पर साम्राज्यवाद के ख़तरनाक कदम का विरोध करनेवाले यह क्यों भूल जाते हैं कि अमरीकी साम्राज्यवादी मौका देखकर भारत को भी कम्बोडिया बनाने में न चूकेंगे? जिस समय भारत में चारों ओर से फासिस्ट ख़तरे की आशंका की जा रही है, उस समय आतंकवाद की कोई भी कार्रवाई—चाहे वह वामपक्ष की ओर से ही क्यों न की गई हो, दक्षिणपंथी आतंकवाद के लिए साक्षात् निमंत्रण है, जिसकी परिणति असन्दिग्ध रूप में

फासिज़्म है! दक्षिणपंथी शक्तियों के साथ वामपक्षी दलों के तालमेल का प्रयास उस ख़तरे को और नजदीक लाने में सहायक हो सकता है।

बहरहाल, साहित्य के क्षेत्र में इस 'क्रान्तिकारी रोमांटिसिज़्म' ने अपनी ग़लत राजनीतिक धारणाओं के बावजूद आरम्भ में भद्रवर्ग के निष्प्राण साहित्य को परास्त करने में निश्चित रूप से तात्कालिक सफलताएँ प्राप्त कीं। किन्तु दो-तीन वर्ष की अवधि में स्वयं उसी के अन्दर जिस प्रकार ठहराव आ गया, उससे स्पष्ट है कि एक अदूरदर्शी जीवन-दृष्टि साहित्य को भी ज़्यादा दूर नहीं ले जा सकती। आज भले ही 'कान नहीं सुनते हैं कविताएँ/कविता पेट से सुनी जा रही है', लेकिन निकलेगी कविता 'समूचे आदमी' से ही, बन्दूक की नली से नहीं—राजसत्ता भले ही निकल जाए। 'इस वक़्त जबकि कविता माँगती है समूचा आदमी अपनी ख़ुराक के लिए' तो कविता को कविता के ही द्वारा 'समूचा आदमी' देना होगा—इकहरा रोमांटिक क्रान्तिकारी नहीं। और यह समूचा आदमी और कुछ नहीं लेनिन की द्वन्द्वात्मक भौतिकवादी दृष्टि का निचोड़ 'जीवन्त, मूर्त भरा-पूरा सत्य' है। बर्टोल्ट ब्रेख्त के रचनाकक्ष में लेनिन का यही अमर वाक्य था : 'ट्रूथ इज़ क्रांक्रीट!'

['आलोचना' : अप्रैल-जून, 1970 में सम्पादकीय के रूप में प्रकाशित]

उपन्यास और यथार्थवाद

सुप्रसिद्ध हिन्दी उपन्यासकार और प्रेमचन्द के कनिष्ठ समकालीन जैनेन्द्र कुमार से पूछा गया कि वे 'गोदान' कैसे लिखते, तो उन्होंने अपनी स्थिति को संक्षेप में यों प्रस्तुत किया था :

'मैं तो होरी को छेड़ता भी नहीं जो भाग्य के सामने अकेले संघर्षरत और फिर भी असहाय दिखाई देता है। मैं उसे जैसा का तैसा रहने देता। फिर मैं भाग्य को व्यक्तियों की कुछ तात्कालिक परिस्थितियों के आधार पर निरूपित करने का प्रयास नहीं करता—मानो कि होरी शिकार हो और दूसरे शिकारी हों। मेरा प्रयास यह दिखाने का होता कि हर कोई किस तरह शिकार है और फिर भी एक दूसरे का शिकार करने की बेकार कोशिश करता है। वास्तव में शक्तियाँ अवैयक्तिक होती हैं और सत्य से जुड़े रहने और असत्य से लड़ने के लिए उनके बीच अपनी हमदर्दियों को बाँटने की ज़रूरत नहीं है। अगर ऐसा कर सकता तो मैं अपने 'गोदान' को सफल समझता।'

इस तरह हम देखते हैं कि होरी को दूसरों का शिकार बनते देखने पर जैनेन्द्र कुमार असहज महसूस करते हैं—बल्कि शिकारी और शिकार के अस्तित्व से ही वे इनकार करते हैं, और हमें यह विश्वास दिलाने का प्रयास करते हैं कि न तो कोई कत्ल करता और न कत्ल होता है, अपने अज्ञानवश सभी अपने सामूहिक भाग्य के शिकार होते हैं। यह सामाजिक को—मानव के कष्ट और शोषण की यथार्थ जड़ों को—नकारने की लगभग उन्मादी इच्छा है और जो कुछ सामने आता है—उसे एक यथार्थ से इनकारी मान्यता की तार्किक उपपत्ति ठहराना, सभी व्यक्तियों के अकेला होने की, सभी के एकाकीपन का दुख झेलने की आधुनिकतावादी धारणा है। इस एकाकीपन को प्राकृतिक दशा और अज्ञात, निरंकुश, जड़हीन और कारणहीन भाग्य माना गया है जो अपने आधुनिकतावादी यथार्थवादी अवतार में कष्ट झेल रहे मानव के भाग्य का विधाता है। यहाँ उन सबको एक बराबर बना दिया गया है जिनमें न तो कोई शिकार और न शिकारी है, जहाँ कोई किसी पर दुख नहीं लादता और कोई उस दुख का भागी नहीं बनता।

जैनेन्द्र कुमार प्रेमचन्द के यथार्थवाद का विरोध करनेवाले कोई अकेले लेखक नहीं हैं। इस क्रम में अगले हैं अज्ञेय, जिनको हिन्दी में आधुनिकतावाद का पितामह

कहा जाता है। यथार्थवाद की 'मजबूत पकड़' से उपन्यास को मुक्त कराने की निरन्तर लड़ाई वे भी लड़ते रहे। उनकी समझ यह थी कि वे उपन्यास को यथार्थवाद से 'मुक्त' कराना चाहते हैं जिसका अकेला अभिप्राय गहराई में जाकर यथार्थ को पकड़ना है। 'नया प्रतीक' (मई, 1975) में प्रकाशित एक लेख 'यथार्थ : पकड़ और जकड़' में वे लिखते हैं :

'हमारे युग के महत्त्वपूर्ण उपन्यासकार ने यथार्थ को गोचर बनाने के लिए ही यथार्थवाद को छोड़ा। यथार्थ को पकड़ने के लिए 'यथार्थवादी' दृष्टि को छोड़ना और 'काव्यमय' दृष्टि से पुन: स्वीकार करना—कहा जा सकता है कि यह आधुनिक साहित्य और आधुनिक कला का सबसे महत्त्वपूर्ण मोड़ है। अगर कोई एक ठोस 'ऐतिहासिक' दृष्टि अपनानी चाहे तो हम मध्यवर्ती स्तर का नाम लेंगे : 'यथार्थवादी' दृष्टि के बाद आई 'आधुनिकतावादी' दृष्टि। फिर इस दूसरे वाले पूर्वग्रह से भी मुक्ति मिली और काव्यमय दृष्टि की सम्भावनाओं की ओर फिर से ध्यान खींचा गया।'

लेकिन उपन्यास में जिस यथार्थ को पकड़ने की इच्छा वे करते हैं, वह अन्तत: इतना अमूर्त है, देश-काल से इतना परे है कि हम जिस यथार्थ को जानते और पहचानते हैं, वह उसके लिए बहुत ही महत्त्वहीन हो जाता है और वह उसे पूरी तरह त्याग देता है।

निर्मल वर्मा भी, एक और कोण से, यथार्थवाद पर हमला करते हैं। उनका विरोध ज़ाहिरा तौर पर स्वयं यथार्थवाद से नहीं है बल्कि 19वीं सदी के यथार्थवाद से है। जायस और प्राउस्ट के 20वीं सदी के यथार्थवाद को वे अपेक्षाकृत स्वीकार्य समझते हैं। इसलिए उपन्यास के मूल्यांकन में यथार्थवादी मानदंडों से पूरी तरह इनकार करते हुए वे कहते हैं :

'उपन्यास का मूल्यांकन हम यह पूछकर नहीं कर सकते कि वह जीवन के (किस जीवन के, किस तरह के जीवन के) कितना क़रीब है, उसकी घटनाएँ कितनी विश्वसनीय हैं (विश्वसनीयता कभी साहित्य की कसौटी नहीं रही, नहीं तो शेक्सपियर हमारा सबसे असफल लेखक होता), उसके चरित्र कितने वास्तविक हैं ('यथार्थ' कोई चिराग़ नहीं कि वह पास में हो तो एक साहित्य-रूप जगमग करे और उससे दूर कर दिया जाए तो धुँधला पड़ जाए)। उपन्यास की अर्थवत्ता यथार्थ में नहीं, बल्कि, उसके गठन की प्रक्रिया में, उसकी ढाँचाबन्दी की आन्तरिक प्रेरक-शक्ति में होती है।'

19वीं सदी के यथार्थवाद का विरोध करते हुए स्वयं यथार्थवाद का निषेध करना कोई अकस्मात् नहीं है। और यह प्रवृत्ति केवल हिन्दी तक सीमित नहीं है। फ्रांस के नवउपन्यासवादियों ने यही किया। बाल्ज़ाक के यथार्थवाद की आलोचना करते हुए एलेन रोबे-ग्रिले भी अन्तत: यथार्थवाद से मुँह चुराते हुए दिखाई देते

हैं। हम कह सकते हैं कि एलेन रोबे-ग्रिले उन लेखकों में हैं जिनके निर्मल वर्मा प्रशंसक हैं और उन्होंने इस फ्रांसीसी नवउपन्यासकार का एक साक्षात्कार भी प्रकाशित कराया था।

वास्तव में यथार्थवाद का विरोध पश्चिमी आधुनिकतावाद का और अवाँगार्द साहित्य का बुनियादी सुर है। यह वास्तव में एक तरह का संन्यासवाद है जो सांस्कृतिक मूलगामीपन का भेस रखकर सामने आता है। 1960 ई. में नवमूलगामी धारा के मसीहा हरबर्ट मार्क्यूज़ ने इस संन्यासवाद की पैरवी की और उसे बुर्जुआ समाज, बुर्जुआ संस्कृति और यथार्थ की बुर्जुआ समझ के ख़िलाफ़ एक विद्रोह के रूप में प्रस्तुत किया।

इस प्रतियथार्थवाद (antirealism) के पीछे एक अलग ही राजनीति है जिसकी ओर पश्चिम के अनेक विचारकों ने ध्यान दिलाया है। मुक्ति की यह राजनीति, जो ज़ाहिरा तौर पर बुर्जुआ सत्ता का विरोध करती है, उसी में आत्मसात होने और उसका ही अंग बन जाने के लिए अभिशप्त है। जैसाकि क्रिस्टोफर लैश ने कहा है :

'एक समय कला की स्वायत्तता की रक्षा आवश्यक और रचनात्मक थी, यहाँ तक कि एक क्रान्तिकारी राजनीतिक कला थी। लेकिन 'कला की स्वायत्तता' की रक्षा अब कोई नाजुक मकसद पूरा नहीं करती। जो कला, बार्थ के शब्दों में, 'सच और झूठ के विरोध को ध्वस्त करती है', सिर्फ़ विज्ञापन और प्रचार उद्योगों के हित पूरे करती है, जैसेकि वह कला करती है जो शब्द को भावार्थता (signification) से मुक्त करती है तथा धारणाओं की जगह बिम्बों को लाती है। 'सौन्दर्यशास्त्रीय आयाम' नहीं बल्कि हमें तो स्वयं यथार्थ की भावना को वापस लाना होगा। वास्तव में कला का सत्य सुस्थापित यथार्थ के (अर्थात जो लोग 'यथार्थ क्या है' को निरूपित करने के लिए जमे हुए हैं, उनके) एकाधिकार को तोड़ने की शक्ति में निहित होती है।'

जो लोग यथार्थवाद का विरोध करते हैं, उन्हें याद रखना चाहिए कि हिन्दी में उपन्यास और यथार्थवाद के आगमन का सम्बन्ध स्वाधीनता के संघर्ष में जनसमूह की सक्रिय भागीदारी से रहा है जिसमें भारतीय किसान की भूमिका सबसे महत्त्वपूर्ण रही है।

पश्चिम में हो सकता है कि उपन्यास का जन्म बुर्जुआ कला के एक रूप के तौर पर हुआ हो, लेकिन भारत में, और ख़ास कर हिन्दी-भाषी क्षेत्र में, इसका जन्म किसान की महागाथा के रूप में हुआ। यह बात प्रेमचन्द के 'प्रेमाश्रम', 'रंगभूमि', 'कर्मभूमि' और 'गोदान' जैसे उपन्यासों से स्पष्ट है। यह हिन्दी उपन्यास की एक ख़ास अपनी विशेषता है।

हिन्दी में उपन्यास प्रेमचन्द के हाथों में साम्राज्यवाद-विरोधी और सामन्तवाद-विरोधी संघर्ष का एक ज़ोरदार हथियार बन गया और इस प्रक्रिया में उसने यथार्थवाद का विकास एक सौन्दर्य-सिद्धान्त के रूप में किया। स्वाधीनता का संघर्ष जैसे-जैसे

तीखा होता गया और जनता के लिए अधिक और अधिक अधिकार की पैरवी करने लगा, इस यथार्थवाद का और भी परिष्कार हुआ। यथार्थवाद के इस विकास को स्वयं प्रेमचन्द की रचनाओं में साफ़ तौर पर देखा जा सकता है—उनका अन्त:तत्त्व समृद्ध से समृद्धतर होता गया और रूप का परिष्कार साफ़ तौर पर देखा जा सकता है। उनके अन्तिम उपन्यास 'गोदान' और अन्तिम कहानी 'क़फ़न' को इसकी मिसालों के तौर पर देखा जा सकता है।

साम्राज्य-विरोधी और सामन्त-विरोधी संघर्ष का निश्चित ही अभी अन्त नहीं हुआ है, फिर भी वह परिस्थितियों के परिवर्तन के कारण एक नये चरण से गुज़र रहा है। इसलिए इस संघर्ष में हमें अभी भी यथार्थवाद की आवश्यकता है। निश्चित ही नई वास्तविकता के अनुरूप यथार्थवाद के विकास की आवश्यकता है, न कि इसे छोड़ एक काल्पनिक नई वास्तविकता के पीछे भागने की। इस यथार्थ को समझने और उसे समझने के बाद उसे बदलने के लिए यथार्थवाद की आवश्यकता है।

यानी कि यथार्थवाद समयातीत नहीं हुआ क्योंकि एक सौन्दर्यशास्त्रीय प्रवर्ग के रूप में यथार्थवाद तो यथार्थवाद के किसी भी सम्प्रदाय विशेष की सीमाओं से परे है और इसलिए उसकी कोई सीमा हो ही नहीं सकती क्योंकि मानव-यथार्थ के विकास की कोई सीमा नहीं होती।

[अनुवाद : नरेश 'नदीम']

['धरातल' : 1979 में प्रकाशित। अन्तरराष्ट्रीय प्रेमचन्द संगोष्ठी, नई दिल्ली, में प्रस्तुत]

जॉर्ज लूकाच : विश्वकोश के आयाम वाला बुद्धिजीवी

'शहीद होना आसान है लेकिन एक विचार की खातिर निन्दा सहते जीना कहीं ज़्यादा मुश्किल है।' फ्यूख्टवैंगर के उपन्यास 'यहूदी सुइस' के एक पात्र रब्बी जोनैथन आइबेशुत्स की इस उक्ति को एक से अधिक बार उद्धृत करके जॉर्ज लूकाच ने गोया अपने ही जीवन की ओर संकेत किया है। कुफ्र समझे जानेवाले विचारों के लिए जहाँ बहुत-से कम्यूनिस्ट शहीद हो गए, लूकाच ने लांछन की लम्बी ज़िन्दगी चुनी जिसका स्वाभाविक अन्त 4 जून, 1971 को हुआ जब वे छियासी की उम्र पार कर चुके थे। 1919 से 1944 तक पच्चीस वर्ष देश से निर्वासित होकर शरणार्थी की तरह जीवन-यापन और फिर स्वदेश लौटने पर लगभग बीस वर्षों तक अपनी ही सरकार के हाथों निन्दा, तिरस्कार और उपेक्षा—यह थी वह ज़िन्दगी, जिसे लूकाच ने मौत से बचा कर रखना चाहा। इसी बीच कम-से-कम तीन अवसर ऐसे भी आए जब सिर पर मौत खड़ी दिखी। पहली बार 1919 में हंगरी का कम्यून भंग होने पर जब लूकाच ने अन्य कम्यूनिस्ट नेताओं की तरह भागकर वियना में शरण ली तो होर्थी सरकार ने उनकी अनुपस्थिति में मृत्यु-दंड देकर आस्ट्रिया सरकार से उन्हें वापस माँगा। दूसरी बार 1941 में सोवियत प्रवास के दौरान स्तालिन ने उन्हें जेल में डाला—यह वही जेल है जिससे उन दिनों कोई ज़िन्दा नहीं लौटता था। तीसरी बार 1956 में इमरे नाज की अल्पकालिक सरकार के पतन के बाद जब नाज की तरह उन्हें भी रूमानिया में क़ैद रखा गया और अन्ततः नाज को गोली से उड़ा दिया गया। इसे लूकाच का भाग्य कहिए या बुद्धि-कौशल अथवा संसार के बुद्धिजीवियों की नैतिक अपील का असर, लूकाच इन तमाम संकटों से बच निकले। इस तरह जीवित रहकर उन्होंने मृत्यु से पूर्व अपने दो चिराकांक्षित महान् संकल्प पूरे किये—एक, मार्क्सवादी 'सौन्दर्यशास्त्र' का निर्माण और दूसरा, 'सत्त्वमीमांसा (आंटोलॉजी ऑफ़ सोशल बीइंग) की रचना, जिसमें मार्क्सवादी नीतिशास्त्र का समग्र निरूपण है। ये कृतियाँ यह विश्वास दिलाने के लिए पर्याप्त हैं कि लूकाच सचमुच एक विचार की खातिर ही इतने दिनों तक लांछन सहते रहे। आत्मस्वीकृतियाँ कीं तो इसीलिए और अनर्गल आलोचनाएँ भी झेलीं तो इसीलिए। इन आत्मस्वीकृतियों के कारण ग़ैर तो ग़ैर, अपनों की नज़र में भी उन्हें गिरना पड़ा। इस प्रकार जिस

समय बर्टोल्ट ब्रेख्त अपना नाटक 'गैलीलियो' लिख रहे थे, लूकाच बीसवीं सदी के एक अन्य गैलीलियो की भूमिका अदा कर रहे थे।

मार्क्सवाद ही वह विचार है जिसकी खातिर लूकाच ने यह मुश्किल ज़िन्दगी चुनी। पर स्वयं मार्क्सवाद तक की यात्रा और मुश्किल निकली। 'इतिहास और वर्ग-चेतना' (1923) इस यात्रा का पहला मुकम्मल ऐतिहासिक दस्तावेज है जिसने लूकाच को अन्तरराष्ट्रीय ख्याति के शिखर पर बिठाने के साथ ही उस तीव्र विवाद की स्थिति में भी डाल दिया जिससे वे जीवन-पर्यन्त न उबर पाए। इस ग्रंथ के पुन:प्रकाशन के अवसर पर 1967 के 'आमुख' में लूकाच ने अपनी मार्क्स तक की यात्रा का जो सिंहावलोकन प्रस्तुत किया है, उससे स्पष्ट है कि आरम्भ से ही फाउस्ट के समान उनके वक्ष के अन्दर दो आत्माएँ अवस्थित थीं—एक ओर मार्क्सवाद और राजनीतिक सक्रियता तथा दूसरी ओर शुद्ध प्रत्ययवादी नैतिक चिन्ता का अनवरत दंश। इस द्वैत और द्वन्द्व की पीड़ा लूकाच कब तक झेलते रहे तथा इसके समाधान के लिए उन्होंने क्या किया, इस ब्योरे में जाने से पूर्व सम्प्रति इतना ही उल्लेखनीय है कि लूकाच का सारा जीवन मार्क्सवाद की ओर बढ़ते जानेवाली अथक यात्रा है।

साहित्य लूकाच की प्रथम और प्रमुख रुचि थी। यदि वे ठेठ साहित्य तक ही सीमित रहते तो शायद इतने संकटों का सामना न करना पड़ता। किन्तु ऐसा लगता है कि उनकी प्यास बड़ी थी और बेचैनी भी ज़्यादा गहरी थी। यही बेचैनी लूकाच को दर्शन की ओर ले गई, फिर राजनीतिक कर्म की ओर और अन्तत: मार्क्सवाद की ओर। इस बेचैनी के मूल में सामान्य रूप से मध्य यूरोप और विशेष रूप से हंगरी की राजनीतिक-सामाजिक परिस्थिति थी जिसमें अर्द्धविकसित पूँजीवाद और ढहते सामन्ती अवशेषों के बीच घुटते हुए प्रबुद्ध बुद्धिजीवी परिवर्तन की अस्पष्ट आकांक्षाओं को लेकर तड़प रहे थे। उस दौर में हंगरी के रोमांटिक क्रान्तिकारी कवि एडी के साथ लूकाच की भावात्मक निकटता उल्लेखनीय है। हंगरी की 'बीसवीं सदी' नामक पत्रिका में लूकाच ने 1909 में एडी के गीतों का विवेचन करते हुए उनमें एक जनवादी क्रान्तिकारी के आदिम आवेगों का उद्गार दिखलाया था और यह भी लिखा था कि एडी में जनवादी क्रान्ति केवल 'आकांक्षा, आशा और स्वप्न' के रूप में ही स्थित है : स्वयं लूकाच की स्थिति इससे भिन्न न थी। उनकी आरम्भिक दो आलोचनात्मक कृतियाँ 'आत्मा और उसके रूप' (1910) तथा 'उपन्यास सिद्धान्त' (1916) जैसे एडी के रोमांटिक गीतों के ही निबन्धात्मक प्रतिरूप हैं जिनमें अन्य सैद्धान्तिक बातों के अलावा युद्ध-पूर्व की निराशा और बेचैनी की छाया आद्यन्त मँडराती दिखाई पड़ती है। लूकाच की उस समय की मन:स्थिति का संकेत देने के लिए इतना ही कहना पर्याप्त है कि 'आत्मा और उसके रूप' के द्वारा लूकाच ने दार्शनिक चर्चा में कीर्केगार्द का पुन: प्रवेश कराया,

जिसके कारण लूकाच की उस पुस्तक को आज भी आधुनिक अस्तित्ववाद का श्रीगणेश माना जाता है। 'आत्मा और उसके रूप' में साहित्य रूपों की चर्चा के बहाने मुख्य प्रश्न यही उठाया गया है कि मानव-जीवन किस प्रकार 'प्रामाणिक' हो सकता है। 'उपन्यास सिद्धान्त' लिखने से पूर्व लूकाच हेगेल की आलोचनाओं के सन्दर्भ में कीर्केगार्द का विशेष रूप से अध्ययन करके एक पुस्तक लिखने की योजना बना रहे थे, जो कभी पूरी न हो सकी। पर 'उपन्यास-सिद्धान्त' में भी कीर्केगार्द की छाया स्पष्ट है। महाकाव्यों के सामुदायिक जीवन से लेकर उपन्यासों के व्यक्तिवाद तक 'निरन्तर ह्रास' के रूप में समय की जो गति 'उपन्यास सिद्धान्त' में अंकित की गई है, वह कीर्केगार्द से अस्पृष्ट नहीं है। पश्चिम की बुर्जुआ संस्कृति के ह्रास से लूकाच इतने अवसन्न थे कि उग्रवादी राजनीति के कर्म में ही उन्हें इससे मुक्ति दिखाई पड़ी।

सत्रह वर्ष की उम्र में ही वे एक समाजवादी क्लब के सदस्य बन गए थे। दो साल बाद 1904 में उन्होंने मज़दूरों को जाग्रत करने के लिए बुडापेस्ट में 'थालिआ' नामक एक नाट्यसंस्था स्थापित की जो पाँच वर्षों के बाद पुलिस के द्वारा बंद कर दी गई। इसी बीच वे हंगरी के उग्रपंथी राजनीतिक नेता इर्विन जाबो के सम्पर्क में आए और जार्ज सोरेल के विध्वंसक विचारों ने उन्हें बेहद प्रभावित किया। इसके समानान्तर मार्क्स का अध्ययन भी चलता रहा। मार्क्स की 'पूँजी' को उन्होंने 1908 में ही पढ़ डाला था; पर जैसाकि लूकाच ने बाद में स्वयं स्वीकार किया है, सिम्मेल और वेबर के प्रभाव के कारण उस समय उन्होंने मार्क्स को एक समाजशास्त्री के रूप में ही देखा। आगे चलकर प्रथम विश्वयुद्ध के दौरान निराशा और उग्रता की मिली-जुली स्थिति में लूकाच मार्क्स की ओर पुन: मुड़े ही थे कि 1917 की सोवियत क्रान्ति ने उन्हें चौराहे से खींचकर मुक्तिमार्ग पर ला खड़ा किया। इस प्रभाव को आत्मसात् करने की प्रक्रिया चल ही रही थी कि 1919 में हंगरी में भी सोवियत क्रान्ति हो गई और सोवियत प्रवास से लौटकर बेला कुन ने हंगरी में कम्यूनिस्ट पार्टी का गठन करके पार्टी की सरकार क़ायम कर दी। लूकाच ने 1919 में ही पार्टी की सदस्यता ली और फिर उस नई कम्यूनिस्ट सरकार में शिक्षामंत्री का पद ग्रहण किया। बदकिस्मती से यह सरकार तीन महीने में ही उलट गई और अन्य कम्यूनिस्ट नेताओं की तरह लूकाच को भी देश छोड़कर आस्ट्रिया भागना पड़ा। यह सारी घटना चाहे जितनी अल्पकालिक रही हो, पर उसने लूकाच को पूरी तरह सक्रिय राजनीति में खींच लिया और यहाँ से कम्यूनिस्ट लूकाच के जीवन का वह राजनीतिक अध्याय शुरू हुआ जिसका अन्त दस वर्ष बाद 1929 में 'ब्लूम थीसिस' की पराजय के साथ हुआ पर जिसके गहरे घाव उन्हें जीवन-पर्यन्त दुख देते रहे।

आस्ट्रिया-प्रवास के दस वर्षों में लूकाच ने कम्यूनिस्ट पार्टी की नीति-रीति में गहरी रुचि ली। इस बीच उन्होंने 'कम्यूनिस्ट' नामक उग्रपंथी पत्रिका का सम्पादन किया

और वह राजनीतिक लेख लिखा जिसमें यह स्थापना की गई थी कि कम्यूनिस्टों को बुर्जुआ संसद में भाग नहीं लेना चाहिए। यह यही लेख है जिसकी कड़ी आलोचना लेनिन ने 'उग्रपंथी साम्यवाद : एक बचकाना मर्ज़' में की।

लेनिन की इस आलोचना का असर मद्धिम भी न पड़ा था कि 1924 में 'तृतीय इंटरनेशनल' (कोमिन्टर्न) की पाँचवीं कांग्रेस ने लूकाच की सद्य:प्रकाशित पुस्तक 'इतिहास और वर्ग-चेतना' (1923) को पूर्णत: 'संशोधनवादी' घोषित करके तिरस्कृत कर दिया। कम्यूनिस्ट पार्टी के अन्दर लूकाच के लिए ये बहुत ही कठिन दिन थे। हंगरी की प्रवासी कम्यूनिस्ट पार्टी में अन्दरूनी लड़ाइयाँ शुरू हो गई थीं। एक ओर थे कोमिन्टर्न-समर्थित बेला कुन और उनके साथी तथा दूसरी ओर थे लैंडलर और उनके साथ लूकाच। इस लड़ाई में अन्तत: लैंडलर की जीत हुई और वे पार्टी के महासचिव भी हो गए, लेकिन कुछ ही दिनों बाद उनकी मृत्यु हो गई। उनके बाद 1928 में लूकाच ने पार्टी के महासचिव का दायित्व सँभाला और अगले वर्ष 1929 में पार्टी कांग्रेस के लिए यह 'थीसिस' तैयार की जो उनके छद्म नाम 'ब्लूम' के कारण 'ब्लूम थीसिस' के नाम से प्रसिद्ध है। पार्टी कांग्रेस में 'ब्लूम थीसिस' बहुमत से ठुकरा दी गई और लूकाच ने देखा कि बेला कुन उन्हें 'पार्टी-तोड़क' का इलजाम लगाकर पार्टी से निकालने का षड्यंत्र कर रहे हैं, लिहाजा उन्होंने पार्टी की सक्रिय राजनीति से संन्यास ले लिया। वस्तुत: उनके सामने कोई और विकल्प था ही नहीं, क्योंकि बेला कुन के पीछे पूरी कोमिन्टर्न थी और प्रभुत्वशाली कोमिन्टर्न से संघर्ष करना आसान न था। लूकाच का यह फैसला अन्तिम था। इसके बाद उन्होंने सिर्फ़ एक बार थोड़े समय के लिए 1956 में राजनीतिक सक्रियता दिखलाई जब इमरे नाज के निमंत्रण पर उन्होंने शिक्षामंत्री का पद स्वीकार किया। किन्तु नाज मंत्रिमंडल के पतन से पूर्व ही उससे अलग होकर उन्होंने साबित कर दिया कि वे भीतर से उस दायित्व के लिए प्रस्तुत नहीं हैं। इस एक घटना को छोड़कर 1929 के बाद प्राय: लूकाच सक्रिय राजनीति से अलग ही रहे।

इतने कम समय तक सक्रिय राजनीति में रहते हुए भी लूकाच सबसे ज़्यादा विवादास्पद अपनी राजनीति के कारण ही हुए, यहाँ तक कि उनका राजनीतिक संन्यास भी आलोचनाओं की मार से न बच सका। इसमें कोई शक नहीं कि एक कम्यूनिस्ट की हैसियत से लूकाच ने कई-एक भयंकर राजनीतिक भूलें कीं। उदाहरण के लिए 1919 के हंगरी कम्यून के समय जब सरकार चलाने के लिए सोशल डेमोक्रेट और कम्यूनिस्ट संयुक्त हुए तो इस संयोग से उल्लसित होकर लूकाच ने कम्यूनिस्ट पार्टी को एकदम भंग करने की थीसिस रखी। कहने की आवश्यकता नहीं कि लूकाच की यह भयंकर भूल थी और इस मान्यता के लिए यदि कम्यूनिस्ट पार्टी में उन्हें बराबर सन्दिग्ध समझा गया तो बेजा नहीं। दरअसल इस भूल के मूल

में लूकाच की मार्क्सवाद-सम्बन्धी भ्रान्त समझ विद्यमान है। 'इतिहास और वर्ग-चेतना' (1923) में उन्होंने यह दिलचस्प स्थापना की है कि 'तर्क के लिए मान लें कि नवीनतम शोधों ने मार्क्स की एक-एक स्थापना को हमेशा-हमेशा के लिए मिथ्या प्रमाणित कर दिया। यदि इसे साबित भी करना पड़े तो हर गम्भीर 'निष्ठावान' मार्क्सवादी को बिना ननुनच के ऐसे भी निष्कर्षों को मानने और मार्क्स की सम्पूर्ण मान्यताओं को ख़ारिज करने के लिए तैयार रहना चाहिए। ऐसा करके एक क्षण के लिए भी मार्क्सवाद में उसकी निष्ठा ख़त्म न होगी; क्योंकि निष्ठा का सम्बन्ध किसी एक मान्यता या सभी मान्यताओं में विश्वास से नहीं है। निष्ठा का सम्बन्ध वस्तुत: प्रणाली से है।' कहने की आवश्यकता नहीं कि नितान्त मूलगामी और क्रान्तिकारी प्रतीत होते हुए भी यह आस्था मार्क्सवाद के लिए बौद्धिक आत्महत्या है। इतिहास में कौन ऐसी वैज्ञानिक प्रणाली जीवित रह सकी है जिसकी हर स्थापना विधिवत् निरस्त कर दी गई हो? इस प्रकार जो लूकाच स्वयं मार्क्सवाद की ही जड़ पर कुठाराघात कर रहे हों, वे यदि कम्यूनिस्ट पार्टी को भी अनावश्यक मान बैठें तो आश्चर्य नहीं होना चाहिए। उल्लेखनीय है कि 'इतिहास और वर्ग-चेतना' के 1967 के 'आमुख' में भी लूकाच ने मार्क्सवादी-सम्बन्धी उक्त मान्यता को वापस लेना तो दूर, पूरे ज़ोर के साथ दुहराना आवश्यक समझा।

इसी प्रकार लूकाच के राजनीतिक संन्यास की संगति भी मार्क्सवाद और एक निष्ठा कम्यूनिस्ट के साथ नहीं बैठती। एक निष्ठावान के नाते सिद्धान्त और कर्म की एकता में विश्वास रखते हुए भी यदि लूकाच आपद्धर्म के रूप में केवल राजनीतिक चिन्तन तक ही अपने को सीमित रखते तो आपत्ति की ख़ास गुंजाइश न थी, क्योंकि मार्क्स और लेनिन भी ऐसे अल्पकालिक संन्यास के लिए विवश हुए थे। किन्तु जैसाकि कुछ विचारकों ने संकेत किया है, 1929 के बाद लूकाच ने अपने आरम्भिक चिन्तन की विषयवस्तु को ऊपर से नकारते हुए भी उसकी आन्तरिक 'संरचना' को फिर से अपना लिया। इस प्रकार उनके राजनीतिक संन्यास में भीतर से जिस स्तालिनवाद के लिए नैतिक नफ़रत थी, उसी के साथ ऊपर से तालमेल बैठाने की सायास मुद्रा भी थी। लूकाच के आरम्भिक शिक्षक मार्क्स बेवर जिस प्रकार ऊपर से विल्हेल्म के शासन के लिए बौद्धिक युक्तियाँ गढ़ते हुए भी भीतर-भीतर उसकी भ्रष्ट नौकरशाही को नफ़रत करते रहे, उसी तरह लूकाच भी ऊपर से तो 'समाजवादी यथार्थवाद' और 'शान्तिपूर्ण सह-अस्तित्व' के सिद्धान्तों का रुचिकर भाष्य लिखते रहे पर अन्दर से स्तालिनवादी मुंशियों और पुलिस को कोसने से बाज न आए। इस प्रकार शान्त समर्पण और गोपन कुढ़न लूकाच के जीवन की आचार-संहिता बन गई। स्पष्ट है कि यह अभिजात उदासीनता लूकाच को सहमतिपरक रुख़ से न बचा सकी। वैसे भी यह सौन्दर्यशास्त्रीय असंगता कम्यूनिस्ट लड़ाकूपन से कोसों दूर है।

इस सन्दर्भ में लूकाच के मार्क्सवाद पर कुछ और ब्योरे में जाकर विचार करना अप्रासंगिक न होगा। पश्चिम के बुद्धिजीवियों—विशेषत: तथाकथित 'नववामपंथी' बुद्धिजीवियों के बीच लूकाच का आरम्भिक ग्रंथ 'इतिहास और वर्ग-चेतना' मार्क्सवाद की क्रान्तिकारी व्याख्या के रूप में सम्मानित है। 1967 के 'आमुख' में स्वयं लूकाच ने इस ग्रंथ को पूर्णत: मार्क्सवादी न मानकर मार्क्सवाद की दिशा में 'संक्रमण' कहा है। लूकाच को इस बात का भी अहसास है कि इस ग्रंथ के वही अंश सबसे अधिक प्रभावशाली हैं जो सिद्धान्तत: ग़लत हैं। इस ग्रंथ में मार्क्सर्वाद की दृष्टि से जो मुख्य खामियाँ रह गई हैं, उनका उल्लेख करते हुए लूकाच ने नये 'आमुख' में लिखा है कि उन्होंने मार्क्सवाद को प्रकृति और समाज, दोनों का समग्र सिद्धान्त न मानकर केवल समाज का सिद्धान्त मानने की भूल की। इसी प्रकार उन्होंने 'समग्रता' (टोटैलिटी) की अवधारणा को मार्क्सवाद के केन्द्र में प्रतिष्ठित करते हुए आर्थिक आधार की बुनियादी अवधारणा की उपेक्षा की। इसके अतिरिक्त उन्होंने 'वस्तुपरकता' (रीइफिकेशन) और 'वियोजन' (एलिनिएशन) को पर्याय समझकर पूँजीवादी व्यवस्था की एकांगी आलोचना करने की भूल की।

'इतिहास और वर्ग-चेतना' असन्दिग्ध रूप से पूँजीवादी समाज-व्यवस्था का ज़बरदस्त खंडन है, किन्तु इसका पूँजीवाद-विरोध रोमांटिक है। लूकाच इस ग्रंथ में विज्ञान और औद्योगिकीकरण को पूँजीवाद का अभिन्न अंग समझकर अन्य अनेक रोमांटिक विचारकों की तरह ही विज्ञान-विरोधी और औद्योगिकीकरण-विरोधी रुख़ अपनाते दिखाई पड़ते हैं। लूकाच के लिए पूँजीवाद एक चेतना है और यह चेतना शासक वर्ग की विचारधारा के माध्यम से ही शोषण और दमन करती है। इस ग्रंथ में पूँजीवादी दमन के साधन संस्थाओं का कोई विवेचन नहीं है—यहाँ तक कि पूँजीवादी राज्यसत्ता का उल्लेख तक नहीं है। इस ग्रंथ में जिस प्रकार पूँजीवाद एक चेतना-मात्र है, उसी तरह मज़दूर वर्ग भी एक सार्वभौम चेतना भर है और लूकाच का विश्वास है कि मज़दूर वर्ग की इस सार्वभौम चेतना के उदय मात्र से पूँजीवाद समाप्त हो जाएगा। 'इतिहास और वर्ग-चेतना' में लूकाच चेतना पर इतने निर्भर हैं कि उन्हें पूँजीवाद को ख़त्म करने के लिए मज़दूर वर्ग के किसी संगठन की आवश्यकता ही प्रतीत नहीं होती। स्पष्टत: पूँजीवाद से लूकाच का सारा विरोध केवल नैतिक है; राजनीतिक, आर्थिक और सामाजिक विरोध की ओर उनकी दृष्टि ही नहीं गई। कुल मिलाकर 'इतिहास और वर्ग-चेतना' की 'वर्ग-चेतना' ही मार्क्सवाद की 'वर्ग-चेतना' से भिन्न नहीं बल्कि उसका 'इतिहास' भी मार्क्सवाद के 'इतिहास' से भिन्न है। वैसे इस ग्रंथ में लूकाच की कोई अपनी स्पष्ट राजनीति नहीं है; किन्तु जैसाकि लक्षित किया गया है, ठोस राजनीति का अभाव ही इस ग्रंथ की सुरक्षा के लिए सबसे बड़ी

ढाल है वरना इसके तर्क विनाशकारी निष्कर्षों की ओर ले जाते हैं। आकस्मिक नहीं है कि सार्त्र और मारकूस से प्रेरणा लेनेवाले पश्चिम के नववाम को 'इतिहास और वर्ग-चेतना' इतनी प्रिय है।

इन खामियों के बावजूद मार्क्सवाद चिन्तन के इतिहास में 'इतिहास और वर्ग-चेतना' का ऐतिहासिक महत्त्व है। लूकाच ने इस ग्रंथ के द्वारा मार्क्स की आरम्भिक कृतियों के महत्त्व की ओर ध्यान आकृष्ट किया और इस प्रकार मार्क्स के बाद पहली बार 'वियोजन' (एलिएनेशन) की समस्या को पुनर्जीवित किया—भले ही उसका निरूपण हेगेलीय भाषा में ही क्यों न किया हो! इसके अतिरिक्त लूकाच ने मार्क्स के द्वन्द्ववाद की प्रमुख अवधारणा 'समग्रता' (टोटैलिटी) को भी मार्क्सवादी चिन्तन में पुन: प्रतिष्ठित किया। इन तमाम पक्षों पर 'इतिहास और वर्ग-चेतना' का समाधान भले ही मार्क्सवादी न हो, पर मार्क्सवादी चिन्तन को इन प्रश्नों के प्रति पुनर्जाग्रत करके लूकाच ने निस्सन्देह महत्त्वपूर्ण कार्य किया।

लूकाच का मार्क्सवाद उनके बहुत-से प्रशंसकों के लिए 'इतिहास और वर्ग-चेतना' से शुरू होकर उसी पर ख़त्म भी हो जाता है; पर सौभाग्य से स्वयं लूकाच के साथ ऐसा नहीं हुआ। 'इतिहास और वर्ग-चेतना' लिखकर वे मार्क्सवाद की मंज़िल तक पहुँच भले ही न सके पर अपनी आरम्भिक उलझनों से उबर अवश्य गए; और अगले ही वर्ष 1924 में उन्होंने लेनिन पर एक छोटी-सी पुस्तक पूरी की। वियना-प्रवास से पूर्व लूकाच को लेनिन की कृतियों से परिचय प्राप्त करने का अवसर न मिल सका था। लेनिन को पढ़ने के बाद लूकाच को अपनी कमियों का ही बोध नहीं हुआ बल्कि मार्क्सवाद की दिशा में आगे बढ़ने के लिए रोशनी भी मिली। लेनिन के साथ लूकाच को आत्मीयता का अनुभव होना स्वाभाविक था क्योंकि उन्हीं की तरह लेनिन भी मार्क्स तक पहुँचने के लिए हेगेल का अध्ययन अनिवार्य मानते थे। किन्तु लेनिन और लूकाच द्वारा हेगेल से निष्कर्ष निकालने में कितना अन्तर था! बहुतों के लिए विश्वास करना कठिन है कि 1917 की क्रान्ति से पूर्व लेनिन हेगेल का 'तर्कशास्त्र' पढ़ने में मशगूल थे। यह लेनिन की ही सर्जनात्मक क्रान्तिकारी प्रतिभा थी कि हेगेल के अमूर्त तर्कशास्त्र से वे फौरी कार्रवाई के लिए ठोस सूत्र निकाल रहे थे। उधर चिन्तक लूकाच के लिए हेगेल का वही तर्कशास्त्र ठोस परिस्थितियों को भी अमूर्त से अमूर्ततर बनाता जा रहा था। लूकाच यदि सिद्धान्त और कर्म की एकता का सिद्धान्त बारम्बार दुहराते थे तो लेनिन उसे ठोस रूप में जीते थे। इस अन्तर के मूल में सम्भवत: हंगरी और रूस की परिस्थितियों का अन्तर था। लेनिन के विचारों को मूर्त रूप देने के लिए रूस की सशक्त बोल्शेविक पार्टी थी तो लूकाच किसी मजबूत पार्टी संगठन के अभाव में हंगरी के शून्य में विचारों के अमूर्त ताने-बाने बुनने के लिए अभिशप्त थे। फिर भी लूकाच ने लेनिन पर जो पुस्तक लिखी, वह 'इतिहास और वर्ग-चेतना' की तुलना में कहीं अधिक

मूर्त है और मार्क्सवाद की समझ के बारे में कम-से-कम सदोष भी। इस पुस्तक में लूकाच ने समाजवादी क्रान्ति की जैसी भौतिकवादी व्याख्या प्रस्तुत की और लेनिन की राजनीतिक मान्यताओं में निहित संरचनात्मक अन्तस्सम्बन्धों का जैसा स्वच्छ निरूपण किया है, वह आज भी अप्रतिम है। इस पुस्तक के आधार पर कुछ लोग तो यहाँ तक कहने को तैयार हैं कि यदि लूकाच की दुर्लभ क्षमताओं को विकसित होने का अवसर मिला होता तो वे क्रान्तिकारी आन्दोलन के इतिहास में प्रमुख राजनीतिक विचारक के रूप में उभरे होते।

लूकाच के सम्बन्ध में इस आशा की पुष्टि 'लेनिन' के बाद की राजनीतिक कृतियाँ भी करती हैं। 1925 में लूकाच ने बुख़ारिन की पुस्तक यांत्रिकता का गम्भीर विश्लेषण करके मार्क्सवादी अर्थशास्त्र-सम्बन्धी चिन्तन को गति दी। लासाल और मोजेज हेस की समीक्षाएँ भी इसी क्रम में उल्लेखनीय हैं। किन्तु इस दौर का सबसे गम्भीर प्रयास 'युवा हेगेल' नामक पुस्तक है जो 1937 में पूर्ण हुई। इस कड़ी का अन्तिम विध्वंसक प्रयास है 'बुद्धि का विनाश' (1954) नामक ग्रंथ, जिसमें जर्मन प्रत्ययवाद की नात्सीवादी-परिणति का कच्चा चिट्ठा पेश किया गया। लूकाच के ये सैद्धान्तिक प्रयास मार्क्सवाद की दिशा में उनकी निश्चित प्रगति के प्रमाण हैं। आरम्भ में उनकी मार्क्सवाद की समझ में चाहे जितनी खामियाँ रही हों किन्तु उनकी आन्तरिक क्रान्तिकारी ईमानदारी असन्दिग्ध थी। यही क्रान्तिकारी ईमानदारी द्वन्द्ववाद के सहारे उन्हें कदम-ब-कदम मार्क्सवाद की दिशा में आगे बढ़ाती रही। लूकाच अपने आरम्भिक गुरु सिम्मेल की यह उक्ति दुहराते नहीं थकते थे : 'आधे रास्ते मत रुको। बिना समझौता किये विचार को उसके निष्कर्ष तक ले जाओ। दीवार से तुम्हारे सिर की टक्कर द्वारा पैदा होनेवाली चिनगारी दिखा देगी कि तुम सीमाओं तक पहुँच गए।'

कहने की आवश्यकता नहीं कि अपने विचारों को निष्कर्ष तक ले जाने के प्रयास में लूकाच ने अक्सर दीवार से अपना सिर टकराया है और उस चिनगारी से स्वयं उन्हें सीमाओं का बोध हुआ हो या नहीं, लेकिन उसकी रोशनी में हम आज भी वे सीमाएँ तो देख ही सकते हैं, लूकाच के सिर के गुट्ठल भी पहचान सकते हैं।

मार्क्सवाद की इसी पूँजी के साथ लूकाच ने साहित्य-समीक्षा और सौन्दर्यशास्त्र के क्षेत्र में प्रवेश किया। 1929 के राजनीतिक संन्यास के बाद स्थिति भी कुछ ऐसी पैदा हुई कि उन्हें 1930 में मास्को के मार्क्स-एंगेल्स संस्थान में अध्ययन का अवसर मिला। सौभाग्य से संस्थान के निदेशक रायाजनोव उस समय मार्क्स की '1844 की अर्थशास्त्रीय और दार्शनिक पांडुलिपि' का सम्पादन कर रहे थे। इस कार्य में योग देने के बहाने लूकाच को पहली बार उस अप्रकाशित ग्रंथ के पढ़ने का मौका मिला। अनुमान किया जा सकता है कि 'इतिहास और वर्ग-चेतना' के लेखक पर उस पांडुलिपि का कैसा क्रान्तिकारी प्रभाव पड़ा होगा। साथ ही लूकाच के जीवन

में एक महत्त्वपूर्ण घटना घटी। मास्को में उनका परिचय प्रसिद्ध मार्क्सवादी समीक्षक मिखाइल लिफशित्स से हुआ जो शीघ्र ही प्रगाढ़ मित्रता में बदल गया। लूकाच ने स्वयं स्वीकार किया है कि लिफशित्स की मित्रता उनके चिन्तन के लिए अत्यन्त लाभप्रद प्रमाणित हुई। लिफशित्स की ही प्रेरणा से उन्होंने साहित्य और कला-चिन्तन की ओर दुबारा रुख़ किया और जीवन के शेष भाग उसी क्षेत्र को अर्पित कर दिये।

1931 से 1933 तक दो वर्ष बर्लिन में प्रवास करने के बाद हिटलर के सत्तारूढ़ होते ही लूकाच जर्मनी छोड़कर मास्को में शरण लेने के लिए बाध्य हो गए और तब से 1944 तक लगभग 11 वर्ष उन्होंने मास्को में ही बिताए। स्मरण रहे कि लूकाच के मास्को-प्रवास का यह समय द्वितीय विश्वयुद्ध ही नहीं बल्कि स्तालिन-युग के चरमोत्कर्ष का भी समानान्तर है। मास्को-प्रवास के दौरान साहित्य-समीक्षा लूकाच की आवश्यकता ही नहीं, विवशता भी थी। कहने की आवश्यकता नहीं कि उनकी साहित्य-समीक्षा इस विवशता के दबाव से अप्रभावित नहीं रह सकी। मार्क्सवाद की ओर आने से पूर्व हाइडेल बर्ग के दिनों में 1911-12 के आसपास ही अन्सर्ट ब्लोक, एमिल लास्क और मार्क्स वेबर से प्रोत्साहन पाकर लूकाच ने सौन्दर्यशास्त्र पर कार्य करने की योजना बनाई थी और 1917-18 में जर्मन पत्रिका 'लोगोस' में 'सौन्दर्यशास्त्र में विषयी-विषय सम्बन्ध' शीर्षक एक निबन्ध भी प्रकाशित कराया था। सौन्दर्यशास्त्रीय पुनरुत्थान के इस नये दौर में उन्होंने उस छिन्न सूत्र को फिर से उठाया और जर्मनी-प्रवास के दो वर्षों की अवधि में 'अनुकृति और कला में प्रतिच्छाया' शीर्षक सैद्धान्तिक लेख लिखा। इसके बाद 1933 में मास्को के दीर्घ प्रवास का आरम्भ उस सैद्धान्तिक निबन्ध से हुआ जिसमें सिर्किगेन को लेकर एक ओर मार्क्स-एंगेल्स और दूसरी ओर लासाल के बीच हुए विवाद के प्रश्नों को आगे बढ़ाने का प्रयास किया गया। यह निबन्ध एक तरह लूकाच के भावी सौन्दर्यशास्त्रीय चिन्तन की भूमिका है जिसकी चरम परिणति अन्ततः उनके विशाल ग्रंथ 'सौन्दर्यशास्त्र' (1963) में हुई; किन्तु उस महाप्रयास के पूर्व लूकाच ने 19वीं सदी के यथार्थवादी उपन्यासों के विवेचन के माध्यम से कला और साहित्य में यथार्थवाद की निश्चित प्रकृति पर विस्तार से विचार किया। जैसाकि उन्होंने स्वयं ही कहा है, उनके चिन्तन का मुख्य विषय 'अनुकृति' की समस्या ही नहीं बल्कि प्रतिच्छाया सिद्धान्त में द्वन्द्ववाद का उपयोग था। मास्को-प्रवास में रचे गए ग्रंथ हंगरी वापस आने पर ही प्रकाशित हो सके। वे उल्लेखनीय ग्रंथ हैं : 'गेटे और उनका युग' (1947), 'यथार्थवाद-सम्बन्धी निबन्ध' (1948), 'विश्व साहित्य में रूसी यथार्थवाद' (1949), 'उन्नीसवीं सदी के जर्मन यथार्थवादी' (1951), 'बाल्ज़ाक और फ्रांसीसी यथार्थवाद' (1952) तथा 'ऐतिहासिक उपन्यास' (1952)।

इन समीक्षा ग्रंथों में लूकाच ने उपन्यास में भोंड़े समाजशास्त्र के साहित्यिक प्रतिरूप प्रकृतिवाद का खंडन करते हुए जीवन-समृद्ध यथार्थवाद की स्थापना की

क्योंकि उनकी दृष्टि में यथार्थवाद ही साहित्य में द्वन्द्वात्मक भौतिकवाद का वास्तविक प्रतिनिधित्व करता है। इस प्रकार उन्होंने साहित्य में भी द्वन्द्ववाद की केन्द्रीय अवधारणा 'समग्रता' (टोटैलिटी) की स्थापना की। लूकाच की सर्वाधिक रुचि उपन्यास में थी और उपन्यासकारों में भी उन्हें 19वीं सदी के महान यथार्थवादी उपन्यासकार सबसे अधिक प्रिय थे। कहने की आवश्यकता नहीं कि उनकी यह रुचि उनके सिद्धान्त के साहित्यिक विनियोग के लिए सर्वथा उपयुक्त थी और इसी के आधार पर उन्होंने अपने साहित्यिक प्रतिमान भी स्थिर किए। वाल्टर स्काट, गेटे, बाल्ज़ाक, टॉल्स्टॉय और टामस मान उनके साहित्यिक आदर्श थे। लूकाच की इस मान्यता से मतभेद की गुंजाइश हो सकती है, पर इसमें कोई शक नहीं कि लूकाच ने उक्त लेखकों की कृतियों के अनेक नये पक्षों का उद्‌घाटन पहली बार किया और इस प्रकार उनके आलोचनात्मक लेख उक्त लेखकों पर लिखी हुई सर्वोत्तम आलोचनाओं में गिने जाते हैं। 19वीं सदी के महान् लेखकों का मार्क्सवादी मूल्यांकन करके लूकाच ने मार्क्सवादी आलोचना को विश्वसनीय बनाया।

किन्तु 19वीं सदी जहाँ लूकाच की शक्ति है, वहीं वह उनकी दृष्टि की सीमा भी है। एक अरसे तक वे बीसवीं सदी के साहित्य की समीक्षा से कतराते रहे, किन्तु जब बीसवीं सदी से साक्षात्कार दुर्निवार हो गया तो 1956 में उन्होंने 'समकालीन यथार्थवाद का अर्थ' नामक आलोचना पुस्तक लिखी और अन्ततः काफ्का और बेकेट जैसे आधुनिक कथाकारों-नाटककारों से भिड़ने का गम्भीर प्रयास किया। इसमें कोई शक नहीं कि काफ्का और बेकेट के मूल्यांकन में लूकाच का मत कट्टर मार्क्सवादी आलोचकों से भिन्न नहीं है, किन्तु इतना अवश्य है कि लूकाच ने इन्हें सीधे-सीधे सरसरी तौर पर तिरस्कृत करने की अपेक्षा इनकी रचनाओं की गहराई में प्रवेश करने का प्रयास किया। इस सन्दर्भ में उल्लेखनीय है कि लूकाच एक अरसे तक बर्टोल्ट ब्रेख्त के नाटकों को भी अपने यथार्थवादी निकष पर खोटा मानते रहे और अन्त में उनके महत्त्व को किसी तरह स्वीकार भी किया तो उस अर्द्ध-स्वीकृति में कोई उत्साह न था। इसीलिए ब्रेख्त ने लूकाच के समीक्षा-प्रसाद की तुलना मादाम तुसाउद की उस बन्द दुकान से की, जिसमें स्कॉट, बाल्ज़ाक, टॉल्स्टॉय आदि की महान् मोमी मूर्तियाँ अस्पृष्ट और अलभ्य निधि के समान पड़ी हुई हैं जहाँ किसी समकालीन की पहुँच नहीं है। ब्रेख्त के शब्दों में लूकाच की यह समीक्षा-दृष्टि मूलतः अनैतिहासिक है क्योंकि इसमें नई परिस्थितियों के अनुरूप नये कला-रूपों की आवश्यकता की पहचान नहीं है।

इस सीमा के बावजूद एक आलोचक के रूप में लूकाच की बौद्धिक ईमानदारी की प्रशंसा करनी ही पड़ेगी। उनके यथार्थवाद का निकष चाहे जितना प्राचीन और जड़ हो किन्तु उसके व्यावहारिक उपयोग में किसी प्रकार का लचीला अवसरवाद न था। स्तालिनवादी आतंक की छाया में रहते हुए भी उन्होंने 'समाजवादी यथार्थवाद'

की सरकारी नीति के अनुसरणकर्ता सोवियत कथाकारों की उपेक्षा की। यही नहीं बल्कि स्तालिन के मूर्ति-भंजन के बाद 'समकालीन यथार्थवाद का अर्थ' (1956) नामक पुस्तक में उन्होंने समाजवादी यथार्थवाद के नाम पर लिखी गई यांत्रिक कथाकृतियों की कड़ी आलोचना की और उनमें निहित मार्क्सवाद के विकृत रूप 'अर्थवाद' का उद्घाटन किया। लूकाच की इस बौद्धिक ईमानदारी का चरमोत्कर्ष है सोल्जेनित्सिन पर लिखा हुआ दूसरा लेख (1969)। जिस सोल्जेनित्सिन को सोवियत सरकार और सोवियत लेखक संघ एकांगी और निषेधात्मक यथार्थ चित्रण के लिए लांछित कर रहा था, उसी के समर्थन में लूकाच ने लेखनी उठाकर अपने जीवन की संध्या को अतिरिक्त अरुणिम आभा से जगमगा दिया। निश्चय ही लूकाच की सोल्जेनित्सिन-समीक्षा अमिश्रित प्रशंसा-मात्र नहीं है। सोल्जेनित्सिन की दृष्टि की सीमा का निर्देश करते हुए लूकाच ने स्पष्ट लिखा है कि उन्होंने स्तालिनवादी युग की आलोचना कम्यूनिस्ट दृष्टि से नहीं बल्कि सामान्य निम्नवर्गीय (प्लेबियन) दृष्टि से की है, फिर भी लूकाच ने सोल्जेनित्सिन को एक नये सृजनशील युग का अग्रदूत और उनके उपन्यासों को समाजवादी यथार्थवाद के शुभारम्भ का पुनर्जागरण कहा है।

किन्तु जैसाकि सोल्जेनित्सिन के उपन्यास 'द फर्स्ट सर्किल' के एक पात्र के सनकीपन का विवेचन करते हुए लूकाच ने कहा है, एक आतंकवादी व्यवस्था का सबसे ईमानदार प्रतिरोध विकृत होकर प्राय: सनकीपन में परिणत हो जाता है। क्या स्वयं लूकाच के बारे में भी यह कथन लागू नहीं होता?

कुल मिलाकर जॉर्ज लूकाच अपनी बुद्धि की सर्वातिशयता और समग्रता के द्वारा बीसवीं सदी में भी पुनर्जागरण-युग के पूर्ण मानव और 19वीं सदी के अतिमानवीय मनीषावाले विराटबुद्धि विचारकों की याद दिलाते हैं। वे मध्य यूरोप की उस गौरवशाली बौद्धिक परम्परा की अन्तिम कड़ी है जिसने विश्वकोश के आयामवाले मनीषी पैदा किए। आज उनके आलोचना सिद्धान्त भले ही अग्राह्य प्रतीत हों परन्तु उनकी अन्तर्दृष्टि का युग-युगान्तरव्यापी प्रसार आज भी स्पृहणीय है। उनमें साहित्यिक कृतियों को परखने के लिए विराट अवधारणाओं के निर्माण की ऐसी क्षमता थी जो अन्यत्र दुर्लभ है। 'समग्रता' और 'वस्तुनिष्ठता' के प्रति लूकाच का जो आग्रह था, वह आज भी प्रेरणादायक है। लूकाच के व्यक्तित्व और कृतित्व से स्पष्ट है कि एक अपूर्ण एवं सदोष मार्क्सवादी भी ग़ैर-मार्क्सवादियों से कहीं अधिक महान हो सकता है।

['आलोचना' : जुलाई-सितम्बर, 1971]

लूसिएँ गोल्डमान : वैज्ञानिक विचारक और दार्शनिक

साहित्य का समाजशास्त्र एक वैज्ञानिक प्रणाली से सम्पन्न शास्त्र के रूप में प्रतिष्ठित हो ही रहा था कि उस प्रणाली के निर्माता लूसिएँ गोल्डमान अचानक विगत अक्टूबर (1971) में चल बसे। उम्र उनकी अभी 57 वर्ष की ही थी। बुखापेस्ट में 1913 में जन्मे गोल्डमान 1934 में पेरिस आ बसे और इस तरह आयनेस्को के बाद वे दूसरे महान् रूमानिया-वासी हैं जिन्होंने अपने सांस्कृतिक घर के रूप में पेरिस को चुना। इसके पहले वियना और ज़ूरिख़ रहकर उन्होंने जर्मन चिन्तन-परम्परा को आत्मसात् किया था और दो वर्ष के लिए जेनेवा जाकर विश्वविश्रुत मनोवैज्ञानिक ज्याँ प्येजे से प्रयोगशाला प्रविधि की दीक्षा भी ली थी। कुछ समय तक पेरिस के सुप्रसिद्ध 'इकोल प्रातीक द ओते एतूद' में दर्शन और साहित्यिक समाजशास्त्र का अध्यापन करने के बाद गोल्डमान 1961 में बूरसेल्स के लाब्र विश्वविद्यालय में 'साहित्यिक समाजशास्त्र के शोध-केन्द्र' के निदेशक हो गए और जीवन-पर्यन्त वहीं रहे। इस शोध-केन्द्र में उन्होंने अपनी रुचि के विषय में सामूहिक शोध का ऐसा संगठन किया कि आज वे उस प्रयोगशाला के अद्वितीय आचार्य के रूप में मान्य हैं।

लूसिएँ गोल्डमान का नाम जॉर्ज लूकाच के साथ अविच्छिन्न रूप से जुड़ा हुआ है। लूकाच उनके विद्यागुरु और प्रेरणास्रोत हैं। उनके विचारों के मूल में लूकाच की दो आरम्भिक कृतियाँ हैं : 'उपन्यास-सिद्धान्त' तथा 'इतिहास और वर्ग-चेतना'। सच तो यह है कि द्वितीय महायुद्ध के बाद छठे दशक में जब लूकाच की आरम्भिक कृतियाँ उपेक्षित पड़ी थीं, गोल्डमान ने ही उनका पुनरुद्धार किया और उनकी प्रमुख अवधारणाओं के आधार पर साहित्य के समाजशास्त्रीय विश्लेषण की एक सुसंगत प्रणाली विकसित की। गोल्डमान इस प्रणाली को 'उत्पत्तिमूलक संरचनावाद' (जेनेटिक स्ट्रक्चरलिज़्म) के नाम से अभिहित करना पसन्द करते थे।

'उत्पत्तिमूलक संरचनावाद' की आधारभूत अवधारणा है : 'समग्रता' अथवा 'टोटैलिटी'। 'समग्रता' की अवधारणा मूलत: हेगेलीय है जिसे मार्क्स ने भी ग्रहण किया था, किन्तु बीसवीं सदी में इसे प्रचलित करने का श्रेय लूकाच को है। 'समग्रता' की तलाश का मूल अभिप्राय था : जीवन से लेकर चिन्तन के क्षेत्र तक व्याप्त

'वस्तुकरण' (रीइफ़िकेशन) के विरुद्ध संघर्ष। पूँजीवादी व्यवस्था के कारण जीवन का सब कुछ 'वस्तु' में ही रूपान्तरित नहीं होता बल्कि वह खंड-खंड भी हो जाता है। इसके कारण दृष्टि भी खंडित हो जाती है। साहित्यिक समाजशास्त्र में इस खंडित दृष्टि का परिणाम यह होता है कि एक-एक कृति को उसके कुछ अनुभवलभ्य सामाजिक तथ्यों की पृष्ठभूमि में देखा जाता है। गोल्डमान ने लूकाच की 'समग्रता' की अवधारणा को साहित्यिक समाजशास्त्र के क्षेत्र में 'संरचना' के रूप में लागू किया। इस प्रकार साहित्य और समाज के सम्बन्ध को एक ही व्यापक चेतना की समग्रता के अन्तर्गत अन्तस्सम्बन्धों के रूप में निरूपित करने का प्रस्ताव रखा गया। गोल्डमान चेतना की इस समग्रता को एक सामाजिक वर्ग की विश्व-दृष्टि के रूप में निरूपित करते हैं। उनके अनुसार कोई साहित्यिक कृति एक निश्चित सामाजिक वर्ग की विश्व-दृष्टि के सन्दर्भ में ही पूरी तरह समझी जा सकती है। इसके विपरीत यदि किसी कृति को केवल उसके कृतिकार की जीवन-दृष्टि के प्रकाश में देखने का प्रयास किया गया तो वह खंड-दर्शन होगा।

इस धारणा की पुष्टि के लिए गोल्डमान ने 'अधिवैयक्तिक चित्' (ट्रांस-इंडिविजुअल सेल्फ़) की अवधारणा प्रस्तुत की। उनके अनुसार किसी कृति के सृजन का श्रेय अकेले उसके कृतिकार को नहीं है, बल्कि कृतिकार व्यक्ति को अतिक्रान्त करनेवाली उस चेतना को है जिसके माध्यम से पूरे सामाजिक वर्ग की मानस-संरचना अभिव्यक्त होती है। आवश्यक नहीं कि व्यक्ति कृतिकार को उस वृहत्तर चेतना की अवगति हो ही। अक्सर तो यही होता है कि व्यक्ति को उस वृहत्तर चेतना की अवगति नहीं होती। गोल्डमान के अनुसार आलोचक का कार्य उस वृहत्तर मानस-संरचना को खोज निकालना है जो कृतिकार के अनजाने ही उसकी कल्पना को संघटित करती है।

इस सन्दर्भ में गोल्डमान ने चेतना के दो भेद किये हैं : वास्तविक चेतना और सम्भाव्य चेतना। उनकी प्रणाली में किसी सार्थक कृति के विश्लेषण में वास्तविक चेतना से अधिक महत्त्व सम्भाव्य चेतना का ही होता है क्योंकि एक सार्थक कृति के उपयुक्त व्यापक, उच्चस्तरीय एवं सुसंगत विश्व-दृष्टि के निर्माण की क्षमता सम्भाव्य चेतना में ही होती है। इस प्रसंग में उल्लेखनीय है कि गोल्डमान की सामूहिक सम्भाव्य चेतना को युग का 'सामूहिक अवचेतन' समझने का भ्रम नहीं होना चाहिए। गोल्डमान ने इस अवधारणा को मनोविश्लेषण के संस्पर्श से मुक्त रखने की हरचन्द कोशिश की है।

गोल्डमान को इतनी अवधारणाओं के तंत्र की आवश्यकता इसलिए पड़ी कि उनके साहित्यिक समाजशास्त्र का विवेच्य विषय केवल महान् और कालजयी कृतियाँ ही हैं। सामान्य कृतियों के विश्लेषण के लिए सम्भवत: सामान्य समाजशास्त्र से भी काम चल सकता है, किन्तु महान् कृतियों के सृजन में जिस विश्व-दृष्टि

का योग होता है, उसे निरूपित करने के लिए अधिक गहरी मानस-संरचनाओं की जाँच अपेक्षित है।

गोल्डमान की इस पद्धति का उत्कृष्टतम उपयोग उनकी दो प्रमुख कृतियों में मिलता है। एक है : 'अन्तर्निहित ईश्वर', जिसके अंग्रेज़ी अनुवाद का शीर्षक है : 'दि हिडेन गॉड' और दूसरी है : 'उपन्यास का समाजशास्त्र', जिसका अंग्रेज़ी अनुवाद अभी तक नहीं हुआ है। 'अन्तर्निहित ईश्वर' में फ्रांसीसी चिन्तक पास्कल और नाटककार रासीन की 'त्रासदीय विश्व-दृष्टि' का सामाजिक संरचनात्मक आधार खोजा गया है; और 'उपन्यास का समाजशास्त्र' में बुर्जुआ उपन्यास के क्रमिक ह्रास के सामाजिक कारणों का निरूपण किया गया है जिसका अन्तिम महान् उपन्यासकार आन्द्रे मालरो है।

गोल्डमान लूकाच से इस बात में भिन्न हैं कि वे समकालीन 'अवाँगार्द' साहित्य को अनिवार्यत: पतनशील और नैतिक दिवालिया नहीं मानते। उन्होंने 'नये उपन्यास' के प्रवर्तक एलाँ रॉब-ग्रिए और नाटककार ज्याँ जेने की सहानुभूतिपूर्ण समीक्षाएँ लिखी हैं और उन समीक्षाओं में उन्होंने यह दिखलाया है कि इन रचनाकारों में सामाजिक वर्ग की सम्भाव्य चेतना का सुसंगत रूप व्यक्त हुआ है।

गोल्डमान के 'उत्पत्तिपरक संरचनावाद' की सीमाओं की ओर भी निर्देश किया गया है, जिनमें से कुछ को उन्होंने स्वयं भी स्वीकार किया है। 'अन्तर्निहित ईश्वर' में उन्होंने लिखा है कि कलात्मक तथ्य के दो समानान्तर स्तर हैं : (1) विश्व-दृष्टि और लेखक द्वारा निर्मित संसार के बीच की संवादिता तथा (2) उक्त संसार और उसे व्यक्त करने के लिए लेखक द्वारा प्रयुक्त शैली, बिम्ब, वाक्य-विन्यास प्रभृति निश्चित साहित्यिक विधियों के बीच की संवादिता। गोल्डमान के अनुसार 'समाजशास्त्रीय सौन्दर्यशास्त्र', इनमें से केवल प्रथम की परीक्षा कर सकता है जबकि द्वितीय स्तर की परीक्षा के लिए एक 'अधिक साहित्यिक सौन्दर्यशास्त्र' की अपेक्षा है। इस प्रसंग में गोल्डमान ने स्वीकार किया है कि वे द्वितीय स्तर का निर्वाह केवल सतही ढंग से ही कर पाए हैं। उल्लेखनीय है कि गोल्डमान के 'उत्पत्तिपरक संरचनावाद' में साहित्य के सबसे आधारभूत तत्त्व—भाषा के संरचनात्मक विश्लेषण की सर्वथा उपेक्षा की गई है।

आलोचकों ने गोल्डमान की प्रणाली को एकायामी और नियतिवादी भी कहा है। एकायामी वह इस अर्थ में है कि उसके अन्तर्गत किसी कृति की बहुस्तरीय समृद्धि के विश्लेषण के लिए अवकाश नहीं है। जिस विश्व-दृष्टि के साँचे में किसी कृति की व्याख्या का प्रस्ताव गोल्डमान करते हैं, वह अन्तत: एक सीमित 'विचारधारा' बनकर ही रह जाती है जो एक जीवन्त कृति की विविधता को उजागर करने के मार्ग में बाधक है। नियतिवादी वह इस अर्थ में है कि उसके अन्तर्गत कृतिकार की सर्जनशील चेतना की सक्रिय अभिव्यक्ति की स्वीकृति नहीं है। गोल्डमान की

निर्वैयक्तिक चेतना का नियंत्रण सामाजिक अथवा आर्थिक नियतिवाद तथा रूपमूलक संरचनावादियों के रूपात्मक अंकुश से कम कठोर नहीं है। इस प्रकार गोल्डमान के 'उत्पत्तिपरक संरचनावाद' की प्रणाली में लचीलेपन की कमी है और कुछ लोगों का अनुमान है कि यह प्रणालीबद्धता का अनिवार्य दोष है।

साहित्यिक समाजशास्त्री के अतिरिक्त लूसिएँ गोल्डमान एक वैज्ञानिक विचारक और दार्शनिक भी हैं। मार्क्सवाद से किसी-न-किसी प्रकार सम्बद्ध तो वे पहले से ही रहे हैं पर जब से पश्चिमी दुनिया में 'नववाम' का उदय हुआ और फ्रांस में छात्र-शक्ति ने अपना उग्र रूप दिखलाया, गोल्डमान भी मसीहाई में मारकूस से होड़ लेने के लिए आतुर हो उठे। इस दृष्टि से उनकी पुस्तक 'मार्क्सवाद और मानव-विज्ञान' उल्लेखनीय है। इस पुस्तक में मार्क्स, लूकाच, सार्त्र और मारकूस की समीक्षाएँ सम्मिलित हैं। इन निबन्धों से यह तो स्पष्ट है कि गोल्डमान की आस्था सामान्यत: समाजवाद और मानववाद में है, किन्तु उनकी दृष्टि नव-पूँजीवाद के भ्रमों से इतनी मुक्त नहीं है कि उन्हें मार्क्सवादी माना जाए! इन वैचारिक सीमाओं के बावजूद साहित्यिक समाजशास्त्र की दिशा में उनका प्रयास मूल्यवान है और समाज तथा साहित्य के सम्बन्धों की जटिलता को समझने में उनकी अवधारणाएँ काफ़ी उपयोगी हैं।

['आलोचना' : जनवरी-मार्च, 1972]

साहित्य का समाजशास्त्र : लूसिएँ गोल्डमान

[1]

जिन विचारकों ने एक निश्चित पद्धति का निर्माण और विकास किया और उसके साथ उतने विस्तार से प्राचीन और आधुनिक साहित्यिक कृतियों का समाजशास्त्रीय अध्ययन किया, उनमें सबसे प्रमुख नाम लूसिएँ गोल्डमान का है। हम लोग लूसिएँ गोल्डमान के साहित्यिक समाजशास्त्र और उनकी साहित्यिक समाजशास्त्रीय अवधारणाओं पर एक दृष्टि डालेंगे। लूसिएँ गोल्डमान पर किताबें और लेख बहुत हैं। उन पर लिखा बहुत गया है और उनकी कुछ क्लासिक अवधारणाएँ या कॉन्सेप्ट हैं, उन अवधारणाओं में थोड़ी जटिलता भी है और कहीं-कहीं अस्पष्टता भी है। इसलिए हम लोग उनको अपेक्षाकृत सरल-सुबोध रूप में समझने और जानने की कोशिश करेंगे।

लूसिएँ गोल्डमान 1923 में पैदा हुए और 1970 में 57 साल की उम्र में उनकी मृत्यु हुई। पैदा हुए थे रोमानिया के एक यहूदी परिवार में और अपने वामपंथी विचारों के कारण कुछ दिनों जेल में रहे। इसी कारण उनको रोमानिया छोड़ देना पड़ा। रोमानिया से वे पेरिस आ गए थे। उनकी ज़्यादातर शिक्षा पेरिस और वियना में हुई। मशहूर मनोविज्ञानवेत्ता ज्याँ पेजे की लेबोरेटरी में उनके साथ कई दिनों तक काम किया। ज्याँ पेजे के साथ काम करते हुए वे संरचनावाद (स्ट्रक्चरलिज़्म) को माननेवाले हो जाते हैं। दूसरे महायुद्ध के दौरान जब देश में नाजियों का राज क़ायम हो गया, पेरिस छोड़कर भागना पड़ा, इसलिए शिक्षा का सिलसिला खंडित रहा। कुछ शिक्षा फ्रांस में हुई, कुछ शिक्षा जर्मनी में हुई। दूसरा महायुद्ध समाप्त होने के बाद वे फिर पेरिस लौटे। पेरिस नाजियों से मुक्त हुआ 1945 के बाद। उन्होंने फिर अपनी पढ़ाई का सिलसिला जारी किया। 1956 में उन्होंने शोध-कार्य किया था, जिस पर उपाधि मिली थी। यह दूसरी डिग्री थी उनके जीवन की। 'द हिडेन गॉड' नाम की किताब है। 1956 में इसे थीसिस के रूप में जमा किया था। गोल्डमान पेरिस में ही 'साहित्य का समाजशास्त्र' के प्रोफेसर बनाए गए। प्री-यूनिवर्सिटी ब्रिसेल्स में उन्होंने एक रिसर्च प्रोजेक्ट शुरू किया, जिसमें वे जीवन-पर्यन्त काम करते रहे। वहाँ उन्होंने 'सोशियोलॉजी ऑफ़ लिटरेचर' नाम की डिसिप्लिन क़ायम की। उनकी

मुख्य साहित्यिक रचनाएँ हैं : 'हिडेन गॉड', जिस पर उन्हें यश प्राप्त हुआ, और 'टुवर्ड्स सोशियोलॉजी ऑफ़ नॉवेल'। इसके अलावा उन्होंने ज्याँ जेने के नाटकों पर लिखा है। लूसिएँ गोल्डमान का लेखन इस तरह से तीन हिस्सों में बाँटा जा सकता है। उनकी कुछ पुस्तकें सैद्धान्तिक हैं। साहित्य का समाजशास्त्र को वे 'जेनेटिक स्ट्रक्चरलिज़्म' कहते थे यानी 'उत्पत्तिपरक संरचनावाद'। इस सिद्धान्त के बारे में और इसकी पद्धति या प्रणाली के बारे में उन्होंने कई लेख लिखे हैं। पुस्तकें भी लिखी हैं : 'कल्चरल क्रिएशन', 'मार्क्सिज़्म एंड ह्यूमन साइंसेज'। दूसरी कोटि के लेख हैं, जहाँ उन्होंने अपनी पद्धति को कुछ दार्शनिकों और विचारकों पर लागू किया है। इस कोटि में कांट, जॉर्ज लूकाच और हाइगेडर सम्बन्धी उनके लम्बे निबन्ध हैं। तीसरी कोटि है उन पुस्तकों की, जहाँ मुख्यत: उन्होंने साहित्यकारों और साहित्यिक कृतियों का ज़िक्र किया है। इसमें सबसे प्रसिद्ध पुस्तक 'द हिडेन गॉड' है, जिसमें रासीन के दुखान्त नाटकों और पास्कल का ज़िक्र किया है। पास्कल एक तरह के फ्रांस के रहस्यवादी चिन्तक थे लेकिन उनका महत्त्व साहित्य में भी माना जाता है। दूसरी पुस्तक 'टुवर्ड्स अ सोशियोलॉजी ऑफ़ नॉवेल' है। इसमें मुख्यत: आन्द्रो मालरो के उपन्यासों का अध्ययन है। उसके अलावा कुछ अन्य उपन्यासों के बारे में भी सामान्य समीक्षा की गई है। तीसरी कोटि में ज्याँ जेने के नाटकों पर उन्होंने विस्तार से अध्ययन किया है। इस तरह सैद्धान्तिक लेखन, दार्शनिकों का समाजशास्त्रीय अध्ययन और साहित्यिक कृतियों का समाजशास्त्रीय अध्ययन—तीन कोटियों में उनका लेखन दिखाई पड़ता है।

उन पर दो प्रभाव मुख्य रूप से हैं, जिनको उन्होंने स्वीकार किया है। एक तो लूकाच की तीन आरम्भिक कृतियों का है : 'सोल एंड द फॉर्स', 'थियरी ऑफ़ नॉवेल', और 'हिस्ट्री एंड क्लास-कांशसनेस' हैं। इन तीन पुस्तकों का गहन प्रभाव लूसिएँ गोल्डमान ने स्वीकार किया है। यद्यपि जॉर्ज लूकाच इस बात से बड़े ही अप्रसन्न थे। उन्होंने लूसिएँ गोल्डमान को एक पत्र भी लिखा था। उन्होंने कहा कि बड़ी अजीब बात है, अगर तुम्हारी बात मानी जाए तो मैं 1923 में मर गया। 1923 के बाद मैंने जो कुछ लिखा, उसका तुम्हारे लिए कोई महत्त्व नहीं है। तुम्हारा यह ऋण स्वीकार करना और न करना मेरे लिए बराबर है। तुम्हारे इस प्रभाव का मेरे लिए कोई अर्थ नहीं है। लगभग जॉर्ज लूकाच ने डिस्ऑन कर दिया। उन्होंने कहा कि जिन कृतियों को मैं अपरिपक्व मानता हूँ, उन्हें तुम महत्त्वपूर्ण मानते हो और उसके बाद जो मैंने काम किया है, उसका तुम्हारे लिए कोई महत्त्व नहीं है। चालीस साल मैं घास खोदता रहा हूँ। इसके बाद जॉर्ज लूकाच ने लूसिएँ गोल्डमान से कोई पत्र-व्यवहार नहीं किया। दूसरा प्रभाव उन्होंने स्वीकार किया है ज्याँ पेजे का, जो मशहूर बाल मनोवैज्ञानिक हैं। एक तरह से 'जेनेटिक स्ट्रक्चरलिज़्म' का श्रेय बहुत-कुछ ज्याँ पेजे को है। उनकी लेबोरेटरी में गोल्डमान ने काम किया है।

इस लेबोरेटरी वाले काम का एक बहुत महत्त्वपूर्ण प्रभाव उन पर रहा है। देखना है कि गोल्डमान ने अपना जो कॉन्सेप्ट बनाया, वह क्या है? ज्याँ पेजे की लेबोरेटरी में काम करने का असर गोल्डमान पर यह हुआ कि उन्होंने एक पद्धति विकसित की। पद्धति ऐसी होती है जो सुनने में बड़ी भारी-भरकम लगे, बहुत महत्त्वपूर्ण और गम्भीर लगे लेकिन किसी काम की न हो। उसकी 'ऑपरेशनल वैल्यू' नहीं होती। जो सचमुच काम करनेवाला आदमी होता है, उसके लिए ऑपरेशनल वैल्यू वाली पद्धति ज़्यादा काम की होती है। लूसिएँ गोल्डमान ने केवल थियरी नहीं बनाई है, पद्धति ही नहीं बनाई बल्कि उसे अनेक उपन्यासों तथा दूसरी कृतियों में इस्तेमाल भी किया है। ज्याँ पेजे का अच्छा असर उनके ऊपर था। आगे चल करके जॉर्ज लूकाच ने भी अनेक साहित्यिक कृतियों का ख़ास तौर से 'क्रिटिकल रियलिज़्म' और 'सोशलिस्ट रियलिज़्म' की स्थापना करके व्यावहारिक आलोचना पर काम किया है। सबसे ज़्यादा उपयोगी उनके व्यावहारिक कार्य हैं। लूसिएँ गोल्डमान ने पहले व्यावहारिक कार्य किया, उसके बाद उसको रेशनलाइज करते हुए उसके औचित्य स्थापना के लिए सिद्धान्त का निर्माण किया। पहला काम कांट पर किया और दूसरा 'हिडेन गॉड' में रासीन के दुखान्त नाटकों पर। दोनों पुस्तकों में थोड़ी-सी चर्चा उस मेथडोलॉजी की भी है। सचमुच मेथडोलॉजी पर उन्होंने बहुत बाद में काम किया है, जिसको कोडीफाई करना कहते हैं—सूत्रबद्ध रूप में। दोनों में कभी-कभी अन्तर्विरोध भी दिखाई पड़ता है। उस मेथडोलॉजी को सूत्रबद्ध रूप में दिया हुआ है। पाँच सूत्र गिनाए हैं। पाँच सूत्रों को कहीं भी आप पढ़ सकते हैं।

'आलोचना' में उनके एक लेख का अनुवाद किया गया है, उसमें पाँच सूत्र लिखे गए हैं। जो सूत्रीकरण उन्होंने अपनी पद्धति का किया है, वह एक चीज़ है और वह पद्धति व्यवहार में, प्रयोग में जिस रूप में इस्तेमाल की गई है, वह 'हिडेन गॉड' में है। लोगों का ख़याल है कि 'हिडेन गॉड' में जो प्रच्छन्न या अन्तर्निहित पद्धति है, वह ज़्यादा उपयोगी और रचनात्मक है। उसकी अपेक्षा जिस पद्धति को जो उन्होंने पाँच सूत्रों में सूत्रबद्ध किया है, कम उपयोगी है। गोल्डमान ने सिर्फ़ दो चीज़ें लिखी हैं। उनकी दोहरी स्थापनाएँ हैं। पहली चीज़ यह है कि साहित्यिक कृतियाँ प्रकृत्य: सामाजिक होती हैं। दूसरी चीज़ यह कि साहित्यिक कृतियों की अन्तर्वस्तु का विश्लेषण नहीं करना चाहिए, बल्कि अन्तर्वस्तु के रूप का विश्लेषण करना चाहिए। अंग्रेज़ी में आप लोग चाहें तो इसे लिख सकते हैं : 'कल्चरल प्रोडक्ट्स आर इनहेरेंटली सोशल' एक। और दूसरा है : 'एनालिसिस मस्टबीन ऑल केसेस ऑफ़ द फॉर्म एंड नॉट द कंटेंट इट सेल्फ।' दो सीधे-सादे सूत्र हैं, बड़े ही निरामिष। इनकी व्याख्या बहुत ज़रूरी है। उस व्याख्या को कि साहित्यिक कृतियाँ प्रकृत्य: सामाजिक होती हैं, इसमें 'इनहेरेंटली सोशल' का क्या मतलब है? दूसरी चीज़ यह कि साहित्यिक कृतियों का विश्लेषण उनकी अन्तर्वस्तु या उनके कंटेंट के आधार

पर नहीं करना चाहिए बल्कि उनके अन्तर्वस्तु के रूप का करना चाहिए। हम आम तौर से जानते हैं कि साहित्यिक कृतियाँ पंचायती ढंग से नहीं लिखी जातीं। प्रेमचन्द ने 'गोदान' लिखी। कोई कमेटी बनाकर तो प्रेमचन्द ने लिखा नहीं। इसलिए किसी साहित्यिक कृति का लेखक एक व्यक्ति होता है। रहा होगा समाज के इतिहास में या साहित्य के इतिहास में एक युग जब समूह गीत होते थे। महाभारत एक ही व्यास ने लिखा या कई लोगों ने लिखा? 'ओडिसी' या वैदिक ऋचाओं के बारे में भी कई लोगों ने यह लिखा है। लेकिन ज्ञात इतिहास की प्रत्येक कृति का लेखक कोई न कोई एक आदमी है। आम तौर से एक प्रश्न होता है कि प्रेमचन्द ने 'गोदान' क्यों लिखा? कैसे लिखा? किन विचारों और भावों की अभिव्यक्ति के लिए लिखा? लूसिएँ गोल्डमान का कहना है कि इसमें हमारी कोई दिलचस्पी नहीं है। किसी साहित्यिक कृति के विश्लेषण में उसका जो कर्ता है या उसका रचयिता है, उसका व्यक्तिगत जीवन है, आत्मकथा या आत्मचरित और उसकी अपनी रचना-प्रक्रिया है, उसके अध्ययन में मेरी कोई दिलचस्पी नहीं है। यह 'साइको एनालिस्ट' का काम है। यह साहित्य के समाजशास्त्र का काम नहीं है। यह सही है कि लेखक कोई न कोई एक होता है और वह लेखक अपनी व्यक्तिगत बातें भी उसमें कहता है, लेकिन एक साहित्यिक कृति एक व्यक्ति द्वारा लिखी जाती हुई भी इंडिविजुअल नहीं होती, व्यक्तिगत नहीं होती। 'ट्रांसइंडिविजुअल' होती है। जब वह कहते हैं कि साहित्यिक कृति प्रकृत्य: सामाजिक होती है तो इसका अर्थ है कि भले ही उसे एक व्यक्ति लिखे, वह सामाजिक होती है। इसी बात को कहने के लिए उन्होंने जिस शब्द का प्रयोग किया है, वह 'ट्रांसइंडिविजुअल' है यानी 'अधिवैयक्तिक' होता है। उसकी प्रकृति इंडिविजुअल और सोशल, दोनों होती है। जिस शब्द का प्रयोग उन्होंने किया है, उस पर बहस और लोगों ने की है। साहित्यिक कृति को इलियट ने इमपर्सनल कहा है। इन्होंने ट्रांसइंडिविजुअल कहा है। ठीक है कि रचना एक व्यक्ति करता है लेकिन वह व्यक्ति किसी सामाजिक समूह का प्रवक्ता होता है, इस बात को समझ लीजिए। उदाहरण के लिए रासीन ने नाटक लिखे, इसलिए व्यक्ति रासीन के जीवन का चाहे जितना विश्लेषण किया जाए, उसकी व्यक्तिगत बातों का पता लगाया जाए, उससे उसकी रचना का अर्थ नहीं खुल सकता है। रासीन के जीवन-चरित्र का ब्योरा भी उसके नाटक या उसकी दुखान्त ट्रैजेडी में कोई बता सकता है? उसके नाटक को ठीक-ठीक समझा जा सकता है इस बात से कि रासीन किस सामाजिक समूह का सदस्य था। गोल्डमान ने 'सोशल ग्रुप' कहा है, 'वर्ग' नहीं। उन्होंने कहा कि फ्रांस में 'नोबलेस-द-रोब' एक सोशल ग्रुप है जिसका गहरा सम्बन्ध फ्रांस की कोर्ट से है। 'नोबलेस-द-रोब' की विचारधारा रासीन के दुखान्त नाटकों में व्यक्त होती है। इसलिए पहली बात यह कि रासीन के नाटक प्रकृत्य: सामाजिक हैं। रासीन नाम के एक व्यक्ति की भावनाओं और विचारों की अभिव्यक्ति उसमें नहीं हुई है,

बल्कि उस सामाजिक समूह की अभिव्यक्ति है, जिसके सदस्य रासीन थे। किसी लेखक के पीछे जीवन-चरित्र की अपेक्षा यह पता लगाना कि वह कौन-सा ग्रुप है, जिसका वह सदस्य है, बड़ा महत्त्वपूर्ण है। जिस सोशल ग्रुप की समस्याओं को हल करने के लिए उसने अपनी कृतियाँ लिखीं, उन चीज़ों के अध्ययन से हम किसी साहित्यिक कृति के बारे में सही जानकारी प्राप्त कर सकते हैं। गोल्डमान ने कहा कि किसी रचना की अंडरस्टैंडिंग और इंटरप्रिटेशन एक काम है और एक्सप्लेनेशन दूसरा। ये शब्द टेक्निकल अर्थ में इस्तेमाल किये गए हैं।

दूसरी बात यहाँ यह है कि किसी कृति की अन्तर्वस्तु का विश्लेषण नहीं करना चाहिए; बल्कि अन्तर्वस्तु के रूप का विश्लेषण करना चाहिए। उदाहरण के लिए गोल्डमान ने कहा है कि कोई आदमी कहे कि डिकेंस के उपन्यासों से विक्टोरियन इंग्लैंड की गरीबी का या गरीब लोगों का जीवन मालूम होता है—तो यह हुआ डिकेंस के उपन्यासों के कंटेंट्स का वर्णन। ज़्यादातर गरीबी का, विक्टोरियन इंग्लैंड के गरीब बच्चों का वर्णन है; किस तरह से भयावह गरीबी थी, उसका चित्रण है। लूसिएँ गोल्डमान ने कहा कि यह हमारे लिए इनहेरेंट है। विक्टोरियन इंग्लैंड में गरीबी थी, अगर इसी के लिए हम पढ़ रहे हैं डिकेंस को तो डिकेंस को बिना पढ़े भी मालूम कर सकते हैं कि गरीबी थी। हम लोग हिन्दी में प्रेमचन्द को पढ़ें, केवल यह पता लगाने के लिए कि गाँवों में बहुत गरीबी है, किसान बड़े गरीब ढंग से रहते हैं, तो इतनी-सी बात का पता लगाने के लिए प्रेमचन्द को पढ़ने की क्या ज़रूरत है? बिना प्रेमचन्द को पढ़े भी यह बात मालूम हो सकती है। गाँवों में गरीबी तो है। बेगार वसूल की जाती है, लगान में ज़ोर-ज़बरदस्ती की जाती है। इसके लिए 'प्रेमाश्रम' क्यों पढ़ें? बिना इन्हें पढ़े भी जानते हैं। गोल्डमान ने कहा कि साहित्यकार से और साहित्यकार की साहित्यिक कृति से कुछ ऐसी बातों का पता लगाइए, जो औसतन आपको और किसी सोच से नहीं मिलतीं। वह चीज़ क्या है? उन्होंने कहा कि दरअसल इसके लिए 'फॉर्म ऑफ़ कंटेंट' की 'एनालिसिस' होनी चाहिए। यह 'फॉर्म ऑफ़ कंटेंट' क्या है? ध्यान रखना होगा कि उन्होंने यह नहीं कहा कि कंटेंट की जगह 'फार्म' की एनालिसिस करनी चाहिए। 'फॉर्म ऑफ़ द कंटेंट' कहा है, क्योंकि अन्तर्वस्तु एक निश्चित रूप-विधान में व्यक्त होती है। फार्म का अर्थ वहाँ है कि प्रत्येक साहित्यिक कृति कुछ मानसिक सारणियों और कोटियों में व्यक्त होती है, जिन्हें 'मेंटल कैटेगरीज' कहते हैं। 'मेंटल कैटेगरीज' या मानसिक सारणियाँ किसी साहित्यिक कृति के रचना-विधान का निर्माण करती हैं, ऑर्गनाइज करती हैं, उसको संगठित करती हैं। कोई उपन्यास हो या नाटक या कोई प्रबन्ध काव्य हो, तो उस प्रबन्ध काव्य का एक निश्चित आदि, मध्य, अन्त होता है, उसकी बनावट की संरचना होती है। यह 'रचना-विधान' या 'स्ट्रक्चर' है। रचना के निर्माण में कुछ मानसिक सारणियों की भूमिका होती है। एक उदाहरण लें। 'रामचरितमानस'

लिखते हुए अपनी बनावट और संरचना के बारे में तुलसीदास बड़े सतर्क थे। उन्होंने 'सप्त प्रबन्ध' और 'सोपानर' का ज़िक्र किया है। 'रामचरितमानस' पूरा का पूरा एक सरोवर है, जिसमें चार घाट हैं, सात सोपान हैं, सीढ़ियाँ हैं—विस्तार से इसका वर्णन किया है। कांडों का विभाजन, वर्गीकरण करते समय सतर्क वे हैं कि कौन-सी घटना कहाँ रहेगी, कैसे रहेगी। यह जो गठन है पूरा का पूरा—देखने का विषय है। प्रत्येक कृति एक समग्र, एक 'राउंडेड होल' होती है, चाहे कोई उपन्यास हो या कोई महाकाव्य। जैसे मैंने कहा कि आदि, मध्य और अन्त होता है। 'संरचना और बनावट के नियम हैं' का मतलब छंद-विधान और अलंकार मुख्य नहीं हैं, बल्कि इस बनावट में एक निश्चित जीवन-दृष्टि होती है। जीवन-दृष्टि के अनुसार हम पूरा विधान करते हैं।

इस अमूर्तवाद को एक और मूर्त उदाहरण से स्पष्ट करें। मसलन 'कामायनी' है। 'कामायनी' का पूरा कथानक जयशंकर प्रसाद ने बनाया है। कथा के बारे में विस्तार से लिखा भी है। इड़ा का वर्णन अलग है, श्रद्धा का वर्णन अलग। लेकिन जयशंकर प्रसाद ने पूरी कहानी को एक कहानी के रूप में बुना है। उसका एक प्रतीकार्थ बनाया कि मनु मन है। दो वृत्तियाँ मन की होती हैं—एक को हृदय कहते हैं, दूसरी को बुद्धि कहते हैं। मनु हृदय का परित्याग करके बुद्धि को वरण करता है। बुद्धि तो उसकी एक तरह से कन्या है, पत्नी तो श्रद्धा है। पुत्री के साथ सम्बन्ध करना ही प्राकृतिक नियमों का विरोध है, यह एक तरह का बलात्कार या अत्याचार है। परिणामस्वरूप देवताओं का उस पर आक्रमण होता है। मनु घायल होते हैं और उसकी श्रद्धा फिर मिलती है। कहाँ-कहाँ के सूत्रों को कथा मिलाती है। पूरी कथा जो 'सतपथ ब्राह्मण' में मनु, श्रद्धा और इड़ा के रूप में बिखरी हुई है, उसके तमाम सूत्रों को मिलाकर एक व्यवस्थित ऐसी कथा बनाई, जिससे एक नया अर्थ बहुत स्पष्ट रूप से निकलता है। प्रसाद कहना चाहते हैं कि आज के मनुष्य की अनेक बुराइयों की जड़ बुद्धिवाद है। उसका एक मात्र इलाज श्रद्धावाद है, हृदयवाद है। इसी से मनुष्य का कल्याण हो सकता है। सारा असन्तुलन दूर होगा ज्ञान, इच्छा और क्रिया के सामंजस्य में ही। यही पूरी की पूरी चीज़ है 'फार्म ऑफ़ कंटेंट' जिसके कारण एक विन्यास ग्रहण करता है 'कामायनी' नाम का काव्य। आम तौर से जिसे लोग 'फॉर्म' कहते हैं, लूसिएँ गोल्डमान का फार्म और लोगों के फॉर्म से भिन्न है। 'फॉर्म ऑफ़ द कंटेंट' अर्थात् प्रत्येक अन्तर्वस्तु एक निश्चित रूप में व्यक्त होती है। लूसिएँ गोल्डमान का 'फॉर्म' रूपवादियों का फार्म नहीं है, बल्कि वह अन्तर्वस्तु का एक रूप है, जो एक निश्चित विन्यास में और सरंचना में व्यक्त होती है। उस फार्म का अगर विश्लेषण आप करेंगे तो वह फॉर्म एक प्रकार के 'वर्ल्ड व्यू' को या 'विश्व-दृष्टि' को व्यंजित करता है। यह विश्व-दृष्टि किसी एक व्यक्ति या रचनाकार की सृष्टि नहीं हो सकती, बल्कि एक सामाजिक समूह की सृष्टि हुआ करती है।

मेरा ख़याल है कि यह बात खुद ही स्पष्ट है। अन्तिम एक और चीज़ जोड़ सकते हैं। जिसे हमने अभी 'विश्व-दृष्टि' कहा, वह भी एक तरह का फॉर्म है, उस हिसाब से विश्लेषण करना चाहिए। उन्होंने ज्याँ पेजे से जो सीखा था, वह उपयोगी चीज़ थी, एक तरह का 'फंक्शनलिज़्म' जिसको कहेंगे। कोई साहित्यिक कृति हो या कोई दर्शन हो, जैसे कांट की फिलॉसफी या रासीन की ट्रैजेडी, यदि इनका समाजशास्त्रीय अध्ययन करना हो तो इन चीज़ों के बारे में एक बात ध्यान में रखना चाहिए कि इनकी सृष्टि या इनकी रचना किसी-न-किसी आवश्यकता की पूर्ति के लिए हुई है। किसी-न-किसी आकांक्षा के कारण हुई है, किसी-न-किसी प्रश्न के उत्तर के लिए हुई है, जिसे कहेंगे कि उनका एक निश्चित फंक्शन होता था। यह प्रश्न पूरे समाज का नहीं होता बल्कि समाज के एक निश्चित समूह अथवा वर्ग का होता है। इसलिए साहित्य के समाजशास्त्री का कर्तव्य है कि इस चीज़ को लोकेट करे, निश्चित करे, कि कोई साहित्यिक कृति किस आवश्यकता की पूर्ति के लिए रची गई और वह आवश्यकता किस सामाजिक समूह की थी। जब तक आप यह नहीं पता लगाएँगे तब तक उसकी विश्व-दृष्टि का विश्लेषण भी नहीं कर सकते हैं। जब इसका पता लगाएँगे तो उसमें यह भी पता चलेगा कि किस आवश्यकता और किस सामाजिक समूह की आवश्यकता के उत्तर या समाधान के लिए उसकी रचना हुई है। आप यह भी देखेंगे कि वह समाधान कितने टूटे हुए सूत्रों को या विच्छिन्न सूत्रों को जोड़कर रिक्त स्थानों को पूरा करके बनाया गया है। किसी सामाजिक समूह या किसी युग की आकांक्षाएँ हमेशा स्पष्ट नहीं होतीं। बच्चा कभी-कभी रोता रहता है और उसे पता नहीं चलता है कि क्या कमी है, क्या तकलीफ है। भाषा तो उसके पास है नहीं। वह यह नहीं बता सकता है कि कहाँ पीड़ा हो रही है। यदि उसकी माँ उसे छोड़कर चली जाए तो उसको कुछ कमी-सी मालूम होगी। वह कमी उसके पेट में है, उसके दिमाग़ में है कि उसके हृदय में है कि कहाँ है। यह वह ठीक लोकेट नहीं कर सकता। बड़ा होने पर भी लोगों को, बहुतों को पता नहीं चलता है कि जब प्रियजन से वे बिछुड़ जाते हैं तो यह पता नहीं चलता है कि बिछुड़ने का जो अभाव है, रिक्तता है, क्या है। वैसे ही किसी युग की आवश्यकताओं के बारे में है। कुछ कमी है, कुछ अभाव है, कुछ गड़बड़ है। अस्पष्ट ढंग से जनता भी सोचती रहती है, यहाँ तक कि जनता ही नहीं बल्कि बड़े-बड़े प्रबुद्ध लोग भी सोचते हैं। इस देश में कहाँ कमी है, कहना कठिन है। हज़ार बातें गिनाएँगे। इसलिए छिन्न-भिन्न, परस्पर अलग-अलग शिकायतों की एक हज़ार सूची बना दीजिए लेकिन उन एक हज़ार में कोई सम्बन्ध आपस में है, कोई सूत्र है, यह ठीक-ठीक सबको पता नहीं चलता। कुछ लोग उसी को एक निश्चित पैटर्न में ढाल देते हैं, बनाते हैं और उसको एक व्यवस्थित रूप देते हैं। इसी तरह से मैंने कहा कि किसी सामाजिक समूह की आवश्यकताएँ असम्बद्ध

होती हैं, बिखरी हुई होती हैं, अस्पष्ट होती हैं। लगता है कि कुछ होना चाहिए। कुछ कमी है, लेकिन वह कमी क्या है? और कभी-कभी कमी का तो पता चलता है, लेकिन क्या होना चाहिए, यह नहीं मालूम होता। यह भी तो है। इसलिए अभाव का तो पता होता है लेकिन उस अभाव की पूर्ति किस रूप में हो, इसका पता नहीं होता। इसलिए बड़ा लेखक या विचारक उन रिक्त स्थानों को पूरा करके, टूटे हुए सूत्रों को जोड़कर एक व्यवस्थित ढाँचा खड़ा करता है। और वह व्यवस्थित ढाँचा एक नाटक के रूप में, एक उपन्यास के रूप में, एक प्रबन्ध काव्य के रूप में, एक लम्बी कविता के रूप में व्यक्त किया जाता है। साहित्य का समाजशास्त्र इस मुकम्मल रचना का विश्लेषण करके यह पता लगाने की कोशिश करता है कि कच्चे रूप में आवश्यकताएँ क्या हैं। और यह जो मुकम्मल रूप साहित्यिक कृति के रूप में व्यक्त हुआ है, वह किन-किन रिक्त स्थानों को पूरा करके, आकांक्षाओं को अधिक सुसम्बद्ध रूप में उपस्थित करने का प्रयत्न किया गया है, उन दोनों में सम्बन्ध ढूँढ़ता है और दोनों से फिर निष्कर्ष निकालता है। जैसे ग़ुलामी के ज़माने में स्वाधीनता-संग्राम जब चल रहा था तो पहले भी अकाल पड़ता था, लोग भूखों मरते थे, अत्याचार होता था, दमन होता था, हर तरह की चीज़ थी। तो उसमें से ढूँढ़कर लोगों ने निकाला, उसमें से एक सूत्र दिखा कि 'स्वदेशी' नाम की चीज़ होनी चाहिए। अब यह 'स्वदेशी' सबके मन में थी तो नहीं। कुछ लोगों के मन में थी कि स्वदेशी बड़ी चीज़ है और स्वदेशी का आन्दोलन चला फिर। गांधी जी ने स्वदेशी को सूत्रबद्ध किया कि नहीं पहनेंगे इंग्लैंड का कपड़ा। अपना खुद कातेंगे और अपना ही कपड़ा बनाएँगे। सूत्रबद्ध करके कहा—चरखा चलाओ। क्योंकि सारी बुराइयों की जड़ यह है कि यहाँ का कच्चा माल वहाँ ले जाकर कपड़ा बनाते हैं और यहाँ वही कपड़ा महँगा बेचते हैं। इससे बचने का एक तरीक़ा यह है कि बायकाट करो। इस रूप में सूत्रबद्ध किया। यानी जनता तो ठीक-ठीक नहीं समझती थी। उसे कुछ लोगों ने सूत्रबद्ध किया। चरखे की शक्ल में यह चीज़ आई। उस चरखे से दस तरह की चीज़ें और नई निकलीं। अपने श्रम का मूल्य मालूम होता है। पूरा एक दर्शन चरखे का गढ़ दिया गया। 'चरखा' नाम की किताब लिखी गई। चरखे की बात सीधे-सीधे शुरू हुई थी आर्थिक मसले से और आख़िर में जब इसकी राउंडिंग की गई तो चरखा एक दर्शन बन गया था। एक आर्थिक कार्यक्रम ही नहीं बल्कि एक नैतिक कार्यक्रम भी, मनोवैज्ञानिक भी था। दस तरह की चीज़ें पैदा हुईं। औरतें घर में बैठी रहती हैं, दुनिया भर की शिकायत करती रहती हैं। सास बहुओं की निन्दा करती हैं, बहुएँ सास की निन्दा करती रहती हैं, नतीजा निकला कि चरखा चलाया करेंगी तो यह निन्दा तो नहीं करेंगी। कोई काम-धाम नहीं रहता है, बैठकर सूप पछोड़ती रहती हैं, दुनिया भर को गाली देती हैं। चरखा चलाएँगी तो कम-से-कम व्यस्त तो रहेंगी। चरखे का कार्यक्रम व्यापक होता गया है। गांधी जी ने सत्य और

अहिंसा के साथ उस चरखे को पूरा का पूरा जोड़ दिया। इसको और आगे चलकर कहा कि कुल मिलाकर 'स्वराज' नाम की चीज़ है, वह है 'स्वदेशी'। उन्होंने इसे 'स्वराज' में बदल दिया। 'स्वराज' को उन्होंने 'रामराज्य' में बदल दिया। इस तरह पूरा सिस्टम स्वदेशी से स्वराज्य और स्वराज से रामराज का एक राउंड कॉन्सेप्ट पूरा का पूरा बनाया। आपातत: लगा कि यह सारे भारत के लिए इलाज है, लेकिन पता लगाना पड़ेगा कि यह स्वदेशी, स्वराज और रामराज्य किस सामाजिक समूह की आवश्यकता की पूर्ति के लिए बनाई गई व्यवस्था है और उसमें क्या तालमेल है, तब आपको उसमें रामराज्य की फिलॉसफी का पता चलेगा।

आप कहेंगे कि इतनी लम्बी-चौड़ी बात घुमा-फिरा करके कह रहे हैं, सीधे-सीधे क्यों नहीं कह रहे हैं? मार्क्सवादी या आप लोगों में से कई लोग होंगे जो कहेंगे कि क्लास एनालिसिस क्यों नहीं करते हैं? ये भला आदमी दुनिया भर की नाक पकड़ रहा है और कह रहा है कि इसकी क्लास एनालिसिस नहीं करते या इसको 'बेस' और 'सुपर स्ट्रक्चर' के आधार पर नहीं देखते। यही तकलीफ है। लूसिएँ गोल्डमान ने कहीं कुछ नहीं कहा है। उनकी अपनी कैटेगरी है कि साहित्यिक कृति प्रकृत्य: सामाजिक होती है, एक; और दूसरा यह कि साहित्यिक कृति का विश्लेषण उसके कंटेंट की एनालिसिस नहीं होती बल्कि 'फॉर्म ऑफ़ द कंटेंट' होती है। मोटे तौर से यही है, जो बहुत आसान है। देखने में और कहने में बहुत लम्बी-चौड़ी नहीं है। इसी को पाँच सूत्रों में उन्होंने बाँटा है।

[2]

गोल्डमान की पहली कृति 'हिडेन गॉड' है, जिसमें उन्होंने सत्रहवीं सदी का अध्ययन किया है। वह क्या है? उसमें क्या काम की चीज़ हो सकती है? एक बात जो आम तौर से इस पूरी चर्चा में स्वयं गोल्डमान ने नहीं कही, उस सन्दर्भ में हम लोग देखना चाहेंगे। जैसा पहले कहा जा चुका है कि रासीन की ट्रैजेडीज और पास्कल की कृतियों का अध्ययन करते समय रासीन और पास्कल को जिस सामाजिक समुदाय का प्रवक्ता और सदस्य कहा गया है, वह सामाजिक समुदाय है : 'नोबलेस-द-रोब'। चौदहवें-लुई के ज़माने में और उसके आसपास जो फ्रेंच कोर्ट था, उस फ्रेंच कोर्ट के इर्द-गिर्द राजा के पैसे पर पलनेवाले कुछ लोग थे जिसे आप दरबारी या मनसबदार कहते हैं, इनको 'नोबलेस-द-रोब' कहा जाता था। दरबार से जुड़े हुए लोग थे। दरबार के पैसे पर इनकी आजीविका चलती थी और इनको पहले कुछ राजनीतिक अधिकार भी मिले थे। आम तौर से जैसे कलेक्टर होते हैं या परगना हाकिम हुआ करते हैं, ये उसी तरह के लोग थे। चौदहवें-लुई के ज़माने में सत्रहवीं शताब्दी के आसपास इनकी स्थिति में परिवर्तन हुआ और इनके राजनीतिक अधिकार छीन लिये गए। और इनकी जगह ब्यूरोक्रेट्स के रूप में अफसर नियुक्त किये गए जो जिलों

में भेज दिये गए। स्वभावत: इससे नोबलेस-द-रोब में असन्तोष हुआ और उन्होंने सौदा भी किया। कठिनाई यह थी कि इस असन्तोष के कारण वे खुलकर राजसत्ता से विद्रोह नहीं कर सकते थे। चूँकि अपनी आर्थिक सुविधाओं के लिए वे सरकार पर निर्भर थे, तो विद्रोह करने में उन्हें भय था कि अगर विद्रोह करेंगे तो जो रही-सही आर्थिक सुविधाएँ हैं, वे भी छिन जाएँगी। इसलिए वे राजसत्ता से असन्तुष्ट होते हुए भी खुलकर विद्रोह नहीं कर सकते थे। यह जो उनका रिश्ता राजसत्ता से था, एक बड़ी उभयसम्भव था जिसकी अभिव्यक्ति एक प्रकार की जो मानसिक स्थिति या जिसको 'मेंटल स्ट्रक्चर' कहा है, में होती है। इस 'मेंटल स्ट्रक्चर' को लूसिएँ गोल्डमान ने 'ट्रैजिक विज़न' नाम दिया है। क्योंकि राजसत्ता में उन्हें बड़ी दुखद स्थिति में रखा गया था। सारे राजनीतिक अधिकार छिन गए थे। यानी समाज की नज़रों में वे समझे जाते थे राजसत्ता के लिए, लेकिन राजसत्ता की नज़र में उनकी कोई हैसियत नहीं थी। आप देखते होंगे आजकल कि बहुत-से लोग ऐसे हैं जो बड़ी दयनीय स्थिति में हैं। दूसरों की नज़र में वे पार्टी के जो प्रधान हैं, उन्हीं के आदमी समझे जाते हैं, लेकिन उनकी नज़र में वे शामिल नहीं हैं। और लोगों को छोड़ भी दें। मैं वर्ग का उदाहरण न दे करके व्यक्ति का उदाहरण दे रहा हूँ, उसको स्पष्ट करने के लिए, उसमें वर्ग की स्थिति भी देखी जा सकती है। उदाहरण के लिए मैं कमलापति त्रिपाठी को ले रहा हूँ। अब आप कमलापति त्रिपाठी को कांग्रेस पार्टी का ख़ास व्यक्ति नहीं कह सकते, लेकिन वे निर्भर हैं उसी पर। इसलिए एक ओर वे कांग्रेस पर निर्भर हैं अपनी सारी सुविधाओं के लिए, वे विद्रोह कर नहीं सकते हैं, असन्तुष्ट पूरी तरह से हैं। इधर-उधर के वक्तव्य हैं, उनमें प्रकट होता है। तो नोबलेस-द-रोब की स्थिति भी लगभग यही थी फ्रेंच कोर्ट के बारे में।

जिन लोगों को अब सारे हक दिये जा रहे थे, ये ब्यूरोक्रेट्स थे। इनको सिविल सर्वेंट कहते हैं, जिनको अधिकार दिये गए थे। डिटेल में जाने के लिए आप लोग वह 'हिडेन गॉड' किताब पढ़ेंगे तो उसमें गोल्डमान ने बहुत फैक्चुअल इन्फॉर्मेशन देकर बताया है कि कैसे एक फ्यूडल सोसाइटी, कैपिटलिस्ट सोसाइटी में बदल गई थी। इस बदलाव में स्टेट का कैरेक्टर भी बदल रहा था और राजसत्ता में भी परिवर्तन हो रहा था। ऐसा नहीं है कि स्टेट पावर नहीं बदल रहा था। जैसे लुई फोर्टीन्थ के बाद, फिफ्टीन्थ हुआ, सोलहवाँ-लुई, इसके बाद रिवोल्यूशन हुआ। तो एकदम ओवरराइट चेंज तो कहीं नहीं होता है कि फ्यूडल ढाँचा एकदम पूँजीवादी ढाँचे में बदल जाए। कुछ अवशेष बचे रहते हैं फ्यूडल ढाँचे के, कुछ उभरते हुए पूँजीवाद के तत्त्व उसमें जा मिलते हैं। इसलिए फ्रेंच रूलिज़्म को कहा तो जाता है कि वह डेमोक्रेटिक रूलिज़्म था लेकिन पूरी तरह से वह डेमोक्रेटिक रूलिज़्म नहीं था। क्योंकि उसके बाद नेपोलियन पॉवर में आया। नेपोलियन के बारे में ठीक-ठीक नहीं कहा जा सकता कि कितना फ्यूडल था, कितना कैपिटलिस्ट था। आगे चलकर नेपोलियन के

बाद लुई बोनापार्ट हुआ जिसको नेपोलियन थर्ड कहते हैं। मार्क्स ने जिसके बारे में किताब लिखी है; तो ये कई कॉम्प्लीकेटेड चीज़ें हैं क्लास एनालिसिस के बारे में।

ख़ास बात लूसिएँ गोल्डमान की जीनियस देखने की है। पास्कल जो एक तरह के रहस्यवादी चिन्तक या विचारक थे और रासीन भी धार्मिक विचारों से बहुत ज़्यादा प्रभावित थे। ग्रीक कथानकों को लेकर, ग्रीक मेथडोलॉजी को लेकर उन्होंने नाटक लिखे हैं। तो इन साहित्यिक कृतियों का अध्ययन करते समय गोल्डमान की 'जीनियस' यह है कि वे कहते हैं कि इन साहित्यिक कृतियों में एक ट्रैजिक विज़न है। इस ट्रैजिक विज़न को उन्होंने दो और स्रोतों से जोड़ा। इस ट्रैजिक विज़न का सम्बन्ध कहाँ है, इसको उसने एक दूसरे ट्रैजिक विज़न से जोड़ा। वह ट्रैजिक विज़न एक धार्मिक आन्दोलन में था। यानसिन नाम का विशप था। यह मोटे तौर से अपेक्षाकृत अधिक विद्रोही क्रान्तिकारी, लेकिन कैथोलिक मत का ही एक अंग था। उसने एक आन्दोलन चलाया जिसको 'यानसिनिज़्म' कहते हैं। ये यानसिनिस्ट जो थे, इनकी दृष्टि थी 'विज़न विद स्टेट'। सरकारी वे भी थे और नोबलेस-द-रोब भी थे। इसलिए जो होमोलॉजी ढूँढ़ी गोल्डमान ने, रासीन के नाटक की जो मानसिक सरंचना है, यानसिनिज़्म जैसे धार्मिक आन्दोलन की मानसिक संरचना-मेंटल स्ट्रक्चर है और नोबलेस-द-रोब नाम का जो सामाजिक समुदाय है, उसकी मानसिक संरचना में। तीनों में उनको समानधर्मिता दिखाई पड़ी जिसको 'होमोलॉजी' कहते हैं। और गोल्डमान ने यह दिखाने की कोशिश की कि रासीन और पास्कल जिसमें ख़ास तौर से रासीन...। रासीन और पास्कल, दोनों को साथ लेने के बारे में एक बात स्पष्ट होनी चाहिए कि गोल्डमान अपनी मेथडोलॉजी को साहित्य और दर्शन, दोनों के लिए समान रूप से लागू करना चाहते थे। रासीन अगर साहित्यकार है तो पास्कल एक दार्शनिक चिन्तक या विचारक है। यद्यपि पास्कल को चिन्तक तो कह सकते हैं लेकिन वह कांट की तरह का दार्शनिक नहीं है। पास्कल की स्थिति कुछ विचित्र है। अंशत: साहित्य की कोटि में भी उसकी रचना आती है और अंशत: उसकी रचना दर्शन की कोटि में भी आती है। गोल्डमान की मेथडोलॉजी एक चिन्तक पर भी लागू होती है और एक साहित्यकार पर भी। इसलिए रासीन और पास्कल, दोनों को उन्होंने 'हिडेन गॉड' में रखा है।

यानसिनिज़्म में, किसी भी धार्मिक मत के समान, तीन तत्त्व हैं—ईश्वर यानी गॉड, क्रिस्टियन गॉड, संसार और मनुष्य—जिसको हम लोग कहते हैं ब्रह्म, जगत और जीव। किसी भी धर्म, धार्मिक मत या सम्प्रदाय में आम तौर से ईश्वर, मनुष्य और संसार, इन तीनों के आपसी सम्बन्ध क्या होते हैं और उन्हें कैसे परिभाषित किया जाता है, इसी पर उस धर्म का दर्शन खड़ा होता है। इसलाम में इसका एक रूप है, क्रिस्टियनिटी में इसका दूसरा रूप है, बौद्ध धर्म में तीसरा हो सकता है और हिन्दू धर्म में चौथा हो सकता है। गोल्डमान ने दिखाने की कोशिश की है कि यानसिनिज़्म

में 'गॉड वर्ल्ड' और 'मैं' की रिलेशनशिप जिस तरह की है, इसमें 'ट्रैजिक विज़न' अनिवार्य है। तुलसीदास की भाषा में इसे समझने की कोशिश करें हम लोग :

अस प्रभु हृदयँ अछत अबिकारी।
सकल जीव जग दीन दुखारी॥

धर्म में आम तौर से लोग मानते हैं कि ईश्वर बहुत कृपालु है, प्रेममय है। ऐसे प्रेममय ईश्वर के रहते हुए संसार में क़ायदे से दुख नहीं होना चाहिए, लेकिन ईश्वर है, फिर भी लोग दुखी हैं—क्यों? इससे दो रास्ते जाते हैं। एक रास्ता जाता है नास्तिकवाद की ओर, जैसाकि प्रेमचन्द ने कहा कि संसार में इतना दुख है, इसको देख करके ईश्वर में मेरी आस्था समाप्त हो जाती है। तो एक तरीक़ा तो नास्तिकवाद की ओर जाता है। लेकिन जो बहुत धार्मिक आदमी हैं, वे ईश्वर को भी नहीं खो सकते हैं, संसार के दुख से आँखें भी नहीं मूँद सकते हैं। इसलिए वे कहते हैं कि ईश्वर है तो, मर नहीं गया है, लेकिन ईश्वर प्रच्छन्न है—हिडेन गॉड। जैसे सूर्य है, लेकिन बादलों के कारण कभी-कभी दिखाई नहीं पड़ता। प्रच्छन्न है—इसीलिए इतना दुख है। यह यानसिनिज़्म था जो ईश्वर और जगत का सम्बन्ध निर्धारित करते हुए कि ईश्वर है तो ज़रूर, उसकी मृत्यु नहीं हुई है, लेकिन वह अलक्षित है, वह प्रच्छन्न है, छुपा हुआ है। इसी के कारण इतना दुख है। वे और उसके बन्दे बेचारे इतने कष्ट उठा रहे हैं। अब आप समझें कि उसीके लगभग पैरलल आपको नोबलेस-द-रोब में दिखाई पड़ता है। वहाँ लुई है, मर नहीं गया है। चौदहवाँ-लुई है, मर नहीं गया है, और चौदहवाँ-लुई बड़ा कृपालु है। अब तक बहुत सारी चीज़ें उसने हमको दी हैं, लेकिन कुछ ऐसा है, जिसके कारण या तो उसने हाथ खींच लिया है या कुछ लोगों ने उसको कुछ समझा दिया है, जिसके कारण हम लोगों से नाराज हो गया है। इसलिए पूरा का पूरा विद्रोह नहीं कर सकते। जैसे कि धार्मिक आदमी ईश्वर को नकार नहीं सकता है, ईश्वर से विद्रोह नहीं कर सकता है, वैसे ही नोबलेस-द-रोब जैसे दरबारी राजा से भी विद्रोह नहीं कर सकते हैं या कहें कि 'उसी को देखकर जीते हैं जिस कातिल पे दम निकले।' यह स्थिति ट्रैजिक है। एकदम विद्रोह कर देते—चलो, छुट्टी हुई। दुख उठाते लेकिन फिर वह ट्रैजेडी नहीं होती। और या कि फिर पूरी तरह सरेंडर कर देते कि माई-बाप, आप ही जो कुछ हैं, आप क्यों हमको दुखी कर रहे हैं? आप हमें अपनी शरण में लीजिए। इस पर भी छुट्टी होगी। दोनों ही काम नहीं कर सकते हैं। यह स्थिति धार्मिक मामले में यानसिनिज़्म में थी, जो कैथोलिक मत के अन्दर एक विद्रोही धर्म था और सामाजिक रूप में नोबलेस-द-रोब की स्थिति भी यह थी। और यही साहित्यिक संरचनाएँ रासीन के नाटकों में भी दिखाई पड़ती हैं। इन तीनों में होमोलॉजी ढूँढ़ना एक चमत्कार था। इसके पहले किसी आदमी ने रासीन की ट्रैजेडी की यह सामाजिक व्याख्या नहीं की है; बल्कि इन तीनों में सम्बन्ध

भी नहीं ढूँढ़ सका था कोई कि रासीन और पास्कल यानसिनिज़्म से जुड़े हुए होंगे। यहाँ एक और बात ज़्यादा महत्त्वपूर्ण है। 'हिडेन गॉड' के द्वारा लूसिएँ गोल्डमान ने यह दिखाना चाहा है कि कोई सामाजिक समुदाय अपनी विश्व-दृष्टि की अभिव्यक्ति अधिकतर तब करता है, जब वह संकट में होता है। ध्यान रखें, सामाजिक समुदाय यदि सत्ता में हो तो उस समय ज़रूरी नहीं कि अपनी जीवन-दृष्टि को साहित्यिक कृतियों में या दर्शन में या कला में अभिव्यक्त करे। आम तौर से कोई सामाजिक समुदाय अपनी विश्व-दृष्टि की गूढ़तम अभिव्यक्ति उस ऐतिहासिक क्षण में करता है, जब उसका अस्तित्व संकट में होता है अथवा उसकी सत्ता को चुनौती मिलती है। 'हिडेन गॉड' की मुख्य स्थापना यही है। दूसरी बात यह है कि जो विश्व-दृष्टि उस सामाजिक समुदाय की है, वह है—वास्तविक चेतना और सम्भाव्य चेतना। नोबलेस-द-रोब और यानसिनिज़्म की वास्तविक चेतना रासीन में व्यक्त नहीं हुई, बल्कि सम्भाव्य चेतना व्यक्त हुई है। एक्चुअल कांशसनेस, पोटेंशियल कांशसनेस और पॉसिबिल कांशसनेस। यह उल्लेखनीय है, यह महत्त्वपूर्ण है। थोड़ा-सा इस बात को समझ लेना चाहिए।

रासीन या उस तरह का कोई भी बड़ा लेखक, वह बड़ा इसलिए है, लार्जेस्ट है, इम्पोर्टेंट है कि सामाजिक समुदाय की जो विचारधारा होती है या उसकी आशाएँ होती हैं, आकांक्षाएँ होती हैं, अभाव होता है, दोष होता है, केवल उतने ही तक को अगर वह वाणी दे तो फिर उसमें या किसी मीडियाकर या दूसरे दर्जे के लेखक में फ़र्क़ नहीं रह जाएगा। कभी-कभी एक सामाजिक समुदाय अपनी पूरी चेतना को स्वयं जानता भी नहीं है। इस पर अच्छी-ख़ासी लम्बी बहस है और 'हिस्ट्री एंड क्लास कांशसनेस' में प्रोतिलियन कांशसनेस नाम का एक लम्बा अध्याय या कहना चाहिए, लेख लूकाच ने लिखा है, जहाँ उसने यह चर्चा की है कि मज़दूर वर्ग की चेतना या सर्वहारा चेतना क्या चीज़ है, किसको कहते हैं। आप सर्वहारा वर्ग में पैदा हुए, क्या इसीलिए माना जाएगा कि आपमें सर्वहारा वर्ग की चेतना है? अगर ऐसा होता तो सर्वहारा वर्ग में पैदा होनेवाले लोग क्रान्तिकारी होते। लेकिन ऐसा पाया जाता है कि सर्वहारा वर्ग में पैदा होनेवाले लोग मज़दूर वर्ग का साथ नहीं देते। वे कभी-कभी मालिकों का साथ देते हैं। अगर ऐसा न होता तो एटक से बड़ी यूनियन इंटक क्यों होती? इसलिए ज़रूरी नहीं है कि मज़दूर वर्ग में आप पैदा हों, इसी नाते मज़दूर वर्ग की चेतना आप में हो! अगर ऐसा हुआ होता तो मज़दूर वर्ग की मुक्ति का दर्शन जिस आदमी के दिमाग़ में आया होता, वह मज़दूर वर्ग में पैदा हुआ होता। लेकिन हम सभी जानते हैं कि मार्क्स नाम का जो आदमी था, वह मज़दूर वर्ग में पैदा नहीं हुआ था। इसलिए एक्चुअल कांशसनेस और पॉसिबिल कांशसनेस का सवाल यहाँ महत्त्वपूर्ण है। आगे चलकर लेनिन ने इसको और विस्तार से लिखा है कि सर्वहारा वर्ग में या मज़दूर वर्ग में जो चेतना

होती है, वह सामान्यत: ट्रेड यूनियन की चेतना होती है। ट्रेड यूनियन की चेतना का मतलब हुआ कि पगार हमारी बढ़ जाए, हम लोगों को कोई ज़्यादा परेशान न करे, रोज़मर्रा की ज़िन्दगी में कुछ सुविधाएँ हमको ज़्यादा से ज़्यादा मिल जाएँ। काम करने के घंटे कम हों। चालों में रहने की जो सुविधा दी गई है, उसमें कम-से-कम पानी का, बिजली का इन्तज़ाम हो, सफाई का इन्तज़ाम हो। ट्रेड यूनियन मज़दूर वर्ग में एक्चुअल कांशसनेस यही होती है। लेकिन मज़दूर वर्ग की मुक्ति केवल पगार में नहीं है। अपने को मुक्त करें। अपने को शोषण से मुक्त करने के साथ ही पूरे समाज को मुक्त करें, यह जो सच्ची सर्वहारा चेतना है, प्रोतिलियन कांशसनेस है। यह एक्चुअल नहीं, बल्कि पॉसिबिल कांशसनेस है। जो सचमुच होना चाहिए, वह चेतना है। लेनिन ने कहा कि मज़दूर वर्ग में वैज्ञानिक विचारधारा यानी मार्क्सवाद के द्वारा यह बाहर से आती है। जैसाकि लेनिन स्वयं मज़दूर वर्ग के नहीं थे, लेकिन रूसी मज़दूरों में यह चेतना लेनिन बाहर से लाए। कम्यूनिस्ट पार्टी से लाए। मज़दूर संगठन के द्वारा उनमें चेतना नहीं आई। इसलिए पॉसिबिल कांशसनेस और एक्चुअल कांशसनेस, ये दो चीज़ें हैं, जिनमें अन्तर करने की ज़रूरत है। अपनी सामाजिक स्थिति या ऐतिहासिक स्थिति में जो चेतना होती है, उसको हम वास्तविक चेतना कहते हैं। इसके लिए एक दूसरा शब्द इस्तेमाल किया गया है : 'क्लास इन इटसेल्फ'। एक्चुअल कांशसनेस एक तरह की क्लास इन इटसेल्फ है। समभाव चेतना क्लास फॉर इटसेल्फ है। एक पूरे वर्ग के रूप में उस वर्ग की मुक्ति और उसकी समस्याओं पर आप विचार करते हैं तो ये सेल्फ कांशसनेस में उस वर्ग की मुक्ति और उसकी समस्याओं पर आप विचार करते हैं। कांशसनेस वैसे टर्मिनोलॉजी हीगेलियन है। मार्क्स इसको इस्तेमाल नहीं करते। यह सारी ही हीगेलियन टर्मिनोलॉजी है और इस टर्मिनोलॉजी के द्वारा जिस चीज़ को व्यक्त करने की कोशिश की गई है, उसे मार्क्स ने दूसरे ढंग से व्यक्त किया है।

प्रसंगवश यहाँ एक बात और—लूसिएँ गोल्डमान के लेखन में पुनरावृत्तियाँ हैं। एक ही चीज़ को वे बार-बार रिपीट करते हैं। थोड़ी-सी शब्दावली यूज करते हैं—अंग्रेज़ी में, तो कहीं बिलकुल नहीं करते। इसलिए व्यावहारिक को छोड़कर जब भी सिद्धान्तों का, पद्धति का और प्रणाली का ज़िक्र करते हैं लूसिएँ गोल्डमान और काफ़ी चर्चा उन्होंने की है, तो उसमें पुनरावृत्तियाँ भरी पड़ी हैं। बहुत ज़्यादा हैं। कुल मिलाकर लगता है कि सिद्धान्त तो है बहुत छोटा-सा, मेथडोलॉजी तो कोई बहुत लम्बी-चौड़ी नहीं है, लेकिन उपमा तरह-तरह से की गई है। इसलिए उस मेथडोलॉजी के बारे में हम लोग थोड़ी-सी चर्चा करेंगे कि उस मेथडोलॉजी की सीमा क्या-क्या है और क्या उसमें ऐसे उपयोगी तत्त्व मिल सकते हैं।

समाज और साहित्यिक कृति का सम्बन्ध विषयवस्तुपरक नहीं है; बल्कि दोनों के बीच का जो सम्बन्ध है, वह मानसिक संरचनाओं का है। इस बात को अच्छी

तरह समझ लीजिए। एक ओर समाजगत जीवन है और दूसरी ओर एक साहित्यिक कृति है तो समाज और साहित्यिक कृति के बीच का जो सम्बन्ध है, यह दोनों का सम्बन्ध किस दृष्टि से देखा जाएगा? एक तो समाज के कुछ कंटेंट हैं और कुछ साहित्यिक कृति के कंटेंट हैं। विक्टोरियन इंग्लैंड में पॉवर्टी ज़रूरी है। और दूसरी ओर डिकेंस के उपन्यासों में गरीबी का चित्रण है। इसलिए दोनों का सम्बन्ध गरीबी के स्तर पर देखना एक कंटेंट की रिलेशनशिप है। लूसिएँ गोल्डमान कहते हैं कि ये इसेंशियल रिलेशनशिप नहीं है। किसी समाज और किसी साहित्यिक कृति के कंटेंट में रिलेशनशिप इसेंशियल रिलेशनशिप नहीं है। यह उनकी पहली धारणा है, जिस पर बार-बार वे ज़ोर देते हैं। कंटेंट की सूची लम्बी बढ़ाई जा सकती है। इनका कहना है कि वह कंटेंट इम्पोर्टेंट है। किसी समय समाज की समस्याओं को लेकर आप उन्हें देखना चाहेंगे। विधवा विवाह की समस्या मान लीजिए, कंटेंट के धरातल पर किसी उपन्यास में है। चूँकि समाज में है, इसलिए उसमें भी है। कंटेंट माने किसी उपन्यास की थीम क्या है? उसकी प्राब्लम क्या है? क्या समस्या है? क्या फीलिंग है? और उस थीम के कई छोटे-छोटे टुकड़े कर लें आप, तो वे सारी चीज़ें भी आ जाती हैं उनमें। मान लीजिए कि किसी समय भूकम्प के बारे में, अकाल के बारे में लिख रहा हो, ऐसी चीज़ें होती हैं। कोई आदमी राजनीतिक भ्रष्टाचार के बारे में लिख रहा हो, ऐसी चीज़ें होती हैं। लिख रहे हैं, काहे पर उपन्यास लिख रहे हैं, तो बोले कि साहब, हम तो राजनीतिक भ्रष्टाचार के बारे में लिख रहे हैं। 'महाभोज' में जो है और राजनीतिक जीवन में जो राजनीतिक भ्रष्टाचार है। इन दोनों का सम्बन्ध देखने के लिए किसी सोशियोलॉजिस्ट की ज़रूरत नहीं है, वह जो है, दिखाई पड़ रहा है। इसमें क्या तीर मारेंगे? आप उसमें फावड़ा-कुदाल ले करके क्या खोदने जाएँगे जो कि ऊपर ही दिखाई पड़ रही है? उसमें आपकी ज़रूरत क्या है? इसलिए लिटरेरी सोशियोलॉजी की वहाँ कोई ज़रूरत नहीं है, क्योंकि दोनों चीज़ें उस सतह पर तैर रही हैं। यह क़रीब-क़रीब ऐसे ही हैं, जैसे आपके घर में क्या सामान रखा हुआ है, इसको देखने के लिए किसी दूरबीन की थोड़ी ज़रूरत है। मालूम है कि रखा हुआ है। तो उससे कोई फ़र्क़ नहीं पड़ता है, इसलिए ख़ास चीज़ है इसेंशियल रिलेशन। यह रिलेशनशिप कंटेंट के स्तर पर नहीं है। किस स्तर पर होती है? मेंटल स्तर पर होती है। इसीलिए यह स्ट्रक्चरल फ़र्क़ है। अपनी पद्धति को वे 'जेनेटिक स्ट्रक्चरलिज़्म' कहते हैं। उसमें जेनेटिक स्ट्रक्चर का फ़र्क़ है, इसलिए है कि वह साहित्यिक कृति की संरचना का अध्ययन करते हैं। इसेंशियल रिलेशनशिप स्ट्रक्चरल होती है। इन दोनों के बीच सम्बन्ध देखना चाहिए। स्ट्रक्चरल रिलेशन को उन्होंने 'फॉर्म ऑफ़ द कंटेंट' कहा है; अर्थात् किसी समाज का फॉर्म क्या होता है, और उस साहित्यिक कृति का फॉर्म क्या होता है, इन दोनों के बीच सम्बन्ध देखना चाहिए। यह कह कर गोल्डमान कोई ग़ैर-मार्क्सवादी

काम नहीं कर रहे हैं। मार्क्स के विचारों में यह मिलता है। इतिहास के चार-पाँच बड़े-बड़े युगों को मार्क्स गिनाते हैं। एक शब्द मार्क्स ने इस्तेमाल किया है : 'सोशल फॉर्मेशन'। यह समाज जो है, यानी सामन्ती समाज का जो ढाँचा है और पूँजीवादी समाज का ढाँचा, दोनों का एक ही नहीं होता। लोग वही हैं, ज़्यादातर, लेकिन लोगों के आपसी सम्बन्ध, चूँकि सोशल रिलेशनशिप बदल जाती है, इसलिए सोशल रिलेशनशिप बदलने का मतलब यह है कि डिफरेंट सोशल फॉर्मेशन हो जाता है। एक मोटी कैटेगरी हम लोग आम तौर से देखते हैं कि एक शोषक है और एक शोषित है। यह शोषक और शोषित सामन्ती व्यवस्था में है और पूँजीवादी व्यवस्था में है। वही आदमी है, पर शोषण का तरीक़ा और साधन बदल जाता है। इसलिए एग्रीकल्चरल लेबरर जब इंडस्ट्री में जाता है तो वेज लेबरर हो जाता है। शोषक ज़मींदार था, वह कैपिटलिस्ट हो जाता है। तो आदमी कहने के लिए वही हो या उसका बेटा हो, लेकिन फॉर्मेशन बदल जाता है और दोनों के समाज में जब फॉर्मेशन बदल गया तो दोनों की रिलेशनशिप बदल जाती है, फिर दोनों के शोषण का तरीक़ा बदल जाता है। इसको कहते हैं डिफरेंट सोशल फॉर्मेशन। फॉर्म डिफरेंट हो जाता है। गोल्डमान इसको कहते हैं कि 'डिफरेंट स्ट्रक्चर' होता है। इसलिए उनका कहना यह है कि साहित्य में देखने की चीज़ कंटेंट नहीं है, बल्कि देखने की चीज़ है स्ट्रक्चर। आर्थिक-राजनीतिक स्तर पर गोल्डमान उसको सिर्फ़ सोशल फॉर्मेशन या पॉलिटिकल फॉर्मेशन या इकोनॉमिक स्ट्रक्चर कहते हैं। बौद्धिक कृतियों में उस स्ट्रक्चर का रूप जो होगा, वह मेंटल स्ट्रक्चर का होगा। वह स्ट्रक्चर मेंटल रहेगा। इस मेंटल स्ट्रक्चर को उन्होंने फार्म कहा है। 'फार्म ऑफ़ द कंटेंट' कहा है। इसी मेंटल स्ट्रचर के लिए आगे चलकर उन्होंने जो शब्द इस्तेमाल किया है, वह शब्द है 'वर्ल्ड विज़न'। यह 'वर्ल्ड विज़न' जो होता है, वह अलग-अलग होता है, डिफरेंट होता है। जैसे सत्रहवीं सदी के रासीन और पास्कल के वर्ल्ड विज़न के बारे में उन्होंने कहा कि यह 'ट्रैजिक विज़न' है लेकिन बीसवीं सदी के उपन्यासों का अध्ययन करते हुए उन्होंने यह नहीं कहा कि वर्ल्ड विज़न जो है, वह ट्रैजिक विज़न है। इसलिए 'ट्रैजिक विज़न' एक स्ट्रक्चर है। एक निश्चित साहित्यिक कृति में जैसा है, वैसा ही 'मेंटल स्ट्रक्चर' एक सामाजिक समुदाय में दिखाई पड़ता है। और उन्होंने आगे चल करके दोनों का सम्बन्ध क्या होता है, उसको 'होमोलॉजी' कहा है। लेकिन ये दो चीज़ें ध्यान में रखिए : पहला कि सामाजिक जीवन और साहित्यिक कृति के बीच जो बुनियादी सम्बन्ध है, वह विषयवस्तु का नहीं है, बल्कि मानसिक संरचना का सम्बन्ध है; अर्थात् साहित्यिक कृति की संरचना मानसिक संरचना में देखनी चाहिए। इस मानसिक संरचना को समझाते हुए कहा है कि इस मानसिक संरचना का क्या महत्त्व है : 'व्हिच शेप द इम्पीरिकल कांशसनेस ऑफ़ सर्टेन सोशल ग्रुप एंड द इमेजनरी इन अवर क्रिएटेड

बाई द हेल्प।' समाज में और साहित्यिक कृति में एक बीच का सम्बन्ध मेंटल स्ट्रक्चर के धरातल पर होता है। इस मानसिक संरचना की भूमिका समाज में क्या होती है और साहित्यिक कृति में क्या होती है? समाज के बारे में उन्होंने कहा कि जो सामाजिक समुदाय है, एक सोशल ग्रुप है, पूरा समाज है। पर उस समाज का एक हिस्सा, जो अपेक्षाकृत आपसी सम्बन्धों में और रिश्तों में ज़्यादा सुगठित है, निकट है, बहुत-सी बातों में ज़्यादा समान है। उस सोशल ग्रुप का, उसकी चेतना का वह निर्माण करती है। इम्पीरिकल कांशसनेस का मतलब हुआ : अनुभव सम्बन्धी चेतना। उस चेतना से सारा समाज बँधा होता है जो अक्सर दिखाई पड़ता है। कभी-कभी साम्प्रदायिक दंगों में प्रकट होता है। इन्दिरा गांधी की हत्या के बाद दिखाई पड़ा, वह कौन-सी चेतना है? सहसा एक ग्रुप एकजुट दिखाई पड़ता है। वह कौन-सी अनुभव सम्बन्धी चेतना है? संकट की घड़ियों में आम तौर से होता यही है कि वह सोशल ग्रुप एकजुट हो जाता है। किस आधार पर होता है? कुछ उसके विश्वास होते हैं, कुछ उसकी आस्था होती है, कुछ मूल्य होते हैं, जब सब एक दिखाई देते हैं। एक समय होता था कि इसलाम ख़तरे में है, नारा दिया गया। स्वाधीनता के पहले और धनी-गरीब, नमाज पढ़नेवाले और न पढ़नेवाले अधिकांश मुसलमान जो हैं, वे एकजुट दिखाई दिये। कभी-कभी हिन्दू धर्म ख़तरे में हो जाता है। आजकल जैसे विश्व हिन्दू परिषद वाले कहते हैं। नेताओं का काम ही है कि किसी को बार-बार ख़तरे में जब तक नहीं बताएँ तब तक वह एकजुट नहीं होता। जब विश्वविद्यालय में हड़ताल-वड़ताल होती है, आन्दोलन होते हैं तो छात्र कहने लगते हैं कि छात्र एकता—ज़िन्दाबाद। तो जो कांशसनेस 'छात्र एकता—ज़िन्दाबाद' के रूप में प्रकट हुआ करती है कि विश्वविद्यालय के अधिकारियों के विरुद्ध छात्र जो हैं, वे इस कांशसनेस के कारण संकट की घड़ी में एकजुट होते हैं। चाहे वे ए.आई.एस.एफ. के हों, चाहे वे युवा जनता के हों, तब एक हो जाते हैं। सभी लोग अलग-अलग रहते हैं लेकिन प्रेशर इस तरह का होता है कि विरुद्ध नहीं जाते। यह है मेंटल स्ट्रक्चर। इसलिए समाज को जो चेतना जोड़ती है, एकजुट करती है और उनमें सॉलिडरिटी ले आती है, वही मेंटल स्ट्रक्चर है। यह कभी-कभी आर्थिक हितों के आधार पर होता है। जिस तरह की ज़रूरत होगी, उस हिसाब से एकता होगी। समुद्र के किनारे रहनेवाले माँझी, तूफान आ रहा है तो लोग यूनाइट हो गए, उस हिसाब से। मरना तो सबको है। तूफान कोई यह तो देखेगा नहीं कि गरीब को मारो और धनी आदमी को छोड़ दो या स्त्री को मारो और पुरुष को छोड़ दो, तो यह नहीं हो सकता। यदि तूफान आएगा, सबके लिए आएगा। इसलिए यूनाइट होते हैं उस हिसाब से। आर्थिक संकट, मान लीजिए—है, तो सारे सेठ जी एक तरफ़ हो जाते हैं और सारा मज़दूर वर्ग एक तरह के विरोध में हो जाता है। इसलिए अलग-अलग स्तर पर, जब संकट आए—चाहे आर्थिक संकट हो या राजनीतिक

संकट हो, सामाजिक या धार्मिक हो, भौतिक हो—उस आधार पर चेतना की धारा एकदम, जिसको कहें कि कंडीशन रिफ्लेक्स की तरह से, रिएक्ट करती है कि एक हो जाओ। यह हुआ समाज की धारा का परिचय। उनका कहना ठीक है कि जैसे समाज में एक चेतना मनुष्य को, एक सामाजिक समुदाय को एकजुट करती है, उसी तरह की साहित्यिक कृति में भी एक मेंटल स्ट्रक्चर उस साहित्यिक कृति के एक संसार का निर्माण करता है। 'यूनिवर्स' शब्द कहा है इन्होंने : 'द इमेजिनरी यूनिवर्स क्रिएटेड बाई द राइटर्स।' एक काल्पनिक संसार, जो लेखक द्वारा निर्मित होता है और उस काल्पनिक संसार का निर्माण जिस चेतना के माध्यम से होता है, उसको वे लोग 'वर्ल्ड विज़न' कहते हैं।

पहले भी मैंने कहा था कि बड़े साहित्यकारों की एक अपनी कल्प-सृष्टि भी होती है, उस कल्प-सृष्टि का निर्माण एक निश्चित जीवन-दृष्टि या सृष्टि के तहत होता है। कुछ ऐसी रचनाएँ हैं जो संसार का निर्माण करती हैं और लगता है कि दृश्यों का, घटनाओं का चित्रण नहीं करता, बल्कि एक पूरी दुनिया रचता है। सांसारिक कवि इस अपार संसार में ब्रह्मा है और उसको जैसा दिखता है, वैसा संसार रचता है। तो इस संसार के भीतर एक तो ब्रह्मा हैं जिन्होंने दुनिया बनाई है। हमारे यहाँ पुराणों में जो कथा है विश्वामित्र के बारे में कि कहने लगे कि तुम सृष्टि बनाते हो तो मैं भी बनाऊँगा और विश्वामित्र ने भी एक सृष्टि बना दी। तो तरह-तरह की चीज़ें बनाई थीं। इसी सिलसिले में उन्होंने नारियल बनाया था, मनुष्य की खोपड़ी की तरह से। उन्होंने कहा था कि हम पेड़ से आदमी पैदा कर देंगे। तो कहते हैं कि उन्होंने नारियल बनाना शुरू किया तो वह नारियल आदमी के सिर जैसा दिखाई पड़ता है, वगैरह-वगैरह। कहने लगे कि तुम्हारी दुनिया है तो हम अपनी दुनिया बनाएँगे। तो कहने का मतलब है कि विश्वामित्र पहला प्रजापति रहा होगा। अल्लामा इकबाल ने पूरी एक नज़्म इस पर लिखी है और जिसमें वे ख़ुदा से बातचीत करते हैं। तो कुल मिलाकर यह है कि कवि जो होता है, वह प्रजापति होता है। वह अपने संसार का निर्माण करता है और उसके संसार में लोग सांसारिक नियमों के अनुसार नहीं चलते हैं, न जीते हैं, न मरते हैं; बल्कि उस कवि की सृष्टि हुआ करती है। जैसे परियों की कहानियों में आप देखते हैं कि एक परीलोक होता है। कवि का ही, साहित्यकार का ही मेंटल स्ट्रक्चर है कि 'एलिस इन वंडरलैंड' नाम की पूरी पुस्तक में एक जादुई दुनिया है, या 'चन्द्रकान्ता सन्तति' में आप देखेंगे कि अय्यारी की एक अलग दुनिया है। तो एक कल्पलोक की सृष्टि साहित्यकार करता है और उस कल्पलोक की सृष्टि इसलिए होती है कि इमेजिनेरी यूनिवर्स जो क्रिएट होता है, उसका एक अपना मेंटल स्ट्रक्चर होता है, एक वर्ल्ड विज़न होता है। अब एक साहित्यिक कृति में निहित जो मेंटल स्ट्रक्चर है और सामाजिक समुदाय में जो मेंटल स्ट्रचर है, इन दोनों के सम्बन्धों की खोज करना ही दरअसल लूसिएँ गोल्डमान के

अनुसार साहित्यिक समाजशास्त्र का असली काम है। और यही रिश्ता सच्चा रिश्ता है। इसेंशियल रिलेशनशिप यही है। पहला सूत्र उनका यह है, जिसे ध्यान रखना चाहिए और इस दृष्टि से यह स्ट्रक्चरलिस्ट है, यह पॉजिटिस्ट नहीं है।

[3]

यदि किसी आदमी को पता हो कि मैं तीन महीने, चार महीने, छह महीने ज़िन्दा रहूँगा, उसके बाद नहीं रहूँगा तो एक जो जीवनीशक्ति होती है, वह अपने को एसर्ट करती है और उन तीन महीनों में मैक्सिमम पॉसिबिल को व्यक्त करके, अपने को अमर या स्थायी बनाकर समाज को कुछ अवदान देकर, फिर इस दुनिया से विदा लेने की इच्छा रखता है। यह बात जैसे व्यक्ति में दिखाई पड़ती है, उसी तरह से पूरे सामाजिक समुदाय में दिखाई पड़ती है। जब किसी सामाजिक समुदाय को पता चलता है कि वर्ग के रूप में हम लगभग नष्ट होने जा रहे हैं, उस समय वह अपने को सम्पूर्ण क्षमताओं के साथ व्यक्त करता है। एक्चुअल कांशसनेस उसकी पॉसिबिल कांशसनेस के रूप में व्यक्त होती है। मार्क्सवादी धारणा बहुत-कुछ यह रही है कि जो राइजिंग क्लास है, उसका साहित्य बहुत ऊँचा होता है। यह ज़रूरी नहीं है। होता यह है कि जो डाइंग क्लास है, वह कभी-कभी अपनी सर्वोत्कृष्ट कृतियाँ रचता है। रूस का जो महान उपन्यास, जो क्लासिक लिखा गया है, उसके बारे में विचार किया जाना चाहिए कि वह राइजिंग का है कि डाइंग क्लास का है। 'वार एंड पीस', 'अन्ना करेनिना'—तुर्गनेव के नॉवेल या दोस्तोएव्स्की के नॉवेल किस क्लास के हैं? वह वर्ग मर रहा है कि जी रहा है? उभरता हुआ है कि डूबता हुआ है? मरता हुआ है। इसलिए कोई नियम नहीं बनाए जा सकते। यह भी हो सकता है कि किसी उभरते हुए वर्ग का साहित्य भी ऊँचा हो। लेकिन कभी-कभी जो नष्टप्राय: हो या जिसकी शक्ति को चुनौती दी गई हो, या जिसके अस्तित्व को ख़तरा हो, उस ख़तरे की घड़ी में ही वह अपने को ज़्यादा दक्षता के साथ व्यक्त करता है।

एक अजीब बात है कि यह सिद्धान्त गोल्डमान ने सत्रहवीं सदी के साहित्य पर लागू किया तो दूसरा नतीजा हुआ और इसको जब उपन्यासों के बारे में लागू करने की कोशिश की तो बिलकुल दूसरा, उसके विपरीत नतीजा निकला; अर्थात् मरणासन्न पूँजीवाद के साहित्य का उसकी नज़र में उतना महत्त्व नहीं है। उसने पूँजीवाद की तीन अवस्थाएँ गिना दीं और तीनों अवस्थाओं के समानान्तर उपन्यास के विकास की तीन अवस्थाएँ हुईं। तीन कैपिटलिज़्म उन्होंने बताए। इसमें स्वभावत: तीसरा मरणासन्न ही होना चाहिए। तो उसने कहा कि पहली अवस्था का उपन्यास बड़ा महान है। उन्नीसवीं सदी का महान उपन्यास है। न्यू नॉवेल फ्रांस का कहलाता है, यह कंज्यूमर कैपिटलिज़्म का है। दूसरे महायुद्ध के बाद का। यह मरणासन्न पूँजीवाद का है। इसलिए एक ओर, उस वर्ग को—जिसको चुनौती दी जा रही है

या जिसका अस्तित्व संकट में है, वह सत्रहवीं सदी में है। उसके आधार पर वे दिखाते हैं कि संकटकालीन अस्तित्व वाले सामाजिक समुदाय का साहित्य श्रेष्ठ है। वह उच्चकोटि का है। और दूसरी जगह दिखाते हैं कि यह संकटकालीन जो है, वह निकृष्ट है। इसलिए एक ही मेथडोलॉजी साहित्य में से दो नतीजे निकलते हुए दिखाई पड़ते हैं। दोनों के बारे में विचार किया जाना चाहिए।

लूसिएँ गोल्डमान की पुस्तक 'हिडेन गॉड' का ज़िक्र किया जा चुका है। दूसरी किताब का कम ज़िक्र किया गया है : 'सोशियोलॉजी ऑफ़ नॉवेल'। और इस क्रम में अन्तिम दिनों में उन्होंने कुछ नाटकों पर भी लिखा था। ख़ास तौर से ज्याँ जेने के नाटक पर। यद्यपि उपन्यास नाम की विधा के उदयकाल से ले करके उसकी वर्तमान अवस्था तक, इन सबके बारे में एक ढाँचा उपस्थित किया है गोल्डमान ने। लेकिन इस पूरे ढाँचे में उन्होंने अपना पूरा ध्यान उन्नीसवीं शताब्दी के उपन्यासों पर केन्द्रित नहीं किया है। शायद इसलिए न किया हो कि उन्नीसवीं सदी के उपन्यासों पर जॉर्ज लूकाच बहुत ज़्यादा लिख चुके थे। उन्नीसवीं सदी के उपन्यासों पर बहुत ज़्यादा लिखा गया था—चाहे अंग्रेज़ी उपन्यास हो, चाहे यूरोपीय उपन्यास हो। इसलिए उन्होंने अपना मुख्य ध्यान केन्द्रित किया है अपनी योजना के अनुसार पूँजीवाद की दूसरी अवस्था या दूसरे दौर पर, और उस दौर के सबसे मुख्य और महत्त्वपूर्ण उपन्यासकार आन्द्रे मालरो थे। 'टुवड्र्स ए सोशियोलॉजी ऑफ़ द नॉवेल' नाम की किताब में सबसे बड़ा अध्याय उनका आन्द्रे मालरो पर ही है। उसके बाद जो उनकी योजना थी, पूँजीवाद के विकास की तीसरी अवस्था से जुड़े हुए उपन्यासों और नाटकों के बारे में लिखने की, विस्तार से नहीं लिख पाए। उसके बारे में उन्होंने कम ही लिखा। एक लेख उन्होंने लिखा है राब ग्रिये पर और दूसरा लेख अन्तिम दिनों का लिखा हुआ है ज्याँ जेने पर। इस तरह कहा जा सकता है कि उपन्यास के समाजशास्त्र में सबसे अधिक विस्तार से उन्होंने केवल पूँजीवादी विकास के दूसरे युग के बारे में लिखा है। और तीसरी चीज़ के बारे में उनका कार्य ही अपूर्ण रह गया था, फिर भी चूँकि वह उनके चिन्तन के विकास की अन्तिम अवस्था है इसलिए उस पर भी हम लोगों को ध्यान देना चाहिए। इस सिलसिले में आप लोगों को बताया जा चुका है, संरचना के हिसाब से पूँजीवाद के विकास के तीन दौर और उसके समानान्तर उपन्यास का विकास, इसको 'होमोलॉजी' कहते हैं। जिस तरह पूँजीवाद के विकास के तीन दौर हैं, उसी तरह से उपन्यास के विकास के तीन दौर हैं। पहला दौर जो उन्नीसवीं शताब्दी के पूँजीवाद का है, जो प्रथम महायुद्ध के पहले समाप्त हो जाता है, जिसे मार्केट कैपिटलिज़्म कहते हैं, कभी-कभी इसको लिबरल कैपिटलिज़्म भी कहा जाता है। यह लिबरल कैपिटलिज़्म या मार्केट कैपिटलिज़्म जिसमें आप लोग दूसरे शब्द से ज़्यादा अपरिचित होंगे—फ्री-एंटरप्राइज से। यह दौर था, युग था, यह एक तरह के लिबरल इंडिविजुअलिज़्म का। आप देखेंगे कि कितने लोग राजनीति में या दर्शन में भी विचारों के धरातल पर

इंडिविजुअलिज़्म के सिद्धान्तों की स्थापना करनेवाले आए। इसी अर्थ में लिबरल शब्द को लेना चाहिए। उस उदारतावाद का मतलब दरियादिली नहीं है, लिबरलिज़्म का मतलब है इंडिविजुअलिज़्म। तो यह जो व्यक्तिवाद का दौर था, व्यक्तिवादी पूँजीवाद का दौर था, इस व्यक्तिवादी पूँजीवाद के दौर के समानान्तर बल्कि इसी दौर में उपन्यास जैसी विधा का जन्म हुआ। इसी अर्थ में उपन्यास मध्य वर्ग का 'महाकाव्य' कहा जाता है। यह मध्य वर्ग का उदय है, व्यक्तिवाद का उदय है, व्यक्तिगत पूँजीवाद का उदय है और ठीक इसके समानान्तर उपन्यास में आपको बड़े-बड़े 'प्रॉब्लमैटिक हीरो' दिखाई पड़ेंगे। यह प्रॉब्लमैटिक हीरो वाले उपन्यासों का दौर है। इस काल के उपन्यासों में एक साहसिक, संघर्षशील, दुविधाग्रस्त, और समाज के बीच अपने मूल्यों के लिए बाहर और भीतर संघर्ष करनेवाले नायकों की भीड़ आपको दिखाई पड़ेगी। एक तरफ़ एक भ्रष्ट, मूल्यहीन समाज और दूसरी ओर मूल्यों का अधिष्ठाता, नायक। इसलिए उन्नीसवीं सदी के उपन्यासों में आपको अविस्मरणीय हीरो मिलेगा। कहीं हीरो मिलेगा, कहीं हीरोइन मिलेगी। यह भरा हुआ है। इसलिए एक ऐसा परिवेश जहाँ उभरते हुए पूँजीवाद के कारण गलाकाट होड़ है और पहले से जो समाज में मूल्य चले आ रहे हैं, उससे नायक संघर्ष करता है और अपने अन्दर भी संघर्ष करता है। आप कहेंगे कि रासीन और काफ्का आदि के विश्लेषण में गोल्डमान ने जो सिद्धान्त इस्तेमाल किया था, उसमें और इसमें क्या सम्बन्ध है? उस क्रम विकास में यह लिखा है कि सत्रहवीं शताब्दी के साहित्य में जो ट्रैजिक विज़न था, वह ट्रैजिक हीरो था। उन्नीसवीं सदी में उपन्यासों का यह हीरो ट्रैजिक नहीं था बल्कि यह प्रॉब्लमैटिक था। 'प्रॉब्लमैटिक' शब्द अजीब-सा शब्द है। अंग्रेज़ी में उसका ठीक-ठीक अर्थ ध्वनित होता नहीं है, यानी समस्यामूलक इसको नहीं कह सकते। अनिवार्यत: जिन उपन्यासों का नायक या नायिका ट्रैजेडी के हीरो के समान ही हो, यह कोई ज़रूरी नहीं है। उसकी मृत्यु हो, उसका पतन हो, उसका ह्रास हो, ऐसा नहीं है। एक प्रकार के असमंजस की स्थिति में भी वह हो सकता है। इसलिए गोल्डमान ने दोनों में अन्तर करना चाहा है, यह कहकर कि ट्रैजिक हीरो नहीं है बल्कि प्रॉब्लमैटिक हीरो है। और पूरी धारणा उन्होंने जिस आदमी की ली है, वह जॉर्ज लूकाच हैं। इसमें गोल्डमान की कोई मौलिकता नहीं है। और मौलिकता न होने के कारण ही गोल्डमान ने उन्नीसवीं सदी के उपन्यासों पर विस्तार से कोई काम नहीं किया है। प्रॉब्लमैटिक हीरो की अवधारणा भी लूकाच की है और इस अवधारणा के अनुरूप लूकाच ने सबसे ज़्यादा काम भी किया है। इसलिए गोल्डमान ने उन्नीसवीं सदी के उपन्यासों पर काम नहीं किया है—न उसके पूँजीवाद के बारे में कुछ कहा है, न पूँजीवाद के समानान्तर होमोलॉजी के रूप में उन उपन्यासों के बारे में कोई काम किया है। मुख्य ध्यान उन्होंने जो केन्द्रित किया, वह बीसवीं शताब्दी का, पूँजीवाद का दूसरा दौर है, जिसे 'मोनोपली कैपिटलिज़्म' कहते हैं—एकाधिकार पूँजीवाद, इजारेदार पूँजीवाद। पहले महायुद्ध में जिसकी अभिव्यक्ति

थी। पहले महायुद्ध से ही इजारेदार पूँजीवाद शुरू हो गया था। यह वह दौर है जिसके बारे में लेनिन ने 'साम्राज्यवाद : पूँजीवाद की अन्तिम अवस्था' नाम की किताब लिखी। इसलिए दूसरे महायुद्ध के समय स्पष्ट हो गया कि पूँजीवाद अब लिबरल इंडिविजुअलिज़्म का या फ्री-इंटरप्राइज का नहीं है, बल्कि यह मोनोपलाइज करने का है। यह पहले महायुद्ध में स्पष्ट आभास मिल गया और जिसका आगे चलकर विकास दूसरे महायुद्ध तक होता चला गया। इसलिए पहले महायुद्ध से दूसरे महायुद्ध के बीच का जो दौर है, इस दौर का जो यूरोप का सामाजिक समुदाय का ढाँचा है, वह ढाँचा मोनोपली कैपिटलिज़्म का है। इस मोनोपली कैपिटलिज़्म के साथ ही कहीं स्टेट कैपिटलिज़्म भी दिखाई पड़ता है। उन्होंने मोनोपली कैपिटलिज़्म और स्टेट कैपिटलिज़्म, दोनों का नाम साथ-साथ लिया है। स्टेट कैपिटलिज़्म का रूप है खुद समाजवाद, यानी रूस में जो न्यू इकोनॉमिक पॉलिसी थी, वह सारी की सारी अर्थ-व्यवस्था पब्लिक सेक्टर में चली आती है। राजसत्ता स्वयं उसका संचालन करती है। इसलिए या तो मोनोपली कैपिटलिज़्म है या स्टेट कैपिटलिज़्म है। जिन देशों में मोनोपली कैपिटलिज़्म है, वहाँ भी किसी-न-किसी बहाने मोनोपली कैपिटलिस्ट लोग स्टेट पर क़ब्ज़ा करते हैं और स्टेट मदद करता है आपके विकास में, इसलिए जहाँ मिक्स्ड एकोनॉमी कही जाती है, वहाँ भी मोनोपली और स्टेट कैपिटलिज़्म में बहुत फ़र्क़ नहीं होता। अन्ततः कैपिटलिज़्म है। इसलिए स्टेट कैपिटलिज़्म और मोनोपली कैपिटलिज़्म का जो दूसरा दौर है, उसमें व्यक्ति को वह महत्त्व प्राप्त नहीं है, व्यक्ति की गरिमा उस रूप में सुरक्षित नहीं है। इस दौर के उपन्यासों में आप देखेंगे, और गोल्डमान ने उदाहरण देते हुए कहा है कि इस दौर का एक प्रतीक है—काफ्का। काफ्का में हीरो का व्यक्तित्व इतना शून्य हो गया है कि उसका नाम भी अब नहीं रह गया है। उसका नाम है केवल 'के'। 'जोजेफ के'। काफ्का ने अपने हीरो का नाम जब भी दिया है, उसने 'के' कहा है। आपका नाम सारेल है या उसका नाम कुछ और है, इससे कोई फ़र्क़ नहीं पड़ता है। 'के' नॉन-आइडेंटिटी है, इनसिग्नीफिकेंट है; अर्थात् समाज-व्यवस्था ज़्यादा प्रभावशाली है। कलेक्टिव जो एलीमेंट है, वह इतना प्रभुत्वशाली है कि उसमें व्यक्ति एक लेटर-मात्र रह गया है। उसका पूरा नाम नहीं लिखा है। इसलिए आप देखेंगे कि जो तथाकथित सोशलिस्ट रियलिज़्म के नाम पर नॉवेल लिखे गए, उनमें तो व्यक्ति का महत्त्व है ही नहीं। समूह का महत्त्व है, कलेक्टिविटी का महत्त्व है। चाहे वह मज़दूर हीरो हो, चाहे वह किसान हीरो हो, वह माध्यम मात्र है। उसके माध्यम से पूरा एक समूह व्यक्त होता है। इसलिए इस दौर के उपन्यासों में उन्नीसवीं शताब्दी के 'प्रॉब्लमैटिक हीरो' जैसी चीज़ ही समाप्त नहीं हो गई, बल्कि 'हीरो' का कॉन्सेप्ट भी ग़ायब हो गया, वह इनसिग्नीफिकेंट महत्त्वहीन हो गया। लूसिएँ गोल्डमान ने इस दृष्टि से आन्द्रे मालरो का अध्ययन विस्तार से किया है; अर्थात् सामाजिक ढाँचे में और उपन्यास के ढाँचे में होमोलॉजी है। वहाँ व्यक्ति ग़ायब है। बीसवीं सदी के दो महायुद्धों

के बीच के समाज में और उपन्यास में होमोलॉजी है, समानधर्मिता है। थर्ड स्टेज, जो दूसरे महायुद्ध के बाद का पूँजीवादी दौर है, जिसे अब हम लोग 'मल्टीनेशनल' कहने लगे हैं या कंज्यूमर कैपिटलिज़्म कहने लगे हैं, इस कंज्यूमर कैपिटलिज़्म या मल्टीनेशनलिज़्म में व्यक्तिवाद, जो बीसवीं सदी के मध्य में रहा था, वह 'के' नाम का हीरो भी ग़ायब हो गया। इसमें जिसकी बहुत पहले मार्क्स ने घोषणा की थी और लूकाच ने इसे पहचाना था, जिसको 'रैकरण' कहते थे, उसे 'री-इफिकेशन' कहते हैं। हर चीज़ एक मामले में बहुत बड़े पैमाने पर डी-ह्यूमनाइजेशन, अमानवीयकरण का शिकार है। ध्यान रखिए कि अमानवीयकरण की प्रक्रिया तो पूँजीवाद के आरम्भ से ही थी, लेकिन पहली-दूसरी अवस्थाओं में यह मद्धिम थी। तीसरी अवस्था में इनका कहना है कि पूर्णत: अमानवीयकरण हुआ है और उसका स्थान बाज़ार के माल ने ले लिया। इस अवस्था के उपन्यास में इस तरह का दिखाई पड़ेगा, जैसेकि मनुष्य मनुष्य नहीं है, बल्कि जहाँ किसी वस्तुजगत का ज्यामितिक, वस्तुनिष्ठ वर्णन किया गया है। इसका ज़िक्र पिछली बार किया जा चुका है। किस तरह समाज के अनुरूप होमोलॉजी उपन्यासों में दिखाई पड़ती है, इस क्रम में जो तीसरा और अन्तिम लेख है, वह 'बालकनी' में है, जिसकी चर्चा आख़िरी दिनों में विस्तार से कुछ जगहों में की गई थी। इस 'बालकनी' नाम के लेख में, जो ज़्याँ जेने के बारे में है, दो-तीन नई चीज़ें सामने आती हैं। 'बालकनी में' का महत्त्व इसलिए है कि इस समीक्षा के द्वारा गोल्डमान लूकाच की यथार्थवाद-सम्बन्धी परवर्ती धारणाओं के आधार पर लूकाच का खंडन करते हैं, उनके निष्कर्षों का खंडन करते हैं।

आप सभी लोग जानते हैं कि जॉर्ज लूकाच यथार्थवाद के पक्षधर और आधुनिकतावाद के विरोधी थे। इसलिए अपनी यथार्थवादी कसौटी के आधार पर लूकाच इस दौर की अधिकांश रचनाओं को, जो लूकाच की कसौटी में रियलिस्ट नहीं हैं, तिरस्कृत करते हैं। इसी कसौटी के आधार पर गोल्डमान ने दिखाने की कोशिश की है कि जिन रचनाओं को आधुनिकतावादी कहकर लूकाच ख़ारिज करते हैं, ये रचनाएँ भी मूलत: यथार्थवादी हैं; अर्थात् ये सामाजिक वास्तविकता की जो मूलभूत प्रकृति है, विशेषता है, उसको कथात्मक स्तर पर ये रचनाएँ व्यक्त करती हैं। लूकाच के यहाँ यथार्थवाद की कसौटी यह है कि जो यथार्थ की प्रक्रिया का चित्रण करे। लूकाच कहते थे कि प्रक्रिया में चित्रित करने का मतलब यह है कि लेखक यथार्थ की गतिशीलता, विकासशीलता और उसकी प्रक्रिया पर दृष्टि यदि रखेगा तो लेखक अनिवार्यत: भविष्योन्मुखी दृष्टि अपनाएगा और उसका दृष्टिकोण आशावादी होगा। आधुनिकतावादी लेखकों का दृष्टिकोण निराशावादी है। भविष्य उनके लिए या तो है नहीं या अन्धकारपूर्ण है। इसलिए वे लेखक यथार्थ का स्थिरीकरण करते हैं और यथार्थ को प्रक्रिया में नहीं देखते हैं। यह लूकाच का निष्कर्ष है, जो काफ्का पर लागू होता है। गोल्डमान ने कहा कि ये लेखक निराशावादी हैं, इसका अर्थ यह नहीं है कि

ये लेखक यथार्थ को गतिशील रूप में नहीं देखते हैं। यह निष्कर्ष निकालना ग़लत है। क्योंकि एक 'पर्टिकुलर टाइम' में यदि ये आशावादी होते तो ये यथार्थवादी नहीं होते बल्कि ये झूठ लिखते। यह हो सकता है कि इतिहास के जिस दौर में काफ्का के बारे में कहा जा रहा है, मोनोपली कैपिटलिज़्म के काल में उसमें सच्चाई यह है कि यूरोप में जो आज हम देख रहे हैं कि समाजवाद तो केवल एक देश में क़ायम हुआ है। उस समय समझा जाता था कि जिस तरह रूस में क्रान्ति हुई और उसी तरह 1917 के बाद उम्मीदें यह थीं कि सेंट्रल यूरोप में होगी, फ्रांस में होगी। और हुआ यह कि क्रान्ति हुई ही नहीं बल्कि काउंटर रिवोल्यूशन हुआ और उल्टे वहाँ नात्शी पार्टी आई और फासिज़्म आया। अब आप बताइए कि उस दौर में काफ्का अगर यह लिखते कि क्रान्ति की लाल सुबह दिखाई पड़ रही है और 'दिल नाउम्मीद तो नहीं, नाकाम ही तो है; लम्बी है ग़म की शाम, मगर शाम ही तो है', तो वे झूठ लिखते क्योंकि उसके बाद अभी तक तो समाजवाद आया ही नहीं है। इसलिए काफ्का को यह दोष देना कि रियलिटी को नहीं देखा था, प्रोसेस के रूप में नहीं देख रहा था, वह निराशावादी था, क्योंकि पूरा इतिहास बता रहा है कि वह ज़्यादा रियलिस्ट था और जिनको सुबह दिखाई पड़ रही थी, जिनको लाल सुबह दिखाई पड़ रही थी, वे तमाम लोग झूठ बोल रहे थे। वे एक यूटोपिया में थे या एक इल्यूजन में जी रहे थे। गोल्डमान का कहना है कि काफ्का एक ऐसा लेखक है, जिसको बाद के इतिहास ने भी प्रमाणित किया कि वह ज़्यादा रियलिस्ट था। रियलिटी, जो अप्रिय थी, दुखी करनेवाली थी, हतोत्साहित करनेवाली थी। लेकिन इन तमाम चीज़ों के बावजूद वह उस रियलिटी को निर्भीक होकर लिख रहा था और ख़तरे के प्रति आगाह कर रहा था कि यह है यथार्थ। इसलिए यदि लूकाच का ही सिद्धान्त माना जाए तो रियलिटी को प्रोसेस में देखना चाहिए कि कहाँ से कहाँ जा रही है। उस दिशा की ओर देखना चाहिए तो उससे नतीजा निकलता कि अनिवार्यत: आप्टिमिस्टक लेखन होना चाहिए। उससे नतीजा निकलता है कि उन आधुनिकतावादी लेखों के बजाय जिनका नाम लिया गया है ख़ास तौर से कि उन लोगों ने यथार्थ को लिखा है तो यह रोमांटिसिज़्म होगा। यदि वास्तविकता को सुनहले स्वप्नलोक में डुबो दें तो यह रियलिज़्म नहीं होगा। यह रोमांटिसिज़्म होगा। रिवोल्यूशनरी रोमांटिसिज़्म उसको आप कह ले जाइए लेकिन वह रियलिज़्म नहीं होगा। इसलिए गोल्डमान ने कहा कि लूकाच के रियलिज़्म के सिद्धान्त को हम भी मानते हैं। सिद्धान्त सही है उनका, कसौटी सही है, उससे लूकाच जो निष्कर्ष निकालते हैं, ग़लत निकालते हैं। और स्वयं अपने ही सिद्धान्त के विरुद्ध वे उन उपन्यासों से एक तरह के रोमांटिसिज़्म की माँग करते हैं, और न मिलने पर वे उन लेखकों को कहते हैं कि रियलिस्ट नहीं हैं, अमूर्त हैं, अशरीरी हैं, एब्स्ट्रैक्टनेस हैं। यहाँ गोल्डमान ने कहा कि अमूर्तता यथार्थवाद का निषेध नहीं है, बल्कि यथार्थवाद का पोषक है; अर्थात् जैसा युग है और जैसा समाज है, उस समाज

में यथार्थ अमूर्त ही हो सकता था। अब आप पेंटिंग का ज़रा उदाहरण लीजिए। अगर पोर्ट्रेट पेंटिंग, या फिगरेटिव पेंटिंग जिसको हम लोग कहते हैं, यही आदि से लेकर अनन्त काल तक होती रहे, जैसे मुग़ल मिनिएचर्स मिलती हैं और बाद में विक्टोरियन पोर्ट्रेट पेंटिंग्स मिलती हैं, फिर तो सारा पिकासो जो है, वह व्यर्थ है। फिर उन्हीं लोगों को जो ख़ूबसूरत चेहरा बढ़िया-बढ़िया दिखाते रहते हैं, उन्हीं लोगों की पेंटिंग को आप कहेंगे कि पेंटिंग यही है, और एब्स्ट्रैक्शन जो है, वह कोई पेंटिंग नहीं है। जबकि यह मानते हैं कि पेंटिंग में, एब्स्ट्रैक्शन में शक्ति है। यही नहीं, हाइयेस्ट मैथमेटिक्स आम तौर से देखेंगे, आप तो एब्स्ट्रैक्शन हैं। आइंस्टीन का फॉर्मूला जो है, वह तो सूत्र है न। वह कोई लैंग्वेज़ नहीं है। एब्स्ट्रैक्शन है। इसमें कहा गया कि 'पावर लाइज इन एब्स्ट्रैक्शन'। शक्ति जो है, वह अमूर्तता में होती है, मूर्तता में नहीं होती। इसलिए 'पावर लाइज इन एब्स्ट्रैक्शन'। बहुत सारी चीज़ें होती हैं, जो एब्स्ट्रैक्ट होती हैं, अमूर्त होती हैं और ज़्यादा सच होती हैं उसकी अपेक्षा। यानी आप तो यों भी देख सकते हैं, हमें तो उतना ज्ञान नहीं है, आप लोगों में से कुछ लोगों को तो जानकारी भी पेंटिंग वगैरह की होगी, तो उससे अन्दाज़ा लगा सकते हैं कि एक आदमी ब्रश लेकर किसी लड़की का नाक-नक्श बड़ी मेहनत करके रचे, दूसरा केवल दो-तीन स्ट्रोक से उसकी पूरी भंगिमा और पूरी उसकी पर्सनैलिटी उतार सकता है। और एक आदमी उसका सारा रंग-रूप उतारकर और उसको देख करके भी उसकी पर्सनैलिटी को नहीं उतार सकता है। दो-तीन स्ट्रोक से पूरी पर्सनैलिटी सामने आ सकती है। एक शेर बनाना हो आपको। एक आदमी, जैसा शेर है, बाक़ायदा उसके एक-एक बाल गिन करके वह रँग दे तो वह शेर नहीं लग सकता है, और एक आदमी केवल तीन लाइनों से उस दौड़ते हुए या दहाड़ते हुए शेर की तसवीर ज़्यादा सही व्यक्त कर सकता है, उसकी अपेक्षा जो उसके पाँव, उसके पुट्ठे और उसकी नसें—सब कुछ दिखाता है। सब कुछ करने पर भी शेर शेर नहीं लगता, बिल्ली दिखता है। इसलिए ऐसा नहीं है कि एब्स्ट्रैक्ट कांक्रीट का उलटा हुआ करता है। लोग कहते हैं कि रियलिज़्म का मतलब है—कांक्रीट हो, एलाइव हो। कांक्रीटनेस अमूर्तता में भी हो सकता है। किसी आदमी का अस्थि-पंजर दिखाएँ, तो वह सच नहीं है? अस्थि-पंजर झूठ है और पूरा जो भरा-पूरा मांस और पेशियाँ दिखाई जाएँ, वही भरा-पूरा यथार्थ है तो बड़ी ग़लत बात होती है। ख़यालों में आदमी को किसी चीज़ की जो झलक आती है, याद आती है, वह याद तो अमूर्त हुआ करती है। वह अमूर्त रूप में ही आएगी। फिर भी वह उतनी ही रियल होगी जितनी कि दूसरी चीज़ होती है। कभी-कभी मूर्त चीज़ उतनी रियल नहीं होती है जितनी कि अमूर्त होती है। इसलिए एब्स्ट्रैक्शन रियलिज़्म का विरोधी नहीं है, जो लूकाच ने समझा। काफ्का अन-रियल नहीं है। और आज के ज़माने में फ़िल्मों में आप तो जानते हैं कि अमूर्त चीज़ लाई जाती है। उसमें हॉरर क्रिएट किया जाता है। वह किसी चीज़ को दिखाकर नहीं बल्कि न दिखाकर क्रिएट किया

जाता है। किसी भूत को अगर आप मंच पर दिखा दें तो वह बिलकुल डर नहीं पैदा करेगा, लेकिन उस भूत को आप न दिखाइए मंच पर और वह एकदम अमूर्त रहे तो वह ज़्यादा हॉरीफाइंग (डरावना) होगा। यह फ़िल्म वाले बहुत अच्छी तरह जानते हैं, थिएटर वाले बहुत अच्छी तरह जानते हैं। इसलिए बेकेट के यहाँ आप देखते हैं, 'वेटिंग फॉर द गोदो हू डजंट कम।' और वह गोडो ज़्यादा रियल है जोकि आप तक नहीं आता है, जिसका इंतजार दोनों पात्र कर रहे हैं। यहाँ से वहाँ तक लेकर आख़िर तक मोमेंटम बिल्ट किया जाता है 'एंड दे आर वेटिंग फॉर द गोडो', और 'गोडो डजंट कम हियर।' ही इज मोर रियल दैन दोज टू कैरेक्टर्स। इसलिए जो आर्टिस्ट हैं, वे जानते हैं कि एब्स्ट्रैक्ट जो है, वह ज़्यादा रियल होता है। इसलिए यह आश्चर्य होता है कि लूकाच जैसा इतना समझदार आदमी, सौन्दर्यशास्त्र का, कलाओं का, साहित्य का जाननेवाला आदमी कैसे इस चक्कर में फँस गया कि एब्स्ट्रैक्टशन को अनरियल समझने लगा? और इस कमज़ोरी को पकड़कर गोल्डमान ने बताया कि पूँजीवाद जिस दौर से गुज़र रहा है, उस दौर में इस सच्चाई को अमूर्त रूप में ही ज़्यादा व्यक्त किया जा सकता है, बजाय मूर्त रूप के। मूर्त रूप में आप कितना डिस्क्राइव कीजिएगा? आप कितनी चीज़ें डिस्क्राइव करेंगे? इस ज़माने में केवल अमूर्त चीज़ों में, संकेत से आप हज़ार चीज़ें बता सकते हैं।

[4]

जेनिंग रूथ का एक लेख है लूसिएँ गोल्डमान पर। गोल्डमान पर लिखा हुआ अब तक जितना मैंने देखा है, उसमें चाहे पुस्तकें हों या लेख हों, मुझे जेनिंग रूथ का लेख बहुत ही सन्तुलित लगा। संक्षेप में लगभग सभी आलोचनाओं को स्पष्ट करते हुए, साथ ही बहुत सहानुभूति से लिखा हुआ है। उस सहानुभूति में कहीं कोई पक्षधरता नहीं है, पक्षपात नहीं है। अच्छा लेख है। यह मरणोत्तर लेख है।

यह उल्लेखनीय तथ्य है कि गोल्डमान की जो प्रतिष्ठा पहले थी, उनकी मृत्यु के समय लगभग समाप्त हो गई थी। उनकी रचनाओं और उनके कृतित्व के प्रति पहले जैसा आकर्षण नहीं था। इसके कुछ तो राजनीतिक कारण हैं और कुछ सैद्धान्तिक। 1968 के आसपास जो क्रान्तिकारी उभार था, आप लोगों को स्मरण होगा, उस समय चीन में सांस्कृतिक क्रान्ति का ज़ोर था, और संसार के पैमाने पर छात्रों का आन्दोलन हुआ था। यह वैसा दौर था, जैसा भी समझ लीजिए—चाहे वह छद्म कहा जाए या क्षणजीवी कहा जाए लेकिन एक क्रान्तिकारी उभार सारे संसार में था। उसको देखते हुए गोल्डमान का यूगोस्लाविया का पक्ष लेना राजनीतिक दृष्टि से बहुत आकर्षक नहीं था, जिसका स्वागत वामपंथी और मार्क्सवादी पैमाने पर नहीं हो सकता था। एक कारण तो यह है। दूसरा कारण यह कि जिस मार्क्सवाद के समर्थक लूसिएँ गोल्डमान थे, वह एक तरह का हीगेलियन मार्क्सवाद था। आप

जानते हैं कि इस मार्क्सवाद के कई रूप यूरोप में चल रहे हैं। दूसरे दशक में या कहिए कि प्रथम महायुद्ध के बाद यूरोप में जो सबसे प्रधान मार्क्सवाद था, वह हीगेलियन मार्क्सवाद था। उस मार्क्सवाद के अनुयायियों में से जॉर्ज लूकाच थे। स्वयं ग्राम्शी को मार्क्सवादी कहा जाता है, और फ्रैंकफर्ट स्कूल पूरा का पूरा हीगेलियन मार्क्सवादी था। इस हीगेलियन मार्क्सवाद का एक रूप आपको ज्याँ पॉल सार्त्र वगैरह में मिला, जिसे मोटे तौर से डायलेक्टिकल ह्यूनिस्ट कहा जाता है। गोल्डमान इसी मार्क्सवाद की परम्परा में आते थे। वह मार्क्सवाद हीगेलियन था। गोल्डमान की प्रतिष्ठा को जो क्षति पहुँची है, उसका एक दूसरा कारण भी था। वह था फ्रांस में गोल्डमान की मृत्यु के समय संरचनावादी मार्क्सवाद का उदय। इस संरचनावादी मार्क्सवाद के आक्रमण से लगभग रहा-सहा अवशिष्ट, हीगेलियन मार्क्सवादी ढाँचा चरमरा रहा था, ढह रहा था। इस दूसरे कारण से भी उनकी प्रतिष्ठा को क्षति पहुँची। इसीलिए एक राजनीतिक कारण है और दूसरा सैद्धान्तिक कारण है। तीसरा कारण स्वयं उनकी समीक्षाओं में निहित है। उनकी मान्यताओं में। वे मान्यताएँ आरम्भ में जितनी आकर्षक लगी थीं, अन्त तक आते-आते उनका आकर्षण समाप्त हो चला था। आप लोगों को स्मरण होगा कि गोल्डमान ने कहा था कि महान साहित्यिक कृतियाँ और महान साहित्यकारों की रचनाओं में जिस विश्व-दृष्टि की अभिव्यक्ति होती है, वह विश्व-दृष्टि लेखक के अनजाने ही या उस साहित्यकार के अनजाने ही व्यक्त होती है। इसके लिए उन्होंने 'नॉन-कांशस' कहा है अर्थात् उसे लेखक या साहित्यकार नहीं जानते। किसी सामाजिक समुदाय को जोड़नेवाली, एकजुट करनेवाली जो मानसिक संरचना होती है, या मानसिकता होती है, उसमें और साहित्यिक रचनाओं में जो सम्बन्ध होता है, इस सम्बन्ध को सामान्य आदमी तो जानता ही नहीं है, यानी ज़रूरी नहीं कि उसको सामाजिक समुदाय जानता हो। सामाजिक समुदाय के बाहर के लोग भी नहीं जान सकते। स्वयं साहित्यकार भी नहीं जान सकता। दरअसल यह समाजशास्त्री, एक विशेष प्रकार का जो साहित्यिक समाजशास्त्री है, वही इसकी खोज करता है और एक्सप्लानेशन के रूप में इसे प्रस्तुत करता है। इस पर यह टिप्पणी की गई है कि उन्होंने समाजशास्त्री को लगभग एक ईश्वर के समान सर्वज्ञ होने का अधिकार दिया है। यह एक प्रकार का मिथ्याभिमान ही कहलाएगा। इस सामान्य आलोचना के अतिरिक्त दूसरी आपत्ति दोनों संरचनाओं के बीच, सामाजिक संरचना और साहित्यिक कृति में निहित विश्व-दृष्टिपरक संरचना को लेकर है। इनके सम्बन्ध को गोल्डमान ने होमोलॉजी या समानधर्मिता का नाम दिया है। समाज और साहित्य के बीच का रिश्ता समानधर्मिता का होता है, होमोलॉजी का होता है। यह सबसे विवादास्पद चीज़ स्वयं लेवीस्त्रोस जैसे संरचनावादी विचारक ने भी समानधर्मिता के अलावा दो संरचनाओं में अन्य प्रकार के सम्बन्धों की ओर संकेत किया है, यानी ऐसा नहीं है कि दो संरचनाओं में केवल एक ही प्रकार का

सम्बन्ध हो कि उनमें समानता हो, समानधर्मिता हो। लेवीस्त्रोस ने कहा है कि उसमें अन्तर्विरोध भी होता है, विपरीतता भी होती है। इसलिए समाज और साहित्य के सम्बन्धों को केवल समानधर्मिता के रूप में देखना, उसको बहुत सीमित कर देना है। यहाँ ध्यान देने की बात है कि गोल्डमान बार-बार 'रिजिड होमोलॉजी' शब्द का प्रयोग करते हैं। समानधर्मिता पर इतना आग्रह उस सम्बन्ध को सीमित करता है, संकुचित करता है और यह उनके कट्टर दृष्टिकोण का परिचायक है। अन्य संरचनावादियों ने अनेक प्रकार के सम्बन्धों की बात की है, जो वाजिब है। साहित्य और समाज का रिश्ता बराबर इसी प्रकार का नहीं हुआ करता। ऐसी स्थिति भी आती है जबकि दोनों के बीच तनाव हुआ करता है, विरोध की स्थिति होती है। साहित्य समाज से ठीक उलटा व्यवहार करता है। उसको चुनौती देता है। दूसरी जो बहस की चीज़ है, वह उनकी परवर्ती उपन्यास-सम्बन्धी आलोचना के बारे में है। कई प्रकार की आलोचनाएँ हैं। उनमें एक यह है कि गोल्डमान ने अपने पूर्ववर्ती सिद्धान्त को छोड़ दिया। कैसे छोड़ दिया, इसको थोड़ा हम लोग देखें।

एक तो यह कि पहले वह मानते थे कि समाज और साहित्य के बीच जो संरचना दोनों में नियामक हुआ करती है और उसमें विश्व-दृष्टि या 'वर्ल्ड-विज़न' का महत्त्व होता है, उपन्यास-सम्बन्धी आलोचना में आते ही विश्व-दृष्टि की संकल्पना को गोल्डमान एकदम छोड़ देते हैं। वे आर्थिक आधार और उपन्यास, दोनों की समानान्तरता सीधे देखने लगते हैं, जिसको आप कह सकते हैं कि सीधा प्रक्षेपण। आर्थिक स्थिति का प्रत्यक्ष प्रक्षेपण उपन्यासों में दिखाई पड़ता है। इसके बारे में दो आदमियों ने टिप्पणी की है। एक तो टेरी इगल्टन है। इगल्टन ने कहा है कि इनकी परवर्ती आलोचना को देखकर ऐसा मालूम होता है कि जैसे आधार और अधिरचना के बीच यांत्रिक सम्बन्ध है। उन्होंने कैपिटलिज़्म के समानान्तर उन्नीसवीं सदी का उपन्यास और फिर मोनोपली कैपिटलिज़्म के समानान्तर काफ्का आदि के उपन्यास और फिर कंज्यूमर कैपिटलिज़्म या मल्टीनेशनल कैपिटलिज़्म के समानान्तर परवर्ती या उसके बाद के उपन्यासों को देखा; अर्थात् सीधे उन्होंने आर्थिक आधार और साहित्य, दोनों को समानान्तरता में देखा। यहाँ पूरे सम्बन्ध दिखाने में विश्व-दृष्टि ग़ायब है। यह विश्व-दृष्टि की मध्यस्थता इस पूरी चर्चा से लगभग ग़ायब है। इसके लिए गोल्डमान की रचनाओं में एक स्पष्टीकरण भी ढूँढ़ा जा सकता है। देखना चाहिए कि यह स्पष्टीकरण कितनी दूर तक सही है। गोल्डमान का कहना है कि पूँजीवादी विकास के कारण सामूहिक स्तर पर चेतना या सामूहिक चेतना का अस्तित्व समाप्त हो गया है। पूँजीवादी विकास के कारण जिस सामूहिक चेतना का ह्रास हो गया, वह धीरे-धीरे डिसएपियर होने लगी और वह इकोनॉमिक या आर्थिक जीवन का प्रत्यक्ष प्रतिबिम्ब बन गई। इसीलिए जब 'वर्ल्ड विज़न' नाम की चीज़ रही ही नहीं तो उसकी मध्यस्थता करने की ज़रूरत बची नहीं। यह बात लचर मालूम होती

है। क्यों लचर मालूम होती है? उसका कारण है। बाद में ज्याँ जेने पर उन्होंने एक लेख लिखा। उसमें उन्होंने कहा है : 'आल दीज थिंग्स एज द लिटरेरी ट्रांसपोजीशन ऑफ़ द वर्ल्डविज़न ऑफ़ ए ग्रुप ऑफ़ ए स्माल नम्बर ऑफ़ वर्क्स एंड क्रिएटिव इंटेलेक्चुअल्स एंड ए फेयरिली ए लार्ज नम्बर ऑफ़ एजूकेटेड प्यूपिल्स हू रिफ्यूज टू मॉडर्न कैपिटलिज़्म।' आशय यह है कि मालरो के आरम्भिक उपन्यास, रॉबग्रिये के उपन्यास और फ़िल्में, बैकेट की रचनाएँ, और जेने के नाटक—ये सभी एक छोटे समुदाय की विश्व-दृष्टि को प्रतिबिम्बित करती हैं। सवाल यह है कि मालरो की आरम्भिक रचनाएँ तो विश्व-दृष्टि को प्रतिबिम्बित करती हैं तो बाद वाली क्यों नहीं करतीं? मतलब कि वह विश्व-दृष्टि इसमें से ग़ायब हो गई थी जो आरम्भिक रचनाओं में थी। दूसरी बात है कि ज्याँ जेने के बारे में विश्व-दृष्टि लागू होती है और उसी के कंटेम्परेरी समकालीन मालरो के बारे में क्यों नहीं लागू होती है? यानी विश्व-दृष्टि की मध्यस्थता ज्याँ जेने के बारे में तो वैध है, उपयोगी है, लेकिन मालरो के परवर्ती लेखन के बारे में विश्व-दृष्टि की भूमिका कार्यरत नहीं है, यह बात बहुत संगत दिखाई नहीं पड़ती। दोनों की रचनाएँ समकालीन हैं और समकालीन परिस्थितियों के दौर से गुज़र रही हैं। इसके लिए कोई सन्तोषप्रद कारण गोल्डमान ने नहीं बताया है। इस प्रकार समाज और साहित्य के सम्बन्धों के बारे में एक तो समानधर्मिता पर आपत्ति की गई है और दूसरी सबसे बड़ी आपत्ति उनकी उपन्यास-सम्बन्धी आलोचना में जो यांत्रिकता है, उस पर की गई है। यहाँ विश्व-दृष्टि आरम्भ में दिखाई पड़ती है, बाद में उनका अपने ही सिद्धान्तों को छोड़ देना, ये दोनों ही चीज़ें उनकी आलोचना का कारण बनीं। तीसरी या चौथी आलोचना साहित्यकार व्यक्ति के महत्त्व की अस्वीकृति के बारे में है। आप लोग पाएँगे कि सभी संरचनावादी लेखक के व्यक्तित्व को या उसकी वैयक्तिकता को स्वीकार नहीं करते। रोलॉ बार्थ, जॉक देरिदा, फूको आदि जो संरचनावादी हैं, शुद्ध संरचनावादी, वह तो कहते ही हैं कि आज के ज़माने में लेखक की मृत्यु हो चुकी है। 'डेथ ऑफ़ ऐन ऑथर'। ऑथर नाम की कोई चीज़ है ही नहीं। उम्मीद की जाती थी कि गोल्डमान उस तरह के संरचनावादी नहीं हैं, बल्कि वे 'जेनेटिक' संरचनावादी हैं; अर्थात् इस समाज का कुछ लगाव मानते हैं। साहित्य का स्रोत समाज में देखते हैं। इसलिए कदाचित् लेखक के व्यक्तित्व को कुछ महत्त्व देंगे। लेकिन स्वयं वे भी महत्त्व नहीं देते। उन्होंने कहा है कि जहाँ तक साहित्य-सृजन का सवाल है, उसमें लेखक रचना की जननी नहीं है बल्कि वह उसकी आया है। 'मेडवाइफ', आया ही कहेंगे; अर्थात् वह डिलिवरी में सहायक हुई है। विश्व-दृष्टि की जो रचना लेखक करता है, उसमें रचना जो दिखाई पड़ती है, लेखक उसमें मेडवाइफ की भूमिका अदा करता है, आया का काम करता है, वह जननी नहीं है। अब तक उसे माँ माना जाता था। अब माँ नहीं आया है। आप लोगों को मालूम है, हिन्दी वाले बहुत अच्छी तरह से इससे परिचित होंगे। कृष्ण

के रूठने पर यशोदा ने कहा : 'हौं तो धाय हितारे सुत की, कृपा करत ही रहियो।' जब कृष्ण चले गए तो ठीक ही किया। हम उनके होते ही कौन हैं? हम उनकी माँ तो हैं नहीं कि हमारे पास वे रहते। आख़िर हम तो धाय ही हैं इसलिए जब धाय हैं तो धाय के पास इतने दिनों तक रहे, यही बहुत है। इसलिए यह लेखक का एक तरह से डीवैल्यूएशन हुआ, अवमूल्यन। उसके महत्त्व का ह्रास हुआ। आप सोचें कि शेली, कीट्स, वड्र्सवर्थ वगैरह होते तो गोल्डमान के इस कथन पर उनकी क्या प्रतिक्रिया हुई होती? एक अच्छा-ख़ासा महाभारत हो जाता। रोमांटिक लोग तो मानते थे कि लेखक जीनियस होता है, वह प्रजापति होता है, वह विधाता होता है, वह ब्रह्मा होता है अपनी रचना का। अपनी प्रतिभा से कोई चीज़ पैदा करता है। जहाँ इतना बड़ा महत्त्व था रोमांटिक पीरियड में लेखक का, गोल्डमान ने उसको मिडवाइफ का दरजा दिया। इस तरह से उसके सम्मान को कम किया, घटाया। यहाँ गोल्डमान की ओर से यह कहा जा सकता है कि सामाजिक समुदाय की जो भी चेतना है और जो विश्व-दृष्टि है, उसको सुसंगत और एकान्वित रूप देने का काम इंडिविजुअल करता है। विशेष व्यक्ति करता है। लेखक इक्सेप्शनल होता है। चूँकि महान कृतियाँ एक विशेष व्यक्तित्व से पैदा होती हैं, उसकी विशेषता ही यही है कि सामाजिक समुदाय की चेतना जो परस्पर असंगतियों से भी भरी रहती है, अविकसित होती है, अपूर्ण होती है, उन तमाम चीज़ों को वह सम्भाव्य चेतना के स्तर पर ले जाकर अपने चिन्तन के द्वारा, कला के द्वारा, भाषा की दक्षता के द्वारा उसको एक सुसंगत, समन्वित, व्यवस्थित, राउंडेड रूप देता है। इसलिए गोल्डमान के चिन्तन में जो यह कहा गया कि वे व्यक्ति को, रचनाकार को महत्त्व नहीं देते, मिडवाइफ कह देते हैं, कहना ग़लत है। क्योंकि उसे वे इक्सेप्शनल मानते हैं। कई जगहों पर उन्होंने कहा भी है कि यह व्यक्ति इसलिए विशेष होता है कि उसकी स्थिति समाज में एक हद तक स्वतंत्र होती है और हाशिए पर भी होती है। 'मार्जिनलिटी' और 'इंडिपेंडेंट ऑफ़ सोसाइटी', दोनों चीज़ों का उन्होंने प्रयोग किया है।

हम लोग, ख़ास तौर से कुछ लोग, जो मार्क्सवाद में विश्वास रखते हैं, अक्सर लेखक की स्वतंत्रता और साधारण आदमी की स्वतंत्रता, दोनों में कोई फ़र्क़ नहीं समझते। दोनों को एक जैसा मानते हैं। साहित्यकार की स्वतंत्रता अन्य आदमियों की स्वतंत्रता से थोड़ी भिन्न होती है। आम तौर से देखा जाता है कि लेखक की स्वतंत्रता ज़्यादा जटिल होती है और यह 'मीडियलाइज्ड' होती है। यह हो सकता है कि कई लोग आर्थिक सम्बन्धों के जिस तंत्र में बँधे हुए हैं, उससे अलग न सोचें। हम अक्सर देखते हैं कि कुछ ऐसे लेखक आपको दिखाई पड़ेंगे जो भौतिक, आर्थिक, राजनीतिक रूप से समृद्ध सत्ता से जुड़े हुए लोगों के विरुद्ध बोल नहीं सकते, कोई स्टेटमेंट नहीं दे सकते। लेकिन उनका लेखन ठीक-ठीक उसी के समानान्तर नहीं होता। इसके ज़्यादा उदाहरण देने की ज़रूरत नहीं है। शायद लोगों को आश्चर्य

लगता हो, हिप्पोक्रेसी लगती हो, पर यह सच है। हिन्दी के कवियों में श्रीकान्त वर्मा का एक कविता संग्रह है : 'मगध'। श्रीकान्त वर्मा की क्या स्थिति है, उसमें टिप्पणी करने की ज़रूरत नहीं है। इसमें कई कविताएँ ऐसी हैं, यानी कोई आदमी कहे कि मगध में विचारों की कमी है तो यह मगध आख़िर है क्या? यह चन्द्रगुप्त के ज़माने का मगध तो नहीं है—जिस मगध की चर्चा की जा रही है, जिस मगध में विचारों की कमी है, जहाँ अव्यवस्था है, अशान्ति है, लोगों का सिर काटा जा रहा है। 'मगध' एक ऐसे आदमी की कृति नहीं हो सकती है जो सत्ता का पूर्णत: समर्थन करता हो। और क्रान्तिकारी विद्रोही नहीं हो, उसको बदलनेवाला नहीं हो, जैसा वह कविता में दिखाई पड़ता है।

गोल्डमान ने कहा कि चूँकि सृजन-प्रक्रिया में यह अन्तर्निहित है कि वह उपयोग मूल्य के विश्वास पर निर्भर है इसलिए साहित्यकार स्वभावत: विशिष्ट हुआ करेगा और इसी कारण से साहित्यकार आम तौर से मार्जिनल हुआ करता है, हाशिए पर होता है। समाज के मूल्यों से भिन्न मूल्य रखता है। घर-परिवार में भी ये लोग निकम्मे समझे जाते हैं—कविता लिखनेवाले, उपन्यास लिखनेवाले। घर के लोग समझते हैं, इससे क्या होगा? बीवी तक समझती है उसको कि बेकार का काम कर रहा है यह। इस तरह मार्जिनल होता है वह परिवार में और पूरी सोसाइटी वालों में भी। यह मार्जिनैलिटी विशिष्टता की सूचक है। इतनी दूर तक तो बात ठीक है। इससे मालूम होता है कि गोल्डमान लेखक की विशिष्टता को स्वीकार करते हैं। गोल्डमान जब कहते हैं कि लेखक एक सामाजिक समुदाय का सदस्य होने के नाते विश्व-दृष्टि आदि-आदि का निर्माण करता है, यह तो ठीक है। लेकिन वह सामाजिक समुदाय का सदस्य है, इसको अगर लागू करें तो? उन्होंने ज्याँ जेने के बारे में कहा कि वह वामपंथी बुद्धिजीवी ज्याँ जेने नहीं है। इंडिविजुअलिटी उसकी कहाँ है, इसकी व्याख्या मार्जिनैलिटी से नहीं होती। वह विशिष्टता कहाँ से आती है सामाजिक समुदाय और उस व्यक्ति में? ठीक है, व्यक्ति विशिष्ट होता है सामाजिक समुदाय की तमाम दृष्टियों को व्यक्त करने के कारण, लेकिन उस विशिष्टता का स्रोत क्या है, क्यों है? कबीरदास के ज़माने में खँजरी बजा करके गानेवाले साधुओं की कमी नहीं रही है। और बहुत-से जुलाहे ऐसे रहे होंगे। सारे जुलाहे कबीर नहीं हुए। बहुत सारे ब्राह्मण उस ज़माने के बनारस में गोस्वामी-वोस्वामी हो गए हों और वे कुछ भजन-वजन भी करते हों, लेकिन सारे भजनी तुलसीदास नहीं हुए। वह क्या चीज़ है जो विशिष्ट बनाती है? इसकी व्याख्या गोल्डमान के समाजशास्त्र में नहीं है। प्रेमचन्द भारतीय जीवन का चित्रण करते हैं। अकेले प्रेमचन्द ही नहीं, कायस्थ बहुत-से थे। हाईस्कूल पास ही नहीं, बल्कि बी.ए., एम.ए. पास भी बहुत-से रहे होंगे, उर्दू जाननेवाले भी बहुत-से रहे होंगे, किस्सा-किताब भी पढ़नेवाले बहुत-से रहे होंगे। असन्तोष भी रहा होगा, गांधीवाद से भी प्रभावित रहे होंगे, वगैरह-वगैरह

उस ज़माने में ऐसे बहुत-से लोग एक समुदाय में रहे होंगे, लेकिन उनमें प्रेमचन्द ही विशिष्ट क्यों हुए? इसकी कोई व्याख्या किसी समाजशास्त्र में नहीं है। लोगों ने कहा कि आपके पास व्याख्या न हो तो इंडिविजुअलिटी को, वैयक्तिकता को और उस व्यक्ति की विशिष्टता को स्वीकार करें, गोल्डमान के यहाँ जिसकी स्वीकृति नहीं है। गोल्डमान ने बार-बार यह कहा है कि हमारी उसमें दिलचस्पी भी नहीं है। कहते हैं कि साहित्य के समाजशास्त्र का यह काम नहीं है।

साहित्य की यह बुनियादी चिन्ता है। आपने नये कवियों में रघुवीर सहाय को कभी पढ़ा हो या सुना हो, उनके भाषणों से आप कवि की पीड़ा का अन्दाज़ा लगा सकते हैं। रघुवीर सहाय ने एकाधिक प्रसंगों में कहा और लिखा है कि लोग नई कविता की बात करते हैं या नई कविता की सारी विशेषताओं का ज़िक्र किया करते हैं, पूरा पोथा लिखा हुआ है, पर मेरी इसमें कोई दिलचस्पी नहीं है। मैं तो यह जानना चाहता हूँ कि तमाम नई कविताओं में और मेरी नई कविता में ऐसी अपनी क्या विशेषता है, जो दूसरों में नहीं है? जब तक कोई यह नहीं बताता है तब तक अपने लिखने को मैं सार्थक ही नहीं मानता। अगर मैं वैसा ही लिखता हूँ, जैसाकि सारे नये कवि लिखते हैं तो मेरा जीवन व्यर्थ है। हम लोग छायावाद की विशेषताओं का ज़िक्र करते हैं। महत्त्वपूर्ण यह नहीं है कि पंत, निराला, प्रसाद और महादेवी में क्या समान है, महत्त्वपूर्ण यह है कि कौन-सी चीज़ पंत को निराला से अलग रखती है और निराला को पंत से अलग करती है, जहाँ उनकी अपनी क्रिएटिविटी है?...कोई आदमी अपनी सार्थकता उस विशिष्टता में ढूँढ़ता और देखता है, उस सामान्यता में नहीं, जो उन तमाम चीज़ों से उसे जोड़ती है। यह बात सृजन के बारे में उतनी ही सही है जितनी आपसी मानवीय सम्बन्धों के बारे में। एक आदमी के जीवन में मान लीजिए कि एक दर्जन लड़कियाँ आती हैं और वह हर लड़की को समान रूप से सुन्दर कहता है, समान रूप से अच्छी कहता है। और जो विशेषण एक के लिए इस्तेमाल करता है, वही दूसरे के लिए हर बार उन्हीं विशेषणों का इस्तेमाल करता है, तो ज़ाहिर है, अगर वे सचमुच स्त्री हैं, उनमें अस्मिता है, उसकी नज़र में अगर वे सब एक जैसी हैं तो उनमें से किसी को वह पहचान नहीं पाता, पर निर्भर है। रवीन्द्रनाथ ने एक कविता में कहा कि 'तुम तो तुम्हीं हो, तुम जो तुम हो, और कुछ नहीं हो, या और कोई तुम्हारे जैसा नहीं है,—यही तुम्हारा मेरे ऊपर ऋण है और जिसे मैं चाहता हूँ और उसी की खोज करना चाहता हूँ।' यह यूनीकनेस है। तुलसीदास ने 'रामचरितमानस' लिखा तो बार-बार उनकी चिन्ता रही थी कि रामचरित का गुणगान तो तमाम प्राकृत कवियों ने किया है, न मालूम कितने लोगों ने रामकथा लिखी है! मैं भी लिख रहा हूँ, पर मैं जो लिख रहा हूँ, वह वही नहीं हो, जो और लोगों ने लिखी है। अगर मुझे वही लिखना है, जो दूसरों ने लिखा है तो फिर लिखने की क्या ज़रूरत? यह यूनीकनेस है।

इतनी दूर तक तो गोल्डमान ठीक हैं कि किसी साहित्यिक रचना की विश्व-दृष्टि की व्याख्या के लिए सामाजिक समुदाय को ढूँढ़ निकालते हैं, समानान्तरता आ जाती है, लेकिन साहित्य में बल उस समानान्तरता से नहीं होता है। साहित्य में बल तो उस विशिष्टता और अद्वितीयता में होता है, और यही अभाव गोल्डमान के 'सोशियोलॉजी ऑफ़ लिटरेचर' में है। इसका कोई उत्तर उनके पास नहीं है। 'सोशियोलॉजी ऑफ़ लिटरेचर' साहित्यिक कृतियों की, इस यूनीकनेस की खोज नहीं करता है, जो उसकी सबसे बड़ी सीमा है।

अन्तिम बात इस सिलसिले में। लूसिएँ गोल्डमान के जेनेटिक स्ट्रक्चररिज़्म में उत्पत्ति सम्बन्धी सीमा की बात। और यह सीमा ज़्यादा स्पष्ट होती है सार्त्र और गोल्डमान की जेने-सम्बन्धी समीक्षाओं में। ज्याँ जेने पर ज्याँ पॉल सार्त्र ने भी एक पुस्तक लिखी है। आप लोगों ने पढ़ा होगा : 'सेंटे जेने'। ज्याँ जेने के बारे में कुछ तो जानते ही होंगे आप लोग। ज्याँ जेने एक चोर था। बहुत गरीब। चोरी के लिए उसको सजा हुई थी। बहुत दिनों तक जेल गया। और उस पर गोल्डमान ने भी लिखा और उस पर सार्त्र ने भी लिखा। सार्त्र ने ज्याँ जेने की रचना की ख़ूबियाँ उसके जीवन-चरित्र, पारिवारिक पृष्ठभूमि में देखी। देखा कि यह आदमी किन परिस्थितियों में, किस पृष्ठभूमि के कारण अन्ततः एक तरह का क्रिमिनल हुआ। विस्तार से खोज करके उसके साहित्य की उन ख़ूबियों को उसके पारिवारिक वातावरण से ढूँढ़कर निकाला, उसकी विशिष्टता बताई। दूसरी ओर गोल्डमान की पद्धति में इसके लिए अवकाश नहीं है। जीवन-चरित्र की खोज वे करते ही नहीं, परिवार के लिए उसमें कोई स्थान नहीं है। उन्होंने तो एक सोशल ग्रुप ढूँढ़ा और वह सोशल ग्रुप ज्याँ जेने का जिससे सम्बन्ध है, मोटे तौर से उन्होंने कहा कि यह एक प्रकार वामपंथी बुद्धिजीवियों का समुदाय है जिसकी वे अभिव्यक्त करते हैं। एक समूह के नाते इस समाज में वह अपने अन्तर्विरोधों से ग्रस्त है और वह जिस रूप में सताया जा रहा है, उसके अनुभव से गुज़र रहा है, जबकि ज्याँ पाल सार्त्र इसके लिए 'सोशियोलॉजी ऑफ़ फैमिली' लाते हैं। कहते हैं कि किसी लेखक के वैशिष्ट्य को केवल उसकी वर्गगत विशेषताओं के आधार पर निरूपित नहीं किया जा सकता है, बल्कि बहुत कुछ उसकी विशिष्टता की जड़ें उसके परिवार में होती हैं। फैमिली में होती हैं। यह ज्याँ पॉल सार्त्र का अपना साहित्यिक समाजशास्त्र है। अन्तिम दिनों में वे बहुत विशाल पुस्तक लिख रहे थे जिसके कुछ ही खंड लिखे गए। वह पूरी नहीं हो सकी। डेढ़ हज़ार पृष्ठों के बाद भी वह पूरी नहीं हो सकी। फ्लाबेयर पर और जिसको 'ईडियट ऑफ़ फैमिली' उन्होंने शीर्षक दिया है। परिवार का वह ईडियट था। इस तुलना से गोल्डमान के समाजशास्त्र की सीमाएँ अधिक स्पष्टता के साथ सामने आती हैं।

गोल्डमान ने साहित्यिक रचनाओं में जिस चीज़ पर बहुत बल दिया है, वह है—कोहेरेंस और यूनिटी। एकान्विति और उनकी अन्तःसंगति। लेकिन इसके लिए

कोई युक्ति उन्होंने नहीं लिखी यानी कोई युक्ति न देकर उसे बार-बार उन्होंने दोहराया है। अपने-आपमें सुसंगत होना रचना का गुण क्यों है? हम लोग रूपवादी रचना की आलोचना के दौरान देख चुके हैं कि दो प्रकार के सिद्धान्त रखे गए थे : एक संवादिता का सत्य है और दूसरा, अन्त:संगति का सच है। रूपवादी लोग मानते रहें कि कोई रचना अपने-आपमें पूर्ण हो, समग्र हो, सुसंगत हो, इसमें उसकी महानता व्यक्त नहीं होती है। अपने-आपमें सुसंगत हो लेकिन वह वास्तविकता के मेल में भी हो। आप अपने-आपमें सुसंगत झूठ बोल सकते हैं। कहा ही जाता है कि बहुत सुसंगत हो। कहीं कंट्राडिक्शन न हो, वरना बहस में वकील कचहरी में बुला लेगा आपको। इसलिए अपने-आपमें सुसंगत होना, यह झूठ की ख़ूबी है। यह सत्य की भी ख़ूबी है। सत्य को अपने-आपमें सुसंगत होना चाहिए। यह तो सही है। लेकिन झूठ को भी अपने-आपमें सुसंगत होना चाहिए। ऐसी बहुत-सी कृतियाँ हैं जो आपस में बहुत सुसंगत हो सकती हैं, लेकिन सुसंगत होने के बावजूद उसमें रिचनेस न हो, कॉम्प्लेक्सिटी न हो। आम तौर से देखते हैं कि किसी दर्शन, सिद्धान्त या मान्यता को लेकर रचनाओं में आदि, अन्त और मध्य बड़ा सुसंगत, सुगठित और सुनियमित हुआ करता है। बावजूद इसके उसमें जीवन का अनुभव कुछ नहीं होता है। ऐसी भी रचनाएँ श्रेष्ठ हुई हैं जिनमें अन्तर्विरोध हैं। वह रचना कभी-कभी, बल्कि उस जगह वह रचना ज़्यादा आकर्षक होती है, ऊँचाइयों को छूती है जहाँ वह अपने ही जीवन, अपनी ही विश्व-दृष्टि के विरुद्ध कुछ कह जाती है। जितने बड़े लेखक हैं, वे अपनी रचना में अपनी ही निहित जीवन-दृष्टि और मान्यता के विरुद्ध चित्रण कर जाते हैं। इसी आधार पर मार्क्स और लेनिन ने टॉल्स्टॉय और बाल्ज़ाक के बारे में लिखा है। इसलिए सराहनीय चीज़ वह यूनिटी नहीं होती है, संगति नहीं होती है, बल्कि किसी रचना की महानता उसके जीवनानुभव-सम्बन्धी समृद्धि में होती है। कभी-कभी उसकी चुनौतियों में होती है। उसके प्रतिवाद में होती है। उसकी आलोचनात्मक क्षमता में होती है। इसका कुछ संकेत गोल्डमान के अन्तिम लेख, अन्तिम दिनों में लिखे हुए एक लेख में मिलता है। 'डायलेक्टिक्स ऑफ़ लिबरेशन' नाम की किताब में उनका वह लेख है : 'क्रिटिसिज़्म एंड डागमैटिज़्म ऑफ़ लिटरेचर'। एक डागमैटिक आदमी बहुत सुसंगत हो सकता है, लेकिन वह बड़ा थिंकर भी हो, यह कोई ज़रूरी नहीं है।

[प्रस्तुति : सुधीर रंजन सिंह]

[जवाहरलाल नेहरू विश्वविद्यालय की कक्षाओं में अध्यापक के रूप में दिये गए व्याख्यानों का समेकित रूप। 'वसुधा' के नामवर सिंह पर केन्द्रित अंक-54, अप्रैल-जून, 2002 एवं पुस्तक : 'आलोचना की दूसरी परम्परा', सं. कमला प्रसाद, वाणी प्रकाशन, नई दिल्ली, प्र.सं. 2002, में प्रकाशित]

रेमंड विलियम्स : प्रभुत्वशाली पश्चिमी संस्कृति का प्रत्याख्यान

हम रेमंड विलियम्स के निबन्ध 'संस्कृति के मार्क्सीय सिद्धान्त में आधार और ऊपरी ढाँचे की सार्थकता' की ओर विशेष रूप से उन लोगों का ध्यान आकृष्ट करना चाहते हैं जो इस व्यवस्था के ऊपरी ढाँचों के साथ ही आधार को भी बदलने के लिए संघर्ष कर रहे हैं और इस संघर्ष को निर्णायक मंज़िल तक ले जाने के लिए अपनी समझ को वैज्ञानिकता के खराद पर धार देने का अनवरत प्रयत्न कर रहे हैं। आधार और अधिरचना के सम्बन्ध की सही समझ कोरी किताबी बहस का विषय नहीं, बल्कि जैसाकि रेमंड विलियम्स के निबन्ध से स्पष्ट है, इसका हमारे संघर्ष की रणनीति के लिए व्यावहारिक महत्त्व है। उदाहरण के लिए, जब हम देखते हैं कि गहरे आर्थिक संकट के बावजूद इस व्यवस्था का महल ढह नहीं जाता तो हम यह सोचने के लिए बाध्य होते हैं कि जिसे हम ऊपरी ढाँचा समझकर गौण अथवा अपेक्षाकृत उपेक्षणीय मान बैठे हैं, कहीं वही तो इसे नहीं सँभाले है? इसी प्रकार जब हम व्यवस्था की पोषक विचारधाराओं की असंगतियों को अनावृत करके तर्क से खंड-खंड करने के बाद भी उन्हें समाज के बीच जीते-जागते पाते हैं तो हम इस बात का पता लगाए बिना नहीं रह सकते कि उन्हें जिलाए रखनेवाली जड़ें समाज के किस कोने से रस खींच रही हैं। कहने की आवश्यकता नहीं कि ये सवाल हमें व्यवस्था को उसकी 'समग्रता' में देखने को बाध्य करते हैं और हम अनिवार्यत: 'आधार' और 'अधिरचना' की अवधारणाओं की बुनियाद में उतरे बिना नहीं रह सकते। इस प्रसंग में रेमंड विलियम्स ने कुछ बुनियादी सवाल उठाए हैं, जो विचारणीय हैं।

पहली बात तो यह है कि हमें निर्धारक आधार और निर्धारित अधिरचना की स्थापना से आरम्भ न करके मार्क्स की इस आरम्भिक स्थापना से चर्चा शुरू करनी चाहिए कि 'सामाजिक अस्तित्व ही चेतना को निर्धारित करता है।' इससे लाभ यह है कि आधार और अधिरचना जैसे आलंकारिक प्रयोगों से उत्पन्न होनेवाले भ्रमों से बचा जा सकेगा। एक ओर समाज-व्यवस्था और दूसरी ओर उसकी विचारधाराओं तथा तत्सम्बन्धी संस्थाओं को जब आधार और अधिरचना के रूपकों द्वारा व्यक्त किया जाता है तो एक विशाल इमारत का चित्र सामने आता है जो सम्पूर्ण क्रिया-व्यापार को स्थिर और जड़ बना देता है। इसके विपरीत 'सामाजिक अस्तित्व चेतना

को निर्धारित करता है' वाली स्थापना से एक गतिशील प्रक्रिया का एहसास होता है जो वास्तविकता के अधिक निकट है।

दूसरी कठिनाई 'निर्धारित करता है' क्रिया से जुड़ी हुई है। इसी क्रिया के कारण मार्क्सवाद पर नियतिवाद का आरोप लगाया गया है। निस्सन्देह इस आरोप के निराकरण के लिए समय-समय पर अनेक युक्तियाँ दी गई हैं। किन्तु रेमंड विलियम्स ने इस क्रिया से जुड़े हुए अर्थों के ऐतिहासिक अनुषंगों के प्रति आत्म-सजग करते हुए यह सुझाव रखा है कि हमें 'निर्धारण' (डिटरमिनेशन) को पूर्वकल्पित, पूर्वनिर्दिष्ट तथा नियंत्रित वाचक अर्थों की अपेक्षा सीमा-निर्धारण तथा दबाव डालने के अर्थों में ग्रहण करना चाहिए।

वैसे, आधार और अधिरचना के सम्बन्धों की सूक्ष्मता पर काफ़ी विचार किया गया है और उन सम्बन्धों को स्थूल प्रतिबिम्ब, प्रतिरूप तथा पराश्रित वस्तु से अलगाने की दिशा में अनेक संशोधन भी पेश किए गए हैं। अधिकांश विचारक मानते हैं कि अधिरचना और आधार के बीच कभी-कभी कालगत अन्तराल होता है और प्राय: उनके बीच का सम्बन्ध सुदूरवर्ती और अप्रत्यक्ष होता है। इधर इस सम्बन्ध की परोक्षता बतलाने के लिए कुछ लोगों ने 'मध्यस्थता' (मिडिएशन) का सिद्धान्त प्रस्तुत किया है तो कुछ ने आधार और अधिरचना को 'सधर्मा संरचनाओं' (होमोलोगस स्ट्रक्चर्स) के रूप में व्याख्यायित करने का प्रयास किया है जिसके अनुसार आधार और अधिरचना के बीच मूलभूत संवादिता-मात्र होती है।

अधिरचना की प्रकृति के विषय में उक्त संशोधनों के महत्त्व को स्वीकार करते हुए भी रेमंड विलियम्स अनुभव करते हैं कि 'आधार' पर उतनी गम्भीरता से विचार नहीं किया गया है जबकि 'सांस्कृतिक प्रक्रिया की वास्तविकताओं को समझने के लिए 'आधार' की अवधारणा अधिक महत्त्वपूर्ण है।' आम तौर से विचारक अधिरचना के स्वरूप-निरूपण में इतने व्यस्त रहे हैं कि 'आधार' को सामान्यत: एक 'वस्तु' की तरह स्थिर और एकरूप मान लिया गया है, जबकि 'आधार' स्वयं मनुष्य का वास्तविक सामाजिक अस्तित्व है।

निष्कर्ष यह है कि 'हमें ऊपरी ढाँचे को एक प्रतिबिम्बित, पुनरुत्पादित या पराश्रित घटक से अलग सांस्कृतिक व्यवहारों की सुसम्बद्ध श्रेणियों के रूप में समझना होगा, और सर्वाधिक महत्त्वपूर्ण बात यह है कि 'आधार' को एक निश्चित आर्थिक या तकनीकी अमूर्तन से अलग वास्तविक सामाजिक तथा आर्थिक सम्बन्धों में सक्रिय मनुष्यों की ऐसी विशिष्ट क्रियाशीलता के रूप में समझना होगा, जहाँ मूलभूत अन्तर्विरोधों और परिवर्तनों के साथ-साथ एक गतिशील प्रक्रिया चलती रहती है।' इस प्रकार रेमंड विलियम्स 'उत्पादक शक्तियों' को व्यापक अर्थ में ग्रहण करते हुए उसके अन्तर्गत 'समाज के मूलभूत उत्पादन, उत्पादन में लगे मनुष्य, भौतिक उत्पादन और उससे उत्पन्न वास्तविक जीवन' आदि सभी को समाविष्ट

मानते हैं और स्पष्ट है कि इस मान्यता के बाद 'हम कुछ महत्त्वपूर्ण उत्पादक सामाजिक शक्तियों को केवल ऊपरी ढाँचे की चीज़ या गौण चीज़ मानकर ख़ारिज नहीं कर सकते।'

इस सन्दर्भ में क्रमश: जॉर्ज लूकाच की सामाजिक 'समग्रता' (टोटैलिटी) की अवधारणा और अन्तोनियो ग्राम्शी की 'प्रभुत्व' (हिगेमनी) की अवधारणा का मूल्यांकन किया गया है। लूकाच की 'समग्रता' की धारणा इस अर्थ में एक महत्त्वपूर्ण प्रगति है कि यह आधार-अधिरचना रूपक की स्तरवादी कष्ट-कल्पना के दोषों से मुक्त होकर मार्क्स की प्रारम्भिक स्थापना के अनुरूप समस्त सामाजिक व्यवहारों को एक समग्रता में प्रस्तुत करने का प्रयास करती है; किन्तु इसका सबसे बड़ा दोष यह है कि इससे समाज का वर्गगत चरित्र धुँधला हो जाता है। व्यवहार में यह मान्यता उन लड़ाकू लोगों को सबसे ज़्यादा खटकी जो आर्थिक लड़ाई के साथ-साथ संस्थाओं और विचारधाराओं के ख़िलाफ़ संघर्ष कर रहे हैं। इसलिए 'समग्रता की अवधारणा का सार्थक प्रयोग तभी सम्भव है जब हम इसे एक दूसरी महत्त्वपूर्ण मार्क्सवादी अवधारणा 'प्रभुत्व' से जोड़कर देखें।'

ग्राम्शी द्वारा प्रस्तुत 'प्रभुत्व' की अवधारणा एक ऐसी वास्तविक समग्रता के अस्तित्व को स्वीकारती है जो केवल गौण या ऊपरी ढाँचे की चीज़ नहीं है, जैसाकि 'विचारधारा' की क्षीण धारणा से सूचित होता है, उसे तो ऐसी गहराई तक जिया जाता है और वह इस हद तक समाज को सम्पृक्त कर देती है कि अधिकांश जन के लिए सहज ज्ञान की सीमा बन जाती है; वह सामाजिक अनुभव की वास्तविकता के इतने निकट होती है कि आधार-अधिरचना के फार्मूले से निकलनेवाली कोई धारणा उसकी छाया भी नहीं छू सकती।

'अगर विचारधारा केवल एक आरोपित अमूर्त धारणा मात्र होती और हमारे सामाजिक, राजनीतिक और सांस्कृतिक विचार, मान्यताएँ और आदतें एक ख़ास किस्म की चालबाज़ी का परिणाम होतीं या फिर एक ऐसे प्रशिक्षण से उत्पन्न होतीं जिसे सहज ही समाप्त करना या जिससे मुक्त होना सम्भव होता तो समाज को आन्दोलित या परिवर्तित करना काफ़ी सहज काम होता; लेकिन अब तक के अनुभव से साबित हो चुका है कि यह न तो कभी सरल रहा है, न अब भी है।'

स्पष्ट है कि 'प्रभुत्व' की धारणा नितान्त बुनियादी है क्योंकि यह समाज की चेतना में गहरे स्तर तक सम्पृक्त है। इसके अतिरिक्त 'समग्रता' की धारणा से यह इस बात में भी बेहतर है कि इससे आधिपत्य का तथ्य उभरकर सामने आता है। ग्राम्शी ने इस प्रभुत्वशाली संस्कृति के प्रभावशाली होने की प्रक्रिया का गहराई से विश्लेषण करते हुए विस्तार से दिखलाया है कि किस प्रकार शिक्षण-संस्थाएँ एक प्रभुत्वशाली वर्ग की संस्कृति को शेष वर्गों तक फैलाने में एजेंसियों का काम करती हैं; यहाँ तक स्वयं परिवार भी इसमें जाने-अनजाने योग देता है; बल्कि शिक्षा-संस्थाओं से भी

ज़्यादा। धीरे-धीरे यह प्रभुत्वशाली संस्कृति पूरे समाज के बीच एक परम्परा के रूप में प्रतिष्ठित कर दी जाती है। परम्परा की प्रतिष्ठा प्राप्त करने के लिए वह अपने भीतर अतीत की अवशिष्ट संस्कृतियों को भी एक विशेष चयन-दृष्टि के अनुसार समाविष्ट कर लेती है, साथ ही उदीयमान संस्कृति के तत्त्वों को भी एक हद तक अंगीकर करने का प्रयास करती है। यही नहीं, बल्कि कभी-कभी वैकल्पिक और विरोधमूलक संस्कृतियाँ भी प्रभुत्वशाली संस्कृति के अंगभूत होकर उसकी सहिष्णुता और उदारता की धारणा को पुष्ट करने को विवश होती हैं।

इस सैद्धान्तिक विवेचन के उपरान्त रेमंड विलियम्स ने अन्त में आज की पश्चिमी दुनिया की प्रभुत्वशाली संस्कृति के एक ऐसे उल्लेखनीय तथ्य की ओर ध्यान आकृष्ट किया है जो हमारे लिए भी प्रासंगिक है। काव्य-कृति अथवा कला-कृति को स्वायत्त या स्वत:-सम्पूर्ण मानकर उसके विश्लेषण-आस्वाद पर केन्द्रित रूपवादी आलोचना की कमज़ोरियों की ओर ध्यान तो औरों ने भी आकृष्ट किया है किन्तु रेमंड विलियम्स सम्भवत: पहले आलोचक हैं जिन्होंने इसके सामाजिक आधार का उद्घाटन करते हुए स्पष्ट कहा है कि इसका सम्बन्ध उपभोगग्रस्त पूँजीवादी समाज-व्यवस्था से है जो उपभोगवादी प्रवृत्ति के प्रभाव में कला या काव्य को भी 'वस्तु' में बदलने का प्रयास कर रही है। स्पष्टत: इस प्रवृत्ति के विरुद्ध संघर्ष का अर्थ है कला और काव्य को 'वस्तु' के स्थान पर 'व्यवहार' (प्रैक्टिस) के रूप में मान्यता देना, जो मान्यता अन्तत: 'उपभोग' के स्थान पर उत्पादन को प्रतिष्ठित करने की दिशा में ले जाएगी।

जैसाकि रेमंड विलियम्स ने कहा है : 'लगभग सभी समकालीन आलोचना-सिद्धान्त उपभोग के सिद्धान्त हैं।' इन सिद्धान्तों का उद्देश्य है किसी कलावस्तु को इस रूप में समझना कि उसका लाभप्रद या सही उपभोग हो सके। 'अभिरुचि' (टेस्ट) का सिद्धान्त इसी उपभोग-सिद्धान्त का प्रारम्भिक रूप है और आधुनिक युग में आई.ए. रिचर्ड्स ने मनोवैज्ञानिक आवरण में 'अधिक-से-अधिक वृत्तियों के अधिक-से-अधिक परितोष' के रूप में जिस काव्य-सिद्धान्त की स्थापना की है, वह भी मूलत: उपभोग-सिद्धान्त का ही नवीन भाष्य है। तथाकथित 'नई आलोचना' भी इसी बुनियाद पर क़ायम है। आकस्मिक नहीं है कि इस उपभोग-सिद्धान्त के प्रभाव के कारण कला और काव्य के उत्पादन की स्थितियों पर विचार करने से रोका गया। नये आलोचकों ने मूल्यांकन की वस्तुनिष्ठता के नाम पर किसी कृति की उत्पत्ति तथा रचना-प्रक्रियाओं-सम्बन्धी जिज्ञासाओं को भ्रामक माना और उसे 'अभिप्रायपरक हेत्वाभास' (इन्टेंशनल फैलेसी) जैसा आतंककारी नाम देकर पाठकों को उस ओर से विरत करने का प्रयास किया।

इस उपभोगवादी संस्कृति के प्रभुत्व में स्वभावत: कला और काव्य भी विच्छिन्नता (एलियनेशन) के शिकार हुए और वे व्यापक सामाजिक प्रक्रिया से

विच्छिन्न होकर उपभोग या आस्वाद की एक 'वस्तु' मात्र होकर रह गए। जो लोग आधुनिक सौन्दर्यशास्त्रीय मुहावरों से आकृष्ट होकर प्राय: 'कला-वस्तु' और 'काव्य-कृति' जैसे पदों का प्रयोग बेहिचक करने के आदी हो चले हैं, उन्हें यह देखकर शायद आघात पहुँचे कि ये निरामिष-से प्रतीत होनेवाले पद एक निश्चित समाज-व्यवस्था के आर्थिक नियमों के अन्तर्गत उत्पन्न और प्रचलित हुए हैं। वस्तुत: ये नितान्त शुद्ध कलावादी अवधारणाएँ विशेष प्रकार की अर्थ-व्यवस्था की देन हैं। इस प्रकार रूपवादी अथवा कलावादी साहित्य-समीक्षा के सामाजिक आधारों का पता लगाना भी सम्भव होता है। स्पष्टत: इस सिद्धान्त के खंडन में आधार-अधिरचना की धारणा 'प्रभुत्व' और 'समग्रता' की व्यापक अवधारणाओं के ढाँचे के अन्तर्गत पर्याप्त उपयोगी हो सकती है। निष्कर्ष यह कि आधार-अधिरचना की धारणा मृत या अनुपयोगी नहीं हुई है, बल्कि, जैसाकि रेमंड विलियम्स ने कहा है : 'एक सक्रिय और जीवन्त मार्क्सवादी संस्कृति-सम्बन्धी चिन्तन-परम्परा की सैद्धान्तिक और व्यावहारिक गतिविधि के अन्तर्गत इससे पुरानी चिन्तन-पद्धति से मुक्ति और नवीन चिन्तन-पद्धति के प्रस्थान-बिन्दु का सुझाव भी मिलता है।'

['आलोचना' : अक्टूबर-दिसम्बर, 1974 में सम्पादकीय के रूप में प्रकाशित]

साहित्य का समाजशास्त्र : रेमंड विलियम्स

[1]

बीसवीं शताब्दी के चौथे दशक में तथाकथित इंग्लिश स्कूल या अंग्रेज़ी साहित्यिक समालोचना के अन्तर्गत साहित्यिक समाजशास्त्र-लिटरली सोशियोलॉजी की शुरुआत हुई। इसके केन्द्रबिन्दु डॉ. एफ.आर. लीविस थे और 'स्क्रूटनी' नामक पत्रिका उसका माध्यम थी। उस इंग्लिश स्कूल की लिटररी सोशियोलॉजी का दूसरा चरण, अपेक्षाकृत अधिक विकसित रूप रेमंड विलियम्स में मिलता है। आज हम लोग रेमंड विलियम्स के समाजशास्त्र और साहित्य के सम्बन्ध को लेकर उन्होंने जो विचार प्रस्तुत किये हैं, उनका आकलन करेंगे। रेमंड विलियम्स ने 'लिटरेचर एंड सोशियोलॉजी' नामक एक लेख 1971 में 'न्यू लेफ्ट रिव्यू' में प्रकाशित किया था। यह लेख प्रसिद्ध फ्रांसीसी समाजशास्त्री लूसिएँ गोल्डमान, जिन्होंने साहित्य के समाजशास्त्र पर बहुत ही व्यवस्थित कार्य किया है और उन कार्यों के लिए वे पश्चिमी दुनिया में प्रसिद्ध हैं, उनकी याद में लिखा गया था। लूसिएँ गोल्डमान कैम्ब्रिज आए थे, वहाँ भाषण दिया था और उसके कुछ ही दिनों बाद उनकी मृत्यु हो गई। यह लेख उस स्मृति को समर्पित है। विलियम्स का यह भाषण उनकी पुस्तक 'प्रॉब्लम्स इन मैटीरियलिज़्म एंड कल्चर' में है।

विलियम्स ने उस लेख में अपनी पूर्ववर्ती परम्परा से अपने कार्यों के सम्बन्धों को किस तरह जोड़ा है और अन्ततः वे किस प्रकार लीविस की ही परम्परा में आते हैं, यह उनके लेख से स्पष्ट हो जाता है। 'लिटरेचर एंड सोशियोलॉजी' पर लीविस ने भी लेख लिखा है और रेमंड विलियम्स ने भी। यदि आप ध्यान देंगे कि दोनों के शीर्षक समान हैं और यही नहीं, उन शीर्षकों में भी एक बात समान है, और वह यह है कि इन दोनों पदों में 'लिटरेचर' पहले है, 'सोशियोलॉजी' बाद में है। इसलिए वे साहित्य को अपने चिन्तन में भी प्रधानता देते हैं और अपने लेख में भी प्रधानता देते हैं। लीविस ने अपने ज़माने के समाजशास्त्रियों का कोई ज़िक्र नहीं किया था, बल्कि समाजशास्त्र की ओर से लिखी हुई कुछ पुस्तकों की आलोचना की थी। उसके लगभग बीस से भी अधिक वर्षों के बाद रेमंड विलियम्स ने इंग्लैंड में समाजशास्त्र की क्या स्थिति थी और साहित्य में उनकी दिलचस्पी थी या नहीं थी,

थी तो कितनी थी, इसके बारे में उस लेख में संकेत किया है। दो घटनाओं का उन्होंने विशेष रूप से ज़िक्र किया है। इंग्लैंड में उस समय जो समाजशास्त्र था, जो समाजशास्त्र की पद्धति थी। वह बहुत-कुछ पॉजिटिविज़्म से प्रभावित थी। उसका एक दूसरा नाम भी इस्तेमाल किया है, गोल्डमान से उन्होंने शब्द लिया है : 'साइंटिज़्म'। पॉजिटिविज़्म और साइंटिज़्म। भौतिक विज्ञानों में शोध की या अनुसंधान की जो पद्धति अपनाई जाती है, उसी पद्धति को जब मानविकी में ज्यों-का-त्यों अपना लिया जाता हो तो वह एक तरह का साइंटिज़्म कहलाता है। भौतिक विज्ञानों की जो पद्धति अपनाई जाती है, वह बहुत-कुछ वस्तुनिष्ठ होती है। वहाँ पदार्थों का अध्ययन किया जाता है जिसमें मनुष्य के राग-विराग की प्रक्रिया, मनोभावों का कोई दखल नहीं होता। पेड़-पौधों या रासायनिक द्रव्यों या भौतिक पदार्थों अथवा कहिए कि ब्रह्मांड के ग्रह, नक्षत्र और ताराओं का अध्ययन करते समय कोई वैज्ञानिक उसमें अपने राग-विराग का दखल नहीं होने देता है। कविता की दुनिया में चन्द्रमा का या सूर्य का होगा कोई मतलब; लेकिन कोई खगोलशास्त्री यदि चन्द्रमा का अध्ययन करता है तो उसमें 'मिलन में वह अमृत बरसाता है' और 'विरह में वह आग बरसाता है', इसका कोई दखल नहीं होता। इसलिए चन्द्रमा और सूर्य पदार्थ रूप में ही हैं और वस्तुनिष्ठ रूप से देखे जाते हैं। इसमें राग-विराग का दखल नहीं होता है। इसलिए कि एक चीज़ तो उसकी वस्तुनिष्ठता होती है और उससे जुड़ी हुई एक दूसरी अवधारणा है जो विज्ञानों में आम तौर से सिद्ध है कि यह अध्ययन एक तरह का 'वैल्यू फ्री' होता है। मूल्य-निरपेक्ष होता है। इन पदार्थों का जो भौतिक गुण है, उसकी ही खोज की जाती है। ये भौतिक पदार्थ किसी मूल्य के प्रतीक हैं, किसी अर्थ के प्रतीक हैं, इन पर ध्यान नहीं दिया जाता है। इसलिए उन पदार्थों का जो सामाजिक मूल्य होता है, जैसे मान लीजिए कि गोल्ड या डायमंड का रासायनिक विश्लेषण करते हुए यह बिलकुल ध्यान नहीं दिया जाएगा कि वह सुन्दर होता है कि नहीं होता है, और उसका सौन्दर्य किसी पुरुष या किसी स्त्री के शरीर पर धारण करने से खिल उठता है या नहीं खिल उठता है या किस प्रकार खिलता है, इन चीज़ों का ध्यान नहीं रखा जाएगा। जबकि उसके मूल्य और उसके अर्थ आम तौर से सामाजिक होते हैं, मानवीय होते हैं। दूसरी तरफ़ वैज्ञानिक चीज़ के रूप में चाँदी का क्या मूल्य है, सोने का क्या मूल्य है बाज़ार में, कोई महत्त्व नहीं रखती है। विश्लेषण करते समय उसकी इकोनॉमिक वैल्यू क्या है, सोशल वैल्यू क्या है, स्थेटिक वैल्यू क्या है, उसकी मॉरल वैल्यू क्या है, नहीं देखा जाता है। किसी के रखने से समझा जाए कि सोना पवित्र होता है और कोई यह कहे कि उसे पैर में नहीं पहनना चाहिए या कमर के नीचे उसे धारण नहीं करना चाहिए। सोने का स्थान ऊपर ही है, जैसाकि हमारे यहाँ माना जाता है। पुराने ज़माने में विधान था कि केवल राजा और रानी ही सोने को पैर में धारण कर सकते हैं, दूसरा कोई

धारण नहीं कर सकता है। अब यह इसकी वैल्यू 'सोशल वैल्यू' है। कोई चीज़ पवित्र है, कोई पवित्र नहीं है। मरते समय सोना-तुलसी डाला जाए, यह मॉरल वैल्यू उसकी है। उस वैल्यू पर ध्यान नहीं दिया जाता है। तो मैं ज़िक्र कर रहा हूँ कि समाजशास्त्र में आम तौर से विज्ञान की पद्धति अपनाई गई थी। वस्तुनिष्ठता की और मूल्य-निरपेक्षता की पद्धति इन अध्ययनों में इस्तेमाल की गई थी। उस वस्तुनिष्ठता का असर आरम्भिक दिनों में समाजशास्त्रियों में बहुत रहा है। यह दूसरी बात है कि स्वयं समाजशास्त्र के अन्दर भी आगे चल करके ऐसे विचारक हुए जिन्होंने साइंटिज़्म का विरोध किया। ऐसे समाजशास्त्रियों की एक लम्बी परम्परा है जिन्होंने समाजशास्त्र के अन्तर्गत इस साइंटिज़्म का विरोध किया है और उन्होंने दूसरी प्रणाली अपनाई है। लेकिन आप लोगों को मालूम होगा कि इंग्लैंड एक अरसे से, लगभग अठारहवीं शताब्दी से, अनुभववादी दर्शन-प्रणाली का गढ़ रहा है। जॉन लॉक से यह परम्परा चली आ रही है। उस अनुभववाद का प्रभाव दर्शन पर, साहित्य पर, इतिहास पर, अनेक क्षेत्रों पर रहा है। इसलिए इंग्लैंड में सोशियोलॉजी बहुत दिनों तक साइंटिज़्म से मुक्त नहीं हो सकी। इसलिए रेमंड विलियम्स का पहला कथन है कि साहित्य के समाजशास्त्र के मार्ग में बहुत बड़ी बाधा समाजशास्त्र के अन्दर प्रचलित वह विज्ञानवाद था या वैज्ञानिकतावाद है। विज्ञानवाद से भ्रम होता है कभी-कभी अतिचैतन्यवादी धारणा का भी। रेमंड विलियम्स ने इस सिलसिले में यहाँ तक कहा है कि इस वैज्ञानिकतावाद का प्रभाव स्वयं मार्क्सवाद पर भी था और लीविस ने जब साहित्य के समाजशास्त्र की कड़ी आलोचना की थी तो उनके सामने उस समय मुख्य रूप से मार्क्सवाद ही था। और यह अलग सवाल है, उस पर विस्तार से विचार का समय अभी नहीं है, लेकिन जो लोग मार्क्सवाद के इतिहास से परिचित हैं, वे समझ सकते हैं। मार्क्स-एंगेल्स के बाद सेकंड इंटरनेशनल का नाम शायद आप लोगों ने सुना हो। फर्स्ट इंटरनेशनल तो स्वयं मार्क्स ने स्थापित की थी। सेकंड इंटरनेशनल स्थापित किया था कार्ल काउत्स्की ने। सेकंड इंटरनेशनल और कार्ल काउत्स्की, दोनों का नाम एक-दूसरे से जुड़ा हुआ है। आस्ट्रियन मार्क्सवाद जिसको कहा जाता है, यह सेकंड इंटरनेशनल था और आगे चलकर लेनिन ने थर्ड इंटरनेशनल स्थापित किया था। यह सेकंड इंटरनेशनल का जो मार्क्सवाद है, ऐसा समझा जाता है कि कार्ल काउत्स्की ही उसमें मुख्य थे। उन दिनों की बहस थी 'विकास बनाम क्रान्ति', 'इवोल्यूशनिज़्म बनाम रिवोल्यूशनिज़्म'। सेकंड इंटरनेशनल के लोग लगभग यह मानते थे कि पूँजीवाद अपने अन्तर्विरोधों के कारण स्वयं समाजवाद में परिणत हो जाएगा, यानी पूँजीवाद से समाजवाद का जो संक्रमण है, वह इवोल्यूशन के रूप में होगा, विकास के रूप में अपने-आप होगा। और इसलिए किसी रिवोल्यूशन की या क्रान्ति की अथवा क्रान्तिकारी हस्तक्षेप की आवश्यकता नहीं होगी। यह अति सरलीकरण था मार्क्सवाद का। इस सेकंड इंटरनेशनल ने क्रान्ति के स्थान पर विकास

पर बल दिया था। उसके मूल में जो भावना थी, वह डार्विन के विकासवाद की थी। और उन लोगों का यह भी ख़याल था, उन्होंने अपनी समझ से कहा कि मार्क्स के विचारों को एंगेल्स ने वस्तुत: विकासवादी रूप दिया है। उन्होंने इसका स्रोत ढूँढ़ लिया था कि मार्क्स अपने 'कैपिटल' के खंड दो को डार्विन को समर्पित करना चाहते थे। इससे मालूम होता है कि मार्क्स खुद डार्विन के विकासवाद का बहुत सम्मान करते थे। सेकंड इंटरनेशनल का मार्क्सवाद साइंटिज़्म का शिकार था। यह डार्विन के विकासवाद को मूल मानता था और सामाजिक परिवर्तनों का वस्तुवादी ढंग से, मूल्य-निरपेक्ष ढंग से अध्ययन करने के पक्ष में था। इस सेकंड इंटरनेशनल के मार्क्सवाद का प्रभाव एक समय पश्चिमी देशों के अधिकांश मार्क्सवादियों पर पड़ा और चूँकि मार्क्स ने खुद अपने दर्शन को एक तरह का विज्ञान कहा था, कहा था कि साइंस है; फिलॉसफी नहीं कहा था। इसलिए साइंस के प्रति एक विशेष प्रकार का आग्रह भी मार्क्सवादियों में था। वह जीवन-दृष्टि विज्ञान है, साइंटिफिक आउटलुक है। साइंस का उसमें ज़्यादा होल्ड रहा है। इसलिए रेमंड विलियम्स ने जब कहा कि साइंटिज़्म सोशियोलॉजी में था तो उसके साथ यह भी कहा कि इंग्लैंड में उस समय मार्क्सवाद में भी साइंटिज़्म था और इस साइंटिज़्म के कारण साहित्य की ठीक-ठीक व्याख्या नहीं हो सकती थी। तीसरी बात अपने ज़माने की सोशियोलॉजी के बारे में रेमंड विलियम्स ने कहा कि स्वयं समाजशास्त्रियों का ध्यान साहित्य के अध्ययन की ओर बहुत कम था। उन्होंने अपना उदाहरण दिया है कि स्वयं मैंने बहुत गहन स्तर की नहीं बल्कि सरल स्तर की रचना की। और उसका कुछ हवाला उन्होंने दिया है। उन किताबों से आप परिचित होंगे। पहली किताब जिसके कारण वे प्रतिष्ठित हुए, वह है 'कल्चर एंड सोसाइटी'। उस पुस्तक के बाद उन्होंने दूसरी पुस्तक लिखी : 'द लांग रिवोल्यूशन'। 'द लांग रिवोल्यूशन' नाम की किताब मुख्यत: 'कल्चर एंड सोसाइटी' की स्थापनाओं का ही अगला चरण है। 'द लांग रिवोल्यूशन' में उन्होंने लगभग लीविस के काल का जो साहित्यिक समाजशास्त्र है, जिस प्रकार का इसमें मूल्य है, उस प्रकार के कुछ अध्ययन उपस्थित किए थे, जिसमें से कुछ अध्यायों के नाम आप उदाहरण के लिए देख सकते हैं; जैसे—'द ग्रोथ ऑफ़ रीडिंग पब्लिक', 'द ग्रोथ ऑफ़ द पापुलर प्रेस', 'द सोशल हिस्ट्री ऑफ़ इंग्लिश राइटर्स', 'द सोशल हिस्ट्री ऑफ़ ड्रामेटिक फॉर्म्स।' यदि और चीज़ों को छोड़ दें तो 'लांग रिवोल्यूशन' नाम की किताब में जैसा रेमंड विलियम्स ने ही कहा कि हमने तीन तरह के काम तो खुद किये हैं। एक तो यह कि 'ग्रोथ ऑफ़ रीडिंग पब्लिक', दूसरा 'सोशल हिस्ट्री ऑफ़ राइटर्स' और तीसरा 'सोशल हिस्ट्री ऑफ़ लिटरेरी फॉर्म्स', और मुझे इस क्षेत्र में स्वयं सहयोग की, कोलाबरेशन की जो आशा थी, वह न अब मिली न तब मिली। अब इन धारणाओं को आगे चलकर हम लोग देखेंगे कि इस तरह का भी एक समाजशास्त्र है। और इसे रेमंड विलियम्स

ने खुद विकसित किया है। इसमें कम-से-कम एक कड़ी ऐसी है जो उन्हें लीविस और 'स्क्रुटनी' से जोड़ती है जिसको कहें : 'ग्रोथ ऑफ़ द रीडिंग पब्लिक।' बहुत-से लोगों को मालूम होगा कि स्वयं लीविस की पत्नी क्यू.डी. लीविस ने 'फिक्शन एंड' नाम की पुस्तक लिखी थी और वह भी एक थीसिस थी। इसलिए उस समय भी यह धारणा थी कि साहित्य का अध्ययन करने के लिए ज़रूरी है कि पाठक समुदाय का अध्ययन किया जाए।

कोई पुस्तक लिखी जाती है तो पढ़ी भी जाती है। पढ़नेवाले कौन लोग हैं, और पढ़ते हैं तो किस रूप में उसे पढ़ते हैं—'हाउ इट रीड?' इसका अध्ययन करने के लिए व्यक्ति के रूप में नहीं बल्कि समूह के रूप में पाठक समुदाय का अध्ययन करना चाहिए। और यह काम लीविस की पत्नी ने किया था और आगे चल करके रेमंड विलियम्स ने और भी सोफिस्टीकेशन के द्वारा इस काम को पूरा किया। जो वह तीसरा प्वाइंट है, वह रेमंड विलियम्स कहना चाहते थे कि इंग्लैंड में समाजशास्त्र की ओर से और समाजशास्त्रियों की ओर से प्रयास नहीं हुए। साहित्य के अध्ययन की यदि गहन और जटिल समस्याओं में न भी जाते, तो कम-से-कम जो समाजशास्त्रीय रुचि की हो सकती थी, साइंटिज़्म ही सही, उसकी ओर भी इंग्लैंड में समाजशास्त्री प्रवृत्त नहीं थे। इसलिए साहित्य और समाजशास्त्र के या साहित्य अनुशीलन और समाजशास्त्रीय अनुशीलन के बीच सहयोग नहीं हो सका और जो विकास इंग्लैंड में होना चाहिए था, वह नहीं हो सका। यह सारी बातें उन्होंने जब कहीं तो उनके ध्यान में यह था कि लूसिएँ गोल्डमान को एक लम्बी परम्परा मिली थी। लूसिएँ गोल्डमान को जो परम्परा प्राप्त थी, उस परम्परा में उतनी चीज़ें लिखी जा सकती हैं। एक तो यह कि यूरोप में सोशियोलॉजी ऑफ़ लिटरेचर की लम्बी परम्परा है। इसी किताब में आप देखेंगे। पहले जैसा हमने ज़िक्र किया था, मादम लीविस थीं जो बड़ी प्रभाववाली, बड़ी प्रतापी महिला थीं। उस ज़माने में बुद्धिजीवियों और लेखकों के बीच उनकी स्थिति लगभग केन्द्रीय थी। इंटेलेक्चुअल थीं। उन्होंने यह काम सबसे पहले किया था। और उसके बाद से कड़ी चली आ रही है।

यूरोप में भी समाजशास्त्र के कुछ स्कूल चले हैं। फ्रांस उसका बहुत बड़ा केन्द्र रहा है। आज भी सोशियोलॉजी ऑफ़ लिटरेचर के कई सेंटर फ्रांस में चलते हैं। इंग्लैंड में तो रहा ही है। तो एक तो साहित्य के समाजशास्त्र की एक लम्बी परम्परा यूरोप में रही है। दूसरी चीज़ यह कि इस परम्परा में स्वयं समाजशास्त्रियों ने पहल की थी। और तीसरी बात यह कि यूरोप में समाजशास्त्र के अन्तर्गत बहुत पहले ही साइंटिज़्म का विरोध शुरू हो गया था। दुर्खाइम और मेक्स बेवर, दो का तो नाम लिया ही जाता है। दुर्खाइम में साइंटिज़्म था, काफ़ी था। मेक्स बेवर में उतनी दूर तक नहीं था। अंशत: था। लेकिन उसके बाद पूरा एक स्कूल फ्रैंकफर्ट स्कूल

कहलाता है, जिसमें इसके दो-तीन आदमियों के नाम तो आप लोग शायद जानते ही हों। हार्वर्ड मारक्यूस का नाम सभी लोग जानते होंगे। छात्र-आन्दोलनों के दौरान यह नाम बहुत प्रचारित-प्रसारित हुआ था। वाल्टर बेंजामिन भी थे। उनकी स्थिति थोड़ी भिन्न थी। मुख्यत: फ्रैंकफर्ट स्कूल जब कहते हैं तो दो आदमियों का नाम लिया जाता है—एक तो अडर्नो और दूसरे हारबाइम। ये लोग उस साइंटिज़्म के विरोधी थे। जर्मनी का एक अलग स्कूल था। ये लोग साइंटिज़्म के ख़िलाफ़ थे। इसलिए अच्छा-ख़ासा समुदाय यूरोप में था, जो साइंटिज़्म के विरुद्ध था। और इसलिए लूसिएँ गोल्डमान को एक बनी-बनाई परम्परा मिली थी, एक तो पुरानी परम्परा थी, दूसरी यह भी परम्परा थी कि समाजशास्त्र के विद्वान स्वयं साहित्य का अध्ययन करते थे। तीसरी यह कि वैज्ञानिकतावाद से मुक्त हो करके साहित्य के अध्ययन की एक परम्परा वहाँ बनी हुई थी। और स्वयं जो मार्क्सवाद उनको मिला था, जॉर्ज लूकाच का वह मार्क्सवाद भी साइंटिज़्म का विरोधी था। हीगेलियन मार्क्सवाद जिसको कहें। इसलिए लूसिएँ गोल्डमान को एक सुदृढ़ पृष्ठभूमि मिली थी जिसके कारण यह सम्भव हो सका कि वे साहित्य के समाजशास्त्र का ऐसा अध्ययन कर सके जिसमें वे तथाकथित साइंटिज़्म से मुक्त होकर अधिक गहराई में जा करके साहित्य का अध्ययन कर सकें। लूसिएँ गोल्डमान को यह सुलभ था। रेमंड विलियम्स को सुलभ नहीं था। आपको एक अंडर करेंट के रूप में, एक अन्तर्धारा के रूप में उस पूरे लेख में यह बात मिलेगी। उस लेख में इन चीज़ों को स्पष्ट करने के बाद और उसके साथ और उसी क्रम में रेमंड विलियम्स ने दूसरी बात कही है और वह यह कि कैसे उनका और लीविस का सम्बन्ध घनिष्ठ रूप से जुड़ा है। उन्होंने कहा कि पहली बात—जिस साइंटिज़्म का विरोध यूरोप में स्वयं लूसिएँ गोल्डमान को नहीं करना पड़ा, यह काम दूसरे लोगों ने ही कर दिया, यानी कहें कि खेत जोतने का, पटेला लगाने का काम दूसरे कर जाएँ तो फिर बीज डालना आसान हो जाता है, लेकिन यदि किसी आदमी को ज़मीन भी तोड़नी पड़े, और हमवार भी करना पड़े उसे, और उसके बाद उसको बोना पड़े, सारा काम एक ही आदमी को करना पड़े...। तो रेमंड विलियम्स कुछ उस हीरोइक मुद्रा में कह रहे थे कि यह सारा काम गोल्डमान को तो करना नहीं पड़ा। बना-बनाया उनको खेत मिला हुआ था, केवल बीजारोपण करना था। हमको यह सारा काम खुद करना पड़ा। इसलिए हमारा प्रयास ज़्यादा हीरोइक है। और अँधेरे में टटोलने जैसा है। इस सिलसिले में उन्होंने लीविस का ज़िक्र किया है कि इंग्लैंड में यह काम किसी समाजशास्त्री ने नहीं किया बल्कि साइंटिज़्म का विरोध एक साहित्यिक आलोचक लीविस ने किया है। इसलिए लीविस का महत्त्व है और इस नाते साहित्यिक आलोचना का महत्त्व है। विज्ञानवाद का विरोध करने के कारण यह जो महत्त्वपूर्ण भूमिका अदा की, वह साहित्य की समालोचना ने की और वही सेंटर बन गई। इसलिए साहित्य के

समाजशास्त्रीय अध्ययन की शुरुआत इंग्लैंड में समाजशास्त्र की ओर से नहीं हुई बल्कि स्वयं साहित्यिक आलोचना की ओर से हुई, यह तथ्य है, और लीविस की नियामक भूमिका है। उन्होंने बहुत स्पष्ट लिखा है कि 'इंग्लैंड इट हैज बीन लिटरेरी क्रिटिक्स एंड एबव ऑल लीविस हू हैव लेट द अपोजीशन टु साइंटिज़्म।' इस सिलसिले में बड़ी रोचक बात का उल्लेख किया है और फिर लीविस से उनकी समानता दिखाई पड़ती है। उन्होंने कहा कि गोल्डमान ने जब साइंटिज़्म पर अटैक किया तो उनके लिए सबसे बड़ा अस्त्र क्या था? क्रिटिकल सोशियोलॉजी थी। यह 'क्रिटिकल सोशियोलॉजी' टर्म है। समाजशास्त्र के लोग इसको जानते हैं। यह रूढ़ हो गया है। फ्रैंकफर्ट स्कूल में सोशियोलॉजी को क्रिटिकल सोशियोलॉजी कहते हैं। इसलिए उनको तो क्रिटिकल सोशियोलॉजी एक अस्त्र के रूप में सुलभ थी। रेमंड विलियम्स ने यह भी ज़िक्र किया है कि अगर इंग्लैंड में साहित्य के सन्दर्भ में कोई आदमी 'सोशियोलॉजी' शब्द का नाम ले ले तो लोग बिदकेंगे। कितने बिदकेंगे, इसके प्रमाण में उन्होंने डी.एच. लारेंस का एक कोटेशन कोट किया कि साहित्य या एक नॉवेल पढ़ने के लिए संवेदनशीलता पर्याप्त है और इसके अलावा किसी नॉवेल या किसी उपन्यास के बारे में जो भी बातें की जाती हैं, उसका वर्गीकरण करना, वह सामाजिक उपन्यास है कि सामाजिक यथार्थवादी उपन्यास आदि कार्य करना, लारेंस ने कहा कि यह सब बकवास है। इसका उपन्यास से कोई सम्बन्ध नहीं है। इसलिए अगर आप रागात्मक दृष्टि से सम्पन्न हैं और संवेदनशील हैं तो उस कृति को ग्रहण कर सकते हैं और ग्रहण करते हैं तो यह काफ़ी है। उसका वर्गीकरण करना, उसमें यथार्थवाद देखना और बाक़ी सब देखना, यह सब ऊपर क़ी चीज़ें हैं। इसका उस उपन्यास के पढ़ने से कोई ताल्लुक नहीं है। उल्लेखनीय बात यह है कि डी.एच. लारेंस लीविस के बड़े ही प्रिय और आदर्श लेखक थे। डी.एच. लारेंस का हवाला सोशियोलॉजी के सिलसिले में रेमंड विलियम्स भी देते हैं। यह पृष्ठभूमि है जिस पर रेमंड विलियम्स ने साहित्य के समाजशास्त्र के बारे में अपनी धारणाएँ बनाईं। दोनों के बीच में जोड़नेवाली एक और कड़ी है, अन्तिम कड़ी। उनके सिद्धान्तों का ज़िक्र करते हुए हम लोग चर्चा करेंगे। विलियम्स का एक उद्धरण है उस लेख में : 'द एक्जिस्टेंस इन वर्क्स ऑफ़ लिटरेचर ऑफ़ मटीरियल सो लोडेड विथ वैल्यूज दैट इफ वी डू नॉट डील डायरेक्टली विथ देम वी हैव लिटरेली नथिंग टू डील विथ लीव्स टू एंड...।' इसमें जो ध्यान देने की बात है, वह : 'द वर्क्स ऑफ़ लिटरेचर ऑफ़ मेटीरियल सो लोडेड विथ वैल्यूज।' लीविस ने यही कहा था कि कोई सोशियोलॉजिस्ट साहित्य का ठीक-ठीक विश्लेषण इसलिए नहीं कर सकता कि साहित्यिक कृतियाँ 'वैल्यू लोडेड' होती हैं। साहित्यिक कृतियाँ मूल्य-सापेक्ष होती हैं, मूल्य-निरपेक्ष नहीं होतीं, यह लीविस कह चुके हैं। यही बात रेमंड विलियम्स भी कह रहे हैं।

तुलसीदास ने, पहले भी मैंने कहा था, तुलसीदास ने 'रामचरितमानस' की रचना अपने समाज का वर्णन करने के लिए नहीं की थी। उनको कुछ कहना था और जो कहना था, वह यह कि राम की भक्ति से बड़ी दुनिया की कोई चीज़ नहीं है। 'भक्ति' नाम का एक मूल्य था, सिद्धान्त था, आदर्श था जिसकी प्रतिष्ठा के लिए उन्होंने पूरी रामकथा कही है। उन्होंने उसमें कहा है कि 'राम पर बहुत-से लोगों ने भी लिखा है, हमसे पहले भी लोग लिख चुके हैं, आगे भी लोग लिखते रहेंगे, लेकिन मुझे राम के बारे में जो कहना है, वह मेरे राम और राम की जो भक्ति है, मैं जो कहना चाहता हूँ, मुझे मिला नहीं है। इसलिए मैं पूरी रामकथा गा रहा हूँ, वरना उनको गाने की क्या ज़रूरत थी? अगर उनको यही बताना होता कि दशरथ की चार रानियाँ थीं और उनके लड़के पैदा हुए, और अन्त में कैसे धनुषयज्ञ हुआ, सीता को ब्याह कर लाए और पूरा राम का जो चरित्र है, सिर्फ़ अगर वह चरित ही मुझे गाना होता तो मैं न गाता।' जैसे गीता में कहा गया है कि 'यदा यदा ही धर्मस्य ग्लानिर्भवति भारत:'। जब धर्म का नाश होने लगता है, क्षय होता है तो मैं बार-बार जन्म लेता हूँ। तुलसी तो राम का जन्म इसलिए मानते भी नहीं हैं। सो केवल 'भगतन हित लागी'—भक्तों के लिए उन्होंने जन्म लिया था। उन्होंने कोई धर्म का उद्धार करने का ठेका नहीं लिया था। और इसलिए राम की भक्ति का फल जो है, वह भक्ति ही है। प्रेम का फल प्रेम है, मोक्ष नहीं है। और भक्त लोग आज भी इसीलिए मोक्ष नहीं चाहते। तो एक मूल्य की स्थापना, एक सन्देश देने के लिए उन्होंने लिखा। उसमें प्रसंगवश उस ज़माने का भी वर्णन आ गया तो ठीक है। इसलिए हर साहित्यिक कृति 'वैल्यू लोडेड' इस अर्थ में होती है कि किसी-न-किसी मूल्य को, जिसे आप सन्देश कहते हैं, उसे वह पाठकों तक पहुँचाना चाहता है। उसके मन में कुछ है, जो कहना चाहता है। अब आप सामाजिक यथार्थ देखें या उसमें न देखें, यह आपका अपना सिर-दर्द होगा। यह बात प्रेमचन्द के लिए लागू होती है, प्रसाद के लिए लागू होती है, निराला के लिए—सबके लिए। इसलिए हर साहित्यकार किसी-न-किसी वैल्यू की स्थापना करना चाहता है। इसके लिए वह कविता लिखता है, उपन्यास लिखता है। बकौल विलियम्स : 'इफ वी डू नॉट डील डायरेक्टली विथ देम देन वी हैव लिटरली नथिंग टू डील इट।' इन वैल्यूज को आपको डायरेक्टली डील करना पड़ेगा। इसके लिए शास्त्र-वास्त्र की कोई ज़रूरत नहीं है। दूसरी बात है जो लीविस से विलियम्स को जोड़ती है कि साहित्यिक कृति को आधार मानते हैं और इसलिए एक ऐसे समाजशास्त्र की आवश्यकता पर बल देते हैं, जो समाजशास्त्र उस मूल्य-अधिष्ठित साहित्य का अध्ययन कर सके। इस सिलसिले में जिस तरह लीविस ने लगभग अपने ज़माने के मार्क्सवाद को अपर्याप्त पाया, विलियम्स ने भी मार्क्सवाद के उस रूप को अस्वीकार किया जो उनकी दृष्टि में साइंटिज़्म से प्रभावित था।

जे.एन.यू. में बहुत चलता है, 'बेस एंड सुपर स्ट्रक्चर'—आधार और अधिरचना। कोई भी साहित्यिक चर्चा जब शुरू होती है तो लोग बेस से सुपर स्ट्रक्चर पर चालू हो जाते हैं। साहित्य की जब भी कहीं कोई चर्चा चलती है तो कोई भी मार्क्सवादी हो, आधार और अधिरचना का जो मॉडल है, उसके बिना उसे ऐसा लगता है कि इन दो शब्दों के अलावा उस भाषा का विवरण उपस्थित नहीं किया जा सकता। विलियम्स ने लिखा : 'आई हैव आलवेज अपोज्ड द फॉर्मूला ऑफ़ बेस एंड सुपर स्ट्रक्चर।' 'बेस एंड सुपर स्ट्रक्चर' के फॉर्मूला को मैंने बराबर अस्वीकार किया। क्यों? कारण भी लिखा है। दो कारणों से किया। एक तो कहा कि सिर्फ़ इसलिए नहीं कि उसमें पद्धति-सम्बन्धी कमज़ोरी है बल्कि वह रिजिड है, एब्स्ट्रैक्ट है। जब आप साहित्य और आर्थिक जीवन को एक इमारत के रूप में देखेंगे तो ज़ाहिर है कि इमारत की जो उपमा है, यह स्थिर है। इमारत तो चलती नहीं है। एक जगह स्थिर है। बदकिस्मती से समाज तो इमारत है नहीं। वह तो चलता रहता है, बदलता रहता है। इसलिए आप जैसे ही इमारत की एनालॉजी लेंगे तो आपको समाज और साहित्य के सम्बन्ध स्थिर दिखाई पड़ेंगे। दूसरी चीज़ यह कि यह रिजिड है। स्वयं उपमा तो जड़ है ही, इसमें हम समाज और साहित्य, दोनों को स्थिर मान लेते हैं। वह रिजिड है। रिजिड इस अर्थ में कि जिसको डिटर्मिनिज़्म कहते हैं, वह है। एक तरह की रिजिडिटी है यह; अर्थात् आर्थिक आधार साहित्य का नियमन करता ही है, आप बच नहीं सकते हैं उससे। इसमें उनको कट्टरता दिखाई पड़ी। और तीसरी चीज़ है जिसको एब्स्ट्रैक्शन कहते हैं। एब्स्ट्रैक्शन यह हुआ कि आधार और अधिरचना दोनों अमूर्त अवधारणाएँ हैं। 'देयर आर नो रिलेशन बिटवीन लिटरेचर एंड सोसाइटी।' साहित्य और समाज में कोई सम्बन्ध नहीं है। अमूर्त रूप में ही यदि आप साहित्य को लें और अमूर्त रूप में यदि आप समाज को लें, जैसेकि अमूर्त जीव और अमूर्त ब्रह्म। लगभग वैसा ही है, जैसे कोई आदमी कहे कि स्त्री-पुरुष में सम्बन्ध होता है, तो होता है। यह तो अमूर्त है। लेकिन जो सम्बन्ध होता है, वह एक स्त्री विशेष एवं एक पुरुष विशेष के बीच होता है और वह सम्बन्ध वही 'ग' और 'घ' के बीच हो, यह कोई ज़रूरी नहीं है। इसलिए एक निश्चित समाज और एक निश्चित साहित्य का सम्बन्ध होता है और वह निश्चित प्रकार का होता है। इसलिए एक निश्चित समाज और एक निश्चित साहित्य की बात तो की जा सकती है, लेकिन सामान्य समाज और सामान्य साहित्य के बारे में यदि सम्बन्ध की बात करें तो उस सम्बन्ध का होना न होना बराबर है। इसलिए अमूर्त रूप में, सामान्य रूप से कहें, समाज और साहित्य में अमूर्त सम्बन्ध नहीं होता। रेमंड विलियम्स ने कहा, ठीक लीविस के समान : 'यद्यपि मैं मानता हूँ कि जीवन में आर्थिक कारणों की, आर्थिक परिस्थितियों की बड़ी नियामक भूमिका होती है और मैं इसे छोड़ना नहीं चाहता, लेकिन मैं एक ऐसी प्रकार की सामाजिक समग्रता की धारणा का

विकास करना चाहता था जिसमें आधार और अधिरचना की तरह से विभाजन, वाटर कम्पार्टमेंट जिसे कहते हैं, वह न हो, बल्कि ये दोनों एक समग्रता के अंग के रूप में हों।' पुराने कवि जब कहा करते थे :

नारी बीच सारी है कि सारी बीच नारी है
नारी की ही सारी है कि सारी की ही नारी है।

किस प्रसंग में कहा गया है? इस कविता का संकेत किधर है? इस स्थिति में आप यही कह सकते हैं कि साहित्य हमारी ज़िन्दगी में इतना घुला हुआ है कि यह कहना कठिन है कि अलग-अलग क्या है? इसे दिनचर्या के अभिन्न अंग के रूप में देख सकते हैं, आप किसी लोकजीवन के उदाहरण से देखिए। गाँव के किसान का उदाहरण लीजिए। चक्की चलाने, और भी बहुत-से श्रम के कार्य हैं, वे सारे के सारे उन चीज़ों से कलात्मक चीज़ों से जुड़े हुए हैं और एक-दूसरे में इतने घुले-मिले हुए हैं कि सोशल टोटलिटी है। उस टोटलिटी के रूप में संगीत, साहित्य और कला—सब चीज़ें जीवन के अभिन्न अंग के रूप में जुड़ी हुई हैं। इसलिए रेमंड विलियम्स कहते हैं कि 'बेस एंड सुपर स्ट्रक्चर' को इसलिए मैंने अस्वीकार किया कि रिजिड है, स्टैटिक है। और मेरी खोज जो थी, जिसे कहा कि 'कल्चर एज ए वे ऑफ़ लाइफ।' 'टोटल वे ऑफ़ लाइफ' के रूप में मैं देखना चाहता था। इस प्रतिज्ञा के अनुसार जो सब सुनने में बड़ी अच्छी लगती है, ऊपर से देखने में सामान्य है, कुल मिलाकर उसकी फलश्रुति क्या होती है और रेमंड विलियम्स किस नतीजे पर पहुँचते हैं?

[2]

रेमंड विलियम्स ने इन कठिनाइयों का हल किस प्रकार ढूँढ़ा है? पहली बात यह है कि आधार और अधिरचना का जो मॉडल है, उसमें साहित्य और समाज के बीच एक विभाजन स्वीकार कर लिया गया है। पहली समस्या है कि इस विभाजन को कैसे दूर किया जाए? पहले आप दोनों को अलग करें, फिर दोनों में सम्बन्ध स्थापित करें। इसलिए पहली समस्या उसके सेपरेशन की है, यानी क्या कहते हैं फ़िल्मी गीत में कि 'चलो एक बार फिर से अजनबी बन जाएँ हम दोनों'। तो पहले तो पहचान करें, इसके बाद 'अजनबी बन जाएँ'। और फिर हम पहचान करें, तो शायद ज़्यादा मधुर हो। पहले तो आप आधार और अधिरचना के नमूने के अनुसार जिसमें साहित्य अधिरचना का अंग है और समाज मोटे तौर से आर्थिक आधार है, दोनों को अलग करें और फिर दोनों का सम्बन्ध जोड़ने की कोशिश करें। इस विभाजन को हल करना है। कैसे हल किया जाए? बुनियादी समस्या है। रेमंड विलियम्स ने कहा कि इसलिए इन दोनों को समग्र प्रक्रिया के रूप में देखा जाए। इस सिलसिले में दूसरा शब्द इस्तेमाल किया जाता है : 'मोड ऑफ़ प्रोडक्शन' अर्थात् उत्पादन

की प्रणाली। चूँकि साहित्य प्रोडक्शन (उत्पादन) नहीं है इसलिए उसे कैसे टोटल मोड ऑफ़ प्रोडक्शन का पार्ट मानें—लिटरेरी मोड ऑफ़ प्रोडक्शन? इसलिए एक तो हल ढूँढ़ने की कोशिश जो रेमंड विलियम्स ने की, वह यह कि समग्र उत्पादन प्रक्रिया को एक समग्रता में देखा जाए। टोटल सोशल प्रोसेस का एक अंग मान लिया जाए साहित्य को। इससे दो समस्याएँ हल होंगी। एक तो यह है कि जिन लोगों ने अलग माना है, वे भी साहित्य की सापेक्ष स्वायत्तता की बात करते हैं, रिलेटिव एटानॉमी। यह सही है कि साहित्य समाज से सर्वथा स्वायत्त नहीं होता। जो लोग यह मानते हैं कि साहित्य का समाज से सम्बध नहीं है, वे साहित्य को सर्वथा स्वायत्त मानते हैं। जो लोग सम्बन्ध मानते हैं, वे लोग कहते हैं कि सर्वथा स्वायत्त तो नहीं है लेकिन सापेक्ष स्वायत्तता है। अब यह 'सापेक्ष' शब्द जो है, यह बड़ा विविध है, अस्पष्ट है। सापेक्ष माने कितना सापेक्ष? सापेक्षता स्वयं एक ऐसा शब्द है जो 'ऑपरेशनल' नहीं बन पाता। प्वाइंटीफाई जिसको नहीं कर सकते हैं, निश्चित रेखा नहीं खींच सकते हैं। आप कहेंगे कि सापेक्ष स्वायत्तता है, तो यह सापेक्ष कितना सापेक्ष? कैसे निर्धारित करेंगे? एक बहुत बड़ा सिर-दर्द है। कह देना बड़ा आसान लगता है लेकिन जब निर्धारित करना पड़ेगा किसी समाज में, तब उसकी सापेक्षता की सीमाएँ प्रकट होने लगती हैं। इसलिए इस सापेक्ष स्वायत्तता से एक दूसरा बड़ा ख़तरा है रिडक्शनिज़्म का। नि:शेष करना, नि:शेषीकरण जिसको कहेंगे। अध्ययन की प्रक्रिया में आम तौर से समाज और साहित्य के सम्बन्ध पर विचार करते हुए साहित्य को रिड्यूज कर दिया जाता है। 'लिटरेचर इज रिड्यूज्ड टु ए सोशल फॉर्म।' और व्यवहार में अपनी स्वायत्तता वह लगभग समाप्त कर देता है, छोड़ देता है, खो देता है। इसलिए इसमें ख़तरा है 'रिडक्शनिज़्म' का, नि:शेषीकरण करने का। आप लोगों ने गोपियों और उद्धव के बीच जो विवाद हुआ था, उसे पढ़ा होगा भक्तिकाल में। रत्नाकर ने जिसे कहा है : 'जैहै बनि बिगरि न बारिधिता बारिधि की, बूँदता बिलैहैं बूँद बिबस बिचारी की'। तो बूँद और समुद्र का सम्बन्ध तो ठीक है, लेकिन समुद्र का तो कुछ नहीं बिगड़ेगा, बूँद की बूँदता जो है, वह नष्ट हो जाएगी। साहित्य को यदि बूँद मान लें तो साहित्य और समाज के बीच जब बहुत प्रेम बढ़ने लगता है तो उसकी परिणति लगभग वही होती है, जैसे पुरुष और स्त्री के बीच। पुरुष लोग बहुत अनुराग दिखाएँ कि तुम देवी हो और तुम प्राण हो वगैरह-वगैरह। अन्तत: कुल मिला करके होता है कि उसमें नारी की अपनी स्वाधीनता लुप्त होती है। आम तौर से उसमें बूँद की बूँदता के विनाश का लक्षण होता है। प्राय: साहित्य के समाजशास्त्रीय अध्ययन में ऐसा नहीं है कि समाज साहित्य में विलीन हो जाए। ऐसा नहीं होता। तब तो शुद्ध साहित्य हो जाए। साहित्य ही समाज में विलीन होता है, रिड्यूज होता है। रिडक्शनिज़्म होता है वहाँ। इसलिए किस प्रकार इस रिडक्शनिज़्म से बचा जाए, जो बहुत बड़ा ख़तरा है। इसलिए कुछ तो करना पड़ेगा आधार और

अधिरचना के बीच। मार्क्सवाद की ओर से तो साहित्य को अधिरचना का अंग माना गया। विलियम्स ने दिखाया कि दरअसल साहित्य अधिरचना नहीं है, साहित्य 'बेस' का अंग है, आधार का अंग है। उनका फॉर्मूला है : 'कल्चर इज मटीरियल'। साहित्य उतना ही भौतिक है जितना कि कोई पदार्थ होता है। साहित्य और कलाएँ भौतिक हैं, अधिरचना का अंग नहीं हैं। इसलिए इससे बच निकलने का तरीक़ा विलियम्स ने यही निकाला कि साहित्य को 'सुपर स्ट्रक्चर' का अंग न माना जाए, बल्कि साहित्य को 'बेस' का अंग माना जाए, और कहा जाए कि साहित्य जो है, वह मटीरियल है। इसमें विलियम्स ने जिस चीज़ से सहायता ली, वह एक दूसरी विद्या है। वह है सेमियोलॉजी। संकेत विद्या। विलियम्स के इस नये भौतिकवाद का प्रेरणास्त्रोत है सेमियोलॉजी, संकेत विद्या।

संकेत विद्या के अनुसार यह है कि मानव समाज में जितने पदार्थ हैं, जितनी वस्तुएँ हैं, सब संकेत हैं। 'संकेत हैं' का मतलब यह है कि प्रत्येक वस्तु कोई न कोई अर्थ ग्रहण करती है, वह 'वाचक' है और उसका कुछ न कुछ 'वाच्य' होता है। जैसे रोलाँ बार्थ की एक किताब है : 'माइथोलॉजी' नाम की। ये कपड़े-लत्ते, ये वस्त्राभूषण, ये सारे के सारे तो पदार्थ हैं, लेकिन ये पदार्थ एक तरह के संकेत हैं। इन वस्तुओं का भी अर्थ होता है। ये कुछ कन्वे करते हैं। इसलिए संकेत विद्या के अनुसार ऐसा नहीं है कि शब्द ही संकेत करते हैं। हर वस्तु संकेतों का समूह है। वस्तुएँ जो हैं, वे संकेत हैं। उदाहरण के लिए किसी को आप कुछ न कहें, खुशी का मौका है, आप एक गुलदस्ता ले आकर दे दें, आप कुछ न बोलें। इसलिए फूल जो है, वह संकेत बन जाता है आपके कुछ भावों का, कुछ विचारों का। ऐसा आदान-प्रदान बहुत होता है। अगर आप किसी के जन्मदिन पर जाएँ और मौखिक रूप में कहें कि 'मेनी हैप्पी रिटर्न्स', इसके कोई मायने नहीं। लेकिन हैपी रिटर्न्स के साथ टोकन रूप में कुछ देने से ही वह भावना कन्वे होगी। नये वर्ष की शुभकामना देते हुए कार्ड भेजते हैं। कार्ड इज ए मैटर। ठोस चीज़ है, पदार्थ है। उसमें शब्द भी लिखा रहता है, लेकिन यह पदार्थ है। इसलिए कुछ सुन्दर, कुछ प्रिय, कुछ ऐसी वस्तुएँ देते हैं। आदान-प्रदान बहुत सारा होता है, द होल सिस्टम ऑफ़ द करेंसी सिस्टम। इसलिए यह न समझें आप कि मनी एब्स्ट्रैक्शन में हुआ करती है। वह पदार्थ के रूप में है। आप वाणी से किसी को 'लाख दिया' कह दें और उसके पास लाख न पहुँचे तो उसका कोई मतलब नहीं होता। ठोस कुछ पहुँचना चाहिए। इसलिए 'होल लाइव इज सिस्टम ऑफ़ साइंस।'

इसलिए दूसरा प्वाइंट है सेमियोलॉजी। एक नया भौतिकवाद। इससे एक नई प्रेरणा मिली। इस सेमियोलॉजी के अनुसार भाषा एक पदार्थ है, मैटर है। भौतिक संकेतों की प्रणाली में शब्द स्वयं एक संकेत प्रणाली है, इस नाते वह भौतिक है। इस शब्द से साहित्य का व्यापार होता है। इसलिए भाषा के बारे में एक नया सिद्धान्त

सेमियोलॉजी के द्वारा आया। पुरानी धारणा यह थी कि शब्द जो हैं, उनका अर्थ उस शब्द से बाहर हुआ करता है। जब आपने 'पेड़' कहा तो 'पेड़' शब्द यहाँ है, 'पेड़' नाम की वस्तु उसके बाहर। शब्द वाचक है और उसका वाच्य उसके बाहर है। सेमियोलॉजी के अनुसार—जो वाच्य है, वह स्वयं वाचक में ही होता है। कैसे होता है? शब्दों के अन्तर में ऐन्द्रिय-बोध होता है। मटेरियलिटी का लक्षण है कि आप इसको छू सकें, देख सकें, सुन सकें, यानी मैटर का बोध जो होता है, वह विचारों के आधार पर तो नहीं होता है। अगर विचारों के आधार पर होता तो दुनिया में लोग ख़यालों ही ख़यालों में मिलकर तृप्त हो जाया करते। लेकिन आप किसी को छूना चाहते हैं, आप आँखों के सामने देखना चाहते हैं और तब समझते हैं कि वह है। कविता में यह होता है और व्यवहार में भी होता है। लेकिन केवल शब्दों से ही होता तो कोई लिखकर भेज देता। लिखने में भी उसकी लिखावट को देख करके यानी अमूर्त शब्द नहीं, बल्कि किसी के हाथ का लिखा हुआ, हैंडराइटिंग उसकी आ जाए तो लगता है कि हम जैसे उसे देख रहे हैं, उसे छू रहे हैं। गोपियों ने कहा कि 'निरखत अंक स्यामसुन्दर के होइ गइ स्याम स्याम की पाती'। स्याम की पाती भी स्याम हो गई, क्योंकि वह देखा जा सकता है। आप किसी की आवाज़ सुनकर...वह आवाज़ आपको उतनी ही हाड़-मांस की मालूम होती है, मांसल होती है और उससे एक तरह का रोम-हर्ष अथवा रोमांस आदि भी होता है, हो सकता है। उनमें किसी की आवाज़ आती है। यह है मटेरियलिटी। इसीलिए कविता में वह सारी चीज़ें, उसके दृश्यगुण, उसका श्रव्यगुण, ऐन्द्रिय-बोध अन्तर्निहित होता है। शब्द का अर्थ उसके बाहर नहीं होता है, उसी में होता है। इस सिद्धान्त के अनुसार शब्द जो है, एक कोर्स होता है। अगर ऐसा न होता तो हम कैसे किसी की आवाज़ सुन करके अन्दाज़ा लगा लेते हैं? उसके स्वरों की कम्पन तक से पता लग जाता है : आई हेट यू, आई लव यू...। स्वर-कम्पन बताता है कि सचमुच वह लव करता है कि नहीं या ख़ाली कह रहा है? कहाँ से निकल रहा है शब्द? होंठ से निकल रहा है कि नाभि से निकल रहा है? कहाँ से आ रहा है? इसलिए शब्द का अर्थ स्वयं उसमें होता है। और इसीलिए भाषा का सर्वाधिक सार्थक इस्तेमाल कवि में पाया जाता है, क्योंकि कविता में इन्हेरेंट होता है—उसकी शब्दता से, उसकी दृश्यता से। वाच्य वाचक के बाहर नहीं होता, जैसा समझा जाता है, बल्कि वाचक में होता है। इसलिए लैंग्वेज जो है, एक मटीरियल कोर्स है और मटीरियल कोर्स होने के कारण उसमें प्रोडक्टिव पॉवर भी होता है, उत्पादन की क्षमता होती है। 'द वर्ड इटसेल्फ प्रोड्यूसेस द मीनिंग।' उसके लिए दूसरों पर निर्भर नहीं रहा जा सकता।

डॉ. केदारनाथ सिंह ने एक कविता लिखी है : 'बैल'। उसका अर्थ कन्वे करने के लिए एक बैल खड़ा करना पड़ जाए तो कविता का सत्यानाश ही है। इसका मतलब कि उस कविता में वह बैल आ नहीं सका, इसलिए एक बैल खड़ा करने

की ज़रूरत पड़ रही है। नाटक का वह निर्देशक बड़ा ही कमज़ोर होता है जो, मान लीजिए, रंगमंच पर 'गोदान' खेले और उसके लिए एक गाय ले आ करके सचमुच खड़ी कर दे। यहाँ एक दूसरी समस्या खड़ी हो जाएगी कि गाय नाना प्रकार के कर्म कर सकती है स्टेज पर। और वह एक बीभत्स रस की सृष्टि भी हो सकती है। इसलिए गोदान के लिए ज़रूरी यह है कि उस गोदान में गाय स्वयं नहीं आती है लेकिन यहाँ से वहाँ तक जो है, होरी की गाय परिलक्षित होती है। मटीरियलिटी उसमें है। जैसे केदारनाथ सिंह की 'बैल' कविता सुनकर आपको बैल का बाक़ायदा एहसास हो सकता है। उसकी सींग का, उसके पुट्ठे का, उसकी पुष्टता का एहसास हो सकता है। अगर वे कन्वे करते हैं, यह सफलता है उसकी।

रेमंड विलियम्स इस सेमियोलॉजी के आधार पर कहना चाहते हैं कि साहित्य एक मटीरियल ऑफ़ कोर्स है, इसलिए वह 'बेस' का अंग है। वह 'सुपर स्ट्रक्चर' ख़ाली नहीं है। वह अमूर्त चीज़ नहीं है। यह सारा व्यायाम क्यों करना पड़ा? यह व्यायाम इसलिए करना पड़ा कि 'बेस एंड सुपर स्ट्रक्चर' के विभाजन में ही नहीं बल्कि समाज और साहित्य के विभाजन में भी साहित्य का अवमूल्यन होता है। जो लोग साहित्य का समाज के लिए इस्तेमाल करते हैं, समाजशास्त्री ही ज़्यादातर करते हैं, वह एक तरह से साहित्य का अवमूल्यन करते हैं। और आप जानते हैं कि नीतिशास्त्र और दर्शन में, ख़ास तौर से नीतिशास्त्र में, इंस्ट्रूमेंटलिज़्म ख़तरनाक माना जाता है। इसका मूल्य नहीं होता। इंस्ट्रूमेंटलिज़्म माने कोई किसी का साधन हो। मैं व्यक्तिगत सम्बन्धों का इसलिए उदाहरण दे रहा हूँ कि उससे बात ज़्यादा आसान होती है। अगर कोई पुरुष किसी स्त्री को साधन समझता हो—साधन, मान लीजिए, अपनी तरक्की के लिए समझता हो, यदि शादी हुई हो, पति-पत्नी हों, अपनी तरक्की के लिए यदि उसे साधन के रूप में इस्तेमाल करता है तो मैं समझता हूँ कि इससे बड़ा अपमान दूसरा कोई नहीं होगा। उसी तरह, जैसे कोई पुरुष किसी स्त्री को अपनी काम-भावना के उत्तेजन का साधन समझता हो, इंस्ट्रूमेंटल समझता हो तो वह उसका अपमान है। आपको लगे कि कोई आपका इस्तेमाल कर रहा है, पॉलिटिक्स में लोग एक-दूसरे का इस्तेमाल करते हैं। आम तौर से आप देखेंगे, यह इस्तेमाल करनेवाली जो बात है, उसकी इंस्ट्रूमेंट वैल्यू है। आप किसी चीज़ के निमित्त बने हुए हैं, आप तो कुछ नहीं हैं। ऐसे उपन्यास मिलेंगे आपको, कहानियाँ मिलेंगी, जहाँ एक पुरुष किसी दूसरी स्त्री को पहले प्यार करता है, शादी किसी और से की और इस स्त्री को इस्तेमाल करता है। ऐसी कहानियाँ मिलेंगी। वह जब समझती है, उसको एहसास होता है कि उसका अपमान हो रहा है। इसलिए समाजशास्त्री अगर साहित्य को साधन समझता है—समाज का ज्ञान प्राप्त करने के लिए, तो इसका मतलब वह साहित्यकार का सम्मान नहीं कर रहा है, बल्कि वह अपमान कर रहा है...। रेमंड विलियम्स के इस व्याख्यान में जो सच्चाई थी, उसमें पहली चीज़ यह कि इस प्रकार

के समाजशास्त्रीय अध्ययन में साहित्य का अवमूल्यन निहित है। इसलिए प्रश्न है साहित्य की मूल्यवत्ता का। लीविस और विलियम्स की स्थापनाओं में, पूरे इंग्लिश स्कूल में जो सामान्य चीज़ पाई जाती है, वह है साहित्य का अतिमूल्यन। साहित्य के अतिमूल्यन से क्या मतलब है? यह धारणा उसमें निहित है कि समाजशास्त्र समाज को उतना नहीं जानता जितना कि साहित्य जानता है। जैसे कहा जाता है कि साहित्य का सत्य समाजशास्त्र के सत्य से बड़ा है। कई लोग अक्सर दावा किया करते हैं और साहित्य का इतिहासकार कभी-कभी कह सकता है कि अपने युग को कबीर ने जितना जाना या तुलसी ने व्यक्त किया, कोई इतिहासकार उस ज़माने को नहीं जान सकता है, न व्यक्त कर सकता है। 'वेरी हाई वैल्यू ऑफ़ लिटरेचर एंड लिटरेरी टूल्स'—लीविस मानते थे, और यही बात विलियम्स भी मानते हैं। साहित्य में किसी भी समाजशास्त्रीय ग्रंथ से अथवा किसी समाजशास्त्री से अधिक अन्तर्दृष्टि होती है। हाई वैल्यू होता है उसमें। क्यों होता है, उसका कारण भी दूसरा बताया है। साहित्य के सच में समाजशास्त्र के सच से ज़्यादा मूल्यवत्ता क्यों होती है? कुछ होना चाहिए साहित्य में। और उसका कारण है 'क्रिएटिव' शब्द। 'द कॉन्सेप्ट ऑफ़ क्रिएटिव राइटिंग एंड क्रिएटिव माइंड'। वह निहित है साहित्य की सृजनशीलता में और सर्जनात्मक लेखन में। रेमंड विलियम्स की किताब 'लांग रिवोल्यूशन' का पहला ही चैप्टर है : 'क्रिएटिव माइंड'। यह क्रिएटिविटी कहाँ से आती है? अभी तो हम लोगों ने इसे भाषा में देखा—यह क्रिएटिविटी स्वयं भाषा में निहित होती है। साहित्य में भाषा का सर्जनात्मक प्रयोग किया गया है। इसलिए एक साहित्यकार भाषा का जैसा सर्जनात्मक उपयोग करता है, समाजशास्त्री नहीं करता है और चूँकि नहीं करता तो गहरे सच को जान नहीं सकता। कालिदास ने लिखा है कि पार्वती किशोरावस्था से युवावस्था में चली गईं...। कालिदास ने कहा कि किशोरावस्था से पार्वती युवती हुईं। फिर इसका वर्णन किया उन्होंने कि जैसे चित्र को तूलिका से छू दिया हो और वे उन्मीलित हो गईं...। एक कमल था, सूर्य की किरण ने उसे छू दिया और वह खिल उठा। यौवन जैसे सूर्य की किरण हो और उसके छूने से उसका शरीर भरा-पूरा हो गया। पहले जो चीज़ें उसकी मालूम नहीं होती थीं, अब हर चीज़ अलग-अलग मालूम होने लगी है और शरीर सुडौल हो गया है। इसे एक समाजशास्त्री सिर्फ़ यही लिखेगा कि एडोलेसेंस से कैसे जवानी में संक्रमण होता है। लेकिन यह संक्रमण तो इस तरह से नहीं है, जैसे आपने एक शहर से दूसरे शहर में प्रवेश कर लिया हो, एक देश की सीमा लाँघकर दूसरे देश में चले गए हों, एक स्टेशन से दूसरे स्टेशन चले गए हों। बल्कि यह टोटल ट्रांसफॉर्मेशन ह्यूमन बॉडी का हुआ। और उस शरीर का वर्णन कालिदास ने किया है :

उन्मीलितम् तूलिकैव चित्रम् सूर्यांशुभिरभिन्ननिवारविन्दम्
बहुवतस्या: चतुरस्यशोभी बहुर्विभक्तम्...नवयौवने।

अब इसमें जो गूँज है, ध्वनि है, केवल एक शरीर का चित्र नहीं है बल्कि इस ट्रांसफॉर्मेशन को दिखाना चाहा है कि कुछ पहले से मौजूद था। ऐसा नहीं है कि शरीर में कोई नई चीज़ आ गई है; लेकिन जैसे तूली से छू दिया हो...! भाषा का यह क्रिएटिव यूज हुआ है। कोई भी समाजशास्त्रीय वर्णन इसको दोहरा नहीं सकता। यह क्रिएटिव माइंड है; क्रिएटिव राइटिंग है—इससे तीसरी चीज़ हुई कि 'लिटरेचर कैन नॉट बी एक्सरलेंड इन सोशल साइंस'। इसके पहले एक स्टेप और है। दो शब्दों का प्रयोग किया जाता है : 'लिटरेरी इमैजिनेशन एंड सोशियोलॉजिकल इमैजिनेशन।'

यह समाजशास्त्र भी केवल शास्त्र नहीं है बल्कि कल्पना की वस्तु है।

सी. राइटविल्स की किताब है : 'द सोशियोलॉजिकल इमैजिनेशन'। इसलिए दो चीज़ें हैं : एक तो लिटरेरी इमैजिनेशन है और दूसरा सोशियोलॉजिकल इमैजिनेशन है। सवाल यह है कि इन दोनों में सम्बन्ध हो सकता है कि नहीं? अगर समाजशास्त्र न भी हो और सोशियोलॉजिकल इमैजिनेशन हो तो किसी भी तरह से इन दोनों के बीच तालमेल नहीं बैठ सकता। रिचर्ड हार्वर्ट ने इस चीज़ को किया है कि समाजशास्त्रीय कल्पना और साहित्यिक कल्पना के बीच क्या सम्बन्ध हो सकते हैं। और वे कहते हैं कि दोनों के बीच तालमेल नहीं हो सकता। जिस चीज़ का महत्त्व साहित्य में है, समाजशास्त्र में उसका महत्त्व नहीं है। लिटरेचर में रिच डिटेल्स होते हैं, जबकि समाजशास्त्र में उस समृद्ध-सम्पन्न यानी सिग्नीफिकेंट डिटेल्स की जगह, यानी सार्थक ब्योरे या विवरण के स्थान पर अमूर्त नियमों और सिद्धान्तों की चर्चा होती है। समाजशास्त्रीय कल्पना चाहे जितनी कल्पनाप्रवण हो लेकिन वह अन्ततः कुछ नियमों का, कुछ सूत्रों का, कुछ सिद्धान्तों का निर्माण करती है। जब तक नहीं करेगी, वह समाजशास्त्री कल्पना भी नहीं होगी। जबकि लिटरेचर में हम देखते हैं सिग्नीफिकेंट डिटेल का महत्त्व होता है। ब्योरे का महत्त्व होता है। अगर ऐसा न होता तो 'गोदान' का सारांश पढ़कर भी आप सन्तुष्ट हो सकते हैं। 'रामचरितमानस' पूरा पढ़ने की क्या ज़रूरत है? एकश्लोकी रामायण भी होता है। 'आदौरामतपोवनादिगमनम् हत्त्वा मृग कांचनम्' पढ़ लीजिए आप नहाते समय। जब ठंडा-ठंडा पानी पड़ रहा हो तो उसमें आप बुदबुदाइए और पूरे रामायण के पाठ का पुण्य आपको मिल गया। फिर 'रामचरितमानस' पूरा क्यों पढ़ा जाए?

सिग्नीफिकेंट डिटेल लिटरेरी इमैजिनेशन का पार्ट है, और सोशियोलॉजिकल इमैजिनेशन में यह नहीं होता। इसलिए जो अगला निष्कर्ष है कि साहित्य की समाजशास्त्रीय व्याख्या सम्भव ही नहीं है। दो प्रकार से सम्भव नहीं है। एक तो साहित्य का सत्य समाजशास्त्र का सत्य नहीं हो सकता और दूसरा यह है कि साहित्य में जो सार्थक है, समाजशास्त्र के लिए उस सार्थकता का कोई उपयोग नहीं है। अब आप बताइए कि 'इंडिया इन कालिदास' नाम की कोई किताब लिख रहे हों, तो उसमें हिमालय का वर्णन और पार्वती का वर्णन, सौन्दर्य का वर्णन किया गया है,

वह इतिहासकार के लिए क्या मूल्य रखता है? जो श्लोक मैंने अभी आपको उद्धृत किया जो अच्छा कहा जाएगा कालिदास का। इस सुन्दर श्लोक का 'इंडिया इन कालिदास' नाम की इतिहास की पुस्तक में कोई मूल्य नहीं होगा। क्योंकि इससे किसी भी ऐतिहासिक तथ्य पर या समाजशास्त्रीय तथ्य पर प्रकाश नहीं पड़ता।

इस प्रकार, नि:शेषीकरण के विरोध से चल करके इंग्लिश स्कूल एक-दूसरे छोर पर पहुँचा जहाँ साहित्य का समाजशास्त्र सम्भव ही नहीं था। प्रतीत होते हैं, इम्प्रेशन देते हैं कि नहीं हो सकता। मुश्किल यह है कि एक ओर लगता है उनको कि साहित्य की समाजशास्त्रीय व्याख्या नहीं हो सकती, फिर भी कुछ है जिसके कारण वे साहित्य की समाजशास्त्रीय व्याख्या करना भी चाहते हैं। मेरा ख़याल है कि विवरण जिस तरह से मैंने किया है, उसमें इसकी समीक्षा भी निहित है। एक अतिवाद से दूसरे अतिवाद तक की व्याख्या है।

[प्रस्तुति : सुधीर रंजन सिंह]

[जवाहरलाल नेहरू विश्वविद्यालय की कक्षाओं में अध्यापक के रूप में क्रमश: दिये गए व्याख्यानों का समेकित रूप। 'वसुधा' के नामवर सिंह पर केन्द्रित अंक-54, अप्रैल-जून, 2002 एवं पुस्तक : 'आलोचना की दूसरी परम्परा', सं. कमला प्रसाद, वाणी प्रकाशन, नई दिल्ली, प्र. सं. 2002, में प्रकाशित]

शताब्दी का अवसान और उत्तर-आधुनिकता

'पूर्वग्रह' के पाठक जानते होंगे कि कुछ दिन पहले सुपरिचित लेखक, बौद्धिक निर्मल जी ने अपना एक लेख 'शताब्दी के ढलते वर्षों में' 'पूर्वग्रह-55' में प्रकाशित किया है। 'पूर्वग्रह' की ओर से इस पर तीन चिन्तकों—प्रो. श्यामाचरण दूबे, यामिनी कृष्णमूर्ति और कुमार शाहनी—की टिप्पणियाँ भी प्रकाशित की गई हैं। इससे थोड़ा-सा उकसावा मिला और मुझे लगा कि शताब्दी के अवसान पर उठनेवाले विचारों की चर्चा की जानी चाहिए। मुझे यह अवसर यों भी उपयुक्त लगा कि 1984 का लाभ उठाकर कुछ पत्रिकाएँ ऑरवेल के एक प्रसिद्ध उपन्यास '1984' के बहाने चर्चा करने में लगी हैं। आप जानते हैं कि 1984 केवल एक संख्या नहीं है बल्कि एक साहित्यिक कृति है। उस साहित्यिक कृति की एक निश्चित विचारधारा है और उस विचारधारा से जुड़ी हुई एक निश्चित इतिहास-दृष्टि भी है। यह बात भी किसी से छिपी हुई नहीं है कि वह विचारधारा शीतयुद्ध की शुरुआत करनेवाली विचारधारा है, जिससे शीतयुद्ध रह-रहकर भड़क उठता है।

इस पृष्ठभूमि में मुझे यह उपयुक्त और सही लगा कि 'पूर्वग्रह' और भारत भवन 1984 को केन्द्र न बनाकर बीसवीं शताब्दी के अवसान को केन्द्र बना रहा है, जिस पर एक बौद्धिक तटस्थता के साथ विचार किया जा सके और जहाँ पक्ष और विपक्ष पूर्व-निर्धारित न हों, भले ही पूर्वग्रह अपनी जगह सक्रिय और जीवन्त हों। निर्मल जी ने अपने उस लेख का आरम्भ ही इससे किया है कि बीसवीं शताब्दी के ढलते वर्षों में मुझे उन्नीसवीं सदी के अन्तिम वर्षों की याद अचानक हो आती है। उस याद के बारे में अपनी सुपरिचित और संवेदनशील भाषा में उन्होंने जो कहना चाहा है, वह यह है कि उन्नीसवीं सदी, जो यूरोप की समृद्धि का काल था, के अन्तिम समय में भी कुछ ऐसे विचारक थे जो उस समृद्धि के पीछे छिपे हुए विनाश के गर्त को देख सकते थे। संगति में घनघोर आस्था रखनेवाले यूरोप में भी निहित उस निराशा की झाँईं को देखा जा सकता था और ऐसे कुछ विचारक-लेखक थे जिन्होंने यूरोप के उस संकट को देखा। उन्नीसवीं सदी का अन्त आज याद आता है तो इसलिए कि उन्नीसवीं सदी का अन्त भी एक बहुत बड़े अन्तर्विरोध का और उस अन्तर्विरोध में भी आशा की चकाचौंध में छिपे हुए निराशा के अन्धकार को देखने के साहस का

एहसास कराता है। कदाचित् यह पृष्ठभूमि आज के वातावरण में भी काम आए और कारगर हो सके। निर्मल जी ने इस ओर भी संकेत किया है कि जिन लोगों ने चौंधिया देनेवाली आशा के पीछे छिपी हुई निराशा को देखा, वे वस्तुत: महान साहित्यकार, चिन्तक, दार्शनिक थे। उन्होंने टॉल्स्टॉय का नाम लिया है, फ्लाबेर का नाम लिया है, नीत्शे का नाम लिया है। इस सन्दर्भ में उन्होंने हिन्दी पाठकों के पश्चिम-भय को ध्यान में रखते हुए यह भी तत्काल जोड़ा है कि इसके साथ ही मुझे अपने देश की उन्नीसवीं सदी के अन्तिम दशक याद आते हैं जो किसी भी मामले में यूरोप के संकट से कम गम्भीर नहीं थे, जब पश्चिम की एक विनाशकारी सभ्यता इतनी प्राचीन और समृद्ध संस्कृति वाले देश का दमन करके, उसके बहुमूल्य अतीत को नष्ट करके, अपनी समझ से एक नये युग की शुरुआत कर रही थी। और उस दौर में यूरोप के समान यहाँ भी कुछ ऐसे लोग थे जो इस परिवर्तन का, इस आधुनिकीकरण का बड़े उल्लास से स्वागत कर रहे थे। उन्होंने ऐसे तीन नाम विशेष रूप से याद किये हैं—रामकृष्ण परमहंस, बंकिम चटर्जी, विवेकानन्द। हिन्दी वाले कहीं हमेशा की तरह निर्मल जी पर न टूट पड़ें इसलिए उन्होंने दबे स्वरों में 'भारतेन्दु-युग' के साहित्यकार और उत्तर भारत के दयानन्द सरस्वती का भी नाम ले लिया है। इस प्रक्रिया में यह याद दिलाना आवश्यक समझा गया है कि एक भारतीय लेखक के नाते वे यह अनुभव करते हैं कि उन्नीसवीं सदी के अन्त या उन्नीसवीं सदी के अन्त के इतिहास की जो नियति थी, वह जैसे अलग-अलग होते हुए भी सारी दुनिया में कहीं न कहीं एक दूसरे से जुड़ी हुई थी। उसी तरह से आज बींसवी सदी में भी कोई भारतीय लेखक, यदि वह सचमुच संवेदनशील और जागरूक है, तो केवल अपने देश की चिन्ता नहीं कर सकता। सम्पूर्ण विश्व और सार्वभौम पीठिका में ही भारत की नियति पर विचार किया जा सकता है।

मुझे यह देखकर खुशी हुई और इसका स्वागत किया जाना चाहिए कि इस ऐतिहासिक घड़ी में जब हिन्दी के अनेक लेखक बहुत ही टुच्ची और ओछी चीज़ों में उलझे हैं, निर्मल जी विवादों की विराट पृष्ठभूमि को केवल हिन्दी तक सीमित न करके भारत के संकट को समूचे विश्व के परिप्रेक्ष्य में समझने और देखने की कोशिश कर रहे हैं। यह इसलिए कहना आवश्यक है कि मुझे भय है कि शताब्दी के अवसान की इस चर्चा पर हिन्दी-जगत की जो सहज-स्वाभाविक प्रतिक्रिया होनेवाली है, वह नीयत पर शक करते हुए कुछ ऐसी ही होगी कि हमारी अनेक ज्वलन्त समस्याओं से ध्यान हटा करके अशोक वाजपेयी और उनके साथ कुछ और लोगों ने मिलकर एक शगूफा छोड़ा है कि लोग ऐसी कुछ अनावश्यक चीज़ों में उलझे रह जाएँ और देश की ज्वलन्त समस्याएँ, नितान्त वर्ग-संघर्ष आदि से जुड़ी हुई समस्याएँ जो हैं, उनसे ध्यान हट जाए। इसलिए मैं यह कहना चाहता हूँ कि कभी-कभी बौद्धिक और लेखक ऐसे तमाम आरोपों और अपवादों का ख़तरा उठाकर भी उस अवाँगार्द की भूमिका अदा करता है (और करना चाहिए) क्योंकि यह एक नैतिक साहस का भी

काम है, केवल समझ का ही काम नहीं है। इसलिए निर्मल जी की इस चिन्ता का और यदि यह चर्चा चल रही है तो इसका, मैं स्पष्ट शब्दों में स्वागत करना चाहता हूँ।

मित्रो, एक युग के अन्त में संकट का बोध, मुझे ऐसा लगता है कि उन्नीसवीं और बीसवीं सदी तक ही सीमित नहीं है। कदाचित् यह पहले भी रहा हो। भले ही कभी वह कालबोधक न रहा हो क्योंकि शताब्दियों का विभाजन हर संस्कृति और हर धर्म का अपना-अपना रहा है। मैं नहीं जानता कि 2000 विक्रम संवत् की समाप्ति पर इसी प्रकार की कोई चिन्ता हुई थी कि नहीं। मैं उन दिनों विद्यार्थी था और काशी जैसी पुरानी नगरी में 2000 विक्रम संवत् की समाप्ति पर जो बहुत अधिक सक्रिय थे, वे पंडित सीताराम चतुर्वेदी थे। हमारे मित्र ठाकुरप्रसाद जी भी उसमें लगे हुए थे। विक्रम नाम से कुछ नाटक-वाटक लिखे गए थे। जो उत्सवधर्मी ज़्यादा थे, उनमें दो सौ वर्षों के मिलेनियम का एहसास और उससे कोई मानव नियति सम्बब्द्ध हो सकती है, इसकी चिन्ता नहीं थी। हमारे इस उत्सववादी देश में, जहाँ हम हर चीज़ को—मरना भी, जीना भी, पैदा होना भी, हर चीज़ को—गा-बजा करके मना लेते हैं, इसी उत्सवधर्मिता में संकट-बोध आदि चीज़ें भी मना ली जाती हैं। यह मत समझिए कि पं. सीताराम चतुर्वेदी इस मामले में अकेले हैं बल्कि नये कवि और साहित्यकार भी इस मामले में पीछे नहीं हैं। बहुत सारी चीज़ों को हम एक उत्सव के रूप में मनाकर समाप्त किया करते हैं। आकस्मिक नहीं है कि भारत भवन और मध्य प्रदेश कला परिषद् का बड़ा प्रिय शब्द है : 'उत्सव'। इसलिए दो हज़ार विक्रम संवत् पर कोई बहुत चिन्ता हमारे देश में दिखाई नहीं गई। ईसा के दो हज़ार वर्ष समाप्त होने पर भी ऐसा होगा, कहना मुश्किल है, क्योंकि अभी बहुत दिन हैं। लेकिन मैं निवेदन कर रहा था कि शताब्दियों के अन्त से न सही, यानी विक्रम संवत्, शक संवत् अलग-अलग संवतों को यदि छोड़ भी दें तो भी महानतम घटनाएँ कभी-कभी उस संकट-बोध का एहसास करानेवाली रही हैं। स्वयं महाभारत एक युग की समाप्ति और ऐसे भयावह शून्य का चीत्कार है, हाहाकार है। व्यास का वह कथन कि मैं हाथ उठाकर कह रहा हूँ, कोई नहीं सुन रहा है। उनका समाधान क्या है, इससे आप सहमत नहीं हों, असहमत हों; निर्मल जी स्वयं समाधान क्या देते हैं, उससे आप सहमत हों या असहमत हों लेकिन महत्त्वपूर्ण उस कवि का, उस लेखक का वह चीत्कार है, जो हाथ उठाकर कहता है कि देखो, संकट की घड़ी है। यदि और कालों को छोड़ भी दें तो स्वयं अपनी, हिन्दी साहित्य की, दो महान कृतियों में मैं उस संकट-बोध का एहसास पाता हूँ जिसका सम्बन्ध पंचाग या कैलेंडर से नहीं है। वे हैं सोलहवीं सदी में मलिक मोहम्मद जायसी और गोस्वामी तुलसीदास की लिखी कृतियाँ। मलिक मोहम्मद जायसी उस कयामत का आभास देते हैं, एहसास देते हैं। यह आभास 'पद्मावत' में तो है ही, आख़िरी कलाम में है, उनकी अन्य कृतियों में है। जो लोग इतिहास से परिचित हैं, उन्हें मालूम है कि उस दौर में इसलाम की अपनी गणना के अनुसार और अपनी भविष्यवाणी के अनुसार

कयामत का दिन आ गया था। और नतीजा हुआ कि नया 'मेंहदी' प्रकट हुआ, जैसे हिन्दू माइथोलॉजी में समझा जाता है कि जब घोर कलियुग अपने अन्तिम चरण में होगा तब 'कल्कि' प्रकट होगा तलवार लेकर और समस्त बुराइयों का अन्त करके एक नये युग की स्थापना करेगा। इसलाम के मुताबिक उस 'मेंहदी' की भविष्यवाणी की गई थी और सचमुच एक 'मेंहदी' प्रगट हुए थे। उनका 'मेंहदिया सम्प्रदाय' प्रगट हुआ। उस 'मेंहदी' के बारे में मध्य युग के तवारीख लिखनेवाले लोगों ने विस्तार से वर्णन किया है। आख़िर में दिल्ली की सल्तनत को आगे बढ़कर उस 'मेंहदी' को ख़त्म करना पड़ा। मलिक मोहम्मद जायसी की दो गुरुओं की परम्परा में एक गुरु ऐसे थे जो उस 'मेंहदी' की परम्परा में आते थे। कदाचित् उस इसलामिक देवगाथा देवमाला के अनुसार एक कयामत का एहसास रहा होगा। यह मध्ययुग के विशेषज्ञ और इतिहासकार बता सकते हैं कि सोलहवीं सदी सचमुच ऐसी थी कि नहीं। सोलहवीं सदी का जो विशाल भक्ति साहित्य है, उसके सतही सामाजिक कारणों की बहुत विवेचना की गई है लेकिन वह कबीर हों, जायसी हों, तुलसी हों, सूर हों—इन सबके काव्य में निश्चित रूप से, गहरे नैतिक, सांस्कृतिक, धार्मिक उत्तर के रूप में भक्ति प्रगट हुई। अगर गहराई से उसका विवेचन किया जाए तब पता चलेगा कि सोलहवीं सदी के उस परिवर्तन, उस संक्रमण को इन महान कवियों ने किस रूप में देखा था। और यदि वह संकट-बोध न होता तो 'रामचरितमानस' और 'विनय-पत्रिका' ही नहीं, 'कवितावली' के उत्तरकांड की भी रचना नहीं हो सकती थी। स्वयं जायसी ने अपने 'पद्मावत' में जिस ट्रैजिडी का वर्णन किया है (जिस पर हमारे मित्र विजयदेव नारायण साही ने बहुत अच्छी पुस्तक लिखी है)। उस ऐतिहासिक संकट का एहसास एक ओर जायसी में कयामत और मेंहदी के रूप में प्रगट होता है और दूसरी ओर गोस्वामी तुलसीदास के 'रामचरितमानस' में 'कलियुग वर्णन' में। यह आकस्मिक नहीं है कि रामराज्य के विस्तृत वर्णन और स्थापना के ठीक पूर्व, 'उत्तरकांड' में विस्तार से कलियुग का वर्णन है। साहित्य के विचारक यह कह सकते हैं कि कलियुग-वर्णन एक समय है, कवि-समय है और पहले भी संस्कृत के कवि कलियुग का वर्णन करते रहे हैं। मुझे सबसे ज्वलन्त यथार्थवादी और चुनौती भरा कलियुग वर्णन श्रीहर्ष के 'नैषध-चरित' में मिला है। उसके पहले अन्य कवियों की रचनाओं में मुझे कलियुग का वर्णन नहीं मिला। 'नैषध-चरित' तब लिखा गया जब संस्कृत काव्य समाप्त हो चला था, उसकी सृजनशीलता समाप्त हो चली थी, जब केवल धर्म के क्षेत्र में टीकाओं और निबन्ध ग्रंथों का बोलबाला था और साहित्य में अलंकारशास्त्र के ग्रंथ लिखे जा रहे थे। 'नैषध-चरित' के लेखक श्रीहर्ष संस्कृत के अन्तिम कवि-प्रबन्धकार थे। यह बारहवीं शताब्दी का समय था। भक्ति-आन्दोलन कहीं न कहीं जुड़ा हुआ है, इसलिए हम जिस समय की बात करते हैं, वह समय, जो पहला मिलेनियम था, ठीक उसके बाद के संक्रमण कालों से जुड़ा हुआ है।

निर्मल जी ने उन्नीसवीं सदी के अन्तिम दशकों में हिन्दी के संकट-बोध की चर्चा की है। मुझे भारतेन्दु-युग में ठीक-ठीक वह संकट-बोध नहीं मिलता। अगर सचमुच संकट-बोध होता और गहरा होता तो क़ायदे से हिन्दी के उन्नीसवीं सदी के सर्जनात्मक साहित्य को बहुत महत्त्वपूर्ण होना चाहिए था। संकट-बोध संवेदना के स्तर पर कहाँ है, कितना है, उसमें कितनी गहराई है, इसकी एक व्यावहारिक कसौटी है कि उस काल में लिखे हुए साहित्य का गुणात्मक मूल्य क्या है? कहने के लिए कह दिया जाए कि राजनीतिक चिन्ता भी थी, ग़ुलामी का एहसास भी था, स्वदेशी की भावना भी थी; ये तमाम चीज़ें थीं, लेकिन एक विचित्र बात है कि उस संकट का मूर्त, ठोस और सर्जनात्मक रूप, जो पश्चिमी सभ्यता के आघात के कारण भारतीय मनीषा में पैदा हुआ था, मुझे बीसवीं सदी के तीसरे दशक में दिखाई पड़ता है। और उसके लेखक, उसके सर्जक दो कवि हैं : एक हैं—सुमित्रानन्दन पंत और दूसरे हैं—जयशंकर प्रसाद। सुमित्रानन्दन पंत की 'परिवर्तन' कविता, जन्म और मृत्यु के दर्शन का व्याख्यान तो करती है लेकिन एक कवि के नितान्त वैयक्तिक अनुभव (कथात्मक कविता भी है वह) आत्मकथा के माध्यम से सामने आते हैं। समूचे देश की संस्कृति अतीत, 'कहाँ आज वह पूर्व पुरातन वह स्वर्ण-सा काल, ज्योतियों का दिगन्त छविजाल'—इस भूमिका से 'परिवर्तन' शुरू होती है और समाप्ति पर उसी प्रकार का प्रलय, उसी प्रकार की पंक्तियाँ हैं, जिनकी ध्वनि आपको 'चिन्ता सर्ग' के प्रलय-वर्णन में मिलती हैं। 'परिवर्तन' में पंत जी ने अपनी ललित कोमल कल-कल भाषा के बावजूद 'लक्ष्य-अलक्ष्य चरण तुम्हारे' वाले वर्णन से परिवर्तन को एक विशाल नाग के रूप में—वासुकि के रूप में—देखा। उसकी 'फूत्कार भयंकर' देखी। 'परिवर्तन' कविता में मृत्यु का जो विस्तृत वर्णन किया गया है, वह मृत्यु केवल उनकी माँ की मृत्यु नहीं है जो उनके जन्म के समय हुई थी, बल्कि वह मृत्यु अधिक व्यापक, एक सांस्कृतिक मृत्यु का प्रतीक बन जाती है, अन्यथा परिवर्तन कविता का कोई महत्त्व नहीं है।

'कामायनी' के बारे में मुझे विशेष कहने की आवश्यकता नहीं है। बीसवीं सदी में वह कौन-सी अनिवार्यता थी, आवश्यकता थी जिसके कारण जयशंकर प्रसाद को उस महाप्रलय की ही कथा सुनानी पड़ी, जहाँ देव-सभ्यता का ध्वंस होता है और उस सभ्यता के बीच से मनु (मानव) पैदा होता है और इड़ा और श्रद्धा के बीच द्वन्द्वों से अपना नया रास्ता निकालता हुआ दिखाई पड़ता है? बहुत-कुछ लिखा गया है इस ग्रंथ पर—मुझे ज़्यादा कहने की ज़रूरत नहीं है, लेकिन मुझे लगता है कि एक युग की समाप्ति का बोध हिन्दी साहित्य में उन्नीसवीं सदी के अन्तिम दशकों में व्यक्त नहीं हुआ बल्कि उसका अधिक संवेदनशील रूप और अधिक गहरे स्तर पर उस संवेदना की अभिव्यक्ति वस्तुत: बीसवीं सदी के दूसरे-तीसरे दशक में हुई। यदि निर्मल जी कैलेंडर और पंचांग के अनुवर्ती न होते और स्वयं पश्चिम की ओर भी झाँककर वे देखते तो पाते कि उन्नीसवीं सदी के अन्त पर ही सारी चिन्ताएँ नहीं हुई

थीं। वस्तुत: जिसे आधुनिक कविता कहते हैं, आधुनिकता कहते हैं, उसकी शुरुआत तो बीसवीं सदी में हुई है और उसकी तिथि निर्धारित करने में वर्जीनिया वुल्फ़ ने 1910 कहा, डी.एच. लॉरेंस ने 1915 कहा। आगे खिसकते हुए आधुनिकतावाद के जो समर्थ रचनाकार माने जाते हैं और अंग्रेज़ी से जुड़े होने के कारण हिन्दी के लोग जिन इलियट-पाउंड का बार-बार नाम लेते हैं, या बाद में चलकर जिस काफ्का की खोज की या मार्शल प्रूस्त की बात करते हैं, उनकी अधिकांश रचनाएँ और यह 'वेस्टलैंड' उन्नीसवीं सदी के अन्त की लिखी हुई कविता नहीं है। 'वेस्टलैंड' बीसवीं सदी के दूसरे दशक की लिखी हुई कविता है। इसलिए ज़रूरी नहीं कि शताब्दी के अवसान पर ही घड़ी देखकर, कैलेंडर देखकर चिन्ता व्यक्त करें। यह सुबह का उठना नहीं है कि आप अलार्म से जागा करें। सुबह हो तभी, जब मुर्गा बाँग दे : कवियों की दुनिया में आम तौर से मुर्गा जब बाँग देता है तभी सुबह हुआ करती है। इसलिए आज के लिए भी मैं कहना चाहता हूँ कि ज़रूरी नहीं कि बीसवीं सदी के अवसान पर चर्चा चलाई जाए तो उसके साथ ही सर्जक कलाकार संवेदना के धरातल पर वैसी ही प्रतिक्रिया पैदा करें और फिर वैसी ही कृतियाँ पैदा करें। हो सकता है कि इस सदी के अवसान का गहरा एहसास शताब्दी की समाप्ति के बाद, कदाचित् इक्कीसवीं सदी के पहले या दूसरे दशक में हो। हो सकता है, न भी हो। इतिहास में ऐसे अनेक प्रमाण मिलते हैं जहाँ महान घटनाएँ घटी हैं, इसके साक्ष्य भी रहे हैं, लेकिन हर महान घटना को लिखनेवाले व्यास और गणेश सदैव सुलभ नहीं रहे हैं। इसलिए वह अलक्षित अनगायी चली जा सकती है। किन्तु फिर भी यह बात यदि उठाई जाए और उठाई जा रही है तो इस पूरे एहसास के साथ कि मिलेनियम का, दशाब्दियों का, शताब्दियों का, दो हज़ार सदी के अन्त का सम्बन्ध, उसकी चिन्ता और उसका संकट पंचांग और कैलेंडर्स का बना हुआ नहीं है, बल्कि मूल वस्तु इतिहास की वह धारा है जिस धारा में महत्त्वपूर्ण ऐतिहासिक परिवर्तन हुआ करते हैं।

इस प्रसंग में शताब्दी के अवसान का, युग के अन्त का बोध एक ऐसी अवधारणा है—बल्कि मैं अवधारणा की अपेक्षा कहना चाहूँगा कि ऐसी संवेदना है, ऐसी अनुभूति है, अनुभव है—जो साहित्य के लिए बड़ी ही सर्जनात्मक रही है और समय-समय पर इसने महान कृतियों का निर्माण किया है। इस प्रसंग में आधुनिकता और उत्तर-आधुनिकता की जाँच की जानी चाहिए। जैसा अधिकांश लोगों ने कहा है कि उन्नीसवीं सदी का अन्त और बीसवीं सदी का आरम्भ जुड़ा हुआ है आधुनिकता के एक विशाल साहित्यिक और कलात्मक आन्दोलन से, जिसमें इस युग की महान साहित्यिक कृतियाँ और कलाकृतियाँ रची गई हैं। इसी क्रम में दूसरी स्थापना की जाती है कि इसीलिए बीसवीं सदी के अवसान का स्वभावत: आधुनिकता के अतिरिक्त किसी अन्य उत्थान से सम्बद्ध होना चाहिए। और वह दूसरा उत्थान कदाचित् पोस्ट-मॉडर्निज़्म है, जिसे हिन्दी में हम उत्तर-आधुनिकता

कहते हैं। लेकिन जहाँ लोग पोस्ट-मॉडर्निज़्म कहते हैं, वहीं एक और शब्द भी चलाते हैं—काउंटर-मॉडर्निज़्म यानी प्रति-आधुनिकता। इसलिए उन्नीसवीं सदी का अन्त, यदि आधुनिकता अथवा आधुनिकतावाद के उदय से जुड़ा हुआ है तो बीसवीं सदी का अवसान क्या उत्तर-आधुनिकता और प्रति-आधुनिकता से जुड़ा हुआ माना जाए, और यदि माना जाए तो दोनों का स्वरूप क्या है और दोनों का अन्तर क्या है?

चिन्तन के क्षेत्र में कुछ भी अन्तिम नहीं होता। एक बार जिसे आप बन्द कर देते हैं, उसे फिर से खोला जा सकता है। इस बीच आधुनिकता-सम्बन्धी जितनी चर्चा हुई है, मुझे लगता है कि उसकी ऐतिहासिक तथ्यात्मक मान्यताओं में तो परिवर्तन हो ही रहा है, स्वयं आधुनिकता के स्वरूप को भी चुनौती दी जा रही है। मैं उसके बहुत ब्योरे में न जा करके कुछ बातों की ओर संकेत करूँगा। मुझे ऐसा लग रहा है कि जो लेखक इस शताब्दी के अवसान से चिन्तित हैं, संकट से चिन्तित हैं, वे स्वयं आधुनिकता से असन्तुष्ट हैं। इसके कुछ प्रमाण भी मैं दे सकता हूँ। हम लोगों में से जो लोग नई कविता के दौर से, 1950 से लेकर अब तक साहित्यिक चर्चा से और साहित्य-सृजन से जुड़े रहे हैं, वे भली भाँति जानते हैं कि हिन्दी में आधुनिकता-सम्बन्धी चर्चा 1960 के आसपास शुरू हुई और साठोत्तर काल में कुछ दिनों तक चलकर समाप्त हो गई। मुझे यह देखकर प्रीतिकर आश्चर्य हुआ कि जिस आधुनिकता की चर्चा को लगभग बहुत-से लोगों ने अपनी ओर से दफना दिया था, उसके प्रति उनका वह प्रेम पुन: जागा। वत्सल-निधि की ओर से कुछ साल पहले लखनऊ के समीप आलमबाग में, 'साक्षरता निकेतन' में, पुन: एक गोष्ठी हुई और आधुनिकता पर विस्तार से चर्चा की गई। इस पर किसी को आपत्ति नहीं होनी चाहिए। इतिहास में यह बराबर होता है कि गड़े मुर्दे उखाड़े जाते हैं और उनका सर्जनात्मक उपयोग भी होता है। इसीलिए किसी की नीयत पर शक नहीं होना चाहिए। मेरे लिए महत्त्वपूर्ण यह है कि जिन लोगों ने उन्नीस सौ साठ के आसपास आधुनिकता की चर्चा की थी, उनमें से कुछ लोगों ने इस गोष्ठी में भी भाग लिया और इस गोष्ठी में आधुनिकता के बारे में उनके दृष्टिकोण में कुछ परिवर्तन दिखाई पड़ा। आधुनिकता की इस चर्चा में मेरे मित्र रघुवीर सहाय ने भाग लिया, कुँवर नारायण ने भाग लिया, विजयदेव नारायण साही ने भाग लिया। सबको इस पर प्रफुल्लित होना चाहिए कि यज्ञ विध्वंस करने के लिए वहाँ कोई आलोचक नहीं था, ये सभी रचनाकार ही थे। रघुवीर सहाय ने पहली बार इस चर्चा में हैरानी व्यक्त करते हुए कहा कि यह विचित्र बात है कि आधुनिकता का सम्बन्ध कुंठा, यातना आदि ऐसी चीज़ों से जोड़ दिया गया है, जबकि आधुनिकता का जन्म ही स्थापित मान्यताओं को चुनौती देने के लिए हुआ था। आप कहाँ थे उस समय जब दर्द और पीड़ा, 'नई कविता' का पर्याय बन गए थे और कुंठा और दर्द और पीड़ा पर कविता लिखना कोई शर्म की बात नहीं समझी जाती थी? कई महत्त्वपूर्ण

कविताएँ लिखी गईं। स्वयं रघुवीर सहाय की अनेक कविताएँ हैं कि 'ये दर्द वो दर्द नहीं, ये वो नहीं है बल्कि वो है'। बहुत-सी कविताएँ हैं। लेकिन यह एहसास? पर मैं समझता हूँ, उचित है, ईमानदारी है कवि की कि उसने कहा कि आधुनिकता का सम्बन्ध तो कुंठा आदि से जोड़ दिया गया था।

एक कवि और विचारक की हैसियत से विजयदेव नारायण साही ने बार-बार कहा कि उन्हें कभी 'आधुनिकता' शब्द से सन्तोष नहीं हुआ, तृप्ति नहीं हुई। इसका इस्तेमाल ही वे नहीं करना चाहते थे। शुरू से उनके मन में हिचक थी इस आधुनिकतावाद और आधुनिकता के प्रति। उन्होंने जो कारण गिनाए हैं, वे बहुत ही दिलचस्प हैं। एक तो यह कि आधुनिकता का सम्बन्ध हम लोगों के लिए इलियट और पाउंड से था और समाज के बारे में इलियट और पाउंड के जो विचार थे, वे साही को बहुत ही गड़बड़ लगते थे। विचित्र बात है कि यह बात साही ने उन्नीस सौ अस्सी में कही! जब इलियट पाउंड नई कविता के आन्दोलन से जोड़े जा रहे थे तब उन्हें इलियट पाउंड की राजनीति नहीं दिखाई पड़ती थी। ये लोग फासिज़्म के समर्थक हैं, उनके विचार घोषित रूप में प्रतिक्रियावादी हैं—यह बात यूरोप में भी कही जाती थी, मानी जाती थी, लेकिन विचित्र बात है कि हिन्दी में चूँकि प्रगतिशील यह बात कहते थे इसलिए उस समय आपद्धर्म यही था कि इलियट और पाउंड की आलोचना न की जाए, यानी इलियट की आलोचना जैसे अज्ञेय की आलोचना। एक दूसरी महत्त्वपूर्ण बात साही ने कही और वह यह कि विक्टोरियाई युग के लेखकों-साहित्यकारों की अपेक्षा, अपनी भौगोलिक और सांस्कृतिक दृष्टि में इलियट की दृष्टि का दायरा उन्हें तंग नज़र आता है, छोटा नज़र आता है। विक्टोरियाई विचारक मैथ्यू आर्नाल्ड जब अपनी दुनिया या अपनी परम्परा की बात करते थे तो साम्राज्यवादी होते हुए भी उसमें सारी दुनिया दिखाई देती थी, जिसमें उपनिवेशों की दुनिया भी शामिल थी, किन्तु इलियट घोषित रूप में सम्पूर्ण यूरोप को अपनी हड्डियों और मज्जा में मिलाकर बात करना चाहता है। उसका दायरा मैथ्यू आर्नाल्ड से तो तंग है ही, उससे साही की बात भी नहीं हो सकती। उससे वे कहेंगे कि 'तुम यूरोप को अपनी हड्डियों में लेकर बात करो, मैं भारत को अपनी हड्डियों में लेकर बात कर रहा हूँ।' यद्यपि कविता में इलियट ने ऐसा नहीं किया था। कम-से-कम संस्कृत के दो उपनिषदों के तीन सर्ग उद्धृत करके उसने स्थापित कर ही दिया था कि यह यूरोप को ही अपनी मज्जा में लेकर नहीं बोल रहा है, बल्कि भारत के उपनिषदों की ध्वनि भी कहीं न कहीं उसकी हड्डियों में बहती रहती है। इसीलिए आधुनिकतावाद में जो संकीर्णता थी, एकदेशीयता थी, वह भौगोलिक दृष्टि से थी।

साही ने कहा कि जिस तरह 'आधुनिकता' उनके लिए अपने को परिभाषित करने के लिए अपर्याप्त है, स्वयं 'संस्कृति' भी अपर्याप्त है। वे इसका उपयोग नहीं करना चाहते। उन्होंने उल्लेख भी किया है कि जब वात्स्यायन जी के सामने

उन्होंने अपना सन्देह व्यक्त किया तो उन्होंने कहा कि ठीक है। वैसे तो यह शब्द बहस के लिए उपयोगी है पर अगर आपको परहेज हो या कुछ कष्ट देता हो तो आप 'संस्कारिता' का प्रयोग कर सकते हैं। साही ने कहा कि इसी प्रकार 'परम्परा' शब्द भी हमारा नहीं है, यह यूरोप के ट्रेडिशन से आया हुआ है और ठीक-ठीक उन्हें परिभाषित नहीं करता। अन्ततः परम्परा, संस्कृति और आधुनिकता यूरोपीय अवधारणा होने के कारण भारत जैसे उन देशों के लिए जो विकासशील हैं और जो आजकल तीसरी दुनिया के देश कहे जाते हैं—उपयोगी नहीं हैं। साही ने कहा कि हमें अपनी नियति को इन अवधारणाओं के द्वारा परिभाषित नहीं करना चाहिए। हम कर भी नहीं सकते हैं। इसीलिए हमें किसी अन्य अवधारणा के माध्यम से इसे परिभाषित करना चाहिए। और अन्ततः जो महत्त्वपूर्ण है, साही ने कहा कि तीसरी दुनिया में 'गुटनिरपेक्षता' उनके लिए राजनीतिक नारा नहीं है, बल्कि अस्मिता का प्रश्न है और इसी के माध्यम से वे अपनी चिन्ता परिभाषित कर सकते हैं, जिसका दूर-दूर का सम्बन्ध आधुनिकता और आधुनिकता-बोध से नहीं है।

इन सबसे अलग कुँवर नारायण ने आधुनिकता को तिरस्कृत नहीं किया बल्कि कहा कि वे उसको स्वीकार करते हैं। उनके अनुसार, यह एक वैज्ञानिक दृष्टि है जिसमें निरन्तर प्रश्नाकुलता है, वहाँ कोई चीज़ सर्वथा मान्य या थिर नहीं है। इस वैज्ञानिक दृष्टि की अवधारणा होनी चाहिए—बौद्धिकता, भावावेश नहीं। यही नहीं, उन्होंने भी सार्वभौमिकता का नाम लिया है कि आधुनिकता बिना सार्वभौमिकता के सम्भव नहीं है। जो केवल भारत के बारे में सोचता है, वह आधुनिक नहीं हो सकता। जनसंघ का मेम्बर भले ही हो, भारत-व्याकुल भले हो जाए, उसका देश-प्रेम अखंड रहे किसी के सुहाग के समान, लेकिन कहीं न कहीं एकदम एक देश से अपने को बाँध देनेवाला ऐसा व्यक्ति—कुँवर नारायण की नज़र में, क्योंकि वह सार्वभौमिक विश्व-दृष्टि से अछूता है, रहित है—उस वैज्ञानिक-दृष्टि से रिक्त होगा जिसे वे अनिवार्य शर्त मानते हैं।

अब आप देखें कि ये तीन कवि हैं और इनका गहरा सम्बन्ध नई कविता से, उसके आन्दोलन से रहा है। जिस आधुनिक-बोध का स्वागत इन लोगों ने 1960 के आसपास किया था, वे ही आज उस आधुनिकता के बारे में इस तरह की विवादास्पद बातें कर रहे हैं।

मित्रो, इस चर्चा के सन्दर्भ में मैं केवल यह कहना चाहता हूँ कि इस बीच आधुनिकता के बारे में जिस तरह के दो खेमे बन गए हैं, ये—स्वयं आप सभी लोग जानते हैं—वैसे ही हैं, जैसे उस दौर में बन गए थे जब एक ओर 'आधुनिकतावाद' था और दूसरी ओर 'मार्क्सवाद'। जॉर्ज लूकाच की किताब उनकी बाइबिल थी। और किस तरह से जॉर्ज लूकाच ने टॉमस मान बनाम काफ्का रख करके टॉमस मान की तारीफ की और काफ्का को तिरस्कृत किया; मॉडर्निज़्म का पूरा एस्थेटिक्स और उसकी पूरी आइडियोलॉजी को जिस रूप में तिरस्कृत किया, वह सर्वविदित

है। ऐसा समझा जाता है कि मार्क्सवाद की दृष्टि में और मार्क्सवादी आलोचकों की दृष्टि में आधुनिकतावाद एक नितान्त प्रतिक्रियावादी, पतनोन्मुख, ह्रासोन्मुख साहित्यिक प्रवृत्ति है। मैं इस सन्दर्भ में यह कहना चाहता हूँ कि स्वयं इस धारा में भी जैसीकि बहुत-सी चीज़ें इतिहास का अंग हो जाती हैं—आधुनिकता के साथ आधुनिकता की मार्क्सवादी धारणा भी इतिहास का अंग बन गई। आपमें से जो लोग भली भाँति परिचित हैं, वे जानते हैं कि जेम्स ज्वायस, काफ्का, वर्जीनिया वुल्फ़, टी.एस. इलियट, मार्शल प्रूस्त, इन तमाम लेखकों के बारे में—जो किसी समय अछूत, अस्पृश्य और प्रतिक्रियावादी समझे जाते थे—मार्क्सवादी चिन्तन के दायरे में बुनियादी परिवर्तन हुआ है। और बावजूद आलोचनात्मक रुख़ के इनकी सार्थकता, इनकी साहित्यिक महत्ता और इनके मूल्य को स्वीकार किया जा रहा है। इस स्वीकार के मूल में क्या धारणा है और उसका गहरा सम्बन्ध किस तरह हमारी इस उत्तर-आधुनिकता से है—इसके बारे में मैं दो शब्द निवेदन करना चाहूँगा।

हिन्दी में या भारत में आधुनिकता की चर्चा जिन दिनों शुरू हुई, उसी के आसपास समाजशास्त्रियों और मानवशास्त्रियों की ओर से आधुनिकीकरण की भी चर्चा हुई। बहुत दिनों तक समाज विज्ञान का सबसे बड़ा आखेट-स्थल और खेल का मैदान आधुनिकीकरण ही था। 'ट्रेडिशन और मॉडर्निटी' जैसे बहुत-से लेख और ग्रंथ आपको दिखाई पड़ेंगे। काफ़ी बौद्धिक व्यायाम समाजशास्त्रियों ने किया है और तरह-तरह के मॉडल दिये गए हैं। जापान का मॉडल है, भारत वाला है। ट्रेडिशन और मॉडर्निटी के बीच कैसे तालमेल बैठाया जाए—इस पर बातें की गई हैं। लेकिन रघुवीर सहाय के शब्दों में कहूँ तो 'हे प्रभु, यह तुम्हारी दया नहीं तो और क्या है' कि इन दोनों में कोई सम्बन्ध नहीं। इसी देश में मॉडर्नाइजेशन की चर्चा होती रही है और उसी देश में मॉडर्निटी की चर्चा होती रही है। समाजशास्त्रियों के चिन्तन में और साहित्यकारों के आधुनिकता-सम्बन्धी चिन्तन में कोई सम्बन्ध नहीं था, इसे भी प्रभु की ही दया कहनी चाहिए। यही नहीं, आधुनिकता और आधुनिकतावाद, दोनों के समर्थकों ने अपने-अपने को परस्पर विरोधी रूप में स्थापित किया। आधुनिकता वह है जो आधुनिकीकरण का प्रतिवाद करती हो! इलियट और पाउंड ने और क्या किया था? इस औद्योगिक और प्रौद्योगिक सभ्यता का तिरस्कार करके ही उन लोगों ने उस आधुनिकतायुक्त महान साहित्य का सृजन किया था। इसलिए निश्चित रूप से आधुनिकीकरण और आधुनिकता में आपस में कोई सम्बन्ध नहीं है। यदि है भी तो परस्पर विरोध का है और एक के तिरस्कार से ही दूसरे की स्थापना हो सकती है। आप देखेंगे कि हिन्दी में भी नई कविता के समर्थकों ने इसी रौ में आधुनिकीकरण से जुड़ी हुई आर्थिक, राजनीतिक, सांस्कृतिक—तमाम चीज़ों का विरोध किया है। बहुत पहले ही 1950-60 के दौरान धर्मवीर भारती ने तो उसको शास्त्र का रूप ही दे दिया, 'अन्धा युग' जिसका विराट प्रदर्शन है, जिसमें उन तमाम चीज़ों को

उन प्रतीकों के माध्यम से दिखाया गया है। 'साहित्य और मानव मूल्य' पुस्तक में उसका भाष्य किया गया है। चूँकि भारत के आधुनिकीकरण की प्रक्रिया के प्रतीक जवाहरलाल नेहरू थे इसलिए जवाहरलाल नेहरू की आर्थिक नीति हो, वैज्ञानिक नीति हो, तकनीकी विकास हो, इसके विरुद्ध इस आन्दोलन में कुछ लोगों ने जयप्रकाश और विनोबा भावे को अपना प्रतिमान माना था। आज भी देखेंगे आप, और जिसकी चर्चा मैं आख़िर करना चाहूँगा कि उत्तर-आधुनिकता भी इसी आधुनिकीकरण के विरुद्ध प्रतिक्रिया है। केवल प्रसंगवश ही कहना चाहूँगा कि निर्मल जी उस लेख में बीसवीं सदी की ढलान की गहरी चिन्ता की ऊँचाई पर विचार करते हुए अन्ततः 'कान्हा-किसली' के जंगल में शेर वाले दृश्य और 'कुम्भ मेले' में पहुँचते हैं। बुद्ध को तो ऊर्ध्व-बोध एक पीपल के पेड़ के नीचे हुआ था। भला हो कि एक पेड़ नहीं था जहाँ निर्मल जी को पूर्ण बोध हुआ—'कान्हा-किसली' के जंगल में। एक जगह 'पवित्रता' के दर्शन हुए, दूसरी जगह 'समग्रता' के दर्शन हुए। दोनों बड़े सहज भाव से। युग की, शताब्दी की विशाल जटिलता का समाधान कौन कर गया? बोले, गांधी कर गए। पश्चिम की दो समस्याएँ—प्रदूषण और अणुयुद्ध, इसमें कोई शक नहीं कि बड़ी जटिल समस्याएँ हैं। इनका सारा समाधान गांधी में पहले से ही मौजूद है! यह दुनिया मूर्ख है जो अपना नहीं रही है अहिंसा को, उस पवित्रता को! लेकिन दरअसल गांधी का लड़ाकूपन और जुझारूपन नहीं लिया; गांधी से ली नख-दंतविहीन—उसकी समझ में—अहिंसा और पवित्रता-समग्रता आदि चीज़ें।

मैं कह रहा था कि आधुनिकता को आधुनिकीकरण के विरुद्ध रखा गया था और ऐसा समझा गया था कि चूँकि यह आधुनिकीकरण की विरोधी है, इसलिए एक ऐसी आइडियोलॉजी है जो इतिहास के चक्र को पीछे उलट देना चाहती है। इलियट ने जब घोषित किया था कि मैं धर्म में कैथोलिक, राजनीति में राइटिस्ट (राज्य-व्यवस्था को माननेवाला हूँ यानी जनतंत्र को मैं नहीं मानता) और कविता में क्लासीसिज़्म को मानता हूँ तो ज़ाहिर है, ये तीनों चीज़ें किसी भविष्य की नहीं थीं बल्कि उस सुदूर अतीत की थीं और उस सभ्यता की थीं, जिसे नष्ट करके औद्योगिक सभ्यता ने एक पूँजीवादी व्यवस्था की स्थापना की थी, जिसकी समृद्धि में इलियट रह रहे थे। इसीलिए इस चक्र में मार्क्सवादी भी आए कि आधुनिकतावाद तो निश्चय ही आधुनिकीकरण के विरुद्ध है और ऐसी प्रतिक्रियावादी विचारधारा का साहित्य निश्चित रूप से प्रतिक्रियावादी होगा। कदाचित् आप लोगों ने मार्शल वर्गमेन की वह किताब देखी हो जो आधुनिकतावादी कला और साहित्य के बारे में है। उस किताब का शीर्षक ही मार्क्स के 'कम्यूनिस्ट मेनीफेस्टो' का एक वाक्य है : 'आल दैट इज सॉलिड, मिक्स्ड इन टू एयर।' मेनीफेस्टो में मार्क्स जब पूँजीवाद के उदय पर प्रकाश डालते हैं तो कहते हैं कि पूँजीवादी समाज-व्यवस्था और अर्थ-व्यवस्था ने सामन्ती-युग की, जो कि एक आइडियलिस्टिक सोसाइटी थी, तमाम चीज़ों को

नष्ट-भ्रष्ट करके एक नये युग का प्रवर्तन किया। विद्या जैसी चीज़, जो पहले सहज ही दी जानेवाली थी, वह चीज़ बेचने-ख़रीदने की चीज़, आने-पाई-कौड़ी में बदल गई और जो कुछ सॉलिड था, ठोस था, वह जैसे भाप बनकर हवा में उड़ गया। सारी ठोस चीज़ें पोली हो गईं। इस काव्यात्मक भाषा में आगे चलकर पूँजीवाद और पूँजीवाद के ऐतिहासिक योगदान की प्रशंसा की उतनी पंक्तियाँ किसी पूँजीवादी में नहीं मिलतीं, जितनी मार्क्स के यहाँ हैं। रिकॉर्डो ने भी नहीं लिखी थीं, एडम स्मिथ ने भी नहीं लिखी थीं। वर्गमेन ने यह दिखाने की कोशिश की है कि आधुनिकता की उत्पत्ति आधुनिकीकरण के बिना सम्भव ही नहीं थी। यह जो पूँजीवादी युग है, प्रौद्योगिकी के द्वारा जो औद्योगिकीकरण हुआ और उस पर एक नई अर्थ-व्यवस्था क़ायम हुई, जिसे हम पूँजीवाद के रूप में मानते हैं, इतने तीव्र वेग से यह परिवर्तन हो रहा था कि इस परिवर्तन के दौरान मनुष्य गति मिलाकर चल सके, यह अनुभव इसी युग में हो सकता था। उदाहरण के लिए बोद्‌लेयर की कविताएँ उस पेरिस में ही सम्भव हो सकती थीं जिसमें बोद्‌लेयर से कम-से-कम सत्तर-अस्सी साल पहले फ्रांस की राज्यक्रान्ति वहाँ की राजशाही और सामन्ती व्यवस्था को धक्का पहुँचा करके नये पूँजीवादी युग को जन्म दे सकी थी। इस पेरिस से बहुत गहरे बोद्‌लेयर की कविताएँ जुड़ी हुई हैं। 'फ्लावर्स ऑफ़ ईविल' की तुलना आप दांते की कविताओं से नहीं कर सकते हैं। यह जो पाप के फूल थे, यह जो ईविल की अवधारणा थी, उसका अनुभव उस आधुनिकीकरण की प्रक्रिया के बीच से गुज़रनेवाले मनुष्य के द्वारा ही सम्भव था। काफ्का के कासल और ग्रेगोर सामसा की कल्पना सामन्ती दौर में नहीं की जा सकती थी। यह आकस्मिक नहीं है कि मार्क्स और बोद्‌लेयर एक दूसरे से अलग अनजान रहते हुए भी उसी पेरिस में 'कम्यूनिस्ट मेनीफेस्टो' लिख सकते थे और 'फ्लावर्स ऑफ़ ईविल' की रचना कर सकते थे।

इसलिए आधुनिकीकरण के बीच आधुनिकता वस्तुत: एक अनुभव है। ऐतिहासिक अनुभव है, जो मध्ययुग में सम्भव नहीं था। इसी दौर में, मानवीय सम्बन्धों को आने-पाई-कौड़ी में बदल देनेवाली उस डिह्यूमनाइजेशन की प्रक्रिया के बीच यह अनुभव सम्भव था। इसलिए आधुनिकीकरण का ही सत-सार आधुनिकता है। आचार्य शुक्ल कहते थे कि 'बैर क्रोध का अचार या मुरब्बा है', उसी प्रकार 'आधुनिकता आधुनिकीकरण का अचार या मुरब्बा है।'...'धर्म की रसात्मक अनुभूति का नाम भक्ति है।'—आचार्य शुक्ल की ही भाषा में मैं कहूँ तो 'आधुनिकता आधुनिकीकरण की रसात्मक अनुभूति है।' मध्ययुग की रसात्मक अनुभूति भक्ति थी, आधुनिक युग की रसात्मक अनुभूति आधुनिकता है। कहीं न कहीं इसीलिए सूर-तुलसी के बाद हिन्दी में छायावाद आया। हमारी आधुनिकता तो रोमांटिक कविता के रूप में ही प्रगट हुई थी और नई कविता भी—तमाम उछल-कूद के बावजूद, लगभग प्रमाणित हो रहा है कि—उसी रोमांटिक कविता का ही तीसरा उत्थान है, क्योंकि

दूसरी सीढ़ी पर आसन मारकर नरेन्द्र शर्मा और बच्चन बैठे हुए थे। इसीलिए यह आकस्मिक नहीं है और अनेक मित्रों ने यह दिखाया है कि अज्ञेय ने ही जब अपना साहित्य-जीवन शुरू किया तो जयशंकर प्रसाद की 'कामायनी' की 'चिन्ता' से ही उनकी चिन्ता शुरू हुई। अब तो इलियट के बारे में भी प्रमाणित हो गया है, पाउंड के बारे में भी प्रमाणित हो गया है कि वे शेली, यीट्स, वड्र्सवर्थ का चाहे जितना विरोध करते रहें, लेकिन उनकी कविता प्रच्छन्न रोमांटिक थी।

इस क्रम में मित्रो, एक बात मैं और कहना चाहता हूँ जो मार्शल वैर्गमेन की किताब की आलोचना करते हुए दूसरे मार्क्सवादी, 'न्यू लेफ्ट रिव्यू' के सम्पादक पेरी एंडरसन ने कही कि आधुनिकता के बारे में यह एक बहुत बड़ा भ्रम है कि वह औद्योगिक और पूँजीवादी सभ्यता की उपज है और ऐसे युग की उपज है जब यूरोप में पूँजीवाद अपने चरम रूप में मौजूद था। ध्यान दें कि पेरी एंडरसन इतिहासकार भी हैं और उन्होंने इतिहास-सम्बन्धी जो तीन पुस्तकें लिखी हैं, उनमें—इंग्लैंड के पूँजीवाद का कैसा विकास हुआ—इस पर काफ़ी काम किया है। ठोस तथ्यों के आधार पर बताने की कोशिश की है कि वस्तुत: आधुनिकता उस तथाकथित औद्योगिक आधुनिकीकरण की प्रक्रिया के प्रथम चरण की सृष्टि नहीं है। यदि यह 1914 के बाद की सृष्टि है तो पूरे यूरोप पर आप दृष्टि डालें, 1914 में यूरोप क्या था। एंडरसन का कहना है कि यह झूठ है कि सारा यूरोप उस समय पूँजीवादी था और औद्योगिकीकरण हो चुका था। आज टेक्नोलॉजी और पूँजीवाद का जो रूप हम देख रहे हैं, इसकी तुलना में वह दौर—पूँजीवाद के जो अनेक रूप हम देख रहे हैं, इसकी तुलना में वह दौर—अनेक राजवंशों का इतिहास आप देखें तो ओलीगार्की कुलीन तंत्र किसी-न-किसी रूप में मौजूद था। अधिकांश सेंट्रल यूरोप और फ्रांस में भी बहुत दिनों तक यही स्थिति थी। स्वयं इंग्लैंड में आज भी हम मानते हैं कि इंग्लैंड ठीक-ठीक बुर्जुआ नहीं हो सका है, एरिस्टोक्रेसी अब भी डामिनेंट है। संक्षेप में एंडरसन ने बताने की कोशिश की है और मुझे संगत प्रतीत होती है कि आधुनिकता-बोध का उदय, वस्तुत: एक अर्द्धसामन्ती, अर्द्धपूँजीवादी, अर्द्धजनतांत्रिक सभ्यता और समाज-व्यवस्था के बीच हुआ था। यही वजह है कि इस ऐतिहासिक कंजंक्शन में जो साहित्य पैदा हुआ, वह तथाकथित तीसरी दुनिया के अन्तर्गत माने जानेवाले देशों में। आधुनिकता वहाँ ज़्यादा प्रासंगिक हुई, जबकि यूरोप में ख़त्म हो रही है। आधुनिकतावाद की ओर आकृष्ट हुआ स्वाधीन भारत, पराधीन भारत नहीं। भारत ही नहीं, अन्य देश भी, जिन्हें विकासशील देश कहते हैं। जैसे बीसवीं सदी के दूसरे और तीसरे दशक की अधिकांश महान साहित्यिक कृतियाँ उस तथाकथित आधुनिकतावाद से जुड़े हुए दूसरे-तीसरे दशक की हैं, वैसे ही आज कोई आदमी शताब्दी के अवसान पर विश्व साहित्य का इतिहास लिखता है तो किसका नाम लेता है? जिन साहित्यकारों का नाम लेता है, वे या तो लैटिन अमरीका के हैं, एशिया के हैं, या अफ्रीका के हैं। यह आकस्मिक नहीं है कि

इस बीच सहसा मार्खेज इतने महत्त्वपूर्ण हो गए। मार्खेज को नोबेल पुरस्कार न भी मिलता तब भी उसके पहले यह माना जा रहा था कि वह इस दौर का सबसे महान कथाकार हैं। पाब्लो नेरुदा की सच्ची पहचान दूसरे महायुद्ध के बाद हुई है, पहले नहीं हुई थी। और कदाचित् यह प्रमाणित है कि स्वयं इस दौर के महत्त्वपूर्ण लेखकों में, जिस तरह लैटिन अमरीकन लोगों का नाम लिया जा रहा है, आकस्मिक नहीं होगा कि शायद गोपीनाथ महन्ती, ताराशंकर बन्द्योपाध्याय, माणिक बन्द्योपाध्याय, तकषि शंकर पिल्लै, शिवराम कारन्त का नाम लिया जाए; राजा राव का और सच्चिदानन्द हीरानन्द वात्स्यायन 'अज्ञेय' का नाम न लिया जाए। उन लोगों का नाम लिया जाए जो तीसरी दुनिया की नियति से ज़्यादा गहरे जुड़े हुए हैं। आधुनिकतावाद यदि तथाकथित तीसरी दुनिया के देशों में लोकप्रिय हुआ है, हो रहा है, तो इसका ऐतिहासिक कारण है। ये देश बहुत-कुछ उसी प्रक्रिया से आज गुज़र रहे हैं, जिससे पहले महायुद्ध के बाद और आसपास यूरोप गुज़र रहा था। अब भी वही प्रीकैपिटलिस्ट सोशल फार्मेशंस हमारे यहाँ हैं जिसे हम लोग अर्द्धसामन्ती, अर्द्धपूँजीवादी कहते हैं। पूँजीवादी औद्योगिक विकास की प्रक्रिया इन देशों में जहाँ हो रही है, अपेक्षाकृत बहुत तेज़ है। और साथ ही स्टेब्लाइज्ड नहीं हुई, कॉन्सालीडेट नहीं हुई है। इस स्थिति में गुज़रनेवाले मनुष्य के, संवेदनशील रचनाकार के, कलाकार के जो अनुभव हैं, वे ज़्यादा अहमियत रखते हैं। यही वजह है कि मार्खेज के उपन्यासों में इस दौर का सच्चा संकट और चिन्ता व्यक्त हो रही है। यूरोप उस चिन्ता को व्यक्त नहीं कर रहा है।

समाप्त करने से पहले मैं यह कहना चाहता हूँ कि इसी तीसरी दुनिया की चर्चा से जुड़ी हुई उत्तर-आधुनिकता है। वस्तुत: आधुनिकता अवधारणा के रूप में तब बनी और प्रचलन में आई, जब आधुनिकतावादी साहित्य समाप्त हो चुका था। कॉन्सेप्ट के रूप में आधुनिकता दूसरे महायुद्ध के बाद की सृष्टि है। 1950 के आसपास की। प्रचलन में उसके बाद आई। उस समय चर्चा आधुनिकतावाद की नहीं हुआ करती थी, उस समय चर्चा सिम्बॉलिज़्म, क्यूबिज़्म, एक्सप्रेसनिज़्म, सुर्रियलिज़्म आदि की हुआ करती थी। इन तमाम को एक कम्बल में बाँधकर एक मटकिया में अचार की तरह डालकर, हिलाकर एक मोटा-मोटी मॉडर्निज़्म की सृष्टि की गई, यह भूलकर कि ये सारे वाद कई बार परस्पर विरोधी थे। सिम्बॉलिज़्म और सुर्रियलिज़्म एक-दूसरे के घोर शत्रु थे, एक ही नहीं थे। इसलिए हमें न भूलना चाहिए कि आधुनिकतावादी साहित्य क्या आधुनिकता का सर्जनात्मक साहित्य है? आधुनिकतावाद नाम की अवधारणा, सिद्धान्त या आइडियोलॉजी के रूप में दूसरे महायुद्ध के बाद की सृष्टि है और इसीलिए इस पर शीतयुद्ध की गहरी छाप है। इसीलिए कुछ लोगों का कहना है कि अवधारणा के रूप में यह एम्प्टी कॉन्सेप्ट है। एम्प्टी इसलिए है कि इसका जो रिफरेंट है, वह सुनिश्चित नहीं है। जिसका रिफरेंट सुनिश्चित नहीं हो, उसका चाहे जो अर्थ ले लीजिए, चाहे वह परस्पर विरोधी ही क्यों न हो।

मॉडर्निज़्म—गोथिक की तरह, रेनेसांस या वाइजेंटाइन की तरह, बारोख या न्यू-क्लासिसिज़्म की तरह सुनिश्चित कॉन्सेप्ट नहीं है, बल्कि वह सुविधा के लिए तैयार किया गया एक भ्रामक नारा है और यही वजह है कि मॉडर्निज़्म अपनी इस विचारधारात्मकता के कारण बराबर अनेक विरोधों का शिकार हुआ है। और चूँकि इस मॉडर्निज़्म को अक्सर क्रोनोलॉजिकल रूप में भी देखने की कोशिश की जाती रही है, इसीलिए यूरोप के पास दूसरा कोई चारा नहीं है—सिवा इसके कि जब दूसरा कोई कॉन्सेप्ट वह बनाए तो मॉडर्निज़्म से निर्धारित हो। इसलिए पोस्ट-मॉडर्निज़्म, न्यू-मॉडर्निज़्म, काउंटर-मॉडर्निज़्म जैसी अवधारणाएँ बनीं। जब कोई कॉन्सेप्ट अपने से पूर्व की कॉन्सेप्ट या अवधारणा से इतनी बँधी हुई हो तो समझना चाहिए कि कहीं न कहीं बौद्धिक शिथिलता है या दोष है। जब गोथिक और बारोख नाम दिये गए थे तो एक को दूसरे की ज़रूरत नहीं थी। मॉडर्निज़्म की एक निरन्तर प्रक्रिया के रूप में, मान लीजिए, पोस्ट-मॉडर्निज़्म भी आ गया तो इसके बाद क्या कहेंगे—पोस्ट-पोस्ट-मॉडर्निज़्म? इसीलिए बौद्धिक स्तर पर, चिन्तन के स्तर पर पोस्ट-मॉडर्निज़्म भी मॉडर्निज़्म के समान ही एम्प्टी कॉन्सेप्ट है। इसीलिए पोस्ट-मॉडर्निज़्म में भी आपको मॉडर्निज़्म के समान कुछ परस्पर विरोधी प्रवृत्तियाँ दिखाई पड़ेंगी। उदाहरणार्थ इस काल के लेखकों में—बैकेट भी हैं, ब्रेख्त भी हैं। एब्सर्ड थिएटर भी इसी काल का है और बीट्निक लोग भी इसी काल के हैं। न्यू रोमान इसी काल का है, स्ट्रक्चरलिज़्म इसी काल का है, डिकांस्ट्रक्शन इसी काल का है। फ्रांस के न्यू रोमान, संरचनावाद और डिकांस्ट्रक्शन इतनी परस्पर विरोधी चीज़ें हैं कि इनको एक पोस्ट-मॉडर्निज़्म नाम देने से हम ठीक-ठीक, सुनिश्चित किसी वस्तु या साहित्य प्रवृत्ति की ओर संकेत नहीं कर सकते। इसलिए मेरा निवेदन है कि मॉडर्निज़्म के समान पोस्ट-मॉडर्निज़्म भी एक एम्प्टी कॉन्सेप्ट है। और यह उस मूल धारणा पर आधारित है जिसकी ओर मार्क्स ने संकेत किया था कि पूँजीवाद निरन्तर परिवर्तनशील होता है। इसीलिए फैशनों की तरह सारी की सारी प्रवृत्तियाँ रिड्यूज कर दी गई हैं; अर्थात् इस काल का महत्त्वपूर्ण साहित्यिक सृजन एक ऐसे प्रवाह का अंग बन गया है जिसकी तरंगों के रूप में यह सृजन उठता-गिरता रहता है।

इस सन्दर्भ में तीसरी दुनिया के हम लोगों का, यह तथाकथित पोस्ट-मॉडर्निज़्म जिस रूप में आ रहा है, उससे क्या सम्बन्ध हो सकता है, इसका ज़िक्र करना उचित होगा। मैंने हाल ही में पीटर बर्गर का एक लेख 'थर्ड वर्ल्ड एज रिलीजन' पढ़ा। मेरे लिए यह लेख बहुत ही आँख खोलनेवाला था। बल्कि इस लेख को यों ही, अनजाने ही पढ़ते हुए लगा कि समूचा का समूचा लेख निर्मल जी के लेख पर एक भयानक टिप्पणी है। 'तीसरी दुनिया' नाम का जो शब्द है, इसके इतिहास में न जाएँ। निर्मल जी भी इसे बुरा समझते हैं। इस तीसरी दुनिया की परिकल्पना राजनीतिक या समाजशास्त्रीय चिन्तन में जो स्थान रखती है, साहित्यिक क्षेत्र में पोस्ट-मॉडर्निज़्म

लगभग वही स्थिति रखता है। तीसरी दुनिया की धारणा—राजनीति में ठीक से स्थापित हुई—बांडुंग कॉन्फ्रेंस के बाद। 1955 के आसपास इसकी ज़रूरत महसूस हुई। वह एक तरह से एपोकैलिप्टिक विज़न के रूप में आई—मार्क्सवादियों के द्वारा भी और ग़ैर-मार्क्सवादियों के द्वारा भी। चूँकि प्रथम दुनिया यानी पूँजीवादी देशों में क्रान्ति की कोई सम्भावना नहीं रह गई है, क्योंकि क्रान्ति का, इतिहास का जो इंस्ट्रूमेंट है—सर्वहारा, उसका बुर्जुआकरण हो चुका है और वह क्रान्ति नहीं कर रहा है—न फ्रांस में, न इटली में, न इंग्लैंड में, न अमरीका में, इसलिए लगा कि जो यहाँ नहीं है, उसे कहीं और पाया जाए। होता है न—इस लोक में सुख नहीं मिल रहा है तो उस लोक में मिले; इस जन्म में जो सुख नहीं मिल रहा है, वह उस जन्म में मिले! दूसरा जन्म और दूसरा लोक—दूसरे देश और दूसरे काल पर्याय बन जाते हैं। इसलिए पश्चिमी यूरोप के लिए और विकासशील देशों के लिए तीसरी दुनिया उस एपोकैलिप्टिक विज़न के रूप में सामने आया कि क्रान्ति वहाँ नहीं हो रही है तो कहीं तो हो रही है!

इसलिए आप देखेंगे कि क्यूबा के बारे में, चीन के बारे में फ्रांस के बुद्धिजीवियों में कितनी प्रबल उत्कंठा थी। स्वयं सार्त्र जैसे लोगों ने न जाने क्या-क्या किया, सिर्फ़ इस आकांक्षा में कि हम नहीं कर रहे हैं क्रान्ति तो वे लोग तो कर रहे हैं! सर्वहारा नहीं कर रहा, तो पीजेंट करेगा क्रान्ति! इसलिए कृषक-क्रान्ति के रूप में एक अद्भुत रोमांटिक भावना का निर्माण हुआ और तीसरी दुनिया उस भविष्य के रूप में आई, जो भविष्य वस्तुत: हमारे लिए सन्तोषदायक होगा। तीसरी दुनिया के प्रति एक दूसरा आकर्षण उन्हीं पूँजीवादी देशों के ग़ैर-राजनीतिज्ञों, कलाकारों, साहित्यकारों के मन में हुआ और काउंटर-कल्चरल प्रिमिटिविज़्म, काउंटर कल्चरल-ओरिएंटलिज़्म जैसी धारणाएँ पैदा हुईं। क्षमा किया जाऊँ, लेवीस्त्रॉस इस युग के कैसे मसीहा बन गए? तीसरी दुनिया के इन आदिवासी और आदिमजातियों के बारे में किया हुआ उनका काम सहसा क्यों इतना महत्त्वपूर्ण हो गया? और उसका दर्शन उन्होंने स्थापित किया—सेवेज माइंड के रूप में! दैट नोबुल सेवेज! यह एक ख़ास तरह का प्रिमिटिविज़्म है, जिसमें गहरी रुचि और दिलचस्पी उस 'सादा जीवन उच्च विचार' के प्रति है जहाँ इतिहास थम गया है, रुक गया है। यह आकस्मिक नहीं है कि संरचनावाद के प्रवर्तकों ने, एक नृविज्ञानशास्त्री लेवीस्त्रॉस ने सार्त्र से इतिहास पर लम्बी बहस करते हुए इतिहास की सत्ता को नकारा। उसका पूरा का पूरा आधार यह था कि ज़रूरी नहीं कि इतिहास मानव जीवन और समाज का अभिन्न अंग हो, यह इतिहास की एकरेखीय अवधारणा है।

संक्षेप में कारण न्यूनता होती है, न्यूनता के कारण अपशैलीकरण होता है, इसलिए कदाचित् मुझ पर यह आरोप लगाया जाए कि मैं लेवीस्त्रॉस के विचारों को सरलीकृत रूप में उपस्थित कर रहा हूँ लेकिन इसका मूल आधार आप देखेंगे तो पाएँगे कि ऑक्टेवियो पॉज ने अपनी किताब में मुझसे ज़्यादा सरलीकृत रूप

में इसे उपस्थित किया है। यह गणित के पर्युटेशंस कॉम्बीनेशंस की तरह का खेल है—जैसेकि पूरा सिद्धान्त पाज ने इस रूप में रखा है। इसलिए तीसरी दुनिया के लोग अपनी बनावटी मशीनी और यांत्रिक सभ्यता से ऊबकर एक ऐसे स्वर्गलोक की खोज करना चाहते हैं जो स्वर्गलोक 'काशी के घाट' में है, 'बस्तर के जंगलों' में है, भोपाल के 'भारत भवन' में मौजूद है! और भी ऐसी तमाम जगहें हैं। निर्मल जी के लिए वह दिल्ली में या करोलबाग में नहीं, बल्कि कान्हा-किसली के जंगलों में है। एक ख़ास तरह का काउंटर-कल्चरल-प्रिमिटिविज़्म जो पोस्ट-मॉडर्निज़्म का अनिवार्य अंग है, जो इन्हें उन हिप्पियों से जोड़ता है जो न्यूयॉर्क की चकाचौंध वाली सभ्यता से ऊबकर यहाँ आया करते थे—सरल जीवन की खोज में। एक रूप उसका यह है और दूसरा रूप है—काउंटर-कल्चरल-ओरिएंटलिज़्म, जिस ओरिएंटलिज़्म पर विध्वंसक पुस्तक एक दूसरे फिलिस्तीनी लेखक एड्वर्ड सईद ने लिखी है। उन्होंने लिखा है कि ओरिएंटलिज़्म पश्चिम की निर्मिति है। ऐसी निर्मिति जो पूर्व के शोषण के लिए, दमन के लिए बनाई गई है। इस ओरिएंटलिज़्म का रूप है—योगी, साधु! मुझे आश्चर्य होता है कि आधुनिक सभ्यता में खड़े हुए निर्मल जी 'कुम्भ' के मेले में, साधु की चिलम से उठती हुई लपट पर जिस प्रकार काव्यात्मक दृष्टि से आत्मविभोर होते हैं, शायद हिन्दुस्तान में कभी साधु-संत भी बिजली की कौंध से उतने नहीं हुए होंगे। एक ओर साधु, दूसरी ओर शेर! एक ओर नोवेल-सेवेज, दूसरी ओर योगी! ख्वाहमख्वाह लोग कमिसारों की बात किया करते थे, कमिसार आज हैं कहाँ? नितान्त दयनीय प्राणी नम्बूदरीपाद भी हैं, ज्योति बसु भी हैं, राजेश्वर राव भी हैं। भारत में कोई कमिसार कभी प्रगट नहीं हुआ। लेकिन मैं देख रहा हूँ कि जहाँ कमिसार नहीं है, वहाँ एक 'योगी' और 'साधु' साहित्य में प्रतिष्ठित किया जा रहा है, तमाम मूल्यों के साथ और जंगल में रहनेवाला नितान्त सुरक्षित शेर जो दिया हुआ भोजन करता है, जो अपनी आदिम बर्बरता से शून्य, नितान्त पालतू है : पोस्ट-मॉडर्निज़्म! एक काउंटर कल्चरल के नाम पर नितान्त पालतू और जिसमें जादुई चमत्कार की क्षमता भी नहीं रह गई हो, जो मध्ययुग का 'मेंहदी' भी नहीं—ऐसा नितान्त पालतू साहित्य बन करके रह गया है। इसीलिए बीसवीं सदी के दूसरे और तीसरे दशक में जो महान साहित्य और कला की प्रतिभाएँ पैदा हुई थीं, उनकी तुलना में आज पश्चिमी देशों में पोस्ट-मॉडर्निज़्म के नाम पर नितान्त निम्न स्तर की घटिया साहित्यिक कृतियाँ ही नहीं पैदा हो रही हैं, बल्कि चिन्तन के क्षेत्र में भी बहुत ही सिनिकल और निहिलिस्टिक विचारधाराएँ पनप रही हैं, जिनके चलते न तो दर्शन सम्भव है, न आलोचना।

[11 जून, 1984 को भारत भवन, भोपाल में दिया गया व्याख्यान। 'पूर्वग्रह'-70-71, सितम्बर-दिसम्बर, 1985 में 'सृजनशीलता का सवाल' शीर्षक से प्रकाशित]

उत्तर-आधुनिकता से एक बहस

[1]

आज हम लोग कई चीज़ों से आतंकित हैं, उसमें एक है—अन्त का आतंक। हिन्दी में ही नहीं, बल्कि विदेशी भाषाओं में भी यह आतंक व्याप्त है—एंड ऑफ़ हिस्ट्री, एंड ऑफ़ मिलेनियम, एंड ऑफ़ मॉडर्निटी। लोग कह रहे हैं कि आधुनिकता का भी अन्त हो गया है।

'पोस्ट' का मतलब यही है। मैं जब विद्यार्थी था, उस समय दो ही शब्दों में 'पोस्ट' लगता था—पोस्ट वर्ल्ड वार, पोस्ट इंडिपेंडेंस। तब पोस्ट से पहली बार हम लोगों का परिचय हुआ—पोस्ट वार और पोस्ट इंडिपेंडेंस और आज जब हम आप लोगों के सामने हैं तो बहुत सारी चीज़ों के साथ पोस्ट लगा हुआ है और उसमें पोस्ट हिस्ट्री भी है जिसको एंड ऑफ़ हिस्ट्री भी कहते हैं। निथैबन ने—जो हेम्बर्ग में थे : 'पोस्ट इथूयारी' एक किताब लिखी थी—has history come to end. इसमें पोस्ट मॉडर्निटी, पोस्ट कलोनियलिज़्म आदि का ज़िक्र आया है। पोस्ट वार, वर्ल्ड वार बीते बहुत दिन हो गए। आजकल पोस्ट मॉडर्निज़्म, पोस्ट मॉडर्निटी, पोस्ट कलोनियलिज़्म, आदि शब्द चल रहे हैं।

यह जो पोस्ट कंडीशन है, हिन्दी में किसी बेहतर शब्द के अभाव में हम लोग उसको 'उत्तर' कहते हैं। रामायण से जिनका परिचय होगा, वे जानते होंगे कि उत्तरकांड रामायण का अन्तिम कांड है। प्रारम्भ में बालकांड है, फिर उत्तरकांड है। एक मशहूर नाटक है संस्कृत में भवभूति का : 'उत्तर रामचरित'। हम लोग इस पोस्ट को 'उत्तर' कहते हैं हिन्दी में, संस्कृत में भी।

ख़ास तौर से पोस्ट हिस्ट्री, पोस्ट मॉडर्न और पोस्ट कलोनियलिज़्म, ये कब से है? क्यों है? क्या इतिहास है इसका? क्योंकि फ़ैशन में जब चीज़ आ जाती है तो हम बहुत कुछ, उसकी जन्मकुंडली भी भूल जाते हैं और फिर उसकी बाल की खाल निकालने लगते हैं। यह जानते ही नहीं कि इसकी नवाइय्यत क्या है और यह जब से शुरू हुआ, उसके पहले क्या था? इनमें से बहुत सारी चीज़ें फ्रांस से शुरू होती हैं। शुरू तो होती हैं फ्रांस में, लेकिन वे चीज़ें तब परवान चढ़ती हैं जब सही जगह पहुँच जाती हैं। आजकल अमरीका से बढ़कर अच्छी जगह कौन हो सकती है?

पोस्ट स्ट्रक्चरलिज़्म शुरू में चलता था। मई, 1968 में फ्रांस के सर्वोन विश्वविद्यालय में विद्यार्थी बेरीकेट-सड़कों पर उतर आए थे। दिवोत की सरकार की चूलें हिला दी थी तब हमारी यूनिवर्सिटी शुरू नहीं हुई थी। 1969 में शुरू हुई। लेकिन 1968, 69, 70 में छात्र आन्दोलन बड़े पैमाने पर सारी दुनिया में हुए। यूरोप में ही नहीं, अमरीका में भी और उसका असर हिन्दुस्तान पर भी पड़ा। और क़रीब-क़रीब यह वह ज़माना था जब अमरीका ने वियतमान पर हमला किया था और एक छोटा-सा मुल्क अपने वजूद के लिए लड़ रहा था। उस समय बंगाल में भी एक नक्सलबाड़ी नाम की जगह हुआ करती थी, जहाँ पर नौजवान छात्र, विद्यार्थी थे और जिन्होंने एक चुनौती देने की कोशिश की। 'नक्सलाइट आन्दोलन' वहीं से शुरू होता है।

तो 1968 में ऐसी गहमागहमी थी और नये ढंग के आन्दोलन सिटेन टीचिंग—कॉलेज और यूनिवर्सिटियों में और उस समय दिल्ली यूनिवर्सिटी का सेंट स्टीफन कॉलेज, जो यहाँ का बड़ा ख़ास कॉलेज समझा जाता है। बड़े ब्राइट लड़के निकलते हैं। आम तौर से सिविल सर्विसेज़ में उसके लड़के आते हैं। चैगुअरा की टोपी और क्यूबा उस समय टॉप पर था। फिदेल कास्त्रो बनें हुए घूमा करते थे लड़के। बड़ा ही गहमागहमी का रिवोल्यूशनरी दौर वह था। बड़े-बड़े लेखक जो बुजुर्ग थे, वे छात्रों के नेतृत्व में। उस समय फ्रांस में कोहनबेंदी का नाम बहुत सुना जाता था। उसके नेतृत्व में ज्याँ पॉल सार्त्र जैसा बड़ा लेखक उसके पीछे चलता। समझता था कि पीछे यह इलीट करेगा।

मैंने जिस माहौल का ज़िक्र किया, भयावह क्रान्तिकारी था। लगता था कि मई, 1968 में एक दूसरा फ्रेंच रिवोल्यूशन हो रहा है, लेकिन कुछ दिनों के बाद राजसत्ता ज़्यादा मजबूत साबित हुई। वह आन्दोलन दब गया। लेकिन जो हार हुई, उससे मालूम हुआ कि फ्रांस की सत्ता इतनी कमज़ोर नहीं है जितनी विद्यार्थी समझते थे कि हम विश्वविद्यालय की दीवारें हिला देंगे। जड़ें इतनी मजबूत थीं कि हार हुई और इस हार के बाद, फ्रांस बुद्धिजीवी छोड़कर बाहर चले गए। कुछ इंग्लैंड गए, कुछ अमरीका गए।

हिन्दी में स्ट्रक्चरलिज़्म को संरचनावाद कहते हैं। स्ट्रक्चरलिज़्म के बाद नई थिंकिंग शुरू हुई—पोस्ट स्ट्रक्चरलिज़्म की। इस सन्दर्भ में जाक देरिदा, मिशेल फूको, ये दो नाम बहुत ज़्यादा लिये जाते हैं। हार से, पराजय से कुछ नई चीज़ें शुरू होती हैं। हमेशा जीत से ही नहीं शुरू होतीं। उस हार के बाद बुद्धिजीवी कुछ सन्देह, नये ढंग से सोचने लगे, जिसमें से जाक देरिदा और मिशेल फूको उल्लेखनीय हैं। इसी पोस्ट स्ट्रक्चलिज़्म से पोस्ट मॉडर्निज़्म की शुरुआत हुई।

इस पोस्ट मॉडर्निज़्म के सन्दर्भ में 20वीं शताब्दी की कुछ महत्त्वपूर्ण घटनाएँ उल्लेखनीय हैं। पहली घटना 1968 की पेरिस रिवोल्यूशन की है जिसमें फ्रांस के विद्यार्थियों की हार हुई। दूसरी बड़ी घटना 1968 के बाद 1989—क़रीब-क़रीब 20 साल बाद की है जिसमें पूर्वी यूरोप का सोवियत ब्लॉक जिसमें चेकोस्लावाकिया, हंगरी, पॉलैंड, पूर्वी जर्मनी, एक हद तक यूगोस्लाविया, रोमानिया, बल्गारिया

आदि राष्ट्र थे, विभाजित हो गए। सोवियत यूनियन जो इतना बड़ा मजबूत गढ़ था कम्यूनिस्ट पार्टी का, कम्यूनिस्ट आन्दोलन का, ताश की गड्डी के जैसे बिखर गया।

इन दो उल्लेखनीय घटनाओं के अतिरिक्त प्रथम महायुद्ध (1914-18), रूसी क्रान्ति (1917), द्वितीय विश्वयुद्ध (39-45), हिटलर और मुसोलिनी की पराजय तथा फासिज़्म का खात्मा, उपनिवेशवाद के अन्त की शुरुआत आदि घटनाएँ इस सन्दर्भ में महत्त्वपूर्ण हैं।

इस तरह 20वीं शताब्दी में जो दो बड़ी घटनाएँ हुईं, उनमें एक समाजवाद का जन्म और दूसरा उपनिवेशवाद के अन्त की शुरुआत थी। अंग्रेज़ी राज का सूरज जो दुनिया में कहीं नहीं, कभी नहीं डूबता था, वह डूबने लगा और फिर भारत आज़ाद हुआ, अफ्रीका आज़ाद हुआ, लेटिन अमरीकी कई देश आज़ाद हुए।

1989 में दो किताबें एक साथ आईं : एक फ्रांसिस फूकोयामा की किताब 'दि एंड ऑफ़ हिस्ट्री एंड द लास्ट मैन' और दूसरी, हेम्बर्ग के एक प्रोफेसर लुत्स निठेमर की 'पोस्ट हिस्ट्री : हैज हिस्ट्री कम टु एंड'। इसी क्रम में ल्योतार की एक किताब 'पोस्ट मॉडर्न कंडीशन : ए रिपोर्ट' भी महत्त्वपूर्ण है।

हिन्दुस्तान में जो पाठक वर्ग है, यूरोप के इतिहास से और उनके दर्शन और विचारों के इतिहास से भली भाँति परिचित नहीं है। क्योंकि यूरोप के लोग जब हिस्ट्री कहते हैं तो उसका ख़ास मतलब होता है। वे जब कैपिटल लेटर से 'एच' लिखते हैं और स्मॉल से 'एच' लिखते हैं तो दोनों एक नहीं होते। वे जब हिस्ट्री कहते हैं तो उनके सामने इतिहास, इतिहास पुरुष के रूप में, एक महाकाल के रूप में उपस्थिति होता है। उसमें उसका अतीत, उसका वर्तमान, उसका भविष्य—सभी एक चक्र के रूप में चलते हुए दिखाई देते हैं।

यूरोप वाले यों भी कह सकते हैं कि क़रीब-क़रीब पुरानी सभ्यताओं को अगर छोड़ भी दें, उनके लिए तो प्रिय हिस्ट्री है। चीन का पुराना इतिहास, हिन्दुस्तान का पुराना इतिहास, प्राचीन इजिप्ट, प्राचीन ग्रीस और रोम—वे तो अतीत की चीज़ें होंगी, लेकिन आधुनिक दौर जो 400-500 साल का है, हम देखते हैं, यूरोप का ऐसा काल है कि इतिहास का जो चक्र है, कृष्ण जैसे महाभारत में अर्जुन के रथ को हाँकते हैं, यूरोप दुनिया के इतिहास को आगे ले जानेवाला है। हिस्ट्री और इसमें कोई शक नहीं कि क़रीब-क़रीब जब हिस्ट्री वे कहते हैं, उनके कहने से तब पता चलता है। अगर आप लोगों ने रॉबिन्सन क्रूसो, जो हम लोग स्कूल में पढ़ा करते थे, या कोलम्बस की यात्रा की कहानियाँ पढ़ी होंगी या हिन्दुस्तान में जब वास्कोडिगामा आए थे।

विश्व के अधिकांश हिस्सों पर यूरोप के उपनिवेश रहे हैं। यूरोप समुन्दरों को जीतता हुआ, उनकी लहरों को चीरता हुआ, दुनिया की खोज करते हुए और खोज करके अपनी कॉलोनी बसाता हुआ, जैसे सारी दुनिया का इतिहास बना रहा था। इसलिए एक हद तक कह सकते हैं कि 'हिस्ट्री ऑफ वर्ल्ड' का मतलब है 'हिस्ट्री

ऑफ़ यूरोप'। यूरोप का इनवेज़न, उसकी जीत, उसकी डिस्कवरी और जितनी नई चीज़ें हुईं, उसमें साइंस की तमाम नई खोजें और उसके साथ इंडस्ट्रियल रिवोल्यूशन, टेक्निकल रिवोल्यूशन, आदि उसकी प्रगतिशीलता का परिचायक है।

यूरोप यह दावा करता है कि टेक्नोलॉजी और साइंस को अधिकतर जगहों पर पहुँचाया। धरती, समुन्दर, आसमान और चाँद-सितारों पर हम पहुँचे। उत्पादन हमने बढ़ाया; और यही नहीं बल्कि हमने एक नया समाज बनाया, जिसको 'डेमोक्रेसी' या 'लोकतंत्र' कहते हैं, एक नया अर्थतंत्र बनाया जिसे आजकल हम लोग मार्केट या बाज़ार के रूप में जानते हैं। यूरोप का दावा यह भी है कि साम्यवाद सबसे पहले यूरोप में क़ायम हुआ—कार्ल मार्क्स इतिहास निरन्तर प्रगतिशील है। मार्क्स तो यह नहीं कहता था, लेकिन उसके माननेवाले दूसरे कहते हैं। उसमें आदिम साम्यवाद से लेकर सामन्तवाद, पूँजीवाद और फिर समाजवाद आदि तमाम सीढ़ियाँ—विभिन्न अवस्थाएँ होती हैं और इतिहास का अन्तिम लक्ष्य होगा मनुष्य की समता के अुनसार कार्य और कार्य के अनुसार फल। इसलिए यूरोप के अनुसार अभी अन्तिम लक्ष्य तर्क नहीं। इतिहास का अन्त नहीं हुआ था क्योंकि अभी हम समाजवाद तक ही पहुँचे थे लेकिन समाजवाद जिनको फूटी आँख नहीं सुहाता था, जब ख़त्म हुआ तो उन्हें लगा कि अब हमारे इतिहास ने—जो सचमुच इतिहास है—अपने लक्ष्य को प्राप्त कर लिया है। इसलिए 'एंड ऑफ़ हिस्ट्री' का नारा उन्होंने दिया कि अब इतिहास में साबित हो गया कि इतिहास का चरम लक्ष्य बुर्जुआ लोकतंत्र है।

उस समय एक शब्द बहुत चलता था कि दुनिया बहुत बाइ-पोलर थी। दो ध्रुव थे। उत्तरी ध्रुव और दक्षिणी ध्रुव की तरह से एक अमरीकी पूँजीवादी दुनिया और दूसरा रूस और समाजवादी दुनिया। लोगों ने कहा कि अब यूनिपोलर हो गया। एक ही ध्रुव आ गया है। सिर्फ़ एक ताक़त है दुनिया में। समाजवाद के ख़त्म होने के बाद चरम लक्ष्य, जिसको लोकतंत्र कहते हैं—अमरीकी लोकतंत्र—जो मॉडल है उसका। इसलिए 'एंड ऑफ़ हिस्ट्री' या 'पोस्ट हिस्ट्री' नाम की किताब तब लिखी गई थी, और इतिहास का अन्त हो गया है। अजीब बात है।

समाजवाद का अन्त कुछ लोगों के लिए एक तरह का लॉस है, फेलियर है और कुछ लोगों के लिए जश्न है, खुशी की बात है। फूकोयामा के 'एंड ऑफ़ हिस्ट्री' में यह एक 'लॉस' की तरह है जबकि ल्योतार की लिखी किताब : 'पोस्ट मॉडर्न कंडीशन' में जश्न का माहौल है। इसमें उसने बताया कि हेगेल जो कहता था और जो मार्क्स कहा करते थे कि इतिहास क्रमश: प्रगति करते हुए आगे जा रहा है, उसका खात्मा हो गया।

इस पूरे दौर में यूरोप के साइंस के कारण और साइंटिफिक थिंकिंग के कारण 'रीजन' की किताब का यह दौर था; अर्थात् किस किताब में क्या लिखा है, यह महत्त्वपूर्ण नहीं है, बल्कि रीजन महत्त्वपूर्ण है जो अल्टीमेट फैसला देनेवाला होना चाहिए और दूसरी चीज़ प्रोग्रेस है। यह ल्योतार ने बताया कि रीजन से ट्रेनी पैदा

होती है, तर्क में और प्रोग्रेस की परिणति एक तरह की टु टैररिज़्म में होती है। उसी की परिणति को वह फासिज़्म मानते हैं, उसी को कम्यूनिज़्म मानते हैं।

एक बार शायद जवाहरलाल नेहरू ने कहा था या कृष्णा मेनन ने कि 'anti-communist are bad, but ex-communist are worse.' ल्योतार एक कम्यूनिस्ट थे जो जश्न मनाते हैं, जबकि फूकोयामा जैसा अनुदार और कन्जर्वेटिव आदमी मिलॉकली व्यक्त करता है। इसलिए हम लोग ल्योतार के अनुसार एक पोस्ट मॉडर्न कंडीशन में हैं, इसलिए जश्न मनाना चाहिए, खुश होना चाहिए।

क़रीब-क़रीब यह वैसी ही बात है, जब गौतम बुद्ध की मृत्यु पर उनके सिरहाने बैठकर उनका प्रिय शिष्य आनन्द तो रो रहे थे, लेकिन एक भिक्खु अपना चीवर उतारकर, भिक्खुओं वाले समाज की तरफ़ नंगा होकर, खुश होकर नाच रहा था कि 'बहुत अच्छा हुआ, बुड्ढा मर गया। जब तक ज़िन्दा रहा, जीना हराम कर दिया था—यह मत खाओ, यह मत पहनो, बाल कटवाकर रखो। अब मुक्त होकर आनन्द मनाएँगे।'

पोस्ट कंडीशन में तीन चीज़ें हैं : पहला समाजवाद, जो धराशायी पड़ा हुआ है। रूस विश्व का सबसे बड़ा समाजवादी राष्ट्र अमरीका से और 'जी-7' से सहायता माँग रहा है। वहाँ पर आज सबसे ज़्यादा क्राइम और भ्रष्टाचार है और जहाँ हर आदमी के सिर पर छत थी और हर आदमी को रोजगार था, वहाँ लोग देश छोड़-छाड़कर भाग रहे हैं, भूखों मर रहे हैं। एक ज़माना था कि रूबल डॉलर से ज़्यादा पॉवरफुल था। रूस में एक रूबल के तीन या चार मिलते थे और वहीं एक डॉलर के अब सौ क्या, उससे भी ज़्यादा रूबल देने पर भी नहीं मिलता। आपके सिक्के की क्या ताक़त है, सिक्का जमा दिया, सिक्का चला दिया—सिक्के से पहचानी जाती है।

यही समाजवाद भारत में 1955 और 1956 में जवाहरलाल नेहरू के बनते समय सोशलिस्टिक पैटर्न के रूप में सामने आता है। समाजवाद को नेहरू ने 'सोशलिज़्म' नहीं, 'सोशलिस्टिक पैटर्न' कहा था। भारत में समाजवाद का क्या रूप है, सभी जानते हैं।

दूसरी चीज़ है—सोशलिस्ट डेमोक्रेसी। यूरोप में एक ज़माने में अनेक देशों में सोशल डेमोक्रेटिक पार्टी पावर में रहा करती थी, जिसका नारा था : 'सोशलिस्ट डेमोक्रेसी' यानी 'समाजवादी लोकतंत्र' परन्तु अब यह 'सोशलिस्ट डेमोक्रेसी' भी यूरोप में धीरे-धीरे ख़त्म हो रही है।

तीसरी बड़ी चीज़ है एंटी-इम्पीरियलिस्ट नेशनलिज़्म यानी साम्राज्य-विरोधी राष्ट्रवाद भारत के सन्दर्भ में, जिसके अगुवा गांधी, जवाहरलाल नेहरू, मौलाना आज़ाद, सरदार पटेल आदि थे, जबकि यही राष्ट्रवाद यूरोप में फासिज़्म की शक्ल में हिटलर के नेतृत्व में आया। हिन्दुस्तान में यह राष्ट्रवाद करोड़ों किसानों, मज़दूरों, मध्यवर्ग के लोगों के लिए आशा का सन्देश था। हिन्दुस्तानी राष्ट्रवाद ने इतने बड़े अंग्रेज़ी साम्राज्यवाद को हिलाकर रख दिया।

आज राष्ट्रवाद कहाँ है दुनिया में? राजनीतिक वैज्ञानिकों की तो इस पर बहस हो रही है कि राष्ट्र या राष्ट्रवाद होना चाहिए कि नहीं होना चाहिए, क्योंकि राष्ट्रवाद का चेहरा विभिन्न देशों के सन्दर्भ में हम देख ही रहे हैं। वह क़रीब-क़रीब वैसी ही शक्ल है। हिटलर ने भी समाजवाद के विरुद्ध अपने सोशलिज़्म को नेशनल सोशलिज़्म कहा था। भारत के सन्दर्भ में हिन्दू नेशनेलिज़्म है जिसमें क्रिश्चियन या मुस्लिम के लिए जगह नहीं है। मुस्लिम राष्ट्र में हिन्दू के लिए स्थान नहीं है। 20वीं शताब्दी के अन्त में राष्ट्र जैसे अपना अर्थ खो बैठा है। परन्तु इस राष्ट्रवाद या नेशनेलिज़्म के और भी मायने हैं। नस्ल के आधार पर, मज़हब के आधार पर, रंग के आधार पर नेशनल कहते भले हैं, लेकिन यह भी एंटी-नेशनल है। ये तीनों चीज़ें जब ख़त्म हो गईं, तो यह सही है कि पोस्ट कंडीशन है। आज की जो हालत है, वह पोस्ट ही है, उत्तरवर्ती है। पहले यह नहीं थी।

अब इस पोस्ट कंडीशन को किस रूप में समझने की कोशिश करें? इस कंडीशन को समझने के लिए पोस्ट मॉडर्निज़्म को समझना ज़रूरी है। पोस्ट मॉडर्निज़्म के दौर में आदमी में एक तरह का निराशावाद उत्पन्न हुआ जिससे उसकी प्रवृत्ति सन्देहवादी हो गई। वह हर चीज़ पर शक करने लगता। अंग्रेज़ी में जिसको कहें—स्केप्टिव हो जाता है, शक करता है। बाप-बेटे एक-दूसरे पर शक करते हैं, बीवी अपने शौहर पर शक करने लगती है, बच्चे अपने माँ-बाप पर शक करने लगते हैं। पोस्ट मॉडर्निज़्म में एक तरह का, कुल मिलाकर शक—स्केप्टिव, और सन्देह करना बुरी बात नहीं है। सन्देह से अच्छी चीज़ पैदा होती है। सन्देह से एक और चीज़ होती है, आदमी निहलिस्ट और सिनिकल हो जाता है, किसी चीज़ में यकीन नहीं करता।

पोस्ट मॉडर्न कंडीशन को देखने-समझने के साथ एक तरह की आइडियोलॉजी पैदा हुई मार्क्सवाद को ख़त्म करने को।

पोस्ट मॉडर्निस्ट लोगों ने देखा कि जब समाजवाद गया, एक नया नारा दे डाला : 'एंड ऑफ़ सोशलिज़्म' का यानी 'एंड ऑफ़ मार्क्सिज़्म' का। और जब मार्क्सिज़्म ख़त्म हुआ तो उसके समानान्तर वैक्यूम तो नहीं रह सकता है, कोई आइडियोलॉज़ी चाहिए, विचार चाहिए। तब 'पोस्ट मॉडर्निज़्म'—एक आइडियोलॉज़ी की उत्पत्ति हुई।

इसी पोस्ट मॉडर्निज़्म विचारधारा के परिणामस्वरूप पोस्ट मॉडर्निस्ट पेंटिंग, पोस्ट मॉडर्निस्ट थिएटर, पोस्ट मॉडर्निस्ट थ्योरी, पोस्ट मॉडर्निस्ट हिस्ट्री, पोस्ट मॉडर्निस्ट इकोनॉमिक्स आदि चीज़ें पोस्ट मॉडर्न स्थिति में निकल पड़ीं। एक ज़माने में लोग आम तौर से मार्क्सिज़्म-जारगन में बात किया करते जब पोस्ट मॉडर्निज़्म की थी। वे सुपर स्ट्रक्चर, क्लास स्ट्रगल वगैरह की बात करते थे। जब पोस्ट मॉडर्निज़्म की नई टर्मेनोलॉजी आई है, नये फैशन के अनुरूप परिवर्तित हो गई।

पोस्ट मॉडर्निस्ट थ्योरी को ही लें। क्या कर रहे हो भाई? आजकल तो थ्योरी पढ़ रहे हैं। ओनली थ्योरी। थ्योरी मीन्स पोस्ट मॉडर्निस्ट थ्योरी। थ्योरी माने क्या?—गीता

पढ़ रहे हैं, फूको पढ़ रहे हैं, उसी में फेमेनिस्ट थ्योरी भी शामिल है, कुछ पता नहीं। कोई किसी नोबेल का टेस्क्ट या पोइट्री का टेक्स्ट नहीं पढ़ता था। शेक्सपियर नहीं पढ़ता था, शेक्सपियर के थिएटर की थ्योरी पढ़ता था।

थ्योरी की बात इसलिए क्योंकि पोस्ट मॉडर्निज़्म के नाम पर लोग थ्योरी की बातें करेंगे। जो नहीं करेंगे, वही एक्चुअल थिएटर लिटरेचर और हर चीज़ को 'पाठ' की तरह ग्रहण करेंगे। पाठ तर्जुमा है टेक्स्ट का। चूँकि जॉक देरिदा ने कह दिया कि टेक्स्ट से परे कुछ भी नहीं है। जो कुछ है, वह टेक्स्ट है। इसलिए पोस्ट मॉडर्निज़्म की चर्चा करते समय आजकल एक शब्द बहुत चला आ रहा है : 'डिस्कोर्स'। हिन्दी में हम लोग उसको 'प्रवचन' कहते हैं। कृष्णमूर्ति का डिस्कोर्स, मतलब प्रवचन होता था, भाषण देना—रिलिजस डिस्कोर्स, स्प्रिचुअल डिस्कोर्स। शान्त साधु-महात्मा आते थे, प्रवचन देते थे। अचानक देखा कि डिस्कोर्स शब्द अंग्रेज़ी में एक नये अर्थ के साथ प्रगट हुआ—डिस्कोर्स एनाइलिसिस।

डिस्कोर्स और टेक्स्ट का मतलब बताने से पहले मैं आपको इसकी शुरुआत की थोड़ी हिस्ट्री बता देना चाहता हूँ। ज्याँ पाल सार्त्र ने बहुत पहले एक बात कही थी कि हमारी हालत उस आदमी की तरह है जो शीशे की खिड़की से दुनिया देख रहा था। अचानक हमारी नज़र उस शीशे पर अटक गई जिससे हम दुनिया को देखते थे, तब लगा कि जो देख रहे थे, वह शीशे से देख रहे थे—उसका रंग, उसका कलर, उसकी क्वालिटी के अनुसार ही हम दुनिया को देख रहे थे। हम समझते थे कि वास्तविक दुनिया को देख रहे हैं, लेकिन दुनिया के और हमारे बीच में शीशा था, उसका एक अपना रंग था।

दुनिया का दिखाई पड़ना उस शीशे पर बहुत कुछ निर्भर है। उसने कहा कि हम इस दुनिया को तो शब्दों के माध्यम से देखते और जानते हैं। अचानक हमारा ध्यान शब्द पर अटक गया कि जिस शब्द से हम देखते हैं, वह क्या है? यानी हम समझते हैं, दुनिया देख रहे हैं, लेकिन सच्चाई यह है कि हम शब्द देख रहे हैं। वैसे ही, जैसे टेलीविज़न पर आप कारगिल देख रहे थे। यह भूल जाते थे कि कारगिल नहीं, कारगिल की छवियाँ आप देख रहे हैं जो हाइली सिलेक्टिव हैं, और ख़ास तरह से ली गई हैं।

इमेज और एक्चुअल, थिंक इटसेल्फ़, दोनों एक ही नहीं हैं और आज की किताबों में एक शब्द आता है—लिंग्विस्टिक टर्न। लिंग्विस्टिक टर्न माने मोड़ परिवर्तन। अजीब बात है कि यूरोप में जो सार्त्र ने कहा, बाद में एक भाषा-विज्ञानी फरीदीनॉन द सस्यूर ने कहा। वे जेनेवा के रहनेवाले थे। 1910 तक पेरिस में पढ़ाया था। जेनेवा में भी पढ़ाते थे। बड़े भारी संस्कृत जानते थे। इंडो-यूरोपियन लैंग्वेज़ पर उन्होंने काम किया था। 1916 में मर गए। कोई नहीं जानता था उन्हें। भाषाविज्ञानी थे। कोई किताब नहीं लिखी, केवल लेक्चर्स दिये। उनका लेक्चर ज़्यादा मूल्यवान था। कुछ विद्यार्थी ऐसे थे जिन्होंने उनके लेक्चर्स के नोट्स ले लिये थे। उनके मरने के 40-50 साल बाद

उन्होंने उस नोट को एक किताब बनाकर फ्रेंच भाषा में छपाई और 1960 में उसका अंग्रेज़ी अनुवाद आया। किताब का नाम है : 'कोर्स इन जनरल लिंग्विस्टिक'।

उस किताब में उसने वर्ल्ड की रिलेशनशिप पर एक अद्‌भुत बात कही है : शब्द और संसार में क्या रिश्ता है? उसने कहा कि शब्द संसार का हूबहू चित्र नहीं है, बल्कि किसी वस्तु के लिए जो शब्द आप कहते हैं, उस वस्तु का जो भाव आपके मन में होता है, जो आइडिया होता है; वैसा ही चित्र बनता है। जैसे घोड़ा-घोड़ा कहने से आपके मन पर जो चित्र बनेगा, जो आइडिया आपके मन में होगा, उसके लिए एक शब्द आप दे देंगे, कुछ साउंड्स देंगे और हम लोग उस शब्द के कहते ही घोड़ा समझ जाएँगे। यही वजह है कि घोड़ा के लिए हर भाषा में अलग-अलग शब्द हैं। अंग्रेज़ी में 'हॉर्स' है, हमारे यहाँ 'अश्व' है और घोड़ा कहते हैं। लोग और नाम भी कहते होंगे।

इसका मतलब है कि शब्द और संसार का रिश्ता रियल नहीं है। यह एक कन्वेंशन है। गाय कहने से गाय अर्थ होगा, फिश कहने से फिश होगा; अर्थात् शब्द का सम्बन्ध आर्बीटेटरी है, कन्वेंशन है। इसका मतलब यह हुआ कि कोई भी शब्द यथार्थ की हूबहू तसवीर नहीं है, पिक्चर नहीं है, शब्द कन्वेंशन है, यादृच्छिक है यानी ईश्वर शब्द या गॉड या खुदा या अल्लाह; सचमुच वह है कि नहीं और क्या है, कैसा है, इसकी कोई तसवीर नहीं है। यह कान्सेप्ट है, धारणा है। दूसरे शब्दों में कान्सेप्ट अगर है तो एक तरह की कल्पना है, फिक्शन है।

इसलिए जिन शब्दों से हम दुनिया को जानते हैं, दरअसल यह दुनिया एक हाथी है और हाथी को पकड़ने के लिए हम फंदे पर फंदे डालते रहते हैं। शब्दों के फंदे डालकर उस हाथी को पकड़ने की कोशिश करते हैं, लेकिन ज़रूरी नहीं कि वह सारे के सारे फंदे हाथी को पकड़ ही लें, यानी जितना कुछ हम इस दुनिया के बारे में कहते हैं, सुनते हैं, बोलते हैं, बतियाते हैं, लिखते हैं—वह सचमुच की दुनिया नहीं है, बल्कि हम एक भाषा की दुनिया में जीते और रहते हैं। शब्दों की दुनिया में जीते रहते हैं, यानी हम कल्पना की दुनिया में रहते हैं, यानी हम फ़िक्शन की दुनिया में रहते हैं।

अजीब बात है कि जो बात सस्यूर ने 1916 में कही और यूरोप को 1960 में मालूम हुआ, हिन्दुस्तान में यह बात बहुत पहले कही गई कि सृष्टि के आरम्भ में केवल शब्द था। बाइबिल में बहुत पहले कहा गया था : 'The beginning was word.' मैं कहना चाहता हूँ कि पोस्ट मॉडर्निज़्म मार्क्स का विकल्प बनकर आया। मार्क्स के ज़माने में कहा जाता था कि हर चीज़ को, दुनिया को और आदमी के वजूद को डिटरमिन करती है—इकोनॉमिक्स। आपके पॉकेट में क्या है, इससे हम समझ जाएँगे कि आप क्या हैं। पॉकेट से आदमी के दिमाग़ का भी कुछ आभास मिलता है।

यद्यपि मार्क्स ने इतने मोटे रूप में नहीं कहा था, कि आदमी को इकोनॉमिक्स डिटरमिन करती है लेकिन मतलब लोगों ने यही समझा। पोस्ट मॉडर्निज़्म ने कहा।

जी नहीं, लैंग्वेज डिटरमिन करती है कि आपकी लैंग्वेज क्या है। अगर ऐसा न होता तो बांग्लादेश पाकिस्तान से नहीं अलग हुआ होता। कभी-कभी भाषा डिटरमिन करती है। हिन्दुस्तान में उर्दू बोलनेवाले कहते हैं कि उर्दू हमारा वजूद है, उर्दू मिटा दोगे तो हम नहीं रहेंगे। अंग्रेज़ी पढ़े-लिखे लोग अंग्रेज़ी को क़ायम इसलिए किए हुए हैं कि अंग्रेज़ी उनका वजूद है। अंग्रेज़ी हटा दीजिए तो बहुत-से लोग, जो बड़े काबिल दिखाई पड़ते हैं, वे सड़क पर घूमते हुए नज़र आएँगे। बिहार में लाख बुराइयों के बावजूद लालू ने एक काम किया कि अपनी भोजपुरिया हिन्दी से वहाँ के बड़े-बड़े आवा-कावा आईएएस लोगों को ठीक खड़ा कर दिया।

पावरलाइज़ लैंग्वेज, गांधी जो भाषा बोलते थे। गांधी ने नॉन को-ऑपरेशन नहीं कहा था। पैसिव रैजिस्डेंस, ये वर्ड इस्तेमाल नहीं किए थे गांधी ने। गांधी का अपना शब्द था—सत्याग्रह, सत्य का आग्रह। सत्य और अहिंसा, इन शब्दों से लड़े थे। इसलिए पोस्ट मॉडर्निज़्म मार्क्सवाद के विकल्प के रूप में, आइडियोलॉजी के रूप में जब आया तो उसका आधार दूसरा होना चाहिए। इकोनॉमिक्स को अगर आप महत्त्वपूर्ण मानें तो मार्क्सवाद की जगह नहीं ले सकते। यह आधार था लैंग्वेज डिटरमिनिज़्म का। लिंग्विस्टिक यानी एक डिटरमिनिज़्म की जगह। तय इस पर होता है कि आप डिटरमिनिज़्म को मानते हैं। मज़हबी आदमी मानता है—जो कुछ करता है, अल्लाह करता है, यानी हमारा वजूद निर्धारित होता है आसमान से। इसलिए जब यह कहा गया कि हमारा वजूद आसमान से नहीं, बल्कि ज़मीन से निर्धारित होता है, तो बहुत बड़ी क्रान्ति उपस्थित हुई।

दुनिया के इतिहास में बहुत पहले यह फैसला हो गया था कि जब आदिम समाज रहा होगा तो जिनके हाथ-पाँव मज़बूत थे, जो शिकार कर सकते थे, हथियार चला सकते थे, पौधे उगा सकते थे, लोहा ढाल सकते थे, तो ताक़त उनके पास थी। कुछ ही दिनों बाद ताक़त उसके पास आ गई, जिसके पास भाषा थी—पुरोहित वर्ग। दुनिया के इतिहास में बहुत बड़ा परिवर्तन हुआ। प्रीस्ट चाहे चर्च के हों, चाहे मस्जिदों के हों, चाहे मन्दिरों के हों, मंत्र पढ़नेवाले हों, शादी-ब्याह करानेवाले हों, ताक़त इनके पास आई। उनके हाथ से छीन ली गई जो हाथ से काम करते थे। इसलिए भाषा में ताक़त होती है, यह तो इतिहास से साबित होता है। मंत्री के पास जुबान होती है, उसके सेक्रेटरी के पास कलम होती है और फाइल पर वह कुछ लिख देगा, आप टाँय-टाँय करते रहिए, लेकिन फाइल की जो ताक़त है, वह चलेगी। इसलिए ज़बान की और कलम की ताक़त, भाषा की ताक़त पहले भी रही है, और लोग मानते रहे हैं।

पोस्ट मॉडर्निज़्म ने इकोनॉमिक डिटरमिनिज़्म की जगह पर एक नई आइडियोलॉजी के रूप में लिंग्विस्टिक डिटरमिनिज़्म को स्थापित किया; अर्थात् यह दुनिया भाषा का मायाजाल है। यह दुनिया भाषा का खेल है। अगर न होता तो अख़बार वाले, टी.वी. वाले और इन्फॉर्मेशन टेक्नोलॉजी वाले जो इमेजेज़ बना सकते

हैं, उनके पास ताक़त है। मीडिया में ताक़त है और मीडिया चाहे तसवीरों का हो, चाहे प्रिंट मीडिया हो, चाहे वोकल मीडिया हो, चाहे वोकल कॉड का मीडिया हो। इसलिए पोस्ट मॉडर्निज़्म यह मानता है कि लिंग्विस्टिक डिटरमिनिज़्म ही निर्णायक है और आज हम उसे देख रहे हैं, उसकी ताक़त को देख रहे हैं : 'powerlise in language in signifying system. In singn not in signified.'

इसलिए ये लिंग्विस्टिक डिटरमिनिज़्म ताक़तवर है। इसलिए आज हर चीज़ टेक्स्ट है, हर चीज़ डिस्कोर्स है। या तो डिस्कोर्स है या स्पेक्टिल है, यानी एक जुलूस और एक क्रान्ति। एक आन्दोलन भी उनके हिसाब से एक डिस्कोर्स है। क्योंकि जब वह टी.वी. पर दिखेगा और अख़बार में छपेगा तभी तो माना जाएगा कि वह हुआ, वरना अनेक आन्दोलन, अनेक क्रान्तियाँ होती रहेंगी। अगर वह छवि के रूप में, शब्द के रूप में नहीं आई तो कहाँ है? महाभारत हुआ था कि नहीं, पता नहीं; लेकिन व्यास का लिखा हुआ महाभारत टेक्स्ट के रूप में हकीकत है। राम हुए कि नहीं, लंका कहाँ थी, मालूम नहीं; वाल्मीकि की रामायण और उसके बाद तुलसीदास की रामायण टेक्स्ट है, इसलिए वह है।

[2]

उत्तर-आधुनिकतावादियों का मानना है कि उत्तर-आधुनिकतावाद ने इकोनॉमिक डिटर्मिनिज़्म की जगह पर लिंग्विस्टिक डिटर्मिनिज़्म को स्थापित किया है। यह एक नई विचारधारा है, जो यह मानती है कि दुनिया भाषा का मायाजाल है। अख़बार, टी.वी. वाले तथा इंफॉर्मेशन टेक्नोलॉजी इसके सबूत हैं। जो इमेजेज (तसवीरें) बना सकते हैं, उनके पास ताक़त है। इसका मतलब यह कि मीडिया में ताक़त है—चाहे वह तसवीरों की हो, प्रिंट मीडिया हो, वोकल कॉर्ड की मीडिया हो।

कुल मिलाकर यह एक सिग्नीफाइड सिस्टम है जो यह मानती है कि लिंग्विस्टिक डिटर्मिनिज़्म (भाषायी नियतिवाद) ही निर्णायक है और उसकी ताक़त को देख रहे हैं—पावरलाइज़ इन लैंग्वेज़, इन सिग्नीफाइड सिस्टम—इन साइन नॉट इनसिग्नीफाइड। इसलिए हर चीज़ टेक्स्ट, हर चीज़ डिस्कोर्स है। या तो डिस्कोर्स है या स्पेक्टिकल है। यानी एक जुलूस, एक क्रान्ति, एक आन्दोलन भी उत्तर-आधुनिकतावादियों के हिसाब से एक डिस्कोर्स है क्योंकि जब टी.वी. पर दिखेगा और अख़बार में छपेगा तभी तो माना जाएगा कि वह हुआ है; वरना अनेक आन्दोलन, अनेक क्रान्तियाँ होती रहेंगी। यदि वह छवि के रूप में, शब्द के रूप में नहीं आईं तो कहाँ हैं? महाभारत हुआ था कि नहीं, यह निश्चित नहीं है, लेकिन व्यास का लिखा हुआ महाभारत टेक्स्ट के रूप में हकीकत है। राम हुए कि नहीं, लंका कहाँ थी, मालूम नहीं लेकिन वाल्मीकि की रामायण तथा उसके बाद तुलसीदास की रामचरितमानस का टेक्स्ट है इसलिए वह भी है। टेक्स्ट नहीं है तो नहीं है। यह एक सच्चाई है।

जॉक देरिदा (Jacques Derrida) ने कहा कि टेक्स्ट के परे कुछ भी नहीं है। लेकिन अजीब बात है, कि डॉ. जॉनसन ने एक दुनिया की हकीकत चैस करने के लिए अपने पैर से पत्थर पर ज़ोर से टक्कर मारी—यह देखने के लिए कि यही है या नहीं। जब चोट लगी तब पता चला कि शब्द में ज़रूर ताक़त है। लेकिन इसके बावजूद सच्चाई यह है कि डॉ. जॉनसन ने पत्थर से ठोकर लगने के बाद महसूस किया कि नहीं। पत्थर एक शब्द नहीं बल्कि हकीकत है जिससे चोट लगती है। यह दुनिया है और इसी दुनिया में रहनेवाले, मेहनत करनेवाले, भूखे, नंगे और गूँगे भी हैं, जो बोल नहीं सकते, भाषा जिनके पास नहीं है; लेकिन जिस दिन खड़े होंगे, उस दिन वे बता देंगे कि यह दुनिया केवल शब्द नहीं है और शब्द का मायाजाल नहीं है बल्कि इसके अलावा भी कुछ और है। उत्तर-आधुनिकतावाद के जवाब में भी रियलिटी है—हार्ड रियलिटी।

भाषा मनुष्य को बनाती ज़रूर है लेकिन सच्चाई यही है कि भाषा मनुष्य की ही बनाई हुई है और भाषा के मायाजाल को तोड़ने की क्षमता भी मनुष्य को ही है। इकोनॉमिक डिटर्मिनिज़्म की तानाशाही अगर ख़त्म हो गई तो लिंग्विस्टिक डिटर्मिनिज़्म (भाषायी नियतिवाद) की भी तानाशाही नहीं चल सकती। सर्वज्ञ, सर्वशक्तिमान और सर्वव्यापी ईश्वर की हुकूमत को भी आइंस्टाइन और न्यूटन जैसे वैज्ञानिकों ने छीन लिया। इकोनॉमिक डिटर्मिनिज़्म का हश्र हम रूस और पूर्वी यूरोप में देख चुके हैं। यह लिंग्विस्टिक डिटर्मिनिज़्म (भाषायी नियतिवाद) जिस पर बड़ा अभिमान है उत्तर-आधुनिकतावादी विचारधारा को। मेरा ख़याल है कि इनसान ज़्यादा बड़ी हकीकत है; क्योंकि अपने अनुभवों से भी हम जानते हैं कि हमारे यहाँ कही चीज़ का भी महत्त्व है और जो नहीं कहा गया—अनकही—का ज़्यादा महत्त्व है। कभी-कभी ख़ामोशी में ज़्यादा ताक़त होती है और कहा भी जाता है कि कभी-कभी ख़ामोशी ज़्यादा बोलती है।

आज ग्लोबलाइज़्ड या ग्लोबलाइज़िंग पावर अमरीका है और हमारे यहाँ भी कई लोग हैं। इसलिए प्रचार-प्रसार और मीडिया क्रान्ति हुई है, वही ताक़त है, लेकिन हर पावर में ही एक काउंटर पावर निहित होता है। और वह काउंटर पावर स्वयं उसी बोध में पलता है। ये डायलेक्टिक्स के नियम हैं। अगर हम किंवदन्तियों का भरोसा करें तो कृष्ण पैदा वहीं हुए थे, उसी गर्भ से पैदा हुए थे जिनका विनाश उनके द्वारा होना था इसलिए उत्तर-आधुनिकतावाद सन्देह पैदा करे, यह ठीक है, क्योंकि सन्देह से ज्ञान पैदा होता है, जिज्ञासा पैदा होती है; लेकिन उत्तर-आधुनिकतावाद अगर खुद हठधर्मी हो जाए और यह मानने लगे कि भाषा ही सब कुछ है, इन्फॉर्मेशन ही सब कुछ है, तो वह खुद बहुत सारे भ्रम पैदा कर देगा। उत्तर-आधुनिक विचारधारा ने एक हकीकत की ओर हमारा ध्यान ज़रूर आकृष्ट किया है, लेकिन इस क्रम में जब वह खुद एक आइडियोलॉजी बन गया और उसके साथ जब एक हठधर्मी रूप उसने अख्तियार किया तो उसके बहुत सारे ख़तरे हुए और उसकी सीमाएँ भी हैं।

उत्तर-आधुनिकता और मार्क्सवाद

कहा जा रहा है कि उत्तर-आधुनिकतावाद ने सृजनशीलता की अवधारणा पर प्रश्नचिह्न लगा दिया है और उसमें लेखक मुख्य नहीं, पाठक मुख्य है! लेकिन उत्तर-आधुनिकता के बारे में मेरी जो समझ है, उससे मुझे ऐसा नहीं लगता। दरअसल यह एक रोमांटिक अवधारणा रही है कि लेखक में ही सृजनशीलता होती है और उसके अलावा जो लोग हैं, उनमें नहीं होती। उत्तर-आधुनिकता ने यह कहा है कि पाठक भी सर्जक होता है। मैं अपने को पाठक मानता हूँ। आलोचना-कर्म में लगे होने के कारण मुख्यत: मैं सर्जनात्मक साहित्य का पाठक ही हूँ। लेकिन पाठक भी सर्जक होता है। कविता को पढ़ते समय, उसकी व्याख्या करते समय, वह उसी कविता को फिर रचता है। और हर पाठक उस कविता को अपने तरीक़े से रचता है। व्यवहार में भी हम देखते हैं कि लोग अपनी पढ़ी-सुनी चीज़ों में अपना कुछ जोड़ देते हैं। 'रामचरितमानस' पिछले पाँच सौ वर्षों में वही नहीं रह गया है, जिस रूप में उस समय लोगों ने पढ़ा होगा। आज भी हम देखते हैं कि 'रामचरितमानस' की लोग तरह-तरह से व्याख्या करते हैं और नये-नये अर्थ उसमें से उद्‌घाटित होते हैं। इसलिए उत्तर-आधुनिकता अगर यह कहती है कि लेखक की कृति को पाठक भी रचता है, तो ऐसा कहकर वह सृजनशीलता को ख़ारिज नहीं करती, बल्कि सृजनशीलता के क्षेत्र का विस्तार करती है। कृतिकार तो सर्जक है ही, लेकिन उसका पाठक या व्याख्याता भी सर्जक है।

बड़े पुराने ज़माने में एक बहस यह रही है कि कृति में—जैसे कविता, कहानी, उपन्यास या नाटक में—जो सृजनशीलता है, वह क्या है और उसका मूल स्रोत क्या है? हमारे यहाँ उसको 'प्रतिभा' कहते थे। पश्चिम में उसे 'सर्जनात्मक कल्पना' कहा गया। 'कल्पना' शब्द हमारे यहाँ भी है, लेकिन सृजनशीलता का मूल स्रोत हमारे यहाँ 'प्रतिभा' को माना जाता था। यदि पहले की किसी कृति का अनुकरण ही किसी कृति में है—जैसे प्रकृति पर पहले जो कुछ लिखा गया, बाद का कोई आदमी थोड़ा-सा बदलकर उसी को दोहरा देता है—तो माना जाएगा कि वह 'अनुकृति' है। सर्जनात्मक कृति वह तब होती है जब उसमें दो गुण हों—एक तो 'नव-नवोन्मेषशालिनी प्रज्ञा' हो और दूसरे, 'अपूर्वनिर्माणक्षमा प्रतिभा' हो; अर्थात्

कृति में नवीनता, अपूर्वता, अद्वितीयता होनी चाहिए। अभिनव गुप्त ने इस पर बहुत गहराई से विचार किया है। इन गुणों का निवास वहीं हो सकता है, जहाँ चित्त स्वतंत्र या उन्मुक्त हो। उन्मुक्त चित्त ही कुछ अपूर्व देख सकता है और कुछ नया दे सकता है, तो इन चीज़ों पर लोगों ने विचार किया और यह कहते समय उनके दिमाग़ में मुख्यत: कवि था। लेकिन 'कवि' का अर्थ बहुत व्यापक होता था। वह कथाकार भी हो सकता है, नाटककार भी हो सकता है, यहाँ तक कि वैज्ञानिक भी हो सकता है।

यह धारणा बहुत दिनों तक चली। इसका नया उत्थान पहली बार रोमांटिक युग में हुआ। रोमांटिक कवियों ने, सारी दुनिया में, 'कल्पना' शब्द पर सबसे ज़्यादा ज़ोर दिया। मैंने अपनी पुस्तक 'छायावाद' में दिखाया है कि कविता को 'कल्पना के कानन की रानी' कहा गया था। 'कल्प', 'कल्पना', 'कल्प-सृष्टि', 'कायाकल्प' जैसे तमाम शब्द सृजनशीलता से सम्बन्धित थे। इस प्रकार कल्पना सृजनशीलता का ही दूसरा नाम है। रोमांटिक लोगों ने इस पर बहुत बल दिया और कहा कि जिसके पास कल्पना है, वही सृजनशील है। उनका कहना था कि मध्यकाल की कविता में कल्पना पर ज़ोर नहीं था, इसलिए वह अनुकरणमूलक थी। अपने यहाँ रीतिकाल में हम देख सकते हैं कि लोग एक ही बात को ज़रा घुमाकर दूसरे ढंग से कहा करते थे। अत: वहाँ 'अन्दाज़े-बयां' पर ज़ोर ज़्यादा है, कुछ नया रचने का उत्साह नहीं है। साहित्य के इतिहास में रोमांटिक आन्दोलन का महत्त्व इसी बात में है कि रचना में सब कुछ नया होता है—नई विषयवस्तु, नया अर्थ, कहने का नया ढंग।

मैं 'रोमांटिसिज़्म' का नाम इसलिए ले रहा हूँ कि रोमांटिक उत्थान और उत्तर-आधुनिकता के बीच एक और कड़ी है, जिसने कल्पनाशीलता पर उतना बल नहीं दिया। वह है आधुनिकतावाद। उत्तर-आधुनिकतावादियों ने वह गुनाह नहीं किया, जो आधुनिकतावादियों ने किया था। उदाहरण के लिए, टी.एस. इलियट, जिनके साथ कविता में आधुनिकतावादी आन्दोलन शुरू हुआ, कल्पना को महत्त्वपूर्ण नहीं मानते थे। उन्होंने कहा कि कवि को परम्परा का ज्ञान होना चाहिए। अपने लेख 'ट्रेडिशन एंड इंडिविजुअल टेलेंट' में उन्होंने व्यक्तिगत प्रज्ञा के बजाय परम्परा को ज़्यादा महत्त्व दिया और लिखा कि यूरोप की जो दो-ढाई हज़ार साल की परम्परा है, उसे हम अपनी अस्थि-मज्जा में लेकर लिखते हैं। रोमांटिकों के बारे में उन्होंने कहा कि ये तो भावुक लोग हैं, भावुकता से लिखते हैं। रोमांटिक लोग जिसको सृजनशीलता कहते थे, उसको आधुनिकतावादियों ने भावुकता कहकर ख़ारिज कर दिया। इस प्रकार सृजनशीलता का विरोध और निषेध सच्चे अर्थों में आधुनिकतावाद ने किया। टी.एस. इलियट की आलोचना इसका सबसे बड़ा उदाहरण है। यह और बात है कि अपनी कविता में अपने ढंग की सृजनशीलता उन्होंने भी दिखाई, लेकिन सिद्धान्त रूप में उन्होंने कल्पना या सर्जनात्मक कल्पना का, अर्थात् सृजनशीलता का विरोध किया।

इसलिए मुझे उत्तर-आधुनिकता में सृजनशीलता का विरोध या निषेध नज़र नहीं आता। आधुनिकतावादी 'पोयम ऑन दि पेज' की बात करते थे—कि छपी हुई चीज़ स्थिर है, जड़ है, एक पाठ है, और उस मूल पाठ का अनुगमन करना ही आलोचना है, जबकि उत्तर-आधुनिकतावादी कहते हैं कि पाठ कोई जड़ वस्तु नहीं है, पाठक उसको जिस रूप में ग्रहण करता है, वही रचना का पाठ है। इसलिए जहाँ तक साहित्य का सवाल है, उत्तर-आधुनिकतावादी सर्जनात्मकता के विरोधी नहीं हैं। कुछ लोग उत्तर-आधुनिकतावाद को मार्क्सवाद का विरोधी मानते हैं, लेकिन आधुनिकतावादी लोग मार्क्सवाद के ज़्यादा विरोधी रहे हैं। मार्क्सवाद तो रोमांटिक दौर में भी था। शेली स्वयं अपने को समाजवादी कहता था। मार्क्स के प्रिय कवियों में शेली था। उनके प्रिय कवियों में जर्मन कवि हाइने था। ये दोनों कवि रोमांटिक थे। रूस में पुश्किन रोमांटिक कवि था और उसको प्रतिष्ठा देनेवाला बेलिंस्की मार्क्सवादी आलोचक था। पुश्किन को लेनिन तक मानते थे। लेकिन आधुनिकतावादी लोग, 'नई आलोचना' वाले लोग, रोमांटिक साहित्य के साथ-साथ मार्क्सवाद के भी विरोधी थे। वे कहते थे कि मार्क्सवाद तो एक यूटोपिया है, भविष्य का सपना देखता है और भविष्य के लिए वर्तमान का बलिदान कर देना चाहता है।

इस प्रकार आधुनिक युग में सृजनशीलता का सम्बन्ध रोमांटिक आन्दोलन और मार्क्सवाद से है। फ़र्क़ यह है कि रोमांटिक लोगों की कल्पना और मार्क्सवादी लोगों की कल्पना में अन्तर है। साम्यवाद या वर्गहीन समाज कोई यूटोपिया नहीं है, बल्कि वैज्ञानिक पद्धति से उसे लाया जा सकता है। वह कोरा ख़याल या खामख़याली नहीं है। ठीक है, मार्क्सवाद भविष्य का स्वप्न देखता है, लेकिन भविष्य का स्वप्न तो मार्क्सवाद के बहुत पहले से लोग देखते आ रहे थे। मार्क्सवाद ने यह बताया कि हम उस स्वप्न को यथार्थ में बदल सकते हैं। उसमें समय लगेगा, संघर्ष करना पड़ेगा, लेकिन वह कोई दिवास्वप्न या कोरी कल्पना नहीं, एक वास्तविकता है। मार्क्सवाद का यह भविष्य-स्वप्न एक सर्जनात्मक कल्पना है। रोमांटिक आन्दोलन वाली सर्जनात्मक कल्पना इससे भिन्न है, लेकिन वह इसकी विरोधी नहीं है। इसका विरोधी तो आधुनिकतावाद है, जो रोमांटिसिज़्म को भावुकता और मार्क्सवाद को यूटोपिया कहकर ख़ारिज करता है।

आधुनिकतावादियों ने 'नये' पर बड़ा ज़ोर दिया—जैसे साहित्य में 'नई कविता', 'नई आलोचना'—लेकिन वास्तव में 'नये' पर ज़ोर रोमांटिकों ने दिया था और उनके बाद उनकी विरासत अगर किसी को मिली, तो मार्क्सवादियों को मिली, जो कहते थे कि हम नया समाज बनाएँगे और नया साहित्य रचेंगे। इसीलिए उन्होंने नई दुनिया, नये युग और नये इनसान की बात की। हमारे यहाँ 'नया पथ' और 'नया इतिहास' जैसी पत्रिकाएँ निकलती थीं।

पहले के लोग मानते थे, और आज भी बहुत-से लोग विश्वास करते हैं कि सृजनशीलता रचनाकार में होती है और कुछ लोग यों भी कहते हैं कि इसीलिए वह प्रकृति-प्रदत्त होती है। धीरे-धीरे यह मालूम हुआ कि एक और धारणा है, जो रोमांटिकों से भिन्न है। वह यह कि जिसे कवि या लेखक कहते हैं, वह रचना का कर्ता नहीं, बल्कि रचना की भूमि है; अर्थात् वह एक माध्यम है, जिससे चीज़ रची जाती है। इसलिए वह कर्ता न होकर कर्म का स्थान है। और वह ऐसा स्थान है, जहाँ बाह्य जगत और स्वयं अपना अनुभव, दोनों मिलते हैं, जिसके कारण वह द्वन्द्व और तनाव की भूमि है। मुक्तिबोध ने 'कला का तीसरा क्षण' नामक जो लेख लिखा है, उसमें बताया है कि सृजनशीलता कोई विस्फोट नहीं, बल्कि एक तनावपूर्ण द्वन्द्व की स्थिति है, जिसकी भूमि रचनाकार का मानस है। इसीलिए कभी-कभी कहा जाता है कि नितान्त वैयक्तिक होते हुए भी रचना निर्वैयक्तिक होती है। तभी तो कहा जाता है कि हमारे मुँह से युग बोलता है, हमारे मुँह से समाज बोलता है, हमारे मुँह से दलित-पीड़ित-शोषित वर्ग बोलता है, हम तो मात्र उनके प्रवक्ता हैं, निमित्त मात्र हैं।

इसलिए रोमांटिक लोगों के बाद सृजनशीलता से सम्बन्धित जो मुख्य मुद्दा बना, वह यह कि हममें कर्ता का अहंकार नहीं है कि हम सर्जक हैं। प्रगतिशील कवियों ने सृजनशीलता पर बहुत ध्यान दिया है। मुक्तिबोध ने रचना-प्रक्रिया पर सबसे ज़्यादा लिखा है। उन्होंने रचना-प्रक्रिया के जो तीन क्षण गिनाए हैं, उनमें सबसे निर्णायक तीसरा क्षण होता है, जिसमें रचनाकार की स्थिति अत्यन्त वैयक्तिक होने के साथ ही निर्वैयक्तिक होती है। रचनाकार को लगता है कि मैं तो निमित्त हूँ, लिखा कोई और रहा है मुझसे। यह 'कोई' कौन है? यह वे लोग हैं, जिनसे आप अपनों को जोड़ते हैं। कभी-कभी आप उनसे जुड़े हुए नहीं होते, लेकिन वे आपके पूर्वग्रहों को तोड़कर आपसे लिखवा लेते हैं। यह सृजनशीलता की एक नई परिकल्पना है कि सृजन में कर्ता का अहंकार नहीं होना चाहिए।

यहाँ मैं एक और पहलू पर ध्यान देना चाहूँगा। मुक्तिबोध ने लिखा है कि वह क्षण ऐसा होता है, जिसमें भाषा और भाव के बीच द्वन्द्व और तनाव होता है। इस बात का एक सिरा फूको की इस बात से जुड़ता है कि लेखक की मृत्यु हो गई है, क्योंकि लेखक नहीं लिखता, भाषा लिखती है। लेखक भाषा में लिखता है और भाषा उसकी बनाई हुई नहीं है। उसे बहुत दिनों में एक पूरे समाज ने बनाया है। इसीलिए अक्सर ऐसा होता है कि लेखक लिखना कुछ और चाहता है, लिख कुछ और जाता है। जैसे फ़ैज़ ने लिखा है कि 'दिल से तो हर मुआमला करके चले थे साफ़ हम, कहने में उनके सामने बात बदल-बदल गई।' इसका मतलब है कि लेखन में भाषा का बहुत दखल होता है। आप जो लिखना चाहते हैं और जो लिखते हैं, उसे देखकर लगता है कि यह उपयुक्त शब्द नहीं है। मसलन, आज का

कोई हिन्दी कवि सुमित्रानन्दन पंत की भाषा में लिखना चाहे, छायावादी भाषा में लिखना चाहे, तो या तो वह जो बात कहना चाहता है, वह बात बदल जाएगी या फिर वह उस बात को पंत जी की भाषा में नहीं, अपनी भाषा में, यानी आज की भाषा में लिखेगा। इस प्रकार भाषा नियामक है और सृजनशीलता के लिए सबसे बड़ी चुनौती है भाषा का नियंत्रण और नियमन करने की क्षमता। इसलिए अब आप कोई क्रान्तिकारी बात कहना चाहेंगे, तो उसमें बाधा देनेवाली राजसत्ता और सामाजिक व्यवस्था तो बाद में आएगी, सबसे पहले तो भाषा आएगी, जो आपकी बनाई हुई नहीं है। इसीलिए सृजनशील रचनाकार अपने लिए नई भाषा बनाता है। हालाँकि वह कोई बिलकुल नई भाषा नहीं होती, पुरानी में ही नई होती है, लेकिन रचनाकार उसको नवोन्मेष के द्वारा नया रूप देता है, नये शब्द गढ़ता है, वाक्यों के गठन को भी तोड़ता-बदलता है। इसीलिए हम कहते हैं कि रचनाकार का चित्त सृजन की भूमि है, जो तनाव और द्वन्द्व से ग्रस्त है। अब उसमें रचनाकार की अपनी भूमिका कितनी है, यह बहुत विश्वासपूर्वक कहना मुश्किल है, क्योंकि इस पर बहुत कम काम हुआ है। लेकिन उसकी अपनी भूमिका भी होती है और 'लेखक की मृत्यु' के उत्तर-आधुनिकतावादी मुहावरे को हमें इस अर्थ में नहीं लेना चाहिए कि उसकी कोई भूमिका नहीं होती।

'लेखक की मृत्यु' को हमें एक रूपक या अलंकृत वाक्य के रूप में लेना चाहिए। लेखक का मरना यहाँ लगभग वैसा ही है, जैसा संतों की भाषा में 'मरजीवा' होना होता है। किसी में अपने 'स्व' को, अपने अहंकार को, अपने पूर्वग्रहों और संस्कारों को विलीन या दफन कर देना। इससे रचना के क्षण में लेखक एक नया इनसान बनता है, अपनी ही राख से फीनिक्स की तरह पैदा होता है। उसके अपने अन्दर से ही एक नया सर्जक पैदा होता है, जिसमें उसका युग होता है, उसका समाज होता है, उस युग तथा समाज के लोगों के भाव होते हैं और इन तमाम चीज़ों के द्वन्द्व तथा तनाव होते हैं। इन सब चीज़ों के योग या संयोग से जो चीज़ बनती है, वह सृजनशीलता है।

लेकिन मैं यहाँ यह कह दूँ कि ये सब चीज़ें लेखकों, कलाकारों, विचारकों, वैज्ञानिकों आदि में भले ही अधिक विकसित होकर व्यक्त होती हों, लेकिन सृजनशीलता थोड़ी-बहुत हर आदमी में होती है, जो मेहनतकशों में—जैसे मज़दूरों में, किसानों में, दस्तकारों में, घर-बाहर तरह-तरह के काम करनेवाली स्त्रियों में। कभी-कभी तो उनमें ऐसी अद्‌भुत सृजनशीलता दिखाई पड़ती है कि दंग रह जाना पड़ता है। लोकगीत गानेवाले, लोकनृत्य करनेवाले, लोककथाएँ कहनेवाले, लोकनाट्यों में अभिनय करनेवाले बहुत-से लोग शिक्षित या प्रशिक्षित नहीं होते, पर अद्‌भुत कलाकार होते हैं। अत: यह मानना चाहिए कि सृजनशीलता कमोबेश मनुष्य मात्र में होती है।

ऐसा मान लेने पर साहित्य की यह बहस भी ख़त्म हो जाती है कि लेखक सृजनशील होता है और आलोचक सृजनशील नहीं होता। मेरे विचार में दोनों सृजनशील होते हैं। अभिनव गुप्त ने कहा था कि 'कवि' और 'सहृदय', दोनों सरस्वती के पुत्र हैं। 'सहृदय' का अर्थ है : कवि के समान हृदय रखनेवाला। आज की भाषा में कहें, तो समान 'वेब-लैंथ' या लहरमान पर कवि के साथ बहनेवाला। अगर आप प्रयत्न करके उस लहरमान पर पहुँच गए, जिस पर रचनाकार है, तो फिर आप दोनों एक धारा में साथ बह रहे हैं। दोनों सृजनशील हैं। अज्ञेय जी ने 1961 में 'कल्पना' में रचना-प्रक्रिया पर एक लेख लिखा था। उसमें उन्होंने कहा था कि रचना-प्रक्रिया के प्रति आत्मसजग होने से रचना बाधित होती है। अनेक लोग जब उपन्यास लिखते हैं, तो उसमें यह भी लिखने लगते हैं कि उपन्यास कैसे लिखा जाता है। मुझे लगता है कि अज्ञेय जी की बात सच है। किसी ने कहा था कि रचना तो ऐसे सहज भाव से होती है, जैसे किसी टहनी पर फूल अपने-आप खिल उठता है। रचना मशक्कत की चीज़ नहीं है। वह दंड पेलकर नहीं लिखी जाती, नहीं तो ख़राब होती है। वैसे, जिसे अंग्रेज़ी में 'लेबर्ड' कहते हैं, सायास लिखी हुई, जिस कविता में मशक्कत की गई दिखाई पड़ती है, उसका असर कम होता है। उसका सौन्दर्य धूमिल हो जाता है। मुक्तिबोध अपनी रचना-प्रक्रिया के प्रति बहुत आत्मसजग थे और इसका असर उनकी कविता में कहीं-कहीं दिखाई पड़ता है। यह सही है कि अपनी रचना का सबसे पहला आलोचक तो स्वयं रचनाकार ही होता है—इसीलिए वह रचना करते समय अपने भावों और विचारों को काटता-छाँटता, तराशता या उसमें संशोधन करता है—लेकिन रचना करते समय यदि वह आलोचक का काम भी करने लगेगा, तो सृजनशीलता की क्षति होगी। अत: उसे सहज भाव से रचना करनी चाहिए और आलोचना का काम सहृदय आलोचक के लिए छोड़ देना चाहिए।

लेकिन सहजता के बारे में एक बात मैं कह दूँ। अक्सर यह होता है कि आप कहानी लिखने बैठते हैं और वह सर्र से लिखी जाती है, उसमें कोई काट-छाँट या फेर-बदल नहीं करनी पड़ती और वह अव्वल दर्जे की रचना होती है—जैसे प्रेमचन्द की 'क़फ़न', जो यहीं दिल्ली में उन्होंने एक रात ठहरने पर रात में लिखी थी और सुबह देकर चले गए थे। लेकिन ऐसी सहजता से कोई रचना तभी लिखी जाती थी, जब उसके पहले लेखक ने बहुत साधना की हो। मेरे गुरु हज़ारी प्रसाद द्विवेदी कहा करते थे कि सीधी रेखा खींचना बड़ा टेढ़ा काम है। तो सहजता बड़ी साधना से मिलती है। संस्कृत काव्यशास्त्र में रचना की मन:स्थिति को समाधि की दशा कहा गया है, योग-भूमि कहा गया है। यह स्थिति लम्बी साधना के बाद आती है। कई लोग समझते हैं कि सृजनशीलता प्रतिभा का विस्फोट होती है, उसके लिए पढ़ने-लिखने की ज़रूरत नहीं है, मेहनत करने की ज़रूरत नहीं है। यह रोमांटिक अवधारणा कही जाती है, लेकिन रोमांटिक कवि स्वयं बड़ी मेहनत करते थे।

अभी तक मैंने सृजनशीलता की चर्चा मुख्यत: साहित्य के सन्दर्भ में की है, लेकिन सृजनशीलता अन्य कलाओं में और जीवन के अन्य क्षेत्रों में भी होती है। 'कला' के साथ अक्सर 'कौशल' का ज़िक्र आता है, जिसे अंग्रेज़ी में 'स्किल' कहते हैं। कौशल में अक्सर लोग सृजनशीलता नहीं देखते, क्योंकि वह अक्सर बँधी-बँधाई लीक पर चलने में होता है। लेकिन कुछ कलाएँ भी ऐसी होती हैं, जो बँधी-बँधाई लीक पर चलती हैं, जैसे शास्त्रीय गायन और नृत्य। लेकिन उसमें भी 'इम्प्रोवाइजेशन' की गुंजाइश होती है। उदाहरण के लिए, मान लीजिए, भीमसेन जोशी राग भैरवी गा रहे हैं। अब राग तो बँधा हुआ है। गाने की कला वही है। लेकिन भीमसेन जोशी एक बार एक तरह से गाएँगे और दूसरी बार उसमें 'इम्प्रोवाइज' करके कोई नवोन्मेष कर देंगे। नृत्य में भी यही होता है। मसलन, भरतनाट्यम और कुचीपुड़ी नृत्य में शास्त्रीय ढंग से हर कील-काँटा अपनी जगह दुरुस्त है, फिर भी सबका भरतनाट्यम या सबका कुचीपुड़ी एक तरह का नहीं होता। 'इम्प्रोवाइजेशन' को हमारे यहाँ व्युत्पत्ति कहते हैं और इससे बँधी लीक या कौशल में भी सृजनशीलता पैदा हो जाती है। संगीत और नृत्य के मुकाबले चित्रकला में प्रयोगधर्मिता ज़्यादा होती है। उसमें आप रंगों से जैसे चाहें, खेल सकते हैं। इसीलिए सबसे ज़्यादा नवोन्मेष चित्रकला की दुनिया में दिखाई पड़ता है। नये प्रयोगों वाले अनेक आन्दोलन पहले चित्रकला में चले हैं, फिर साहित्य में आए हैं।

जीवन के अन्य क्षेत्रों में भी, मनुष्य के कलात्मक कार्यों की तरह ही सृजनशीलता होती है—जैसे समाज-निर्माण के क्षेत्र में—लेकिन वहाँ सृजनशीलता का रूप कुछ और होता है। इस बारे में मार्क्स ने एक बड़ी महत्त्वपूर्ण बात कही है कि मनुष्य अपने इतिहास का निर्माता तो है, लेकिन वह अपनी इच्छा से इतिहास नहीं बना सकता। वह कुछ निश्चित ऐतिहासिक परिस्थितियों में ही इतिहास बना सकता है। स्वेच्छा से या ज़बरदस्ती बनाने की कोशिश करेगा, तो असफल भी हो सकता है। उदाहरण के लिए, लेनिन ने समाजवाद की स्थापना एक ऐसे देश में की, जहाँ परिस्थितियाँ समाजवाद के अनुकूल नहीं थीं। इसीलिए, जब रूस की क्रान्ति हुई, अन्तोनियो ग्राम्शी ने एक लेख लिखा था : 'दि रिवोल्यूशन अगेंस्ट दास कैपिटल'। यानी मार्क्स के ग्रंथ 'पूँजी' के विरुद्ध की गई क्रान्ति। और आज हम देख रहे हैं कि रूस की क्रान्ति विफल हो गई। वहाँ ज़बरदस्ती लाया गया समाजवाद फेल हो गया।

ऐसी स्थितियों में सृजनशीलता वहाँ होती है, जहाँ ऐतिहासिक परिस्थितियों में मौजूद विकल्पों में से सही विकल्प चुना जाता है। उस विकल्प को चुनना, पहचानना और साथ ही विकल्प के रूप में प्रस्तुत करना राजनीति में सृजनशीलता का उदाहरण होगा। गांधी जी ने जब 'स्वराज' का नारा दिया और अहिंसात्मक साधन का विकल्प प्रस्तुत किया, सत्याग्रह पर बल दिया, तो उनके सामने दो विकल्प थे : एक सशस्त्र क्रान्ति और दूसरा अहिंसात्मक आन्दोलन। लेकिन उनके सामने

1857 का उदाहरण था कि हम लोगों ने सशस्त्र क्रान्ति के जरिये अंग्रेज़ी राज को हटाना चाहा और नहीं हटा सके। भगतसिंह वगैरह क्रान्तिकारी लोग समझते थे कि उसे हटाने का एकमात्र उपाय सशस्त्र क्रान्ति है। लेकिन गांधी जी ने दूसरा विकल्प चुना। उन्होंने सत्याग्रह के जरिये जनता को लामबन्द किया। यह गांधी जी की सृजनशीलता थी। इसके बाद जब देश आज़ाद हुआ, तो जवाहरलाल नेहरू ने देश के विकास के लिए जो योजनाएँ बनाईं, उसमें भी सृजनशीलता थी। नेहरू के बाद भारतीय राजनीति में वैसी सृजनशीलता फिर दिखाई नहीं पड़ी।

दुख की बात यह है कि हमारे यहाँ का वामपंथ भी सृजनशील नहीं है, और हम लोग पुराने विचारों से ही काम चला रहे हैं। जहाँ सिद्धान्त में सृजनशीलता नहीं होगी, वहाँ व्यवहार में कहाँ से आएगी? इसीलिए हम लोगों ने संसदीय लोकतंत्र को स्वीकार कर लिया है और संसद के बाहर किए जानेवाले संघर्ष को लगभग छोड़ दिया है। इसी का नतीजा है कि हम हाशिए पर चले गए हैं। यही कारण है कि विदेशों में तो लोग भूमंडलीकरण और बाज़ारवाद के विरुद्ध सोच-विचार कर रहे हैं, पर हमारे यहाँ ऐसी कोई बहस नहीं चल रही है कि भूमंडलीकरण का विकल्प क्या हो सकता है। जैसे यह मान लिया गया कि यही नियति है और इसका कोई विकल्प नहीं है। कैसी विडम्बना है कि इस मामले में भाजपा, कांग्रेस और वामपंथ में कोई अन्तर नहीं है। उदारीकरण की नीति को, निजीकरण की नीति को, हमने राष्ट्रीय नीति के रूप में स्वीकार कर लिया है। ज़ाहिर है, इसका मतलब है कि हमने समाजवाद का सपना छोड़ दिया है और उसकी दिशा में सृजनशील ढंग से कुछ नया करने और सोचने में जैसे हमारी कोई दिलचस्पी ही नहीं रह गई है। मैं समझता हूँ कि इससे पहले वामपंथ में चिन्तन और कर्म की ऐसी दरिद्रता कभी नहीं देखी गई—फासीवाद का पूरा ख़तरा सामने मौजूद है, और यह बिलकुल नई चीज़ है, जिससे हमें बिलकुल नये ढंग से निपटना चाहिए। लेकिन हम क्या कर रहे हैं? प्रतिरोध के पुराने ही ढंग हमने अपना रखे हैं; जैसे—सभा-संगोष्ठी, जुलूस-प्रदर्शन, हस्ताक्षर अभियान और अख़बारों में वक्तव्य आदि। क्या इन तरीक़ों से फासीवाद से लड़ा जा सकता है? इस प्रश्न का उत्तर हमारी राजनीति को सृजनशील ढंग से देना चाहिए।

अमरीका से एक किताब आई है : 'एम्पायर'। उसके लेखक हैं अन्तोनियो नेग्री और माइकल हार्ट। पढ़कर लगता है कि दोनों लेखक मार्क्सवाद के अच्छे जानकार हैं। उन्होंने लिखा है कि साम्राज्यवाद के नाम से जिस चीज़ को अब तक मार्क्सवादी जानते रहे हैं, वह चीज़ अब नहीं रही। लेनिन ने 1918 में 'पूँजीवाद की आख़िरी मंज़िल साम्राज्यवाद' नाम की जो किताब लिखी थी, उसके अनुसार साम्राज्यवाद का कोई केन्द्र होता है। जैसे ब्रिटिश साम्राज्य का केन्द्र इंग्लैंड था। दूसरे विश्वयुद्ध के बाद यह हुआ कि अमरीकी साम्राज्यवाद का वर्चस्व हो गया। लेकिन 1991

में रूस में समाजवाद के ख़त्म होने के बाद साम्राज्यवाद का कोई केन्द्र नहीं रहा। उसका केन्द्र अब न अमरीका है, न जी-8 है, न विश्व-बैंक है, न अन्तरराष्ट्रीय मुद्रा कोष है, न तथाकथित 'मल्टीनेशनल' है। इसीलिए, जब केन्द्र नहीं है, तो परिधि भी कोई नहीं है। दूसरे देशों में इस किताब की चर्चा हुई है, आलोचना भी हुई है, कि इसके लेखक अराजकतावादी हैं। लेकिन अपने यहाँ हम लोगों ने न तो इस किताब की चर्चा की, न समीक्षा की, न इसका प्रतिवाद ही किया। हम साम्राज्यवाद के विरुद्ध, अमरीका के विरुद्ध नारे लगाए जा रहे हैं, लेकिन यह समझने की कोशिश नहीं कर रहे हैं कि आज साम्राज्य और साम्राज्यवाद जैसी कोई चीज़ है भी या नहीं। यदि वह किसी बदले हुए रूप में है, तो उसका चरित्र कैसे बदल गया है?

अब भी हम अमरीकी साम्राज्यवाद को कोसते चले जा रहे हैं और आसमान में मुक्का मार रहे हैं। मगर नतीजा कुछ नहीं निकल रहा है। भूमंडलीकरण को कोसते चले जा रहे हैं, लेकिन उसका कोई अच्छा 'क्रिटीक' प्रस्तुत नहीं कर पा रहे हैं। इसका मतलब है कि हम आज से शायद कई दशक पहले के युग में जी रहे हैं। लेकिन जब नई सच्चाई का आपको ज्ञान ही नहीं है, तो विकल्प कहाँ से ढूँढ़ेंगे? इसलिए कम-से-कम साहित्यकारों से, और विशेष रूप से नये लेखकों से मेरा कहना यह है कि वे आज की इस नई परिस्थिति को नई नज़र से देखें, नये ढंग से इसे जाँचें-परखें, इसकी एक नई आलोचना प्रस्तुत करें और उसमें से प्रतिरोध और संघर्ष के नये और सर्जनात्मक तरीक़े निकालें। और मुझे खुशी है कि आज की नई पीढ़ी में मुझे ऐसी क्षमता दिखलाई पड़ रही है कि वह इस काम को कर सकेगी। आज यही चीज़ बल देती है और आशा जगाती है।

[प्रस्तुति : रमेश उपाध्याय]

['कथन'-36 में 'सृजनशीलता के क्षेत्र का विस्तार' शीर्षक से प्रकाशित]

इतिहास के प्रेत

असगर वजाहत की एक कहानी है : 'शाहआलम कैम्प की रूहें'। 9 जून, 2002 के 'राष्ट्रीय सहारा' में छपी थी। शाहआलम कैम्प में दिन तो किसी-न-किसी तरह गुज़र जाते हैं लेकिन रातें कयामत की होती हैं। आधी रात के बाद रूहें आती हैं। एक रात एक बच्चे की रूह आती है। बच्चा रात में चमकता हुआ एक जुगनू जैसा लगता है। इधर-उधर उड़ता-फिरता है। बहुत खुश नज़र आता है। खुशी का सबब पूछने पर बताता है कि वह एक सुबूत है—सुबूत बहादुरी का, उनकी बहादुरी का, जिन्होंने माँ का पेट फाड़कर उसे निकाला था और उसके दो टुकड़े कर दिये थे। रूहें और भी आती हैं, यहाँ तक कि एक दिन रूहों के साथ शैतान की रूह भी चली आई। इधर-उधर देखकर शैतान बड़ा शरमाया और झेंपा। लोगों से आँखें नहीं मिला पा रहा था। कन्नी काटता था। रास्ता बदल लेता था। आख़िरकार लोगों ने उसे पकड़ ही लिया। वह वास्तव में लज्जित होकर बोला : 'अब यह जो कुछ हुआ है, इसमें मेरा कोई हाथ नहीं है। अल्लाह क़सम, मेरा हाथ नहीं है।' लोगों ने कहा : 'हाँ, हाँ, हम जानते हैं, आप ऐसा कर ही नहीं सकते। आपका भी आख़िर एक स्टैंडर्ड है।' शैतान ठंडी साँस लेकर बोला : 'चलो, दिल से एक बोझ उतर गया। आप लोग सच्चाई जानते हैं।' लोगों ने कहा : 'कुछ दिन पहले अल्लाह मियाँ भी आए थे और यही कह रहे थे।'

बस, कहानी इतनी ही है। अल्लाह मियाँ भी आए और गए और गई शैतान की रूह भी। नहीं आए तो वे 'बहादुर', जिनकी बहादुरी का सुबूत वह जुगनू-सा चमकता हुआ बच्चा है। लेकिन उस जुगनू की टिमकती-सी रोशनी में उन 'बहादुरों' की 'छाया' पहचानी जा सकती है। पंत जी के शब्दों में 'छायातन बहु छायाहीन' है—तन से छाया मात्र और धरती पर अपनी छाया भी नहीं छोड़ते। साफ़ दिखते भी नहीं, सामने आते भी नहीं। इसीलिए इन्हें भूत या प्रेत कहा जाता है। असगर वजाहत की भाषा में 'रूहें'।

गरज कि गुजरात के 'कैम्प' में इस समय सिर्फ़ 'रूहें' हैं—रूहें कत्ल किए गए बच्चों, औरतों और बूढ़े जवान मर्दों की या फिर बहादुर कातिलों की! आख़िर रूहें भी तो किसिम-किसिम की होती हैं—कुछ हिंसक, तो कुछ अहिंसक। जो हो, कुछ ऐसी रूहें भी हैं जो वर्षों से कब्र में पड़े लोगों की हैं और जो कहानी से बाहर ही रह गईं।

ऐसी ही एक कब्र है, बल्कि थी, जो वली गुजराती के मजार के नाम से मशहूर है। उन बहादुरों ने उसे भी मटियामेट कर दिया—यही नहीं, बल्कि उसका नामोनिशान मिटाने के इरादे से उस पर तारकोल की पक्की सड़क बनवा दी। एक अज़ीम शायर के साथ ऐसे बर्बर सलूक पर कविता ही लिखी जा सकती है और कविताएँ लिखी भी गईं। उन्हीं में से एक कविता देवी प्रसाद मिश्र की है : 'जो पीवे नीर नैना का'। 'आलोचना' : 7-8 में प्रकाशित। कविता का अन्त इस बन्द से होता है :

मैं कहूँ किससे कहूँ कि क्या यही गुजरात है
साधु से ही पूछते हो क्या तुम्हारी जात है।

वाल्टर बेंजामिन को यह अन्देसा पहले ही हो गया था और उन्होंने फासिस्टों के पंजे से बचने के लिए आत्महत्या कर ली थी। मरने से पहले उन्होंने लिखा था : 'अगर दुश्मन जीत जाएगा तो कब्र में मुर्दे भी सुरक्षित न रहेंगे और साफ़ है कि उस दुश्मन का विजय-अभियान अभी अवरुद्ध नहीं हुआ है।'

यह बात 1940 की है।

दिसम्बर, 2002 में शाहआलम कैम्प की रूहों के कातिलों ने विजय-यात्रा शान से निकाली। विजेता का राजतिलक भी उतना ही भव्य हुआ। करोड़ों लोगों में से कुछ ने रू-ब-रू और बहुतों ने छोटे परदे पर एक ऐसा चेहरा देखा जिसके सिर पर राजमुकुट था, खस-खसी दाढ़ी-मूँछों के बीच ख़ून से लाल ओठों और तलवार-से चमकते दाँतों से फूटा हुआ अट्टहास!

निराला की 'राम की शक्ति-पूजा' की यह पंक्ति मूर्तिमान हो रही थी :

फिर सुना, हँस रहा अट्टहास रावण खल खल!

मार्क्स के 'प्रेत' (1993) पुस्तक से पता चलता है कि अब देरिदा को भी चारों ओर प्रेत दिखाई देने लगे हैं। अमरीका की यूनिवर्सिटी ऑफ़ कैलिफोर्निया, रिवरसाइड में उन्होंने इसी शीर्षक से दो लम्बे व्याख्यान दिये जो बाद में पुस्तकाकार प्रकाशित हुए। साल-भर पहले उसी अमरीका के फ्रांसिस फुकुयामा 'इतिहास का अन्त' और 'आख़िरी आदमी' नामक पुस्तक प्रकाशित करके शाबाशियाँ लूट चुके थे। देरिदा की पुस्तक में फुकुयामा की अच्छी ख़बर ली गई है। फुकुयामा तो पूर्व यूरोप और सोवियत रूस में समाजवाद के ध्वस्त होने के जश्न मना रहे थे, जबकि देरिदा के लिए यह मातम का मौका था। वे सहसा हैमलेट की भूमिका में आ गए और उन्हें यह भी अहसास हुआ कि 'वक़्त की चूलें खिसक गई हैं।' गम अपना, भाषा हैमलेट की। आचरण भी हैमलेट का ही। मार्क्स प्रकट हुए पिता की प्रेतात्मा की तरह और उसके सामने उन्होंने पिता की विरासत को बचाने की क़सम भी खाई—निश्चय ही मार्क्स की किसी रूह के तहत (इन अ सर्टेन स्पिरिट ऑफ़ मार्क्स), एक सधे-बँधे

मार्क्सवादी की तरह नहीं। कुछ अस्पष्ट, कुछ स्पष्ट! विशेष बात यह हुई कि उन्हें अपनी ही तरह स्वयं मार्क्स भी प्रेत-पीड़ित दिखाई पड़े। 'कम्यूनिस्ट-घोषणा-पत्र', लूई बोनापार्त की 'अठारहवीं ब्रूमेर', 'जर्मन-विचारधारा' और 'पूँजी' जैसे ग्रंथों का देरिदा ने ऐसा चमत्कारपूर्ण विखंडन किया कि मार्क्स का समस्त साहित्य यहाँ से वहाँ तक प्रेतों से ही प्रतिच्छायित प्रतीत होने लगा और देखते-देखते देरिदा की विखंडन-विधि एक नई 'प्रेत विद्या' में बदल गई! वैसे भी, इतिहास के अन्त के बाद तो इतिहास के प्रेत ही बातचीत के लिए बचे रहते हैं। इसीलिए इस पुस्तक में देरिदा ज़ोर देकर कहते हैं कि अब प्रेतों से बात करने, प्रेतों के बारे में बात करने और प्रेतों के साथ रहने के अलावा कोई विकल्प नहीं है। गरज़ कि उत्तर-आधुनिक दौर के इस अन्तिम चरण का मुख्य शास्त्र 'प्रेतविद्या' है—विखंडन विधि की फलश्रुति!

इस नई 'प्रेतविद्या' के शब्दकोश के रंगमंच के केन्द्र में प्रेत और प्रेत-छायाएँ हैं। देरिदा मानते हैं कि मार्क्स प्रेतों में विश्वास करना नहीं चाहते, लेकिन वे इनके अलावा और कुछ सोचते भी नहीं। जो चीज़ प्रेतों को सचमुच की वास्तविकता से अलग कर सकती है, उसका भी संज्ञान उन्हें है। वे प्रेतों की निन्दा करना चाहते हैं, उन्हें भगा देना चाहते हैं, यहाँ तक कि अपने अट्टहास से उनके आतंक को उड़ा देने की कोशिश भी करते हैं, फिर भी उनकी रचनाओं में प्रेत हैं तो हैं ही!

फिर भी यह विडम्बना है कि देरिदा के लिए मार्क्स स्वयं सिर्फ़ एक 'रूह' हैं जिसे वे बार-बार 'स्पिरिट' कहते हैं, जिसके अर्थ 'रूह' की तरह ही दुहरे हैं—ख़याल और प्रेत! जिस मार्क्स ने हेगेल के शीर्षासन करते द्वन्द्ववाद को ज़मीन पर पैरों के बल सीधा खड़ा करने का दावा किया था, उसे ही देरिदा फिर सिर के बल खड़ा करने की कोशिश कर रहे हैं और तुर्रा यह कि वे अपने-आपको मार्क्स का वारिस और कर्जदार भी मानते हैं।

पितर-स्थानीय मार्क्स के साथ यह मजाक नहीं तो और क्या है?

देरिदा के मार्क्स के प्रेत को देखकर अब तो यह कहना ही पड़ेगा कि मार्क्सवाद और जो कुछ भी हो, 'प्रेत विद्या' नहीं है। देरिदा किसी 'सड़े हुए राज्य' के राजकुमार हैमलेट हों तो हों, मार्क्स कोई हैमलेट नहीं थे, शेक्सपियर को दिल से चाहने के बावजूद।

मार्क्स के प्रेत तो थे, लेकिन अपने प्रेत। प्रेत और प्रेतों की छाया का प्रयोग भी उन्होंने किया है—प्राय: अलंकार और रूपक की तरह, लेकिन उन रूपकों के अन्दर भौतिक वास्तविकता की ठोस अन्तर्वस्तु भी है और महत्त्वपूर्ण वह अन्तर्वस्तु ही है। प्रसंग-भेद से अन्तर्वस्तु भी भिन्न-भिन्न है। पूँजी में वह 'माल' है तो 'जर्मन-विचारधारा' में स्टर्नर की बखिया उधेड़ते हुए 'धर्म' की वास्तविकता की दिशा में जाती है। इसी तरह लूई बोनापार्त की 'अठारहवीं ब्रूमेर' में बीते इतिहास को दुहराने के हास्यास्पद प्रयास पर कठोर व्यंग्य है।

फ़िलहाल प्रसंग इतिहास का है, इसीलिए 'लूई बोनापार्त' की चर्चा ही प्रासंगिक होगी। इसलिए भी कि देश की 'सांस्कृतिक राष्ट्रवादी' सरकार 'गड़े मुर्दे' उखाड़कर इतिहास को दुहराने की ही 'क्रान्ति' या प्रतिक्रान्ति में प्रवृत्त है।

'सभी मृत पीढ़ियों की परम्परा जीवित मानव के मस्तिष्क पर एक दु:स्वप्न के समान सवार रहती है।' इस 'दु:स्वप्न' से आरम्भ करते हुए मार्क्स उस 'क्रान्तिकारी संकट' पर आते हैं जब कुछ लोग 'अभूतपूर्व और नये निर्माण' के जोश में 'अतीत के प्रेतों को अपनी सेवा के लिए उत्कंठापूर्वक बुलावा दे बैठते हैं और उनसे अतीत के नाम, अतीत के रणनाद और अतीत के परिधान माँगते हैं ताकि विश्व-इतिहास की नवीन रंगभूमि को इस प्राचीन सम्मानित वेश में और इस मँगनी की भाषा में सजाकर पेश करें।'

अतीत की जैसी पुनरावृत्ति 1852 के फ्रांस में हो रही थी, हिन्दुत्व त्रिशूलधारी बिग्रेड का 1992 में बाबरी मस्जिद को ढहाकर नया राममन्दिर बनाने का प्रयास भी इतिहास की वैसी ही पुनरावृत्ति नहीं है क्या? 'अतीत के प्रेत' और कैसे होते हैं? वही अतीत के नाम, अतीत के रणनाद, अतीत के परिधान, यहाँ तक कि हथियार भी अतीत के ही और विजय-यात्रा के लिए अतीत का रथ भी—भले ही चलाने के लिए उसमें घोड़ों की जगह बीसवीं सदी की मोटर का इंजिन जुड़ा हो।

मार्क्स के शब्दों में यह सब कुछ 'मँगनी' का है—ख़ास तौर से 'मँगनी की भाषा'—सजाकर पेश करने के लिए! देववाणी संस्कृत हो तो क्या कहने! वेदवाणी हो तो ब्रह्मास्त्र! मार्क्स की नज़र से देखें तो गर्वीले धर्मवीर हकीकत में मँगते हैं—भिखमंगे! प्रसंगवश प्रेमचन्द की कहानी 'माँगे की घड़ी' याद आती है। और फिर अज्ञेय की कविता की वह पंक्ति भी : 'सच्चा अपना ठाट फकीरी, मँगनी के सुख-साज से!' यह 'मँगनी की भाषा' अपने-आप बोलती है—बहुत कुछ। जैसे निराला की 'वह हँसी बहुत कुछ कहती थी'!

देरिदा इसे वाल्टर बेंजामिन की तकनीकी शब्दावली में 'मेकैनिकल रीप्रोडक्शन' अर्थात् 'यांत्रिक पुनरुत्पादन' कहते हैं, जैसे किसी चित्र की फोटोकापी। भूतों की परछाईं धरती पर भले ही न पड़ती हो, छाया की प्रतिच्छाया छाया तो हो ही सकती है!

इन प्रेतों से कभी हरिशंकर परसाई की भी मुठभेड़ हुई थी और उन्होंने 'भूत के पाँव पीछे' शीर्षक लेख लिखा था। मँगनी के इस दौर में अपने परसाई जी से माँगने में क्या संकोच! कहते हैं : 'ऐसे लोग 'भूत' होते हैं। भूत के पाँव पीछे होते हैं, ऐसा कहा जाता है। कुछ लोगों के दिमाग़ के पाँव पीछे होते हैं—ये मानसिक भूत हुए। इनके लिए जो बीत गया, वह परम श्रेष्ठ होता है, वर्तमान अत्यन्त हेय, और उनकी यह कृपा है कि वर्तमान में जीकर वे उसे गौरवान्वित कर रहे हैं।' इसी क्रम में आगे वे फिर जोड़ते हैं : 'कुछ लोगों के सिर पर 'जातीय' भूत सवार रहता है। वे इस बात को कहते हुए नहीं थकते कि 'हम प्राचीन ऋषियों के वंशज हैं।

हम आर्यों की सन्तान हैं।' इनके कुछ बने-बनाए फिकरे होते हैं : 'प्राचीन काल में दूध-दही की नदियाँ बहती थीं' (शायद क्षीर-सागर में गिरती होंगी!)...यह सब गर्व का कारण हो सकता है। इसमें कोई एतराज़ नहीं। पर यह भूत बनकर सिर पर सवार हो, तब तर्क का तंत्र-मंत्र फूँककर भूत उतारना होगा।'

गरज कि समस्या भूत उतारने की है। मार्क्स की ही तरह परसाई जी भी भारत के भूतों को भगाने की कोशिश कर रहे थे और वह भी 'तर्क' के तंत्र-मंत्र से। सिर्फ़ तंत्र-मंत्र से भूत उतारनेवाले और हैं। वे भूल जाते हैं कि भूत उस लौंग में भी है जिससे वे भूत उतारने के लिए झाड़-फूँक करते हैं। देरिदा कुछ-कुछ ऐसे ही ओझा मालूम होते हैं जो 'स्पिरिट' से 'स्पिरिट्स' हटाना चाहते हैं : दूसरे शब्दों में 'रूह' से 'रूहों' को दूर भगाना! चिकित्सा की यह पद्धति 'होमियोपैथी' को ही मुबारक! वैसे उसे गुरुदेव हज़ारी प्रसाद द्विवेदी अपनी सहज विनोद-मुद्रा में 'मेडिकल मिस्टिसिज़्म' कहा करते थे।

इसी क्रम में पंडित जी का वह लेख याद आ रहा है : भीष्म को क्षमा नहीं किया गया। यह लेख 19 जनवरी, 1978 के 'साप्ताहिक हिन्दुस्तान' में छपा था। आपातकाल के बाद। महाभारत के भीष्म का इतिहास-बोध अगाध था। प्राचीन काल में भीष्म-जैसा धर्मज्ञ और ज्ञानी खोजना कठिन है। महाभारत का शान्तिपर्व इसका गवाह है। युधिष्ठिर के हर प्रश्न के उत्तर में वे प्राय: यह कहकर शुरू करते हैं : 'अत्रप्युदाहरन्तीमितिहास पुरातनम्' (यहाँ भी लोग इस पुराने इतिहास की नजीर देते हैं)। किस प्रकार पुराने इतिहास से वह वर्तमान समस्या के सही स्वरूप का उद्घाटन करते हैं और उसका विकासक्रम समझा देते हैं, वह चकित कर देता है। फिर भी क्या कमी है जिसके कारण उन्हें अवतार नहीं माना गया? यही नहीं, बल्कि लोक ने उन्हें क्षमा नहीं किया। क्या इसलिए कि द्रौपदी का अपमान देखकर भी वे चुप रह गए? लेख के अन्त में यह टिप्पणी है : 'भीष्म में कर्तव्य-अकर्तव्य के निर्णय में कहीं कोई कमज़ोरी थी।...आजकल भी ऐसे विद्वान मिल जाएँगे, जो जानते बहुत हैं, करते कुछ भी नहीं। करनेवाला इतिहास-निर्माता होता है, सिर्फ़ सोचते रहनेवाला इतिहास के चक्र के नीचे पिस जाता है। इतिहास का रथ वह हाँकता है, जो सोचता है और सोचे हुए को करता भी है।'

तात्पर्य यह कि कभी-कभी इतिहास-बोध भी बोझ बन जाता है और इतिहास का पंडित उस बोझ के भार से दब जाता है। यह 'शापमय वर' साबित होता है। जितना लम्बा अतीत, उतना भारी बोझ। इतिहास-दर्शन प्रकृत्या क्रान्तिकारी दर्शन नहीं है। इतिहास सामान्यत: परम्परा और निरन्तरता का पर्याय समझा जाता है। परिवर्तन और विकास को भी एक तरह से यही परम्परा अपने अन्दर समाहित करके परिवर्तनकामियों को ठंडा कर देती है। सम्भवत: इसीलिए 'ऐतिहासिक भौतिकवाद' को माननेवाले अपने-आपको 'इतिहासवाद' से अलग रखते हैं। किसी घटना को

ऐतिहासिक सन्दर्भ देना अपने-आपमें कोई क्रान्तिकारी काम नहीं है। इसीलिए सचमुच के क्रान्तिकारी विचारक इस प्रकार की ऐतिहासिकता-वृत्ति पर अतिरिक्त रूप से मोहित भी नहीं दिखते।

इसीलिए मार्क्स ने अपनी उसी लूई बोनापार्त पुस्तक में भावी क्रान्ति के बारे में यह जोड़ा था : '...सामाजिक क्रान्ति अतीत से नहीं वरन् भविष्य से ही अपनी कविता प्राप्त कर सकती है। वह उस समय तक अपना समारम्भ नहीं कर सकती जब तक अतीत सम्बन्धी अपने मूढ़ विश्वासों को दूर न कर ले। पहले की क्रान्तियों को स्वयं अपनी अन्तर्वस्तु के सम्बन्ध में अपने को मदहोश करने के लिए विगत विश्व-इतिहास की स्मृतियों की आवश्यकता पड़ती थी। (इस) क्रान्ति के लिए ज़रूरी है कि अपनी अन्तर्वस्तु प्राप्त करने के लिए जो बीत गया है, उसे भुला दें। पहली क्रान्तियों के नारे उनकी अन्तर्वस्तु से आगे निकल गए थे; यहाँ अन्तर्वस्तु नारों से आगे निकल जाती है।'

सारांश यह कि क्रान्ति अपनी 'कविता' अतीत से नहीं, भविष्य से ही प्राप्त कर सकती है। इसी बात को इस प्रकार भी कहा जा सकता है कि क्रान्ति की 'कविता' इतिहास के प्रेतों से नहीं, बल्कि भविष्य के फ़रिश्तों से ही प्राप्त हो सकती है। इसमें आशंका है तो सिर्फ़ यह कि इंतजार करें फ़रिश्ते का और प्रकट हो प्रेत! 'इतिहास के फ़रिश्ते' का स्वप्न देखनेवाले वाल्टर बेंजामिन दुर्भाग्य से इसी विडम्बना के शिकार हो गए।

किन्तु बेंजामिन अपने जीवन का अन्त करने से पहले अपने 'इतिहास चिन्तन' के अठारह मूल्यवान सूत्र छोड़ गए जिनमें से फ़िलहाल एक ही सूत्र के उल्लेख से सन्तोष करना पड़ेगा। यह वही सूत्र है जो इस उत्तर-आधुनिक दौर के परिवर्तनकामी विचारकों को विशेष रूप से प्रिय है। सातवें सूत्र का अन्तिम वाक्यांश हिन्दी में कुछ-कुछ इस प्रकार होगा। ऐतिहासिक भौतिकवादी का काम है इतिहास के शहतीर पर उल्टा रंदा चलाना।

प्रचलित ढंग तो यही है कि शहतीर के रेशे के अनुकूल सीधा रंदा ही चलाया जाए ताकि रेशे न उखड़ें और शहतीर की चिकनाई सुरक्षित रहे।

ऐसा चिकना-चुपड़ा इतिहास मुख्यत: विजेताओं का ही इतिहास होगा। और तय है कि ऐसे इतिहास में वे असंख्य जन गुमनाम रह जाएँगे जो पहले ही पराजित हो चुके हैं। ये भी इतिहास के ही प्रेत हैं; जैसे प्रेमचन्द की कहानी बलिदान ('सरस्वती', 1918) का किसान गिरधारी जो खेत छूट जाने पर उसी के गम में बिना कुछ कहे-सुने मर जाता है और भूत बनकर अपने ही खेतों के इर्द-गिर्द मँडराता रहता है। ऐसा ही एक और प्रेत है। हरिशंकर परसाई की कहानी है : 'भोलाराम का जीव', जिसमें दफ्तर के एक छोटे-से बाबू के प्राण अपनी पेंशन की अर्जी के नीचे अभी तक दबे पड़े हैं। इधर उन प्रेतों की तादाद में तेज़ी से बढ़ोतरी हुई है; उनमें ज़्यादातर दलित

और बलात्कार की शिकार औरतें हैं। शाहआलम कैम्प की रूहों ने प्रेतों की इस दुनिया को एक नया आयाम दे दिया है। इतिहास के शहतीर पर उल्टा रंदा चलाने से ही ये पहचाने जा सकेंगे और शायद इतिहास में जगह भी पा जाएँ, वरना कहानी का आँचल तो इन आत्माओं को पनाह देने के लिए है ही।

इस उत्तर-आधुनिक दौर में ये कहानियाँ ही इतिहास कहलाती हैं—छोटे-छोटे लोगों की बड़ी-बड़ी कहानियाँ। अंग्रेज़ी में वैसे भी 'स्टोरी' और 'हिस्टरी' सुनने में एक-से लगते हैं। इसीलिए अब 'इतिहास' की जगह 'इतिहासों' की बात की जा रही है। वैसे कोई भीष्म पितामह यही कहेगा कि ऐसा पहले भी हो चुका है—कहीं और नहीं, स्वयं महाभारत में ही। महाभारत कौरव-पांडवों के महाख्यान का इतिहास है तो उसके अन्तर्गत शकुन्तलोपाख्यान जैसे सैकड़ों छोटे-छोटे उपाख्यान भी हैं। ल्योतार ने महाख्यान को ख़त्म कर दिया तो फूको ने हाशिए पर पड़े लोगों के छोटे आख्यानों को प्रतिरोध का अस्त्र बना दिया। हर समुदाय में अपनी 'पहचान' की प्यास प्रबल हो गई। साथ-साथ हर क्षेत्र में आपसी होड़ मच गई। इतिहास के शहतीर पर उल्टे रंदे इतनी तेज़ी से चलने लगे कि इतिहास के रेशे-रेशे उखड़ गए और उसके पन्ने गुच्छों से भर गए। इतिहास व्याख्या-मात्र हो गया। व्याख्या और व्याख्या। भाष्य पर भाष्य। इतिहास एक महाभाष्य! कौन व्याख्या सही, कौन व्याख्या ग़लत, कोई मानदंड नहीं। हर मुलजिम को इतिहास की इस अदालत में सन्देह का लाभ। उत्तर-आधुनिकता के दौर का यह नया लोकतंत्र है! 'फ़रियादी' का नक्श देखिए और यह भी देखिए कि 'कागज़ी है पैरहन हर पैकरे तसवीर का!' कहते हैं, यह अपनी 'पहचान की राजनीति' है! इतिहास से प्रतिशोध! इतिहास इन्हें जगह दे भी दे तो भविष्य? जवाब देने का दावा कौन कर सकता है? फूको भी ख़ामोश! वे खुद इतिहास में चले गए। आश्चर्य है कि देरिदा के मार्क्स के प्रेत में फूको कहीं मौजूद नहीं हैं।

क्या इसलिए कि उनकी नज़र में इन छोटे-छोटे आख्यानों का कोई भविष्य नहीं है? एक 'नये इंटरनेशनल' का सपना देखने का मतलब और क्या हो सकता है? देरिदा का 'नया इंटरनेशनल' एक और महाख्यान नहीं तो क्या है? स्वयं उत्तर-आधुनिकता का इतिहास भी कितना जल्दी-जल्दी बदल रहा है! पहले महाख्यान का अन्त, फिर छोटे आख्यानों का भी अन्त और 'नये इंटरनेशनल' के रूप में एक नये महाख्यान का आरम्भ! देरिदा का वह स्वप्न अब अप्रत्याशित रूप में साकार हो रहा है और उसी अमरीका में। कहीं और हो भी कहाँ सकता है?

येल विश्वविद्यालय में 'येल सेंटर फॉर द स्टडी ऑफ़ ग्लोबलाइजेशन' अर्थात् 'भूमंडलीकरण के अध्ययन का येल केन्द्र' खुल गया है जहाँ 'ग्लोबल इतिहास' पर अध्ययन और अनुसन्धान किया जाएगा। इस केन्द्र ने स्पष्ट कर दिया है कि यह 'ग्लोबल इतिहास' पूर्वपरिचित 'विश्व-इतिहास' की परिकल्पना से भिन्न ही नहीं, बल्कि कहीं अधिक व्यापक है। नई सूचना-प्रणाली और पर्यावरण-सम्बन्धी

नई चिन्ता के चलते इस इतिहास के आगोश में भूमंडल के साथ-साथ समस्त नभ-मंडल भी आ जाता है। इसीलिए 'ग्लोबल' युग के दौर में इतिहास को भी 'ग्लोबल' बनाना तर्कसंगत है। इस न्याय से इतिहास को भी अपनी 'लोकल' सीमा से बाहर निकलकर 'ग्लोबल' होना पड़ेगा, ठीक विश्व-बाज़ार के अनुरूप।

मजा देखिए कि देरिदा का 'नया इंटरनेशनल' का नारा ख़याल का ख़याल यानी 'स्पिरिट' ही रहा, जबकि येल ने इतिहास में 'ग्लोबलाइजेशन' का नया मोर्चा बना लिया! यह है इतिहास का जवाबी हमला। इसे भी एक और प्रेत नहीं तो क्या कहेंगे?

इसी बीच 2000 में हार्वर्ड यूनिवर्सिटी प्रेस से 'एम्पाइर' (साम्राज्य) नामक पुस्तक प्रकाशित हुई—माइकेल हार्ट और अन्तोनियो नेग्री की। यह फुकुयामा की पुस्तक से भी ज़्यादा लोकप्रिय हुई और हाथों-हाथ बिक गई और देखते-देखते उसके कई संस्करण हो गए! यह साम्राज्यवाद के पुनर्भव का उद्‌घोष है। पुराने साम्राज्यवाद के फिर से प्रकट होने की पुष्टि—निश्चय ही नये आकार-प्रकार में। ब्रिटिश साम्राज्यवाद की तरह किसी एक राष्ट्र का शरीर धारण करके सम्पूर्ण विश्व पर छा जानेवाला कोई सगुण साकार देव नहीं, बल्कि एक नामहीन निर्गुण निराकार छायाशक्ति! दूसरे शब्दों में भूत या महाभूत! कैसी विडम्बना है कि अभी तक पश्चिमवाले 'उत्तर-उपनिवेशवाद' के विमर्श से कागज काले कर रहे थे और दुनिया के पूर्वी तथा दक्षिणी हिस्से के बौद्धिकों को बार-बार समझाने की कोशिश में लगे थे कि उपनिवेशवाद और साम्राज्यवाद का दौर ख़त्म हो गया। और अब वहीं से यह दूसरी आवाज़ आ रही है। अब तो अमरीका में ऊँची जगहों पर बैठे प्रभावशाली बौद्धिक भी गरमजोशी से खुलकर संयुक्त राज्य अमरीका के 'साम्राज्यवादी' और 'नव साम्राज्यवादी' मिशन का स्वागत कर रहे हैं और इराक पर अमरीकी हमले का समर्थन! यह भी इतिहास की एक पुनरावृत्ति है जिसे इतिहास का प्रेत ही कहना पड़ेगा।

सचमुच ही 'वक़्त की चूलें खिसक गई हैं' और अपने कवि शमशेर के शब्दों में कहें तो 'घिर गया है समय का रथ' किसिम-किसिम के छोटे-बड़े प्रेत घेरे हुए हैं और घेरते जा रहे हैं—इतिहास की आवृत्ति पर आमादा। एक और महाभारत रचाने के लिए कटिबद्ध। सर्वनाश की चिन्ता किये बिना। संकट की इस घड़ी में या तो व्यास की तरह ऊर्ध्वबाहु की मुद्रा में महाभारत का श्लोक बुदबुदाएँ या फिर फ़ैज के साथ 'दुआ' करें :

आइए, हाथ उठाएँ हम भी
हम जिन्हें रस्मे-दुआ याद नहीं
हर्फ़े-हक़ दिल में खटकता है जो काँटे की तरह
आज इज़हार करें और ख़लिश मिट जाए।

['आलोचना' : सहस्राब्दी अंक 10-11, जुलाई-दिसम्बर, 2002]

खंड-3

आधुनिक विश्व कविता

आधुनिक रूसी कविता का आरम्भ

'चौंसठ रूसी कविताएँ' (1964) की भूमिका में बच्चन जी ने लिखा है कि 'रूसी कविता से मेरा प्रथम परिचय मायकोएव्स्की की रचनाओं द्वारा ही हुआ।' यही बात, जहाँ तक मेरी जानकारी है, हिन्दी के अधिकांश कवियों के लिए भी कही जा सकती है। बात पाँचवें दशक के आरम्भ की है जब हिन्दी में प्रगतिशील आन्दोलन ज़ोरों पर था और मायकोएव्स्की का देश—सोवियत रूस, हिटलरी हमले के विरुद्ध समाजवाद की रक्षा के लिए प्राणपण से लड़ रहा था और उस पर सारी दुनिया की आँखें टिकी थीं। मायकोएव्स्की की कविताओं का हर्बर्ट मार्शल-कृत अनुवाद, संयोग से, उन्हीं दिनों बाज़ार में आया था। बच्चन जी ने बड़ी ईमानदारी से लिखा है कि वे मायकोएव्स्की से विशेष प्रभावित नहीं हुए क्योंकि उनके लेखे 'कवि में प्रखरता तो थी पर दिव्यता कहीं नहीं।' लेकिन प्रतिक्रिया इसके विपरीत भी हुई—ख़ास तौर से उन कवियों में जिन्हें 'दिव्यता' की तलाश न थी, बल्कि जिनके हृदय में एक तरह की क्रान्तिकारी भावना थी और जो कविता को नया रूप देने के लिए छटपटा रहे थे। उन प्रगतिशील और प्रयोगधर्मा कवियों को मायकोएव्स्की में कवि-कर्म का एक नया आदर्श दिखाई पड़ा—शायद एक नया काव्य-संसार ही उद्घाटित हो गया। सम्भव है, इस अनुभव का बहीखाता कोई कवि कभी लिखे, किन्तु उस अनुभव की झलक उस काल की कविताओं में आज भी देखी जा सकती है। 'चाँद का मुँह टेढ़ा है' शीर्षक कविता (1953) में मुक्तिबोध का यह कहना कि 'आज तो पोस्टर ही कविता है', मायकोएव्स्की से परिचय के बिना सम्भव न था। जहाँ तक मुझे याद है, गिरिजाकुमार माथुर ने भी उन्हीं दिनों या शायद कुछ पहले 'हंस' में मायकोएव्स्की की एक कविता का अनुवाद प्रकाशित करवाया था। उस कविता की ये दो पंक्तियाँ आज भी मुझे याद हैं : 'आज हमारे रंग की हुई कूँची सड़कें और कैनवस हुई पार्क गलियाँ चौराहे।' लेकिन मूल प्रेरणा कविता को पोस्टर बनाने से भी आगे बढ़कर उस मिज़ाज तक ले जाती है जहाँ 'जनरुचि के मुँह पर एक तमाचा' लगाने का हौसला था और ज़ाहिर है कि दिव्यतादर्शी कवियों को अपने मुँह का ख़याल काफ़ी था। वस्तुत: उस संक्रान्तिकाल में मायकोएव्स्की की रचनाओं ने हिन्दी कविता के नव-निर्माण

में जिस प्रकार 'उत्प्रेरक' का काम किया, उसे आधुनिक हिन्दी कविता के किसी भी इतिहासकार के लिए अनदेखा करना सम्भव नहीं है।

इस ऐतिहासिक मोड़ के अलावा रूसी कविता ने आगे चलकर थोड़े-थोड़े अन्तराल के बाद कम-से-कम दो बार हिन्दी कविता की सृजन-प्रक्रिया में एक हद तक योगदान दिया है : छठे दशक के अन्त में पास्तरनाक की कविताओं के द्वारा तथा सातवें दशक के अन्त में येव्तुशेंको और वोज्नेसेंस्की की कविताओं के द्वारा। निस्सन्देह इन प्रभावों की प्रकृति इतनी परोक्ष और सूक्ष्म है कि इनका पता लगाने के लिए अधिक गहराई में उतरने की आवश्यकता है। किन्तु इतना निश्चित है कि छठे दशक के बाद से पश्चिमी दुनिया की कविता अपना आकर्षण खो चुकी है और जिस समय अकविता के मारे हिन्दी कवि बन्द गली से निकलने का प्रयास कर रहे थे, उस समय येव्तुशेंको और वोज्नेसेंस्की की कविताओं में मुक्ति का एक मार्ग दिखाई पड़ा। निस्सन्देह ये कवि हमारी अपनी खोज न थे। ये अंग्रेज़ी की उसी खिड़की से होकर यहाँ तक आए थे जिससे एक समय मायकोएव्स्की आए थे, फिर भी पूर्वी हवा के इस झोंके में ताज़गी थी। हिन्दी में इन दोनों कवियों के अनुवाद भी काफ़ी हुए—किसी भी अन्य रूसी कवि से ज़्यादा। अनुवाद पेशेवर अनुवादकों ने नहीं, स्वयं नये कवियों ने किए। स्वेच्छया और स्वत:स्फूर्त। प्रभाव को मापना मुश्किल है, फिर भी लगता है कि एक बार फिर रूसी कविता ने हिन्दी काव्य की प्रयोगशाला में 'उत्प्रेरक' का काम किया।

निस्सन्देह जिन्हें सिर्फ़ आम खाने से मतलब है, पेड़ गिनने से नहीं, वे समय-समय पर पश्चिमी लहर से बहकर आनेवाले रूसी कवियों के छिटपुट अनुवादों से सन्तोष कर सकते हैं। किन्तु कुछ ऐसी भूख वाले अभागे भी होते हैं जो आम खाने से पहले उस पेड़ को देखना चाहते हैं। उदाहरण के लिए, पास्तरनाक की कविताओं में गहरी रुचि लेनेवाला इस बात का पता लगाए बिना नहीं रह सकता कि उसने शेक्सपियर, गेटे, कीट्स, बर्लेन आदि के अनुवाद क्यों किए और इन अनुवादों ने स्वयं पास्तरनाक के सृजन-कर्म को किस हद तक प्रभावित किया। प्रसंगवश यह उल्लेखनीय है कि आधुनिक रूसी कवियों में विदेशी भाषाओं के काव्य के अनुवाद की प्रवृत्ति बहुत व्यापक है और इसकी एक लम्बी परम्परा है। जो इसकी व्याख्या जीविकोपार्जन के साधन के रूप में करके छुट्टी पा लेते हैं, वे सरल समाधान का ही सहारा नहीं लेते, बल्कि एक राजनीतिक अपप्रचार के भी शिकार हैं। बहरहाल, आधुनिक रूसी कविताओं के ये अनुवाद स्वभावत: हममें उनके ऐतिहासिक सन्दर्भों और कवियों की सृजन-प्रक्रिया सम्बन्धी उन प्रयासों के प्रति जिज्ञासा जगाते हैं जो प्रस्तुत सर्जनात्मक चुनौतियों के कारण सम्भव हुए। यह जिज्ञासा हमें अनिवार्यत: आधुनिक रूसी कविता के आरम्भ की ऐतिहासिक स्थिति की ओर ले जाती है।

जितना रोचक है सोवियत संघ की कम्यूनिस्ट पार्टी की बीसवीं कांग्रेस (1956) के बाद येव्तुशेंको और वोज्नेसेंस्की के द्वारा रूसी कविता को पुनर्जीवित करने

का प्रयास, उससे कहीं अधिक रोचक है बीसवीं सदी के आरम्भ में ब्लोक और मायकोएव्स्की जैसे कवियों के द्वारा रूसी कविता के नवजीवन के संचार के लिए किया गया संघर्ष। वस्तुत: रूसी कविता का 'स्वर्ण-युग' पुश्किन और ल्येरमन्तोव के साथ उन्नीसवीं सदी के पूर्वार्द्ध में ही समाप्त हो गया था। उसके बाद लगभग आधी सदी के लिए रूसी कविता साहित्य के हाशिये पर चली गई और केन्द्र में आ गया कथा-साहित्य, जिसके सार्थवाह थे विश्वविख्यात कथाकार तुर्ग्येनेव, दोस्तोएव्स्की, टॉल्स्टॉय और चेख़व। उन्नीसवीं सदी के अन्त में पैदा होनेवाले अलेक्सान्द्र ब्लोक और उनकी पीढ़ी के अन्य कवियों का ऐतिहासिक महत्त्व इस बात में है कि उन्होंने कविता को पुन: रूसी साहित्य के केन्द्र में लाने का सर्जनात्मक प्रयास किया। 1917 की अक्टूबर क्रान्ति से ठीक पहले के दो दशक विविध काव्य-वादों और आन्दोलनों के उदय तथा उनके आपसी टकराव की गहमागहमी से भरे हुए हैं। इस काल में कवियों की दो पीढ़ियाँ सृजन के क्षेत्र में आईं और कोई दो दर्जन मेधावी कवि इन आन्दोलनों में सक्रिय हुए। सम्भवत: इस सक्रियता के कारण ही इस युग को रूसी साहित्य के 'रजत-युग' की संज्ञा दी जाती है। रूसी-साहित्य में 'आधुनिकतावाद' की शुरुआत भी इसी युग में हुई, जिसकी अभिव्यक्ति कविता में 'प्रतीकवाद' के नाम से विख्यात है।

किन्तु रूसी प्रतीकवाद व्यापक यूरोपीय आन्दोलन की एक कड़ी होते हुए भी अन्तत: रूसी था। रहस्यवाद और सौन्दर्यवाद का आग्रह इसमें भी था, किन्तु यथार्थवाद की रूसी परम्परा इतनी सुदृढ़ थी कि उससे दामन बचाना इस प्रतीकवाद के लिए भी सम्भव न था। रूसी प्रतीकवाद की सर्वोत्तम उपलब्धि अलेक्सान्द्र ब्लोक (1880-1921) हैं, जो हमारे यहाँ फ्रांसीसी मलार्मे, जर्मन रिल्के और अंग्रेज़ी के यीट्स की तुलना में बहुत कम परिचित हैं, किन्तु कविता के क्षेत्र में उनका आत्म-संघर्ष सम्भवत: हमारे लिए कहीं अधिक प्रासंगिक हो सकता है। आरम्भ में ब्लोक भी अन्य प्रतीकवादियों के समान 'सनातन नारीत्व' के सौन्दर्य के उपासक थे। यह वही 'सनातन नारीत्व' है जिसकी महिमा बखानते हुए जोशी-बन्धु (हेमचन्द्र जोशी और इलाचन्द्र जोशी) ने 1918 की 'सुधा' में 'साहित्य-कला और विरह' शीर्षक लेख लिखा था और जिस पर निराला को 'कला के विरह में जोशी-बन्धु' नामक लेख लिखना पड़ा था। जोशी-बन्धुओं ने अपनी धारणा की पुष्टि के लिए रवीन्द्रनाथ की कविता से ये पंक्तियाँ भी उद्धृत की थीं : 'आमार माझे जे आछे से गो/कोनो विरहिणी नारी'। लेकिन रूसी प्रतीकवादी ब्लोक की यह विशेषता है कि उनकी कविताओं की वह 'सुन्दर स्त्री' क्रमश: इतनी व्यापक और सामान्य हो गई कि उससे स्वयं 'रूस' की मातृभूमि का आभास होने लगा। ब्लोक शुद्धतम प्रतीककार होते हुए भी शुद्ध कला की सीमा में कभी न बँधे और इस प्रकार वे स्वत: सम्पूर्ण सौन्दर्यवाद से कहीं बड़े और कहीं गहरे थे।

1905 की क्रान्ति ने ब्लोक को और ज़्यादा झकझोर दिया। कहते हैं कि वे पीटर्सबर्ग के प्रदर्शन में शामिल भी हुए थे और उनके हाथ में लाल झंडा था। जो हो, तथ्य यह है कि इस क्रान्ति के बाद 1906 में उन्होंने 'गतिरोध' शीर्षक एक लेख लिखा, जिसकी टेक है : 'क्या करें? अब क्या करें?' यह वही प्रश्न है जिसे 1902 में लेनिन ने रूस के सामने रखा था और जवाब में बोल्शेविक पार्टी का निर्माण किया था, जहाँ उनके अनेक समकालीन अतीन्द्रिय सौन्दर्य का स्वप्न देखने में आत्मतुष्ट थे, ब्लोक अपने आसपास के पतनोन्मुख बुर्जुआ परिवेश के प्रति गहरी नफ़रत से भरे थे। इसीलिए संगीत के रूप में सारे संसार को देखनेवाले इस गायक का कविता में नारा था : 'धरती की ओर' और 'मनुष्य के पास'। तभी तो 'अजनबी स्त्री' (1906) शीर्षक कविता में जहाँ एक ओर उनके सामने 'रेशम में लिपटी एक रमणी की देह पास धुँधली खिड़की में डोलती है', वहीं दूसरी ओर 'किसी बच्चे की चीख़' और 'किसी औरत का चीत्कार' बीच-बीच में सुनाई पड़ता है। यही यथार्थ दृष्टि प्रकृति-सम्बन्धी कविताओं को भी देश की गहरी वेदना से भर देती है। 'हेमन्ती दिन' (1909) शीर्षक कविता में त्रिकोण आकार में उड़ते सारस हैं तो उनका करुण क्रन्दन भी है, पारदर्शी रुका हुआ दिन है तो उसमें कौवे की काँव-काँव भी है, और हैं नन्हे-नन्हे दीशाहीन बिखरे गाँव भी। अन्त में कवि की उक्ति :

ओ रे निर्धनता के मारे देश हमारे,
क्या है तुझमें जिस पर मैं यों न्योछावर हूँ?

कहाँ अपने देश से एक सौन्दर्यवादी कवि का यह लगाव और कहाँ हमारे राष्ट्रवादी कवियों का गगनभेदी देश-प्रेम।

नारी के प्रति ब्लोक की दृष्टि क्या थी, इसे 'ग्रीष्म' (1907) कविता की इन पंक्तियों में देखा जा सकता है :

और मोमबत्ती की लम्बी रोशनी
किताब के उस पन्ने पर पड़ रही है
जिसमें वह प्रोफेसर
मच्छर की तरह मेरे कानों में भनभना रहा है
कि देश की नारी पीड़ित है
और इसीलिए उसकी हालत मज़दूर की-सी है।
यह देखो! यह है उसकी तसवीर : खिचड़ी बालोंवाला प्रोफेसर
बना-ठना साफ़-सुथरा, अपनी किताब के
पैंतीस संस्करण निकाल चुका है! ठहरो
तुम कहते हो, मज़दूर पीड़ित है? लेकिन
बसंत में मैंने एक जाँबाज़ को देखा था

एक मज़दूर को देखा था, जो सीना ताने लड़ाई में कूदकर
मौत को गले लगा लेगा,
अपने दोस्तों के साथ कदम-से-कदम मिलाकर।

× × ×

ठहरो
तुम कहते हो नारी दासी है?
मैं एक नारी को जानता हूँ।
अग्निशिखा थी
उसकी चाल में हवाएँ थीं
और आँखों में—विषाद और कामनाओं के दो सागर
वह मार सकती थी
और फिर जिला भी सकती थी
अच्छा, अब तुम
मारकर जिलाने की कोशिश कर देखो!
नहीं कर सकते?
लेकिन नारी और मज़दूर कर सकते हैं।

'नारी, तुम केवल श्रद्धा हो' को भारतीय नारी का सर्वोच्च प्रतिमान समझनेवाले देख सकते हैं कि 'चिरन्तन नारीत्व' के उपासक ब्लोक की 'अग्निशिखा' में कितना तेज़ है, कितनी करुणा है और है कितनी संजीवनी शक्ति! क्या हमारे यहाँ नारी को मज़दूर के साथ रखकर देखने का प्रयास कहीं मिलता है? इसके अलावा जिनकी धारणा है कि गम्भीर प्रतीकवादी व्यंग्य की चोट करने में असमर्थ थे, वे ब्लोक में 'प्रोफेसर' का चित्र देखकर अपने भ्रम का निवारण कर सकते हैं।

ब्लोक के इस रूप से परिचय पाने के बाद आश्चर्य के लिए अवकाश नहीं रह जाता कि उन्होंने 1917 की अक्टूबर-क्रान्ति के बाद 'बारह' (1918) जैसी अमर कविता लिखी। निस्सन्देह 'बारह' अत्यन्त विवादास्पद कविता है। कविता के अन्त में सहसा सफ़ेद फूलों की माला धारे ईसा मसीह को अवतरित होते देखकर क्रान्ति के समर्थकों का मन प्रश्न से भर उठा था। किन्तु ब्लोक जैसे ईमानदार कलाकार का आन्तरिक परिवर्तन इससे भिन्न नहीं हो सकता था। वे तोताचश्म अवसरवादी न थे कि अपना सारा अतीत झाड़-पोंछकर क्रान्तिकारियों का बाना धारे भीड़ में शामिल हो जाएँ। उनके भावी स्वप्न की भाषा की भी एक सीमा थी, जिससे बढ़कर या बाहर निकलकर सोचना उनके लिए असम्भव था। वे अक्टूबर के पक्ष में आ गए थे, किन्तु वे अक्टूबर के कवि न थे। कवि वे मूलत: क्रान्ति-पूर्व रूस के ही थे और जैसाकि लूनाचास्त्रकी ने कहा है : 'ब्लोक रूसी आभिजात्य के अन्तिम महान कलाकार थे।' पुराने और नये की संक्रमण-बेला में जहाँ बड़े-बड़े बुद्धिजीवी

प्रतिक्रिया की नदी में बह गए, वहाँ ब्लोक की सर्जनात्मक दृष्टि ने भविष्य के मूर्त रूप को पहचानने में चूक नहीं की—यह राजनीतिक प्रतिबद्धता का विषय नहीं, बल्कि कलात्मक निष्ठा का प्रतीक है।

ब्लोक की इस कलात्मक निष्ठा ने कविता की भाषा में अभूतपूर्व व्यंजकता और लयात्मक संगीतात्मकता की सृष्टि की, जिन गुणों के कारण रूसी भाषा में नये काव्य का सृजन सम्भव हो सका। इसीलिए उनके प्रतीकवाद से असहमति रखनेवाले परवर्ती पीढ़ी के कवियों ने भी कवि ब्लोक के प्रति हार्दिक श्रद्धा व्यक्त की है। ब्लोक से बारह वर्ष छोटी मरीना त्स्वेतायेवा ने उनके नाम अपनी दस कविताएँ समर्पित कीं, परम्परा-भंजक मायकोएव्स्की ने ब्लोक के व्यापक प्रभाव को स्वीकार किया और इसी प्रकार उस पीढ़ी के अन्य कवियों ने भी अपने-आपको उनका ऋण-स्वीकारी माना। यथार्थनिष्ठ सृजनशीलता अपनी सामाजिक और साहित्यिक सीमाओं का अतिक्रमण कर सकती है, ब्लोक मानो इस मान्यता के जीवन्त दृष्टान्त हैं।

1910 तक आते-आते रूसी प्रतीकवाद बिखरने लगा। प्रतीकवादियों के धुँधले रहस्यवाद और शैलीगत दुरूहता के विरुद्ध प्रतिक्रिया शुरू हो गई। मिखाइल कुजमिन ने 1910 में 'सुन्दर सुस्पष्टता के बारे में' शीर्षक लेख लिखकर यह स्थापित किया कि कविता में वस्तुओं का यथातथ्य वर्णन, शब्दों के अपव्यय से परहेज और संक्षिप्तता ही प्रमुख उद्देश्य है। प्रतीकवादी ब्रयुसोव के शिष्य गुमिल्योव ने इन स्थापनाओं के आधार पर 1912 में कवियों के एक 'गिल्ड' की स्थापना करके एक नये आन्दोलन का सूत्रपात किया, जिसके अनुयायी अपने-आपको 'अकेमेइस्ट' कहते थे। इस आन्दोलन के प्रमुख कवि थे—गुमिल्योव की पत्नी अन्ना अख्मातोवा और ओसिप मंदेलश्ताम। मंदेलश्ताम की कविताओं का पहला संग्रह 'पाषाण' (1913) अपने नाम से ही 'अकेमेइस्ट' आन्दोलन की विशेषताओं को सूचित करता है। मंदेलश्ताम कविता में पत्थर जैसे कड़े और सुनिश्चित बिम्बों के द्वारा नव्य क्लासिकी आदर्शों के अनुपालन का प्रयास कर रहे थे और इस प्रकार वे रूसी भाषा को गोया लैटिन साँचे में ढालना चाहते थे। उसी के आसपास अख्मातोवा की कविताओं के भी दो संग्रह प्रकाशित हुए : 'संध्या' (1912) और 'गुलाबबाड़ी' (1912)। मंदेलश्ताम ने इन कविताओं की भाषा की गद्यात्मकता को सराहते हुए लिखा कि 'अख्मातोवा रूसी गीत में उन्नीसवीं सदी के रूसी उपन्यासों के गद्य की समृद्धि लाने का श्लाघ्य प्रयत्न कर रही है।' स्पष्ट है कि 'अकेमेइस्ट' कवि रूसी कविता को प्रतीकवादी धुँधलके से बाहर निकालने के लिए आकुल थे, किन्तु यह शिल्पगत विद्रोह प्रतीकवाद का विकल्प प्रस्तुत करने में असमर्थ था। इसीलिए यह आन्दोलन अधिक व्यापक न हो सका। फिर भी, इस काव्यान्दोलन की सैद्धान्तिक मान्यताओं के बावजूद, आगे चलकर अख्मातोवा और मंदेलश्ताम ने उत्कृष्ट कविताओं की रचना की।

वस्तुत: रूसी कविता में प्रतीकवाद का विकल्प जिस काव्यान्दोलन के द्वारा प्रस्तुत हुआ, उसके उन्नायक अपने-आपको 'फ़ूतूरिस्ट' (भविष्यवादी) कहते थे। इस आन्दोलन के प्रमुख नेता थे बेलीमिर ख्लेंब्निकोव (1885-1922) और ब्लादीमिर मायकोएव्स्की (1893-1930)। 'भविष्यवाद' नाम से एक आन्दोलन इटली में भी चला था, किन्तु जिस प्रकार रूसी प्रतीकवाद यूरोपीय प्रतीकवाद की एक कड़ी होते हुए भी विशिष्ट था, उसी प्रकार रूसी भविष्यवाद की भी अपनी विशिष्टता थी। भविष्यवाद प्रतीकवाद को चुनौती देने में समर्थ इसलिए हो सका कि यह अपनी जीवन-दृष्टि में भविष्योन्मुखी था, जबकि प्रतीकवाद अपने परिवेश से सर्वथा असन्तुष्ट होते हुए भी अतीत के मोहपाश से पूरी तरह मुक्त होने में असमर्थ था। 1905 की क्रान्ति की पराजय के बाद जो निराशा का वातावरण बना, उसमें कुछ बुद्धिजीवी पस्ती के शिकार हुए तो कुछ ने अराजकतावादी विद्रोह का रास्ता अपनाया। ख्लेंब्निकोव और मायकोएव्स्की का रास्ता बहुत-कुछ अराजकतावादी था। इसका आभास भविष्यवाद के प्रथम घोषणा-पत्र (1912) के शीर्षक 'जन-रुचि के मुँह पर एक तमाचा' से लगाया जा सकता है। स्पष्टत: भविष्यवादी कवि 'अकेमेइस्ट' कवियों के सर्वथा विपरीत थे, क्योंकि 'अकेमेइस्ट' कवि जहाँ अतीत के क्लासिकी आदर्शों की ओर लौटने की बात करते थे, वहीं भविष्यवादी अतीत के कवियों को एकदम जहाज से नीचे फेंक देने पर आमादा थे। समकालीन अन्य काव्यान्दोलनों की तुलना में रूसी भविष्यवादी अधिक उग्र, आक्रामक, उद्दंड, मूलगामी और मुखर थे। निस्सन्देह यह हुल्लड़बाज़ी एक ऐतिहासिक कुतूहल की वस्तु बनकर रह जाती यदि उन भविष्यवादी कवियों में नये सृजन का गम्भीर संकल्प न होता।

रूसी भविष्यवाद के इन दोनों नेताओं में ख्लेंब्निकोव का साहित्यिक व्यक्तित्व विलक्षण है। वे भाषाशास्त्र के गहन विद्वान थे और उन्होंने कविता की भाषा में आमूल क्रान्ति करने का प्रयास किया। अपनी भाषिक क्रान्ति को उन्होंने 'अर्थातिशायिनी भाषा' अथवा अर्थ-मुक्त भाषा के निर्माण का प्रयास कहा है। उन्होंने प्रत्येक शब्द की धातु की खोज कर उनकी ध्वनि के आधार पर अर्थव्यंजना को लक्ष्य बनाया। अपने इस सिद्धान्त को अमली रूप देने के लिए उन्होंने कविताएँ भी लिखीं, जिनमें से अनेक काफ़ी दिलचस्प हैं, किन्तु दुर्भाग्य से वे अपनी कविताओं के संग्रह, सुरक्षा और प्रकाशन से सर्वथा उदासीन थे। ख्लेंब्निकोव अपने जीवन-काल में फ्रांसीसी कवि रैम्बो के समान एक किंवदंती बन गए थे। यह फक्कड़ कवि पुश्किन के समान ही 38 वर्ष की अल्पायु में मर गया और वह मृत्यु भी उनके जीवन के अनुरूप ही सुदूर देहात के एक अस्पताल में हुई! ख्लेंब्निकोव को प्राय: कवियों का कवि माना जाता है। समकालीन कवियों में कोई भी प्रतिभाशाली कवि ऐसा नहीं है जो उनसे प्रभावित न हुआ हो—निकोलाई तिखोनोव, बोरीस पास्तरनाक, ओसिप मंदेलश्ताम, निकोलाई ज़बोलोत्स्की आदि सभी किसी-न-किसी रूप में ख्लेंब्निकोव के ऋणी हैं।

ख्लेंब्निकोव की मृत्यु पर अपने शोकोद्गार व्यक्त करते हुए मायकोएव्स्की ने तो यहाँ तक लिखा कि 'पास्तरनाक सहित अपने समस्त कवि-मित्रों की ओर से मैं कहता हूँ कि हम उन्हें काव्यकला के क्षेत्र में अपना एक उस्ताद और काव्यात्मक संग्राम में अपना सबसे शानदार सेना-नायक मानते हैं।' कवियों के अलावा रोमन याकोव्सन और यूरी तिन्यानोव जैसे काव्यशास्त्री भी ख्लेंब्निकोव की प्रतिभा के कायल हैं।

कविता में जिस नवीकरण की क्रान्ति का सूत्रपात ख्लेंब्निकोव ने किया था, उसे प्रभावशाली ढंग से ठोस व्यावहारिक रूप देने का कार्य जिस कवि ने किया, वे स्वयं मायकोएव्स्की हैं और सच पूछा जाए तो मायकोएव्स्की अक्टूबर क्रान्ति के ही प्रथम कवि नहीं बल्कि सच्चे अर्थों में आधुनिक रूसी कविता के भी पहले कवि हैं। विषयवस्तु के साथ ही भाषा, छंद, लय और काव्यसंगीत—सभी दृष्टियों से मायकोएव्स्की के साथ रूसी कविता सर्वथा एक नये युग में प्रवेश करती है। पुश्किन के बाद रूसी कविता की भाषा को जितने नये शब्द मायकोएव्स्की ने दिये, शायद ही किसी अन्य कवि ने दिये हों। बलाघात के अनुसार प्रत्येक शब्द को कविता की इकाई के रूप में प्रस्तुत करके मायकोएव्स्की ने सर्वथा नये लय-विन्यास का निर्माण किया। किन्तु हिन्दी की नई कविता के पाठक इस भ्रम में न पड़ें कि मायकोएव्स्की मुक्तछंद के कवि हैं—जैसे कि निराला। वे कोरे राजनीतिक और नारेबाज़ कवि भी नहीं हैं। यह सही है कि उन्होंने कविता को पोस्टर और पोस्टर की कविता के स्तर तक ले जाने की कठिन साधना की, किन्तु ओजस्वी वाणी और तीखे व्यंग्यों के अतिरिक्त वे प्रेम के मर्मस्पर्शी गीतों के भी समर्थ सर्जक हैं।

परम्परा-भंजक मायकोएव्स्की परम्परा के प्रति क्या दृष्टि रखते थे, यह उनकी 'जयंती' (1924) शीर्षक कविता में स्पष्ट हो सकता है जो पुश्किन की प्रतिमा को सम्बोधित करके लिखी गई है। उनका विरोध पुश्किन से नहीं, पुश्किन-पंथियों से है :

ख़बरदार, पुश्किन-पंथियों से बचो
सठियाये
कलमघिस्सू
सड़े हुए, जूँक।

इसी कविता में मायकोएव्स्की अपनी कविता-सम्बन्धी आन्तरिक तड़प को भी व्यक्त करते हैं और कहते हैं कि 'प्रेम और पोस्टरों से/मैं अब आज़ाद हो चुका हूँ।' और फिर इसके बाद :

सिर्फ़
हम-जैसे लोगों में
मछली-सी लय
कविता के रेतीले विस्तार पर तड़पती है।

हमें तलाश है
एक ठोस
और निहत्थे शब्द की।

'एक असाधारण जोखिम' (1920) शीर्षक कविता में 'फैंटेसी' के आवरण में सूर्य के साथ जिस संवाद का अंकन किया गया है, उससे उस क्रान्तिकारी कवि की सर्जनात्मक ऊर्जा का विस्फोट देखा जा सकता है। सूर्य धौल जमाकर कवि से कहता है :

तुम और मैं
हम दो हैं, आओ कुछ जवाँमर्दी का परिचय दें।
उठो कवि, आओ
आओ, हम गाएँ
और चिल्लाएँ
ताकि दुनिया की मुर्दनी टूटे।
मैं किरणें बरसाऊँगा जो मेरी हैं
और तुम—
तुम अपनी कविताएँ।
और थथर-मथर
फूट पड़ा
कविता और प्रकाश का फव्वारा।

कविता का अन्त इन शब्दों से होता है :

तुम्हारे भीतर एक
अंगारा है।
मेरा और सूरज का
दोनों का यह नारा है।

अन्दर का यह अंगारा ही मायकोएव्स्की की अक्षय सृजनशीलता का मूल स्रोत है और उनकी कविता को क्रान्ति का पर्याय बना देता है।

आधुनिक रूसी कविता के इस प्रथम उत्थान में कुछ ऐसे भी प्रतिभाशाली कवि हुए जो किसी काव्यान्दोलन के साथ पूरी तरह प्रतिबद्ध न थे। उन्होंने अपने समकालीन साहित्यिक आन्दोलनों से आवश्यक प्रेरणा तो ली, पर अपना विकास स्वतंत्र रूप से किया। इन कवियों में मायकोएव्स्की के प्रतिस्पर्धी सेंग्येई येस्येनिन (1865-1925) की चर्चा सबसे पहले की जानी चाहिए। येस्येनिन ने अपने-आपको 'रूसी देहात का अन्तिम कवि' कहा है। गोर्की के शब्दों में : 'येस्येनिन इनसान से

ज़्यादा एक मुखवाद्य या 'आर्गेन' है जिसे प्रकृति ने ख़ास तौर से कविता के लिए सिरजा है।' येस्येनिन बहुत कुछ एक स्वत:स्फूर्त लोककवि के समान रूसी गाँवों के गायक थे—विशेषत: उन गाँवों के, जो औद्योगिकीकरण की प्रक्रिया में धीरे-धीरे मिट रहे थे। मास्को के शहरी वातावरण में आने के बाद आरम्भ में येस्येनिन दूर छूटे हुए अपने गाँव की याद के मार्मिक मर्सिये गाते रहे, लेकिन उन दर्दभरे गीतों में गाँवों की सामाजिक ज़िन्दगी की जगह अपनी धरती के प्रति किसान के सहजात लगाव को ही वाणी दी गई थी। इसलिए उनकी कविता में पेड़, घास, फूल, खेत, मैदान, कुहरा, ओस, हिमानी, तूफान, धूप, हवा, पालतू पशुओं आदि को इस ढंग से मानवीय बना दिया गया है गोया वे स्वयं कवि से उसकी भाषा में बात करने में समर्थ हों! किन्तु, धीरे-धीरे इस आरम्भिक अबोधता ने येस्येनिन में अतिनाटकीयता की मुद्रा ग्रहण कर ली और शहर के कवि मायकोएव्स्की की होड़ में वे गाँवों का प्रवक्ता होने का प्रदर्शन करने लगे। यहाँ तक कि वे औद्योगिक मशीनीकरण के विरुद्ध गाँवों के पिछड़ेपन की हिमायत करने पर उतर आए। किन्तु अक्टूबर क्रान्ति के बाद क्रान्ति के सन्देश को समझकर उन्होंने अपने दृष्टिकोण में परिवर्तन किया और इस तरह उनकी कविता में भविष्य के प्रति एक नई आशा का आभास मिलने लगा। किन्तु, उन कविताओं को ध्यान से देखने पर स्पष्ट हो जाता है कि येस्येनिन इस नये परिवर्तन के साथ अपने बद्धमूल संस्कार का सर्जनात्मक सामंजस्य पूरी तरह न बिठा सके। जैसाकि शहर में आने पर गाँव के अनेक भोले-भाले लोगों के साथ होता है, येस्येनिन भी बोहेमियन तौर-तरीक़ों के चक्कर में फँस गए और अन्त में उन्होंने अपनी ज़िन्दगी से ऊबकर आत्महत्या ही कर ली। मृत्यु के समय कवि की उम्र सिर्फ़ तीस वर्ष की थी। तीस वर्षों की थोड़ी-सी उम्र में से पन्द्रह वर्ष कविता के लिए समर्पित थे। मृत्यु से ठीक पहले येस्येनिन एक कविता लिख रहे थे, जिसकी अन्तिम दो पंक्तियाँ हैं :

मरना—जीवन में कुछ भी नया नहीं,
लेकिन जीना भी तो कुछ नया नहीं।

मायकोएव्स्की येस्येनिन की मृत्यु का दुखद समाचार सुनने के बाद इतने विकल हुए कि उन्होंने कविता के माध्यम से उस कविता के प्रतिवाद का संकल्प किया और अन्तत: एक कविता लिखी, जिसकी अन्तिम पंक्तियाँ इस प्रकार हैं :

मरना
जीवन में
इतना कठिन नहीं
जीना लेकिन
कहीं कठिन है।

विडम्बना यह है कि स्वयं मायकोएव्स्की ने भी पाँच वर्ष बाद इसी तरह अपने ही हाथों अपनी जीवन-लीला समाप्त कर ली। यह है दृश्य उस कवि का जिसने 'जयंती' शीर्षक कविता में कभी लिखा था :

मैं हर किस्म की मृत्यु से
नफ़रत करता हूँ
मैं हर किस्म के जीवन से प्यार करता हूँ।

निस्सन्देह येस्येनिन के काव्य में देहाती रूस के अनेक मनमोहक और दुर्लभ भावचित्र हैं : कहीं 'बूढ़ी चक्की खड़ी हुई है कान हिलाती', कहीं 'पिसे हुए आटे की गन्ध', कहीं 'सड़े भूसे से गँधियाता किसान' और कहीं 'जीभ साफ़ करता खूँटे से रगड़-रगड़कर बैल।' 'सोवियत रूस' (1924) शीर्षक लम्बे गीत में कवि ने यद्यपि अन्त में अक्टूबर और मई पर अपने तन-मन-धन को बारने की घोषणा की है, फिर भी अपने ही गाँव में वर्षों बाद लौटने पर अजनबीपन की वेदना का चित्र कहीं ज़्यादा गहरा है। इस कविता में भी कवि अपनी कविता की निजता की सुरक्षा के लिए चिन्तित दिखता है :

अपनी प्रिय बाँसुरी छोड़कर सब कुछ कर दूँगा न्योछावर
इसे किसी को मैं न समर्पित कर पाऊँगा।

ऐसे सीधे-सादे गीतों के कारण येस्येनिन को निश्चय ही अपने ज़माने में काफ़ी लोकप्रियता प्राप्त हुई, किन्तु सचाई यही है कि वे मूलत: क्रान्ति-पूर्व के रूस के ही गायक हैं, क्रान्ति के गायक नहीं। वस्तुत: आधुनिक रूसी कविता के प्रमुख स्वरों के बीच वे अपवाद के समान हैं। आधुनिक रूसी कविता के निर्माण में उनका शिल्पगत योगदान भी सन्दिग्ध ही मालूम होता है।

इस क्रम में दूसरा नाम मरीना त्स्वेतायेवा (1892-1941) का लिया जा सकता है, जिन्होंने भी येस्येनिन और मायकोएव्स्की के समान अपने ही हाथों अपने जीवन का अन्त किया। त्स्वेतायेवा भी अपने ज़माने के साहित्यिक आन्दोलनों से प्राय: अलग ही रहीं, वैसे समकालीन कवियों के सम्पर्क में वे बराबर रहीं। ब्लोक के प्रति उनकी अगाध श्रद्धा थी क्योंकि उन्होंने कविता को 'अलौकिकता' का दर्जा दिया था। वैसे त्स्वेतायेवा के लिए कवियों का रास्ता 'पुच्छल तारों का रास्ता है : उष्णता के बजाय उबलता-सा, थपथपाने के बजाय चीरता-फाड़ता-सा—सब कुछ विस्फोटित और ध्वस्त!' इस मामले में मायकोएव्स्की से उनका अद्‌भुत साम्य दिखाई पड़ता है। शायद इसीलिए मायकोएव्स्की को वे 'प्रिय शत्रु' कहा करती थीं। कविता और कविता की भाषा के प्रति वही विस्फोटक और विध्वंसक रुख़—किन्तु संयमित और नियंत्रित! कविता में अपने-आपको—अपने अन्तरतम को पूरी तरह अनावृत करके रख देने का ऐसा साहस अन्यत्र दुर्लभ है।

अपने बारे में त्स्वेतायेवा ने सही लिखा है कि 'और मैं हूँ किसी भी सदी में अनखप।' अपने जीवनकाल में अपने लिए वे कहीं भी स्थान न पा सकीं। 1925 में देश छोड़कर पेरिस चली गईं और वहाँ ज़िन्दगी के बीस वर्ष घोर दारिद्र्य और विपन्नता में काटे। वहाँ न बुर्जुआ पेरिस रास आया और न रूसी प्रवासियों का घृणित परिवेश पसन्द आया। 1939 में अन्तत: स्वदेश लौटीं तो थोड़े ही दिनों में महायुद्ध छिड़ गया और 1941 में उन्हें मास्को से दूर तार्तार स्वायत्त गणराज्य के अन्तर्गत येलागुबा में सुरक्षा के लिए भेज दिया गया, जहाँ और अधिक जीना असम्भव हो गया। जिसकी ज़िन्दगी खोने का एक लम्बा सिलसिला हो, उससे कविता में तिक्त अनुभवों के अलावा और क्या उम्मीद की जा सकती है? फिर भी आश्चर्य है कि उनकी कविता में आत्मदया का आभास तनिक भी नहीं है। इस मामले में वे अख्मातोवा से नितान्त भिन्न और कहीं ज़्यादा पोख्ता हैं। बीस वर्षों तक प्रवास में रहने के कारण कविता में 'घर की याद' और देश के लिए 'हुड़क' का भाव ज़रूर उठता है, किन्तु वहाँ भी भावुकता ठोस यथार्थ के अंकुश में रहती है।

त्स्वेतायेवा के छोटे गीतों में कुछ बड़े ही मनोरम भावचित्र मिलते हैं, जैसे 'अगस्त' विषयक कविता में :

अगस्त—तारक पुष्पों का
अगस्त—सितारों का
अगस्त—महीना है
फूलों की बौछारों का!

अथवा

तुम्हारा नाम—जैसे मेरे हाथ में एक पंछी
तुम्हारा नाम—जैसे मेरी जबान पर बर्फ़ का टुकड़ा।

त्स्वेतायेवा की कविता आपातत: अपने ज़माने की राजनीति और समकालीन घटनाओं से सर्वथा अछूती और नितान्त वैयक्तिक दिखाई पड़ती है, किन्तु वस्तुत: वह आधुनिक जीवन की विडम्बना की यथार्थ कविता है। त्स्वेतायेवा उन कवियों में हैं जिनका मूल्य समय के साथ और बढ़ता जाता है।

समकालीन काव्यान्दोलनों से बहुत-कुछ दूर रहनेवाले सबसे महत्त्वपूर्ण कवि हैं बोरीस पास्तरनाक (1890-1960)। उनके विश्वविख्यात उपन्यास 'डॉ. ज़िवागो' ने यदि उनकी ओर सारे विश्व का ध्यान आकृष्ट करके उनका उपकार किया तो इसके साथ उनके कवि-रूप को कुछ-कुछ आच्छादित भी कर दिया। यह सही है कि उनके काव्य-सृजन का प्रवाह काफ़ी विच्छिन्न रहा है और वे अपनी पूर्ववर्ती रचनाओं से निरन्तर असन्तुष्ट होकर उनका तिरस्कार भी करते रहे हैं, फिर भी

उनकी काव्यात्मक उपलब्धियाँ अत्यधिक मूल्यवान हैं—अपनी पीढ़ी के कवियों में मायकोएव्स्की के बाद सम्भवत: सबसे मूल्यवान! मायकोएव्स्की की कविता में जहाँ 'मैं' सबसे मुखर है, पास्तरनाक में 'मैं' का इस हद तक निषेध है कि लगता है, जैसे उनकी कविताओं का कोई रचनाकार ही नहीं है। उनके गीतों में केन्द्रीय स्थान प्रकृति का है, लेकिन वह प्रकृति-चित्रण की 'वस्तु' नहीं बल्कि स्वयं 'कर्ता' है और इस तरह वे प्रकृति के माध्यम से मनुष्य को ही परिभाषित करते हैं। उदाहरण के लिए 'सिसकता बगीचा' कविता में 'मैं और बगीचा' नहीं है बल्कि 'मैं ही बगीचा' है। उनकी कविता में प्रकृति के विषय वही चिर-परिचित हैं—जैसे वसंत, पतझड़ आदि, फिर भी लगता है कि कवि उन्हें पहले-पहल देख रहा है—उन्हें देखनेवाला, सृष्टि में, वह पहला आदमी है। यह सहज विस्मय पास्तरनाक के प्रकृति-चित्रों को आश्चर्यजनक ताजगी प्रदान करता है। रूसी कविता में ऐसे प्रकृति-चित्र दुर्लभ ही हैं।

इसके अतिरिक्त कविता की भाषा को भी पास्तरनाक की देन उल्लेखनीय है। उन्होंने कविता में गद्यात्मक मुहावरों का सन्निवेश करके नये ढंग की काव्य-भाषा का निर्माण किया। कविता को 'साहित्य' शब्द-प्रयोग से मुक्त करने के लिए उन्होंने रोज़मर्रा की बातचीत की दिशा में कविता को मोड़ा, किन्तु यह प्रयास मायकोएव्स्की के प्रयोग से भिन्न है। प्रकृति के चितेरे कवि ने कविता में स्वभावत: अधिक-से-अधिक नैसर्गिक भाषा को लाने का प्रयास किया है।

मंदेलश्ताम ने पास्तरनाक की कविता के बारे में एक बार लिखा था कि 'पास्तरनाक की कविताओं को पढ़ने का अर्थ है—अपना गला साफ़ करना, अपनी साँस को मजबूत करना और फेफड़ों को तरोताज़ा करना : ऐसी कविताएँ निश्चय ही क्षयरोग का इलाज हैं।'

तात्पर्य सम्भवत: पास्तरनाक की कविताओं से निकलनेवाले स्वास्थ्य और ताजगी से है। इस दृष्टि से भी पास्तरनाक अपने समकालीन अनेक अनास्थावादी और निराशवादी कवियों से भिन्न हैं। इस कलात्मक संयम के कारण उनकी कविताएँ अपने समय में ही क्लासिकी मर्यादा से मंडित हो गईं।

इस क्रम में सबसे कनिष्ठ किन्तु जटिल प्रयोगों के कवि निकोलाई ज़बोलोत्स्की (1903-1958) हैं जिन्होंने ख्लेंब्निकोव के प्रभाव में अधिक-से-अधिक साहसिक प्रयोग किये। उन्होंने बहुत कम लिखा है और छपे उससे भी कम हैं। फिर भी प्रबुद्ध लोगों में उनकी कविता के प्रति सम्भ्रम और सम्मान का भाव है। माध्यम पर उनका अधिकार तथा उनकी मौलिकता असन्दिग्ध है। पास्तरनाक के समान ज़बोलोत्स्की की कविता में भी प्रकृति का महत्त्वपूर्ण स्थान है, अन्तर यह है कि ज़बोलोत्स्की में 'आदिम' के लिए विशेष आकर्षण है—शायद इसके मूल में ख्लेंब्निकोव का प्रभाव हो। वे प्राय: 'आदिम वन-सी धरती' का ज़िक्र करते हैं। इसके साथ ही उन्हें कभी तो 'समीर की संरचना में कोई हीरा' दिखाई पड़ता है और कभी 'पतझर का

स्थापत्य' आकृष्ट करता है। 'सारस' शीर्षक कविता (1948) में ऊपर आसमान में उड़ते सारसों की ओर सहसा उठे हुए 'काले थूथन की-सी बन्दूक की नली के दगने' का वर्णन उनकी विशिष्ट शैली में इस प्रकार है :

एक किरण ने वेधा पक्षी का हृदय
लपट उठी, सहसा झपटी, फिर बुझ गई
और गौरवान्वित महिमा का एक कण
ऊपर से नीचे हम पर आकर गिरा।

उल्लेखनीय है कि कविता में बन्दूक की नली का ज़िक्र कहीं नहीं है, एक जगह 'काला थूथन' उभरता है और बस।

ज़बोलोत्स्की की कविता में एक विशेष प्रकार के दार्शनिक चिन्तन का भी पुट मिलता है। उदाहरण के लिए 'नहीं खोजता हूँ मैं सामंजस्य प्रकृति में' (1947) शीर्षक प्रसिद्ध कविता। ब्लोक के समान उनके लिए भी कविता की देवी 'निर्मम' है जिसने स्वयं ही कवि का वरण किया और फिर उसका अन्तर भी बेध दिया! उनकी कविता-सम्बन्धी धारणा निम्नांकित पंक्तियों में अच्छी तरह व्यक्त होती है :

सूक्ष्म, विलक्षण, गूढ़, हास्यमय और अनोखी
कविता जो लगभग कविता-सी नहीं दीखती!

इस प्रकार आधुनिक रूसी कविता के आरम्भ का इतिहास अपनी काव्यगत उपलब्धियों के साथ-साथ कविता-सम्बन्धी प्रश्नों से जूझने के गम्भीर प्रयास के कारण हमें आज भी स्फूर्तिप्रद और प्रेरणादायक लगता है। परम्परा और नवीनता का यह द्वन्द्वात्मक सम्बन्ध सृजन-प्रक्रिया को विशेष गति और दिशा प्रदान करता है। इन कवियों में अपने देश के लिए जैसी आत्मीयता है, अपनी भाषा के साथ जैसा सर्जनात्मक लगाव है, अपने देश की बहुरंगी प्रकृति के प्रति जैसी अन्तर्दृष्टि है और अपने समाज की नियति के लिए जितनी गहरी चिन्ता तथा भविष्योन्मुख आशा है, उससे कोई भी प्रभावित हुए बिना नहीं रह सकता!

[7 नवम्बर, 1977]

['आधुनिक रूसी कविताएँ-1', राजकमल प्रकाशन, नई दिल्ली, प्रथम संस्करण : 1978 का सम्पादकीय]

पुश्किन की खोज में

अलेक्सान्द्र सेर्गेयेविच पुश्किन रूस की धरती पर एक देवदूत की तरह प्रकट हुए—ऐसे देवदूत कवि, जिसके मुँह में साँप की जीभ थी और सीने में धधकते अंगारे। इस चमत्कार की कहानी पुश्किन ने स्वयं ही कही है—अपनी प्रसिद्ध कविता 'देवदूत' में। कवि मरुभूमि में भटक रहा था। प्यास से उसकी आत्मा तड़प रही थी। एक चौराहे पर सहसा छह पंखों वाला एक देवदूत प्रकट हुआ। पहले तो उसने अपनी अंगुलियों से कवि की पलकों को छुआ और उसे दिव्य दृष्टि मिल गई। फिर कानों का स्पर्श किया तो अजीबोगरीब आवाज़ें सुनाई पड़ने लगीं। इसके बाद वह कवि के होंठों पर झुका और जीभ खींचकर उसने बाहर निकाल ली और रक्तरंजित हाथों से मुँह में साँप की जीभ डाल दी। अन्त में तलवार उठाई, सीना चीरा, धड़कता हुआ हृदय निकाला और ख़ाली जगह को धधकते अंगारों से भर दिया। मृतक-सा कवि मरुभूमि में पड़ा था कि ईश्वर की यह वाणी सुनाई पड़ी :

देवदूत ओ! उठो! जहाँ भी मानव का अन्तर पाओ।
अपने शब्दों के अंगारे सबके अन्दर धधकाओ॥

कहने की आवश्यकता नहीं कि यह देवदूत-कवि लोगों के बर्फ़-जमे दिलों को शब्दों के अंगारों से धधकाने का ही काम करता रहा। दो सौ वर्षों के बाद आज भी उन शब्दों की आग मद्धिम नहीं हुई है।

पुश्किन की यह 'देवदूत' कविता रूस में इतनी लोकप्रिय हुई कि इसके साथ एक किंवदंती भी जुड़ गई। यह कविता 1826 में लिखी गई थी और उसी वर्ष रूस के ज़ार निकोलस प्रथम ने पुश्किन को अपने दरबार में तलब किया था। तब तक पुश्किन निर्वासन में थे। उन्हें मास्को और पीटर्सबर्ग में आने की इजाजत नहीं थी। चार वर्ष वे रूस के दक्षिणी भाग में रहे और फिर दो वर्ष अपने गाँव में। इस तरह निर्वासन के छह वर्ष बीत चुके थे। यह दंड ज़ार अलेक्सान्द्र-प्रथम ने दिया था और अब उसकी मृत्यु हो चुकी थी। उसका स्थान नये ज़ार निकोलस-प्रथम ने लिया। बुलावा आने पर स्वभावत: पुश्किन के मन में आशंकाएँ थीं। कहते हैं कि वे अपनी जेब में वही 'देवदूत' कविता लेकर नये ज़ार से मिलने गए थे। किन्तु उस कविता

के अन्त में एक नया पद जोड़ दिया था अथवा उसका अन्त बदल दिया था। यह अन्तिम पद कुछ इस प्रकार था :

उठो! उठो! रूस के देवदूत।
ढँको अपने बदन को शर्मनाक लिबास से
डालो गलफाँसी का फंदा और जाओ
उस घिनौने हत्यारे के सामने!

गरज़ कि ज़ार निकोलस के सामने पुश्किन एक चुनौती के साथ गए थे। दोनों में बातचीत कुछ इस प्रकार हुई :

'जिन्हें हमने साइबेरिया भेजा है उनके तुम दोस्त थे?'

'हाँ, महामहिम, उनमें से अनेक मेरे गहरे दोस्त थे और उनका मैं सम्मान करता था। मेरी भावनाएँ अब भी नहीं बदली हैं।'

विषय बदलते हुए ज़ार ने पूछा :

'फ़िलहाल क्या लिख रहे हो?'

'लगभग कुछ ही नहीं, महामहिम!'

'ऐसी चीज़ें क्यों लिखते हो जिसे सेंसर पास न करे?'

'सेंसर तो निहायत मासूम रचनाओं पर भी रोक लगा देता है और बिना विचार किये ही उन्हें ज़ब्त कर लेता है।'

फिर आया वह असली सवाल :

'14 दिसम्बर, 1825 को पीटर्सबर्ग में जो विद्रोह हुआ था, क्या तुम्हें पता है कि तुम उसमें गिरफ़्तार किये जा सकते थे?'

'निःसन्देह महामहिम! षड्यंत्र में शामिल सभी लोग मेरे मित्र थे। उनका साथ न देना मेरे लिए असम्भव होता। मौक़े पर मैं मौजूद न था, इसीलिए बच गया। इसके लिए मैं ईश्वर का कृतज्ञ हूँ।'

इसके बाद कहते हैं, ज़ार ने दरबार में ऐलान किया : 'सज्जनो! यह नया पुश्किन है। आइए, बीती बातें विसार दें।'

इस मुलाक़ात का अन्त इस फ़ैसले के साथ हुआ कि पुश्किन को सारे रूस में बिना रोक-टोक के आने-जाने की आज़ादी मिल गई और उनकी रचनाओं के सेंसर की ज़िम्मेदारी स्वयं ज़ार ने अपने ऊपर ले ली।

किन्तु किंवदंती का अन्त यहीं नहीं होता। इस ऐलान के बाद पुश्किन ने अपनी उस कविता के आलेख के लिए जेब में हाथ डाला तो पाया कि वह काग़ज़ ग़ायब है। वे परेशान-से हुए। लेकिन सीढ़ियों से उतरते हुए देखा कि काग़ज़ का वह टुकड़ा एक सीढ़ी पर पड़ा है। उन्होंने वह काग़ज़ का टुकड़ा उठाया और उसे टुकड़े-टुकड़े कर दिया। किंवदंती का यह जादुई खेल है कि नष्ट होने के बाद भी

कविता का यह प्रारूप लोकमानस में फिर भी सुरक्षित रह गया। यह और बात है कि पुश्किन-साहित्य के विशेषज्ञ विद्वान 'देवदूत' कविता के इस अन्तिम पद को पुश्किन की कविता के स्वभाव के विरुद्ध मानते हैं और उसी कारण प्रक्षिप्त भी! प्रसंगवश, वह 'देवदूत' कविता दोस्तोएव्स्की को बहुत प्रिय थी।

पुश्किन को देवदूत होने का अहसास भले ही 1826 में हुआ हो, क्रान्ति की आग भड़कानेवाली कविताएँ वे काफ़ी पहले से लिख रहे थे। सन् 1818 की लिखी हुई 'चादायेव के लिए' शीर्षक कविता में दिसम्बर क्रान्ति के सभी भाव और विचार बीज रूप में मौजूद हैं। 'इच्छाएँ अब भी दहक रही हैं हमारे भीतर। घातक सत्ता के जुए के नीचे' और 'जब तक जल रही है हममें आज़ादी की आग' जैसी पंक्तियाँ कवि के युवा हृदय की सच्ची अभिव्यक्ति हैं। इस कविता में पुश्किन स्वतंत्रता के गायक के रूप में प्रकट होते हैं और बार-बार अपनी 'मातृभूमि' और 'रूस' को स्मरण करते हैं। 'जाग उठेगा रूस निद्रा से एक दिन'—सम्भवत: ऐसी ही कविताओं को पढ़कर गोगोल ने पुश्किन को रूस का 'राष्ट्रकवि' कहा था।

पुश्किन की कविता में स्वतंत्रता की और भी तीखी तड़प निर्वासन की अवधि में दिखाई पड़ती है। इस दौर की कविताओं में विशेष रूप से उल्लेखनीय है 'समुद्र से' जिसका रचनाकाल 1824 है। सम्भवत: पुश्किन उस समय ओदेस्सा में निर्वासित जीवन बिता रहे थे और उन्हें वहाँ से प्रस्थान करने का आदेश प्राप्त हो चुका था। समुद्र को अलविदा कहते समय यह विरोधी स्थिति हृदय में शूल की तरह चुभ जाती है कि सामने स्वतंत्र समुद्र है और तट पर खड़ा है बँधा हुआ कवि। कविता का आरम्भ ही इस पंक्ति से होता है :

अलविदा, ओ समुद्र, ओ प्रकृति की स्वच्छंदता।

एक ओर समुद्र का 'निर्बाध उफनता आवेग' और दूसरी ओर 'नीरस गतिहीन तट'। इसी सन्दर्भ में चुपके से कवि कहता है :

मैं बँधा था, व्यर्थ ही छटपटा रहा था मेरा मन।

यह कविता इसलिए भी उल्लेखनीय है कि इसमें पुश्किन नेपोलियन के साथ ही बिना नाम लिये स्वतंत्रता के गायक कवि बायरन की ओर संकेत करते हैं, क्योंकि समुद्र से दोनों जुड़े हुए थे :

चल दी एक और प्रतिभा
हमारे विचार जगत का एक और सम्राट।
स्वयं स्वतंत्रता ने आँसू बहाये उसकी मृत्यु पर
संसार के लिए छोड़ गया वह अपनी कीर्ति
गरजो, चुप न रहो, ऐसे बुरे मौसम में,

ओ समुद्र! याद रखना, अद्वितीय गायक था वह तुम्हारा।
उस पर अंकित थी तुम्हारी छवि,
तुम्हारी तेजस्विता ने ही जन्म दिया था उसे,
तुम्हारी तरह की गहराई, शक्ति और उदासी थी उसमें
तुम्हारी ही तरह उसे भी कोई नहीं हरा सकता कभी।

कहना न होगा कि इन कवितांश के 'एक और प्रतिभा' और 'विचार जगत का एक और सम्राट' जैसे पद बायरन की ओर ही संकेत करते हैं। इन संकेतों के आधार पर कुछ लोग पुश्किन को 'रूसी बायरन' भी कह बैठते हैं। किन्तु रूसी कविता के अंग्रेज़ विद्वान भी इस आभासित समानता को भ्रम मानते हैं। अन्य रोमांटिक कवियों की तरह निश्चय ही पुश्किन भी स्वच्छंदता के उपासक थे किन्तु इनकी स्वच्छंदता का रंग अपना था, यहाँ तक कि धरती भी अपनी थी और आकाश भी अपना था। क्लासिकी संयम और निर्वैयक्तिकता की दृष्टि से पुश्किन अनेक रोमांटिक कवियों से विशिष्ट तो थे ही, यथार्थवादी रूमान के मामले में भी उनकी पहचान अलग थी।

पुश्किन की यह विशिष्टता उनकी प्रकृति-सम्बन्धी कविताओं में स्पष्ट दृष्टिगोचर होती है। स्वयं 'समुद्र' कविता में भी 'समुद्र के गर्वीले सौन्दर्य' से कहीं अधिक मुखर हैं समुद्र के 'सशक्त अस्तित्व से सिक्त चट्टानें, खाड़ियाँ, छायाएँ और किर्चियाँ'। यहाँ भी पुश्किन यह कड़वा सच नहीं भूलते :

सुख का यदि कण मात्र भी है जहाँ
वहाँ रहता है पहरा किसी पंडित का या आततायी का।

समुद्र पर ऐसी कविता वही कवि लिख सकता था, ख़ुद जिसके अन्दर एक समुद्र हो। मरीना त्स्वेतायेवा ने 'मेरा पुश्किन' शीर्षक कविता में अपने समुद्र के साथ-साथ पुश्किन के इसी 'समुद्र' को स्मरण किया है।

प्रकृति की ओर, वैसे तो, सभी रोमांटिक कवि आकृष्ट हुए, लेकिन प्रकृति से पुश्किन का रिश्ता कुछ और ही था। उनकी प्रकृति-सम्बन्धी कविताओं में प्रकृति और मनुष्य आपस में कुछ इस तरह हिले-मिले हैं कि प्रकृति के मानवीकरण की आवश्यकता नहीं रहती और न ही उसे कल्पना के रंगों में सजाकर पेश करना ज़रूरी लगता। इसके अतिरिक्त उनके प्रकृति-चित्रों में 'विरुद्धों का सामंजस्य' इस तरह घटित हुआ है कि सुघड़ के साथ बीहड़ के संयोग से एक नये ढंग का सौन्दर्यबोध सम्भव होता है।

शीत के मौसम पर पुश्किन की अनेक कविताएँ हैं : 'शिशिर की साँझ' (1825), 'शिशिर की सुबह' (1829) और 'शिशिर का दिन' (1829)। सम्भवत: ये कविताएँ उन दिनों की यादें हैं जब उन्होंने चार वर्षों के निर्वासन के बाद धुर

उत्तर में अपने गाँव मिखाइलोव्स्कोये में निर्वासन के दो वर्ष बिताए थे। शिशिर की साँझ शुरू होती है 'बर्फ़ीले झंझावातों से खिलवाड़ करते हुए तूफ़ान' से, जो कभी 'हिंस्र पशु-सा गुर्राता है तो कभी नन्हे शिशु-सा रोता है।' इसके बरअक्स शिशिर की सुबह है शीत और धूप का अद्‌भुत खेल जिसमें उत्तर की आभा से मिलने के लिए उत्तर के तारे की तरह तैयार हो जाने का आमंत्रण है :

नीले आकाश के सुन्दर गलीचे के नीचे
धूप में चमक रही है बर्फ़
काला पड़ रहा है अकेला पारदर्शी वन
हरहरा रहे पाले के बीच देवदार
चमक रही है नदी बर्फ़ के नीचे से।
पूरा कमरा आलोकित है
अम्बर की चमक से
मीठी आँच में तप रही है अँगीठी।

यह है दृश्यालेख जो तेज़ घोड़े की बर्फ़गाड़ी से सुबह की बर्फ़ पर चलने का आमंत्रण देता है।

किन्तु शिशिर की साँझ और सुबह से कहीं अधिक दिलचस्प है 'शिशिर का दिन' शीर्षक कविता—अपनी नाटकीयता के कारण, गतिमयता के कारण और मानवीय गतिविधियों के यथार्थ चित्रों के कारण। ऐसा लगता है, गोया यह आज की कविता है। कविता शुरू होती है इस प्रकार :

दो नवम्बर—
शिशिर का दिन। क्या किया जा सकता है यहाँ गाँव में?
चाय लेकर नौकर आता है, मैं उस पर सवालों की
बौछार शुरू कर देता हूँ : मौसम कुछ गरम हुआ या नहीं?
बर्फ़ीला तूफ़ान शान्त हो गया है या नहीं?
ताज़ा बर्फ़ गिरी या नहीं? घोड़े पर बैठने के लिए
बिस्तर छोड़ा जा सकता है या नहीं? या उलझा रहूँ
पड़ोसी की पुरानी पत्रिकाओं में?

इसके बाद बैठक में लौटने पर सुनाई देती है बातचीत :

घर की मालकिन सलाइयाँ नचाती हुई
ऐसे मौसम पर अपनी नाराज़गी व्यक्त कर रही है
भविष्यवाणी करने लगती है पान के बादशाह के बारे में

कैसा अवसाद! निर्वासन में दिन के बाद दिन
इसी तरह आते हैं।

परन्तु कविता का अन्त होता है इस विश्वास और ऊष्मा के साथ :

उत्तर के तूफ़ान कोई नुक़सान नहीं पहुँचा सकते
इस रूसी गुलाब को
शीत में कितनी गरमी के साथ दहकता है एक चुम्बन!
बर्फ़ की धूल में
कितनी स्वस्थ, अम्लान लगती है रूसी लड़की!

एक ओर बर्फ़ का तूफ़ान और दूसरी ओर रूसी गुलाब और रूसी लड़की! इधर शीत और उधर दहकता चुम्बन! पुश्किन के प्रगीत भावों के इसी द्वन्द्वन्याय की दुर्लभ एकघनता प्रस्तुत करते हैं।

प्रसंगवश, इस कविता में पुश्किन ने 'लिरिक' की रचना-प्रक्रिया की भी एक झलक दी है :

हाथ में क़लम लेता हूँ
ज़बरदस्ती छीनने लगता हूँ कला की देवी से
ऊँघते हुए बेमेल शब्द।
ध्वनि, ध्वनि से मेल नहीं खाती...तुकबन्दी पर मैं
सारे अधिकार खो चुका होता हूँ तुकबन्दी जो
मेरी सेविका रही है,
बेमन खींचते चले जाते हैं पद्यांश—धुँधले और ठंडे।
थक जाता हूँ, बन्द कर देता हूँ वीणा से अपना विवाद।

किन्तु रचना-प्रक्रिया का सम्यक् विवरण अकेली जिस कविता में आया है, वह है 'पतझड़', जो दुर्भाग्य से इस संकलन में स्थान न पा सकी, शायद इसलिए कि वह काफ़ी लम्बी है। लेकिन 'सुनहरे पतझड़' के बिना न तो रूस की प्रकृति का कोई अर्थ है और न पुश्किन की अपनी प्रकृति का। इसी 'पतझड़' कविता में पुश्किन ने कहा है :

और प्रत्येक पतझड़ में मैं नये सिरे से खिलता हूँ
रूसी सर्दी मेरी प्रकृति से मेल खाती है
एक बार फिर मैं जवान और सुखी होता हूँ
एक बार फिर मैं ज़िन्दगी से भर उठता हूँ।

कहने को पतझड़ विषाद की ऋतु है, फिर भी वह नयनों के लिए महोत्सव है और उसमें विदा लेते हुए सौन्दर्य का नांदतिक आवेग है। इसलिए यह आकस्मिक नहीं कि पतझड़ के प्रसंग में ही पुश्किन ने अपनी कविता की मानस-कार्यशाला की खिड़की खोली तो देखते हैं :

और मैं संसार को भूल जाता हूँ—और श्रुतिमधुर मौन में मेरी कल्पना मुझे थपकी देकर मीठी नींद में सुला देती है और मेरे अन्दर कविता जागने लगती है : मेरी आत्मा 'लिरिक' आवेग का अनुभव करती है, वह थरथराती है, वह गुनगुनाती है और जैसे स्वप्न में मुक्त अभिव्यक्ति के लिए छटपटाती है और अतिथियों के अदृश्य झुंड, पूर्वपरिचित लोग, मेरी कल्प-सृष्टियाँ मेरी ओर आती प्रतीत होती हैं।

और मेरे मस्तिष्क में विचार ढिठाई से घुमड़ने लगते हैं, अमूर्त छंद उनसे मिलने के लिए दौड़ पड़ते हैं, अँगुलियाँ कलम की ओर बढ़ती हैं, क़लम काग़ज़ की ओर, कविता की पंक्तियाँ पल भर में धाराप्रवाह बहने लेती हैं। जैसे स्थिर जल की सतह पर निश्चल जलयान सोता है, लेकिन नाविक उस पर कूद पड़ते हैं, पाल खुल जाते हैं, हवा भर जाती है, विशाल जलपोत चल पड़ता है और लहरों को चीरने लगता है।

अब वह तिर रहा है, पर किधर और कहाँ?

इस वक्तव्य पर कोई विस्तृत टिप्पणी न कर फ़िलहाल इतना ही कहना पर्याप्त होगा कि काव्य की रचना-प्रक्रिया के तन्मय क्षणों में भी वे विचारों के प्रवेश को नहीं रोकते और विचार उनकी छोटी कविताओं में भी लय के साथ सहज-सहज बहते हुए अनायास आते हैं।

ठेठ स्थानिकता पुश्किन के प्रकृति-चित्रों की विशेषता है। वे रूसी प्रकृति के चितेरे हैं। लगता है, जैसे पहली बार कोई कवि चीज़ों को रूसी नाम से बुला रहा है! जैसे ताज़ा गिरी हुई कच्ची बर्फ़ पर कोई पहले-पहल क़दम रख रहा है!

सच पूछिए तो मास्को और पीटर्सबर्ग से पुश्किन का निष्कासन एक तरह से कवि के लिए वरदान बन गया। शहर के दमघोंटू वातावरण और शालीन भद्रजन की भीड़ से कवि मुक्त हुआ और देहात की खुली हवा में उसे साँस लेने का मौक़ा मिला। वह खुली आँखों असली रूस और उसकी प्रकृति को जी भरकर देख सका। पुश्किन की यह ठेठ देशज दृष्टि ही प्रकृति-प्रेमी अनेक रोमांटिक कवियों से पुश्किन को अलग और विशिष्ट बनाती है।

प्रेम-प्रगीतों के बिना पुश्किन के काव्य-संसार का परिचय अधूरा ही रहेगा। सच तो यह है कि पुश्किन क्रान्ति के साथ-साथ प्रेम के भी गायक थे—बल्कि यह कहना

ज़्यादा सही होगा कि क्रान्ति और प्रेम, दोनों ही उस विशाल हृदय में साथ-साथ अगल-बगल रहते थे। लिरिक अथवा प्रगीत के छोटे रूपबन्ध में प्रेम का विस्फोट प्राय: छोटे-छोटे टुकड़ों (फ्रैंगमेंट्स) के रूप में हुआ है। चाहे तो उन्हें स्फुलिंग कह लें या रत्न कण। ऐसा ही एक प्यारा-सा प्रगीत है : 'क्या रखा है मेरे नाम में तुम्हारे लिए?' इसमें प्रेम भी है और बग़ावत भी। सिर्फ़ अन्तिम दो बन्द देखिए :

क्या रखा है नाम में? भुलाया जा चुका है उसे
नई-नई बग़ावतों और नये-नये आन्दोलनों में
छोड़ नहीं सकेगा यह नाम तुम्हारे हृदय में
निष्कलंक, स्नेहपूर्ण स्मृतियाँ किसी भी तरह की।
पर दुख के क्षणों में, एकान्त ख़ामोशी में
मुझे याद करते हुए तुम नाम लेना मेरा,
बताना, अभी शेष है मेरी याद,
शेष है एक हृदय जिसमें जीवित हूँ मैं।

यह कविता 1830 की है और कहते हैं कि यह करोलिना सोबांस्का के अलबम के लिए लिखी गई थी।

ऐसी ही एक और प्रेम-कविता है : 'के...के लिए', जो 1825 में अन्ना कर्न के लिए लिखी गई थी :

मुझे याद है वह अद्‌भुत क्षण
जब प्रकट हुई थी तुम मेरे सामने
एक पल भर के दृश्य-सी
निष्कलुष सौन्दर्य के बिम्ब जैसी।

निराशा और आशा के धूपछाँहीं रंगों के मेल से बनी हुई इस कविता की सहज परिणति होती है इन शब्दों में :

हृदय जी रहा है भविष्य में
निराशाओं से भरा है वर्तमान
सब कुछ क्षणिक है, बीत जाएगा,
जो होगा, अच्छा होगा।

महत्त्वपूर्ण है इन प्रेम-गीतों का निर्लिप्त, निर्वैयक्तिक, अनासक्त और शान्त स्वर।

इस सन्दर्भ में यह कहना प्रासंगिक है कि प्रेम की गहरी अभिव्यंजना के लिए इन छोटे प्रगीतों से आगे बढ़कर 'रुस्लान और ल्युदामिला', 'बाख्चिसराय का

फव्वारा' जैसी लम्बी कविताओं और महान छंदोबद्ध उपन्यास 'येव्गेनी ओनेगिन' की ओर जाना होगा। पूरी तृप्ति तो तभी होगी।

पुश्किन की बीहड़ कल्पना कभी-कभी भीषण और भयावह फंतासी भी रचती है। ऐसी ही एक कविता है : 'भूत-प्रेत' (1830)। नवम्बर के बर्फ़ीले तूफ़ान की रात में घोड़ागाड़ी पर एक सफ़र का चित्र। कविता में ध्रुवक की तरह यह बन्द बार-बार आता है :

उड़ रहे हैं बादल, मँडरा रहे हैं बादल
चोरी-छिपे चाँद
रौशन कर रहा है उड़ती बर्फ़ को
मटमैला है आकाश, रात भी मटमैली।

इस धुँधलके में चारों ओर जैसे भूत ही भूत दिखाई पड़ रहे हैं। चल रहा है एक भूत आगे-आगे। उधर दिखाई दे रहा है एक और भूत। रुक गए हैं घोड़े—वहाँ खेत में क्या है, कौन जाने? पेड़ का ठूँठ है या भेड़िया? हिनहिना रहे हैं डरे हुए घोड़े। उधर वहाँ कूद रहा है एक भूत। आँखें चमक रही हैं उसकी कुहरे में। चमकते खेतों के बीच जमा हो रहे हैं भूत। चन्द्रमा के नीरस खेल में इकट्ठा हो रहे हैं तरह-तरह के असंख्य भूत, जैसे नवम्बर में पत्तों के ढेर! किसी भूत को दफ़ना रहे हैं या शादी रचा रहे हैं किसी डायन की?

और अन्त में :

उड़ रहे हैं बादल, मँडरा रहे हैं बादल
भाग रहे हैं भूतों के झुंड
इस अन्तहीन ऊँचाई में
उनकी शोकाकुल चीत्कारों से
फटा जा रहा है मेरा हृदय...

कुल मिलाकर क्या है यह? विभ्रम, दु:स्वप्न या कल्पना की अद्भुत कल्प-सृष्टि; अथवा नवम्बर की एक बर्फ़ीली रात का यथार्थ चित्र? सम्भवत: पुश्किन की रोमांटिक कल्पना का यह भी एक जादू है।

पुश्किन की बेचैन आत्मा से कुछ ऐसे मार्मिक प्रगीत भी निकले हैं जिनका कोई निश्चित विषय नहीं है बल्कि वे शुद्ध 'लिरिक' के रूप में ही अविस्मरणीय हैं। इन गीतों में 1830 के ही लिखे हुए दो गीत इस समय याद आ रहे हैं : 'रात में अनिद्रा के क्षणों में लिखी कविता' तथा 'शोकगीत'। पहली कविता में कवि रात के सन्नाटे में घड़ी की टिक-टिक और औरतों की बकबक के बीच उस 'फुसफुसाहट' का अर्थ समझना चाहता है और उसमें अर्थवत्ता ढूँढ़ रहा है।

'शोकगीत' अपने शीर्षक के बावजूद जिजीविषा की अदम्य वाणी है। कवि के ही शब्दों में :

मित्रो, मैं मरना नहीं चाहता
चाहता हूँ ज़िन्दा रहूँ,
कुछ सोच सकूँ, सहन कर सकूँ

और अन्त में :

सम्भव है, मेरे शोकपूर्ण अन्त के समय
विदाई की मुस्कराहट की तरह चमक उठे प्रेम।

इसी क्रम में क्लासिकी रंग की बारह पंक्तियों में कसी हुई 'प्रतिध्वनि' (1831) कविता याद आती है जिसमें कवि तो सबकी आवाज़ों को पकड़ता है और सबका जवाब भी देता है किन्तु उसकी आवाज़ का जवाब कहीं से नहीं आता। यह प्रगीत इतना गठा हुआ है कि किसी अंश की अपेक्षा उसे पूरा का पूरा ही उद्धृत करना उचित होगा :

निर्जन वन में जब दहाड़ते हैं वन्य प्राणी
बजते हैं बिगुल या गरजते हैं बादल,
पहाड़ी के पीछे गाती है जब कोई युवती
हर तरह के स्वर के लिए
उत्पन्न करती हो तुम, ओ प्रतिध्वनि,
रिक्त वायु में भी सही उत्तर।

स्पष्ट सुनाई देती है तुम्हें बादलों की गड़गड़ाहट
सुनाई देता है तुम्हें लहरों और तूफ़ानों का स्वर
ग्रामीण चरवाहों की चीख़ों का भी
तुम देती हो उचित उत्तर,
किन्तु, ओ कवि, तुमने पाई है इस तरह की नियति
कि तुम्हें स्वयं को मिलेगा नहीं कभी कोई उत्तर...।

कहना न होगा कि यह 'प्रतिध्वनि' और कुछ नहीं, कवि की स्वयं कविता है। हठात् हिन्दी के छायावादी कवि जयशंकर प्रसाद के 'आँसू' का यह छंद याद आता है :

आती है शून्य क्षितिज से
क्यों लौट प्रतिध्वनि मेरी
टकराती बलखाती-सी
पगली-सी देती फेरी।

रोमांटिक कवि का दर्द ही यह था कि वह जिस समाज को आवाज़ दे रहा था, वह बहरा ही नहीं बल्कि गूँगा भी था।

सम्भवत: ऐसी ही मन:स्थिति में अपनी मृत्यु से कुछ ही समय पहले पुश्किन ने 'मैंने स्थापित किया अपना अलौकिक स्मारक' (1836) नामक अमर कविता लिखी जो सम्भवत: कवि की अन्तिम कविता है।

पुश्किन से पहले अपने स्मारक के बारे में वरिष्ठ कवि देर्ज़ाविन ने भी एक कविता लिखी थी और उनकी कविता का आधार था होरेस की इसी विषय पर लिखी हुई कविता का लोमोनोसोव-कृत रूसी अनुवाद। देर्ज़ाविन एक तरह से ज़ार के दरबारी कवि थे और उन्होंने एक उभरते हुए प्रतिभाशाली युवा कवि के रूप में पुश्किन को आशीर्वाद भी दिया था। पूरी सम्भावना है कि पुश्किन के सामने देर्ज़ाविन की स्मारकवाली कविता रही होगी। फिर भी पुश्किन की कविता कितनी भिन्न और विशिष्ट है! देर्ज़ाविन अपने यश के विस्तार का बखान करते रूस का पूरा भूगोल बताते हैं : श्वेत सागर से काले सागर तक, जहाँ वोल्गा, दोन, नेवा नदियाँ बहती हैं और उराल जैसे पहाड़ हैं। यही नहीं, वे इस बात पर ज़ोर देते हैं कि उन्होंने किस प्रकार गुमनामी से ऊपर उठकर नामवरी हासिल की।

इसके बरअक्स पुश्किन की कविता में ज़ोर रूस के भूगोल की जगह इस विशाल भू-भाग में रहनेवाली विभिन्न जातियों पर है : स्लाव और फ़िन्न, यहाँ तक कि असभ्य समझे जानेवाले तुंगूस और स्तेपी मित्र कल्मीक भी। उन्हें विश्वास है कि उनका नाम इन सभी जनों की जीभ पर होगा। लेकिन जिन लोगों का प्यार वे विशेष रूप से पाने के विश्वासी हैं, वे सताए हुए सामान्य जन हैं क्योंकि उन्हीं के लिए कवि ने आज़ादी का राग गाया है और उन्हीं के लिए न्याय-दया की माँग भी रखी है। दरअसल पुश्किन का यह स्मारक ज़ार अलेक्सान्द्र की स्मृति में निर्मित लौकिक स्मारक नहीं है, बल्कि एक अलौकिक स्मारक है क्योंकि यह हाथों से नहीं बनाया गया है—इसे बनाया है शब्दों ने, काव्य वीणा के रागों ने। इस प्रकार कवि का यह स्मारक मुक्ति के गीतों का स्मारक है। इसीलिए पुश्किन कहते हैं :

एक सुकवि का भी वसुधा पर जब तक शेष रहेगा धाम,
बजा करेगी मेरी वीणा, जगा करेगा मेरा नाम।

स्पष्ट है कि पुश्किन को मूर्तिपूजा की कामना न थी, अभिलाषा थी तो प्यार की! आनेवाले कवियों के प्यार की, जन-जन के प्यार की। जिस तरह टॉल्स्टॉय से पास्तरनाक तक, ब्लोक से अन्ना अख़्मातोवा तक, बुजुर्ग और नौजवान, सोवियत और प्रवासी—सभी साहित्यकार पुश्किन के उद्धरण देते हैं, उन्हें याद करते हैं और उनके बारे में लिखते हैं, वह प्यार नहीं तो क्या है? रूस के लिए पुश्किन 'पहला

प्यार' है और अपने पहले प्यार को कभी कोई भूल सकता है? पुश्किन यह रहस्य जानते थे, उसी तरह, जैसे वे जानते थे कि वे देवदूत हैं!

और यह कवि का थोथा अहंकार नहीं, प्रमाण है 'मेरी वंशावली' (1830) शीर्षक कविता। 'मैं तो बस रूसी टुटपुँजिया हूँ मामूली-सा'—यह पंक्ति बार-बार आती है। इस आत्म स्वीकृति की आवश्यकता इसलिए पड़ी कि रूसी मुंशियों-लेखकों की भीड़ कवि पर ताना कसती थी : 'तुम कुलीन हो! तुम अभिजात हो।'—के जवाब में कवि को कहना पड़ा :

नवकुलीनों से बात करना पसन्द नहीं मुझे
रक्त के गौरव को चुप कर रखा है मैंने
मैं पढ़ा-लिखा हूँ, कवि हूँ
मैं पुश्किन हूँ, कोई मुसीन नहीं
मैं धनी नहीं, न ज़ार का दरबारी
मैं अपने में बड़ा हूँ टुटपुँजिया मामूली-सा!

जिस रक्त के गौरव को कवि ने चुप करा रखा है, वह नीग्रो नाना का रक्त है। इसीलिए 'उद्दंडता तो हमारे रक्त में है / किसी के आगे झुकता नहीं है हमारा वंश / पितामह को फाँसी पर लटकाया गया था' और 'उनका यह उदाहरण सीख है कीमती हमारे लिए'।

यह स्वाभिमान अपनी जगह। पुश्किन बड़े थे तो अपने-आपमें। मरीना त्स्वेतायेवा ने बड़े दर्द से कहा था : 'कवि नीग्रो है। एक रूसी कवि नीग्रो, जिसे उन्होंने मार डाला।' नीग्रो और रूसी। विलक्षण संयोग।

पुश्किन विलक्षण कवि थे। और कई तरह से। यूरोप के रोमांटिक उत्थान के शिखर पर उदित किन्तु रेनेसांस की अन्वेषण और विशालता की चेतना से सम्पन्न; अनुशासन और अनुताप-बोध में क्लासिकी; व्यक्ति वैशिष्ट्य में रोमांटिक, फिर भी वास्तविकता की पकड़ में यथार्थनिष्ठ! अभिव्यंजना में सादगी और पुरकारी! एकत्र कहाँ मिलेंगी इतनी विशेषताएँ उन्नीसवीं शताब्दी के पूर्वार्द्ध में! पुश्किन फ़रिश्ता हों न हों, उनकी कविता सचमुच एक करिश्मा है!

[नई दिल्ली, 9 सितम्बर, 1998]

['बिखरे नक्षत्रों के बीच' (अलेक्सान्द्र सेर्गेयेविच पुश्किन की प्रतिनिधि कविताएँ); अनुवाद : वरयाम सिंह, साहित्य अकादेमी; प्रथम संस्करण : 1998 की भूमिका]

शताब्दी के अन्त में ब्रेख्त

बर्टोल्ट ब्रेख्त : एकोत्तरशती। हिन्दी में ब्रेख्त की कविताओं का एक चयन और। सिर्फ़ यह याद दिलाने के लिए कि ब्रेख्त की जन्म-शताब्दी भले ही बीत चुकी हो, बीसवीं शताब्दी अभी ख़त्म नहीं हुई है—भारत के आकाश में फासिज़्म का प्रेत सिर उठा रहा है जबकि गर्दन मरोड़ने के लिए आज समाजवाद के मजबूत हाथ टूटे हुए हैं। नहीं लुप्त हुई है तो वह आवाज़ जिसने एक समय उस अमानुषिक आतंक को चुनौती दी थी। कहना न होगा, उस आवाज़ में सबसे ऊँचा स्वर था बर्टोल्ट ब्रेख्त का—ऊँचा ही नहीं, बल्कि धारदार और असरदार भी; फिर वह नाटक हो या कविता!

फ़िलहाल कविता ही। इसलिए भी कि हमारे दौर का फासिज़्म, संयोग से, कविता का ही मुखौटा लगाकर आया है। ब्रेख्त का साबका तो एक मामूली 'रंगसाज' से पड़ा था। मालूम होता है, फासिज़्म को भी अब राजनीति के रंगमंच पर कविता की ज़रूरत पड़ती है, साज-सज्जा के लिए। इस सन्दर्भ में ब्रेख्त की कविता 'कलाकार के रूप में सरकार' (1937) बेहद मौजूँ है। प्रस्तुत हैं आख़िरी दो टुकड़े बानगी के तौर पर :

...कहते हैं रेम्ब्राँ के बारे में
ऐसी ही तसवीरें बनाई होतीं उसने, अगर उसके हाथ भी न रहे होते,
वैसे ही
कहा जा सकता है सरकार के बारे में, उसने
बिना सर के भी राज चलाया होता ऐसे ही।
...अर्थनीति से
कलाकार को सिर्फ़ नफ़रत है, उसी तरह
सरकार को भी नफ़रत है अर्थनीति से। बेशक
उसके कुछ मालदार भक्त हैं। और हर कलाकार की तरह
जीती है वो भी, उनसे
पैसे लेकर।

इस कविता के आरम्भ में यह भी बताया गया है कि फासिस्ट सरकार महल, स्टेडियम वगैरह बनाने पर ज़्यादा धन खर्च करती है, गरीबी हटाने की कोशिश कम

करती है। गरज कि इस मामले में भी वह कलाकार की ही भूमिका अदा करती है। लोगों की बुनियादी ज़रूरतों से आँख मूँदकर दुनिया को सुन्दर बनाने के लिए वह चिन्तित रहती है—ख़ास तौर से ऊपरी रंग-रोगन पोतकर।

एक ओर 'सुन्दरता' का यह अभियान और दूसरी ओर जगह-जगह नर-संहार का सुनियोजित आयोजन। इन योजनाबद्ध हत्याओं का प्रयोजन यह होता है कि धीरे-धीरे लोग इसे 'प्राकृतिक' मानकर इसके अभ्यस्त हो जाएँ। ब्रेख्त ने 1935 की एक कविता 'जब पापकर्म बारिश की झड़ी की तरह होते हैं' में इसी सच्चाई की ओर इशारा किया है। दुर्भाग्य से यह कविता प्रस्तुत चयन में नहीं है—इस कविता के एक अंश से फासिस्ट प्रवृत्ति का अन्दाज़ा लगाया जा सकता है :

जब पहली बार यह ख़बर दी गई कि हमारे दोस्तों की
हत्या हो रही है तो आतंक की एक चीख़ उठी।
फिर सौ लोगों की हत्या हुई।
लेकिन जब एक हज़ार हलाक हो गए और हत्याओं का
सिलसिला जारी रहा तो घना सन्नाटा छा गया।

जब ज़ुल्मों की बारिश होने लगती है तो कोई
नहीं बोलता : 'बन्द करो'।

जब जुर्म जमा होने लगते हैं, वे अदृश्य हो जाते हैं।
जब दर्द असह्य हो जाता है तो चीख़ कभी नहीं सुनाई पड़ती।
चीख़ भी गरमियों की बारिश की तरह गिरती है।

कहना होगा कि रोज़मर्रा की ऐसी वारदातों का अभ्यस्त जनमानस चुपचाप यथास्थिति को स्वीकार कर लेता है। इस मन:स्थिति को तोड़ने के लिए ही ब्रेख्त ने प्रसिद्ध 'अलगाव प्रभाव' (फ़ेरफ़्रेनडुंग) नामक सिद्धान्त का निर्माण किया, जिसका सफल प्रयोग रंगकर्म में तो सुपरिचित है ही, कविता में भी उसी का विस्तार देखा जा सकता है।

वस्तुत: यह एक प्रकार की 'आलोचनात्मक' दृष्टि है, जिसका स्थान ब्रेख्त के काव्यकर्म में केन्द्रीय है। उनकी दृष्टि में 'समानुभूति' एक प्रकार की 'बर्बरता' है। उनकी कविता तन्मय करने के स्थान पर झकझोरकर जगाने का प्रयास करती है। इसी बात को वे 1945 की एक छोटी-सी कविता में इस प्रकार कहते हैं :

इनसान तभी बनता है जब वह खुद को बदलता है
और तभी बनती है हमारे मन में तसवीर उसकी
जब वह हम जैसा होता है और जब वह हमसे अलग होता है।

इस कविता में 'हम जैसा और हमसे अलग' किसी को भले ही परस्पर विरोधी प्रतीत हो, किन्तु वस्तुत: यह मार्क्सवादी ब्रेख्त की 'डायलेक्टिक्स' है। हिन्दी में इसी को 'द्वन्द्ववाद' कहते हैं। यह द्वन्द्ववाद एकाश्म दिखाई देनेवाली चीज़ों में भी निहित फाँक को, अन्तर्विरोधों को, देखने की दृष्टि देता है और अपराजेय प्रतीत होती हुई फासिस्ट सत्ता के अन्दर सूराख करके पलीता लगाता है और उसे उड़ा भी देता है। उदाहरण के लिए 'जर्मन युद्ध प्रवेशिका' शीर्षक कविता-शृंखला का यह अंश :

जनरल, तुम्हारा टैंक एक मज़बूत गाड़ी है।
रौंद सकता है एक जंगल को और पीस डालता है सैकड़ों इनसानों को।
लेकिन उसमें एक नुक्स है
उसे एक ड्राइवर चाहिए।

इस तरह ब्रेख्त 'सहते रहने की कला' के अभ्यस्त लोगों को 'न सहने की कला' की ओर उन्मुख करते हैं।

वे द्वन्द्ववाद का उपयोग करते हैं—हर चीज़ में शक पैदा करने के लिए और हर बात को सवालों के घेरे में ले आने के लिए। उनकी कविता में 'शक' और 'सवाल' की जगह इतनी ज़्यादा है कि अक्सर ध्यान भी नहीं जाता। यह द्वन्द्ववाद ही उन्हें बार-बार बदलने पर ज़ोर देने के लिए प्रेरित करता है।

ब्रेख्त के काव्य-संसार में जिस क्रिया का प्रयोग सबसे ज़्यादा हुआ है, वह है 'बदलना'। 'सब कुछ बदलता है'—यह तो उनकी प्रसिद्ध कविता है ही, जो 1944 की है। इसके बाद 1953 की 'पहिया बदलना' शीर्षक में भी एक नये सन्दर्भ और नये अर्थ के साथ बदलने की क्रिया आती है। यह कविता ब्रेख्त के सर्जन-कर्म के अन्तिम दौर की है जब वे 'बुको' के एकान्त में विश्राम कर रहे थे और कुछ लोगों की नज़र में थक भी चुके थे। इधर ब्रेख्त हैं कि 'पहिया बदल रहा है ड्राइवर लेकिन बेताबी से देख रहा है, वह आदमी जिसे पसन्द नहीं है जहाँ जाना है।'

ब्रेख्त की 'आलोचनात्मक दृष्टि' इतनी बेमुरौवत थी कि उन्होंने अपने सबसे प्रिय स्वप्न 'समाजवाद' को भी नहीं बख्शा। जिस पूर्वी बखलन को उन्होंने अन्तत: अपने आवास के लिए वरण किया, वहाँ 17 जून, 1953 की बगावत के बारे में 'समाधान' शीर्षक तीखी व्यंग्य कविता लिखी जिसे समाजवाद के दुश्मन आज भी दुहराते पाए जाते हैं। समाजवादी लोकतंत्र की इससे बड़ी विडम्बना क्या होगी कि सरकार की नज़र में जनता ही सरकार का विश्वास खो दे और 'समाधान' यह पेश हो कि जनता को ही भंग करके दूसरी चुनने के लिए कदम उठाया जाए? वैसे, इस कविता के अन्दर भी 'स्तालिन मार्ग' के बहाने 'स्तालिन' को भी व्यंग्य के दायरे में घसीट लिया गया है, फिर भी 'स्तालिन' की अधिनायकवादी प्रवृत्तियों को लेकर

अलग से भी कुछ कविताएँ ब्रेख्त ने लिखी हैं।

अन्तिम दौर की ही एक और कविता है : 'जनता की रोटी', जिससे ब्रेख्त के समाजवादी सपने की मुकम्मल तसवीर सामने आती है :

जिस तरह रोटी की ज़रूरत रोज़ है
इंसाफ़ की ज़रूरत भी रोज़ है
बल्कि दिन में कई-कई बार भी उसकी ज़रूरत है।

× × ×

दूसरी रोटी की तरह
इंसाफ़ की रोटी भी
जनता के हाथों ही पकनी चाहिए

भरपेट, पौष्टिक, रोज़-ब-रोज़।

एक ओर हिटलर के ख़िलाफ़ लड़ाई और दूसरी ओर स्तालिन की आलोचना—यह सिर्फ़ कवि ब्रेख्त की निष्पक्षता नहीं है, बल्कि उनके द्वन्द्ववाद का अमली रूप है। द्वन्द्ववादी दृष्टि के कारण ही ब्रेख्त सिक्के के दोनों पहलुओं को देखने में समर्थ हो सके और एकान्तता और एकांगिता के दोष से बच गए।

इतना होते हुए भी ब्रेख्त की प्रतिबद्धता और पक्षधरता में कहीं कोई कसर न थी। मार्क्सवाद के सम्पर्क में आने के पहले वे निश्चय ही कुछ-कुछ अराजकतावाद और साथ ही निराशावाद की गिरफ्त में थे, जैसाकि 1920 की 'उत्तरजन्मा' अथवा 'अनुजों को' शीर्षक कविता में दिखाई पड़ता है। उस समय उन्होंने साफ़ शब्दों में कहा था कि 'मुझे कोई उम्मीद नहीं है' और यह भी कि :

उबरने के रास्ते की बात अन्धे करते हैं
मुझे तो दिखाई देता है।

मार्क्सवाद से परिचय के बाद भी ब्रेख्त ने आँखें खुली रखीं—हमेशा लेकिन अब उन खुली आँखों में एक सपना भी था और वह सपना मरते दम उनकी आँखों में बना रहा। इसका सबसे पुष्ट प्रमाण है अन्तिम दिनों यानी 1954 की 'मज़े' शीर्षक कविता जिसमें सुबह-सुबह खिड़की से बाहर दिखाई देनेवाली चीज़ों की लम्बी सूची में 'पुरानी किताब का फिर से मिल जाना' के साथ जोशीले चेहरे, बर्फ़, बदला हुआ मौसम, पुराना संगीत, नया संगीत, अख़बार, कुत्ता, दोस्त-नवाजी वगैरह के साथ-साथ 'समझना' भी है और 'द्वन्द्ववाद' भी।

इसीलिए ब्रेख्त की 'आलोचनात्मक दृष्टि' (1938) शीर्षक कविता में सर्जनात्मक कर्मों का भी समावेश है। लिखते हैं :

...आलोचना को हथियार दो
और इसके द्वारा राज्य ध्वस्त हो सकते हैं।
नदी से नहर निकालना
फलदार पेड़ लगाना
किसी इनसान को शिक्षित करना
किसी राज्य का कायाकल्प करना
फलदायी आलोचना के ये उदाहरण हैं
और साथ ही कला के उदाहरण भी।

वस्तुतः 'आलोचनात्मक दृष्टि' और 'द्वन्द्ववाद' ब्रेख्त के लिए अमूर्त सिद्धान्त मात्र न थे। इनका एक निश्चित ठोस भौतिक आधार था। इस दृष्टि का विकास खुली आँखों उस जीवन और जगत को देखते रहने के दौरान हुआ था जो लगातार बदलता रहता है। इसीलिए ब्रेख्त 'सत्य ठोस है' (ट्रुथ इज कांक्रीट) को अपना आदर्श वाक्य मानते थे। इस प्रकार उनका द्वन्द्ववाद भौतिकवाद की ठोस और गतिशील भूमि पर टिका हुआ था।

इस द्वन्द्वात्मक और भौतिकवादी दृष्टि का आभास ब्रेख्त की काव्य-भाषा से भी मिलता है। वे चीज़ों को उनके असली नाम से पुकारते हैं और बिना लाग-लपेट, बनाव-सिंगार के सीधे शब्दों में बात करते हैं। उत्तेजना की जगह एक ख़ास तरह का 'ठंडापन' उनके स्वर की पहचान है। न स्वयं भावावेश में आते हैं और न पाठक या श्रोता को भावोत्तेजित करते हैं। सारा ज़ोर देखने-दिखाने, समझने और समझाने पर है। कविताएँ छंदोबद्ध हैं और छंदमुक्त भी—यहाँ तक कि कभी ठेठ गद्य के निकट। फिर भी लय के साथ। कुल मिलाकर सरल और सुघड़।

जर्मन मूल से अनभिज्ञ होने के कारण सिर्फ़ हिन्दी अनुवाद के आधार पर मेरे लिए ब्रेख्त के विभिन्न काव्य-रूपों और विधाओं के क्षेत्र में किये गए नये प्रयोगों पर कुछ भी कहना सम्भव नहीं है पर उनकी कविता की भाषा और संरचना का आकर्षण अचूक है।

'एक चीनी काष्ठसिंह को देखकर' शीर्षक कविता में ब्रेख्त ने अपनी कविता की जिन विशेषताओं की ओर इशारा किया है, उससे ज़्यादा सटीक समीक्षा और कोई हो नहीं सकती—बुरों के लिए डरावनी, भलों के लिए लुभावनी : भयावह और सुघड़ साथ-साथ :

तुम्हारे पंजे देखकर
डरते हैं बुरे आदमी
तुम्हारा सौष्ठव देखकर
खुश होते हैं अच्छे आदमी

यही मैं चाहूँगा सुनना
अपनी कविता के बारे में।

जहाँ तक उज्ज्वल के इस अनुवाद का सवाल है, उसके विषय में जर्मन और हिन्दी, दोनों भाषाओं के विज्ञ और काव्य-मर्मज्ञ ही कुछ कहने के अधिकारी हैं। दरम्यानी भाषा अंग्रेज़ी के सहारे मेरा कुछ भी कहना अनुचित होगा। इस सन्दर्भ में स्वयं ब्रेख्त की इस राय का उल्लेख अप्रासंगिक न होगा : 'कविताओं का अनुवाद जब किसी अन्य भाषा में किया जाता है तो सबसे ज़्यादा नुकसान उन लोगों के द्वारा होता है जो कुछ ज़्यादा ही अनुवाद करने की कोशिश करते हैं। कवि के विचारों और भंगिमाओं के अनुवाद तक ही वे अपने-आपको सीमित रखें तो बेहतर।'

भंगिमाओं के अनुवाद का मामला ज़रूर टेढ़ा है—ख़ास तौर से रंगाचार्य ब्रेख्त के मामले में। अभिनय की तरह वे कविता में भंगिमा या मुद्रा को लेकर बेहद सतर्क रहते थे। उसके लिए वे प्राय: जर्मन शब्द 'गेस्ट' का प्रयोग करते थे। इसलिए जहाँ तक ब्रेख्त के विचारों के अनुवाद का सवाल है, उसमें मुझे कहीं एतराज लायक कोई चीज़ नहीं मिली। मेरे जैसे अल्पज्ञ के सन्तोष के लिए इतना काफ़ी है।

क्रान्तिकारी कवि पाब्लो नेरुदा

पाब्लो नेरुदा ने इस वर्ष का नोबेल पुरस्कार प्राप्त कर संसार के काव्य-प्रेमियों का ध्यान एक बार फिर अपनी ओर आकृष्ट किया है। नेरुदा सम्भवत: पहले कम्यूनिस्ट कवि हैं जिन्हें नोबेल पुरस्कार दिया गया है। लैटिन अमरीका और स्पेनी भाषा-भाषी दुनिया में तो वे निर्विवाद रूप से बीसवीं सदी के सर्वश्रेष्ठ कवि माने ही जाते हैं, शेष संसार भी कविता के क्षेत्र में उनकी महानता को एक अरसे से स्वीकारता आ रहा है। हिन्दी-जगत नेरुदा की प्रतिभा से 1950 के आस-पास परिचित हुआ जब केदारनाथ अग्रवाल ने उनकी रेल-मज़दूरों के आह्वान से सम्बन्धित विश्व-प्रसिद्ध लम्बी कविता का हिन्दी रूपान्तर 'रेल भंजकों (?) को जगने दो' शीर्षक से प्रकाशित किया था। संयोग से उन दिनों नेरुदा भारत आए भी थे और वे यहाँ के कुछ प्रगतिशील लेखकों से मिले थे। नेरुदा के प्रभाव में उन दिनों हिन्दी में ख़ास तरह की लम्बी कविताएँ भी लिखी गईं जिनमें नरेश मेहता की 'समय देवता' और 'चीन' शीर्षक कविताएँ उल्लेखनीय हैं। किन्तु परिस्थितियों ने कुछ ऐसा मोड़ लिया कि हिन्दी में नेरुदा का आगमन आई-गई-सी बात होकर रह गया। आज बीस वर्षों के बाद ऐसा लगता है, जैसे पाब्लो नेरुदा से नये सिरे से परिचित होने की आवश्यकता है क्योंकि अब नेरुदा एक अपरिचित देश के निर्वासित कवि नहीं बल्कि जाग्रत् लैटिन अमरीका के मान्यता-प्राप्त कवि हैं और आज सम्भवत: उनके बारे में हम कुछ अधिक जान सकने की स्थिति में भी हैं।

पाब्लो नेरुदा की कविता उनके अपने जीवन और अपने देश से इतनी जुड़ी हुई है कि उस पृष्ठभूमि के बिना उनकी कविता को पूरा-पूरा समझना कठिन है। जीवनवृत्त तो संक्षेप में यह है कि वे 12 जुलाई, 1904 को चिली के पराल नामक स्थान में रेल-मज़दूर के घर पैदा हुए। जन्म के 3-4 साल बाद ही माँ चल बसी और पिता ने दूसरी शादी कर ली। इसी बीच पिता पूरे परिवार के साथ पराल छोड़कर तेमुको के घने जंगलों वाले दक्षिणी प्रदेश की ओर जा बसे। यह वही तेमुको है, जो किसी-न-किसी रूप में नेरुदा की कविताओं में रह-रहकर आता रहता है। यहीं यह भी उल्लेखनीय है कि पाब्लो नेरुदा कवि का असली नाम नहीं बल्कि छद्म नाम है। असली नाम था नेफ्ताली रिकॉर्डो रेयेस इ बासोआल्तो। नेरुदा नाम उन्होंने

एक चेक लेखक से ग्रहण किया। उन दिनों एक चेक लेखक यान नेरुदा की कृति 'मला स्त्राना की कहानियाँ' स्पेनी भाषा में अनूदित होकर आई थी। जैतूनी हरे रंग के आवरण की उस पुस्तक के लेखक की ओर किशोर नेफ्ताली इतना आकृष्ट हुआ कि उसने अपना नाम ही नेरुदा रख लिया। कविता लिखने का शौक बचपन से ही था जिसे लेकर वे सोलह वर्ष की वय में चिली की राजधानी सान्तियागो पहुँचे। यहाँ स्टूडेंट्स फेडरेशन ने वसन्तोत्सव के अवसर पर नेरुदा की कविताओं को पुरस्कृत किया और उसे फिर 1921 में 'उत्सव गीत' नाम से प्रकाशित भी किया। इसके बाद 1924 में 'बीस प्रेम-कविताएँ और एक हताश गीत' शीर्षक काव्य-संकलन के प्रकाशन के साथ नेरुदा सारे चिली में सबसे प्रतिभाशाली कवि के रूप में विख्यात हो गए। चिली की सरकार ने अपने देश की सांस्कृतिक परम्परा का अनुसरण करते हुए कवि नेरुदा को 1927 में कौंसल बनाकर दक्षिण-पूर्व एशिया के देशों में भेजा जिस पद पर वे क्रमश: रंगून, कोलम्बो, सिंगापुर, बटाविया आदि नगरों में 1932 तक रहे। 1933 में वे थोड़े समय के लिए स्वदेश वापस आए। 1934 में उन्हें फिर ब्यूनस एयर्स और वहाँ से माद्रिद भेजा गया। माद्रिद-प्रवास नेरुदा के जीवन का सबसे महत्त्वपूर्ण दौर है। यहाँ रहते उन्होंने 'कविता का हरा घोड़ा' नाम से एक कविता-पत्रिका निकाली और 1935 में 'धरती पर आवास' नामक काव्य के दो भाग प्रकाशित किये। इसी समय स्पेन में गृहयुद्ध शुरू हुआ जिसमें नेरुदा ने अपने सरकारी पद का ख़याल न रखते हुए जनवादी मोर्चे का पक्ष लिया। इन्हीं घटनाओं के क्रम में नेरुदा ने 1943 में सान्तियागो वापस आकर कम्यूनिस्ट पार्टी की सदस्यता ग्रहण की और सक्रिय राजनीति में भाग लेने का फैसला किया। 1945 में वे सिनेट के लिए चुनाव में खड़े हुए और विजयी हुए। किन्तु द्वितीय महायुद्ध की समाप्ति के बाद लैटिन अमरीकी देशों में परिस्थितियों ने कुछ ऐसा मोड़ लिया कि चीले में कम्यूनिस्ट पार्टी ग़ैर-कानूनी घोषित कर दी गई। फलत: नेरुदा को सिनेट का पद ही नहीं, बल्कि देश भी छोड़ना पड़ा। 1950 में नेरुदा लुकते-छिपते मैक्सिको पहुँचे। मैक्सिको-प्रवास में ही उन्होंने अपना महान काव्य 'सामान्य गीत' (कैंटो जनरल) प्रकाशित किया। निर्वासन की स्थिति में लगभग दो-ढाई साल तक इटली, फ्रांस, सोवियत संघ, चीन तथा एशिया के अन्य देशों का भ्रमण करने के बाद 1953 में नेरुदा चिली वापस आए। उसी वर्ष उन्हें स्तालिन पुरस्कार से सम्मानित किया गया। तब से यदा-कदा विदेश-यात्रा के बावजूद वे सामान्यत: चीली में ही रहे। नोबेल पुरस्कार से पहले नेरुदा को लेनिन शान्ति पुरस्कार का गौरव प्राप्त हो चुका है। अपने देश में नेरुदा का इतना सम्मान है कि राष्ट्रपति पद के लिए उनका नाम प्रस्तावित हुआ था, जिसे उन्होंने वर्तमान कम्यूनिस्ट राष्ट्रपति अलेंदे के लिए त्याग दिया। नेरुदा सम्प्रति पेरिस में अपने देश की समाजवादी सरकार के राजदूत हैं।

इस कर्मसंकुल जीवन में नेरुदा ने अपने प्रकृत कवि-कर्म की उपेक्षा कभी नहीं की। 1950 के बाद उन्होंने क्रमशः प्रकृति-सम्बन्धी 'ओड्स', 'मन की तरंगें', 'यात्राएँ और घर-वापसी', 'चीले के पत्थर' आदि लगभग आधे दर्जन से अधिक काव्य-संग्रह प्रकाशित किये, जिनमें 'माच्चु-पिच्चु' सम्बन्धी ऐतिहासिक लम्बी कविता भी है।

पाब्लो नेरुदा आधुनिक युग के एक महान कवि ही नहीं, बल्कि महान युगान्तरकारी कवि हैं। उन्होंने बीसवीं सदी के विश्व-काव्य को एक नया मोड़ दिया है। नेरुदा का काव्य वस्तुतः पश्चिम की 'आधुनिकतावादी' काव्यधारा के लिए वज्राघात है। जिनके लिए 'आधुनिक कविता' फ्रांसीसी प्रतीकवादियों से चलकर इलियट-पाउंड में निःशेष हो जाती है, पाब्लो नेरुदा का काव्य-संसार उनके सम्मुख एक नये आधुनिक विश्व का उद्घाटन करता है। निस्सन्देह परम्परा के अनुरोध से आरम्भ में स्वयं पाब्लो नेरुदा भी उसी आधुनिकतावाद के प्रभाव में थे, पर उनके देश की धरती, जंगल और जनता ने उन्हें पाश्चात्य आधुनिकतावाद के संकुचित दायरे में देर तक रहने न दिया। नेरुदा ने 'शुद्ध कविता' के विरुद्ध 'अशुद्ध कविता' का एक घोषणा-पत्र लिखा और उनकी मुक्त कल्पना ने जल्द ही उस विराट विश्व को अपने पंखों में समेट लिया जिसमें एक मुक्तिकामी राष्ट्र अपनी सम्पूर्ण प्राकृतिक एवं मानवीय गरिमा के साथ ही ऐतिहासिक और मिथकीय तत्त्वों के साथ अभिव्यक्ति पाने के लिए छटपटा रहा था। नेरुदा के काव्य-संसार की विराटता की उपमा प्रायः माइकेल एंजेलो के विशाल भित्तिचित्रों से दी गई है। कुछ लोगों को नेरुदा में वाल्ट ह्विटमैन की 'घास की पत्तियों' की यायावरीयता, नग्नता, कच्ची दैहिकता और रहस्यमयता दिखती है, तो कुछ को गोया के चित्रों की व्यंग्यपूर्ण विरूपता और भयावहता। किन्तु ये सभी तुलनाएँ अन्ततः नेरुदा के उस विराट काव्यलोक की अपरिमेयता की ओर संकेत करने के सुविधाजनक साधन-मात्र हैं। ऊपर से देखने पर नेरुदा की कविता वस्तुओं, स्थानों, ऐतिहासिक नामों, मिथकों आदि का विस्तृत सूची-पत्र मालूम होती है किन्तु काव्य-मर्मज्ञ अच्छी तरह जानते हैं कि नेरुदा ने अद्भुत कौशल से इन्हीं में कवित्वमय विन्यास रच दिया है। इसीलिए नेरुदा के नक़लचियों के हाथों जो कविता निरा भूगोल या इतिहास बनकर रह जाती है, वही नेरुदा के विशाल भौगोलिक-ऐतिहासिक विज़न में ढलकर महाकाव्य की गरिमा प्राप्त करती है। वस्तुतः नेरुदा को आधुनिकतावादी बुद्धि-विलास से बेहद चिढ़ थी। उस बौद्धिक अमूर्तता से कविता को बचाने के लिए उन्होंने कविता को ठोस पदार्थमयता प्रदान की। कविता को मांसल और ऐन्द्रिय बनाने के लिए उन्होंने वन्य-प्रकृति की गन्ध से लेकर मानव-देह की गन्ध तक उसे सुवासित किया। उनकी कविता में जैसे पदार्थ का उत्सव रचा गया है। इसी कारण कुछ आलोचकों ने उन्हें 'अन्तःप्रज्ञ पदार्थवादी' कहा है। नेरुदा का

यही पदार्थवाद उन्हें अन्तत: मानव-जीवन के उन भौतिक आधारों की खोज की ओर ले गया जिसकी परिणति एक क्रान्तिकारी जनवादी कवि के रूप में हुई। इसी कारण नेरुदा एक ओर लैटिन अमरीका की क्रान्तिकारी राष्ट्रीय भावना के कवि हैं तो दूसरी ओर वे विश्व मानवता की मुक्ति के गायक भी हैं। नेरुदा की कविता में प्रकृति, प्रेम, क्रान्ति आदि इतने घुल-मिल गए हैं कि किसी कविता के अन्तर्गत इनमें से किसी एक को अलगाना लगभग असम्भव है; यह ऐसा जीवन्त काव्य है जिसमें प्रेम और क्रान्ति विरोधी नहीं, बल्कि प्राय: पर्याय प्रतीत होते हैं। नेरुदा का काव्य जैसे समग्र लैटिन अमरीका की देह और आत्मा—अतीत, वर्तमान और भविष्य की साकार प्रतिमा है। उनकी कविताओं की भ्रान्तिकर सादगी में कला की कठोर साधना छिपी है, इसीलिए उनका अनुवाद कठिन है। अनुवाद की एक कठिनाई यह भी है कि नेरुदा अपने देश की मिट्टी और उसके इतिहास तथा मिथकीय परम्परा से अत्यन्त घनिष्ठ रूप में सम्पृक्त हैं।

पाब्लो नेरुदा : वैश्विक जड़ों वाला लातीनी-अमरीकी वट-वृक्ष

पाब्लो नेरुदा की कविताएँ पढ़ने और अनुवाद करने के दौरान उनके रूसी मित्र इलिया एह्रेनबुर्ग को उनकी कविता में 'जड़' और 'जड़ें' इतनी संख्या और मात्रा में मिलीं कि उन्होंने कवि को प्यार से झिड़कते हुए पूछा : आख़िर इतनी क्यों?

वर्षों बाद अन्तिम घड़ियों में नेरुदा को पुरानी यादों का लेखा-जोखा करते हुए वह बात याद आई। उन्होंने जो सफ़ाई दी, वह काफ़ी दिलचस्प और काव्यात्मक तो है ही, महत्त्वपूर्ण भी है। लिखा है :

'यह सच है। सीमान्त प्रान्तों ने मेरी कविता में अपनी जड़ें धँसाई थीं और उन जड़ों ने अपने-आपको फिर कभी विलग नहीं किया। मेरा जीवन एक लम्बी तीर्थयात्रा है जिसका अन्त हमेशा दक्षिण के उन्हीं जंगलों में होता रहा है और मैं अपने से चलकर अपने-आपमें ही लौटता रहा हूँ। उन्हीं जंगलों में जिनसे कुछ देर के लिए बिछुड़ गया था।

'वहाँ विशाल वृक्ष हैं, जो अपनी सात सौ वर्षों की शानदार ज़िन्दगी से कभी-कभी कट जाते थे। कभी तूफ़ानों से उखड़े। कभी बर्फ़ से क्षत-विक्षत हुए या फिर आग से भस्मीभूत हुए। मैंने गहन वन में दैत्याकार वृक्षों को अरराकर गिरते हुए सुना है और सुनी है धराशायी होते ओक वृक्ष की मद्धिम प्रलयंकर चीख़, जैसे किसी दानवी हाथ ने धरती के दरवाज़ों पर दस्तक दी हो और दफ़्न करने की गुहार लगाई हो!

'लेकिन जड़ें तो खुले मैदान में पड़ी हैं : एकदम अनावृत अपने शत्रु-काल के सम्मुख, नमी के सम्मुख, काई के सम्मुख यानी एक के बाद एक विनाश के सम्मुख!

'उन विशाल, खुले किन्तु घायल या जले हाथों से बढ़कर सुन्दर कुछ भी नहीं। जब वन्यपथ पर चलते हुए उनसे हमारा साक्षात्कार होता है तो वे बतलाते हैं दफ़्न हुए पेड़ों के मर्म, वे रहस्य जिनसे पत्तियाँ पुष्ट हुईं; वे वनस्पति-राज्य की अन्तर्भेदी मांसपेशियाँ हैं। वे उदास हों या झबरी, वे एक नये सौन्दर्य का दर्शन कराती हैं। वे पृथ्वी की गहराइयों द्वारा गढ़ी गई प्रस्तर-प्रतिमाएँ हैं, प्रकृति की रहस्यमयी श्रेष्ठ कृतियाँ!

'कुछ दिनों बाद जब मैं अर्जेंटीना से लगे हिस्से की ओर जा रहा था, भीमकाय वृक्षों के हरे गुम्बदों की छाया में, सामने भयावह अवरोध का धुँधला-सा आभास हुआ। उन पेड़ों में से एक की दृष्टि ने देखा : पत्थरों की इस सीढ़ी पर शहर में जहाँ देखो, वहीं हैं : पत्थर का पराग।...पत्थर की रोटी।...पत्थर का गुलाब।...पत्थर का सोता।...पत्थर की रोशनी।...पत्थर की भाप।...पत्थर की किताब! फिर इन सबके अलावा है : ख़ामोशी का गुम्बद, निर्मल मातृभूमि...हाथों का ज्वालामुखी, गहरे रंग का झरना। चाँदी की लहर, समय का रुख़!'

कहना न होगा कि इन पत्थरों के बीच खुद भी पत्थर बन जाने का ख़तरा था! फिर भी सहसा कवि के अन्दर से एक चीख़ उठती है :

पत्थर के भीतर पत्थर, और वह मनुष्य, कहाँ था वह?
काल के भीतर काल, वह मनुष्य, कहाँ था वह?

और चमत्कार यह कि यह वाणी सुनकर वह मनुष्य—वह जन जी उठता है। वही पत्थर जैसे मनुष्य बनकर खड़े हो जाते हैं। अन्ततः कवि अपनी ओजस्वी वाणी में उनका आह्वान करता है :

उठो, लो मेरे साथ जन्म, मेरे भाई
दो मुझे अपना हाथ
अपने फैले हुए दर्द के अन्तस्तल से!

मैं आ रहा हूँ बोलने तुम्हारे मृत मुख से
समूची ज़मीन पर एक हो जाओ
तमाम बिखरे ख़ामोश होंठों!

दे दो मुझे वह ख़ामोशी, वह जल, वह आशा।
दे दो मुझे वह युद्ध, वह लोहा, वे ज्वालामुखी।

आ जाओ मेरी शिराओं में, मेरे मुँह में।
बोलो मेरे शब्दों में, मेरे लहू में!

कहने की आवश्यकता नहीं कि नेरुदा की जड़ों में से एक जड़ दक्षिण अमरीका के इतिहास की उस गहराई में भी जाती है और उस अँधेरे की गहराई से ख़ुराक ग्रहण करती है।

शायद यहीं से कवि को वह ताक़त मिली जिससे आगे चलकर 'जनता' शीर्षक कविता की रचना सम्भव हुई। कवि के लिए यह भी एक अनुभव था कि दक्षिण

चीले के आदिवासी को सिनेटर चुना उत्तर चीले की जनता ने! कहाँ दक्षिण के घने जंगल और कहाँ उत्तर के वनस्पति-शून्य रेगिस्तान! 'स्मृति लेखा' में नेरुदा ने इस विषमता का चित्र इन माखमक शब्दों में प्रस्तुत किया है :

'मेरा बचपन बारिश और बर्फ़ से भरा था। इस चान्द्र मरुभूमि के साथ साक्षात्कार मात्र मेरे जीवन के लिए एक निर्णायक मोड़ साबित हुआ। न कोई पौधा, न कहीं पानी की एक बूँद—यह नंगी धरती तो एक विराट मरीचिका है! जंगलों में तो नदियों के साथ, हर चीज़ मनुष्य से बातें करती है; जबकि यह रेगिस्तान तो बिलकुल चुप है। यह चुप्पी—यह भाषा—समझना मेरे वश के बाहर है।'

लेकिन 'माच्चु-पिच्चु' के ख़ामोश पत्थरों के समान ही एक दिन इस चुप रेगिस्तान का भी मुँह खुल ही गया और वह कवि के कंठ से अन्ततः बोल उठा।

इसका यह अर्थ नहीं कि प्रकृति का कवि सहसा राजनीतिक कवि हो गया। अर्थ सिर्फ़ यह है कि नेरुदा धीरे-धीरे प्रौढ़ और परिपक्व होते गए।

यह सही है कि 1924 में जब उनकी कविताओं का संग्रह 'बीस प्रेम-कविताएँ और निराशा का एक गीत' प्रकाशित हुआ तो वह किशोर प्रेम की 'बाइबिल'-सी हो गई। उस समय नेरुदा सिर्फ़ बीस की वय के थे। अब कोई यदि उम्र भर कवि से किशोर प्रेम की वैसी ही कविताओं की फ़रमाइश करता रहे तो यह कवि के साथ ज़्यादती है।

फिर भी यह कहना सच से ज़्यादा दूर न होगा कि नेरुदा ज़िन्दगी भर प्यार के कवि बने रहे। यह और बात है कि उस प्यार के कई पहलू थे—भिन्न-भिन्न रूप और भिन्न-भिन्न नाम! हृदय एक ही था जिसके एक कोने से कभी 'अलविदा' गीत फूटा था तो किसी दूसरे कोने से मातिल्दे के लिए प्रेम का प्लावन उमड़ा। 'स्पेन मेरे हृदय में' की तथाकथित राजनीतिक कविताएँ भी एक और तरह के प्रेम की अभिव्यक्तियाँ हैं।

इस प्रसंग में नेरुदा के इस आत्मस्वीकार में कहीं अधिक ईमानदारी है : 'उसके बाद जब-तब के अन्तराल के साथ राजनीति मेरी कविता और ज़िन्दगी का हिस्सा बन गई। अपनी कविताओं में जिस तरह प्यार, जीवन, खुशी या ग़म के लिए मैं दरवाज़ा बन्द नहीं कर सकता, उस तरह सड़क के लिए भी कविता का दरवाज़ा बन्द नहीं हो सकता।'

इसलिए आश्चर्य नहीं कि जिस पृथ्वी में नेरुदा को अपनी जड़ें दिखाई पड़ीं, वही पृथ्वी प्रणयानुभूति के एक तीव्र क्षण में अपने प्रेमपात्र में भी मिली। 'तुममें पृथ्वी' शीर्षक कविता इसकी सबसे अच्छी मिसाल है। यहाँ प्रस्तुत हैं सिर्फ़ अन्तिम पंक्तियाँ :

उठ रहे हैं तुम्हारे कन्धे जैसे दो पहाड़ियाँ,
तुम्हारी छातियाँ करती हैं चहलक़दमी मेरी छाती पर,
मेरा बाज़ू पहुँचता है बमुश्किल लिपटने उस पतली-सी

दूज के चाँद की रेखा-सी तुम्हारी कमर से :
उन्मत्त हो तुम प्यार में, जैसे समुद्र का पानी।
नापती हैं बमुश्किल मेरी आँखें आकाश के और अधिक विस्तार को
और मैं झुकाता हूँ अपने-आपको तुम्हारे होंठों पर पृथ्वी को चूमने।

ज़ाहिर है कि यह सघन ऐन्द्रिय और मांसल प्रणयानुभूति किशोरावस्था के अशरीरी प्रेम से काफ़ी दूर है। ऐन्द्रियता वही है जिसे नेरुदा जंगली हवाओं और समुद्री तरंगों के दरमियान महसूस करते रहे हैं।

नेरुदा की कविता की जड़ें वस्तुत: समूची पृथ्वी को घेर लेने के लिए आकुल थीं। 'स्मृतिलेखा' में ही उन्होंने लिखा है : 'मैं सर्वभक्षी हूँ, वश चले तो मैं पूरी पृथ्वी को निगल जाऊँ और सम्पूर्ण समुद्र को पी जाऊँ।'

इस मामले में वे उत्तरी अमरीका के उन्नीसवीं शताब्दी के कवि वाल्ट ह्विटमैन को अपना पूर्वपुरुष मानते थे। नेरुदा के लिए आत्मरूप होने का एक ही अर्थ था : आत्मविस्तार—दिक् में भी, काल में भी। पेड़ अपनी जड़ें धरती के गर्भ में ही नहीं फेंकता, वह अपनी टहनियाँ आकाश में भी चारों ओर फैलाता है। स्वयं नेरुदा के ही शब्दों में : 'मैं उसी भूमि की तरह फैलना चाहता हूँ जहाँ मैं पैदा हुआ।' इसीलिए उनकी कविता केवल चीले तक सीमित नहीं है, बल्कि उसका विस्तार पेरू में भी है और क्यूबा में भी। इस तरह वे पूरे लातीनी अमरीका के कवि हैं—यहाँ तक कि लोर्का और अल्बैर्ती के स्पेन के भी।

ज़ाहिर है, ऐसा विशाल-वक्ष कवि उस भाषा को भी खींचतान कर फैलाने से बाज़ नहीं आ सकता, जिसमें कविता आकार ग्रहण करती है। नेरुदा के 'स्मृतिलेखा' में इस भाषा-विस्तार पर भी टिप्पणियाँ हैं। इन्हें पढ़ने से साफ़ मालूम होता है कि स्पेनवालों की स्पानी भाषा लातीनी अमरीकी नेरुदा को माफ़िक़ नहीं आ रही थी। एक तरह से यह 'भाषा की विचारधारा' का भी मामला था। और बहुत-सी बातों के अलावा इस कारण भी लातीनी अमरीकी 'स्पानी भाषा' अपनी मूल भूमि से अलग हो गई। नेरुदा के अनुसार : 'गोंगोरा का हिमजड़ जमा हुआ सौन्दर्य हमारे अक्षांशों के लिए नहीं बना था। हमारी अमरीकी ज़मीन की परतें उन खुरदरी चट्टानों और पिघले लावा की बनी हैं, जो ख़ून-सनी हैं। स्फटिक पर किस तरह काम किया जाता है, यह हम नहीं जानते। इसीलिए हमारे चारुशिल्पी कवि भी खोखले मालूम होते हैं।'

इसलिए प्रदत्त भाषा के साथ छेड़छाड़ ज़रूरी हो गई। इस छेड़खानी का ब्योरा नेरुदा ने अपने ख़ास अन्दाज़ में इस तरह दिया है :

'किसी भाषा के साथ आप ज़िन्दगी भर यों ही नहीं रह सकते। उसे इधर-उधर खींचना, जहाँ-तहाँ टटोलना, बालों से खेलना, पेट में कोंचना आदि अन्तरंग हरकतें आदत बन जाती हैं। बोली जानेवाली भाषा के और आयाम हैं। लिखित भाषा अप्रत्याशित लचीलापन हासिल करती है। भाषा को अपने शरीर-त्वचा या

पहनावे की तरह इस्तेमाल करने का अर्थ है उसकी बाँहों, पैबन्दों, ख़ून-पसीने के धब्बों आदि सबके साथ अपनाना। और यहीं किसी लेखक की क्षमता और साहस की परीक्षा होती है।'

मुझे स्पानी भाषा का कोई ज्ञान नहीं, इसलिए भाषा के विषय में नेरुदा के साहस की जाँच करने की गुस्ताखी मैं नहीं कर सकता। फिर भी इतना तो कहा ही जा सकता है कि भाषा में क्रान्ति किये बिना नेरुदा वह नहीं हो सकते थे जो कि वे अन्ततः हुए और जिसके लिए वे बीसवीं शताब्दी की स्पानी कविता ही नहीं बल्कि विश्व-कविता में विशेष रूप से जाने जाते हैं।

सच पूछिए तो राजनीति या प्रेम में नेरुदा जितने डूबे हुए दिखते हैं, उससे कहीं अधिक 'शब्द' में उलझे हुए प्रतीत होते हैं। किन्तु उनकी शब्द-चिन्ता अब आधुनिक कवियों के शब्द-रोग से एकदम भिन्न है, जो शब्द के 'रहस्य' की थाह लगाते गूँगे हो जाते हैं। वस्तुतः वे शब्द-शंकी लोग हैं। नेरुदा की शब्द-चिन्ता का कुछ अन्दाज़ा उनके 'स्मृतिलेखा' के इस एक उद्धरण से लगाया जा सकता है :

'आप जो चाहें, कह सकते हैं; जी हाँ, लेकिन वह शब्द ही हैं जो गाते हैं, जो ऊँची उड़ान भरते हैं...और नीचे भी उतरते हैं...मैं उनके सामने नतमस्तक हूँ... मैं उन्हें प्यार करता हूँ, उनसे चिपकता हूँ, धक्के भी देता हूँ, दाँत गड़ाता हूँ और पुचकारता भी हूँ...शब्दों को मैं कितना प्यार करता हूँ...अप्रत्याशित शब्द...ऐसे शब्दों पर घात लगाए रहता हूँ...मुझे स्वरों से प्यार है...वे रंगीन पत्थरों की तरह चमकते हैं...चाँदी की मछली की तरह उछलते हैं...इतने सुन्दर हैं कि सबको कविता में फिट कर देने को जी चाहता है...शब्द बहुत प्राचीन हैं और अति नवीन भी... ताबूत में या फूल के कोष में बन्द...कितनी महान भाषा है मेरे पास...वह सुन्दर बर्बर विजेताओं से हमें विरासत में मिली है...शब्द उन बर्बरों के बूटों से, घोड़ों के नाल से, टोप से, दाढ़ियों से रोड़े की तरह लुढ़क पड़े थे।...वे सब कुछ लूट ले गए...सिर्फ़ शब्द छोड़ गए...हमारे लिए।'

भावोच्छ्वास के बावजूद इस कथन से स्पष्ट है कि नेरुदा में ज़िन्दगी की तरह शब्द के लिए भी बहुत भूख थी और यह भूख कभी कम नहीं हुई। उनके अनुसार शब्द 'शीशे को शीशे का गुण' और 'लहू को लहू' प्रदान करता है। और कवि जब किसी चीज़ को नाम देता है तो नामकरण की क्रिया के साथ ही विश्व में एक नई चेतना का भी उदय होता है। इस तरह नेरुदा ने एक 'बड़ी भाषा' की ताक़त की खोज की।

बीसवीं शताब्दी की कविता को नेरुदा की सम्भवतः सबसे बड़ी देन यह है कि उन्होंने 'लिखित कविता' और 'कथित कविता' के अन्तर को भली भाँति समझते हुए और उस अन्तर की पूरी तरह रक्षा करते हुए कविता को 'वाचिक' दिशा की ओर मोड़ने का अनुकरणीय सफल प्रयोग किया। उस सच्चे लोक-हृदय कवि ने

कविता को सही मायने में लोक-हृदय और लोक-कंठ में प्रतिष्ठित किया। वह स्थिति उसे स्वीकार्य नहीं थी जिसमें एक कवि दूसरे कवियों के लिए लिखता और प्रकाशित करता है। इस कवियायी दुनिया को छोड़कर उनका मन जंगलों, चट्टानों, समुद्र की लहरों के बीच भाग जाने को होता था। उन्हें इस बात की गहरी चिन्ता थी कि कविता का सम्बन्ध उसके पाठक से टूट गया है और वह पाठक की पहुँच से बाहर चली गई है। वे कविता को अपनी जगह वापस लाने के लिए चिन्तित थे। उनके अनुसार इसके लिए कविता को अँधेरे की यात्रा करनी पड़ेगी। उसे मनुष्य के हृदय का साक्षात्कार करना होगा, उसे सभी की आँखों में झाँकना होगा, सड़क से गुज़रनेवाले उस अपरिचित से जान-पहचान करनी होगी, जो शाम के धुँधलके या तारों भरी रात की छाया में कम-से-कम कविता की एक पंक्ति के लिए तरस रहा है। निरक्षर और अर्द्धसाक्षर हज़ारों-लाखों लोगों के बीच घुल-मिलकर नेरुदा ने कविता की इस भूली-बिसरी आत्मा को ढूँढ़ निकाला था। निस्सन्देह इस प्रक्रिया में नेरुदा ने कुछ ऐसी कविताएँ भी लिखीं जिनमें शुद्ध वाग्मिता है, फिर भी उन्होंने पश्चिम की आधुनिकतावादी कविता का एक जीवन्त और ताक़तवर विकल्प तो प्रस्तुत किया ही।

किन्तु इसी प्रक्रिया में नेरुदा ने कुछ ऐसे सीधे-सादे 'लिरिक' या प्रगीत भी रचे जो अपनी सादगी और लघुता में आदिम कविता की सरलता को छू लेते हैं। ये कविताएँ हमें कभी-कभी कुछ वैदिक ऋचाओं और निराला के 'अणिमा-अर्चना-आराधना' के गीतों की याद दिलाती हैं। यह भी एक प्रकार से अपनी जड़ों की ओर लौटना ही है। नेरुदा के अन्तिम दिनों की कविताएँ प्राय: इसी रंग में जीवन का उत्सव मनाती मिलती हैं। इसी तरह की एक कविता है : 'यही है सादगी'।

ख़ामोशी है ताक़त (मुझे बताते हैं पेड़)
और गहराई (मुझे बताती हैं जड़ें)
और शुद्धता (मुझे बताता है आटा)
किसी पेड़ ने नहीं कहा मुझसे
'मैं सबसे ऊँचा हूँ।'
किसी जड़ ने नहीं कहा मुझसे
'मैं ही आती हूँ सबसे अधिक गहराई से।'
और कभी नहीं कहा रोटी ने
'कुछ भी नहीं है रोटी जैसा।'

नेरुदा का लिखा हुआ काव्य विपुल है। बीसवीं शताब्दी के शायद ही किसी कवि ने इतनी कविताएँ लिखी हों। सभी कविताएँ भले ही उच्च कोटि की न हों लेकिन कठोर चयन के बाद भी ऐसी कविताएँ काफ़ी मिलेंगी जिनसे एक महान

कवि की रचना-शक्ति का एहसास होता है। इसमें कोई शक़ नहीं कि नेरुदा का काव्य-संसार वस्तुत: कविता का एक उभरता हुआ महाद्वीप है।

अपनी कविताओं के बारे में स्वयं नेरुदा ने यहाँ जो कुछ कहा है, उसमें तनिक भी अतिशयोक्ति नहीं है :

'मेरी कविता और मेरी ज़िन्दगी एक अमरीकी की तरह अग्रसर हुई। चीले के पानी की यह धारा दक्षिणी पहाड़ों के प्रच्छन्न हृदय में जनमी और समुद्र की ओर अनवरत बढ़ती चली गई। मेरी कविता अपने साथ जो कुछ भी ले जा सकती थी, उसमें से किसी का तिरस्कार उसने नहीं किया। भावावेग को उसने स्वीकार किया। रहस्य को उसने अनावृत किया, और जनता के दिलों में उसने जगह बनाई।

'मुझे संघर्ष करना पड़ा, दुख झेलना पड़ा, फिर भी मैंने प्यार किया और गाया। मैंने रोटी का स्वाद भी लिया और ख़ून का भी। इससे ज़्यादा कोई कवि क्या चाहेगा? सारे चुनाव, आँसू या चुम्बन, अकेलापन या भाईचारा—सब-के-सब मेरी कविता में बचे रह गए हैं और उसके अनिवार्य अंग हैं क्योंकि मैं जिया तो कविता के लिए और मुझे कविता ने ही ताक़त दी हर प्रयास में। यदि मुझे अनेक पुरस्कार मिले तो वे तितलियों की तरह क्षणभंगुर हैं, फिर भी मुझे सबसे बड़ा एक पुरस्कार मिला जिसका चाहे जितना उपहास किया जाए लेकिन उसे ज़्यादा लोग पा नहीं सकते। कठिन साधना, लम्बी खोज और लिखित शब्द की भूलभुलैया से गुज़रने के बाद मैं अपनी जनता का कवि हो सका। मेरा पुरस्कार यही है, न कि वे पुस्तकें और कविताएँ, जिनका अनुवाद हुआ और न वे पुस्तकें ही, जिनमें मेरी कविताओं की या तो चीर-फाड़ हुई या फिर व्याख्या!'

जिस कवि के विचार इस ऊँची भूमि के हों, उसके लिए और अनुवादों की तरह इस हिन्दी अनुवाद का भी कुछ विशेष अर्थ नहीं रह जाता। फिर भी हमारे लिए—हम भारतीयों के लिए—नेरुदा की कविताओं को अपनी भाषा में ढालने का एक विशेष अर्थ है।

विश्व कुतूहली नेरुदा के लिए भारत अपरिचित नहीं। वह यहाँ दो बार आए। पहली बार तीस के दशक में, आज़ादी की लड़ाई के दौरान। फिर सन् 1950 में आज़ादी मिलने के बाद। पहली बार वे एक दर्शक थे। कांग्रेस का अधिवेशन देखा। गांधी, नेहरू और सुभाष को देखा। भारतीय जनता के मुक्ति-संघर्ष का उत्साह देखा। अच्छा अनुभव लेकर गए। दूसरी बार प्रधानमंत्री नेहरू से मिले—ठंडे-ठंडे। ज़ायका ख़राब गया। कुछ हमख़याल भारतीय लेखकों से भी बम्बई में मुलाक़ात हुई। एक तरह से क्षतिपूर्ति! जो हो, भारत की मिट्टी से उनका स्पर्श हुआ, यही क्या कम है?

पर भारत के लिए कवि नेरुदा कहीं ज़्यादा परिचित हैं। सन् 1950 में ही उनकी कविताओं का हिन्दी, उर्दू, बंगला आदि भारतीय भाषाओं में अनुवाद शुरू हो गया था। सन् 1971 में जब उन्हें साहित्य का नोबेल पुरस्कार मिला तो आलोचना में

मैंने उनकी छह कविताओं का अनुवाद प्रकाशित किया था और एक छोटा-सा परिचयात्मक लेख भी लिखा था। फिर अगले ही अंक में उसी वर्ष कवि कमलेश कृत 'माच्चु-पिच्चु' जैसी विश्व-प्रसिद्ध कविता का भी अनुवाद आया। शीघ्र ही इस कविता ने कवि नीलाभ को भी एक और अनुवाद के लिए प्रेरित किया और वह पुस्तकाकार प्रकाशित हुआ।

प्रभाती नौटियाल द्वारा नेरुदा की बत्तीस कविताओं का यह हिन्दी अनुवाद उसी परम्परा का अगला चरण है—किन्तु एक विशेषता के साथ। यह अनुवाद सीधे स्पानी भाषा से किया गया। इससे पहले के सभी अनुवाद अंग्रेज़ी पाठ से हुए थे—यानी वे अनुवाद के अनुवाद थे।

प्रभाती स्पानी भाषा पर अधिकार रखने के साथ ही प्रतिभाशाली कवि भी हैं यानी सोने में सुगन्ध। इन काव्यानुवादों के बारे में कुछ कहने का अधिकारी मैं नहीं। ख़ास तौर से इसलिए भी कि बन्धुवर केदारनाथ सिंह जैसे समर्थ कवि के हाथों का स्पर्श इन्हें प्राप्त हो चुका है।

प्रभाती वैसे भी नेरुदा के अधिकारी अध्येता हैं। चाहते तो भूमिका के रूप में वे स्वयं ही आलोचनात्मक लेख भी लिख सकते थे। सहयोगी प्रयास के रूप में इस ग्रंथ को प्रस्तुत करने के इरादे से ही सम्भवत: उन्होंने मुझे भी अपने साथ ले लिया। मेरे लिए उनका यह अहेतुक स्नेहानुरोध ही है।

नेरुदा की कविताओं के इस हिन्दी अनुवाद की सबसे बड़ी सार्थकता मेरी दृष्टि में यह है कि इससे पश्चिमी 'आधुनिकतावादी' कविता की मृग-मरीचिका से हिन्दी कविता को मुक्त होने में कुछ मदद मिलेगी। इस लातीनी अमरीकी कवि ने उस आधुनिकतावाद की भूलभुलैया में कुछ दिनों तक भटकने के बाद कविता के लिए एक विकल्प का मार्ग खोज निकाला था। मुक्ति का यह मार्ग नेरुदा को अपनी धरती की जड़ों से मिला था। हमें भी आशा करनी चाहिए कि यह काव्यानुवाद हमारे साथी कवियों को आज की स्थिति में एक बार फिर अपनी जड़ों की ओर लौटने के लिए प्रेरित करेगा।

पृथ्वी का कवि : पाब्लो नेरुदा

पाब्लो नेरुदा की कविताओं का यह हिन्दी संचयन कवि की तीसवीं बरसी पर एक विनम्र श्रद्धांजलि है और जन्मशती के उपलक्ष्य में अग्रिम उपहार भी। ऐसे काव्यात्मक स्तबक के लिए हिन्दी जगत अपने वरिष्ठ जनवादी समालोचक चन्द्रबली सिंह के प्रति कृतज्ञ रहेगा।

नेरुदा मेरे भी प्रिय कवि हैं और उनकी कविताओं का हिन्दी अनुवाद करनेवाले डॉ. चन्द्रबली सिंह तो मेरे आदरणीय अग्रज ही हैं, इसीलिए यहाँ कुछ कहने की हिमाकत कर रहा हूँ, वरना स्वयं अनुवादक की विस्तृत भूमिका के बाद कुछ भी कहना ग़ैरज़रूरी है। सबसे पहले तो यही कि इस पुस्तक के प्रकाशन पर व्यक्तिगत रूप से मुझे जो आत्मतोष हुआ, वह स्वयं अपनी किसी पुस्तक के प्रकाशन के समय भी नहीं हुआ। कारण यह कि अनुवादक के कठिन जीवन-संघर्ष और आत्म-संघर्ष की गहरी पीड़ा को कुछ-कुछ निकट से देखने का मुझे अवसर मिला है। कोई भी दूसरा व्यक्ति उस संघर्ष में टूटकर बिखर सकता था। शायद यह अनुवाद-कर्म की संजीवनी ही है जिसने उन्हें बचाए रखा और आज वे अपनी आँखों अपनी अनवरत साधना को फलीभूत देखने की स्थिति में हैं। वे पक्के परिपूर्णतावादी हैं—इतने कि अन्तिम प्रूफ़ की अवस्था तक काट-छाँट, सुधार-सँवार की ज़िद पर अड़े रहे। मुकम्मल पांडुलिपि भी 'किस तरह खैंच के लाया हूँ कि जी जानता है।' कहना न होगा कि कविता—वह भी नेरुदा की कविता—का अनुवाद चन्द्रबली सिंह के लिए कोई धन्धा नहीं बल्कि गहरी प्रतिबद्धता है।

'शब्द ख़ून में पैदा होता है' जैसाकि नेरुदा ने किसी कविता में कहा है और 'शब्द ही ख़ून को ख़ून और ज़िन्दगी देते हैं।' चन्द्रबली सिंह के इस भाषान्तर के बारे में भी यह बात उतनी ही सच है। उनके अनुवाद की रगों में भी वही ख़ून बहता दिखाई देता है जिसमें नेरुदा के ख़ून की गरमाहट है।

कुल मिलाकर, कविताओं का अनुवाद कैसा बन पड़ा है, यह तो वही बता सकते हैं जिन्होंने इस मैदान में हाथ आज़माए हैं। एक सामान्य पाठक के नाते सरसरी तौर पर फ़िलहाल मुझे यही लगता है कि स्पेनिश मूल से किये हुए अनुवादों से ये अनुवाद कई जगह बेहतर हैं और अक्सर अंग्रेज़ी अनुवादों से टक्कर लेते हैं।

यह ज़रूर है कि भाषा उतनी चलती हुई नहीं है बल्कि कुछ-कुछ किताबी-सी हो गई है। एक 'माच्चु-पिच्चु के शिखर' कविता के विभिन्न हिन्दी अनुवादों की तुलना से यह बात स्पष्ट हो सकती है।

वैसे, 'माच्चु-पिच्चु के शिखर' नेरुदा की कविता का शिखर भले ही हो, समूचा काव्य-संसार नहीं है। इस शिखर के सम्मुख नतमस्तक मैं भी हूँ, लेकिन नीचे की घाटियों में ऐसी अनेक जगह हैं, जो कहीं अधिक रम्य और मनोज्ञ हैं। यह विविधता और बहुलता ही नेरुदा की कविता की प्रकृति है। नेरुदा इतने स्वरों और शैलियों में बोलते हैं कि उनकी कविता को किसी एक साँचे में कसना मुश्किल है। इस तरह 'नेरुदावाद' के पहले दुश्मन तो नेरुदा स्वयं हैं।

नेरुदा ने अपनी पचास वर्षों से भी अधिक लम्बी काव्य-यात्रा में कविता को इतनी बार बदला है कि कुछ लोग उन्हें 'कविता का पिकासो' कहते हैं।

उनमें किसी भी चीज़ या विषय पर कविता लिखने की असाधारण क्षमता थी। उनके लिए जिसका भी वजूद हो, ऐसी हर चीज़ समान रूप से सम्मान के योग्य है और इस नाते वह कविता का विषय भी हो सकती है। कोई चाहे तो इसे कविता का विलक्षण 'लोकतंत्र' भी कह सकता है।

इसीलिए नेरुदा ऐसी अनपेक्षित जगहों में भी कविता पा जाते थे जहाँ उसकी कोई सम्भावना नहीं होती। सम्भवत: इसी वजह से उनकी प्रत्येक कृति अप्रत्याशित की तरह आती थी। अपनी कविता में वे अक्सर 'काल्पनिक' और 'वास्तविक' के भेद को इतनी सहजता से मिटा देते हैं कि एक अलौकिक काव्यलोक निर्मित हो जाता है। आगे चलकर गार्सिया मारखेस ने यही काम 'एकान्तवास के सौ साल' नामक उपन्यास में किया तो उसे 'जादुई यथार्थवाद' का नाम दिया गया। कहना न होगा, इस जादुई यथार्थवाद का प्रयोग नेरुदा पहले ही कर चुके थे और वह भी कविता में। पर 1925 की लिखी उनकी प्रसिद्ध कविता 'घूमते हुए' को देखें तो उसमें परस्पर विरोधी और बेमेल बिम्ब इतनी तेज़ रफ़्तार से एक के बाद एक आते हैं कि चकित रह जाना पड़ता है। कविता शुरू होती है इस तरह : 'ऐसा है कि मैं आदमी होने से थक गया हूँ' और फिर कविता भी घूमते हुए आदमी की तरह ही घूमती रहती है। सहसा यह पंक्ति आती है : 'जहाँ हड्डियाँ अस्पताल की खिड़कियों से बाहर उड़ती हैं' और कुछ देर बाद 'कॉफी के प्याले में छूट गए नक़ली दाँत' दिखते हैं। यह एक प्रकार का 'सुर्रियलिज़्म' यानी 'अतियथार्थवाद' है लेकिन जाने-माने 'अतियथार्थवादियों' से बिलकुल अलग। वे अवचेतन के मारे 'सुर्रियलिस्ट' नहीं, बल्कि अपने आस-पास के चिर-परिचित वातावरण के 'अतियथार्थवादी' रूप के ही सहज दर्शक हैं।

नेरुदा की इस तरह की दिलचस्प कविताओं का ज़िक्र इसलिए ज़रूरी है कि उनकी सामान्य छवि केवल एक 'प्रतिबद्ध' कम्यूनिस्ट कवि की है, जबकि सच्चाई

कुछ और है। नेरुदा की पहली कविता-पुस्तक 'बीस प्रेम-कविताएँ और निराशा का एक गीत' है, जो 1924 में प्रकाशित हुई थी। उस समय नेरुदा बीस की वय के एक युवक थे। इसी कविता-संग्रह ने नेरुदा को सहसा यश के शिखर पर पहुँचा दिया था। कुछ लोग आज भी उस संग्रह की कविताओं को नेरुदा की सबसे अच्छी कविताओं में गिनते हैं। 'लिख सकता हूँ सबसे उदास कविताएँ आज की रात' जैसी लोकप्रिय कविता इसी संग्रह की है। प्रेम-कविताओं का यह सिलसिला आगे भी चलता रहा, बल्कि अन्तिम वर्षों में तो इस इलाके में बाढ़-सी आ गई। 'इस्ला नेग्रा' (1964) का प्रथम संस्करण तो (उनकी प्रेयसी) मातिल्दे उर्रुतिया को समर्पित भी है और पूरा संकलन ही जैसे प्रेम पर एक प्रलम्बित अनुचिन्तन है।

नेरुदा प्रेम से भी अधिक काम-भावना के कवि हैं। वे उन कवियों में से हैं जो 'सेक्स' की वर्जना से सर्वथा मुक्त हैं। कभी-कभी तो ऐसा लगता है कि नेरुदा के लिए काव्य-सर्जना काम-भावना का पर्याय जैसा है।

वैसे भी परम स्वच्छंद नेरुदा सभी प्रकार की वर्जनाओं से पूर्णत: मुक्त हैं। 'पाक-साफ़' और 'शुद्ध' कविता की जगह उन्हें ऐसी कविता पसन्द थी जो देह की तरह ही 'अशुद्ध' हो। वे धुले-धुलाए, कलफ़ लगाए और लोहा किये वस्त्र जैसी कविता के बदले ऐसी कविता के कायल थे जिसके पहिरन पर खाने-पीने के धब्बे भी हों, जो खेत-खलिहान के खर-पात, धूल-धक्कड़ या फिर कल-कारख़ाने की कालिख़-कलौंछ से अलंकृत हों। इसलिए उनकी कविता में रूप के साथ ही उसके लिए भी जगह थी जिसे आम तौर से 'कुरूप' कहा जाता है। इस तरह नेरुदा का एक अपना सौन्दर्यशास्त्र था।

वाल्ट ह्विटमैन नेरुदा के अत्यन्त प्रिय कवि थे, बीसवीं शताब्दी में उत्तरी अमरीका की कारगुज़ारियों से ख़फ़ा होने के बावजूद। कुछ लोग तो स्वयं पाब्लो नेरुदा को ही दक्षिणी अमरीका का वाल्ट ह्विटमैन कहते हैं—निश्चय ही बीसवीं शताब्दी का ह्विटमैन—जनता के लोकतंत्र की सबसे बुलन्द आवाज़!

नेरुदा की कविता-पुस्तक भी ह्विटमैन की पुस्तक की तरह पुस्तक मात्र नहीं है, इसे भी जो छूता है, उसे एक ज़िन्दा इनसान को छू लेने का एहसास होता है और उसकी रगों में ख़ून की रफ़्तार तेज़ हो जाती है।

नेरुदा की कविताओं में 'पृथ्वी' का ज़िक्र अक्सर आता है। उनके एक कविता-संग्रह का नाम ही है : 'पृथ्वी पर आवास'। एक कविता है : 'ठहरो, ओ पृथ्वी', फिर एक और कविता है : 'तुममें पृथ्वी' शीर्षक से, जिसके अन्त की ये दो पंक्तियाँ मन को गहराई तक छू लेती हैं :

नापती हैं बमुश्किल मेरी आँखें आकाश के और अधिक विस्तार को
और मैं झुकाता हूँ अपने-आपको तुम्हारे होंठों पर पृथ्वी को चूमने!

नेरुदा के अन्दर 'पृथ्वी' का यह गहरा बोध क्या इसलिए था कि वे ऐसी जगह पैदा हुए जो पृथ्वी के दक्षिणी भाग का आख़िरी छोर है? ऐसा लगता है कि नेरुदा उसी आख़िरी छोर पर खड़े होकर पूरी पृथ्वी को अपनी बाँहों में भर लेने की कोशिश करते रहे हैं—निश्चय ही वे बाँहें इतनी विशाल हैं कि उनके घेरे में पृथ्वी भी आ जाती है और प्रिया भी।

नेरुदा का काव्य-संसार दक्षिणी चीले के जंगलों, पहाड़ों और समुद्र के हरे-भरे वातावरण के साथ-साथ मछुआरों, लकड़हारों तथा दूसरे मेहनतकश लोगों से गुंजान है। इस दृष्टि से नेरुदा ठेठ 'आंचलिक' कवि हैं। यह 'आंचलिकता' ही उनकी कविता की जान है। इस प्रसंग में अन्तिम काव्य-कृतियों में 'इस्ला नेग्रा' की कविताएँ विशेष रूप से उल्लेखनीय हैं। पुस्तक भी दरअसल एक तरह से 'नोटबुक' की शक्ल में लिखी हुई कविताओं का संग्रह है, जिसे 'स्मृतिलेखा' भी कहा जा सकता है—गद्य में लिखे हुए 'मेम्वार' के बरअक्स काव्यात्मक संस्मरण अथवा डायरी। इस संचयन में वह सम्पूर्ण पुस्तक पहली बार हिन्दी में सुलभ हो रही है, जो निश्चय ही एक उपलब्धि है।

यह भी एक विरोधाभास है कि नेरुदा नितान्त 'लोकल' होते हुए भी अपनी विश्व-दृष्टि में 'ग्लोबल' हैं। उनकी चिन्ता के केन्द्र में निश्चय ही अपने देश चीले की नियति है, लेकिन वे स्पेन में लोकतंत्र की रक्षा के लिए लड़नेवालों के साथ भी खड़े थे और फिर मैक्सिको में भी। उनके सम्बन्ध यदि पेरिस और मास्को से थे तो पूरब में रंगून, कोलम्बो और बम्बई से भी उन्हें परिचित होने का अवसर मिला। इस नाते उनकी कविता की बाँहों के घेरे में पश्चिमी गोलार्द्ध के साथ-साथ पूर्वी गोलार्द्ध भी सिमटा हुआ है। इस तरह नेरुदा एक विश्वकवि हैं—बीसवीं शताब्दी के विश्व कवियों में सबसे अग्रणी और सम्भवत: सबसे लोकप्रिय भी। इसका एक प्रमाण तो यही है कि दुनिया की जितनी भाषाओं में नेरुदा का अनुवाद हुआ है, उतना अनुवाद इस शताब्दी के किसी और कवि का नहीं हुआ।

विश्वकवि नेरुदा का काव्य-सृजन भी उनके व्यक्तित्व के अनुसार ही विपुल है। लगभग चार हज़ार पृष्ठों की विशाल काव्य-सम्पदा वे छोड़ गए हैं और अंग्रेज़ी में वह पूरी सम्पदा इस वर्ष सुलभ भी करा दी गई है। फ़िलहाल हिन्दी को प्रस्तुत संचयन से ही सन्तोष करना पड़ेगा, जो समग्र न होते हुए भी हिन्दी में अब तक का सबसे बड़ा चयन है और यथासम्भव नेरुदा का उत्तमांश भी।

कॉमरेड पाब्लो नेरुदा को लाल सलाम

पाब्लो नेरुदा जन्मशती पर फिर याद आ रहे हैं तो सबसे पहले याद आते हैं : 'माच्चु-पिच्चु के शिखर' और फिर याद आता है कालिदास का हिमालय : 'पूर्वापरौ तोयनिधी बगाह्य स्थित: पृथिव्या इव मानदंड:'।

नेरुदा सचमुच ही बीसवीं शताब्दी की कविता की पृथ्वी पर एक मानदंड की तरह खड़े हैं। पूर्व और पश्चिम के समुद्रों का अवगाहन उन्होंने भी किया है और उनकी कविता अपनी बाँहों में जैसे पूरी पृथ्वी को घेरे हुए है। 'ओ पृथ्वी! मेरा इन्तज़ार करो' कहने का हक़ भी नेरुदा को ही हासिल है।

गरज कि नेरुदा के काव्य-संसार में पृथ्वी भी है, समुद्र भी और पर्वत शिखर भी। पृथ्वी का विस्तार, समुद्र की गहराई और एक पहाड़ की ऊँचाई।

गौर से देखें तो इस पहाड़ के अन्दर एक ज्वालामुखी भी है। उस ज्वालामुखी में रह-रहकर विस्फोट होते रहे हैं जिनसे सैलाब की तरह कविताएँ उमड़ती रही हैं। आज नेरुदा का सम्पूर्ण काव्य-सृजन एक अतिमानवीय चमत्कार-सा प्रतीत होता है।

जो 'नेरुदा-समग्र' मृत्यु से कुछ पहले प्रकाशित हुआ था, वही साढ़े तीन हज़ार पृष्ठों का था। अब मरणोपरान्त प्रकाशित अवशिष्ट रचनाओं की जिल्दों को भी शामिल कर लें तो पाँच हज़ार पृष्ठों से कम न होंगे। ऐसी विपुल काव्य-राशि बीसवीं शताब्दी के कितने कवियों के हिस्से आती है? कहने की आवश्यकता नहीं कि नेरुदा की यह काव्य-सृष्टि मात्र में विस्मयकारी होने के साथ ही गुणवत्ता में भी अजेय है।

इसके अलावा, परवर्ती पीढ़ी के निकोनार पार्रा जैसे प्रतिभाशाली कवि भी स्वीकार करते हैं कि नेरुदा ने स्पानी कविता की आधी शताब्दी की धारा मोड़ दी।

विपुल विराट का आकर्षण नेरुदा के स्वभाव में था। अपनी पुस्तक 'यादें' में उन्होंने स्वयं कहा है कि 'मेरी कविता का यदि कोई अर्थ है तो वह है : अबाध अन्तरिक्ष में फैलने की प्रवृत्ति! इस पथ पर मेरी सहायता की है इसी गोलार्द्ध के एक अन्य कवि वाल्ट ह्विटमैन ने—मैनहट्टन के मेरे कॉमरेड ने।'

इसीलिए कुछ लोग उन्हें दक्षिणी अमरीका का वाल्ट ह्विटमैन भी कहते हैं।

'यादें' में ही उन्होंने यह भी लिखा है कि 'भावनाओं, पदार्थों, पुस्तकों, घटनाओं और लड़ाइयों—इन सबके लिए मैं सर्वभक्षी हूँ। मैं समूची पृथ्वी को निगल जाना चाहता हूँ। मैं सम्पूर्ण समुद्र को पी जाना चाहता हूँ।'

कहते भी हैं—बड़ा वही, जिसकी भूख बड़ी!

नेरुदा के क्रान्तिकारी होने में भी कहीं-न-कहीं इस भूख की भूमिका है।

जैसाकि नेरुदा के स्पानी मित्र कवि गार्सिया लोर्का ने कहा था : 'नेरुदा की कविता रोशनाई की अपेक्षा ख़ून के ज़्यादा नज़दीक है और वह बीसवीं शताब्दी के क्रान्तिकारी विचार का एक महत्त्वपूर्ण अंग है।'

वस्तुत: नेरुदा के लिए कविता स्वयं विद्रोह है क्योंकि विद्रोह कविता की प्रकृति है। इसलिए सच्चा कवि विद्रोह किये बिना रह नहीं सकता—विद्रोह का क्षेत्र कुछ भी हो सकता है। इसलिए उनके प्रिय नायक भी वही थे जिन्होंने जीवन के किसी-न- किसी क्षेत्र में विद्रोह किया। 'यादें' पुस्तक में नेरुदा ने इस बात का उल्लेख विशेष रूप में किया है कि 'महान गेरिल्ला नेता चे ग्वेरा ने अपनी डायरी में सिर्फ़ एक कवि का उद्धरण किया है और वह मैं हूँ।'

फ़िलहाल उसी विद्रोह की चर्चा प्रासंगिक है, जो नेरुदा ने कविता की दुनिया में किया और कहना न होगा कि इसकी शुरुआत कविता की भाषा से हुई। इस भाषाई विद्रोह के कुछ सूत्र नेरुदा की पुस्तक 'यादें' में दर्ज हैं।

पहली समस्या तो यही थी—स्पेनवासियों की 'स्पानी' भाषा से दक्षिणी अमरीकियों की अपनी 'स्पानी' का विच्छेद। एक तरह से यह भाषा की विचारधारा का मामला है और इस बारे में नेरुदा साफ़ कहते हैं कि गोंगोरा का बर्फ़ जमा सौन्दर्य हमारे अक्षांशों के लिए नहीं है; क्योंकि हमारा दक्षिण अमरीकी धरातल धूल-धूसर चट्टानों, ख़ून सनी मिट्टी और चूर-चूर लावा का बना है।

सवाल इस क्षेत्रीय भाषा को बरतने का था—भाषा का ऐसा इस्तेमाल जैसे हम शरीर पर पहननेवाले कपड़ों का करते हैं—ऐसे कपड़ों का जो पसीनों से तर हैं, जिन पर ख़ून और पसीने के धब्बे हैं और टँकी हुई थिगलियाँ हैं। इसी के किसी लेखक की दिलेरी का पता चलता है और इसे ही 'शैली' कहते हैं।

इसके अलावा कवि नेरुदा अपने ख़ास अन्दाज़ में भाषा के साथ ख़ानगी सलूक का भी बयान करते हैं। जिस भाषा के साथ सारी ज़िन्दगी गुज़ारनी है, उसके साथ अन्तरंगता क़ायम करने के लिए उसके साथ कुछ छेड़छाड़ और नोक-झोंक किये बिना कैसे रहा जा सकता है? नेरुदा ने अपनी कविताओं में दक्षिण अमरीकी आम जनता की इसी ऊबड़-खाबड़ स्पानी भाषा को खुलकर बदलने का साहस किया है। लेकिन इस पर ठीक-ठीक राय देने का अधिकार उन्हें ही है, जो भाषा के मर्मज्ञ हैं।

फिर भी यह निश्चित है कि एक सच्चे कवि के नाते भाषा नेरुदा की पहली चिन्ता है क्योंकि भाषा ही कवि का एकमात्र औज़ार है। इसलिए यदि एक रेल

मिस्त्री के उस बेटे को अपने औज़ार से इतना लगाव था तो इसमें आश्चर्य की कोई बात नहीं। इसी दृष्टि से नेरुदा ने कविता को एक पेशा कहा था—न कि धन्धा या व्यवसाय के बाज़ारू अर्थ में!

कविता में नेरुदा का विद्रोह स्वयं नेरुदावाद के विरुद्ध था। पहले एक छवि जतन से बनाते थे। फिर उसे तोड़कर दूसरी छवि बना लेते थे। 1920 से चलकर, जीवन की अन्तिम घड़ियों तक लगभग पचास वर्षों के सक्रिय सृजन-कर्म में यही प्रक्रिया चलती रही। नेरुदा की इस लम्बी काव्य-यात्रा में कम-से-कम मंज़िलें तो स्पष्ट रूप से लक्षित की ही गई हैं। इनमें से प्रत्येक का सोदाहरण विवरण देना यहाँ सम्भव नहीं है, फिर भी मोटे तौर से इतना तो कहा ही जा सकता है कि नेरुदा केवल जनक्रान्ति के ठेठ राजनीतिक वैतालिक नहीं हैं। नेरुदा ने प्रगाढ़ प्रेम के अनेक मर्मस्पर्शी गीत लिखे हैं—हताश प्रेम के भी और प्रेम में आकंठ तृप्ति के भी। कामोद्दीपक ऐन्द्रियता और मांसलता के चित्रों में तो नेरुदा अकुंठ और अपराजेय हैं। उनके काव्य-संसार का एक अच्छा-ख़ासा हिस्सा मानव शरीर की सुन्दरता का महोत्सव है।

इसी प्रकार उन्मुक्त प्रकृति में भी वे प्रवेश करते हैं तो उनकी दृष्टि पदार्थों पर जाती है, जो सदियों से अनदेखे और अनलिखे रह गए हैं—चाहे वे पेड़-पौधे हों या छोटे-छोटे जीव-जन्तु! वे प्रकृति में भी जड़ों तक जाने का साहस करते हैं और इस प्रक्रिया में ऐसे अप्रत्याशित और अपूर्ण चित्र उभरते हैं, जैसे वे पहली बार देखे गए हों! इस दृष्टि से नेरुदा की कविता दुर्लभ वनस्पतियों और वन्य प्राणियों तथा उनके अवशेषों का अद्वितीय संग्रहालय जैसा है। इस प्रकार विश्व कविता में चीले के जंगलों और समुद्र के अनूठे शब्द-चित्रों को स्थान दिलाकर नेरुदा ने अपनी जन्मभूमि का ऋण अदा कर दिया।

इसके साथ ही नेरुदा ने वर्णान्ध लोगों की आँखों में अँगुली डालकर यह भी दिखा दिया कि क्रान्ति का केवल एक ही रंग नहीं होता। सम्पूर्ण क्रान्ति में अनेक रंग होते हैं और वह भी जीवन की तरह ही बहुरंगी होती है, लेकिन 'बहुरुपिया' नहीं।

नेरुदा के व्यक्तित्व का एक और पहलू है जिसकी ओर लोगों का ध्यान कम गया है। वे आत्मचेतस् कवि के साथ-साथ काव्य के मर्मी समीक्षक और सिद्धान्तकार भी थे। अपनी पुस्तक 'यादें' के 'कविता एक पेशा है' शीर्षक ग्यारहवें अध्याय में नेरुदा ने कविता के सन्दर्भ में यथार्थवाद पर संक्षिप्त किन्तु सारगर्भित टिप्पणियाँ की हैं।

प्रसंगवश यहाँ केवल एक टिप्पणी का उल्लेख पर्याप्त है : 'जहाँ तक यथार्थवाद का प्रश्न है, कविता में यथार्थवाद से मुझे नफ़रत है। कविता के लिए न तो अतियथार्थवादी होना ज़रूरी है, न अर्द्ध-यथार्थवादी। वैसे, वह चाहे तो प्रति-यथार्थवादी (अर्थात् यथार्थवाद-विरोधी) हो सकती है। वह यथार्थवाद-विरोधी

है तो अच्छी तरह सोच-समझकर या बिना सोचे-समझे भी, फिर भी वह अन्तत: कविता है।'

सरसरी तौर से देखने पर नेरुदा का यह वक्तव्य कबीर की उलटबाँसी जैसा लग सकता है; क्योंकि इसी प्रसंग से पहले नेरुदा ने यह भी कहा है कि 'जो कवि यथार्थवादी नहीं है, वह मुरदा है और जो यथार्थवादी है, वह भी मुरदा है।'

कहना न होगा कि नेरुदा का यह वक्तव्य भी विरोधाभासी ही है। कवि के अभिप्रेत आशय का पता लगाने के लिए यह याद करना ज़रूरी है कि अपनी काव्य- यात्रा के प्रथम चरण में ही नेरुदा ने कुछ ऐसी कविताएँ लिखी थीं जिन्हें आगे चलकर कुछ लोगों ने 'अतियथार्थवादी' बताकर प्रशंसा की। मज़ा यह कि तब तक फ्रांसीसी साहित्य में अतियथार्थवाद का उदय भी नहीं हुआ था।

इसी के साथ 'माच्चु-पिच्चु के शिखर' शीर्षक प्रसिद्ध कविता को भी लें जो यथार्थवादी भी मानी जाती है और क्रान्तिकारी भी। लेकिन क्या उसमें केवल यथार्थवाद ही है?

इसलिए नेरुदा के उक्त वक्तव्य को उनके अपने कवि-कर्म के समग्र सन्दर्भ में रखकर देखें तो कविता के सन्दर्भ में तथाकथित यथार्थवाद की सार्थकता स्पष्ट हो जाएगी। वैसे, अब तो कथा साहित्य में भी यथार्थवाद की सीमाएँ सामने आ गई हैं।

कहना न होगा कि नेरुदा ने समय से यथार्थवाद से जुड़े विभ्रम का निवारण कर दिया। नेरुदा के कनिष्ठ मित्र गार्सिया मार्खेज़ ने यही कार्य आगे चलकर सम्पन्न किया और इस तरह एक एकांगी तथा अतिवादी साहित्यिक विचारधारा का निराकरण हो गया। यह भी कुछ कम क्रान्तिकारी उपलब्धि नहीं है।

कॉमरेड पाब्लो नेरुदा को लाल सलाम!

[अरुण माहेश्वरी की पुस्तक 'पाब्लो नेरुदा : एक क़ैदी की खुली दुनिया' की भूमिका से]

साँड़ के सींगों पर लहूलुहान कवि : लोर्का

फेदेरीको गार्सीया लोर्का की प्रेतछाया जैसे आज फिर मँडरा रही है और मुझे साँड़ से लड़नेवाले मातादोर इग्नासिओ सांचेस मेखीयास की मौत पर लोर्का का लिखा वह अविस्मरणीय शोकगीत बार-बार याद आता है। 'शाम के पाँच बजे', 'शाम के पाँच बजे' का आवर्तन कानों में ख़ौफ़नाक घंटे की तरह बज रहा है और आँखों के सामने साक्षात् मौत नाच रही है और गा रही है : 'शाम के पाँच बजे', 'शाम के पाँच बजे'।

वीरान अखाड़ा। एक बच्चा सफ़ेद चादर ले आता है। सफेद चूने का झोला पहले ही से तैयार। छितराए काँच के टुकड़े। रुई के उड़ते फाहे। गाड़ी पर रखा ताबूत। आयोडीन की गंध। एक टूटे सींग के साथ एक जाँघ। घाव जल रहा है सूरज की तरह। साँड़ रँभा रहा है उसके सामने। भीड़ खिड़कियाँ तोड़ने पर उतारू है। सभी घड़ियों में बज रहे हैं पाँच। शाम के झुटपुटे में बज रहे हैं पाँच।

गीत और भी लम्बा है। तीन खंड और हैं। अन्तिम खंड का उप-शीर्षक है : 'अनुपस्थित आत्मा'। यह कविता 1935 की है। साल भर बाद खुद गार्सीया लोर्का की भी यही गति हुई। लेकिन वह साँड़ और था। उसके दो ही पैर थे। शाम नहीं, काली रात थी। लाश का भी ठीक पता नहीं। जाने किस क़ब्र में दफ़ना दी गई!

गार्सीया लोर्का को उस शाम पाब्लो नेरुदा से मिलना था। स्वयं नेरुदा ने अपने संस्मरणों में याद किया है। लेकिन लोर्का की भेंट तो पहले ही से तय थी—मौत से, मौत के खूँखार बन्दों से! लोर्का को पूर्वाभास था। यह भी नेरुदा ने लिखा है। पहले भी लोर्का को मौत के खौफनाक दु:स्वप्न जैसे आते थे। नेरुदा के संस्मरणों में एक ऐसे ही प्रसंग का उल्लेख है। लोर्का ने उसे स्वयं ही बतलाया था। वे देहात में अपने एक नाटक के प्रदर्शन के बाद थके-माँदे लौटे थे। किसी कस्बे में रात बिताने के लिए रुके। भोर में अचानक नींद खुल गई। टहलने निकल पड़े। कुछ दूर जाने पर सामने किसी जमींदार की पुरानी हवेली दिखी। जंग-लगे लोहे का बड़ा फाटक। टूटी-फूटी मूर्तियाँ। गिरे-पड़े खम्भे। जीर्ण-शीर्ण पत्तियाँ। चाकू-सी धारदार ठंड। लोर्का एक टूटे हुए खम्भे पर अस्त-पस्त बैठ गए—किसी अप्रत्याशित के घटित होने के इन्तजार में। सहसा एक छोटा-सा मेमना न जाने कहाँ से आ

निकला। वीराने में जैसे कहीं से टपकी हुई एक पंखुड़ी! या फिर कोई फरिश्ता! कवि अब अकेला न था। इसी बीच अचानक सूअरों का एक झुंड आ धमका। यही कोई चार-पाँच काले जानवर। आधे बनैले। बर्बर भूखे। चट्टानों-सी खुरों वाले। वे सूअर उस मेमने पर झपटे और कवि के देखते-देखते उस बेचारे को चीर-फाड़कर निगल गए। इस रक्त-रंजित दृश्य से लोर्का के मन में इतनी दहशत पैदा हुई कि वह अपनी रंगमंडली को लेकर तुरन्त कूच कर गया। यह घटना 'गृहयुद्ध' से तीन महीने पहले की है।

नेरुदा को यह लोमहर्षक घटना सुनाते समय भी लोर्का जैसे मौत के दुःस्वप्न की छाया में थे। एक ओर वह निरीह मेमना और दूसरी ओर वे जंगली और बर्बर सूअर! जुलाई, 1936 में इन्हीं सूअरों ने एक निरीह कवि को अपना शिकार बनाया था। ये सूअर वही हैं जिन्हें इटली में फासिस्ट कहा जाता था, जर्मनी में नात्सी और स्पेन में फालाँगीर।

लोर्का की हत्या के साथ ही स्पेन में गणतंत्र की भी हत्या हुई थी। यही वह मौत है जिसका पूर्वाभास लोर्का को होता था और इसी मौत में उन्हें अपनी मौत दिखाई पड़ती थी। यह अस्तित्ववादी बुद्धिजीवियों का अमूर्त मृत्युबोध नहीं है। लोर्का के लिए मौत एक भौतिक वास्तविकता थी—लोहे की तरह ठोस, ठंडी और मारक। ऐसा लोहा, जिस पर खून की बूँदें चमकती थीं।

1936 का यही वह स्पेन है जिसमें गणतंत्र को बचाने के प्रयास में अंग्रेजी के लेखक राल्फ फॉक्स और क्रिस्टोफर कॉडवेल जैसी चमकती हुई नौजवान प्रतिभाएँ शहीद हो गईं। कलम जिनका अपना हथियार था, उन्हें बन्दूक उठाने के लिए मजबूर होना पड़ा और उन्हें अपनी मातृभूमि इंग्लैंड से बाहर निकलकर पड़ोसी देश स्पेन में जनता का साथ देने के लिए उतरना ज़रूरी मालूम हुआ। यह लेखकों और बुद्धिजीवियों का 'अन्तर्राष्ट्रीय ब्रिगेड' था—अपनी तरह का पहला ब्रिगेड। अन्ततः राल्फ फॉक्स और क्रिस्टोफर कॉडवेल ने गार्सीया लोर्का के खून में अपना खून मिला दिया।

लोर्का को मौत की छायाएँ काफी पहले से दिखाई पड़ रही थीं। वे छायाएँ आस-पास के सारे वातावरण में थीं। हर कहीं, हर जगह। 'मालागुआ' शीर्षक कविता में :

मौत
शराबखाने में
आती-जाती है।

यही नहीं, बल्कि 'समन्दर के किनारे झाड़ियों से नमक की और औरत के खून की बू आती है।' दौड़ते हुए घोड़े तो लोर्का की कविताओं में अक्सर दिखाई पड़ते हैं, लेकिन इस कविता में खास तौर से काले घोड़े नज़र आते हैं।

मौत के ये घने साए 1929 में ही न्यूयॉर्क-प्रवास के दौरान लोर्का को दिखाई पड़े थे। उस दौर की कविताओं में मौत की एक नई दुनिया है...।

'न्यूयॉर्क में कवि' (1929) काव्य-संग्रह की पहली ही कविता 'टहल कर वापस' का आरम्भ इस पंक्ति से होता है : 'आसमान का मारा कोई'। उन्हीं दिनों की एक और कविता है तीन दोस्तों के बारे में। इसमें तीसरे का अन्त इस प्रकार होता है :

जब डेज़ी के फूलों की क्री-क्री में
शुद्ध रूपाकार ध्वस्त हो गए
तो मुझे अहसास हुआ कि उन्होंने मेरी भी हत्या कर दी।
उन्होंने कैफ़े, कब्रिस्तानों, गिरजाघरों को छान मारा,
उन्होंने शराब के पीपे और कपड़े-लत्ते उलट-पुलट डाले
उन्होंने तीन नर-कंकालों को भी लूटा और दाँतों का सोना उखाड़ लिया
लेकिन मुझे—मुझसे उनकी मुठभेड़ कभी नहीं हुई।
मुझसे उनकी मुठभेड़ नहीं हुई?
नहीं। कभी नहीं।

उसी संकलन की 'दो कब्रों और एक असीरियाई कुत्ते से जुड़ा परिदृश्य' शीर्षक कविता के बीच सहसा यह पंक्ति आती है :

एक चाकू अपने अन्दर लिये हम सौ वर्षों तक जिए!

चाकू या छुरे के सिवा मौत और कई शक्लों में लोर्का के काव्य-संसार में आती है। इन्हीं में से एक है काला घोड़ा। 'घुड़सवार का गीत' शीर्षक का आरम्भ होता है इस प्रकार :

काली चाँदनी में राहजन के
झनझना रहे हैं रकाब।
काले घोड़े
कहाँ लिये जा रहे हो पीठ पर
मुर्दा असवार!

और पूरे गीत में काले घोड़े पर मुर्दा असवार की आवृत्ति हर चन्द के बाद होती है और 'चाँदनी के अँधेरे' के बावजूद काले घोड़े पर मुर्दा असवार साफ़-साफ दिखाई पड़ता है।

घोड़े ही काले नहीं हैं, 'काले फाख्तों का कसीदा' में फाख्ते भी काले हैं और इनके साथ ही कब्र भी। पूरी कविता प्रश्नोत्तर में है। पहले प्रश्न, फिर उसका उत्तर :

प्यारे दोस्तो
कहाँ है कब्र मेरी, मैंने पूछा

मेरी दुम में, सूर्य ने कहा
हलक में, चाँद बोला।

लोर्का का काव्य-संसार खून और कब्र के बिम्बों से भरा पड़ा है।

न्यूयॉर्क में कवि को मौत ने एक नये संसार से परिचय कराया। स्पेन में जिप्सियों के साथ अपने-आपको एकाकार कर नाचने-गाने और मस्त रहनेवाले कवि का परिचय अमरीकी नीग्रों से हुआ। 'हार्लेभ का राजा' शीर्षक से नीग्रो लोगों के उत्पीड़न पर लम्बी कविता लिखी। लेकिन लोर्का को इस नई दुनिया की मौत के दर्शन तो मानहाटन में हुए। इसकी ओजस्वी अभिव्यक्ति अमरीकी लोकतंत्र के उन्मुक्त गायक वाल्ट हिटमैन पर लिखित 'ओड' अथवा 'उद्बोधन गीत' में मिलती है। यहाँ अपनी गहरी पीड़ा में छटपटाती एक नई सभ्यता की यह छवि है :

संत्रास, संत्रास, स्वप्न, उत्तेजना और स्वप्न।
यह संसार का ढंग है, मेरे दोस्त, संत्रास।
शहर के घंटाघर के नीचे लाशें सड़ रही हैं
युद्ध अपने रास्ते चलता है, नाबदान में लाखों चूहे सिसकते हैं।

एक कवि की आँखों में दूसरे कवि को 'टपकती हुई मौत' दिखाई पड़ती है और वह कवि के कानों में चुपके से कहता है :

सोते रहो, कुछ भी टिकाऊ नहीं।
दीवालों का नाच चरागाहों को झकझोर देता है
और अमरीका इंजनों और आँसुओं में डूब रहा है।

इफरात की गगनचुम्बी अट्टालिकाओं की तलहटी में बजबजाते हुए नरक को लोर्का साक्षात् देख रहे थे खुद अपनी आँख से, पहली बार। टी.एस. इलियट की नज़र में जो 'आधुनिक' सभ्यता ऊसर-बंजर जमीन थी, वही लोर्का की जिप्सी आँखों में एक मौत थी।

लेकिन कवि की आँखों में नज़दीक से झाँककर देखें तो मौत के आतंक में वस्तुतः जिन्दगी की उद्दाम प्यास थी। इस दृष्टि से लोर्का का यह गीत गौरतलब है :

अगर मैं मरूँ
तो बालकनी खुली छोड़ देना।
बच्चा नारंगी खा रहा है
(बालकनी से मैं उसे देख रहा हूँ)
किसान हँसिए से बाली काट रहा है
(बालकनी से मैं उसे सुन रहा हूँ)

अगर मैं मरूँ
तो बालकनी खुली छोड़ देना!

एक तरह से देखें तो लोर्का की कविता मौत के भुतहे मकान में एक बालकनी खोलने की बेपनाह ख्वाहिश है।

सम्भवत: इसीलिए लोर्का को हरा रंग बहुत प्रिय था। कुछ विद्वान इस हरेपन को तुर्कों से जोड़कर देखते हैं और उसे स्पेन पर तुर्कों की विजय का अवशेष-चिह्न भी मानते हैं। इसमें कुछ सच्चाई हो सकती है, लेकिन है यह कुल मिलाकर दूर की कौड़ी ही। हमारे सामने तो इस समय लोर्का का वह मोहक 'निद्राचारी गाथा गीत' है जिसका आरम्भ हरेपन के महोत्सव से होता है :

हरापन, कितना चाहता हूँ तुम्हें देखना हरा-हरा।
हरी हवा, हरी शाखें
समंदर के ऊपर जहाज़
और पहाड़ों में घोड़ा
अपनी कमर पर परछाईं के साथ
वह अपने छज्जे पर सपना देखती है,
हरा बदन, हरे केश
और ठंडी चाँदी की आँखें
हरापन, मैं तुम्हें कितना हरा देखना चाहता हूँ।

इस हरेपन में उत्कट प्यास है ताज़गी की, टटकेपन और साथ ही इस बदसूरत होती जाती दुनिया को अब भी सुन्दर बनाए रखने की 'सुनहरी लड़की का कसीदा' एक ऐसे ही अपरूप रूप की सृष्टि है :

तालाब में नहा रही थी
सुनहरी लड़की
और तालाब सोना हो गया।

और फिर उजली रात के आते ही वह भीगी हुई लड़की सफेद बगुली हो जाती है। इस तरह अन्त में :

सुनहरी लड़की थी
सफेद बगुली
और तालाब हो गया था सोना।

यह नैसर्गिक लोर्का। जन्मजात लोक-कवि। सहज, सुंदर, सम्मोहक और सर्जक।

लेकिन एक तत्त्व और है जो इस लोक-कवि को एक आधुनिक 'आवांगार्द कवि के रूप में विकसित करता है और वह भी अनायास ही। लोर्का के ज़माने में उसे 'सुर्रियलिज़्म' अथवा 'परायथार्थवाद' कहा जाता था, लेकिन मैं उसे ठेठ भाषा में 'बीहड़' कल्पनाशीलता कहना चाहूँगा जो ऐसी तमाम चीज़ों को एक कौंध में देख लेने और फिर उन्हें एक सूत्र में पिरो डालने की क्षमता रखती है जिनके बीच दूर-दूर तक न तो कोई रिश्ता दिखाई पड़ता है और न किसी सम्बन्ध की कल्पना की जा सकती है।

विशेष बात यह है कि उस दौर के परा-यथार्थवादियों ने जिस अवचेतन और स्वचालित लेखन को कठिन बौद्धिक व्यायाम से हासिल किया था, वह लोर्का की नैसर्गिक कल्पना का सहज विस्फोट था। विचारों की स्पष्टता लोर्का की प्रतिभा का अपना क्षेत्र न था। वे हर चीज़ को सीधे-सीधे अपनी इंद्रियों से ग्रहण करते थे। इसलिए हर चीज़ उनकी कविता में मूर्त, मांसल और ऐन्द्रिय हरकतों के साथ आती थी। इस स्वभाव के कारण उनकी कविता कभी-कभी परस्पर-विरोधी और रंग-बिरंगे बिम्बों की भूलभुलैया-सी बन जाती है। किन्तु इस दुनिया की अटपटी और उलटी-पुलटी सच्चाई को सार्थक रूप से प्रस्तुत करने का और कोई कारगर ढंग भी नहीं है। 'कुएँ में डूबी एक छोटी बच्ची' शीर्षक कविता एक तरह से लोर्का की इस तथाकथित परा-यथार्थवादी काव्य दृष्टि का अच्छा उदाहरण है।

किन्तु इस काव्य-दृष्टि का सहज विस्फोट 'सागर-जलगान' में कहीं अधिक प्रीतिकर है :

सागर
मुसकराता है दूर कहीं।
फेन के दाँत
आसमान के होंठ।

सवाल-जवाब के रूप में रची इस कविता में एक मैली-कुचैली लड़की बताती है कि वह सागर का जल बेचती है। लेकिन इसके साथ ही वह रोती भी है तो सागर जल और पीती भी है तो सागर जल ही, खारा-खारा। उधर एक काला-कलूटा लड़का भी है अपने खून से सना। वह लड़का सागर-जल ढोता है। यह सब देखकर सागर मुसकराता है। फेन के दाँत सागर के और ओठ हैं आसमान के।

पूरी कविता में सबसे ज़्यादा क्रियाएँ बोलती हैं। लोर्का की कविता की भाषा की यह अपनी विशेषता है। उनकी कविता में हर चीज़ कुछ न कुछ करती है, सिर्फ होती नहीं, हर समय हरकत में रहती है। विशेषण भी किसी चीज़ का गुण नहीं बखानते, बल्कि उस चीज़ का काम बताते हैं और साथ ही काम करते हैं। इन कामों में ही एक काम है जादू। उनकी ये हरकतें अपनी समग्रता में जैसे जादू करती

हैं और कुल मिलाकर जादुई असर करती हैं। गार्सीया मार्केस के नाम से उपन्यास में जो कला 'जादुई यथार्थवाद' के नाम से आगे चलकर प्रसिद्ध हुई, उसके प्रथम अंकुर मुझे तो गार्सीया लोर्का में मिलते हैं।

लोर्का मुख्य रूप से गीतकार माने जाते हैं। गीतकार तो वे थे लेकिन व्यापक अर्थ में। गीत भी 'किसिम-किसिम' के लिखे। कुछ गीतों के नाम 'कसीदा' हैं और कुछ के 'गजल' भी। शायद यह अरबी का असर है। अजीब बात है कि अपने किसी गीत को उन्होंने 'मर्सिया' नहीं कहा, जबकि सबसे ज्यादा उन्होंने 'मर्सिया' ही लिखे। शायद 'मर्सिया' की परम्परा से परिचय का अवसर उन्हें नहीं मिला। यह भी एक विडम्बना ही है कि वे 'मर्सिया' से अनजान रहकर भी आजीवन मार्सिया लिखते रहे—यहाँ तक कि जिसे वे 'क़सीदा' और 'गजल' कहते हैं, वे भी दरअसल मर्सिया ही मालूम होते हैं।

दो विश्वयुद्धों के बीच जो भी महत्त्वपूर्ण कवि हुए, उनमें निश्चय ही गार्सीया लोर्का का स्थान विशिष्ट है। वे बर्टोल्ट ब्रेख्ट के हमउम्र हैं और पाल एलुआर तथा पाब्लो नेरुदा के समानधर्मा कवि। हर एक अपनी विशिष्टता लिये हुए, फिर भी भावबोध की एक ऐसी ज़मीन है जिस पर साथ-साथ खड़े। इन सबमें, दुर्भाग्य से, सबसे कम उम्र लोर्का को ही मिली। लेकिन सैंतीस वर्षों की छोटी-सी उम्र में गार्सीया लोर्का ने अपनी कविता और नाटकों में वह हासिल कर लिया जो किसी के लिए भी ईर्ष्या का विषय हो सकता है।

लोर्का के महत्त्व को उनके समकालीनों में यदि किसी ने सबसे अधिक समझा तो वे हैं पाब्लो नेरुदा। निकट भी सबसे ज़्यादा वही थे। इसलिए लोर्का को जिन शब्दों में नेरुदा ने याद किया है, उसे फिर याद आ जाने के बाद कहने को कुछ रह नहीं जाता। नेरुदा ने लोर्का को 'पंखों वाले हृदय और बिल्लौरी झरने का अनूठा संयोग' कहा था। 'बिल्लोरी झरने' का यह बिम्ब स्वयं लोर्का के 'नये गीत' में है। स्पानी भाषा के Duenda शब्द का प्रयोग करते हुए नेरुदा ने लोर्का में निहित एक रहस्यमयी शक्ति की ओर संकेत किया था क्योंकि उनके जैसा जादुई हाथों वाला कोई आदमी कभी मिला नहीं। खुला दिल, पुरमज़ाक, दुनियादार और साथ-साथ देहाती, संगीत-प्रतिभा में असाधारण, नकल उतारने में बेजोड़, अंधविश्वासी और सशंक इत्यादि सभी गुणों के साथ वे स्पेन की समस्त परम्परा—मुख्यत: लोक-परम्परा के सच्चे प्रतीक थे। कुल मिलाकर लोर्का एक मुजस्सिम ज्वालामुखी थे।

कहना न होगा कि किसी बड़े कवि को एक बड़ा कवि ही समझता है। फिर भी अन्त में रह जाती है गार्सीया लोर्का के इस गीत की गूँज :

हर गीत
चुप्पी है

प्रेम की।
हर तारा
चुप्पी है
समय की।
समय की एक गठान
हर आह
चुप्पी है
चीख की।

लोर्का से हिन्दी कवियों का लगाव गहरा है। आज का नहीं; पहले का है।

हिन्दी में लोर्का की पन्द्रह कविताओं का अनुवाद, मेरी जानकारी में, पहली बार जनवरी-मार्च, 1987 की 'आलोचना' '80 में प्रकाशित हुआ था। इनमें आठ कविताओं के अनुवाद विष्णु खरे के थे और सात शानी के। दोनों ही अनुवाद मूल स्पानी के एवज़ अंग्रेजी अनुवाद पर आधारित थे। इससे पहले अंग्रेजी अनुवाद के सहारे ही 1960 में धर्मवीर भारती ने 'चाँद' शीर्षक से लोर्का के एक छोटे-से गीत का अनुवाद 'देशान्तर' पुस्तक में शामिल किया था। दुर्भाग्य से इसमें चार पंक्तियों का एक बन्द छूट गया है।

ग्यारह-बारह वर्षों के बाद लोर्का की जन्मशती की याद आते ही हिन्दी में लोर्का की कुछ कविताओं के अनुवाद और आए हैं। जनवरी, '99 के 'साक्षात्कार' में नरेन्द्र जैन ने लोर्का के सात गीतों का अनुवाद प्रकाशित किया है। इनमें सिर्फ पाँच कविताएँ पहली बार अनूदित हुई हैं और एक कविता अधूरी है। इसी तरह इस बीच सुरेश सलिल ने भी 'पहल' (अंक 57) पत्रिका में छह कविताओं का अनुवाद प्रकाशित किया है जिनमें सिर्फ तीन कविताओं के अनुवाद पहली बार हुए हैं, शेष तीन पूर्वानूदित हैं। 'वसुधा' के मार्च, '99 के अंक (43-44) में 7 कविताओं के अनुवाद किये हैं जिनमें 6 कविताओं का अनुवाद पहली बार हुआ है। इन तीनों अनुवादकों ने भी अंग्रेजी अनुवाद को ही आधार बनाया है।

सीधे स्पानी भाषा से लोर्का की कविताओं के अनुवाद का प्रयास हिन्दी में पहली बार प्रभाती नौटियाल ने किया है। अभी तक मेरे देखने में सिर्फ सात कविताओं के ही अनुवाद आए हैं। इनमें से तीन कविताएँ तो ऐसी हैं जिनका अनुवाद पहले भी हुआ है, जब कि चार कविताओं का अनुवाद पहली बार सामने आया है।

कुल मिलाकर अभी तक हिन्दी में लोर्का की जितनी कविताएँ अनूदित हुई हैं, वे इतनी नहीं हैं कि कवि की प्रतिभा का पूरा परिचय प्राप्त हो। फिर भी इसमें कोई शक नहीं कि कवि के मिजाज की एक झलक तो मिल ही जाती है।

मुझे स्पानी भाषा बिलकुल ही नहीं आती। इसलिए इन अनुवादों के बारे में कुछ

भी कहना धृष्टता होगी। जिन कविताओं के तीन या चार अनुवाद हैं, उनको साथ-साथ मिलान करके मैंने ज़रूर देखा है लेकिन फिलहाल उनके बारे में तफसील से कुछ कहने के लिए यह स्थान नहीं है, पर जो सामान्य धारणा बनी है, उसे कह देने में कोई हर्ज़ नहीं। मूल स्पानी से अनुवाद न किये जाने के बावजूद विष्णु खरे और शानी के अनुवाद अभी तक सबसे अच्छे हैं। अच्छी बात यह है कि पढ़ते समय वे अनुवाद नहीं मालूम होते और इस बात को मैं अनुवाद की पहली शर्त मानता हूँ। यहीं यह भी कह देना ज़रूरी है कि विष्णु खरे और शानी ने कविताएँ भी अच्छी चुनी हैं। उस समय गार्सीया लोर्का की पचासवीं पुण्यतिथि थी। उसी उपलक्ष्य में जवाहरलाल नेहरू विश्वविद्यालय में एक संगोष्ठी हुई थी और आलोचना में लोर्का की कविताओं के वे अनुवाद प्रकाशित हुए थे। पुण्यतिथि की अर्द्धशती को देखते हुए जन्मशती के अवसर के ये ठंडे अनुवाद बहुत उत्साहित नहीं करते। कभी लोर्का की इन कविताओं को देखता हूँ और कभी उस साँड़ को जो सींग उठाए फुफकारता चढ़ा आ रहा है।

['लोर्का' (सम्पादक : प्रभाती नौटियाल) के एक अंक में प्रकाशित]

खंड-4

आधुनिक विश्व साहित्य और भारत

उन्नीसवीं सदी का भारतीय पुनर्जागरण : यथार्थ या मिथक

पिछले पच्चीस-तीस वर्षों से मैं इस पर सोचता रहा हूँ और इस विषय पर कुछ खंड लिख भी चुका हूँ। 19वीं सदी के गुजराती साहित्य में और विशेष रूप से नवलराम और गोवर्धन राम के लेखन में मेरी रुचि है। मगर दुर्भाग्य से गोवर्धन राम का 'सरस्वतीचन्द्र' हिन्दी में उपलब्ध नहीं है। यहाँ मैं गोवर्धन राम के उस भाषण का खास तौर पर उल्लेख करना चाहता हूँ, जो उन्होंने 1892 में विल्सन कॉलेज की लिटरेरी सोसाइटी में अंग्रेजी में दिया था। विषय था : 'क्लासिकल पोयट्स ऑफ गुजरात'। नरसी मेहता, अखो और प्रेमानन्द पर वहाँ उन्होंने भाषण दिया था। 17वीं शताब्दी के दो प्रसिद्ध कवियों—प्रेमानन्द और शामल भट्ट—पर विशेष रूप से उन्होंने टीका प्रस्तुत की थी। मैं यह देखकर आश्चर्यचकित था कि केवल पचास वर्षों के अन्तराल के बाद ही कन्हैयालाल माणिकलाल मुंशी ने अपनी किताब 'गुजराती साहित्य का इतिहास' में उनके विचारों का खंडन किया। बाद में मनसुखलाल झावेरी ने अपने 'गुजराती साहित्य के इतिहास' में इसकी ठीक विपरीत व्याख्या की। इस प्रकार शामल भट्ट का यह मूल्यांकन स्पष्ट रूप से तीन परिवर्तनों से गुजर चुका है।

गोवर्धन राम का काम मुझे यह सोचने के लिए विवश करता है कि कितनी खूबसूरती से उन्होंने 15वीं और 17वीं शताब्दी के साहित्यिक परम्पराओं का निर्धारण किया। वे खुद भी 19वीं और 20वीं शताब्दी के बीच की कड़ी रहे हैं। उनका जन्म 1855 में हुआ था और मृत्यु 1907 में हुई थी। वे केवल 'सरस्वतीचन्द्र' के लेखक के रूप में ही नहीं, बल्कि एक विचारक के रूप में भी याद किए जाते हैं। जो लोग गुजराती-भाषी नहीं, मेरी तरह हिन्दी-भाषी हैं, उनको ध्यान में रखकर मैं यहाँ 19वीं सदी के गुजराती लेखकों पर पड़े प्रभावों के सन्दर्भ में कुछ चर्चा करना चाहता हूँ। गुजराती साहित्य की आज की यह यात्रा मेरे लिए भी बिलकुल नई यात्रा होगी।

मैं बात उस प्रश्न से शुरू करना चाहता हूँ, जो प्रश्नों की जननी है कि 'प्रश्न क्या है?' क्या हम 19वीं सदी के साहित्य या रेनेसां जैसे शब्द पर ठीक से विचार-विमर्श करते हैं? समस्या तब उत्पन्न होती है, जब साहित्य का कोई विद्वान इतिहास

और समाज-विज्ञान पर विचार-विमर्श करता है। बहुत कम लोग आधुनिक भारत के इतिहास पर लिख रहे हैं। महाराष्ट्र, बंगाल और तमिलनाडु के इतिहासकार साहित्य की अपेक्षा आधुनिक भारतीय इतिहास के सन्दर्भ में अधिक सफल हैं। इसलिए आज फिर से हम एक ऐसी रंगभूमि में खड़े हैं जहाँ साहित्य के लोगों को अपनी जिम्मेदारी निभाने के लिए मजबूती से पैर जमाना होगा। इस विषय पर में जो कुछ लिखा गया है, पहले उसका हमें गम्भीरता से अध्ययन करना चाहिए, फिर इस पर कुछ बात करनी चाहिए।

पहला सवाल यह है कि इस कालखंड को 19वीं शताब्दी कहने की शुरुआत कब हुई? क्या कभी हमने इस विषय पर सोचा है? कुछ समय पहले मैंने एरिक हॉब्सबाम की एक किताब पढ़ी थी जिसमें वे फ्रांसीसी क्रान्ति के बारे में प्रचलित कहानियों का वर्णन करते हैं और समाजवाद को चार हिस्सों में बाँटते हैं। इन चार कालों को वे क्रमश: 'क्रान्ति-युग', 'पूँजी-युग', 'सम्राटों का युग' और अन्तिम 20वीं सदी को वे 'अतिरेकों का युग' कहते हैं। हॉब्सबाम कहते हैं कि सन् 1900 में उन्नीसवीं शताब्दी समाप्त नहीं हुई, बल्कि प्रथम विश्वयुद्ध के बाद वर्ष 1919 में 19वीं शताब्दी का अन्त हुआ। इसी तरह 20वीं शताब्दी 1999 में समाप्त नहीं हुई। इसका क्या मतलब हुआ? यहाँ मैं भारतीय सन्दर्भ में कुछ बातें आपके सामने रखता हूँ : हमारी 19वीं शताब्दी की शुरुआत कब हुई, सन् 1800 में या 1857 में? दूसरी बात, क्या हमारी 19वीं शताब्दी का अन्त 1900 में या 1920 में लोकमान्य बाल गंगाधर तिलक की मृत्यु के बाद हुआ जब गांधी जी राजनीतिक परिदृश्य में आए? 19वीं शताब्दी के प्रारम्भ और अन्त को यदि हम गौर से देखें, तो पाएँगे कि इसी समय से हमारे देश का इतिहास नये सिरे से दिखाई देने लगता है।

एक इतिहासकार जब इस दौर को देखेगा तो वह सबसे पहले उस दौरान हुए मुख्य परिवर्तनों को देखेगा और तब कुछ कहेगा, इसलिए साहित्यिक वाद-विवाद पर बात करने से पहले हमें उपर्युक्त प्रश्नों के ऊपर विचार कर लेना चाहिए। जैसे 19वीं शताब्दी वस्तुत: कब शुरू हुई? हिन्दी साहित्य में 19वीं शताब्दी सन् 1800 से शुरू नहीं होती है। इसलिए गुजराती के विद्यार्थियों को भी खुद निर्णय लेने दिया जाए कि उनके यहाँ 19वीं शताब्दी कब से शुरू हुई? वास्तव में हिन्दी में 19वीं शताब्दी की शुरुआत 1857 के बाद मानी जाती है। 1850 में भारतेन्दु का जन्म हुआ। 1857 के ठीक बाद से उन्होंने लिखना शुरू किया। 19वीं शताब्दी के विकास तक मैथिलीशरण गुप्त अपना 'भारत-भारती' पूरा कर चुके थे। यद्यपि यह खड़ी बोली में लिखी गई थी और इसका अन्त 1917-18 के आसपास हुआ, जब छायावादी कवि और प्रेमचन्द साहित्य के ऊँच शिखर पर पहुँचे। गुजराती साहित्य के अध्येता 20वीं शताब्दी का प्रारम्भ 1900 के अन्त में निर्धारण करते हैं। मैं समझता हूँ कि 20वीं शताब्दी के गुजराती साहित्य का वह सुधार-युग था, जो इस युग में अधिक विकसित

हुआ। इससे यह स्पष्ट होता है कि 20वीं शताब्दी वर्ष 1900 के बाद शुरू होती है।

अब बचा यह प्रश्न कि उस दौर के साहित्य का क्या नाम दें? क्या हम इसे रेनेसां कहेंगे? अंग्रेजी के अध्यापक जानते हैं कि अंग्रेजी साहित्य के रेनेसां पर विचार-विमर्श स्टीफेन ग्रीनबेल्ट के लेख के बाद शुरू हुआ। 'नये इतिहासवाद' में ग्रीनबेल्ट कहते हैं कि क्या सभ्य बनाने की परम्परा रेनेसां के बाद शेक्सपियर के समय में शुरू हुई थी? क्या आपको रेनेसां शब्द 'हिस्ट्री ऑफ इंग्लिश लिटरेचर' में मिलता है? इसके लिए हमें लगोइस और केजेमियाँ के विश्वसनीय 'हिस्ट्री ऑफ इंग्लिश लिटरेचर' को देखना चाहिए। इंग्लैंड में सुधार शब्द ने अपना स्थान प्राप्त कर लिया, लेकिन 'पुनर्जागरण' को सदैव 'इटालियन पुनर्जागरण' माना गया। फ्रेंच रेनेसां की तरह वहाँ ऐसी कोई चीज नहीं है। इसलिए रेनेसां ऐसा कोई सार्वभौम विचार नहीं है जिसे आसानी से ग्रहण किया जा सके। जब विश्व साहित्य से सम्बन्धित इतिहास लिखा गया, तो इटालियन रेनेसां उपयुक्त शब्द रहा होगा। यह शब्द दन्तकथाओं के युग में उपयुक्त रहा। जैकब बर्चर्ड द्वारा रेनेसां की संस्कृति और सभ्यता लिखने के बाद जर्मन लोगों ने इसे इटालियन रेनेसां की तरह सँवारा। कभी-कभी ऐसा होता है कि बच्चा पहले पैदा हो जाता है और जन्म-संस्कार जन्म के लम्बे समय बाद होता है। उन दिनों इटली में जो कुछ हुआ, उसे इटालियन जागरण की तरह नहीं जाना गया। जैबक बर्चर्ड के पहले किसी ने इस नाम से नहीं पुकारा था। 19वीं शताब्दी में उन्हें इसे रेनेसां कहना पड़ा, क्योंकि जर्मन ज्ञान पहले से स्थान ग्रहण कर चुका था और दोनों के बीच का अन्तर मौजूद था। 14वीं शताब्दी में इटली में क्या हुआ और कांट तथा हीगेल के समय जो कुछ हुआ, उन दोनों में बहुत अन्तर था। इसलिए पहले वाले को तो रेनेसां कहा गया और बाद वाले को ज्ञान।

रेनेसां के दो अर्थ हैं। अंग्रेजी में एक अर्थ है और फ्रेंच में दूसरा। इन दोनों शब्दों की उत्पत्ति के दो स्थान होने चाहिए, क्योंकि रेनेसां इंग्लैंड में नहीं हुआ। हैनरी अष्टम ने इंग्लैंड को ईसाइयों से पृथक् बताया और इस प्रकार रेनेसां का मार्ग प्रशस्त किया। तब जाकर शेक्सपियर आए। इसलिए मैं अनुरोध करूँगा कि हमारे विद्वान पहले अंग्रेजी का इतिहास पढ़ें, तब हमें हमारा इतिहास बताएँ। तथ्य यह है कि जागरण एक सार्वभौम नाम नहीं है।

रेनेसां शब्द अमरीका में कब पैदा हुआ? यह 1776 में अमरीका को स्वतंत्रता मिलने के बाद अस्तित्व में आया। जेफर्सन के समय में जब बोस्टन टी पार्टी हुई थी, वही अमरीकी जागरण का समय है। अब अगला सवाल यह है कि क्या रेनेसां चीन में हुआ था? क्या यह कभी रूस में हुआ था? चीनी लोगों को विश्वास है कि रेनेसां चींग राजवंश के काल में हुआ, जब वहाँ मई की चौथी क्रान्ति हुई। यह सनयात सेन के समय हुआ। मगर चीन इसके पीछे इतिहास में नहीं आता, क्योंकि वहाँ इसका प्रवेश ही देर से हुआ। जापान में रेनेसां मैची के समय शुरू हुआ, जहाँ

यह कायदे से चीन से पहले शुरू हुआ। इसलिए हम बेकार में इस पर वक्त जाया न करें, क्योंकि रेनेसां एक प्रक्रिया है। बंगाली, हिन्दी, गुजराती या मराठी में इसे क्या कहा गया, यह महत्त्वपूर्ण नहीं है। मराठी में यह 'प्रबोधन काल' के रूप में जाना जाता है, परन्तु इसका अर्थ जागरण है।

दूसरा बिन्दु जिसे मैं उठाना चाहता हूँ, वह मात्र नामकरण की समस्या नहीं है। यह राष्ट्रीय या क्षेत्रीय विचारों पर निर्भर करता है। अलग-अलग जातियों और सभ्यता से सम्बन्धित होने के कारण लोगों ने इसका विभिन्न नामों से अभिहित किया। मेरा विश्वास है कि सम्पूर्ण समस्या का सम्बन्ध इसके प्रत्यक्ष होने से है। क्योंकि, एडवर्ड सईद ने कहा कि यह एशियावासियों का मृत्यु-पत्र द्वारा प्राप्त धन था। जब पाश्चात्य विद्वानों ने पुरातन सभ्यता का अध्ययन किया तो भारत उनमें से एक था। उन लोगों ने अपने विचारों का प्रभाव हमारे ऊपर डालने का प्रयास किया, क्योंकि वे पूरे मानव इतिहास को अपने हाथों में जकड़कर प्रभावी होना चाहते थे, जिसे उन्होंने 'ज्ञान की शक्ति' के नाम से पुकारा और इस प्रयत्न का सबसे अधिक मनोरंजक उदाहरण स्वयं रेनेसां नाम था। इसका प्रयोग सबसे पहले बंगाल में अंग्रेजी लेखन में हुआ और ऐसा कहा जाता है कि इसका प्रयोग सबसे पहले एक अंग्रेज अलेक्जेंडर डेफ ने किया। बाद में राजा राममोहन राय ने इसे स्वीकार कर लिया। इसके बाद बंगाल के लोग इस शब्द का प्रयोग करने लगे।

ईस्ट इंडिया कम्पनी का केन्द्र कलकत्ता था। इसलिए कलकत्ता भारत की प्रथम संघीय राजधानी हुई। औपनिवेशीकरण का सर्वाधिक प्रभाव बंगाल में था और पुन: बंगाल ही इसको रोकने के लिए मजबूत प्रयास करने का गवाह भी बना। केवल बंगाल में ही बंकिम और रवीन्द्रनाथ हो सके। रेनेसां शब्द बंगाली भद्रलोक द्वारा औपनिवेशिक प्रभाव के अन्तर्गत आए हुए शब्द के रूप में ग्रहण किया गया। यह औपनिवेशिक विचार उस समय तक मस्तिष्क में बना रहा और किसी ने इस पर नहीं सोचा। फिर लोग भूल गए, जैसे कोई मरने के बाद भुला दिया जाता है। इसका सबसे ताजा और नया उदाहरण है दीपेश चक्रवर्ती की किताब 'प्रोविंशियल यूरोप'। बंगाल के बारे में यह काफी परिश्रमपूर्वक लिखी गई किताब है। मुझे यह किताब पसन्द आई। 'प्रोविंशियल यूरोप' में जो अर्थ सन्निहित है, वह यह कि विश्व की सभी प्राचीन सभ्यताओं में भारत की सभ्यता सबसे पुरानी सभ्यता है। हड़प्पा की सभ्यता भारत में ही फली-फूली। विश्व की पहली पुस्तक 'ऋग्वेद' भारत में ही लिखी गई। इसलिए भारत इसका केन्द्र हो सकता था। चीन और पश्चिम एशिया भी इसका केन्द्र हो सकता था, लेकिन आधुनिक समय में इसका केन्द्र न तो भारत है और न चीन। 'विकास' और 'गतिशास्त्र' का केन्द्र यूरोप है, इसलिए सभी देशों को यूरोप के अनुसार चलना पड़ेगा।

औपनिवेशिक विचार क्या है? अभी इस उत्तर औपनिवेशिक समय में बंगाली

भद्रलोक पूरी तरह से यूरो-एशियाई हो गए हैं। वह बंकिम और रवीन्द्रनाथ को पूरी तरह भूल चुके हैं। यह संगोष्ठी भारतीय भाषाओं, जैसे गुजराती और हिन्दी की जागृति के विषय में नये सिरे से विचार करने का एक प्रयास है। 19वीं शताब्दी के बारे में मैंने जो कुछ सोचा है, उस पर पहले जरा विचार कर लें। यदि यह जागरण है, तो वह क्या है जो कबीर और नामदेव के समय हुआ था? इटली की तरह उसी समय स्पष्ट रूप से हमारे देश में भी जागृति फैली। यह बात मैं इटली के साथ समानता का दावा करने के लिए नहीं कह रहा हूँ, लेकिन तथ्य यह है कि आधुनिक भारतीय भाषाएँ दसवीं-ग्यारहवीं शताब्दी से ही जन्म लेने लगी थी। प्राकृत पहले ही अस्तित्व में थी। संस्कृत की संस्कृति अपनी अवनति के दौर से गुजर रही थी और यह वह समय था जब जनभाषा साहित्यिक भाषाओं की ओर उन्मुख हो रही थी, जैसे गुजराती, हिन्दी, मराठी, बंगाली आदि।

उन दिनों आर्थिक हालत बेहद खराब थी। विद्वानों, पंडितों और रियासती राजाओं के बुरे दिन आ गए थे। इस युग के बाद एक नया वास्तुशिल्प, संगीत का एक नया ढंग जो 'हिन्दुस्तानी शास्त्रीय संगीत' कहलाया, की शुरुआत हुई। ध्रुपद का स्थान खयाल गायकी ने ले लिया। यह एक परिवर्तन था, जिसके परिणामस्वरूप संस्कृति मध्य एशिया का संगम हो गई। घर के दरवाजे कलात्मक होने लगे। इमारतों में गुम्बद बनने लगे। रंग-रोगन में परिवर्तन हुआ। वास्तुशिल्प में बिलकुल नये तरीके से बदलाव होने लगा। अगर अजन्ता और एलोरा की पेंटिंग देखें और उसकी तुलना छोटे चित्रों से करें, तो एक बड़ा फर्क दिखाई देगा। साहित्य का ढंग भी परिवर्तित हुआ। प्रान्तीय कहानियों का मुख्य केन्द्र प्रेम था, जिसके प्रभाव से नई परम्परा के अनुसार प्रेमाख्यान हिन्दी और दूसरी भारतीय भाषाओं में लिखा जाने लगा। ध्यान से देखें तो 'इश्क', 'शृंगार' रस के समान नहीं है, 'इश्क' एक नया दर्शन था—सूफी-संतों और स्वदेशी परम्परा को समझने के फलस्वरूप यह क्रान्तिकारी विचार विकसित हुआ। यह श्रीमद्‌भागवतगीता की भक्ति गीता में नहीं मिलता है। यद्यपि गीता में भक्तियोग है, फिर भी इश्क का यह रूप भागवत की भक्ति गीता में नहीं मिलता। मीरा की भक्ति 'आर्या-शप्तसती' या 'गाथा-शप्तसती', दोनों में नहीं पाई जाती है। इसलिए संगति की नई शैली, वास्तुशिल्प, पेंटिंग और साहित्य में साथ-साथ एक नई संस्कृति विकसित हुई। जिन लोगों ने इसे सम्भव बनाया, वे निम्न श्रेणी के लोग थे। नाई, धोबी, दर्जी इत्यादि। ये लोग हिन्दू और मुस्लिम, दोनों की नजर में निम्न श्रेणी के थे। इसलिए शिल्पकार, मजदूर और किसानों का एक समूह सामने आया, जिन लोगों ने भारत को एक नया स्वरूप दिया।

यह साधारण लोगों का जागरण इटली के जागरण से कहीं अधिक महान था। यह धनी और शक्तिशाली लोगों द्वारा नहीं चलाया गया, बल्कि मजदूर वर्ग के लोगों ने यह अनोखा कार्य किया। विश्व साहित्य में यह पहला आश्चर्यजनक प्रभाव था।

इसलिए मैं इसे पुनर्जन्म या जागरण कह रहा हूँ। यह वह युग है जब संस्कृति, दर्शन और उपनिषद् पर चर्चा की गई। पहली बार उपनिषद्, ब्रह्मसमाज के सदस्यों द्वारा पुनर्जीवित नहीं हुआ था। सच तो यह है कि शंकराचार्य के बाद रामानुज ने इस क्रान्ति को नई दिशा दी थी। उन्होंने मन्दिरों के शिखर पर लिखे मंत्रों को आम लोगों के लिए प्रकाशित किया। यह सब उन्होंने कुछ विशेष लोगों के लिए नहीं किया था। इसी युग में वल्लभाचार्य और विशिष्टाद्वैतवाद सामने आया। यह रेनेसां उन लोगों ने लाया, जो प्राचीन परम्परा का सम्मान करते थे। वे आज के दलितों की तरह नहीं थे, जो ब्राह्मण की बुराई करते हैं और यह मानकर चलते हैं कि ऐसा करके वे सामाजिक क्रान्ति ले आएँगे।

दक्षिण में भक्ति-आन्दोलन शुरू हो चुका था। आलवार और नमनार ने इसकी शुरुआत की थी, जिसमें शैव और वैष्णव, दोनों मतों के लोग शामिल थे। निर्गुणवादियों का एक पृथक् समूह भी था, इसलिए बौद्ध-युग के बाद हमारी सभ्यता में एक बड़ा परिवर्तन हुआ। इतिहासकारों ने इस सामाजिक परिवर्तन को रेखांकित किया है। वास्तव में 13वीं-14वीं शताब्दी में क्या हुआ? डॉ. रामविलास शर्मा ने अपनी आलोचना में उल्लेख किया है कि उसी दौर में हिन्दी में एक नया जागरण पैदा हुआ। बकौल डॉ. शर्मा, आधे दर्जन से अधिक सुधार हुए। वह प्रत्येक घटना को एक रेनेसां का नाम देते हैं। क्या कोई अपनी बेटियों का नाम इस तरह रखता है कि पहली पुत्री का नाम सावित्री नं. 1 और दूसरी का सावित्री नं. 2 हो? यह इंग्लैंड में एक परम्परा हो सकती है, जहाँ हेनरी-I, हेनरी-II और हेनरी-VIII होते हैं। हम उनकी नकल क्यों करें? केवल एक ही रेनेसां या पुनर्जन्म ने यह स्थान लिया है और वह रेनेसां 13वीं-14वीं शताब्दी का था। जो कुछ बाद में हुआ, उसे हमें दूसरा नाम देना पड़ा। अब यह आप पर निर्भर करता है कि मेरे इस विचार से आप सहमत हैं या नहीं हैं, और यदि आप इस ओर जाने के लिए सहमत हैं तो इसे खोजिए और सुधारने की कोशिश कीजिए।

अब हम यह समझने का प्रयत्न करें कि वास्तव में 19वीं शताब्दी में क्या हुआ। 1893 में 'बंगला साहित्य परिषद्' का गठन हुआ और 'बंगला जातीय साहित्य' पर पहला भाषण रवीन्द्रनाथ ठाकुर ने दिया जो बाद में उनके निबन्ध संग्रह के रूप में छपा। रवीन्द्रनाथ ठाकुर ने लक्षित किया कि 19वीं शताब्दी में हमारी संस्कृति का सम्बन्ध अतीत से अलग हो गया है। हम फिर भी अतीत के बारे में बात करते हैं, जो सांसारिक अधिक है। यह बिना अभिप्राय के एक मृत संस्कृति बन चुकी है। यह हमारी धमनियों, नसों में नहीं बहतीं और न हमारे हृदय तक पहुँचती हैं। इसका सम्बन्ध टूट चुका है। हमारे बन्धन अलग हो गए हैं। आखिर कैसे और क्यों हमारा सम्बन्ध टूटा? हमें इस प्रश्न पर गम्भीरतापूर्वक विचार करना चाहिए। इसके कारणों को खोजने के लिए कहीं दूर जाने की जरूरत नहीं है।

19वीं शताब्दी के लोग नहीं जानते थे कि एक राजा अशोक था, जिसने अपने शासनकाल में खम्भों पर कुछ अंकित करवाया था। जेम्स प्रिंसेप-I ने अशोक द्वारा खुदवाए गए अक्षरों को स्पष्ट करने का प्रयत्न किया और ऐसे विद्वानों की खोज आरम्भ की, जो इस नेक काम में उनकी सहायता कर सके। लेकिन भारत में कोई ऐसा पंडित उन्हें नहीं मिला। लोग ब्राह्मी लिपि को भूल चुके थे। इसी काल में बहुत-सी जगहों की खुदाई आरम्भ हुई। हम इतने अनभिज्ञ थे कि हड़प्पा के बारे में भी कुछ नहीं जानते थे। सायण के बाद किसी ने वेद पर टीका लिखने के बारे में नहीं सोचा। बाद में दयानन्द ने कुछ लिखा। उपनिषद् या स्मृति पर इस लम्बे अन्तराल में क्या आपने किसी का लिखा कुछ देखा या सुना है? हम अपने बीते हुए पाँच-छह सौ सालों की पैतृक सम्पत्ति को भूल चुके थे।

रवीन्द्रनाथ ठाकुर ने बहुत उचित बात कही कि हमें अपने अतीत को स्थापित करना चाहिए। तब मैंने इस तथ्य पर विश्वास किया कि यह वही समय था जब 'अभिज्ञानशाकुन्तलम्' पहली बार आधुनिक भारतीय भाषा में अनूदित होकर आया। सन् 1855-56 के आसपास इस कृति का हिन्दी में अनुवाद हुआ। गोविन्दचन्द्र पांडेय के मुताबिक 'अभिज्ञानशाकुन्तलम्' का मराठी अनुवाद बाद में हुआ। हस्तलिखित प्रति तो उपलब्ध नहीं थी। भारतेन्दु हरिश्चन्द्र ने इसकी हस्तलिपि की नकल ईश्वरचन्द्र विद्यासागर को दे दी, जिन्होंने बाद में इसे बंगला में रूपान्तरित किया। आप जानना चाहेंगे कि मैंने खास तौर पर शकुन्तला पर ही क्यों ध्यान दिया? उस समय लोगों को यह बताया गया कि शकुन्तला एक रूपक है। वह खोई हुई स्मृति की कोई कहानी है। सच तो यह है कि भारत भी अपनी स्मृति खो चुका था। भारत भी कुछ-कुछ दुष्यन्त की ही तरह है। यह विचित्र बात है कि दुर्वासा शाप तो शकुन्तला को देते हैं, लेकिन शापग्रस्त दुष्यन्त होता है। दुर्वासा ने उसे शाप दिया था कि तुम जिसकी स्मृति में खोई हो और अपने अतिथि का सत्कार नहीं कर रही हो, तुम्हें वही भूल जाएगा। 'अभिज्ञानशाकुन्तलम्' में अपनी याददाश्त खोने के गम में राजा दुष्यन्त कहते हैं :

गच्छति पुर: शरीरं धावति पश्चाद्संस्थितं चेत: ।
चीनांशुकमिव केतो: प्रतिवातं नीयमानस्य ॥

आश्रम से रथ पर चढ़कर जाते समय उसके ऊपर का ध्वज हवा में पीछे लहरा रहा है। राजा कहते हैं कि शरीर तो आगे जा रहा है, लेकिन हवा में पीछे लहराते झंडे की मानिन्द मेरा मन पीछे छूटा जा रहा है।

ब्रिटिश शासनकाल में भारत भी आगे बढ़ रहा था, लेकिन उसका हृदय उसके अतीत में कहीं पीछे छूटा जा रहा था। शकुन्तला जब पंचम दृश्य में मिलने आती है तो कालिदास लिखते हैं :

रम्याणि वीक्ष्य मधुरांश्च निशम्य शब्दान्
पर्युत्सुकीभवति यत्सुखितोपि जंतुः।
तच्चेतसा स्मरति नूनमबोधपूर्व
भावस्थिराणि जननान्तर सौहृदानि॥

यह 'जननान्तर सौहृदानि' अभिनवगुप्त द्वारा रस के आधार पर बना है। 19वीं शताब्दी में भारत स्मृति-भ्रंश के दौर से गुजर रहा था। शकुन्तला स्मृतियों की कहानी है। यह विस्मृत परन्तु महत्त्वपूर्ण तथ्य है कि इस लम्बे अन्तराल में कालिदास के साहित्य को हमने विस्मृत कर दिया था। ऐसा क्यों है कि 19वीं शताब्दी से पहले लोगों की कालिदास में कभी कोई रुचि नहीं जगी? मैं नहीं समझता हूँ कि 'रामचरितमानस' में तुलसीदास कहीं से भी कालिदास से परिचित लगते हैं। नानक और कबीर भी कालिदास को नहीं जानते थे। कालिदास ने क्यों इस युग में अपनी ओर लोगों का ध्यान इतना आकर्षित किया? इसलिए हमें 'नवजागरण', 'प्रबोधन', 'सुधार' या 'किसने समाज-सुधार किया'—ऐसे प्रश्नों पर अधिक ध्यानपूर्वक और लम्बे समय तक विचार नहीं करना चाहिए? क्या इस पर भी पुनर्विचार नहीं करना चाहिए कि किसने 'विधवा-विवाह' को प्रश्रय देने का निर्णय लिया? इस पर विचार इतिहासकार और समाजशास्त्री करें, परन्तु साहित्यिक लोगों को क्या यह देखने की कोशिश नहीं करनी चाहिए कि कहानी, उपन्यास, नाटक और कविता में क्या-क्या परिवर्तन हुए? किसी घटना का प्रभाव उस समय के लेखकों की बुद्धि और चेतना पर कैसा पड़ा? 'सौन्दर्यशास्त्र' में क्या-क्या बदलाव आए? हमें इन चीजों पर अधिक गौर करना चाहिए। इतिहासकारों को ग्रंथ-रक्षागृह के सहयोग से शोध करना चाहिए। वे सुधारों और जातीयता के विषय में लिखेंगे। उन्हें विवेकानन्द और दयानन्द के विषय में अपने विचारों को प्रकट करना चाहिए। हमारी रुचि लेखकों और उनके कार्यों से सम्बन्धित होना चाहिए। हम देखने का प्रयत्न करेंगे कि उनकी बुद्धि और चेतना में क्या परिवर्तन आया और तब हमें देखना चाहिए कि 'अंग्रेजी' और अन्य उत्प्रेरकों की क्या भूमिका थी।

अंग्रेजी साहित्य का लगाव हिन्दी के साथ बेहद रोचक है। उन दिनों शेक्सपियर का 'मर्चेंट ऑफ वेनिस' बहुत प्रसिद्ध था। इसका अनुवाद भी हुआ, लेकिन उस समय तक किसी ने 'किंग लियर' या 'हैमलेट' नहीं पढ़ा था। 'मैकबेथ' मुख्य था। ये सारे अनुवाद अपरिपक्व और बेस्वाद थे। तत्कालीन अनुवादकों को इससे अधिक और कुछ नहीं मिला। वास्तव में जो अंग्रेज यहाँ आए थे, वे शेक्सपियर को भारत लेकर नहीं आए। 'डिस्कवरी ऑफ इंडिया' में नेहरू जी ने लिखा है कि भारत में अंग्रेज दो रूपों में आए : एक, 'ईस्ट इंडिया कम्पनी' के रूप में और दूसरे, 'शेक्सपियर' के रूप में। नेहरू का यह विचार बहुत दुर्भाग्यपूर्ण है और अपने देश को शत्रुओं के

हाथ में बेचने जैसा है। यह दर्शाता है कि उनका इतिहास का ज्ञान कितना उथला था। वे जो कह रहे हैं, वह बिलकुल तथ्यों से परे है। शेक्सपियर को भारत कौन लेकर आया? शेक्सपियर के पहले किए गए अनुवादों और बच्चन तथा दूसरे लोगों द्वारा किए गए अनुवादों के बीच भिन्नताओं का एक संसार है। अंग्रेजी के अस्सी वर्षों के अध्ययन के बाद अंग्रेजी के विद्वान पैदा हुए और उन्होंने शेक्सपियर को एक अलग रूप में जानने का प्रयास किया। विक्टोरियन इंग्लैंड वाले हमारे ऊपर विक्टोरियन नैतिकता डालना चाहते थे। वे अंग्रेजी कविताओं के सार को नहीं हटा सके और महान रोमांटिक चीजों को संगृहीत किया। 20वीं शताब्दी में हमने स्वयं रोमांटिक कवियों को खोजा, रवीन्द्रनाथ और निराला जैसे कवियों ने यह काम किया।

अंग्रेजी शिक्षा हमें केवल भाषा ही सिखलाती है और वह भी एक भ्रष्ट भाषा, जिसके फलस्वरूप आज बहुत-से लोग उसी प्रकार की अंग्रेजी लिखने की कोशिश करते हैं और दावा करते हैं कि यही वास्तविक अंग्रेजी है। हाल ही में हमें अमरीकियों ने एक नई तरह की अंग्रेजी सिखाई। इसलिए मैं कहना चाहता हूँ कि अंग्रेजी शिक्षा का कोई महत्त्व नहीं है। जब मैं यह कहता हूँ तो लोग कह सकते हैं कि आप इसे नहीं समझ सकते, क्योंकि आप अंग्रेजी नहीं जानते हैं। यह विद्वानों तथा अंग्रेजी के अध्यापकों का उत्तरदायित्व है कि वे न्याय करें कि आज स्वतंत्र भारत में वैसी ही अंग्रेजी है, जैसी 19वीं शताब्दी में थी?

हमारे विद्वान जिन संस्कृत नाटकों को भुला चुके थे,19वीं शताब्दी में उसकी पुन:प्राप्ति में उस समय के संस्कृत कॉलेजों के योगदान पर ध्यान देना चाहिए। हालाँकि वे विद्वान ब्रिटिश लोगों से प्रभावित थे। उस समय संस्कृत कॉलेज बनारस, मद्रास, कलकत्ता और पुणे में स्थापित हो चुके थे। संस्कृत विद्वानों द्वारा नाटकों के महत्त्व को पहचानना और अभिनय द्वारा लोकप्रिय बनाना, उल्लेखनीय कार्य है। हमें यह भूलना नहीं चाहिए कि हमारे यहाँ के अधिकांश पुराने लेखक—चाहे वे हिन्दी के हों या गुजरात के—आज के लेखकों से अच्छी संस्कृत जानते थे। केरल और गुजरात में संस्कृत पांडित्य की सम्पन्न परम्परा थी। गोवर्धनम् संस्कृत के अच्छे विद्वान थे और शायद नरमद भी। उस युग के हिन्दी लेखक भारतेन्दु, बालकृष्ण भट्ट और महावीर प्रसाद द्विवेदी भी संस्कृत के विद्वान थे। विभिन्न आधुनिक भारतीय भाषाओं के विकास में संस्कृत लेखकों द्वारा किये गए योगदान का हमें सही-सही मूल्यांकन करना चाहिए। कालिदास के शब्दों में कहना हो तो मैं इसे 'अभिज्ञानकाल' कहना पसन्द करूँगा। आप इसे 'प्रत्यभिज्ञान' युग भी कह सकते हैं। यह युग हमारी लम्बी अवधि की भूल को सुधारने का युग है। हम नहीं कह सकते कि पहले हम विस्मृतियों में खोए हुए थे। वस्तुत: हम अज्ञानी थे। 'नूनम् अबोधपूर्वम् तत् चेतसा: स्मृति'। हम अपनी अज्ञानता से व्याकुल थे। 'अभिज्ञान' एक विपरीत नाम है। इस शब्द का अंग्रेजी में एक निश्चित शाब्दिक अर्थ नहीं हो

सकता है। यह अस्मिता नहीं है। मैं एक बार फिर कहता हूँ कि यह निश्चित रूप से अस्मिता नहीं है, बल्कि 'अभिज्ञान' है। क्योंकि 19वीं शताब्दी वह रंगभूमि है जहाँ स्मृति की चेतना-प्राप्ति का नाटक अनेक तरीके से विभिन्न भारतीय भाषाओं में प्रस्तुत किया गया।

[2]

अब तक मैंने जो कुछ कहा, उससे एक बात तो अब तक स्पष्ट हो गई होगी कि भारतीय सन्दर्भ में जिसे हम रेनेसां कहते हैं, वह विशुद्ध कोरी कल्पना है। आगे यह और स्पष्ट होगा कि 19वीं शताब्दी का रेनेसां भारतीय साहित्य में विचारपूर्वक उत्पन्न एक मिथ्या है, जिससे कभी-कभी हमें वास्तविकता का सन्देह हो जाता है। आज जरूरत इस बात की है कि हम झूठी गाथाओं की इस प्रक्रिया का सूक्ष्म विश्लेषण करें और फिर इसके पीछे छिपे इतिहास को देखने का प्रयत्न करें। हमें यह जानकर आश्चर्य होगा कि भारतीय साहित्य के इतिहास का एक अध्याय 19वीं शताब्दी—जिसे हम भारतीय जागरण का इतिहास मानकर पढ़ते हैं, वह पूर्णत: एक कल्पना है। इस कल्पना को यथार्थ की शक्ल देने में किन-किन लोगों की भूमिका रही? दूसरा प्रश्न यह है कि भारतीय सन्दर्भ में इस जागृति को काल्पनिक क्यों कह रहे हैं? यदि मैं इसके लिए एक उदाहरण प्रस्तुत करूँ तो आप स्वत: समझ जाएँगे।

आजकल लोग गुजरात के गौरव और सम्मान की बात करते हैं और बहुत सारे लोग इस पर गर्व करते हैं। हमें विचार करना चाहिए कि गुजरात का जो इतिहास हमें गर्व करने का विचार देता है, वह उपन्यास-सम्बन्धी विवेचनाओं से पैदा हुआ है। जैसे कन्हैयालाल माणिकलाल मुंशी का 'गुजरातनो नाथ', 'जय सोमनाथ', 'पृथ्वीवल्लभ' ने हमारे संस्कारों में धीरे-धीरे प्रवेश पा लिया। इस इतिहास के निर्माण में उपन्यासों की बड़ी भूमिका रही है। क्या गुजरात सचमुच वैसा ही है, जैसे उसके उपन्यासों के ऐतिहासिक शब्दों में कन्हैयालाल माणिकलाल मुंशी के 'नवलकथा' में है? हमें यह नहीं भूलना चाहिए कि वह उपन्यास द्वारा लिखित इतिहास है, जो कुछ नहीं, कोरी कल्पना है। हालाँकि यह एक सुन्दर कल्पना है, जो वास्तविकता जैसी प्रतीत होती है। हम इसमें इस प्रकार मध्यस्थ हैं कि कल्पना एक वास्तविकता हो चुकी है। हम यह भूल जाते हैं कि यह एक कल्पना है और कल्पना प्रत्येक व्यक्ति को बहुत अधिक मोहित करती है। आज इस कल्पना का लोगों के समूह द्वारा आदान-प्रदान किया जा रहा है। हम गलती से इस काल्पनिक रचना और विद्वत्ता को वैज्ञानिक समझते हैं, लेकिन यह सदैव सौन्दर्यरूपक नहीं होती है।

साहित्यिक आलोचना भी उपन्यास हो सकता है। उदाहरण के लिए शेक्सपियर ने साहित्यिक आलोचना के फार्म में लिखा है। शेक्सपियर ने इसे किस सीमा तक

बदला और यह अब भी बदल रहा है, यह अंग्रेजी के अध्येता जानते हैं। इसलिए 19वीं शताब्दी में जो उपन्यास गुजरात में लिखा गया, वह बंगाल और महाराष्ट्र में भी लिखा गया। बंगाल के लेखकों ने अपना उपन्यास महाराष्ट्र और राजस्थान के आधार पर लिखा। 'एन्नाल एंड एंटीक्विटीज ऑफ राजस्थान' 19वीं शताब्दी में कर्नल टोड ने लिखा। रमेश चन्द्र दत्त अपनी पुस्तक 'इकोनॉमिक हिस्ट्री ऑफ इंडिया' के लिए भी विख्यात हैं, जिन्होंने 'रामायण' और 'महाभारत' के दोहों का संक्षिप्त अनुवाद किया। उनकी दो और किताबें हैं, जिनका बाद में अनेक भारतीय भाषाओं में अनुवाद हुआ। एक पुस्तक है : 'महाराष्ट्र : जीवन-प्रभात', और दूसरी है : 'राजपुर : जीवन-संध्या'। रमेश चन्द्र दत्त बंगाल के थे। उसी समय बंकिमचन्द्र भी उपन्यास लिख रहे थे। 'दुर्गेशनन्दिनी' की तरह उनके अधिकांश उपन्यासों में बंगाल की कहानियाँ नहीं हैं। ये उपन्यास लिखे तो गए बंगाल में लेकिन इनकी कहानियाँ राजस्थान से सम्बन्धित हैं, 'आनन्द मठ' और 'कपाल-कुंडला' बंगला भाषा का उपन्यास है, परन्तु उनके ऐतिहासिक उपन्यास राजस्थान और महाराष्ट्र से प्रेरित हैं।

'महाराष्ट्र : जीवन-प्रभात' और 'राजपुर : जीवन-संध्या' में 'प्रभात' और 'संध्या' अर्थपूर्ण हैं। वे शिवाजी के नेतृत्व में मराठों की बढ़ती शक्ति की घटना को नये जीवन-प्रभात की तरह देख रहे थे। राजस्थान की आगामी घटनाएँ उन्हें राजपुर के इतिहास की गोधूलि-बेला के समान प्रतीत हुईं। आप इसे 'मराठा-शक्ति' का उदय और राजपुर-शक्ति का पतन कह सकते हैं। इस तरह का इतिहास उसी युग के दौरान लिखा गया। इस तरह का इतिहास हिन्दी में भी लिखा गया। इस सन्दर्भ में किशोरीलाल गोस्वामी के कामों को देखना समीचीन होगा। मराठी में भी इस तरह के इतिहास लिखे गए। मलयालम में 'मार्तंड वर्मा' का इसी प्रकार का इतिहास है। 19वीं शताब्दी का 'पुनर्जागरण' फिर से लिखा गया इतिहास है, जो वास्तव में इतिहास नहीं, कल्पना है। इसलिए जैसाकि मैंने पहले कहा कि इटली के जागरण ने वास्तविक स्थान नहीं ग्रहण किया था, यह जैकब बर्चर्ड की एक कल्पना थी और इसके बाद हम स्वयं कल्पनाओं की सुन्दर दुनिया में खो गए।

आजकल लोग ग्रैब्रियल गार्सिया मार्क्वेज के उपन्यास 'एकान्त के सौ वर्ष' में जादुई यथार्थवाद देख रहे हैं। वे भूल गए हैं कि हमारे ऐतिहासिक उपन्यासों में इतिहास की उत्पत्ति जादुई यथार्थवाद के रूप में की गई है। अब हम 19वीं शताब्दी के ऐतिहासिक कार्यों को इतिहास के रूप में देखते हैं। परन्तु वास्तव में 19वीं शताब्दी एक सुन्दर कल्पना है और यह प्राय: सभी भारतीय भाषाओं की कल्पना है। साहित्यिक इतिहासकार तथा आलोचकों ने उपन्यासों की सहायता से इस कल्पना को उत्पन्न किया। कल्पना सदैव वास्तविक की अपेक्षा अधिक आकर्षक और शक्तिशाली होती है। एक पुस्तक है : 'पावर एंड मिथ', जिसका शीर्षक मेरे तर्क को बल प्रदान करता है। सवाल यह है कि इस कल्पना को उत्पन्न किसने किया?

कौन लोग थे इसके पीछे? ब्रिटिश एशियायियों ने सबसे पहले इस पर विचार किया था। हममें से अधिकांश लोगों ने डेविड कोप्ट की पुस्तक 'ब्रिटिश ओरिएंटलिज्म एंड द बंगाल रेनेसां' पढ़ी है। इस पुस्तक में उन्होंने कल्पना करनेवाले उन लोगों के बारे में बताया है। उन्होंने बताया है कि इस तरह की कल्पना की शुरुआत बंगाल के 'एशियाटिक सोसाइटी' से प्रारम्भ हुई थी। यह एक ऐसे व्यक्ति ने किया जिसने ब्रिटिश शासन की शुरुआत की और भारतीय अर्थ-व्यवस्था को विध्वंस किया। इस व्यक्ति का नाम वॉरेन हेस्टिंग्स था।

उदयप्रकाश ने 'वॉरेन हेस्टिंग का साँड' नाम से एक कहानी लिखी है। इस कहानी को पढ़कर पता लगाया जा सकता है कि जादुई यथार्थवाद कैसे उत्पन्न हुआ। वॉरेन हेस्टिंग्स वही शासक था जिसने भारत के ऊपरी प्रान्त को जीत लिया था। वास्तव में वॉरेन हेस्टिंग्स ने लॉर्ड क्लाइव के बाद भारत के अधिकांश भागों पर जीत हासिल की थी। वह ज्ञान का संरक्षक भी था। उसी के समय में विलियम जॉन ने बंगाल में 'एशियाटिक सोसाइटी' की स्थापना की थी। उसने वहाँ से 'एशियाटिक सोसाइटी जर्नल' प्रकाशित किया और कालिदास के 'अभिज्ञानशाकुन्तलम्' का अनुवाद किया। विलियम जॉन ने 'मनुस्मृति' का भी अनुवाद किया। चूँकि वह एक वकील था इसलिए वह यह बात जानता था कि इसका अनुवाद क्यों महत्त्वपूर्ण है। इस लिहाज से भी यह गौर करने लायक बात है कि बाद में महाराष्ट्र में डॉ. अंबेडकर के अनुयायियों द्वारा जलाया गया। इस प्रकार एक तरफ वॉरेन हेस्टिंग्स ने विध्वंसात्मक कार्य किये, तो दूसरी ओर पश्चिमी एशिया को जानने का मार्ग प्रशस्त किया। एशियाई विद्वानों का एक समुदाय जिसमें विल्सन, कोलब्रुक आदि शामिल थे, ने आगे चलकर 'वेद', 'मनुस्मृति' और 'अभिज्ञानशाकुन्तलम्' आदि हमारे प्राचीन ग्रंथों का अध्ययन किया। फिर उसकी सहायता से मिथकों को गढ़ा। उन्होंने पूर्वी भारत का एक रहस्यवादी बिम्ब गढ़ा, जो पहले से ही पश्चिमी आँखों को जादूगर, सपेरों तथा साधुओं की भूमि प्रतीत होती थी। पश्चिमी लोग अभी भी भारत को साधु, भिखारी, सपेरों और जादूगरों की धरती मानते हैं।

भारत की रचना एक कल्पना की तरह की जा रही थी और काल्पनिक भारत के प्रतिबिम्ब का निर्माण हमारी आँखों के सामने किया जा रहा था। एडवर्ड सईद ने अपना 'ओरियंटलिज्म' बाद में लिखा, जिसमें उन्होंने पूर्वी रहस्यवाद का जो सावधानी से निर्माण किया गया था, उसे खुले रूप में पेश किया। ये पौराणिक कथाएँ, ये मिथक बिलकुल निर्दोष हों, ऐसा भी नहीं है। हमारे शासक, हमारे देश का सुन्दर व जादुई चित्र बना रहे थे। परन्तु सुन्दर चित्रों के नीचे शोषण की जमीन तैयार हो रही थी। एक नई मिथकीय कहानियाँ गढ़ी जा रही थीं और इसकी आड़ में वॉरेन हेस्टिंग्स ईस्ट इंडिया कम्पनी के व्यापारियों की सहायता से नील के व्यापार पर पकड़ जमा रहा था। इतना ही नहीं, बंगाल और बिहार के बाद वह

उत्तर को जीतने के लिए आगे बढ़ रहा था। दक्षिण में आक्रमण की तैयारी करके पश्चिमी भाग तथा बन्दरगाहों पर कब्जा करने के लिए बम्बई और मद्रास से पैदल गया। इस तरह हमें मानसिक रूप से दास बनाया जा रहा था। विडम्बना देखिए कि हम लोग इसके बाद भी प्रसन्न थे और यह सोचकर गर्व का अनुभव करते थे कि देखो, हम इतने महान हैं कि हमारी महानता का अध्ययन करके ब्रिटिश लोग हमारी कीर्ति गा रहे हैं।

प्रेमचन्द की एक कहानी है : 'मंगनी का सुखसाज'। प्रतिष्ठा का यह भाव भी उधार लिया गया था और इसकी उत्पत्ति ओरियंटलिज्म द्वारा की गई थी। उन्होंने अकेले इसे पैदा नहीं किया था। सबसे निचली श्रेणी थी दासता, जिसमें दास मालिक के लिए काम करता था। पहला काम उन्होंने यह किया कि बनारस में संस्कृत कॉलेज की स्थापना की जिसमें उन दिनों प्रिंसिपल ब्रिटिश लोग ही हुआ करते थे। उन्हीं दिनों ग्रिफिन ने ऋग्वेद का अंग्रेजी में अनुवाद किया और यह अनुवाद आज भी सबसे अच्छा अनुवाद माना जाता है। इसमें उन्होंने संस्कृत के पंडितों की सहायता ली। इसका प्रयोग वे विधि एवं न्याय में करना चाहते थे। आज कहा जाता है कि ब्रिटिश ने कानून का राज स्थापित करके एक अविस्मरणीय कार्य किया। आखिर कानून का अर्थ क्या है? जहाँगीर के दरबार में एक घंटा लगा रहता था। लोग रस्सी खींचते थे तो घंटा बज उठता था। इसके बाद बादशाह खुद आकर शिकायत सुनता था। इस प्रकार बादशाह के पास न्यायिक शक्ति भी थी। वास्तविक शक्ति राजा के पास नहीं होती थी। राजा तो मुकुट धारण करके राजनीतिक शक्तियों का लाभ उठाता था। सेना का संचालन वह कर सकता था, लेकिन नियम के सम्मान में और धर्मशास्त्र के अनुसार न्याय राज-पुरोहित करता था।

याद करिए, जब शकुन्तला आई और उसे पहचानने की बात जब अधूरी रह गई, तो पंडितों की एक सभा हुई और वहाँ यह विचार किया गया कि न्यायसंगत क्या है? न्याय की शक्ति राजा के हाथ में नहीं होती थी, मगर वह धर्मशास्त्र और न्यायसंहिता की मदद से निर्णय लेता था। वह अपना निर्णय स्वयं नहीं कर सकता था। ऐसे मामलों में तो उसका न्याय स्वीकार नहीं किया जाता था। परन्तु मुगल काल में स्थितियाँ बदल चुकी थीं। जरूरत पड़ने पर राजा पंडित को बुलाता था। यह माना जाता है कि अंग्रेजों ने समानता के आधार पर कानून बनाए। कानून की नजर हर व्यक्ति पर समान है—चाहे उसका सम्बन्ध किसी जाति, धर्म या लिंग से हो। आज के इतिहासकार गर्व से लिखते हैं कि 19वीं शताब्दी में पहली बार आदमी को समानता का अधिकार मिला—चाहे सम्पत्ति-विवाद हो, हत्या या कोई अन्य अपराध, न्याय आईपीसी यानी भारतीय दंड संहिता के अनुसार होता था, जो आज भी उसी रूप में विद्यमान है और उसमें आजादी के बाद भी कोई खास परिवर्तन नहीं आया है। यह सब अंग्रेजों की देन है।

इस प्रक्रिया में हम यह भूल गए कि पहले पंडित और मौलवी मुकदमा सुनने के लिए हाजिर होते थे और एक पंच चुनते थे। यह सिद्ध करने के लिए कि वे न्याय धर्मशास्त्र और हदीस के अनुसार कर रहे हैं। ब्रिटिश लोगों ने भारतीय परम्परा को पुनर्जीवित किया। उपनिवेशवादियों ने जो कुछ किया, उसकी परम्परा हमारे यहाँ पहले से मौजूद थी। हमारे लोग न्याय और दंड देने के मामले में कुशल थे। वॉरेन हेस्टिंग के समय में इसलिए कानून बनाने के मामले में पंडितों और मौलवियों की सहायता ली गई। अंग्रेजों ने उनकी सहायता ज्यादा ली। आज जो 'पद्म पुरस्कार' दिये जाते हैं, वह पुरानी परम्परा के अनुसार ही है। उन दिनों भी ऐसे ही पुरस्कार दिये जाते थे; बस, उनके नाम अलग-अलग हैं। संस्कृत के पंडित और हिन्दी के विद्वान 'महामहोपाध्याय' के नाम से सम्मानित किये जाते थे। 'शम्स-उल-उलेमा' का बहुत गहरा अर्थ है। शम्स का मतलब होता है सूर्य और उलेमा का अर्थ होता है विद्वान। इस प्रकार शम्स-उल-उलेमा का अर्थ होता है : 'विद्वानों के बीच सूर्य'।

कुछ मिथक मदरसों और संस्कृत कॉलेजों में भी बने। संस्कृत कॉलेजों की स्थापना तीन महाप्रान्तों में हुई—कलकत्ता, बम्बई और मद्रास। बाद में बनारस में भी संस्कृत कॉलेज स्थापित किया गया। पौराणिक कथाओं को बनानेवाले एशियायियों ने शिक्षा की एक नई शाखा शुरू की, जिसे 'ओरियंटलिज्म' या 'ओरियंटल लर्निंग' के नाम से जाना गया। यह उस 'ओरियंटलिज्म' के विरुद्ध था, जिस 'ओरियंटलिज्म' को लेकर एडवर्ड सईद ने लिखा है। तत्कालीन संस्कृत कॉलेजों में अंग्रेजों ने ऐसे मिथक इसलिए गढ़े, ताकि सैनिक विजय को स्थायी विजय में बदला जा सके।

असल में 'ओरियंट' शब्द इतना प्रचलित हुआ कि कुछ संस्थानों के नाम ही 'ओरियंटल' के नाम से रखा गया। मसलन 'स्कूल ऑफ ओरियंटल एंड अफ्रीकन स्टडीज' (एसओएएस), 'इंडोलॉजी' और 'ओरियंटलिज्म' शब्द 19वीं शताब्दी की कल्पना है। यद्यपि 'ऑक्सीडेंटल', 'ओरियंटल' शब्द का विलोम है, फिर भी यह न ही सुना गया, न उपयोग किया गया। हममें से कोई 'ऑक्सीडेंटल' कॉलेज से नहीं आया है। लेकिन कैम्ब्रिज यूनिवर्सिटी के एशियायी विभाग में हिन्दी और संस्कृत पढ़ाई जाती है। लंदन यूनिवर्सिटी में 'स्कूल ऑफ ओरियंटल एंड अफ्रीकन स्टडीज' (एसओएएस) है, जिसमें उन्होंने अफ्रीका को ओरियंट से दूर रखा हुआ है। ओरियंट में एशिया और केवल भारत ही शामिल है। उपनिवेशी शासकों ने भारत को तो अपना उपनिवेश बनाया, मगर वे चीन को अपना उपनिवेश नहीं बना सके। वस्तुत: अफीम-युद्ध के दौरान वे व्यापार में आए, इसलिए चीन को अपना उपनिवेश नहीं बना सके। सिनो-जापान युद्ध के बाद 1935 के आसपास चीन केवल कुछ ही समय के लिए जापान का उपनिवेश बना था। 'ओरियंटल', 'ओरियंटलिज्म' और 'ओरियंट' शब्द इतने विख्यात हुए कि इनके नाम पर दुकान, बैंक, पत्रिका और प्रकाशन गृहों तक के नाम रखे गए। अंग्रेजी में 'ओरियंट' इतना प्रसिद्ध हुआ कि

आज भी हमारे देश के विभागों और अकादमिक प्रशिक्षण कॉलेजों में 'ओरिएंटेशन' प्रोग्राम करवाया जाता है। 'ओरियंट' और 'ओरियंटलिस्ट' के द्वारा अंग्रेजों ने प्रस्ताव रखने की कोशिश की कि हमारे आगमन के साथ ही यहाँ नये युग का आरम्भ हुआ।

उन्होंने बंगाल के स्वर्ण-युग को खोजा। वास्तविकता यह है कि भारत को 'सोने की चिड़िया' कहा जाता था और अंग्रेज यहाँ सोने की चिड़िया पकड़ने आए थे। यह उनके लिए आवश्यक था कि वे इस सोने की चिड़िया को अपने अधिकार में रखें। हम यह सुनकर खुश होते रहे कि हम सोने की चिड़िया हैं जबकि यह सुन्दर चिड़िया इस बात से अनजान थी कि धीरे-धीरे उसका गला रेता जाएगा। यह इसलिए कहा गया क्योंकि भारत का अतीत सुनहरा है। यह स्वर्ण-युग कौन-सा युग था? इतिहास की किताबें हमें बताती हैं कि यह गुप्तकाल था, लेकिन क्या हमने कभी सोचा है कि गुप्तकाल ही क्यों स्वर्णकाल था, अशोक का काल क्यों नहीं? गुप्तकाल सुधारों का काल था। दूसरी ओर अशोक ने धर्म का राज्य स्थापित किया, जो भारत से लेकर अफगानिस्तान, श्रीलंका तक छाया हुआ था। अशोक का राज्य पहला भारतीय साम्राज्य था। गुप्त मध्यदेश से बाहर कभी नहीं जा सके। अशोक का साम्राज्य चन्द्रगुप्त मौर्य के साम्राज्य से बड़ा था, लेकिन गुप्तकाल को ही स्वर्ण काल कहा गया। क्योंकि इस काल में हिन्दुओं का उत्थान हुआ। यह बौद्ध और जैन के विरुद्ध ब्राह्मणों का उद्धारक था। यह बहुत कुछ उसी के अनुरूप है, जैसे कन्हैयालाल माणिकलाल मुंशी के 'साम्राज्यों का युग' में गुप्त-वंश के युग को भारत के इतिहास में श्रेष्ठ बताया गया है।

अंग्रेजों ने अतीतकालीन भारत पर इसलिए लिखा कि वे ऐसा करके यह सिद्ध करना चाहते थे कि हमारे इतिहास का स्वर्ण-युग विक्टोरिया काल था। हममें से बहुत लोगों ने औपनिवेशिक युग के सोने और चाँदी के सिक्के देखे होंगे, जिसमें रानी विक्टोरिया और जॉर्ज पंचम का—एक राजा और रानी के रूप में चित्र अंकित है। इसका यह अभिप्राय है कि दोनों यूनाइटेड किंगडम के राजा-रानी थे, लेकिन वे भारत के सम्राट और सम्राज्ञी थे। मुझे 1935 में जॉर्ज पंचम का वह चित्र याद है, जिसमें वे सिंहासन पर बैठे हैं। उन दिनों हम लोग स्कूल में एक गीत गाते थे : 'चिरंजीवी राजा-रानी हमारे'। हम लोगों को राजा और रानी अंकित सिक्का दिया गया और यह महसूस कराया गया कि भारत में स्वर्ण-युग इन्हीं के कारण आया। इस प्रकार 19वीं शताब्दी नया स्वर्ण-युग था या हम लोग जिसे रेनेसां के नाम से जानते हैं?

स्पष्ट हो गया होगा कि रेनेसां चारों तरफ चेतना-प्राप्ति का केन्द्र रहा है। लेकिन प्रश्न है कि इस चेतना-प्राप्ति का साधक या प्रतिनिधि कौन था? क्या यह ब्रिटिश सम्राट या ब्रिटिश राजा-रानी थे? इतिहास का प्रतिनिधि कौन था? मैंने संक्षेप में जागृति से सम्बन्धित चीजों पर तर्क करने की कोशिश की है और अब आप समझ गए होंगे कि यह परियों की कहानी या काल्पनिक कथा थी। इसलिए

मैंने इस रेनेसां को एक कल्पना कहा और कल्पना ब्रिटिश शासनकाल के विद्वानों द्वारा गढ़ा गया, जिन्हें हम औपनिवेशिक कहते हैं। पहले यह बहुत चर्चित नहीं था, लेकिन आजकल यह बहुत प्रचलित है और हम इस प्रक्रिया में शामिल हैं। यदि हम इसमें शामिल नहीं होते तो यह कभी नहीं होता। हमने अपने-आप मान लिया कि यह पुनर्जागरण, चेतना-प्राप्ति तथा जागरण था और 19वीं शताब्दी में हमने पुन: अपने सुनहरे अतीत को पाया। हमें लगा कि हम अपने अतीत को प्राप्त कर रहे थे, लेकिन हमारी स्मरणशक्ति बिलकुल स्थिर अवस्था में थी और हमारा विवेक एक स्पष्ट दिशा की ओर अग्रसर था। इन सभी को किसने प्रभावित किया? यह तत्कालीन अध्यापकों द्वारा किया गया। इसलिए मैंने कहा, पुनर्जागरण एक कल्पना है और यह 'ओरियंटलिज्म' द्वारा रचा गया, जिसमें हम भी शामिल थे। रमेश चन्द्र दत्त, बंकिम और कन्हैयालाल माणिकलाल मुंशी का ऐतिहासिक लेख इसके एक भाग हैं। ब्रिटिश लोग अकबर के समय को स्वर्ण-युग कहें।

कुछ लोग हिन्दू पुनर्जागरण पर बात करते हैं। हम यह न भूलें कि उस वक्त बहावी आन्दोलन चल रहा था तथा मुसलमानों का स्वर्णिम अतीत के विषय में बिलकुल अलग विचार थे और वे इसकी रचना फिर से कर रहे थे। इसी असाधारण विषय के महत्त्व पर कुछ विद्वान लिख चुके हैं। इसको लेकर इकबाल अहमद और एजाज अहमद ने थोड़ा-बहुत लिखा है। तारिक अली ने भी मुस्लिम इतिहास के विषय में लिखा है। उनकी एक किताब 'जिहाद' भी आ चुकी है। एडवर्ड सईद ने अपनी किताबों में मुख्य रूप से मिस्र और फिलिस्तीन के बारे में लिखा है। टामस मुनरो ने अपनी किताब में अकबर के बारे में जो लिखा है, उसका शीर्षक है : 'इंडिया अंडर अकबर'।

उन्हीं दिनों एक नया शब्द गढ़ा गया—हिन्दुइज्म। यह शब्द उसी युग की कल्पना है। मैं नहीं समझता कि 'इज्म' प्रत्यय द्वारा उन्होंने कुछ चीजों को एक विचारधारात्मक रूप दिया, जो केवल एक धर्म था। धर्म समान विचार नहीं रखता था। जैसाकि 'रिलीजन' रखा। लेकिन मैं इसके विस्तार में नहीं जाना चाहता। इसके साथ उन्होंने एक पद 'हिन्दू भारत' का परिचय दिया, जो साफ तौर पर निर्दोष और हानिरहित प्रतीत होता है। यह 'हिन्दू भारत' क्या है? वे दो पदों का परिचय देते हैं : 'हिन्दू इंडिया' और 'हिन्दुइज्म'। क्या 'भारत' अपने-आपमें पर्याप्त नहीं था? नई कल्पना ने इतिहास को तीन बन्द डिब्बों में बाँटकर रख दिया : 'हिन्दू भारत', 'मुस्लिम भारत' और 'ईसाई भारत'। ये सभी नाम इतने निर्दोष और हानिरहित नहीं थे। इसी के फलस्वरूप वीर सावरकर ने 'हिन्दुइज्म' का पक्ष लिया जो उन दिनों बहुत प्रसिद्ध हुआ। हमने सोचा कि हम स्वयं को एक नया नाम दे रहे थे। लेकिन वास्तविक तथ्य यह था कि हमने इसे दूसरों से उधार लिया। यहाँ यह गौरतलब है कि नाम देना एक खतरनाक प्रक्रिया है।

यदि कोई शासन करना चाहता है, तो उसे नया नाम देना चाहिए। बाइबिल में कहा गया कि ईश्वर ने संसार की रचना की और तब प्रत्येक चीजों को एक नया नाम दिया। सेंट जॉन्स के अनुसार 'गोस्पेल' में कहा गया—प्रारम्भ में शब्द था और शब्द ईश्वर था। उसका क्या अर्थ है? जंगल में असंख्य पेड़ होते हैं, झाड़ियाँ होती हैं। वे सुरक्षित हैं। आप उन्हें पहचानकर उसे प्रयोग करना सीखते हैं, तो वे आपके अपने हो जाते हैं। आप उन्हें उगा सकते हैं। इसलिए जब लोग पालतू कुत्ता खरीदते हैं, तो उसे नया नाम देते हैं। जब एक बच्चा पैदा होता है, तो उसका नामकरण संस्कार करते हैं। तब तक वे सबके लिए ईश्वर का वरदान होता है। इसलिए हिन्दू भारत जैसे एक काल्पनिक पद के द्वारा उन्होंने देश को दो भागों में विभाजित किया। वे यह परिभाषा देते हैं कि हिन्दू, मुस्लिम, सिख, ईसाई—सभी धर्मों के लोग हिन्दुओं की तरह ही हैं और यह 'हिन्दू भारत' है। इस आधार पर रेनेसां स्वयं दो भागों में बँटा : 'हिन्दू जागरण' और 'मुस्लिम जागरण'।

हमें इस तरह के मिथकीय कार्यों और शब्द-निर्माण के पीछे छिपी राजनीति पर गौर करना चाहिए। जैसाकि हेनरी जेम्स ने अपने उपन्यास 'हाउस ऑफ फिक्शन' में कहा है कि हमें कालीन के पीछे देखने की कोशिश करनी चाहिए, बजाय उसकी सुन्दरता की प्रशंसा करने के। पीछे देखने पर हमें यह पता चलेगा कि यह कालीन किस धागे से बना हुआ है। इसी प्रकार 19वीं शताब्दी के रेनेसां-रूपी सुन्दर कालीन के पीछे देखना चाहिए। हमने केवल इसके एक पक्ष की सुन्दरता को देखा है। इसलिए इस कल्पना की गहराई से परीक्षा करनी चाहिए, और उन तथ्यों की भी, जो इसके लिए जिम्मेदार थे।

1857 का विद्रोह बहुत सारी कल्पनाओं में से एक है, जो उसी युग में हुआ था। कई ब्रिटिश विद्वान इस पर लिख चुके हैं। यह विद्रोह मुख्यत: भारत के उत्तरी भागों तक ही सीमित रहा। उत्तर प्रदेश और बिहार गायों की अधिकता के लिए जाना जाता था—सबसे गम्भीर संघर्ष इन्हीं दो प्रान्तों में हुआ। दिल्ली और कानपुर में जो कुछ हुआ, उसके बारे में ब्रिटिश लोगों ने मिथ्या प्रचार किया। बाद में पता चला कि कुछ घटनाएँ इतिहास में कभी घटित ही नहीं हुईं। 1857 का विद्रोह हुआ, लेकिन यह विद्रोह कैसा था, जिसे उन्होंने राजद्रोह कहा और हमने इसे पहला स्वतंत्रता-संग्राम? वीर सावरकर ने 1857 को यह नाम दिया और कार्ल मार्क्स भी इससे सहमत थे। हमें भली भाँति यह परीक्षा करने का प्रयत्न करना चाहिए कि किस प्रकार 1857 की कल्पना की रचना हुई।

हमारे देश में अंग्रेजी पढ़े-लिखे लोग पूरी तरह इन काल्पनिक बातों से सहमत हैं। यदि कोई लंदन की 'इंडिया हाउस लाइब्रेरी' में रखे उस युग के दस्तावेजों को पढ़े, तो उसकी राय यह बनेगी कि भारतीय बेहद असभ्य और क्रूर थे। उसकी गहराई में यदि कोई जाए तो पता चलेगा कि कानपुर में कई विद्रोही पकड़ लिये गए

थे और वहाँ हुए संघर्ष में चार-पाँच सौ अंग्रेज मारे गए थे, जिनमें औरतें और बच्चे भी शामिल थे, जिन्हें बाद में कुएँ में फेंक दिया गया। जब वे पकड़े गए तो अंग्रेजों ने उन्हें खून चाटकर साफ करने को कहा। उसके बाद फाँसी पर लटका दिया।

अंग्रेज भारतीय लोगों को फाँसी देने से पहले उन्हें बुरी तरह अपमानित करते थे। अजीब बात यह है कि वह हमें असभ्य कहते हैं, जबकि वे स्वयं घोर अमानवीय और असभ्य थे। वे लोग भारतीयों के साथ जंगली जानवरों जैसा बर्ताव करते थे। सन् 1857 की मिथ्या बातों से यह सिद्ध करने का प्रयास किया गया कि भारतीय इतने असभ्य और निर्दयी थे कि अंग्रेज औरतों और बच्चों तक के साथ निर्दयतापूर्ण व्यवहार किया। इस प्रकार उन्होंने 1857 के एक मिथक को पैदा किया जो कई नामों से आज जाना जाता है : 'गदर का विद्रोह', 'सिपाही विद्रोह', 'राजद्रोह' और 'स्वतंत्रता के लिए किया गया प्रथम संघर्ष', इत्यादि।

यहाँ यह बात ध्यान देने लायक है कि जब एक कल्पना उत्पन्न हुई तो उसके विपरीत एक दूसरी कल्पना भी निर्मित हुई। दोनों कल्पनाओं के बीच जब टकराव हुआ, तो विश्व स्तर के बुद्धिमान भी प्रभावहीन हो गए। उदाहरण के लिए 1957 में जवाहरलाल नेहरू के शासनकाल के दौरान जब '1857 का शताब्दी समारोह' हुआ था, उस समय यह अनुभव किया गया कि इस पर एक पुस्तक लिखनी चाहिए और पुस्तक लिखने का जिम्मा इतिहासकार एस.एन. सेन को दिया गया। एक विमर्श इस बात को लेकर भी हुआ कि लिखने के बाद इस पुस्तक का शीर्षक क्या रखा जाएगा—इसे 'विद्रोह', 'राजद्रोह' कहना चाहिए या 'प्रथम स्वतंत्रता-संग्राम', जैसाकि वीर सावरकर ने कहा था? जब विद्वान वैज्ञानिक भी बन जाए, तो बहुत समस्या पैदा होती है। कई अंग्रेजी के विद्वानों ने इस पर सोचा तो बहुत अच्छा, लेकिन शीर्षक नहीं सोच पाए, अन्ततः मिस्टर सेन ने सुझाव दिया कि इसे केवल '1857' ही कहा जाए। इस प्रकार भारत सरकार द्वारा यह पुस्तक '1857' नाम से प्रकाशित हुई।

19वीं शताब्दी के पुनर्जागरण साहित्य से सम्बन्धित विचार-विमर्श में जब कोई भाग ले, तो वह इसे केवल 19वीं शताब्दी कह सकता है। इसी वजह से मैंने इशारा किया कि कल्पित बातों के बनाने की इस प्रक्रिया को समझना बहुत अहम् है। तभी हम इसकी सही विवेचना कर पाएँगे। अंग्रेजों ने 19वीं शताब्दी की अपने ढंग से प्रशंसा की, तब हमने विपरीत रुख अख्तियार किया, जिसे आप राष्ट्रवादी सोच कह सकते हैं। इसके कारण हमने सोचा कि उन्होंने हमें अपमानित किया, नीचा दिखाया तो हमें 1857 की घटनाओं को ओजस्वी ढंग से वर्णन करना चाहिए।

हिन्दी के सुप्रसिद्ध आलोचक डॉ. रामविलास शर्मा ने 1857 पर एक मोटी किताब लिखी है, जिसका संशोधित संस्करण भी प्रकाशित हो चुका है। आपको मालूम है, उस पुस्तक में उन्होंने क्या लिखा है? उन्होंने लिखा है : 1857 की क्रान्ति

फ्रांस और रूसी क्रान्ति का मूल है। 1857 की क्रान्ति इतनी गौरवपूर्ण थी कि उस समय भारतीय इस प्रकार के महान आदर्श—जैसे स्वतंत्रता, समानता और बन्धुत्व भूल गए, मानो वे समाजवादी या मार्क्सवादी हों! उन्होंने कहा है कि समाजवादी क्रान्ति का जो बीज 1917 में रूसी क्रान्ति में फूट पड़ा, उसका उत्स 1857 में भी मौजूद था। इसे उन्होंने सैद्धान्तिक तरीके से सिद्ध भी किया है।

इसलिए मैंने कहा कि जब एक विद्वान वैज्ञानिक भी बन जाए और वकीलों की तरह किसी भी दलील से अपनी बात सिद्ध करने का प्रयत्न करे, तो वह किसी भी तरीके से यह बात मनवाना चाहेगा कि उसका मुवक्किल निर्दोष है। एक औसत वकील ऐसा करता है। वह यह दलील देता रहता है कि उसका मुवक्किल न केवल निर्दोष है, बल्कि वह एक अपूर्व प्राणी है। वह उसे देवतुल्य ठहराने का प्रयास करता है। ब्रिटिश विद्वानों ने 1857 की घटना को असभ्य कहकर विवेचना की, तो डॉ. रामविलास शर्मा ने आगे चलकर यह विचार प्रस्तुत किया कि 1857 की क्रान्ति एक ओजस्वी क्रान्ति थी। फ्रांसीसी तथा रूसी क्रान्ति के मूल में थी। कभी-कभी चेला अपने गुरु से भी बहुत आगे चला जाता है। रामविलास जी का इससे तात्पर्य यह है कि रूसियों ने जो काम 1917 में किया, उसे भारतीयों ने 1857 में ही कर दिखाया। सवाल यह है कि तब 1857 में समाजवाद भारत में खुद क्यों नहीं आया? 1858 में यह प्रावधान पास हुआ कि अब हमें ईस्ट इंडिया कम्पनी के अधीन नहीं रहना होगा। शासन की बागडोर अब सीधे रानी विक्टोरिया के पास होगी। मगर हमारी अधीनता अभी तक जारी है। इसका यह मतलब है कि हम अधिक समय तक व्यापारिक कम्पनी के अधीन नहीं रहे, बल्कि खुद ही सम्राज्ञी के अधीन हो गए।

जैसाकि मैंने पहले कहा है, 19वीं शताब्दी में एक विपरीत जागरण हुआ, जो वास्तव में विपरीत रेनेसां नहीं, बल्कि समानान्तर रेनेसां था। हमारे देश का एक अत्यन्त प्रशंसनीय बिम्ब उपस्थित किया गया, यद्यपि उस भारत की दशा ऐसी प्रशंसा योग्य नहीं थी। हमने एक तरफ अपने साहित्यकारों को गौरवान्वित किया, तो दूसरी तरफ इंग्लैंड का सम्मान किया। उदाहरण के लिए यदि भारतेन्दु ने अच्छे नाटक लिखे, तो हमने उन्हें भारत का शेक्सपियर कहना शुरू किया। 'फसाना-ए-आजाद' की तुलना 'डॉन क्विकजोट' से की गई। कई लोगों ने यह कहकर 'सरस्वतीचन्द्र' की प्रशंसा की कि यह एक अच्छा उपन्यास है। परन्तु यदि कोई कहे कि यह 'वार एंड पीस' से महान है, तो यह अतिशयोक्ति होगी। सम्भव है कि कुछ लोग फिर भी इसे उसी के बराबर खड़ा करके देखें। कहना न होगा कि अतिशयोक्ति केवल अलंकार नहीं है, यह बुद्धिमान लोगों के समय काटने का एक साधन भी है। इस प्रकार वास्तविक पुनर्जागरण के उत्तर में हमने 19वीं शताब्दी के जागरण को गौरवान्वित किया।

प्राचीन भारत के बारे में सबसे पहले लिखनेवाले महान इतिहासकार दामोदर

धर्मानन्द कोसाम्बी की एक किताब है : 'मिथ एंड रियलिटी'। हालाँकि वे विद्वान तो गणित एवं सांख्यिकी के थे लेकिन इतिहास के भी महान ज्ञाता थे। उन्होंने हार्वर्ड में अध्ययन किया था। उनके पिता धर्मानन्द जाने-माने मराठी लेखक और संस्कृत के ज्ञाता थे। उन्होंने अहमदाबाद में गांधी जी के साथ कुछ दिन बिताए थे। उन्होंने भी साहित्य की आलोचना के क्षेत्र में प्रशंसनीय कार्य किया है। उन्होंने भर्तृहरि के तीन 'शातकों' का सम्पादन किया। वे कहा करते थे कि यदि कोई प्राचीन भारत के इतिहास को जानना और समझना चाहता है, तो आधुनिक भारत के गाँवों में जाए, वह आज भी आर्य-सभ्यता के जैसे हैं। उन्होंने निरन्तरता के कुछ रूप को वैदिक काल के पाँच हज़ार साल पुराने गाँवों को आधुनिक गाँवों में महसूस किया। महाराष्ट्र के गाँवों में उन्होंने घूमकर देवी-देवताओं की मूर्तियों को देखा, फिर उसके तारतम्य को स्थापित करके समझने का प्रयास किया कि किस प्रकार खेतों को जोता और सींचा जाता था। उनका विश्वास था कि आधुनिक गाँवों में अध्ययन से उनके पूर्वकाल के अवशेष और पाँच हज़ार साल पुराने इतिहास को जाना जा सकता है। यद्यपि कोसाम्बी ने नृतत्त्वशास्त्र और पुरातत्त्वविज्ञान की नियमित शिक्षा प्राप्त नहीं की थी, इसके बावजूद 'मिथ एंड रियलिटी' में संकलित उनके निबन्ध वैज्ञानिक अध्ययनों के आधार पर लिखे गए हैं।

यदि रेनेसां मिथ्या है तो इतिहास क्या है? जब हम इसके स्वाभाविक तत्त्वों को देखें तो क्या हम इस जागरण को इतिहास कहें? आप जानते हैं कि वास्तविक इतिहास को देखना इतना क्यों महत्त्वपूर्ण है। यदि इन दिनों इतना बहुत अधिक नारी उत्थान हो गया है, तो गुजरात, कश्मीर और दिल्ली में क्यों बलात्कार की इतनी अधिक घटनाएँ घट रही हैं? यदि हम हिन्दू-मुस्लिम के बीच भाईचारे को लेकर इतने अच्छे थे, तो क्यों आज दंगों में निर्दयतापूर्वक एक-दूसरे की जान लेते हैं? उन दिनों यदि हमने वास्तव में जातीयता को त्याग दिया था, तो दलितों पर अन्याय क्यों किये गए? यदि राजा राममोहन राय ने सती-प्रथा के विरुद्ध कठोर कानून पारित करवाया था, तो 20वीं शताब्दी में राजस्थान के देवराला में रूपकुँवर सती की घटना क्यों हुई? 19वीं शताब्दी में ही यदि हम सभी समस्याओं का समाधान कर चुके थे तो भारत जैसा था, वैसा ही क्यों रह गया? गांधी जी को इतना कठिन परिश्रम क्यों करना पड़ा? यदि क्रान्ति के द्वारा हम अंग्रेजों को खदेड़ना चाहते थे, तो फिर से गुलाम क्यों बन गए? 1857 के बाद लम्बे समय तक हम पराधीन रहे, यहाँ तक कि अपने अधिकारों की तरह 1947 में भी हम स्वतंत्रता प्राप्त नहीं कर सके और हमें मात्र शक्ति के स्थानान्तरण मात्र पर संतोष करना पड़ा। यह सभी परिलक्षित करते हैं कि 1857 में हमने कोई असाधारण क्रान्ति नहीं की थी।

राजा राममोहन राय, ईश्वरचन्द्र विद्यासागर के अलावा और जिन लोगों की हमारी इतिहास में प्रशंसा की गई है, असलियत यह है कि उन्हें बहुत अधिक

सफलता नहीं मिली। इन आन्दोलनों की शुरुआत में शहरी मध्यम वर्ग में वास्तव में कुछ सुधार हुआ, लेकिन यह ऐसी क्रान्ति नहीं थी जिसे हम पुनर्जागरण कहें, प्रशंसा करें। इस प्रकार यदि कोसाम्बी की दृष्टि से बात करें, तो हमें साफ तौर पर लगेगा कि जो कुछ वर्तमान भारत में हम आज देख रहे हैं, वह 19वीं शताब्दी में भी था। वर्तमान की सहायता से हम अतीत में जा सकते हैं। यदि हम पीछे देखें तो जो हमारी आँखों के सामने रहता है, वह भाग हमें रंगीन और सुनहरा दिखाई देता है, तो कुछ ऐसी भी घटनाएँ होती हैं जिनके बारे में हम बात नहीं करना चाहते, यानी मीठा-मीठा खा और कड़वा-कड़वा थू!

हमारे यहाँ के विद्वान पुनर्जागरण पर ही इतना अधिक ध्यान देते हैं कि यदि हम उसे पढ़ें तो अतीत के विषय में जानने की हमारी लालसा और बढ़ जाती है। हमें यह अनुभव कराया गया कि सम्पूर्ण भारत रामकृष्ण, विवेकानन्द और दयानन्द जैसे महापुरुषों की मंडली है। हमें यह भी अनुभव कराया गया कि औरतों की दशा बहुत अच्छी थी और जातीयता को प्राणघातक मान लिया गया था। इसके अलावा कुछ चीजें भी इस दौरान घटित हुईं जिसके बारे में हम बात नहीं करते। एक हिन्दी-भाषी प्रान्त में दयानन्द का जूतों की माला से स्वागत किया गया था। जब 'आर्यसमाज' और 'ब्रह्मसमाज' मौजूद था, उसी समय 'सनातन धर्मसभा' और 'भारत धर्मसभा' भी स्थापित हुआ। दयानन्द शास्त्रार्थ में हरा दिये गए। कट्टरपंथी और रूढ़िवादी लोगों ने नये विचारों का विरोध किया। बाद में ब्रह्मसमाज भी अत्यधिक पुरातनपंथी हो गया। राजा राममोहन राय के बारे में कहा जाता है कि जब वे मृत्यु-शय्या पर थे तो उन्हें भागीरथी के तट पर लाया गया। उनके चारों तरफ खड़े लोगों ने उनसे पूछा कि वे लोग उनके लिए क्या कर सकते हैं? तो उन्होंने अपने पूरे शरीर पर राधाकृष्ण लिखने को कहा। राधाकृष्ण लिखते समय जब उनके कान के पास थोड़ा स्थान छूट गया तो उन्होंने वहाँ भी लिखने के लिए कहा। जिन लोगों ने धार्मिक सुधार के लिए विद्रोह किया, वे अत्यधिक पुरातनपंथी निकले। आन्दोलन के अन्तिम दिनों में ब्रह्मसमाज के अनुयायी हठधर्मी हो गए थे। बाद में बहुत सारे ब्रह्मसमाजी कम्यूनिस्ट और मार्क्सवादी हो गए।

सन् 2002 में हरियाणा में अनेक दलितों को जिन्दा जला दिया गया। उन्हीं दिनों गाय की भी हत्या हुई। आज भी लोगों का मानना है कि गाय को पवित्र मानना चाहिए। 19वीं शताब्दी में गौ-हत्या पर वाद-विवाद इतना बढ़ गया कि हिन्दी प्रान्त में लोगों ने हिन्दी का पक्ष लेते हुए गौ-हत्या का विरोध किया। उन्होंने नागरी लिपि और हिन्दी का चित्रण बिलकुल नम्र गऊ की तरह किया, तो उर्दू के पक्षधर ने गौ-हत्या का पक्ष लिया। हिन्दी के पक्षधरों ने वाद-विवाद को गौ-हत्या के विरुद्ध और भाषा-साहित्य से सम्बन्धित प्रश्नों से जोड़ा। यह सब इस सीमा तक बढ़ गया कि एक तरफ जहाँ शरत् चन्द्र वेश्याओं के प्रति सहानुभूति प्रदर्शित करने के लिए

'श्रीकान्त' नाम से उपन्यास लिख रहे थे, वहीं दूसरी तरफ हिन्दी-संसार में उर्दू को वेश्याओं की भाषा के रूप में देखा जा रहा था।

19वीं शताब्दी में जातिगत क्रान्ति हुई, लेकिन इसके विरुद्ध प्रतिक्रिया-स्वरूप एक प्रतिक्रान्ति भी विकसित हो गई। यह एक विपरीत जागरण था। आधुनिक भारत में विभिन्न प्रकार की विचारधाराएँ एक साथ रहती हैं। यदि कुछ धर्मनिरपेक्ष लोग हैं, तो कुछ साम्प्रदायिक भी हैं। आपको क्या लगता है कि 19वीं शताब्दी में साम्प्रदायिकता नहीं थी? विचारधाराओं का संघर्ष नहीं था? इसलिए रेनेसां के बारे में एकपक्षीय दृष्टिकोण नहीं रखना चाहिए। विद्वानों को सम्पूर्णता में इस जटिल मुद्दे को देखना चाहिए। प्राय: विद्वान अत्यधिक स्पष्टीकरण के दोष से मुक्त नहीं हो पाते। स्पष्टीकरण और अत्यधिक स्पष्टीकरण, दोनों गलत है। रेनेसां को हमें अत्यधिक सरल बनाने का प्रयास नहीं करना चाहिए। इस घटना की जटिलता, आधुनिकता और अत्याधुनिकता बहुत हैं और प्रभावशाली भी हैं। वे केवल हिन्दुत्व में ही नहीं, बल्कि इस्लाम और ईसाइयत में भी दिखाई देती है। ऐसे में हमें पुराने लेखों और ग्रंथों पर विश्वास करना चाहिए।

जॉक देरिदा ने एक मनोरंजक निबन्ध लिखा है, जिसका शीर्षक है : 'आर्काइव फीवर'। इस 'आर्काइव फीवर' का प्रयोग परतंत्रों के इतिहास-लेखन में किया जाता है। इसलिए मैं कहता हूँ कि हमें इतिहास को बहुत सावधानी से देखना चाहिए। हमें उन सुधार-विरोधी तत्त्वों को देखने का भी प्रयत्न करना चाहिए जिसे हम 'समाज-सुधार' कहते हैं। उन दिनों भी रूढ़िवादी लोग थे। भारतेन्दु हरिश्चन्द्र ने अपने एक निबन्ध में इस शब्द का प्रयोग किया है। जब हम कुछ लोगों को कंजरवेटिव कहते हैं, तो हमें इंग्लैंड के इतिहास की रोशनी में एक बार देखना चाहिए। लेबर कंजरवेटिव और लिबरल जैसे शब्दों का प्रयोग हमारे देश में भी होता रहा है। आज जब हम अपने राजनीतिक दलों को परिभाषित करते हैं या जब किसी को कंजरवेटिव या लिबरल कहते हैं, तो ब्रिटिश संसदीय प्रणाली के शब्दकोश से शब्द उधार लेते हैं। सौभाग्य से टोरी शब्द जिसका बार-बार प्रयोग होता था, अब इसका प्रयोग बहुत कम हो गया है। जैसे लिबरल डेमोक्रेट और रिपब्लिकन जैसे शब्दों से अपने-आपको दूर रखना चाहिए। स्वयं को परिभाषित करने के लिए हमें अपना शब्द प्रयोग करना चाहिए। कंजरवेटिव या लिबरल का हमारे सन्दर्भ में कोई प्रयोग नहीं है। मेजॉरिटी और माइनॉरिटी जैसे शब्दों का प्रयोग बिलकुल अर्थहीन है, क्योंकि हमारे देश में यदि एक समुदाय एक स्थान पर बहुमत में है, तो दूसरे स्थान पर वह अल्पसंख्यक है। इसके साथ ही अब तो बहुमत का अर्थ भी काफी बदल चुका है। किसी चीज को परिभाषित करने के लिए जिन पारिभाषिक शब्दों का हम प्रयोग करते थे, इन दिनों उसका झुकाव सरलता से ज्यादा जटिलता की ओर है। कबीर कहा करते थे :

मेरा-तेरा मनुआँ कैसे एक होई रे।
मैं कहता हौं आँखिन देखी,
तू कहता कागद की लेखी,
मैं कहता सुरझावनहारी,
तू राख्यौ उरझाई रे।

अभी 19वीं शताब्दी के लिए रेनेसां शब्द का प्रयोग करने के बजाय हम इसे सरलतम शब्दों में रखते हैं। मैं इसे 'अभिज्ञान युग' कहना पसन्द करूँगा। मैं युवा विद्वानों से आह्वान करता हूँ कि वे उन गलतियों को न दोहराएँ जो हमारी पीढ़ी ने किये हैं। चीजों को खुली आँखों से देखने, पुराने मिथकों को समाप्त करके इतिहास को नये तरीके से समझने और नये इतिहास को रचने की जरूरत है। अंग्रेजी के विद्वानों को दूसरे की अपेक्षा अधिक सुविधा थी। उनके पास अंग्रेजी भाषा द्वारा प्राप्त ज्ञान का विशाल आकाश था। भारतीय भाषाओं के विद्वानों को गँवार हो जाने का डर ज्यादा था। आज की अंग्रेजी को पूरब और पश्चिम में नहीं बाँटा गया है। इसकी अपेक्षा उत्तर-औपनिवेशिक काल की अंग्रेजी अधिक लचीली है और उसमें खुलापन भी अधिक है। चूँकि मेरा सम्बन्ध हिन्दी से है, इसलिए कह रहा हूँ कि हिन्दी और गुजराती के विद्वानों से मैं बहुत उम्मीद नहीं करता। लेकिन अंग्रेजी के भारतीय विद्वानों से मेरी बहुत उम्मीदें हैं। जब वे अपने साहित्य का अध्ययन करेंगे तो उन्हें भारतीय रेनेसां की वास्तविकता और मिथक के बहुत-से नये अर्थ मिलेंगे, जो अब तक हिन्दी और गुजराती के विद्वानों की जानकारी से दूर है।

भारतीयता के औपनिवेशिक प्रारूप

भारतीयता और सृजनात्मकता की चर्चा हम 1997 में कर रहे हैं, जबकि यह शताब्दी समाप्त होने जा रही है। बल्कि यों कहना चाहिए कि दूसरी सहस्राब्दी समाप्त होने जा रही है। आजादी के पचासवें वर्ष में इस समय को, रचना के प्रसंग में यदि मैं देखने की कोशिश करूँ तो अपनी बात मैं उदयप्रकाश की उस कहानी से शुरू करना चाहता हूँ—जिसे आपने पढ़ा होगा और जो 'इंडिया टुडे' की साहित्य-वार्षिकी में छपी थी : 'वॉरेन हेस्टिंग्स का साँड'। कहानी का जिक्र इसलिए कि उस कहानी का आज की बातचीत से कुछ सम्बन्ध है। उस कहानी पर अभी 'हंस' के नये जून अंक में राजेन्द्र यादव ने 'मेरी, तेरी, उसकी बात' नामक अपने सम्पादकीय में टिप्पणी की है। उन्होंने लिखा है कि उदयप्रकाश एक समर्थ और संवेदनशील लेखक हैं, जिनकी कहानियाँ मुझे बहुत प्रिय हैं। लेकिन इस कहानी में उदयप्रकाश ने कुछ ऐसी बातें लिखी हैं जो मुझे विचलित करती हैं। आप लोगों में से, जिन्होंने वह कहानी नहीं पढ़ी हो, या 'हंस' का वह सम्पादकीय नहीं देखा हो, उनके लिए, मैं इन दोनों में से कुछ प्रासंगिक अंश बताना-सुनाना चाहता हूँ।

राजेन्द्र यादव ने कहा कि यद्यपि कहानी बहुत अच्छी है, बहुत संवेदनशील भी है, वगैरह-वगैरह, लेकिन इस कहानी में आई गाय और साँड की उपस्थिति एक सवाल पैदा करती है। वॉरेन हेस्टिंग्स अपने साथ हिन्दुस्तान से गाय और साँड ले गया था। वही गाय, वहाँ इंग्लैंड में, सत्याग्रह, भूख-हड़ताल और अनशन करती है, और उसकी करुणा से विक्षुब्ध होकर साँड हमला करता है, और आखिर में इसी कारण मारा भी जाता है। यद्यपि वॉरेन हेस्टिंग्स अपने साथ एक कुत्ता भी इंग्लैंड ले गया था, लेकिन राजेन्द्र यादव की शिकायत उदयप्रकाश से यह थी कि कहानी में कुत्ता क्यों नहीं? गाय और साँड ही क्यों? राजेन्द्र यादव ने 'हंस' में अपनी टिप्पणी में यह लिखा है कि क्या उदयप्रकाश का गऊ-माता-प्रेम घर-घर में पूजित और आज की राजनीति में नारे की तरह त्रिशूलित वह भगवा-दर्शन ही तो नहीं, जो अतिशयोक्तिपूर्ण अध्याय व परम्परागत अन्धविश्वास हमें बताता है, जिसमें यह कहा गया है कि जब धरती पाप और दुराचार के दलदल में फँस जाएगी, तो गऊ माता ही अपने सींग पर उठाकर इस पृथ्वी को बचाएगी, उसकी रक्षा करेगी?

कहानी में बिफरा हुआ उन्मत्त और दुर्दान्त भारतीय साँड उसी गाय का वंशज, वॉरेन हेस्टिंग्स नाम के नरकासुर का वध करता है। राजेन्द्र यादव का वक्तव्य इस बात पर आधारित है कि आखिर कहानी की थीम हमें क्या सन्देश देती है? वॉरेन हेस्टिंग्स तभी तक मानवीय, संवेदनशील, कवि, भावुक, उदात्त, आध्यात्मिक है यानी लगभग देवशिशु की गरिमा में जीता है, जब तक वह भारतीय काव्य, संगीत, शृंगार और दर्शन में लीन, चोखी नाम की एक लड़की के साथ राधा-कृष्ण की लीलाएँ कर रहा है, और सारे परिवेश को बाँसुरीमय बना रहा है। तभी तक वह मानवीय है। इन सबसे हटकर वह जैसे ही औद्योगिक सभ्यता के शिकंजे में आता है अर्थात हिन्दू-संस्कृति मनुष्य को संवेदनशील, श्रेष्ठतर मनुष्य ही नहीं बनाती, वह हिंस्र होकर औपनिवेशिक साम्राज्यवाद को ध्वस्त करने की क्षमता भी रखती है। उदयप्रकाश ने एडवर्ड सईद के 'ओरिएंटलिज्म' को इस हद तक आत्मसात कर लिया है कि नवीनतम टेक्नोलॉजी के बल पर मचाया गया साम्राज्यवाद उत्पाद या पूरे विश्व को उपनिवेश बनाने का सर्वभक्षी उन्माद मूलत: क्रिश्चियन है, और इसका सामना सिर्फ इस्लामिक फंडामेंटलिज्म, या मध्यकालीन कबीलावाद से किया जा सकता है। उदय ने भारतीय सन्दर्भों में इसका अनुवाद निर्मल वर्मा की तरह किया है—यानी हिन्दू फंडामेंटलिज्म की तरह।

'वॉरेन हेस्टिंग्स का साँड' नामक कहानी को राजेन्द्र यादव ने कहा, उदयप्रकाश जैसे लेखक को जिसने 'तिरिछ' जैसे उपन्यास और 'प्रार्थना' जैसी कहानियाँ लिखी हैं, मैंने देरिदा के शब्दों में 'डी-कंस्ट्रक्ट' किया है। राजेन्द्र यादव से मेरी बात हुई और कुछ वैसे ही हुई, जैसे उत्तर-आधुनिकता और देरिदा के बहाने हम आज जैसी कुछ चर्चा कर रहे हैं। जो चर्चा हुई, उसका जिक्र मैं नहीं करूँगा, पर मुझे यह लगा कि आज वातावरण ऐसा हो गया है कि या तो स्वयं उदयप्रकाश हिन्दुत्व से कुछ इस तरह प्रभावित हो गए हैं अथवा अगर वे हो नहीं गए हैं तो राजेन्द्र यादव को उस कहानी में 'हिन्दुत्व' दिखाई पड़ गया है। यह माहौल है 1997 का!

भारतीयता की चर्चा हम लम्बे अर्से से करते आ रहे हैं। 19वीं शताब्दी में भी भारतीयता की चर्चा हुई है और हर लेखक, भारतीयता की अवधारणा को अपनी तरह से समझने की कोशिश करता रहा है। यद्यपि अठारहवीं शताब्दी में इस जिज्ञासा की भाषा कुछ और रही होगी। भारतीयता पर विचार कोई पहली बार नहीं हो रहा है। स्वाधीनता से पहले, स्वाधीनता के समय और जबकि हम स्वाधीनता की स्वर्ण-जयन्ती मनाने जा रहे हैं—तब भी।

कहानी में वॉरेन हेस्टिंग्स का एक नोट भी उद्धृत किया गया है जिसमें उसने आज जो भारत में हो रहा है लूटपाट, मारपीट, व्यभिचार, भ्रष्टाचार वगैरह, उसकी तरफ इशारा किया है।

तब भी वही स्थिति थी, और आज भी वही है। बहुत-से लोग केवल यही

जानते हैं कि वॉरेन हेस्टिंग्स पर भी रिश्वतखोरी का मुकदमा चला था, वह बरी हो गया था और बर्क जैसे आदमियों ने उसकी मुखालफत की थी। हम यह भी जानते हैं कि उसने अवध की बेगमों और चेतसिंह पर जुल्म किया। लेकिन वॉरेन हेस्टिंग्स का एक और पहलू भी है जिसे कुछ प्राचीन भारतीय विद्याविद् जानते हैं कि वॉरेन हेस्टिंग्स वह पहला आदमी है जिसने कहा—यदि अंग्रेजों को भारत पर राज करना है तो उन्हें भारत की भाषा, संस्कृति और कानून आदि को जानना पड़ेगा। उसी ने फोर्ट विलियम कॉलेज की स्थापना की थी, और उसी के जमाने में एशियाटिक सोसाइटी की स्थापना हुई थी। उन तमाम ग्रंथों का अनुवाद भी तभी हुआ था जो संस्कृत या भारतीय साहित्य के महत्त्वपूर्ण ग्रंथ थे। 'शाकुन्तल' और 'मनुस्मृति' जैसे ग्रंथ उसी के पहल पर अनूदित कराए गए थे। गीता का अनुवाद भी करवाया गया। हिन्दी, बंगला, संस्कृत आदि तमाम भारतीय भाषाओं का एक प्रकार से 'रिवाइवल' हुआ। एक ओर उसका भारत-प्रेम और दूसरी ओर उसको लूटना भी, दोनों चेहरे एक ही आदमी के हैं। मेरे हिसाब से उदयप्रकाश की वह कहानी फैंटेसी की दृष्टि से बड़ी तहदार कहानी है।

अंग्रेजों ने मजहब के आधार पर हिन्दुस्तान के दो टुकड़े किये और ऐसा करके उन्होंने सत्ता का जो हस्तान्तरण किया, वह इस देश के लिए बहुत बड़ा फैसला था। यह भी गांधी, नेहरू, पटेल के जमाने का हमारा उतना ही बड़ा फैसला था कि भले ही भारत का एक बड़ा टुकड़ा, मजहब के आधार पर, एक 'थियोक्रेटिक स्टेट' कायम करे, लेकिन हमारे लम्बे स्वाधीनता-संग्राम का यह फैसला भी था कि हम धर्म के नाम पर कोई 'थियोक्रेटिक स्टेट' नहीं बनाएँगे। हम इस हद तक सतर्क थे कि एक बहुत ही प्यारा शब्द बाद में अचानक लुप्त हो गया—हिन्दुस्तान। शायद इसलिए कि पाकिस्तान के जवाब में 'हिन्दुस्तान' हमें मजहब के आधार पर स्वीकार नहीं था। इसी बात को हमने अपने संविधान में भी अंगीकार किया। हम 'सेक्यूलरिज्म' के प्रति इस हद तक सचेत थे। पाकिस्तान के जवाब में हिन्दुस्तान निःसन्देह एक मुस्लिम-राष्ट्र के विरुद्ध एक हिन्दू-राष्ट्र होता, इसलिए हमने जानबूझकर अपने देश का नाम पुराना शब्द लिया—भारत। लेकिन आप आरम्भिक कहानियाँ अगर देखें, और इतिहास की घटनाओं को अगर ध्यान में रखें, तो ऐसा लगता है कि एक ओर देश की भावनाओं के अनुरूप और स्वाधीनता-संग्राम की सबसे प्रमुख पार्टी कांग्रेस, जो गांधी, नेहरू, सुभाष की पार्टी थी, के भीतर ही कुछ ऐसी ताकतें मौजूद थीं, जो औपचारिक रूप से भारत को भले ही हिन्दू राज्य बनाने के प्रति मुखर नहीं थीं, पर भीतर से वे यह चाहती थीं कि भारत एक हिन्दू-राष्ट्र बने।

मैं इसी सम्बन्ध में दो-तीन घटनाओं का उल्लेख करना आवश्यक समझता हूँ—एक, 1948 में, गांधी जी की हत्या के कुछ ही महीनों बाद, फ़ैजाबाद में विधानसभा का उप-चुनाव हुआ। आचार्य नरेन्द्रदेव कांग्रेस छोड़ चुके थे, सरदार

पटेल की इस टिप्पणी के बाद कि सोशलिस्ट उन कुत्तों की तरह हैं, जो सोचते हैं कि वे ही गाड़ी को चला रहे हैं। नासिक सम्मेलन में सोशलिस्टों ने कांग्रेस छोड़ने की घोषणा की थी। अयोध्या, फ़ैजाबाद से नरेन्द्रदेव, एक स्वतंत्र समाजवादी उम्मीदवार के रूप में, चुनाव में खड़े हुए। पंडित नेहरू ने कहा—आचार्य नरेन्द्रदेव हमारे पुराने कांग्रेसी साथी हैं, उन्हें निर्विरोध चुनाव जीत जाने दो। तब पंडित गोविन्दवल्लभ पन्त ने नेहरू की इस बात का विरोध किया और बाबा राघवदास जैसे एक मामूली साधु को आचार्य नरेन्द्रदेव के विरुद्ध लड़ने के लिए टिकट दिया गया। पंडित पन्त, आचार्य नरेन्द्रदेव के विरुद्ध, बाबा राघवदास के पक्ष में अयोध्या में भाषण देने गए जिसमें उन्होंने यह कहा कि यह वही नरेन्द्रदेव हैं, जो ईश्वर को नहीं मानते, जो राम को भगवान नहीं मानते। क्या आप लोग ऐसे नरेन्द्रदेव को वोट देंगे? उधर बतौर चुनाव-प्रचार बाबा राघवदास घर-घर तुलसी का पौधा बाँटते फिरे। राघवदास डंके की चोट चुनाव जीते, नरेन्द्रदेव हार गए।

यह सन् 1948 की घटना है। इस घटना के महीनों बाद 22-23 दिसम्बर की रात को सन् 1949 में अयोध्या में सहसा बाबरी मस्जिद में 'दीनदयाला कौशल्या हितकारी रामलला' का प्रकटीकरण हुआ। बाबा राघवदास का चुनाव जीतना, नरेन्द्रदेव का हारना और कुछ ही महीनों के बाद बाबरी मस्जिद में रामलला का अवतरित होना, प्रकट होना—इन तीनों में बहुत गहरा सम्बन्ध है। पंडित नेहरू इस घटना पर कुपित हुए थे और उन्होंने रामलला के प्रकट होने पर कहा था कि यह क्या बकवास है? फेंक देना चाहिए। पटेल और पन्त में इस सम्बन्ध में जो पत्र-व्यवहार हुआ है, उस पत्र-व्यवहार में इस बात का आभास मिलता है कि उन्हें आभास था कि इस बात से बड़ी उत्तेजना होगी और ऐसा नहीं होना चाहिए। तब मन्दिर को ताला लगाकर छोड़ दिया गया। मित्रो, वह 1949 का एक 'टाइम बम' था जो 1992 में फटा। वह इसलिए कि 1948 में गांधी जी की हत्या जिन ताकतों ने की थी, वे ताकतें 1949-50 के आसपास इस हालत में नहीं थीं। चाहतीं तो वे उसी दिन वैसा कर देतीं। वह इतनी बड़ी घटना थी और इसकी इतनी गहरी प्रतिक्रिया हुई जिसका असर था कि बरसों तक हिन्दू सम्प्रदायवाद की पार्टी पार्लियामेंट में एक-दो सदस्य से ज्यादा नहीं बढ़ सकी थी। जब वह ताकत मजबूत होकर, कांग्रेस का विकल्प बनकर आई है तब जाकर वह मस्जिद गिरी है।

मैं इन घटनाओं का उल्लेख इसलिए करना चाहता हूँ कि इतिहास की कड़ियों को देखें तो इतिहास यह बताता है, और लगता है कि आजादी के साथ ही, दो ताकतें इस वर्चस्व के लिए लड़ रही थीं कि इस देश को पाकिस्तान के विरुद्ध हिन्दू राज्य बनना है या इस देश को हिन्दू राज्य नहीं बनना है? इसे सच्चे अर्थों में राष्ट्रीयता और स्वाधीनता की परम्परा के अनुसार सभी जातियों, धर्मों, क्षेत्रों, भाषाओं के साथ मिलाकर भारतीय हिन्दुस्तान बनना है?

हम लोग आज लगभग उस बिन्दु पर आ पहुँचे हैं जब भारतीयता की बहस शाब्दिक नहीं रह गई है। मैं कहना चाहता हूँ कि शब्दों के दायरे से निकलकर अब यह बहस वहाँ आ गई है जहाँ हम शब्दों से नहीं खेल सकते हैं—'हिन्दू' का यह अर्थ होता है, और भारतीयता का यह अर्थ होता है। हम यह समझते हैं, वे यह समझते हैं।

इस सिलसिले में भारतीयता की दो परिभाषाएँ मुख्य रूप से चल रही हैं और सवाल यह है कि यह चलेगी कि वह चलेगी? वर्चस्व का सवाल है। 'हिजेमॉनी' का सवाल है। लाठी-डंडा के जोर से चलने का सवाल नहीं है। आम जनता की 'कन्सेंट' से होनी चाहिए।

सवाल ज़ोर-ज़बरदस्ती का नहीं है। भारतीयता की कौन-सी परिभाषा देश स्वीकार कर रहा है, यह सवाल है। इसी सन्दर्भ में मुझे एक कविता याद आती है चन्द्रकुँवर बर्तवाल की : बिल्ली चाहती थी—चूहे को खा जाए और चूहा चाहता था—किसी तरह से बिल्ली से बचे। दोनों की प्रार्थनाएँ चलीं—भगवान की ओर। बिल्ली की प्रार्थना थी कि हे प्रभु, मैं बहुत भूखी हूँ; और चूहे की : 'हे प्रभो, मुझे बिल्ली से बचाओ।' बर्तवाल, जिन्होंने यह कविता लिखी है, उनकी बड़ी दु:खद मृत्यु हुई थी। यम और मृत्यु पर उन्होंने भयंकर कविताएँ लिखी हैं। 1947-48-49 का बड़ा प्रतिभावान कवि था वह गढ़वाल का। बर्तवाल ने लिखा है कि चूहे की प्रार्थना को बिल्ली की प्रार्थना ने रास्ते में ही दबोच लिया!

हमारी और आपकी दोनों परिभाषाएँ भारतीयता की चल रही हैं और सवाल यह है कि पता नहीं, किसकी परिभाषा किसे दबोच ले?

इसलिए, चूँकि हम लेखक और साहित्यकार हैं, हमारे पास तो 'आखर-बल साँचा' है। तुलसीदास ने लिखा है : 'कनिहिं अरथ आखर बल साँचा'। हमारा हथियार तो ले-देकर भाषा है। विजेन्द्र जी ने सही सवाल उठाया है कि अब जो कुछ करना है, भाषा को ही करना है। प्रश्न यह है कि भाषा से ही भाषा की लड़ाई है। प्रार्थना से ही प्रार्थना की लड़ाई हो सकती है। प्रसंगवश मैं कहना चाहता हूँ कि इस संगोष्ठी की बातचीत में जिस उत्तर-आधुनिकता और देरिदा का जिक्र आया था, उसमें से मैं जो देरिदा का अर्थ लेता हूँ कि उसने पहली बार कहा कि भाषा कारावास है। देरिदा ने हमें बताया कि हम भाषा के कारावास में हैं और जानते नहीं कि कारावास में हैं। और यह अहसास जिस दिन हो जाए कि हम कारावास में हैं, तो कारावास टूट जाता है। यह अहसास कि आप कारावास में हैं, बहुतों को नहीं था।

कैदख़ाना वही नहीं होता, जिसमें बड़ी-बड़ी ऊँची दीवारें होती हैं। ऐसा भी कैदखाना होता है, जिसमें कोई दीवार नहीं होती। और भाषा वह कैदखाना है जिसकी दीवार दिखलाई नहीं पड़ती। इतनी 'ट्रांसपोर्ट' है। और सबसे खतरनाक कारावास तो वह होता है, जिस कारावास की दीवार दिखाई न पड़े। भाषा वह कारावास है

और भाषा के प्रति देरिदा ने आपको सजग करने के बाद कहा कि इसलिए भाषा का हर शब्द सन्दिग्ध है। उसको 'प्रॉब्लमेटाइज' किया—जिसको अंग्रेजी में कहते हैं। कोई भी अवधारणा निर्दोष नहीं है। संस्कृति नहीं है। राष्ट्र नहीं है। देश नहीं है। साहित्य नहीं है। काव्य नहीं है। हर एक के पीछे कोई दूसरा अर्थ-प्रयोजन, प्रभुता छिपी हुई है। जिसकी लाठी, उसकी भैंस। ताकतवर जो परिभाषा करता है कि यह काव्य है, तो काव्य है। रामचन्द्र शुक्ल ने कहा कि यह कविता है, तो कविता है। हर जमाने में ऐसे रामचन्द्र शुक्ल हुए हैं, और होते रहते हैं। भला हो भगवान का, जिस साहित्य में न होते हों। इसलिए हर भाषा में...ताकत जहाँ है, वह 'हम्टी-डम्टी' वाला मामला है कि शब्द का क्या अर्थ होता है? कहा, जो मैं कहूँगा, वह होगा। इसलिए कि आपके पास लाठी है, ताकत है। इसलिए भाषा के कारागार को तोड़ने के लिए जब देरिदा ने भाषा को कारावास कहा तो उसके साथ देरिदा ने कहा—भाषा मात्र सन्दिग्ध है। हर अवधारणा को ज्यों का त्यों, 'फेस वैल्यू' पर सामान्य या कोशगत अर्थ को स्वीकार नहीं किया जा सकता। उस कारावास को तोड़ने के लिए इससे और दूसरा ज्यादा प्रभावशाली मंत्र और क्या होगा? यदि आप कहेंगे कि गलत है तो लोग कहेंगे—आप गलत हैं। इसलिए पूरे लेखन में आप ऐसे माहौल में, जिस भाषा के द्वारा उसे तोड़ने जा रहे हैं, उसमें आपकी स्थिति विडम्बनापूर्ण होगी। यह 'आयरेनिकल सिचुएशन' है। यही कहा है उसने।

मेरे गुरु आचार्य हज़ारी प्रसाद द्विवेदी, जिन्होंने देरिदा को नहीं पढ़ा था लेकिन 'चारु-चन्द्रलेख' में—'गढ़ैया-ताल' का जहाँ जिक्र किया है, उसमें वे कहते हैं कि भाषा बड़ी माया है। कुहकनी है। भाषा माया और कुहकनी है बिना वेदान्त बघारे हुए—शंकर का मायावाद, जिसकी भूरि-भूरि भर्त्सना हम प्रगतिशील लोगों ने की है—भाषा भी तो माया है। इस माया को तोड़ना बड़ा कठिन है। कबीर को सबसे ज्यादा माया सता रही थी : 'महाठगिनी हम जानी...'। वह माया कई रूपों में व्यक्त होती है।

धन की माया भी है। सेठ के लिए, गरीब के लिए धन ही माया है। राजसत्ता भी माया है। हम लेखकों के लिए भाषा माया है। इस माया से हम खेलते भी हैं। इसी को संतों ने और आनन्दप्रद बनाने के लिए कहा कि यही 'लीला' है। माया और लीला, इन दोनों अवधारणाओं की लम्बी चर्चा है। मैं अभी उस ब्योरे में नहीं जाऊँगा। इसलिए मेरे मित्र राजेन्द्र यादव ने, जो स्वयं रचनाकार हैं—यह और बात है कि पिछले बीस साल से उन्होंने कोई कहानी नहीं लिखी—देरिदा के विखंडनवाद को तो अपनाया, लेकिन जो सृजन की माया है उदयप्रकाश की, उस माया से हार गए। मैं दो पैरेग्राफ उसके सुनाना चाहता हूँ—बाकी चीजों को छोड़ भी दें तो... उदयप्रकाश ने कहानी के कथ्य का अन्त जहाँ किया है—शुरू में वॉरेन हेस्टिंग्स का परिचय देते हुए लेखक कहता है—एक तरफ वह हिन्दुत्व की बात करता

था, दूसरी तरफ रिश्वत, कमीशन और भ्रष्टाचार से अपनी तिजोरी भरता था। एक तरफ वह गीता और पुराणों का अनुवाद करवाता था; अरबी, फारसी और बंगला बोलकर अपने विद्वान होने की धाक जमाता था, दूसरी तरफ उसने फौज भेजकर निर्दोष रुहेलों का संहार करवाया।

यह भाषा क्या बोल रही है? अरबी, फारसी और बंगला बोलकर अपने विद्वान होने की धाक जमाता था, और दूसरी तरफ नरसंहार करवाता था। ये पंक्तियाँ पढ़ते हुए मुझे भारत के भूतपूर्व प्रधानमंत्री याद आ रहे थे। वह अनेक भाषाएँ जानते थे—जिनकी महिमा गाई जाती थी। वह लेखक भी थे जिन्होंने अपनी आत्मकथा भी लिखी है। बहुत पुराने प्रधानमंत्री नहीं, अभी हाल ही में जो प्रधानमंत्री रहे हैं—कुछ ही समय पहले...जिनके नाम के साथ हर्षद मेहता और सूटकेस वगैरह जाने क्या-क्या जुड़े हुए थे...और अब भी जो अदालतों के चक्कर काट रहे हैं तमाम आरोपों के बीच।

यह पूरा-का-पूरा विवरण दिखाना चाहता है कि उपनिवेशवाद के दोनों चेहरे थे। और विडम्बना यह है कि यही चेहरे आपको भी रोज दिखलाई पड़ते हैं। बल्कि सच पूछिए तो वह किस चेहरे का इस्तेमाल किस काम के लिए करता था, यह जान पाना ही असम्भव था। अगर कोई आदमी निरक्षर भट्टाचार्य हो, एकदम लिख-लोढ़ा, पढ़-पत्थर हो, साहित्य-कला-संगीत से जिसे प्यार न हो, ऐसा आदमी अत्याचार करे तो बेनकाब रहता ही है, क्योंकि लोग समझते हैं कि यह खून तो करेगा ही। हमें उनसे डर नहीं है, जो अपराधी और हत्यारे हैं। उन हत्यारों से डर है, जो साहित्य-प्रेमी हैं, जो कला-प्रेमी हैं, संगीत-प्रेमी हैं, संस्कृति का नाम लेते हैं। आखिर एडोल्फ हिटलर भी तो संगीत को बहुत प्यार करता था, बाख और मोजार्ट को सुना करता था, गेटे का साहित्य पढ़ा करता था। भला-बुरा जैसा भी हो, एक चित्रकार भी था। इसलिए उपनिवेशवाद-साम्राज्यवाद के दोनों चेहरे हैं।

और यह लिखने के बाद साँड का जिक्र अन्त में कुछ इस प्रकार किया गया है : 'सवाल यह रह जाता है कि क्या वह साँड सिर्फ गाय और अपनी संतान के शोक में पागल हुआ था? क्या उसने यूरोप के अमानवीय, निर्मम, करुणाशून्य औद्योगिक समाज और पश्चिमी संस्कृति के विरोध में अपनी जान दी? क्या वह अपने देश के मिथकों, अन्धविश्वासों, पुराणों, पुरानी परम्पराओं के लिए कट्टरपंथी साम्प्रदायिक की तरह लड़ा और मारा गया? क्या वह ब्रिटिश साम्राज्यवाद के खिलाफ एक देशभक्त राष्ट्रवादी भारतीय की तरह विद्रोह करता हुआ मरा या वह एक मामूली साँड था?'

यह बहुविकल्पी प्रश्न है। अब इसमें इतनी सम्भावनाएँ हैं कि सिक्के के हर पहलू को जो लेखक जानता है, और स्पष्ट प्रश्नचिह्न के साथ जिसे समाप्त किया गया है, उसी कहानी का 'डी-कंस्ट्रक्शन' करते हुए हमारे मित्र राजेन्द्र यादव ने तमाम अर्थों में से केवल एक अर्थ चुना है।

परिस्थितियों का इस हद तक दबाव हो, इसलिए भारतीयता और संस्कृति पर

ऐसी स्थिति में यह दबाव स्वाभाविक है कि आखिर इन अवधारणाओं का कौन-सा अर्थ आप चुनते हैं?

मित्रो, यह बात अगर इतनी सरल होती इस कहानी को देखते हुए, तो रचनाकार कह सकते थे कि भई, आप लोग जो ये दरीदा-फेरिदा पढ़ते-वढ़ते हैं, यह आप लोगों का सिरदर्द होगा। हम तो कविता करते हैं, बहुत-से कवि और गीतकार इस तरफ उदासीन और अनासक्त होंगे। और यह सोचते होंगे कि यह सब बहुत पढ़-लिख लेने का अजीर्ण है। हम तो गीत लिखते हैं, अच्छे-खासे मजे में हैं। 'सबसे भले हैं', 'मूढ़ नहीं कहूँगा', 'जिन्हें न व्यापे जगत गति'। पढ़-लिखकर आप किस-किस चीज का अभिशाप ढो रहे हैं? कुछ लोग ऐसा भी कह सकते हैं कि आखिर ऐसी कहानी लिखने की जरूरत भी क्या थी? नहीं थी, लेकिन इधर तीन-चार ऐसी घटनाएँ हुई हैं, जिनके सन्दर्भ में मेरे मित्र राजेन्द्र यादव ने कहानी का यह अर्थ किया है।

विश्व के पैमाने पर भी कुछ घटित हुआ है जिससे हम उस कारावास से अनभिज्ञ नहीं रह सकते। कल रात मेरे मित्र प्रो. हरीश त्रिवेदी ने फोन किया और बोले, मैं आपके लिए 'न्यूयॉर्कर मैग्जीन' ले आया हूँ। वह न्यूयॉर्क से लौटे थे। जिस अंक की वह बात कर रहे थे, वह भारत पर केन्द्रित 'न्यूयॉर्कर' का विशेषांक है। मुझे आश्चर्य हुआ कि 'न्यूयॉर्कर' को अचानक भारतीय साहित्य कैसे याद आया? वह कोई साहित्यिक पत्रिका तो है नहीं, पर अचानक इंडियन लिट्रेचर? न्यूयॉर्कर को, जो बड़ी लोकप्रिय पत्रिका है, कोई गम्भीर साहित्यिक पत्रिका नहीं है, कुछ वैसे ही, जैसे 'इंडिया टुडे'। हमारे यहाँ, सहसा साहित्य-प्रेमी हो उठा है, कुछ-कुछ उसी तरह से। उस अंक में सलमान रुश्दी का एक लेख है। 'न्यूयॉर्कर' का जब वह विशेषांक मुझे मिला तो मुझे बरबस वह शे'र याद आ गया : 'मुझ तक कब उनकी बज्म में रुब आता था दौरे-जाम, साकी ने कुछ मिला न दिया हो शराब में'। उनकी बज्म में दौरे-जाम तो आता ही नहीं था कभी। जब जाम आया तो शक हुआ कि कोई बात होगी, अब तक तो पूछा नहीं। सलमान रुश्दी ने उस अंक में, हो सकता है, भारत में कुछ लोग उसे 'रिप्रोड्यूस' करें, एक बड़ा ऐतिहासिक वक्तव्य दिया है। वह यह कि भारत में जो कुछ साहित्य लिखा जा रहा है, इंडियन लिट्रेचर, उसमें केवल वही साहित्य या लेखक जो अंग्रेजी में लिखते हैं, वे ही इस लायक हैं कि उनका उल्लेख किया जाए। भारतीय भाषा में लिखा गया साहित्य उसके सामने कुछ भी नहीं है। एक लेखक, जो दूसरी भारतीय भाषाओं में लिखे गए साहित्य के बल पर लेखक कहला सकता है, वह है सआदत हसन मंटो।

मैंने पूरा लेख अभी पढ़ा नहीं है। मंटो का नाम बहुत-से लोग लेते हैं, सभी लेते हैं। मंटो क्यों अच्छा, किसलिए अच्छा है, यह जरा देखना होगा। मंटो की 'टोबा टेकसिंह' रुश्दी को पसन्द है या मंटो की और कहानियाँ जिनको अश्लील भी कहा गया है, खुलेआम सेक्स का वर्णन करनेवाला भी कहा गया है, किस मंटो को वह

सबसे बड़ा लेखक कहते हैं? हरीश त्रिवेदी ने मुझसे कहा कि आप इसका जवाब दीजिए। मैंने कहा कि वे तो यही चाहते हैं, मेरे जवाब से उनको क्या मतलब? बहुत-से लोग लिखनेवाले होंगे। हरीश त्रिवेदी ने, हमारी बहुत पहले बातचीत हुई थी, कहा था : 'इंडिया दैट इज भारत'। मैंने कहा : 'इंडिया की चिन्ता आप कीजिए, भारत मेरे जिम्मे रहने दीजिए', तो यह उन लोगों का सिरदर्द है। लेकिन शायद वे इसी तरह 'कंट्रोवर्सल' रहना चाहते हों!

इस बीच पश्चिम की सहसा भारतीय साहित्य—समकालीन भारतीय साहित्य जिसमें हिन्दी साहित्य भी शामिल है—में दिलचस्पी अचानक जागृत हुई है। और यह मेरे लिए चिन्ता का विषय है। इसलिए है कि दूसरे महायुद्ध तक पश्चिम में भारतीय 'इंडोलॉजी' के जो डिपार्टमेंट हुआ करते थे, आम तौर से अपने को संस्कृत, पालि, प्राकृत और अपभ्रंश मेडीवियल संस्कृत लिट्रेचर तक सीमित रखते थे—भक्ति-साहित्य को, थोड़ा-बहुत रीतिकाल को। समकालीन भारतीय साहित्य के बारे में कहते थे कि इसे पढ़ने की जरूरत नहीं है। यह तो 'कोलोनियल लिट्रेचर' है। हमारे यहाँ जो लिखा गया है, उसी का जूठन आप लोग लिख रहे हैं। भारत का समकालीन साहित्य तो उल्लेखनीय है ही नहीं। ठेठ साहित्य तो वही है : 'इंडोलॉजिकल लिट्रेचर'। पेरिस में प्रेमचन्द की तरफ तो बहुत बाद में ध्यान देना शुरू किया लोगों ने। और मादाम बोदविल मानती ही नहीं थीं कि भारतीय समकालीन कविता गम्भीर अध्ययन का विषय भी हो सकती है!

अब पश्चिम की एकदम समकालीन भारतीय साहित्य में दिलचस्पी हुई है। कुछ समय पहले ही 'ग्रांटा' ने भारतीय साहित्य का एक विशेषांक निकाला है। और 'वर्ल्ड लिट्रेचर' का, भारतीय कविता का एक 'स्पेशल नम्बर' निकला है—बहुत बड़ा। मशहूर जर्नल है वह। विनय धारवाड़कर ने सम्पादित किया है उसे। समकालीन भारतीय साहित्य में पश्चिम की दिलचस्पी आकस्मिक नहीं है, अकारण नहीं है, मैं कहना चाहता हूँ और इसका सम्बन्ध जुड़ा हुआ है इस बात से। और सलमान रुश्दी का इसलिए है कि पश्चिम के लिए इस समय भारत के तीन आलोचक और 'थ्योरिटिशियन्स' महत्त्वपूर्ण हैं, जो भारत से ही गए हुए हैं—सलमान रुश्दी, गायत्री स्पीवाक् चक्रवर्ती और होमी भाभा। तीनों ही भारतीय हैं। 'पोस्ट-कोलोनियल क्रिटिक', 'राइटर' और 'थिंकर', ये तीन आदमी हैं। पश्चिम 'कोलोनियलिज्म' के दौर में 'ओरिएंटल लिट्रेचर' था, जो प्राचीन और मध्यकाल में रुचि ज्यादा रखता था और 'पोस्ट-कोलोनियल', उत्तर-उपनिवेश दौर में ये तीन बड़े आलोचक आज पश्चिम में बड़े महत्त्वपूर्ण माने जाते हैं। ये तीनों सम्मानित हो रहे हैं। इनके जरिये अब पश्चिम हमें बता रहा है कि भारतीय लेखक कौन हैं, भारतीयता क्या है, इसकी परिभाषा ये 'कैनन' बनाकर दे रहे हैं। जिस तरह उपनिवेशवादी दौर में पश्चिम ने बताया था कि क्या भारतीय है, उसी तरह आज ये लोग बता रहे हैं—तुम्हारा

अध्यात्म भारतीय है, गीता-उपनिषद् भारतीय है, 'स्प्रिचुअलिज्म' भारतीय है; तंत्र, गुह्य-तंत्र-साधना भारतीय है।

भारतीयता क्या है, इसकी परिभाषा उपनिवेशवादी दौर में 19वीं शताब्दी देती थी। कुछ लोगों ने ऐसा मान भी लिया था। वरना डॉ. राधाकृष्णन् जैसे दूसरे दर्जे के विचारक और दार्शनिक इतने बड़े दार्शनिक नहीं मान लिये गए होते। भारतीय दर्शन के क्षेत्र में विद्वत्ता की दृष्टि से, सुरेन्द्रनाथ दासगुप्ता राधाकृष्णन से बेहतर दार्शनिक हैं। कम-से-कम प्रामाणिक, चिन्तक। हमारे यहाँ श्री अरविन्द थे। मौलिक चिन्तन करनेवाले गांधी थे। डॉ. राधाकृष्णन् उस रूप में पश्चिम को रुचनेवाली दर्शन की व्याख्या करनेवाले व्याख्याकार जरूर थे। इसका सबसे बड़ा प्रमाण यह है कि उन्होंने बौद्धमत और जैन-दर्शन पर जो कुछ लिखा है, उसमें इतनी गड़ब ड़ियाँ हैं कि राहुल जी को उसका जवाब देना पड़ा कि बौद्ध-दर्शन के बारे में यह आदमी कुछ समझता नहीं।

विषयान्तर छोड़ें, तो मैं कहना चाहूँगा कि उपनिवेशवादी दौर में पश्चिम ने एडवर्ड सईद के शब्दों में 'ओरियंटलिज्म' या 'प्राच्यविद्या' के द्वारा भारतीयता की परिभाषा दी थी। यह तो भला हो भारत की आम जनता और उसके साथ ही इसको नेतृत्व देनेवाले प्रबुद्ध राजनीतिक-सांस्कृतिक नेतृत्व का, जिसने इसे ठुकराया।

आचार्य रामचन्द्र शुक्ल ने कहीं लिखा है कि पं. रामावतार शर्मा कहा करते थे कि पश्चिम वालों को हमारी आध्यात्मिकता बड़ी पसन्द आती है। हर काल में इस देश ने पश्चिम द्वारा दी गई भारतीयता की परिभाषा को तिरस्कृत किया है। हर भाषा में। यहाँ तक कि थोरो, रस्किन, टॉल्स्टॉय को पढ़ने के बाद भी अपने स्वराज की परिभाषा करते हुए गांधी ने भारतीयता की परिभाषा वह नहीं ली जो पश्चिम की थी या जो पश्चिम हमें देना चाहता था।

ढलती हुई 20वीं शताब्दी में इस उपनिवेशवाद के उत्तरकाल में, उत्तर-उपनिवेशवादी दौर में वही ओरियंटलिज्म, एक न्यू-ओरियंटलिज्म के नाम से आ रहा है और एक बार फिर वह भारतीयता की परिभाषा कर रहा है। एक बार फिर हिन्दुइज्म पर बहुत-सी किताबें लिखी जा रही हैं। अभी मैंने ऑक्सफोर्ड प्रेस की छपी हुई वसुधा डालमिया की अंग्रेजी में लिखी गई एक किताब पढ़ी जो भारतेन्दु हरिश्चन्द्र और उनके बनारस पर है। किताब इसलिए देख ली कि वह बनारस पर थी और मुझे यह जिज्ञासा हुई कि आखिर हमारे भारतेन्दु और हमारे बनारस पर क्या लिखा गया है? वसुधा डालमिया ने जर्मनी में शोधकार्य किया है। उन्होंने उसमें एक शब्द दिया है : 'नेशनलाइजिंग हिन्दुइज्म'। हिन्दुइज्म की जगह बैंक भी हो सकता था! नेशनलाइजिंग हिन्दुइज्म—आखिर इससे क्या ध्वनि निकलती है?

इसलिए फिर मैं कहूँगा कि भाषा बहुत बड़ी माया है, बड़ी कुहुकनी है। नेशनलाइजिंग यहाँ क्या अर्थ देता है? और हिन्दुइज्म क्या अर्थ देता है? कल इंटरव्यू

लेने के लिए 'फ्रंटलाइन' से कोई सज्जन आए थे। उन्होंने मुझसे चलता हुआ सवाल पूछा। वह तीर, जिससे हर हिन्दीवाला वेध्य माना जाता है। उन्होंने मुझसे पूछा कि हिन्दी, हिन्दू, हिन्दुस्तान नारा जिस लेखक ने दिया था, उसके बारे में आपकी राय क्या है? क्या हिन्दी साहित्य, हिन्दू साहित्य है? मैंने उनसे यही कहा कि यह नारा चाहे जिस हिन्दी लेखक ने दिया है, अगर मैं बताऊँगा तब भी आप उनका नाम याद नहीं रखेंगे—पं. प्रताप नारायण मिश्र।

जिन्होंने भले ही कहा न हो, पर गांधी भी तो मानते थे—हिन्दी, हिन्दू, हिन्दुस्तान। गांधी ने हिन्दी को भाषा के रूप में कहा था कि हिन्दी ही इस देश की राष्ट्रभाषा है। गांधी जी ने कहा कि मैं हिन्दू हूँ और गांधी अपने-आपको हिन्दुस्तानी ही मानते थे। आपको जब गांधी पर एतराज नहीं होता, तो प्रताप नारायण मिश्र के हिन्दी, हिन्दू, हिन्दुस्तान से आप क्यों बिदकते हैं? वह क्यों आपकी आलोचना का पात्र हो जाते हैं? क्या कमजोर की बहू सारे गाँव की भौजाई लगती है, जिससे सब लोग मजाक कर सकते हैं? जो प्रताप नारायण मिश्र ने कहा था, वही तो बहुत बाद में गांधी ने कहा। हिन्दी, हिन्दू, हिन्दुस्तान पर आप क्यों भड़क रहे हैं? आपको भला लगे या बुरा लगे, मार्क्सवादी रहते हुए मैं खुद कहता हूँ कि हिन्दी, हिन्दू, हिन्दुस्तान। इन तीनों में कोई भेद नहीं लगता।

सवाल यह है कि इन शब्दों की जो परिभाषा मैं दे रहा हूँ, वह आप स्वीकार करेंगे या वह, जो पश्चिम दे रहा है? गांधी इन शब्दों की जो परिभाषा दे रहे हैं, वह मानेंगे या जो परिभाषा आप जैसे अंग्रेजी वाले दे रहे हैं, वह मानेंगे? इसलिए उत्तर-उपनिवेशवादी दौर, उत्तर-उपनिवेशवादी चिन्तन में भारतीयता की खास परिभाषा दी जा रही है और उस परिभाषा का महत्त्व यदि देखा जाए तो पश्चिम वाले यह भी बता रहे हैं कि भारतीय लेखक कौन हैं, और यह सर्टीफिकेट भी दे रहे हैं, यह अंग्रेजी में जिसे कहा जाए—'कैनन' बनाकर ऐसा कर रहे हैं। मुझे उनकी नजर के प्रति सन्देह होता है। कुल मिलाकर कृष्ण बलदेव वैद भी तो लेखक हैं। कृष्णा सोबती भी तो लेखक हैं, पर पश्चिम की नजर में और लोठार लुत्से की नजर में निर्मल वर्मा 'भारतीय' लेखक हैं। वह कौन-सी चीज है निर्मल वर्मा की जिसे उदयप्रकाश की कहानी के सिलसिले में राजेन्द्र वर्मा ने कहा है—वही निर्मल वर्मा वाली भारतीयता? मुझे गलत न समझा जाए। मैं यह नहीं कह रहा कि निर्मल वर्मा 'उस' हिन्दुत्व के हिमायती हैं। मैं यह कह रहा हूँ कि निर्मल वर्मा में वह क्या है और किस नजर से परिभाषित करके, 'कैनन' बना करके 'यूरोप और भारत : प्रतिश्रुति का क्षेत्र' जो उनकी पुस्तक है, उस पर सहसा 'मूर्ति देवी पुरस्कार' देने की चिन्ता इन लोगों को हो आई? 'मूर्तिदेवी पुरस्कार' आम तौर पर विचारशील कृतियों के लिए है और यदि ऐसी कृतियाँ उनके लिए 'सहज-सुपाच्य' हों, तो और भी अच्छा है।

मैं फिर कहता हूँ कि ये सारी घटनाएँ निर्मल वर्मा को उतना सन्दिग्ध नहीं

बनातीं, उस दृष्टि को सन्दिग्ध बनाती हैं, जिसके कारण, हमारे यहाँ के कुछ लोगों को, सहसा भारतीय जनता पार्टी को प्रसिद्ध मार्क्सवादी समालोचक डॉ. रामविलास शर्मा बड़े प्रिय हो उठे हैं क्योंकि उन्होंने आर्यों के बारे में लिखते हुए कहा है कि आर्य यहीं के रहनेवाले थे, यहाँ से गए नहीं थे। यही जयशंकर प्रसाद ने भी कहा है। इसलिए कुछ लोगों को वे इसीलिए प्रिय हो गए हैं कि उनसे हिन्दुत्व का दर्शन पुष्ट हो रहा है, और मार्क्सवादी कम्यूनिस्ट पार्टी के बहुत-से लोगों के लिए रामविलास शर्मा अछूत हो गए हैं। मैं कहना चाहता हूँ कि उस उपनिवेशवादी दौर में भी पश्चिम ने हमारे अनेक स्वाधीनचेता स्वतंत्र लेखकों को हमारी अपनी नजर में ही सन्दिग्ध बना दिया था।

आज फिर हमारे अनेक लेखकों को सन्दिग्ध बना रहे हैं और एक खास काट की भारतीयता के साँचे में ढालकर उन पर लेबल लगा रहे हैं। आप जानते हैं कि मीडिया के जमाने में 'ब्रांड-नेम' चलता है। महत्त्वपूर्ण लेबल होता है। भले ही आप हल्दीराम की चिप्स बेचें, लेकिन महत्त्वपूर्ण यह है कि उस पर लेबल किसका है। इसलिए सारा का सारा देशी साहित्य हिन्दी भाषा का जो लिखा जा रहा है, भाषा हम चाहे जो बोलें, 'ब्रांड-नेम' तो कुछ और लग रहा है कि यह उत्तर-आधुनिक रचना है। इस हिसाब से मनोहर श्याम जोशी उत्तर-आधुनिक हो गए। उत्तर-उपनिवेशवादी हो गए। महाश्वेता देवी को, जब पोस्ट-कोलोनियलिज्म नहीं चला था, गायत्री स्पीवाक् चक्रवर्ती ले उड़ीं और उनकी 'द्रौपदी' और कौन-कौन कहानियों का अनुवाद करके उन्होंने महाश्वेता देवी को 'पोस्ट-कोलोनियल राइटर' के रूप में, उत्तर-आधुनिकतावादी लेखक के रूप में स्थापित कर दिया।

यह भाषा की लीला, भाषा का खेल है। उत्तर-आधुनिकतावादी विचारधारा अब हमें, हमारी भारतीयता को पुन: परिभाषित कर रही है। सवाल सिर्फ हमारे सामने यह है कि वह परिभाषा 'हेजेमोनिक' न हो। इसका वर्चस्व न हो। जैसे हमारे उस दौर में इसे खारिज किया था, उसी तरह से पश्चिम से आई हुई इस चीज को भी उसी तरह से खारिज करें। कैसे खारिज करें, किस तरह किया जाए, यह ज्यादा महत्त्वपूर्ण है। और उसके लिए समझना होगा—क्योंकि अच्छी-बुरी, गलत-सही कई चीजें हैं।

जब तक पश्चिम की दखलअन्दाजी हमारे मामलों में नहीं थी, तब तक हम अपने दर्शन, चिन्तन और सारी परम्परा की—राधावल्लभ जी अभी जैसा बता रहे थे और हम लोगों में सम्भवत: सबसे बड़े पंडित इस विषय के अभी यही हैं—खुल करके अपनी समीक्षा करते थे। तार-तार करते थे अपनी बुराइयों की, कमजोरियों की—चाहे वह जाति-प्रथा हो, चाहे सती-प्रथा हो, चाहे वर्ण-व्यवस्था हो। शंकर तक को नहीं बख्शा किसी ने। कोई विचारक इस मामले में समीक्षा से परे नहीं रहा। कहा गया कि 'दोषावाच्या गुरोरपि'। गुरु भी हो तो उसकी आलोचना करना अनुचित नहीं...। तीसरे आदमी के आ जाने के बाद ही, अंग्रेजों के आ जाने के

बाद ही हम यह सोचने लगे कि अगर हम अपनी आलोचना करेंगे तो कहीं इससे अंग्रेजों को ताकत तो नहीं मिलेगी? जैसे हम और नन्द जी आपस में बात कर रहे हों और वे अपनी बुराई कर रहे हों और हम अपनी बुराई कर रहे हों, कमजोरियाँ बता रहे हों, और तभी एक गैर-विचारधारा का आदमी आ जाए, उसके आते ही हम सतर्क हो जाते हैं तुरन्त कि वह कहीं फायदा न उठा ले, और सहसा हम लोग झूठी बातें करने लगते हैं।

सोचिए, अगर देश का बँटवारा न हुआ होता, यों इतिहास में अगर-मगर नहीं होता और अगर पाकिस्तान न होता तो वह छद्म 'सेक्यूलरिज्म' जिसे कहा जाता है, 'सूडो-सेक्यूलरिज्म' नाम की चीज पैदा न हुई होती, मैं बताए देता हूँ। इसका बड़ा अच्छा वर्णन मंजूर एहतेशाम ने 'सूखा बरगद' नामक उपन्यास में किया है। उसमें सुहेल और विजय दो दोस्त हैं, जिनकी बहस को सुनते हुए लगता है कि सुहेल को सारी बुराइयाँ इस्लाम और मुसलमानों में और विजय को सारी बुराइयाँ हिन्दुइज्म में दिखाई देती हैं। एक-दूसरे की खुलकर आलोचना करते हैं। चल रहा था यह दौर उस समय। 1947 से पहले ऐसे मुसलमान बहुत थे, जो इस्लाम की कमजोरियों को, उसकी दकियानूसी के आलोचक थे। और उसी तरह हिन्दुइज्म की सख्त से सख्त आलोचना करनेवाले हिन्दू भी थे। महात्मा गांधी हिम्मत कर सकते थे, जिन्होंने कहा था कि बनारस जाकर भी विश्वनाथ मन्दिर में मैं दर्शन करने नहीं गया क्योंकि जिस मन्दिर में शूद्रों का प्रवेश न होता हो, जहाँ की नालियों में इतनी गन्दी कीचड़ भरी हुई हो, वहाँ मैं नहीं जा सकता, क्योंकि भगवान कभी ऐसी गन्दी जगह नहीं रह सकते। गांधी जी उस समय कह सकते थे, आज आप कहकर देखिए!

इसलिए मैं कह रहा हूँ कि इस एक तीसरी नजर के कारण, वह जो भारतीयता और जो लिखा जा रहा है साहित्य में, सहज भाव से, अपने समाज की यथार्थवादी-आलोचनात्मक, लम्बी यथार्थवादी-आलोचनात्मक परम्परा हमारे साहित्य की है। और अपनी पुरानी परम्परा को प्यार करना...रेणु ने भी तो 'परती-परिकथा' में पुरानी चीजों का ललित-मोहक ढंग से वर्णन किया है, पर उदयप्रकाश ने जरा इस तरह कोशिश की तो राजेन्द्र यादव की त्यौरी चढ़ गई कि यह तो अपने अन्धविश्वासों को गौरवान्वित कर रहा है—गाय और साँड का नाम ले रहा है। जैसे गुनाह हो गया हो! जैसे हम गाँव में अपने घरों में न तो गाय का दूध पीते हैं, न गाय का घी खाते हैं! साँड जैसे हिन्दुत्व की बड़ी चीज हो गई, जिस पर ठप्पा लगा हो भाजपा का और भैंस कहें, तो देवीलाल का लग जाए! बड़ी मुश्किल है। इसलिए वातावरण कैसे बने, हमारे सामने मुख्य समस्या यही है। सृजन के धरातल पर लेखक इस दखलअन्दाजी के रहते मुकाबला कैसे करे?

पश्चिम मुझे इसलिए याद आता है कि यूरोप गुलाम नहीं रहा। इसलिए वहाँ खुलकर इस बात की हिम्मत हो सकती थी। वहाँ कांट और हीगेल देवता नहीं

हैं। 'एंलाइटेंमेंट' की सख्त आलोचना आजकल हो रही है और उन्होंने ही क्या, आजकल तमाम लोग तुले हुए हैं कि एंलाइटेंमेंट की रेशनलिटी ने नौकरशाही वाले राज्य का निर्माण किया, जो तानाशाही है। कहने के लिए वे 'विश्ववाद' का नारा देते थे लेकिन बाकी दुनिया को उपनिवेश बना रखा। विश्ववाद का मतलब साम्राज्यवाद। सच यूनिवर्सल होता है, यह कहनेवाले एंलाइटेंमेंट से दर्शन निकला कि विश्ववाद फैलाओ और बाकी दुनिया को साम्राज्य बनाओ। एंलाइटेंमेंट में निहित खतरे थे। इसकी आलोचना करके जिस पश्चिम ने विकास का 'टेक्नोलॉजिकल मॉडर्नाइजेशन' का रास्ता अपनाया, उसी ने बाद में उसी 'मॉडर्नाइजेशन' का विरोध किया और कहा कि पर्यावरण-विनाश के साथ मनुष्यता का विनाश होने जा रहा है। वे स्वतंत्र हैं—कर सकते हैं। लेकिन, यही बातें हमारे लेखक बगैर जाने-पहचाने कह सकते हैं कि 'राष्ट्रवाद' भयानक चीज है, यह तानाशाही को जन्म देती है। नेशन स्टेट—उसकी नकल पर उत्तर-आधुनिक होने के लिए कठिनाई यह है कि हम वह 'आइडियोलॉजी' भी 'बॉरो' कर रहे हैं। अपने अन्दर से, आलोचना से ये विचार पैदा नहीं हुए हैं। आशीष नन्दी, पार्थो चटर्जी, सबआल्टर्न ग्रुप के लोग इतिहास में और राजनीति में 'राष्ट्र-राज्य' का जिस तरह से विरोध कर रहे हैं कि—अरे भई, यह राष्ट्र तो अभी बना ही नहीं तुम्हारा। इट इज ए नेशन इन द मेकिंग। अभी ठीक से 'स्टेट' ही नहीं बनी है। मार्क्स ने कहा था—साम्यवाद में स्टेट 'विदर-अवे' कर जाएगी, पर हिन्दुस्तान में तो स्टेट आज ही विदर-अवे कर गई है! एक प्रधानमंत्री बैठा हुआ है कुर्सी पर और एक राज्य का मुख्यमंत्री जो है, धौंस दे रहा है कि हम इस्तीफा नहीं देंगे—क्या कर लोगे? राज्य के भीतर राज्य। बिना स्टेट को पूछे दरवाजे खुले हुए हैं और पूँजी निवेश खुलेआम होता चला आ रहा है।

गांधी जी ने कहा था कि खिड़की-दरवाजे खुले रहें, पर इस तरह तो नहीं खोलने के लिए कहा था उन्होंने। इसलिए जिस देश में 'राष्ट्र' ठीक से बना न हो, जहाँ आज भी लोगों की आस्थाएँ, निष्ठाएँ अपने क्षेत्र से हों, अपनी जाति से हों, अपने धर्म से हों, क्या उस देश को 'देश' कहा जाएगा कि वह पूरी तरह 'राज्य' बन गया है? ऐसे देश में आप रह रहे हैं...क्योंकि अमरीका और यूरोप वाले कह रहे हैं कि राष्ट्र-राज्य 19वीं शताब्दी की पिछड़ी हुई चीज हो गई इसलिए उत्तर-आधुनिक जमाने में राष्ट्र-राज्य की कोई आवश्यकता नहीं है, इसलिए वही तुरही बजा रहे हैं। हमारे यहाँ के समाज-चिन्तक, वही तुरही बजाते चले जा रहे हैं। गांधी की एक व्याख्या वे कर रहे हैं और हमें समझा रहे हैं कि वही व्याख्या तुम करो, जो हम करना चाहते हैं।

रमेशचन्द्र जी शाह से क्षमा-याचना करते हुए मैं कहूँगा, एक अनुरोध के साथ, कि पुनर्विचार कीजिए कि आशीष नन्दी एंड कम्पनी का, और क्षमा कीजिए—गांधी शान्ति प्रतिष्ठान का, जो नव-गांधीवाद चला रहा है, यह उत्तर-आधुनिकतावादी जो

विचारधारा है, राष्ट्र-राज्य के नाम पर, जिस प्रकार के...गांधी जी में लोग कहते थे कि एक अराजकतावादी तत्त्व भी था। ही वाज एगेंस्ट स्टेट। लेकिन गांधी जी अगर अराजकतावाद की तारीफ करते थे तो क्या हमने कसम खाई है? हम जो शंकराचार्य को नहीं मानते, तो गांधी को देवता मानते? यदि गांधी जी में ऐसी कमजोरियाँ रही होंगी, अराजकतावादी तत्त्व रहे होंगे, तो हम गांधी का विरोध करेंगे। गांधी हमारे हैं, हम को हक है।

इस आधार पर सम्पूर्ण विकास को नेहरू का पर्याय मानकर, नेहरू के खिलाफ गांधी को खड़ा करके हम लोग जो राजनीति कर रहे हैं, वे कुल मिलाकर देख नहीं रहे हैं कि यह पोस्ट-स्ट्रक्चरलिस्ट, पोस्ट-कोलोनियल, नव-उपनिवेशवाद और नव-साम्राज्यवाद की आइडियोलॉजी है, जिसे हम इस देश में चलाना चाहते हैं और उसके आधार पर चाहते हैं कि साहित्य भी लिख जाए। मुझे खुशी है कि साहित्य में, हिन्दी में कम-से-कम, और बाकी चीजों में इसका असर नहीं है। ऐसी विचारधाराओं की प्रतिक्रिया में चीजें लिखी जा रही हैं। मैं दो कविताओं के साथ अपना वक्तव्य समाप्त करूँगा।

इस विचारधारा की प्रतिक्रिया में लिखी हुई, कि भारतीय हिन्दुत्व है, 'पहल-55' में अभी मैंने एक कविता पढ़ी अजय सिंह की। युवा लेखक हैं, बहुत युवा तो नहीं हैं पर बहुत दिनों बाद उनकी कविता मैंने पढ़ी :

मैं आधा हिन्दू हूँ।
मैं पूरा हिन्दुस्तान हूँ।
मैं गंगोली का राही मासूम रजा हूँ।
मैं लमही का प्रेमचन्द हूँ।
मैं इकबाल का बागी किसान हूँ।
मैं शमशेर का ग्वालियर का मजूर हूँ।
मैं पटना की शाहिदा हसन हूँ।
मैं नर्मदा की मेधा पाटकर हूँ।
मैं शाहबानो हूँ।
मैं शिवपति और मैकी हूँ।
मैं वामिक का भूखा बंगाल हूँ।
मैं केदार की बसन्ती हवा हूँ।
मैं आलोकधन्वा का 'गोली दागो पोस्टर' हूँ।
मैं अब्दुल बिस्मिल्लाह का उपन्यास हूँ।
मैं पूरा हिन्दुस्तान हूँ।

कविता लम्बी है। प्रतिक्रिया में लिखी जानेवाली चीज जैसी होनी चाहिए,

वैसी ही है : शुद्ध रेटरिक। कविता नहीं है, मेरे हिसाब से, लेकिन मैं कह रहा हूँ कि भारतीयता की हिन्दुत्ववादी परिभाषा के समर्थन में जो साहित्य लिखेगा, वह तो अटल बिहारी वाजपेयी की कविता जैसा होगा ही, लेकिन उसकी प्रतिक्रिया में भी जो कविता लिखी जाएगी, वह भी ऐसी होगी, जो कविता नहीं है। सृजन की सामान्य भूमि कैसी होती है, उसकी ओर इशारा करते हुए और बड़बोलेपन से हटकर लिखी हुई एक कविता की पाँच पंक्तियाँ अरुण कमल की सुनाकर समाप्त करता हूँ। अरुण कमल का नया कविता संकलन आया है : 'नये इलाके में'। कविता है 'गृह-प्रवेश', जिसकी अन्तिम पंक्तियाँ हैं :

सुई नोक भर धरती अपनी,
सुई नोक भर कविता-भूमि,
तीर बिंधा पक्षी हूँ मैं तो
मेरा नीड़ वहाँ, उस तरु पर—
जिसका सोर-पताल।

यह तरु कौन-सा है, यह आप सोचिएगा, जिस सोर, (जिसकी जड़) पाताल में है—भारतीयता। इस कविता में जिस भारतीयता की ओर इशारा है, जिस तरु की ओर इशारा है, सच पूछिए तो कविता की भूमि इस उपभोक्ता और मीडिया के दौर में सुई नोक भर ही तो रह गई है! लेकिन उस भूमि में यह और हम सभी बिंधे हुए पक्षी हैं। यह बिंधा पक्षी वही है, जिसका मेरे अत्यन्त प्रिय विजेन्द्र जी ने अपने लेख में वाल्मीकि के हवाले से जिक्र किया था! धन्यवाद।

[पश्चिम क्षेत्र सांस्कृतिक केन्द्र द्वारा 'भारतीयता, सांस्कृतिक मूल्य और सृजनात्मकता' विषय पर आयोजित राष्ट्रीय उपनिषद् में 23 जून, 1997 को उदयपुर में दिये गए ध्वन्यांकित समापन भाषण का हेमन्त शेष द्वारा लिपिबद्ध अविकल असम्पादित रूप, 'कला-प्रयोजन' पत्रिका के अंक-10 में 'हमें भारतीयता की पश्चिमी या हिन्दुत्ववादी परिभाषा नहीं चाहिए!' शीर्षक से प्रकाशित]

कलात्मक सौन्दर्य का आधार

मलार्मे ने कहीं लिखा है कि कविता विचारों से नहीं, शब्दों से लिखी जाती है। और 'वह अर्थहीन होती है', इतना जोड़ना भूल गया। विचारों से शब्दों का बिलगाव करके और शब्द-शिल्प पर अधिक ज़ोर देकर, उसने अत्यन्त दीक्षागम्य तथा सांकेतिक कविताएँ लिखीं। यह प्रवृत्ति थोड़े-बहुत अन्तर के साथ यूरोप के अन्य देशों में भी दिखाई पड़ी। आज हमारे साहित्य में भी किसी-न-किसी रूप में इस सिद्धान्त और प्रयोग का चलन है। इसलिए मलार्मे के उस सूत्र की सीमाओं पर विचार करना आवश्यक है।

साहित्य की अभिव्यक्ति का माध्यम है भाषा। इसलिए साहित्य में कलात्मक सौन्दर्य लाने के लिए उस माध्यम पर अधिकार प्राप्त करना आवश्यक है। लेकिन उस माध्यम को ही साध्य मानकर उसी की कारीगरी में सिमट जाना, कोरा रीतिवाद अथवा रूपवाद है। ऊपर से देखने पर ऐसा लगता है कि कोई साहित्यकार ऐसा नहीं कर सकता, किन्तु व्यवहार में बड़े-बड़े साहित्यकार इस राह भटकते देखे गए हैं। हिन्दी कथा-साहित्य में नई शैली के प्रवर्तक जैनेन्द्र कुमार निर्जीव शिल्पाभास के छोर पर पहुँच गए और हिन्दी समीक्षा में रुचिर गद्य के शिल्पी शान्तिप्रिय द्विवेदी भी धीरे-धीरे चमत्कारपूर्ण सूक्ति-विधान में जा भटके। लेकिन विचार-विरहित अतिशय शिल्प-प्रियता का दुष्परिणाम गद्य में उतना नहीं दिखाई पड़ता, जितना कविता में। रीतियुग के कवि अन्तिम दिनों में घनाक्षरी या सवैया का अन्तिम चरण ख़ूब ज़ोरदार या चमत्कारपूर्ण गढ़ने लगे थे और शेष चरण केवल छंद-पूर्ति के लिए भर देते थे। इधर नये गीतकार भी कविता की पहली पंक्ति ख़ूब रंग ज़मानेवाली ढूँढ़कर बाक़ी पंक्तियाँ केवल गीत को आकार देने के लिए बिठाते पाए जाते हैं। परन्तु अत्याधुनिक काव्य-प्रवृत्ति में यह रूपवादी मनोवृत्ति कुछ सुसंस्कृत रूप में प्रकट होती है। यहाँ कवि अपने माध्यमों के साथ प्रयोग करता है—कभी छंद के साथ, कभी प्रतीकों के साथ, कभी केवल कुछ शब्दों के साथ, कभी विराम-चिह्नों के साथ और कभी एक ही कविता में इन सबके साथ। वह इस शिल्प में इतना तल्लीन हो जाता है कि विषयवस्तु पीछे छूट जाती है और ऊपर उसकी कारीगरी ही दिखाई पड़ती है। इन कवियों के आग्रह पर इन्हें 'प्रयोगवादी' न कहकर, 'प्रयोगशील' ही क्यों न कहा

जाए, उससे उनके प्रयोग में तात्त्विक अन्तर नहीं पड़ता। विचार या भाव से रहित कोरे शिल्प-संस्कार को वे असफल प्रयोग कहकर तिरस्कृत भले ही कर दें लेकिन है उन सबके मूल में वही रूपवाद।

रूपवादी अथवा प्रयोगवादी रचना का यह मतलब नहीं है कि उसमें किसी विचार या भाव का सर्वथा अभाव हो; बल्कि यह कि उसमें विचार या भाव से अधिक शिल्प का उभार हो। जब रचना में सार्थक और साकांक्ष शब्दों का प्रयोग है तो कुछ-न-कुछ अर्थ होगा ही और अर्थ के साथ किसी-न-किसी विचार या भाव का अनुबन्ध स्वाभाविक है; लेकिन रूपवादी रचना में विचार या भाव की अन्तरिक समृद्धि नहीं मिलती। साफ़ शब्दों में, रूपवादी बहुत-कुछ उस बतकहे की तरह है जिसमें बात करने का कौशल तो ख़ूब हो, परन्तु कहने के लिए कोई महत्त्वपूर्ण बात न हो और उसके साथ घंटे-दो घंटे बात करने के बाद भी कुछ हासिल न हो। यह आकस्मिक नहीं है कि हिन्दी के ये प्रयोगवादी कवि कभी विषयवस्तु की चर्चा नहीं करते। रूप-कल्प और शैली-शिल्प की इतनी चर्चा, लेकिन जिस वस्तु से ये सभी चीज़ें सजीव, सशक्त और सुन्दर होती हैं, उसके विषय में बिलकुल चुप रहने का और क्या अर्थ हो सकता है? वहाँ वे कभी-कभी गोलमोल शब्दों में विषयवस्तु का उल्लेख करते हैं, लेकिन वह भी रूपवाद पर परदा डालने के लिए अथवा उस अभिप्राय के लिए, जिसे मनोविज्ञान में 'रेशनलाइजेशन' कहते हैं। यह तर्क भी विचित्र है : 'नया रूप-विधान नये रागात्मक सम्बन्धों के कारण और नये रागात्मक सम्बन्ध नई सामाजिक परिस्थितियों के कारण।' ऊपर से देखने में सामाजिक आवश्यकता का परिणाम प्रतीत होने पर भी, प्रयोगों में सारा नया रूप-विधान नये रागात्मक सम्बन्धों के नाम पर केवल समाज-निरपेक्ष मध्यवर्गीय व्यक्ति की मानसिक बीमारियों का सहानुभूतिपूर्ण और मोहक अलंकरण है। इसी आत्महीनता के कारण वे विषयवस्तु पर ज़ोर नहीं देते। 'चोर नारि जिमि प्रगट न रोई'—गरज कि जिस प्रकार रूप-विधान की चर्चा करते समय विषयवस्तु की समस्याओं में उतरना अनिवार्य हो जाता है, उसी प्रकार रूप-विधान के साथ विषयवस्तु के अभिन्न सम्बन्ध अथवा उसके महत्त्व पर ज़ोर देना आवश्यक है। यदि बड़े-से-बड़ा रूपवादी भी अपनी वकालत के लिए ही सही, विषयवस्तु और 'सामाजिक आवश्यकता' का सहारा लेने के लिए बाध्य है, तो इसका साफ़ मतलब है कि रूप-विधान की अपेक्षा विषयवस्तु का महत्त्व अधिक है। इसीलिए प्रगतिशील समीक्षक साहित्य में विषयवस्तु की चर्चा अधिक करते हैं और उस पर ज़ोर भी अधिक देते हैं।

हमारे साहित्य की महान परम्परा भी यही रही है। तुलसीदास ने भी विषयवस्तु की महत्ता पर ही अधिक बल दिया है :

भनिति विचित्र सुकबि कृत जोऊ।
राम नाम बिनु सोह न सोऊ॥

अथवा

हृदय सिन्धु मति सीप समाना।
स्वाति सारदा कहहिं सुजाना॥
जौ बरषइ वर बारि बिचारू।
होंहि कबित मुकुतामनि चारू॥

यहाँ हृदय, मति और विचार का यह संघटन सोद्देश्य और साकांक्ष है—यों ही रूपक-निर्वाहमात्र नहीं है। 'सरल कवित कीरति बिमल' का आदर्श रखनेवाले महाकवि ने स्पष्ट शब्दों में कहा है कि 'सो न होइ बिनु बिमल मति'। कहने के लिए बात बड़ी चाहिए, ढंग तो उसके आवेग से स्वयं लिपटा आता है। भक्त कवियों के पास यही विशेष बात थी, जिसने बिहारी आदि कुशल शब्दशिल्पी कवियों से उन्हें ऊपर उठा दिया। भक्त कवियों को 'लोक-संग्रह' की चिन्ता अधिक थी; वे कवि दग्ध प्राणियों के उद्धार के लिए आकुल थे; उनकी कविता का आदर्श था, 'सुरसरि सम सब कहँ हित होई।' इसके विपरीत रीतिवादी कवि दिन-रात काव्य-शास्त्र के नियमों और लक्षणों की चिन्ता में लीन थे, उन्हें ऊँचे आदर्श की परवा कहाँ? समाज के दुख-दर्द की ओर उनकी दृष्टि क्यों जाती? परिणाम सामने है। काव्य के रूप-विधान की चर्चा न करते हुए भी भक्त कवियों ने ऊँची काव्य-क्रिया का उदाहरण रखा और रीतिवादी कवि दिन-रात उनकी साधना करने पर भी टापते रहे। प्रयोग-प्रिय आधुनिक कवियों को अपने इतिहास से सीख लेनी चाहिए। यह अभ्यास बहुत-कुछ वैसा ही है, जैसे कोई स्वस्थ होने के लिए घी-दूध-फल आदि पौष्टिक पदार्थों का सेवन न करके या तो योगासन और स्वास्थ्य-रक्षा आदि की पुस्तकों से नियम रटता रहे, अथवा उन नियमों का अभ्यास करे। यह प्रयत्न पेड़ काटकर पल्लव सींचने के समान है।

इसलिए निष्कर्ष यह निकला कि विषयवस्तु पर विशेष बल देना एकांगी होना नहीं है, बल्कि सही तरीक़ा है; और रूप-विधान पर ज़ोर देना ग़लत है।

अब सवाल यह उठता है कि विषयवस्तु पर ज़ोर देने के सही माने क्या हैं? कुछ लोग सिद्धान्तों के अनुकथन को ही ऊँची कविता समझते हैं। भक्त कवियों ने भी कहीं-कहीं अपने दार्शनिक सिद्धान्तों की पद्यबद्ध उद्धरणी की है। लेकिन सुधीजन जानते हैं कि उन महाकवियों की कीर्ति उन अनुवादों के कारण नहीं है। पंत जी ने भी 'युगवाणी' की कुछ कविताओं में यही किया है। आगे चलकर उनके 'स्वर्ण-किरण', 'स्वर्ण-धूलि', 'उत्तरा' और 'रजत शिखर' में भी यही प्रवृत्ति पाई जाती है। इधर 'नवीन', 'दिनकर', उदयशंकर भट्ट को भी दार्शनिक सूक्तियाँ पद्यबद्ध करने की आदत पड़ने लगी है। प्रगतिशील काव्य तथा कथा-साहित्य के नाम पर भी इसी तरह कोरे मार्क्सवादी विचारों की अभिव्यक्ति हुई है। क्या विषयवस्तु पर ज़ोर देने

का अर्थ यही है? क्या कविता में महान विचारों की अभिव्यक्ति का ढंग यही है? जवाब साफ़ है। स्वयं इन रचनाओं के कृती-कवि और लेखक ही इसको हेय मानेंगे।

कहानियों और उपन्यासों में अभिप्रेत विचार को पात्रों के जीवन और उनके पारस्परिक सम्बन्धों के सजीव रूपों से सहज उद्‌भुत और ध्वनित होना चाहिए; निष्कर्ष को चित्रित प्रसंगों में अन्तर्भूत होना चाहिए, उन पर आरोपित नहीं। कविता में इन विचारों को सजीव चित्रों और प्रतिमाओं के रूप में व्यक्त होना चाहिए। लेकिन यह शक्ति कैसे आती है? विचार जिस प्रकार प्राप्त होता है, उसी प्रकार अभिव्यक्त भी होता है। यदि वह पुस्तकों से प्राप्त होता है, तो पुस्तकी ढंग से प्रकट होता है। यदि वह जनारण्य से दूर एकान्त कमरे में आरामकुर्सी के चिन्तन से प्राप्त होता है, तो रचना में भी एकान्त और वैयक्तिक चिन्तन का रूप लेता है, और यदि वह जीवन के संघर्षों में कुछ निछावर करने से प्राप्त होता है, तो उसी गर्मी, उसी ताजगी, उसी सजीवता, उसी सक्रियता तथा उसी मूर्तिमत्ता के साथ रूपायित होता है। साहित्य में इसी रूपायन का महत्त्व है।

व्यापक समाज से कटे हुए मध्यवर्गीय व्यक्ति की तरह उसके विचार भी अर्थ-उदास और निरंग होते हैं और इन अमूर्त विचारों को वहन करनेवाली रचना भी ऐकान्तिकता से अभिशप्त दिखाई पड़ती है। यह फल के उस रस की तरह होती है, जिसे सजीव फल में से निचोड़कर बोतल में बन्द कर दिया जाता है। उस निचोड़े हुए रस में भी मिठास होती है, लेकिन पल्लवों से सुशोभित छिलका, रेशा, गुठलीवाले सजीव फल की शोभा तथा सरसता और ही है। साहित्य में ऐसी ही सुषमा तथा ऐसे ही रस की महिमा है। यह तभी सम्भव है, जब साहित्यकार जीवन का सक्रिय उपभोग करे और उस भोग की बाधक शक्तियों से संघर्ष करे तथा साधक शक्तियों के सुख-दुख में भाग ले। जीवन का भली भाँति उपभोग करने के लिए आवश्यक है कि जीवन-सत्य को पूर्णत: समझ लिया जाए, क्योंकि :

देह धरे को दंड है, सब काहू को होय।
ज्ञानी भुगतै ज्ञान करि, मूरख भुगतै रोय॥

इसलिए साहित्य में विषयवस्तु पर बल देने का अर्थ है—यथार्थ जगत् के सत्य का पूर्ण और गहरा ज्ञान। इसी ज्ञान से जीवन के प्रति वह अडिग आस्था आती है, जो सम्पूर्ण साहित्य को अदम्य दीप्ति देती है। यह आस्था समाज के व्यापकतम सम्बन्ध और उन सम्बन्धों को वैज्ञानिक ढंग से समझने के प्रयत्न से ही सम्भव है।

आज हमारे सामने सबसे बड़ी समस्या यही है कि अधिकांश लेखक मध्यवर्ग के हैं—उस वर्ग के, जिसका सम्बन्ध व्यापक जनजीवन से दिन-पर-दिन कम होता जा रहा है अथवा यह सम्बन्ध मानवोचित न होकर क्रमश: पण्य-वस्तुपरक होता जा रहा है। अपनी साहित्यिक परम्परा का अध्ययन करने से पता चलता है कि व्यापक

जनजीवन से साहित्यकार का अलगाव इतना अधिक पहले न था। व्यास, वाल्मीकि, कालिदास आदि संस्कृत कवियों तथा कबीर, सूर, तुलसी, आदि हिन्दी कवियों के युग में समाज इस गहराई तक विभाजित न था। गाँवों और नगरों के बीच ऐसी खाई न थी। मनुष्य-मनुष्य के बीच इस कदर बाज़ारू सम्बन्ध न था। यह अतीत के प्रति अन्धानुरागमात्र नहीं, बल्कि ऐतिहासिक तथ्य है। आधुनिक युग में भी रवीन्द्रनाथ, प्रेमचन्द, प्रसाद आदि के काल में मध्यवर्ग सामान्य जनजीवन से इतना विच्छिन्न न था। गांधी जी के नेतृत्व में राष्ट्रीय आन्दोलन ने गाँवों और नगरों को एक चेतन-धारा का रूप दे दिया था। इसीलिए उन सभी साहित्यकारों को वाणी में ओज, शक्ति, आशा तथा तरल आकांक्षा के अनेक धूपछाँही रूप सजीव हो उठे हैं। लोकगीतों की मार्मिकता का यही रहस्य है कि लोककवि अपने समाज का अभिन्न अंग होता है। लेकिन आज का साहित्यकार दो नावों पर है। एक ओर है उसके मध्यवर्ग का संस्कार और दूसरी ओर व्यापक जनजीवन से मिलने की आकांक्षा। उसमें अन्तर्द्वन्द्व है। अनुभूति-प्रवण सभी साहित्यकार अनुभव करते हैं कि वर्तमान समाज-व्यवस्था साहित्य और कला की विरोधी है। इस व्यवस्था ने साहित्यकार के साथ-साथ, उसके साहित्य को भी पण्य-वस्तु बना दिया है। एक अध्ययन सीरीज वाली पुस्तकों की निन्दा करना आसान है, लेकिन देखा जा रहा है कि चार साल पहले जो लोग उनके निन्दक थे, वही लोग आज दिल्ली, आगरा आदि नगरों के प्रकाशकों के तकाजे पर स्वयं भी छात्रोपयोगी समीक्षा-संग्रहों का कार्य कर रहे हैं। यही हाल है 'वासना और हत्या'-परक बाज़ारू उपन्यासों का। दोष इन साहित्यकारों का ही नहीं है, दोष है उस वणिज-व्यवस्था का। दूसरी ओर वे शुद्ध साहित्यकार रो रहे हैं, जिनकी ऊँची (?) कला-कृतियों को कोई छाप नहीं रहा है और छाप भी रहा है तो वे बिक नहीं रही हैं; प्राय: अपनी पुस्तकें वे स्वयं छापने को बाध्य हो रहे हैं। अपनी 'शुद्धता' के सीमित दायरे में सिमटे हुए ये साहित्यकार भी वर्तमान सामाजिक व्यवस्था का दबाव अनुभव कर रहे हैं। सैद्धान्तिक चर्चा में प्राय: ऐसी बातों को बचा जाना ही अच्छा समझा जाता है। लेकिन यहाँ जानबूझकर ये बातें उन लोगों के लिए कही गई हैं, जो इस आर्थिक चक्की में पिसते हुए भी साहित्यशास्त्र की चर्चा में 'साहित्य के आर्थिक आधार' पर बे-तरह भड़क उठते हैं।

साहित्यकार का दोष यही है। यथार्थ को देखते और अनुभव करते हुए भी, जब वह इस साहित्य-विरोधी व्यवस्था का विरोध करने के लिए वैज्ञानिक दृष्टिकोण से काम नहीं लेता, तो समझना चाहिए कि वह स्वयं अपने ही विरुद्ध है और अपने ही हितों का निषेध कर रहा है। साहित्य में विषयवस्तु पर ज़ोर देने का यही अर्थ है कि वह इस आत्म-सत्य को स्वीकार करे। जब तक वह इसे स्वीकार नहीं करता, उसमें वह आस्था नहीं आएगी, जो उसकी रचना को कलात्मक सौन्दर्य प्रदान कर सकती है।

इस सत्य का निषेध करके कुछ साहित्यकार व्यक्ति-स्वातंत्र्य का नारा बुलन्द

करते हैं। वे इस पीड़ा को व्यक्ति की पीड़ा मानते हैं और सम्पूर्ण समाज को अपना दुश्मन समझते हैं। यह बंग अराजकतावादी है। ये साहित्यकार वर्तमान से उतने पीड़ित नहीं हैं, जितने भविष्य से। इन्हें वर्तमान की सम्पूर्ण पीड़ा इसी सूत्र में दिखाई पड़ती है कि 'व्यक्ति-स्वातंत्र्य आज ख़तरे में है।' सामूहिक स्वातंत्र्य में ही सच्चा व्यक्ति-स्वातंत्र्य है, इस सत्य को वे नहीं समझ पाते। इस प्रकार भविष्य की स्वतंत्र जन-व्यवस्था से डरनेवाले ये साहित्यकार वर्तमान दासता की पीड़ा को झुठलाते हैं। दूसरे शब्दों में ये यथार्थ का निषेध करते हैं। ये आत्म-विरोधी साहित्यकार अपने देश की जनता के निकट जाने की बात न करके, सोवियत रूस की 'सेंसरशिप' की चर्चा बहुत करते हैं। वस्तुत: इन सभी बातों के मूल में है उनका चरम व्यक्तिवाद। उन्हें भय है कि जब सामान्य जन भी स्वतंत्र हो जाएँगे, तो उनके अबाध व्यक्ति-स्वातंत्र्य को धक्का लगेगा। लेकिन वे यदि थोड़ा रुककर समाज-निरपेक्ष अकेलेपन की पीड़ा, निराशा, उदासीनता, मानसिक कुंठा का विश्लेषण करते तो साम्यवादी देशों की 'सेंसरशिप' की फिज़ूल चर्चा छोड़कर अपने देश के सामान्य जन-स्वातंत्र्य में सक्रिय योग देने का प्रयोग करते। ऐसा न करना उनकी 'अनजानी ग़ैर-ईमानदारी' है। वस्तुत: उनके 'भविष्य की कल्पना' ही ग़लत है। वे चाहते हैं कि इस परिवर्तन के बाद ऐसी व्यवस्था आए, जिसमें औरों की स्वतंत्रता चूल्हे-भाड़ में जाए, लेकिन उनको अबाध छूट मिले। इस तरह उनकी 'स्वतंत्रता' की धारणा ही ग़लत है। वह निषेधात्मक है; उसमें परस्पर सहकारिता का अभाव है। पारस्परिक सहयोग की पराकाष्ठा की प्राप्ति ही स्वतंत्रता है। ऐसे ही सहयोग और सुविधा में महान् व्यक्तित्ववाले युग-पुरुष तथा साहित्यकार पैदा होते हैं जिनके व्यक्तित्व में सम्पूर्ण समूह और जाति का पौरुष पुंजीभूत हो उठता है। ऐसे भविष्य का विश्वासी साहित्यकार अपनी रचना में महान् विषयवस्तु दे सकता है, क्योंकि उसकी जिस प्रतिभा-वल्लरी में ऐसे स्वप्न का फूल खिलनेवाला है, उसकी जड़ें वर्तमान जनजीवन के प्रयत्नों की यथार्थ भूमि में गहराई तक गई हैं।

लेकिन यहाँ तो कुछ साहित्यकारों को अपने ही सन्देहों से फुरसत नहीं है, और उसी को वे अपना धन समझते हैं। इसी कारण इन सन्देहवादी साहित्यकारों की कृतियों में जब घोर निराशाजनक लम्बे चित्रण के बाद अन्त में भावी समाज का काल्पनिक चित्रण आता है, तो वह एकदम अस्वाभाविक और आरोपित प्रतीत होता है। मानवतावाद की लम्बी-चौड़ी वार्ता के बाद भी मानव-जय का कोई मूर्त रूप इनके सामने नहीं होता। मूर्त रूप नहीं होता, क्योंकि जनता की यथार्थ शक्ति से इनका परिचय नहीं है। अस्तु, उनका मानवतावाद खोखला, झूठा और,आदर्शवादी है, क्योंकि उसमें यथार्थ की आग नहीं होती। इनका गोल-मोल और हवाई मानवतावाद बिलकुल निर्लिप्त और निर्विकार होता है; उसका किसी से विरोध नहीं है, वह सबका कल्याण मनाता है। यदि वह विरोध भी करता है, तो पाप, शोषण, दैन्य,

कलुष आदि अमूर्त मनोविकारों का; वह मूर्त मानवमूर्तियों का नाम लेते ही मौन हो जाता है। इस मानवतावाद का अभिप्राय कुछ-कुछ ऐसा है कि विचारमात्र से ही विचार बदल जाएँगे और फिर जगत भी आदर्श हो जाएगा; इन विचारों को सक्रिय रूप देने की बात वे सोच भी नहीं सकते, क्योंकि वहाँ कुछ लोगों से संघर्ष हो जाने की आशंका है। पंत जी का नवीन मानवतावाद बहुत कुछ इसी तरह का है, जो मूलत: आदर्शवादी है।

इसमें तनिक भी सन्देह नहीं है कि जिसका मानवतावाद जितना ही अस्पष्ट और उलझा हुआ होगा, उसके साहित्य का रूप-विधान भी उतना ही अस्पष्ट और उलझनपूर्ण होगा। सूक्ष्म मानवतावादी कवि सदैव 'सामान्य बातें' कहता रहेगा, क्योंकि 'विशेष' के चित्रण से ख़तरा है; फलत: 'विशेष चित्रों' और 'विशेष मानव-मूर्तियों के अभाव में उसका सारा काव्य और कथा-साहित्य निर्जीव सामान्यीकरण-मात्र रह जाएगा। इसके विपरीत जिसका मानवतावाद जितना ही स्पष्ट और मूर्त होगा, उसके चित्रों और पात्रों में भी उतनी ही सजीवता होगी तथा उसकी भाषा भी उतनी ही सहज, स्वाभाविक, संवेद्य और ओजस्विनी होगी। हम दूसरों को धोखा दे सकते हैं, लेकिन अपने को नहीं; और जो साहित्यकार ऐसा करने का प्रयत्न करता है, वह तमाम शिल्प-ज्ञान के बावजूद अपनी कला को चौपट करता है।

इसलिए विषयवस्तु पर ज़ोर देने का सही अर्थ है—मूर्त और ठोस रूप में युग सत्य को पहचानना और स्पष्ट रूप से मानव-जय वाहिनी का पक्षधर होना।

युग-सत्य को मूर्त रूप में पहचानना ही काफ़ी नहीं है; साहित्यकार के जीवन और साहित्य में वह जितनी प्रगाढ़ता से अन्तर्भूत रहेगा, उसकी रचना उतनी ही कलात्मक पराकाष्ठा पर पहुँचेगी। अनेक साहित्यकार ऐसे हैं, जो जनता की पार्टी के सक्रिय सदस्य हैं, जनवादी विचारों के अच्छे ज्ञाता तथा प्रवक्ता हैं, फिर भी वे अपने साहित्य में मध्यवर्गीय बीमारियोंवाले कलाकारों के साथ हैं। इसी बात को लेकर कुछ लोगों का आरोप है कि वे ईमानदार नहीं हैं। बात ठीक है, यदि ठीक ढंग से कही जाए। यदि इसका अर्थ यह है कि वे मध्यवर्गीय बीमारियों का जो साहित्य लिखते हैं, उसी के अनुकूल अपने राजनीतिक विचार भी रखें, तो यह शुद्ध और तार्किक ईमानदारी, बेईमानी से बड़ा पाप—आत्महत्या है। यदि इस आरोप का अर्थ यह है कि वे जनवादी विचारों को क्रमश: व्यावहारिक जीवन और साहित्य में अन्तर्भुक्त रूप से लाएँ, तो बात कुछ समझ में आती है और उनसे इतना ही कहा जा सकता है कि यह काम एक दिन का नहीं है। साहित्य का इतिहास इस बात का प्रमाण है कि जिन मध्यवर्गीय कवियों ने जिस क्रम से जनवादी शक्तियों के साथ तादात्म्य स्थापित किया है, उनकी कला उसी क्रम से स्वस्थ और सुन्दर होती गई है। विभाजित समाज में तादात्म्य का यह कार्य अपेक्षाकृत मद्धिम होता है क्योंकि साहित्यकार के मार्ग में अनेक व्यक्तिगत और सामाजिक बाधाएँ आती हैं।

जब तक सामाजिक अन्तर्विरोध दूर न होगा, व्यक्ति-जीवन का भी अन्तर्विरोध दूर न होगा और जब तक व्यक्ति-जीवन का यह अन्तर्विरोध दूर न होगा, साहित्य की विषयवस्तु और रूप-विधान में भी यह अन्तर्विरोध बना रहेगा।

यह अन्तर्विरोध किसी मनोवैज्ञानिक प्रक्रिया से दूर नहीं हो सकता; यह तो तभी दूर होगा, जब मानव-मानव के बीच स्वस्थ और सहज सामाजिक सम्बन्ध होगा, परस्पर सौहार्द और सहयोग की भावना होगी। अस्तु, ऐसा समाज-निर्माण जिस क्रम से होता जाएगा, मध्यवर्गीय साहित्यकार का अन्तर्विरोध भी उसी क्रम से दूर होता जाएगा। इसलिए तर्कसंगत यही है कि साहित्यकार इस सामाजिक परिवर्तन में अधिक से अधिक सक्रिय योग दे। साहित्यकार जीवन-संग्राम का योद्धा होता है, तटस्थ दर्शक नहीं।

यहाँ सहज ही यह प्रश्न पूछा जा सकता है कि सोवियत रूस, नये चीन आदि देशों में, जहाँ यह सामाजिक अन्तर्विरोध लगभग दूर हो चुका है, साहित्य-सृजन की क्या प्रगति है? सोवियत संघ की ही बात लें। पहली बात तो ध्यान में रखने योग्य यह है कि शेष संसार के दो-तिहाई पूँजीवादी देशों से घिरा हुआ वह भू-भाग समाजवादी व्यवस्था का लाभ उठाता हुआ भी प्रतिपल युद्ध की आशंकाओं से सतर्क रहा है। इससे सच्चे अर्थों में सामाजिक अन्तर्विरोध वहाँ भी दूर नहीं हो सका है। वह तो विश्व जनता की मुक्ति से ही सम्भव है। दूसरी बात यह है कि उत्पादन के साधनों में उन्नति के समानान्तर ही साहित्य और कला में उन्नति नहीं होती। सामाजिक और साहित्यिक विकास में घनिष्ठ सम्बन्ध और किंचित् समानान्तरता भी अवश्य है, किन्तु साहित्यिक श्रेष्ठता उत्पादन की उपलब्धि के स्तर की अपेक्षा सामाजिक यथार्थ और साहित्यकार के सम्बन्ध पर अधिक निर्भर होती है। इन दो कारणों को ध्यान में रखते हुए यह निस्सन्देह कहा जा सकता है कि सोवियत साहित्य ने स्वस्थ और सशक्त विषयवस्तु तथा सहज रूप-विधान के क्षेत्र में निश्चय ही उन्नति की है, विशेषत: कथा-साहित्य के क्षेत्र में। प्राप्त अनुवादों के आधार पर हम इतना ही कह सकते हैं। तीसरी बात यह है कि वहाँ अभी सामान्य जनजीवन के निम्नतम साहित्यिक स्तर से काम शुरू हुआ है और क्रमश: जनशिक्षा के माध्यम से उसे ऊपर उठाया जा रहा है। उस साहित्य को मध्यवर्गीय मानों से मापना अनुचित होगा। फिर भी फ़िल्म-चित्रकला के क्षेत्र में सोवियत भूमि ने इस समय के सभी देशों की कलाकृतियों को चुनौती दी है। फ़िल्म-चित्रकला की यह उन्नति उत्पादन के साधनों के अनुरूप ही है। वस्तुत: यांत्रिक उन्नति उन कलाओं के विकास में प्रत्यक्ष योग देती है, जिनके निर्माण में यांत्रिक साधनों का अपेक्षाकृत अधिक उपयोग होता है। साहित्य में ऐसा नहीं होता, इसलिए उसका विकास प्राय: परोक्ष और मन्दतर होता है। यही कारण है कि उत्पादन के साधनों के अल्प-विकसित प्राचीन युग में भी ऋग्वेद, महाभारत, रामायण जैसी महान काव्य-कृतियाँ उत्पन्न हो गईं और आधुनिक युग इतनी यांत्रिक उन्नति के बाद भी उस कोटि की रचनाएँ न दे सका क्योंकि यह औद्योगिक युग

उस कोटि के सुघटित सामाजिक संगठन और परस्पर सौहार्द की रक्षा न कर सका।

इसलिए सोवियत संघ में यदि साहित्यिक श्रेष्ठता सामाजिक विकास के अनुपात में कम हो, तो इससे यह निष्कर्ष नहीं निकलता कि समता और स्वतंत्रता पर आधारित समाज-व्यवस्था के लिए साहित्य अनिवार्यत: श्रेष्ठ नहीं हो सकता। श्रेष्ठ समाज में श्रेष्ठ साहित्य-रचना का सिद्धान्त सत्य है; परन्तु उसमें साहित्यकार की सामाजिक यथार्थ सम्बन्धी धारणा तथा शक्ति को भी ध्यान में रखना होगा। ऐसे सुविधा-प्राप्त समाज में यदि साहित्यकार साहित्य-परम्परा तथा शब्दशिल्प का अच्छा अभ्यासी है और जीवनानुभवों का जागरूक द्रष्टा है, तो निश्चय ही श्रेष्ठ कलाकृतियाँ दे सकता है।

सूर, तुलसी, प्रेमचन्द आदि महान साहित्यकारों ने वर्ग-समाज में रहते हुए भी जो महान कृतियाँ दी हैं, उसका कारण गरीबी नहीं, बल्कि सामाजिक यथार्थ की सच्ची पकड़ तथा मानव-जय के प्रति अदम्य विश्वास रहा है। इससे यह निष्कर्ष निकालना तर्क का दिवाला निकालना होगा कि गरीबी में ही महान साहित्य की रचना हो सकती है। भूलना नहीं चाहिए कि गरीबी ने अनेक प्रतिभाओं को असमय ही पीस भी दिया। जिस तरह शकटार अपने पुत्रों का सत्त खाकर महापद्म नन्द के अन्ध कारावास से प्रतिकार के लिए ऊपर उठा था, उसी प्रकार अपने युग की अनेक पीड़ित आत्माओं को नष्टप्राय शक्तियों के पुंज को अपने में समेटकर उनके प्रतिनिधि-स्वरूप ये महाप्राण व्यक्ति ऊपर उठे थे।

इधर साहित्यकार के जीवन और साहित्य के अलगाव की भी बात उठाई जाती है और उसे सैद्धान्तिक रूप देने के लिए इलियट का वह सूत्र रखा जाता है कि कलाकार जितना ही पूर्ण होगा, उतना ही उसके भीतर भोगनेवाले प्राणी और रचनेवाली मनीषा का पृथकत्व होगा। इस बात को यदि इतने ही तक लिया जाए कि साहित्यकार की अपनी रचना अपने व्यक्तिवाद के उभार का निषेध करे, तब तो ठीक है। कीट्स ने इसी बात को 'निगेटिव कैपेबिलिटी' कहा है। टॉल्स्टॉय, चेख़व, प्रेमचन्द आदि माने हुए कथाकारों के चरित्र-चित्रण में यह विशेषता देखी जा सकती है। आज के उपन्यासकारों की तरह उनमें हर जगह 'निजीपन का आरोप' नहीं है। लेकिन उस सूत्र की आड़ में यदि यह कहा जाए कि साहित्यकार अपने जीवन में चाहे जिस विचार का हो, चाहे जिन राजनीतिक दलों से सम्बद्ध हो परन्तु अपने साहित्य में उससे भिन्न चित्रण कर सकता है तो ग़लत होगा। साहित्यकार 'अनजाने ही प्रगतिशील' होता है। यह बात प्रगतिशील समीक्षकों की ओर से भी उठाई जाती है। प्रेमचन्द ने अखिल भारतीय प्रगतिशील लेखक संघ की प्रथम बैठक में यही कहा था कि 'साहित्यकार स्वभावत: प्रगतिशील होता है।' उसका मतलब यही है कि प्रेमचन्द जी अपनी बात कह रहे थे और वे मानवहित के साथ इतने घुल-मिल गए थे कि दूसरों के सम्बन्ध में अन्यथा सोच भी नहीं सकते थे और जो लोग 'अनजानी प्रगतिशीलता' की बात कहते हैं, उनके दिमाग़ में लेनिन द्वारा की हुई टॉल्स्टॉय की वह समीक्षा है, जिसमें

टॉल्स्टॉय को उसके धार्मिक विचारों के बावजूद रूसी क्रान्ति का दर्पण कहा गया है। लेकिन ऐसे समीक्षक सामाजिक विकास के ऐतिहासिक सोपानों को भूल जाते हैं। टॉल्स्टॉय अथवा प्रेमचन्द के समय सामाजिक संघर्ष इतना तीव्र न था और न साहित्यकार के सामने तीखे राजनीतिक मतवादों का निमंत्रण था। सामाजिक यथार्थ की समस्या भी उस समय इतनी गूढ़ न थी। फलत: वैज्ञानिक दृष्टिकोण के अभाव में भी प्रत्यक्ष जीवनानुभव के बल पर वे महान साहित्यकार यथार्थ का अंकन कर गए। आज ऐसी स्थिति नहीं है। साहित्यकार अपनी वैयक्तिकता के प्रति इतना सचेत है कि यथार्थ पर उसका आरोप किये बिना नहीं चूकता। ऐसी दशा में यह आवश्यक है कि उसके जीवन और साहित्य को तुलनात्मक रूप से देखा जाए। नित्य तीखे होते हुए सामाजिक संघर्ष में जिस तरह हवाई मानवतावाद का नारा नहीं चल सकता, उसी तरह 'अनजानी प्रगतिशीलता' का नारा भी धोखा है।

इस प्रकार हिन्दी साहित्य में इस समय कलात्मक सौन्दर्य की प्राप्ति के लिए समीक्षकों और कृती साहित्यकारों के सम्मुख ये बातें स्पष्ट हो जानी चाहिए—रूप-विधान पर विशेष बल देना ग़लत है।

विषयवस्तु पर बल देना ही सही है।

विषयवस्तु पर बल देने का अर्थ है : कलाकार द्वारा वास्तविक जगत के यथार्थ का यथासम्भव पूर्णतम और गहरा ज्ञान।

यथार्थ का पूर्ण ज्ञान योग, समाधि और इलहाम से नहीं हो सकता। मार्क्सवादी सिद्धान्तों के अध्ययन मात्र से भी नहीं हो सकता। किसी वैज्ञानिक दृष्टि अथवा विवेक के बिना सांसारिक संघर्षों में इधर-उधर ठोकरें खाने से भी नहीं हो सकता। वैज्ञानिक सामाजिक दृष्टिकोण के साथ जीवन-संग्राम में सक्रिय भाग लेने से ही यथार्थ का पूर्ण और गहरा ज्ञान हो सकता है।

इस परिवर्तमान परिस्थिति में 'अनजानी प्रगतिशीलता' का नारा काम नहीं दे सकता।

स्पष्ट और सचित्र रूप-विधान के लिए आवश्यक है कि यथार्थ की परख बहुत ठोस और स्पष्ट हो; सामान्य सिद्धान्तों के रूप में नहीं, बल्कि विशेष मानव-मूर्तियों और स्थितियों के रूप में हो।

सामयिक यथार्थ का ज्ञान होना ही काफ़ी नहीं है, बल्कि भावी स्वप्न का स्वरूप भी स्पष्ट रहना चाहिए, जिस पर लेखक की आस्था हो।

वर्तमान की परीक्षा और भविष्य की कल्पना के साथ साहित्यकार में अतीत की महान साहित्यिक परम्परा का जीवित बोध और स्वायत्तीकरण भी होना चाहिए।

साहित्यकार में वर्तमान, भविष्य और अतीत के साथ जितना घनिष्ठ सम्बन्ध होगा, उसकी रचना भी उतनी ही महान होगी।

[1953]

सामाजिक संकट और साहित्य

अठारहवीं सदी के अन्त में जर्मनी की राजनीतिक और सामाजिक हालत बहुत ख़राब थी; फिर भी उसमें गेटे और शिलर जैसे महान साहित्यकार पैदा हुए। एंगेल्स के एक लेख से इस बात का हवाला देकर आज कुछ लेखक यह साबित करना चाहते हैं कि सामाजिक संकट साहित्य के विकास के लिए बाधक नहीं है। दिल के बहलाने को यह ख़याल तो अच्छा है और इससे अपना साहित्यिक अहं भी तुष्ट हो जाता है। लेकिन फिर वही लेखक इस तरह 'अज्ञात भय' से आकुल क्यों हैं? क्यों वे दर्द से छटपटा रहे हैं और क्यों है उनकी कविता में 'अन्धायुग' तथा आलोचना में 'मूल्यगत संक्रमण' का इतना विलाप? यह ख़याल सच है या यह दर्द? प्रबल वह युक्ति है या यह वास्तविकता?

'आलोचना का गहन दायित्व' लेने के कुछ ही दिन बाद '53 की जुलाई में आलोचना-मंडल ने एक साँस में साहित्यिक और सामाजिक, दोनों गतिरोधों को नकारते हुए बड़ी शान से कहा कि उचित प्रतिभा होने पर गतिरोध नहीं है। स्वतंत्र भारत की 'प्रजातांत्रिक पद्धति' में उन्होंने आस्था प्रकट की; चारों ओर आशाभरी दृष्टि फेंकी और बेफिक्री से कहा कि गतिरोध का प्रश्न ही क्या! हमें तो सब कुछ जीतना ही है, हारना कुछ भी नहीं है।

चार महीने भी न बीते कि अक्टूबर की आलोचना में 'मूल्यगत संक्रमण' की ख़बर निकली। फिर तो सब कुछ इतनी तेज़ी से बदला कि साल ही भर के भीतर 'मूल्यहीनता, रहस्यवादी आस्था, वेदना और विनाश-भय की मिली-जुली भावनाओं की चीख़-पुकार सुनाई पड़ने लगी। गतिरोध को नकारनेवाले लोगों ने छाती पीट-पीटकर चिल्लाना शुरू कर दिया कि पूरे के पूरे देश और पूरे के पूरे साहित्यिक निकाय पक्षाघात से अशक्त होकर प्रगति और विकास की दिशाओं में भटक गए।' प्रजातांत्रिक आस्था काफ़ूर हो गई और हाथ लगी रहस्यवादी आस्था! 'शाश्वत साहित्य' का आधार खिसक गया। धीरे-धीरे बदलनेवाली भाषा भी सहसा बदल गई। जुलाई, '53 में 'आलोचना' ने उर्दू के लिए ख़तरे की घंटी बजाई और अप्रैल, '54 में अपनी ही भाषा को 'असमर्थ' और 'दूषित' कहना शुरू कर दिया। क्यों? क्या इतने ही दिनों में प्रतिभा ने साथ छोड़ दिया?

अप्रैल, '54 की 'आलोचना' इस पर प्रकाश डालते हुए कहती है कि इसका मूल हमारी राष्ट्रीय और अन्तरराष्ट्रीय स्थिति में है। स्थिति यह है कि अन्तरराष्ट्रीय क्षेत्र में हमारे राष्ट्र का सम्मान बढ़ रहा है और आलोचना-मंडल के लिए सबसे ख़तरनाक स्थिति यही है। नौ महीने पहले जिन लोगों को 'भारत के बढ़ते हुए अन्तरराष्ट्रीय महत्त्व' पर अभिमान था, उन्हीं लोगों को अब 'सत्कार की आँखों में तुच्छता की छाप' दिखाई पड़ने लगी। यह आलोचनात्मक दृष्टि की विशेषता है। लगता है, जैसे इस बीच भारत ने कोई बहुत बड़ा अपराध कर दिया! विश्वशान्ति की रक्षा के लिए भारत जो प्रयत्न कर रहा है, आलोचना-मंडल को उससे बड़ी तकलीफ हो रही है। मारा घुटना, फूटी आँख! चोट कहीं लगती है, दर्द कहीं उठता है!

मजेदार बात यह है कि आलोचना-मंडल को मूल्यहीनता और प्रगति की दिशा से भटकने का एहसास उस वक़्त हो रहा है जब युद्ध की आशंका काफ़ी कम हो चली है और शान्ति की आशा पहले से कहीं अधिक है। इधर लोगों में संकट कटने की आशा बढ़ रही है और उधर आलोचना-मंडल का दर्द बढ़ रहा है। मतलब यह है कि इनके दर्द का कारण विश्वशान्ति है।

विश्वशान्ति के 'ख़तरे' से चीख़नेवाले यूरोप और अमरीका में भी हैं और वहाँ से थोड़ी-सी आह निकलती है तो यहाँ कुहराम मच जाता है। फिर भी 'आलोचना' के सम्पादक बार-बार यह क़सम खाते हैं कि 'यूरोपीय मध्यवर्ग या निम्नमध्यवर्ग की भाँति हूबहू हममें वह चारित्रिक अराजकता, अनास्था, व्यक्तित्व का बिखराव' नहीं आया है। यदि इनकी स्थिति यूरोपीय मध्यवर्ग की-सी नहीं हुई है तो कविता और आलोचना में ये भारतीय लेखक इलियट, स्पेंडर, केस्टलर वगैरह को ही हर जगह प्रतिध्वनित क्यों करते रहते हैं? उन-से नहीं हैं, फिर भी उन्हीं की आवाज़ निकालते हैं। बात बोलेगी, हम नहीं।

गरज़ कि एंगेल्स की आड़ लेने के बावजूद आलोचना-मंडल ने अपने साहित्य के संकट और उस संकट के सामाजिक कारण का इजहार कर दिया। ज़ाहिर नहीं किया तो केवल यह कि सामाजिक संकट साहित्य के विकास में किस तरह बाधा देता है और सामाजिक संकट में भी साहित्य की पताका झुकने न देने के लिए साहित्यकार को क्या करना पड़ता है। लेकिन उनके ज़ाहिर न करने से ही इन बातों पर पर्दा नहीं पड़ जाता। एंगेल्स के उस लेख में ही उन्हें पर्दाफाश करने की काफ़ी सामग्री है। अफ़सोस, उन्होंने एक ख़तरनाक आदमी की आड़ ली!

एंगेल्स का कहना है कि ह्रास युग में भी गेटे और शिलर जैसे महान साहित्यकार इसलिए हुए कि उन्होंने सम्पूर्ण जर्मन समाज की तत्कालीन स्थिति के विरुद्ध विद्रोह की आवाज़ उठाई। लेकिन सामाजिक ह्रास का प्रभाव इतना ज़बर्दस्त था कि उम्र ढलने के साथ ही इन महान लेखकों में निराशा बढ़ने लगी। एंगेल्स ने बड़े अफ़सोस

के साथ लिखा है कि श्रेष्ठ और सबसे शक्तिशाली बुद्धिवाले मनीषियों ने भी अपने देश के भविष्य की सभी आशाएँ छोड़ दीं।

इससे स्पष्ट है कि साहित्य पर सामाजिक संकट का बड़ा घातक असर पड़ता है। जवानी की उमंग में गेटे और शिलर ने जो विद्रोह और उद्दाम प्रेम की रचनाएँ कीं, वे शीघ्र ही परिस्थितियों की चपेट से दब गईं। अपने युग के गहरे विषाद से ऐसे महान व्यक्ति भी न बच सके। यदि सामाजिक संकट का प्रभाव साहित्य और संस्कृति के लिए इतना घातक न होता तो मार्क्स और एंगेल्स पूँजीवादी व्यवस्था को ख़तम करने के लिए अपना सारा जीवन क्यों लगा देते? मार्क्स-एंगेल्स ने एक बार नहीं, अनेक बार कहा है कि पूँजीवादी व्यवस्था कला और कविता के लिए घातक है। और यह तथ्य ऐसा है जिसे मार्क्स-एंगेल्स को न माननेवाले लेखकों ने भी स्वीकार किया है। आलोचना-मंडल के गुरु 'प्रतीक'-सम्पादक अज्ञेय में तो इतनी ईमानदारी है कि व्यक्तित्व के टुकड़े कर देनेवाली पूँजीवादी जीवन-व्यवस्था हमारी जिजीविषा के टुकड़े नहीं कर पाती, यह सही है, परन्तु उसे व्यर्थ कर देती है। स्वीकार कर लें, लेकिन शिष्य-मंडली में इतनी अधिक आस्था है कि वह सामाजिक क्लास के प्रभाव को कतई इनकार करती है! गोया सारा-का-सारा दर्द, संशय, निराशा, यौन-कुंठा, प्रभु की पूजा वगैरह आसमान से बरसे हैं। इतनी वेदना और ऐसी अश्लीलता समूचे साहित्य में आज से पहले शायद ही कभी व्यक्त हुई हो! लेकिन आस्थावादी लेखक हैं कि इसी को साहित्य का गौरव समझते हैं। सामाजिक ह्रास का सबसे ख़तरनाक असर सम्भवत: यही है जब लेखक अपनी कमज़ोरियों को ही गौरव देने लगता है।

गेटे और शिलर की महत्ता इस बात में है कि उन्होंने उस ह्रास-युग के फलस्वरूप अपने भीतर प्रतिबिम्बित होनेवाली कमज़ोरियों के विरुद्ध संघर्ष किया। वे अपनी निराशा और वेदना के लिए महान नहीं हैं, बल्कि उस जीवन्त शक्ति के लिए महान हैं जो नैतिक-सामाजिक स्तर पर स्वस्थ-पवित्र जीवन के लिए लड़ रही थी। अस्वस्थ प्रवृत्तियों के विरुद्ध स्वस्थ प्रवृत्तियों का यह संघर्ष केवल उन्हीं दो व्यक्तियों के भीतर नहीं था बल्कि उस युग के अनेक विचारकों के भीतर चल रहा था और बहुत बड़े पैमाने पर किसी-न-किसी रूप में वह संघर्ष सम्पूर्ण जर्मनी में मौजूद था। यह असन्तोष और संघर्ष गेटे और शिलर की 'शुद्ध' प्रतिभा की उपज न थी। एक हद तक वह तत्कालीन सामाजिक संघर्ष का प्रतिबिम्ब था। अपने युग की ह्रास-भावना के विरुद्ध लेखक के मन में असन्तोष तभी पैदा होता है जब समाज के किसी-न-किसी स्तर अथवा एकदम निचले स्तर में उसके प्रति कुछ असन्तोष हो।

उदाहरण के लिए हम अपने हिन्दी साहित्य के दो युगों को लें : एक भक्तिकाल और दूसरा रीतिकाल। यदि राजनीतिक दृष्टि से देखें तो दोनों ही कालों में मुग़ल बादशाहों का शासन था। सामाजिक ढाँचे में भी कोई मौलिक परिवर्तन नहीं हुआ था। फिर भी भक्तिकाल के कवि हैं कि उन्होंने प्राकृत-जनों का गुण गाने से इनकार

कर दिया और रीतिकाल के कवि अपने आश्रयदाता राजाओं को रिझाने में लगे रहे। भक्तों ने लौकिक प्रेम के चित्रण में अलौकिक गारिम्य भर दी और रीतिकाल के कवियों ने उसमें दरबार का दाग़ लगा दिया। भक्त कवि तो जाति-बरन, ऊँच-नीच-भेद भरे कलिकाल के ख़िलाफ़ अपने भगवान से शिकायत करते हुए आँसुओं का अर्घ्य चढ़ाते रहे और रीतिकालीन कवि रागरंग में मस्त रहे।

इसका क्या जवाब है? क्या बिहारी, देव, केशव, मतिराम वगैरह में कबीर, जायसी, सूर, तुलसी इत्यादि से प्रतिभा कम थी? प्रतिभा के आधार पर इस सवाल का बुद्धिसंगत जवाब देना सम्भव नहीं है। रीतिवादी कवियों को कलिकाल से असन्तोष नहीं हुआ, तो यह उनकी कम प्रतिभा का परिणाम है या दरबारदारी का? दरबारों तक दुख की पुकार पहुँचती ही कब थी? दूसरी ओर संत और भक्त थे जिन्हें गाँवों में होनेवाले अत्याचार तथा उन अत्याचारों के विरुद्ध उठनेवाले असन्तोष का प्रत्यक्ष अनुभव था। कलिकाल का अत्याचार अपने नग्न रूप में उनके सामने था और साथ ही असन्तोष की वह दबी हुई आग भी प्रत्यक्ष थी। इसीलिए उनकी कविता में वेदना के मार्मिक स्वर के बीच मानव की असन्तुष्ट भावना फूट पड़ी है। तात्पर्य यह कि संकटकाल में भी श्रेष्ठ साहित्य उत्पन्न होता है लेकिन तब, जब समाज में उस संकट के विरुद्ध असन्तोष का बीज हो। इस असन्तोष को लोकजीवन से जितना ही बल प्राप्त होता है, उसमें उतना ही ओज आता है और साहित्य का स्वर उतना ही ऊँचा उठता है। संत-भक्ति युग में संतों के असन्तोष के पीछे लोकजीवन का यही नैतिक बल था।

इतिहास से इस बात के पर्याप्त प्रमाण मिलते हैं कि आरम्भिक मुग़ल बादशाहों—विशेषत: अकबर के प्रयत्न से उत्तर भारत में व्यापार और खेती-सम्बन्धी ऐसे बहुत-से कार्य हुए जिससे गाँवों का आपसी बिलगाव कम हुआ और जातीय जीवन की नींव पड़ी, साथ ही सदियों की लूटपाट के बाद देश में कुछ शान्ति और सुव्यवस्था स्थापित हुई। भक्तिकाव्य की उत्कृष्टता देश की इस समृद्धि से भी जुड़ी हुई है। इन परिस्थितियों ने लोकजीवन में अपने पुराने अत्याचारों के विरुद्ध अन्तोष का भाव जगाने की दिशा में काफ़ी काम किया।

भक्तिकाव्य में लोकजीवन की इसी विजय का उद्घोष है।

यह लोकजागरण इसी तरह समय-समय पर ऊपरी स्तर को सहारा दिया करता है। अंग्रेज़ी राज के दिनों में जब देश पर राजनतिक और आर्थिक अत्याचार तीखा हो रहा था, प्रेमचन्द, प्रसाद, निराला, और पंत जैसे साहित्यकारों ने साहित्य की गौरवशाली पताका ऊँची रखी। पराधीनता के युग में भी हमारे साहित्यकारों ने साहित्य को पराधीनता का शिकार नहीं होने दिया, उसके पीछे उनके अपने व्यक्तित्व के बावजूद जनता का महान जागरण भी था। इस जनजागरण के अभाव में पचास साल पहले भारतेन्दु जैसे महान प्रतिभाशाली साहित्यकार भी यथेष्ट कार्य न कर सके!

इसका अर्थ यह नहीं है कि राजनीतिक और आर्थिक पराधीनता का घातक प्रभाव हमारे साहित्य पर नहीं पड़ा। छायावादी कविता में जो निराशा, वेदना, पलायनवाद वगैरह दिखाई पड़ते हैं, वे पराधीनता के प्रभाव नहीं तो क्या हैं? मध्ययुग की ह्रासशीलता ने यदि भक्तिकाव्य में लौकिक दुख को उलटकर अलौकिक बना दिया और इस तरह काव्य के स्वर को और भी गीला कर दिया तो आधुनिक युग की पराधीनता ने रहस्यवाद और निराशावाद की सृष्टि की। इस प्रकार ह्रास युग के श्रेष्ठ साहित्य में भी मलिनता की छाया दिखाई पड़ती है। समकालीन ह्रासोन्मुख वातावरण से संसार का श्रेष्ठ से श्रेष्ठ साहित्य भी मुक्त नहीं है। यदि हम अपने युग के हिन्दी साहित्य से उदाहरण लें तो पाएँगे कि जागरूक से जागरूक लेखक भी 'सेक्स' के किसी-न-किसी प्रकार के चित्रण से नहीं बच सका है। इतनी पैनी सामाजिक दृष्टिवाले यशपाल भी 'सेक्स' सम्बन्धी विकृतियों में प्राय: फँस जाते हैं। यदि नैतिक संयम नहीं तो कला का कठोर संयम स्वीकार करनेवाले अज्ञेय भी 'नदी के द्वीप' में इस उफान को न दबा सके। यह सामाजिक क्लास के मलिन प्रभावों में से एक है।

ह्रास युग में भी श्रेष्ठ साहित्य इसलिए सम्भव होता है कि सम्पूर्ण मानव समाज का एक साथ ही ह्रास नहीं हो जाता; विकास का बीज ह्रास के तल में कहीं-न-कहीं मौजूद रहता है। विकास की स्थिति यदि संसार के किसी कोने में मौजूद हो तो भी उसका असर पड़ कर रहता है। विकास का यह बीज सामान्यत: जनता के जीवन में होता है। ह्रास युग के श्रेष्ठ साहित्य की श्रेष्ठता का मूल स्रोत यही लोकजीवन है। ऊपरी स्तर की ह्रास-भावना यदि साहित्य को मलिन करती है तो निचले स्तर में दबी हुई जनता उसे संजीवन रस प्रदान करती है। परन्तु प्राय: ऐसा होता है कि ऊपरी स्तर के विषाक्त प्रभाव से सारा वातावरण इतना गन्दा हो जाता है कि साहित्यकार नीचे छिपी हुई संजीवनी शक्ति तक नहीं पहुँच पाते। ऐसा सामान्यत: होता है। विशेष स्थिति में ही साहित्यकार उस वातावरण को भेदकर शक्ति और सौन्दर्य के मूल उत्स तक पहुँचता है। साहित्यकार को यह प्रेरणा कभी-कभी अपने देश के बाहर किसी अन्य देश के नवजागरण से भी मिलती है। उदाहरण के लिए आज के अनेक हिन्दी साहित्यकार चीन और सोवियत संघ के महान जनजागरण से प्रेरित होकर अपने देश की जनशक्ति से साहित्य के लिए संजीवन रस प्राप्त कर रहे हैं।

जिस प्रकार संसार के अन्य देशों का सामाजिक ह्रास किसी देश के विकासशील वातावरण को भी प्रभावित किये बिना नहीं रहता, उसी तरह देशान्तर का सामाजिक विकास किसी देश की ह्रास-दशा में भी शक्ति का संचार करता है। परन्तु आज के युग में भी ऐसे लेखक हैं जो इस तथ्य से कतई इनकार करते हैं। एक ओर यदि चीन और सोवियत संघ की जनता के महान कार्यों से उन्हें प्रेरणा नहीं मिलती तो दूसरी ओर अमरीका और यूरोप का सामाजिक संगठन भी उनके लिए 'बौद्धिक स्थिति'

मात्र है। प्रेरणा न लेना चाहें तो वे न लें लेकिन अमरीका और यूरोप के सामाजिक संकट का घातक असर वे कैसे छिपा सकते हैं? निहुरे-निहुरे भी कहीं ऊँट की चोरी हुई है? यह तो उनकी रचनाएँ ही बताती हैं कि यूरोप का संकट हिन्दी के इन लेखकों के लिए 'बौद्धिक स्थिति' मात्र है या 'भावावेश की परिस्थिति'। सामाजिक संकट के घातक प्रभाव को स्वीकार करना निराशावाद नहीं है। यदि वस्तुस्थिति को पहचानना ही निराशावाद है तो यह निराशावाद उस आशावाद से कहीं अच्छा है जो वस्तुस्थिति से आँख मूँदता है। ऐसे आशावाद का सही नाम पलायनवाद है। परन्तु जहाँ जीभ पर आशा और दिल में निराशा हो, वह आत्मप्रवंचना है और यह पलायनवाद से भी ख़तरनाक है। ऐसी प्रवंचना से श्रेष्ठ साहित्य नहीं रचा जाता।

श्रेष्ठ साहित्य मन का लड्डू नहीं है कि जब जी चाहा, बना लिया। श्रेष्ठ तो श्रेष्ठ, साहित्य-मात्र किसी की स्वेच्छा पर निर्भर नहीं है। जब जैसा जी हुआ, वैसा साहित्य कोई नहीं रच सकता। वह एक निश्चित परिस्थिति में और एक निश्चित परिस्थिति से पैदा होता है और यह परिस्थिति उसकी स्वेच्छा को मर्यादित करती है—यहाँ तक कि उसके विद्रोह को भी। परिस्थिति के विरुद्ध लेखक का विद्रोह भी उस परिस्थिति के द्वारा निर्धारित होता है। यह लेखक की ऐतिहासिक सीमा है। मन के लड्डू खाने की अपेक्षा अपनी ऐतिहासिक सीमा को समझने और समझकर बदलने की कोशिश करने में कहीं अधिक स्वाद है।

[1954]

राजनीति और साहित्यकार

प्रेसिडेंट जॉनसन की विदेश-नीति ख़ास तौर से वियतनाम-नीति के ख़िलाफ़ अमरीका के शिक्षकों और छात्रों ने क़रीब छह महीने से जो बौद्धिक अभियान छेड़ रखा है, उस सिलसिले का सबसे दिलचस्प और शायद सबसे महत्त्वपूर्ण अध्याय है—इसी सप्ताह सम्पन्न होनेवाला व्हाइट हॉल का पहला सांस्कृतिक समारोह।

समारोह में लगभग चार सौ कवि और चित्रकार, गायक, अभिनेता आदि एकत्र हुए किन्तु उनके आचार-विचार ने जॉनसन के सामने स्पष्ट कर दिया कि कला राज्य से असन्तुष्ट है और अधिकांश कलाकार सरकार की साम्राज्यवादी नीति के समर्थन से इनकार करते हैं।

पुलिट्ज़र पुरस्कार-विजेता प्रसिद्ध कवि राबर्ट लावेल ने पहले ही निमंत्रण अस्वीकार कर बिगुल फूँक दिया था। कलाकारों ने, जिनमें से कुछ समारोह के लिए निमंत्रित नहीं थे, सावर्जनिक रूप से लावेल के निर्णय का समर्थन किया। स्पष्ट ही इस घटना ने तमाम समानधर्मा लेखकों के मन में एक असमंजस-भरा क्षोभ डाल दिया। फल प्रकट हुआ ऐन समारोह के मौके पर।

कवि जान हरसे ने जानबूझकर उस अवसर पर 'हिरोशिमा' शीर्षक कविता पढ़ी जो निश्चय ही प्रेसिडेंट के लिए कड़वा घूँट थी। जले पर नमक का काम किया काव्य पाठ की भूमिका ने जिसमें हरसे ने राष्ट्र की विदेश नीति पर छींटाकशी की। चोट शुरू ही हुई थी कि आलोचक डवाइट मैकडोनल्ड ने आगे बढ़कर एक पहलकदमी की और समारोह में घूमकर प्रशासन-विरोधी एक पेटीशन पर खुलेआम हस्ताक्षर कराने लगे। वैसे, मैकडोनल्ड पहले भी राबर्ट लावेल का समर्थन कर चुके थे, किन्तु उन्होंने समारोह में भाग लेकर उस अवसर का लाभ उठाना अधिक उपयुक्त समझा। प्रशासन की दृष्टि में कलाकारों की 'उग्रता' उस समय चरम सीमा पर पहुँच गई पर सरकार की ओर से सोवियत संघ में अमरीका के भूतपूर्व राजदूत जार्ज कैन्नन ने 'समकालीन समाज में कलाकार का स्थान' विषय पर अपना वक्तव्य आरम्भ किया और बगल के कमरे में 'लुईवील आर्केस्ट्रा' ने अपना कार्यक्रम चालू कर दिया जिसे स्पष्टत: जानबूझकर बाधा पहुँचाने के अर्थ में ग्रहण किया गया।

अन्त में प्रेसिडेंट जॉनसन ने जैसे सब कुछ पीकर भाषण देते हुए कहा कि 'आपकी कला राजनीतिक अस्त्र नहीं है लेकिन आप जो करते हैं, उसका बहुत कुछ गम्भीर रूप में राजनीतिक है।'

प्रेसिडेंट की यह 'गम्भीर चेतावनी' भी कलाकारों के ऊपर से शायद साफ़ गुज़र गई। इसीलिए अन्यमनस्क भाव से जब वे कुछ अतिथियों से हाथ मिलाकर विदा हुए तो यह कहते पाए गए कि कुछ ने न आकर मेरा अपमान किया, तो कुछ ने आकर।

अमरीकी व्हाइट हॉल का सांस्कृतिक समारोह हमारे लिए वैसे इतना महत्त्वपूर्ण नहीं है कि उसका इतना विस्तृत विवरण दिया जाए। विस्तार इसलिए भी बहुत आवश्यक नहीं कि इस देश के बुद्धिजीवी जिन अख़बारों की ख़ुराक पर जीते हैं, उनमें इस घटना का काफ़ी रोचक वर्णन आ चुका है। फिर भी इसका उल्लेख इसलिए करना पड़ा कि इसे पढ़कर भी हमारे बुद्धिजीवियों और लेखकों ने कुछ ऐसा रुख़ दिखाया, जैसे कुछ हुआ ही न हो! आख़िर इस ख़ामोशी, इस अन्यमनस्कता और इस उदासीनता का क्या अर्थ है?

जहाँ विदेश के मामूली से मामूली साहित्यिक 'स्कैंडल' पर हफ़्तों चर्चा की जाती है और चर्चा करने में इतनी फुर्ती दिखाई जाती है कि उनकी बहुज्ञता और 'अप-टु-डेट' होने का रोब-ग़ालिब हो जाए—वहाँ इस मोर्चे पर मौत का-सा सन्नाटा! या इलाही, ये माजरा क्या है?

जाने कहाँ इंग्लैंड के किसी अख़बार में सोवियत संघ के किसी तथाकथित लेखक के छद्म नाम से एक 'वार्ड-7' नाम का उपन्यास छप गया तो अपनी हिन्दी के कुछ नये लेखक उसे इस तरह ले उड़े, जैसे बरसों से इसका इन्तज़ार कर रहे हों कि कोई सोवियत-विरोधी किताब आए और ख़बर के लिए भूखी हिन्दी जनता को दौड़कर उसकी सूचना पहुँचाएँ! किसी के कान पर जूँ न रेंगे लेकिन दोस्तों को तो आसमान सर पर उठाना है और उन्होंने उठाया।

लेकिन अमरीका की इस 'साहित्यिक' घटना पर न कलम उठी, न आवाज़ और न भौंह या पलक। 'बात कुछ सर तो नहीं है कि उठाए न बने!' बात न उठाएँ तो बात बनाएँ ही!

राबर्ट लावेल को हमारे नये कवि और लेखक न जानते हों—ऐसा नहीं है। नये कवियों में से अनेक ऐसे मिलेंगे जो ज़रा-सा छेड़ने पर ही राबर्ट लावेल की कविता-पुस्तकों के नाम ही नहीं बल्कि अनेक कविताओं के शीर्षक और स्मृति का चमत्कार दिखलाते हुए कविता की कुछ पंक्तियाँ भी सुना सकते हैं। वे राबर्ट लावेल को चाहनेवाले हैं—अपना मानकर अपनानेवाले भी। लेकिन यह दिलचस्पी, देखिए तो, कविता तक ही रुक जाती है। कविता में जहाँ से शक्ति आती है, कवि के जिस साहस से कविता में धार आती है, उससे हमारे नये कवियों को क्या मतलब?

बीटनिक कवियों पर कहवाघरों में बात करते फेचकुर फेंक देंगे, उनके बारे

में सुनी-सुनाई किंवदंतियों को जैसे अपनी मानकर सुनाएँगे, दूसरे-तीसरे हाथ की उधार ली हुई सूचनाओं को मौलिक लेख के रूप में छपाएँगे, बिना पढ़े और समझे बीट कविताओं पर बहस करेंगे और हर वक़्त गोया शहादत का क़फ़न सर पर बाँधे घूमेंगे—लेकिन 'वो बात सारे फसाने में जिसका ज़िक्र नहीं'। वह बात यह कि बीट कवियों ने क्यूबा को अपना समर्थन दिया, कास्त्रो को अपना नेता माना और अमरीकी वर्ण-भेद की नीति के ख़िलाफ़ नीग्रो आन्दोलन में हिस्सा लिया। क्यों? क्या इसलिए कि यह सब 'राजनीति' है—राजनीति, जो 'बोर' करती है और जिसमें दिलचस्पी लायक कोई चीज़ नहीं? यह 'मीठा-मीठा गप्प और कड़वा-कड़वा थू' क्यों?

लावेल की कविता, लेकिन लावेल की राजनीति नहीं। बीट कवियों का 'सेक्स' लेकिन बीट कवियों की राजनीति नहीं। मोम का स्वाद भी मिले और हाथ भी न जले, ऐसा तो अभिजात और मध्यवर्ग की युवतियों के बारे में कहा जाता है, जिसे वोकैशियो 'लविंग बाई प्रॉक्सी' कहते थे।

प्रेरणा अमरीका से ही सही, लेकिन आधी ही क्यों? बाक़ी आधी क्यों नहीं?

नई पीढ़ी के कवि बड़े गर्व से कहते हैं कि पिछली पीढ़ी के हिन्दी कवियों की दृष्टि बहुत सीमित थी, यहाँ तक कि वे राष्ट्रीय सीमा से आगे बढ़कर देख ही नहीं पाते थे, जबकि नई पीढ़ी की व्यापक दृष्टि पूरे विश्व को अपने व्यास में समेटे हुए है। यह दावा सही होता यदि इस विश्वव्यापी दृष्टि की किरणें आज की विश्व-राजनीति पर भी कुछ तेज़ रोशनी डालतीं : 'राजनीति' न सही तो विश्व में जहाँ भी मानवता पर संकट हो, उस पर 'मानव-नियति' या 'मानव-स्थिति के ही नाते ये नये कवि कुछ प्रकाश बिखेरते।'

लेकिन व्यवहार में स्थिति कुछ ऐसी दिखाई पड़ रही है कि यह पीढ़ी बहुत कुछ अपनी पूर्ववर्ती पीढ़ी से भी अधिक 'क्षेत्रीय' और 'संकीर्ण' हो चली है। ऐसा नहीं है कि इस पीढ़ी में 'असन्तोष' और 'विद्रोह' की आग नहीं है, लेकिन लगता है कि वह आग जैसे एक सिगरेट पर आकर ख़त्म हो जाती है! बातों से इतना तो पता चलता है कि यह लेखक सरकार के समक्ष झुकने को तैयार नहीं है—सरकार के सामने न तो यह हाथ फैलाने की जिल्लत उठाना चाहता है और न सरकारी सम्मान का भूखा है। यहाँ तक कि वह सरकार से किसी तरह डरता भी नहीं, अपने जनतांत्रिक अधिकारों का उपयोग करते हुए वह सरकार के ख़िलाफ़ कुछ भी कहने या लिखने का हौसला रखता है। लेकिन देखिए तो अमल में वह करता क्या है?

जो लेखक उसकी समझ से 'सरकारी' हैं, उन पर हमला, यानी हमला सीधे सरकार पर नहीं, बल्कि उस पर जो किसी प्रकार सरकार का समझा जाता है, क्योंकि उसे पता है कि सरकार तथाकथित अपने उस लेखक की मदद करने नहीं आएगी। उल्लेखनीय है कि जिस समय राबर्ट लावेल अपने राष्ट्र के प्रेसिडेंट जॉनसन की नीति को चुनौती दे रहा था, उस समय हिन्दी में उसके भाईबन्द नये

साहित्यकार अपने प्रेसिडेंट या प्रधानमंत्री को नहीं बल्कि साठ पार कर चुके एक कवि पर दल बाँधकर तीरंदाजी कर रहे थे। प्रतिरोध की समानता यह कि अमरीकी कवि राष्ट्रपति का निमंत्रण लेने से इनकार करता है तो हिन्दी कवि अपने वरिष्ठ की कविता-पुस्तक पढ़ने से इनकार करता है। विद्रोह में इससे बढ़कर समानता और क्या हो सकती है? यही नहीं, बल्कि एक दूसरा कवि आगे बढ़कर यह सूत्र की फक्किका लिखता है जिसमें सारा ज़ोर 'भाषा' पर है!

और इस तरह भाषा पर तान टूटना आकस्मिक नहीं है। पश्चिमी साहित्य-समीक्षा को दूर से सूँघकर अपने यहाँ कुछ ऐसा समझा जाने लगा है कि 'आधुनिक भावबोध' से परिपूर्ण होने के लिए 'भाषा-संवेदना' बीज-मंत्र है। शायद इस 'आधुनिक भाषा-संवेदना' का ही यह राजनीतिक विस्तार है जो नये लेखकों ने सरकार के ख़िलाफ़ अपने विद्रोह को व्यक्त करने के लिए एकमात्र भाषा के सवाल को चुना और एक छोटे-से वक्तव्य पर बीस-पच्चीस हस्ताक्षर करवाकर अपने विद्रोह भाव को तुष्ट कर लिया। निश्चय ही इससे आगे बढ़ने का अर्थ होता अपनी लेखकीय सीमा का उल्लंघन! इस प्रकार विद्रोह भी हो गया और कोई ख़तरा भी नहीं आया। समझदारी और कहते किसे हैं? कितनी सूक्ष्म और कितनी कलापूर्ण! जनता नासमझ है जो इस आह्वान पर लेखक के पीछे उमड़ नहीं पड़ती। इसी को कहते हैं : 'स्थूल के प्रति सूक्ष्म का विद्रोह'!

'भाषा को ठीक करने से पहले मैं मनुष्यों को ठीक करना चाहता हूँ।' प्रसाद के चाणक्य का यह कथन निश्चय ही इन नये लेखकों के लेखे सूक्ष्म के प्रति स्थूल का विद्रोह होगा और सम्भवत: 'असाहित्यिक' भी! यह भी एक विडम्बना है कि आज के अनेक नये लेखकों की तुलना में निरे 'साहित्यिक', छायावादी और राष्ट्रीय सीमा में बँधे रहनेवाले प्रसाद तो इतना 'राजनीतिक' वक्तव्य दें और आज के छायावाद-विरोधी, अन्तरराष्ट्रीय दृष्टि वाले परम जागरूक साहित्यकार भाषा की क्रान्ति को ही अन्तिम क्रान्ति मान लें! ऐसी मनोदशा में केवल शब्दों की 'प्रासाद-क्रान्ति' का सपना देखा जा सकता है।

आकस्मिक नहीं है जो नई पीढ़ी के आधुनिकतावादी कवियों ने अमरीका के कवियों के राजनीतिक प्रतिरोध को अनदेखा कर दिया, जहाँ एक कवि साफ़ कहता है :

हल ढूँढ़ने का काम कवियों ने ऊबकर
सौंप दिया है
गणितज्ञ पर
और उसने राजनीतिज्ञ पर।

यहाँ आज की राजनीति में इससे अलग किसी सामाजिक भूमिका की आशा करना व्यर्थ होगा। कहने के लिए यह 'बुखारी कविता' है किन्तु मानसिक बुख़ार का प्रलाप ख़ासा सोचा-विचारा हुआ है। जो सवालों को हल करने की ज़िम्मेदारी राजनीतिज्ञों पर छोड़ देने को तैयार हो, कल को अपनी और अपने कौम की तक़दीर

भी किसी अयूब या हिटलर के हवाले कर सकता है। काम का बँटवारा इससे अच्छा और क्या हो सकता है कि एक तानाशाह सारे राज्य की बाग़डोर सँभाले और कवि तमाम सवालों से जान बचाकर चुपचाप कविता लिखे? जर्मनी में किसी समय साहित्यकारों के इसी रुख़ के कारण फासिस्ट हुकूमत आई और अमरीका में भी इसी रुझान के चलते मैकार्थीवाद का उदय हुआ। भारत में लेखकों का यह सपना पूरा न हो सका किन्तु अपने इस रुझान से वे अनजाने ही फासिज़्म के लिए रास्ता तैयार कर रहे हैं। विडम्बना तो यह है कि वे जब होश में बात करते हैं तो फासिज़्म का घोर विरोध करते हैं किन्तु ज्योंही अपनी कविता के बुख़ार में जा पड़ते हैं तो वही बड़बड़ाते हैं जिसे सुनकर फासिस्ट शक्तियाँ चली आती हैं। दुनिया को राजनीतिज्ञों के हवाले करना बहुत कुछ इसी तरह है, जैसे एक उपन्यास का अभिजात नायक ज़िन्दगी का काम अपने नौकरों पर छोड़ देने को तैयार था!

राजनीतिज्ञों पर इतनी ज़िम्मेदारी डालने के बाद राष्ट्रीय स्वयंसेवक संघ की शाखाओं में जाकर शरीर बनाने का ही काम बच रहा है क्योंकि इस समय भारत में वही एक 'अ-राजनीतिक' संगठन रह गया है जहाँ लड़कों की बाल-बुद्धि पर किसी तरह का आवश्यक-अनावश्यक ज़ोर नहीं डाला जाता है। यहाँ तक कि उसका 'बौद्धिक' भी वस्तुत: शारीरिक ही होता है। आश्चर्य नहीं जो दिमाग़ी परेशानियों से बचने के लिए बहुत-से नये लेखक इस शारीरिक अभ्यास को कहीं ज़्यादा पसन्द करें—बशर्ते वहाँ सूर्योदय से पहले उठने का नियम हटा लिया जाए!

प्रेसिडेंट जॉनसन का भाषण ऐसे लेखकों के लिए अच्छा सबक है। वैसे प्रेसिडेंट ने एक तरह से इन लेखकों के ही मन की बात कही है क्योंकि जॉनसन की तरह ये भी अपनी कला को राजनीतिक अस्त्र नहीं मानते! लेकिन जॉनसन महोदय से क्या वह प्रश्न पूछने लायक नहीं है कि यदि वे कविता को राजनीतिक अस्त्र नहीं मानते तो 'हिरोशिमा' जैसी कविता से वे इतना घबराए क्यों? क्या 'हिरोशिमा' पर लिखी हुई कविता हिरोशिमा पर छोड़े हुए परमाणु बम से भी ज़्यादा घातक थी जो वे उस पर इस तरह भड़क उठे? अब तो उनके पास उस छोटे-से बम से कहीं ज़्यादा शक्तिशाली और संहारक बम हैं फिर वे एक छोटी-सी कविता को इतना ख़तरनाक क्यों मानते हैं?

कवि के पास तो कोई बम नहीं, न कोई अस्त्र या शस्त्र ही है—सिवा अपनी कलम के और वह भी ऐसा जैसे कि आत्मरक्षा के लिए किसी आदमी के पास उसका सिर्फ़ अपना नाख़ून। इस पर भी पेंटागन के प्रभु को इतना एतराज! यदि एक कवि की बाक़ी सभी हरकतें गम्भीर रूप में राजनीतिक हैं तो इस सूची से कविता को ही अलग रखने की हिदायत क्यों?

मैं जानता हूँ कि इन असुविधाजनक प्रश्नों का सामना करने के बजाय हमारे बहुत-से कवि मित्र इस बात पर मेरी अपेक्षा कदाचित् प्रेसिडेंट जॉनसन से सहमत होना ज़्यादा पसन्द करेंगे—इस दलील के साथ कि अक्सर बहुत-से ग़ैर-साहित्यिक

साहित्य के बारे में साहित्यकारों की अपेक्षा ज़्यादा समझदारी की बातें करते हैं! इस समझ के चलते भय है, एक दिन वे अपने राष्ट्र की तक़दीर के साथ अपनी कविता की तक़दीर भी किसी ऐसे ही कला-प्रेमी 'राजनीतिज्ञ' के हवाले कर देना अधिक सुरक्षित समझेंगे। ऐसा नहीं कि नये साहित्यकार किसी राजनीतिक सवाल पर नहीं बोलते। राजनीति के बारे में इस प्रकार का अ-राजनीतिक रुख़ रखते हुए भी कुछ समय पहले उन्होंने दक्षिणी अफ्रीका के वर्ण-भेद और उससे भी पहले लुमुम्बा की हत्या तथा उसी के आस-पास अल्जीरिया के मुक्ति-आन्दोलन पर सामूहिक हस्ताक्षर के साथ वक्तव्य प्रकाशित किया था। यही नहीं, बल्कि केरल के गत चुनाव के बाद जनतांत्रिक सरकार बनाने तथा तत्सम्बन्धी राजबन्दियों को मुक्त करने के लिए भी उन्होंने अपील निकाली थी। ये छिटपुट कार्रवाइयाँ निश्चय ही नये लेखकों के साहस और राजनीतिक जागरूकता की सूचक हैं और इन्हें ऐसे अवसरों पर अपेक्षित व्यापक समर्थन भले ही प्राप्त न हुआ हो किन्तु अनेक क्षेत्रों से इसका नैतिक समर्थन किया गया! किन्तु इन इक्की-दुक्की कार्रवाइयों के बीच के लम्बे अन्तरालों को देखकर कभी-कभी लगता है कि यह सब कहीं कवि-जनोचित रोमानी साहस का प्रदर्शन मात्र तो नहीं? क्या इन कार्यों को उतनी गम्भीरता और ज़िम्मेदारी के साथ सचमुच पूरा किया जाता है जितनी इनके लिए अपेक्षित है? इनमें कहीं यह भाव तो नहीं कि देख लो, हम यह भी कर सकते हैं या 'हमको जो करना था सो कर गुजरे।'

इन तमाम बातों के बावजूद किसी भी लेखक से 'साहित्य और राजनीति' के सम्बन्धों पर सैद्धान्तिक चर्चा कर लीजिए तो देखिए कि कितनी बारीकियों के जाल बिछ जाते हैं और क्या-क्या सोसे नहीं निकाले जाते हैं। यहाँ तक कि अन्त तक जाते-जाते विषयवस्तु मूल भाषा ही बन जाएगी और 'कमिटमेंट', 'एंगेजमेंट' के बाद जाने कौन-कौन से मूल परिभाषिक शब्द आ टपकेंगे और इस प्रकार कोई सक्रिय कदम उठाने से पहले थक चुकेंगे।

कहने की आवश्यकता नहीं कि आज विश्व की जो आसन्न स्थिति है, वह एक लेखक से विचार के साथ ही क्रिया की माँग करती है। ज्याँ पाल सार्त्र, इसीलिए जहाँ एक ओर दर्शन पर गम्भीर ग्रंथ लिखते हैं, वहाँ दूसरी ओर वियतनाम के सवालात पर अमरीका का निमंत्रण अस्वीकार कर वक्तव्य भी देते हैं—ऐसा वक्तव्य, जिनके शब्द सहज ही क्रिया का रूप धारण कर लेते हैं। क्या हम अपनी जागरूकता को यह क्रियात्मक रूप नहीं दे सकते?

प्रश्न हम सबके सामने हैं जिसका जवाब सिर्फ़ एक है : 'क्रिया केवलम् उत्तर'।

केवल क्रिया नहीं और न क्रिया के लिए क्रिया। कुछ करना चाहिए इसलिए ही तब कुछ कर बैठना नहीं, बल्कि सुचिन्त्य, सुनियोजित, सुसंगत एवं संगठित क्रिया।

['जनयुग' : 4 जुलाई, 1965]

आधुनिक साहित्य की जटिलता बनाम पाठक

[1]

क्या आधुनिक, क्या प्राचीन—साहित्य कब जटिल नहीं रहा? सरल से सरल पंक्ति भी कभी-कभी जटिल प्रतीत होती है। यह ऐसी जटिलता है जिसके बारे में तुलसीदास ने कहा था : 'जिमि मुँह मुकुर मुकुर निज पानी, गहि न जाइ अस अद्भुत बानी'। निश्चय ही यहाँ हम उस प्रकार की जटिलता पर विचार करने नहीं जा रहे हैं। लेकिन इस सम्भावना की ओर संकेत करना अप्रासंगिक न होगा कि आधुनिक साहित्य की जटिलता में एक स्तर पर यह सामान्य जटिलता भी है, जिसका सम्बन्ध साहित्य-मात्र की सापेक्ष जटिलता से है।

लेकिन एक प्रकार की जटिलता और भी है जो हर युग की अपनी होती है और युग-परिवर्तन के साथ आती है और जिसके कारण एक युग के पाठकों के लिए दूसरे युग का साहित्य दुरूह प्रतीत होता है। यह 'ऐतिहासिक' जटिलता है। कहना न होगा कि साहित्य में आधुनिक युग के साथ भी एक विशेष प्रकार की जटिलता आई है और फ़िलहाल यह 'आधुनिक जटिलता' ही हमारे लिए विचारणीय है : आधुनिक साहित्य की सम्पूर्ण जटिलता नहीं, बल्कि आधुनिक साहित्य की आधुनिक जटिलता है।

वैसे, सम्पूर्ण से आधुनिक को अलगाना काफ़ी जटिल कार्य है, जटिल ही नहीं, बल्कि रचना की अन्विति पर कुठाराघात भी, और शायद रसग्राही पाठक के लिए एक बाधा भी। लेकिन आलोचना जो भी अप्रिय कार्य करवा ले।

वयं तत्त्वान्वेषान्मधुकर हतास्त्वं खलु कृती।

[2]

आधुनिक जटिलता भाव की है या भाषा की—इस ब्योरे में जाने से पहले आधुनिक जटिलता की प्रकृति का ही हमें सामना करना पड़ता है। तुलसीदास के किसी कठिन पद अथवा बिहारी के किसी कठिन दोहे के बारे में हम निश्चित रूप से जानते हैं कि क्या समझ रहे हैं और क्या नहीं। लेकिन निराला या शमशेर की किसी कविता के

बारे में यह बात नहीं है। इन कविताओं के बारे में निश्चित रूप से हम यह जानते ही नहीं कि हम उन्हें समझते हैं, यद्यपि इतना हम जानते हैं कि किसी विशेष क्षण में उनसे हम क्या समझते हैं।

अन्वय, शब्दार्थ-अलंकार-निर्देश आदि के बाद प्राचीन कविता एक निश्चित अर्थ-सूत्र में बँध जाती है और इस तरह बहुत कुछ समझ में भी आ जाती है। लेकिन आधुनिक कविता में जहाँ अन्वय की कठिनाई नहीं है और शब्दार्थ की भी कठिनाई हल हो जाती है, अर्थ के विविध रूपाकारों के निर्माण की सम्भावना बनी रहती है। एक हद तक यह कठिनाई छायावाद की भी कुछ कविताओं में थी और उन्हें अस्पष्टता तथा जटिलता का आरोप झेलना पड़ा। जिन्होंने छायावादी कविताओं को समझने का दावा किया, वे भी प्राय: उनमें 'कल्लोलिनी-कला-जल कलरव' ही देखते रहे जबकि स्वयं कवि कहता रहा : 'मैं दूर—सदा मैं दूर'। परन्तु उस 'दूर' के संकेत का भी आभास कुछ लोगों को मिल गया।

क्रमश: छायावादी कविताओं से भी अर्थ निकालने की एक पद्धति निकल आई। बहुत-से विशेषणों, उपमाओं या गौण चित्रों को एक-एक कर अलग करने के बाद प्राय: मुख्य अर्थ निकाल ही लिया जाता है। लेकिन जिसे हम 'नई कविता' कहते हैं, उस पर यह पद्धति कारगर नहीं हो पाती। शब्दों की दृष्टि से सरल और वाक्यों की दृष्टि से सीधी कविता भी पहेली बन जाती है। 'राग' शीर्षक कविता में शमशेर ने यही समस्या उठाई है और वह भी एक अत्यन्त सरल कवि त्रिलोचन का उल्लेख करते हुए :

तुमने 'धरती' का पद्य पढ़ा है?
उसकी सहजता ही प्राण है।
तुमने अपनी यादों की पुस्तक खोली है
जब यादें मिटती हुई एकाएक स्पष्ट हो गई हों?
जब आँसू छलक न जाकर
आकाश का फूल बन गया हो?
—वह मेरी कविताओं सा मुझे लगेगा :
तब तुम मुझे क्या कहोगे?

सचमुच कोई क्या कहेगा इस सरलता पर? एकदम बोलचाल के वाक्य और नित परिचित शब्द। फिर भी मैं स्वीकार करता हूँ कि इस कविता के अर्थ के बारे में मुझे निश्चय नहीं है। 'जब यादें मिटती हुई एकाएक स्पष्ट हो गई हों'—यह पंक्ति मेरे लिए पर्याप्त स्पष्ट नहीं है। 'धरती' के पद्य के बाद 'याद' के इस प्रकार सहसा उल्लेख की प्रासंगिकता भी प्रश्न है। फिर भी ये पंक्तियाँ मुझे अच्छी लगती हैं, यह कहना सम्भवत: अनावश्यक है।

इस सरलता में भी जो जटिलता है—क्या उसे हम 'आधुनिक' नाम दे सकते हैं? छायावाद की कविता यदि जटिल थी तो उस पर शब्दों का बहुत सम्भार था, लेकिन इस कविता में बस काम के ही थोड़े-से शब्द हैं। रीतिकाल की कविता कठिन थी तो इसलिए कि 'अरथ अमित अति आखर थोरे' थे; यहाँ वैसी कोताही भी नहीं है।

आधुनिक युग की इस 'सरल जटिलता' को समझने के लिए यदि यूरोपीय दर्शन से उदाहरण लें तो कांट, हीगेल और विटिगिंसटाइन की भाषा की तुलना काफ़ी होगी। कठिन तीनों ही हैं लेकिन कारण भी तीन हैं। विटिगिंसटाइन की भाषा को जहाँ साधारण पाठक भी समझ सकता है, वहाँ कांट और हीगेल की भाषा विद्वानों के लिए भी लोहे का चना है। परन्तु कांट के कसे सूत्रों की व्याख्या हो जाती है, हीगेल के शब्दों के घटाटोप से भी असली बात मालूम कर ली जाती है और विटिगिंसटाइन के सहज सुबोध वाक्य भी पहेली मालूम होते हैं।

सफ़र में पुराने ज़माने के लोग इतना सामान लादकर साथ ले जाते थे गोया पूरी गृहस्थी हो! आज सिर्फ़ एक अटैची लेकर सारी दुनिया की सैर की जा सकती है; लेकिन इसका मतलब यह तो नहीं कि आज की दुनिया में जटिलता कम हो गई है। और यदि यह बात ज़िन्दगी के बारे में सच है तो साहित्य के बारे में भी सच क्यों न हो?

रघुवीर सहाय से जब हम सुनते हैं कि :

एक मैदान है जहाँ हम, तुम और ये लोग सब लाचार हैं
मैदान के मैदान होने के आगे

तो सचमुच ही इस सपाट मैदान की सपाटता के सामने बहुत-से लोग अपने को लाचार महसूस कर सकते हैं—लाचार और शायद चकित।

इसी प्रकार केदारनाथ सिंह जब कहते हैं कि :

क्रिया और गूँगे विशेषण के बीच
खड़ी है—पूरी
एक नामहीन
पीढ़ी

तो भाषा के बीच खड़ी इस नामहीन पीढ़ी को सहसा नाम देना कठिन हो जाता है। कितनी सरल और फिर भी कितनी जटिल!

यह कठिनाई कविता के अतिरिक्त भी है। कविता में यदि अधिक है तो इसलिए कि हिन्दी में कविता ही अधिक 'आधुनिक' है। कहानी-उपन्यास में भी जहाँ 'आधुनिकता' है, इसी जाति की जटिलता मिलती है। निर्मल वर्मा की 'तीसरा गवाह' कहानी परम्परागत कथानक तथा सरल भाषा के बावजूद 'थीम' के स्तर पर एक पहेली है। पहेली यह है कि 'तीसरा गवाह' कौन है? सम्भावनाएँ कई हैं और हर एक सम्भावना के लिए ठोस युक्तियाँ हैं, फिर भी सब अनिश्चित हैं। यदि यह

अनिश्चय पाठक में ही होता तो विशेष बात न थी। महत्त्वपूर्ण यह है कि उस कहानी का नायक स्वयं भी मूल कारण के बारे में अनिश्चित है और कौन जाने, उसके द्वारा लेखक भी परिस्थिति की जटिलता तथा अनिश्चितता का ही संकेत करना चाहता है!

जटिलता के प्रति आधुनिक साहित्यकार की यह आत्म-सजगता ही आधुनिक साहित्य को पूर्ववर्ती साहित्य से अलग करती है और सम्भवत: उसे अपेक्षाकृत अधिक जटिल भी बना देती है।

[3]

जैसाकि सार्त्र ने कहीं कहा है, हम उस आदमी की तरह हैं जो एक अरसे से शीशे की ओर ध्यान दिये बग़ैर खिड़की के बाहर देख रहा था—और फिर एक दिन सहसा उस शीशे की ओर भी उसका ध्यान चला गया। यह नई सजगता की शुरुआत थी। लेखक भी एक अरसे से भाषा का प्रयोग करते आ रहे हैं और अपने अभिप्रेत के अनुसार भाषा को सँवारते-सजाते भी रहे हैं, लेकिन इतिहास में आज पहली बार इस माध्यम की 'प्रकृति' के प्रति लेखक इतना आत्मसजग हुआ है।

नि:सन्देह शब्द और अर्थ के 'साहित्य' की समस्या पहले भी उठाई गई थी। वाक् और अर्थ की प्रतिपत्ति के लिए कवि-कुल-गुरु कालिदास भी चिन्तित थे। भाव के अनुरूप भाषा को ढालने की बात मध्ययुगीन कवियों ने भी कही है। छायावाद-युग में भी भाव और कला के समन्वय की चर्चा हुई थी। 'कंटेंट' और 'फार्म' की बहस प्रगतिवाद में भी हो चुकी है, लेकिन स्वयं भाषा की प्रकृति के प्रति बुनियादी जिज्ञासा इधर ही प्रकट की गई है। दर्शन का अधिकांश चिन्तन भाषा-विचार की ओर मुड़ गया है। फ़िलहाल इस बात से बहस नहीं है कि यह ग़लत है या सही, बुरा है या भला। बात इतनी ही है कि भाषा के प्रति विशेष प्रकार की आत्म-सजगता एक तथ्य है और इस तथ्य के अस्तित्व को नकारना असम्भव है।

भाषा-सम्बन्धी आत्म-सजगता की एक मन:स्थिति का चित्रण करते हुए 'पिक्चर पोस्टकार्ड' कहानी में निर्मल वर्मा ने लिखा है : 'मैं कुछ कहना चाहता हूँ, फिर भी चुप रह जाता हूँ, क्योंकि मुझे मालूम है कि मैं जो कुछ कहूँगा, वह बहुत नीरस और निरर्थक है। बहुत-से शब्द हैं और मैं अक्सर बोलते हुए ग़लत शब्दों को चुन लेता हूँ और फिर मुझे बुरा लगता है और फिर जिद बँध जाती है, और मैं विषय में भटक जाता हूँ, लेकिन तब चुप रहने का अवसर चुक जाता है, और जब अन्त में बोलकर चुप हो जाता हूँ, तो मुझे लगता है कि मुझे शुरू में ही चुप रहना था।'

भाषा-सम्बन्धी यह आत्म-सजगता पहले के साहित्य में भी कहीं है या नहीं, मुझे नहीं मालूम। इस विवरण से स्पष्ट है कि भाषागत आत्म-सजगता किस प्रकार कथन को या तो जटिल बना देती है या मौन में परिणत हो जाती है। इससे एक ओर जटिलता की सृष्टि होती है, तो दूसरी ओर अस्पष्टता की।

कुँवर नारायण के काव्य-संग्रह 'चक्रव्यूह' की पहली कविता 'माध्यम' से इस समस्या पर और भी प्रकाश पड़ता है :

वस्तु और वस्तु के बीच भाषा है
जो हमें अलग करती है,
मेरे और तुम्हारे बीच एक मौन है
जो किसी अखंडता में हमको मिलाता है :
एक दृष्टि है जो संसार से अलग
असंख्य सपनों को झेलती है
एक असन्तुष्ट चेतना है, जो आवेश में पागलों की तरह
भाषा को वस्तु मान, तोड़-फोड़ कर
अपने एकान्त में बिखरा लेती है
और फिर किसी सिसकते बालक की तरह कातर हो
भाषा के उन्हीं टुकड़ों को पुनः
अपने स्खलित मन में समेटती है, सँजोती है,
और जीवन को किसी नये अर्थ में प्रतिष्ठित करती है।

जिन लोगों की धारणा है कि भाषा केवल जोड़ती है, उन्हें यह जानकर धक्का लगेगा कि वह अलग भी करती है; और इसीलिए आज का कवि उस अलग करनेवाली भाषा को टुकड़े-टुकड़े कर एक नये रूपाकार में सार्थक करने का प्रयत्न कर रहा है। फ़िलहाल महत्त्वपूर्ण यह नहीं है कि इस प्रयत्न में उसे कितनी सफलता मिली है, महत्त्वपूर्ण है उसका भाषा-विषयक यह नवीन दृष्टिकोण।

इस परिवर्तित दृष्टिकोण के यदि एक ओर भाषा-विनियम के आधार पर टिके हुए इस समाज के ताने-बाने की जटिलताओं को खोलकर रख दिया है तो दूसरी ओर लेखक को स्वतंत्रता का अकूत अहसास भी दिया है। असहाय अराजकता के बीच इस दृष्टि के द्वारा विविध प्रकार के जटिल रूपाकारों की रचना का आभास मिला है।

कुछ लोगों ने व्यर्थ ही ख़तरे की घंटी बजाई है कि ज्ञान-विज्ञान की विभिन्न शाखाओं-प्रशाखाओं के कारण भाषा खंडित हो गई है। इस विकास-प्रक्रिया के कारण भाषा में अभूतपूर्व सम्भावनाएँ भी पैदा हुई हैं। यही नहीं कि जो बातें पहले नहीं कही जा सकती थीं, अब कही जा सकती हैं, बल्कि हम कोई बात कहते समय उस सन्दर्भ के प्रति भी सचेत रहते हैं जिसे तत्काल व्यक्त तो नहीं किया जा सकता है, लेकिन जिससे निर्धारित होने का भाव व्यंजित करना सम्भव है।

जिस प्रकार परिवार में एक नये बच्चे के पैदा होने से परिवार के सदस्यों के पूर्ववर्ती सम्बन्धों में कुछ परिवर्तन आ जाता है, उसी प्रकार विज्ञान का हर नया आविष्कार समाज के अन्तर्वैयक्तिक सम्बन्धों में कुछ-न-कुछ हेर-फेर कर देता

है, पुराने सम्बन्धों के स्थान पर नये सम्बन्ध पैदा ही नहीं होते, बल्कि सम्बन्धों में एक-दो धागे और बढ़ जाते हैं, उनमें जटिलता आ जाती है। आज का लेखक इस जटिलता के प्रति अत्यधिक जागरूक है और यही उसकी कठिनाई है। यह कठिनाई इसलिए भी और बढ़ जाती है कि इन सामाजिक जटिलताओं को स्पष्ट रूप में समझ लेना सब समय सम्भव नहीं हो पाता है। कारण जो भी हो, लेकिन यह तथ्य है कि आधुनिक जीवन की जटिलताओं के बीच लेखक की दृष्टि में भी उलझन है।

भीषण पूँजीवादी प्रचार यदि कभी-कभी सुलझे हुए लेखक को भी उलझन में डाल दे तो क्या आश्चर्य? इसके अतिरिक्त एक बुद्धिजीवी की अपनी कुछ सीमाएँ भी हैं। जैसाकि 'संक्रान्ति काल की कुछ साहित्यिक समस्याएँ' ('त्रिशंकु') में अज्ञेय ने स्वीकार किया है : 'बहुधा प्रबुद्ध व्यक्ति के विचार स्पष्ट नहीं होते और जब ऐसा होता है तब वह 'आत्मरक्षा' की मनोवैज्ञानिक क्रिया के कारण उसे और भी उलझाने लगता है और अपने को विश्वास दिलाना चाहता है कि वह विचार में गहरा पैठ रहा है जब कि वास्तव में विचार को भावों के सागर में डुबो रहा है।'

यह आत्म-प्रवंचना, यह आत्म-विडम्बना और यह आत्म-सजगता यदि आधुनिक साहित्य को जटिल न बनाए तो क्या करे?

जटिलता, वस्तुत: आधुनिक साहित्य का एक विषय है, या कि स्वभाव का एक अंग है। बहुत-सी रचनाएँ स्वयं इस उलझन या जटिलता को लेकर हुई हैं। इसी प्रकार अनिश्चय और अस्पष्टता को भी अनेक कविताओं में चित्रित किया गया है।

जिस साधारणीकरण की कमी का आरोप 'नई कविता' पर प्राय: लगाया जाता है, वह स्वयं नई कविता का एक विषय है। इस बात को तो स्वयं कवि ही कहते हैं कि आधुनिक युग में एक को दूसरे की बात समझना मुश्किल हो गया है। जिस युग में बहुत-से लोग एकदम अकेले हों और अकेलेपन की पीड़ा से ग्रस्त हों, जिस युग में परस्पर-समागम तथा विचार-विनियम के साधनों की अभूतपूर्व वृद्धि के बावजूद लोगों में विचार-विनियम का वास्तविक आधार ही टूट गया हो, उस युग में 'साधारणीकरण' केवल साहित्यिक समस्या नहीं बल्कि सामाजिक समस्या है।

व्यक्ति-व्यक्ति और समूह-समूह के बीच में जो सामयिक दीवार खड़ी हो गई हैं, उन्हें गिराने में तो सम्भवत: कोई विराट क्रान्तिकारी सैलाब ही कामयाब हो, किन्तु इस वस्तुस्थिति के बीच अपनी सीमा में आज के साहित्यकार छोटे-छोटे सेतुओं के निर्माण का प्रयत्न अवश्य कर रहे हैं। आकस्मिक नहीं कि 'सेतु' नई कविता के काफ़ी प्रचलित प्रतीकों में से है।

इसके अतिरिक्त एक और प्रतीक है 'बरगद', जो गजानन मुक्तिबोध की कविता में प्राय: आता है। स्पष्ट ही जटिल और घनी वरोहों से युक्त यह पेड़ आधुनिक जीवन की जटिलता का प्रतीक है जो पहले की कविता में दुर्लभ है। इसलिए नई कविता की जटिलता पर निर्णय देते समय इस बात को स्पष्ट कर लेना चाहिए कि

जिसे हम प्राय: जटिल समझ रहे हैं, वह कहीं जीवन की ही जटिलता तो नहीं है और जिस जीवन को हम अपनी कमनिगाही के कारण सरल समझ रहे थे, कवि ने उसमें छिपी जटिलता का उद्‍घाटन कर दिया है।

[4]

इस आधुनिक जटिलता को इतने पर भी यदि कोई पाठक नहीं समझा तो लाचार होकर कहना पड़ेगा कि वह आधुनिक नहीं है। सम्भवत: ऐसे ही पाठकों से खीजकर अत्यन्त नवयुवक कवि सूर्यप्रताप को कहना पड़ा था :

मैं जो कुछ भी लिखता हूँ, व्यर्थ नहीं है
हूँ जहाँ खड़ा—तुम अगर वहाँ आ जाओ
फिर कह न सकोगे—इसमें अर्थ नहीं है।

कवियों की गर्वोक्ति की एक परम्परा है, अक्सर अपने ज़माने में अनेक कवि नहीं समझे गए और उन्होंने ऐसे पाठकों को क्या-कुछ नहीं कहा। नये कवि ने तो सिर्फ़ इतना ही कहा है कि 'हूँ जहाँ खड़ा, तुम अगर वहाँ आ जाओ' तो पाठक को पूरा अधिकार है कि वह कवि से भी यही माँग करे। लेकिन ध्यान में रखने की बात यह है कि कवि जहाँ खड़ा है, वह कोई सोने का सिंहासन नहीं है। वह जगह कुएँ की गहराई भी हो सकती है और आग से घिरा घर भी, या कौन जाने, खुद हमारे ही अन्दर की कोई दुखती हुई रग ही हो! प्रयोजन पाठक को केवल आत्म-सजग करना है।

कौन नहीं जानता कि एक ही स्थिति से गुज़रनेवाले व्यक्ति केवल कुछ संकेतों से एक-दूसरे की बात समझ लेते हैं। विपत्ति में या प्यार में बहुत सारे शब्दों की ज़रूरत नहीं पड़ती। एक-दो शब्द या कभी-कभी मौन ही काफ़ी होता है। क्या साहित्य के लिए भी यह सम्भव नहीं है? बहुत सारे शब्दों का अपव्यय साहित्यकार क्यों करे? जब वह जानता है कि जो सवाल उसके पाठकों के सामने है, उन्हीं से स्वयं वह भी जूझ रहा है तो उनकी ओर संकेत करना ही काफ़ी है। इस दृष्टि से, जैसाकि सार्त्र का कहना है, प्रत्येक रचना 'सन्दर्भ-धर्मी' है। यह सन्दर्भ ही है जो लेखक का भी काम आसान कर देता है और पाठक का भी। लेखक को कठिनाई तब होती है जब उसके पाठकों का सन्दर्भ भिन्न हो, अर्थात् या तो पाठक विदेशी हों या किसी दूसरे ज़माने के हों या फिर अपने युग की समस्याओं से अनजान हों।

ऐसी स्थिति में पाठकों को बदलना लेखक का कर्तव्य हो जाता है और कभी-कभी लेखक की शक्ति का अधिकांश इसी कार्य में लग जाता है। क़ायदे से जो शक्ति स्वयं कृति में जानी चाहिए, यह पाठक को परिवर्तित करने के प्रयास में लगती है तो रचना दुर्बल होने के अतिरिक्त जटिल हो जाती है। सम्भवत: आधुनिक साहित्य की जटिलता का एक कारण यह तनाव—यह द्वन्द्व भी है। लेकिन इसके अलावा कोई दूसरा रास्ता भी नहीं है।

दृश्य की रचना नि:सन्देह महत्त्वपूर्ण कार्य है, लेकिन दृष्टि को खोलना भी कम महत्त्वपूर्ण नहीं है। यदि आधुनिक लेखकों ने दोनों कार्यों को साथ-साथ निबाहने की कोशिश की और इस कोशिश में कहीं-कहीं उनकी कलम उलझ गई, तो इसकी ज़िम्मेदारी कुछ तो पाठकों पर भी जाएगी ही।

जटिलता और अस्पष्टता उन देशों की कविता में भी है, जहाँ से 'आधुनिकता' का सूत्रपात माना जाता है, किन्तु उन देशों के विचारकों और दार्शनिकों ने आगे बढ़कर आधुनिकता की जटिलताओं का विश्लेषण भी प्रस्तुत किया। हर देश और युग में विचारकों की एक ऐसी क़तार की ज़रूरत पड़ती है जो समसामयिक वातावरण को स्पष्ट करें ताकि साहित्यकारों और पाठकों का काम आसान होता रहे।

यह तथ्य है कि अपने यहाँ आधुनिक युग में ऐसे विचारक नहीं हुए। यहाँ बुद्धिजीवियों की वह अग्रगामी क़तार नहीं रही जो समस्याओं को सुलझाती और प्रश्नों को स्पष्ट करती हुई धुन्ध को साफ़ करे। लिहाजा यह कार्य भी अपने यहाँ साहित्यकारों को ही करना पड़ा और चूँकि यह कार्य उनका नहीं था और न इसमें वे अभ्यस्त ही थे, इसलिए आधुनिक साहित्य के चारों ओर अब भी जटिलता का कुहामंडल क़ायम है।

यही वजह है कि आधुनिक साहित्य जितना जटिल नहीं है, उससे कहीं अधिक उसकी जटिलता का प्रचार है। और जिनके ऊपर इस भ्रम को दूर करने की ज़िम्मेदारी थी, उन्होंने भी इसे बढ़ाने में योग दिया। नई कविता के सन्दर्भ में 'साधारणीकरण' पर सबसे ज़्यादा लेख अध्यापक-आलोचक ने लिखा। पिछले दस-पन्द्रह वर्षों में 'साधारणीकरण' की जितनी चर्चा हुई, उतनी संस्कृत में भी क्या हुई होगी! आचार्य रामचन्द्र शुक्ल भी सिर्फ़ इस शब्द का पुनरुद्धार ही करके रह गए; लेकिन नये आचार्यों ने इस शब्द को लेकर जाने कितनी शास्त्रीय बातों की उद्धरणी की। और नतीजा? विद्यार्थियों पर उनके आचार्यत्व की प्रतिष्ठा भले ही हो गई हो, नई कविता की एक भी जटिलता नहीं सुलझी।

फ्रेंच या अंग्रेज़ी में यदि आधुनिक कविता की जटिलता की शिकायत की गई तो विवेक और श्रम के साथ एक-एक प्रकार की जटिलता का विवेचन करके सामान्य नियमों का निर्देश भी किया गया। अपने यहाँ ज़्यादा से ज़्यादा नये कवियों को तुलसीदास होने का उपदेश दिया गया, और नहीं तो उन्हें जनता के समीप जाने का आदेश मिला। आदर्शों से वस्तुस्थितियों का मूल्यांकन भले ही हो जाए, विश्लेषण मुश्किल है। और अपने यहाँ यही नहीं हुआ।

[5]

परन्तु जटिलता का एक और भी पहलू है जिसके उल्लेख के बिना चर्चा अधूरी रह जाएगी। और वह है जटिलता का 'साम्प्रदायिक पहलू'। इस सम्प्रदाय की सृष्टि स्वयं कुछ-कुछ कवियों ने ही की है और कुछ आलोचकों के सहयोग से उसे एक

व्यवस्थित काव्य-सिद्धान्त का रूप प्राप्त हो गया है। फ्रेंच प्रतीकवादियों ने कविता में 'अस्पष्टता' को अनिवार्य घोषित किया, अति-यथार्थवादियों ने अनायास (ऑटोमेटिक) लेखन के साथ अनायास अनुभावन को ही काव्य का आदर्श बतलाया। यहाँ तक कहा गया कि कविता का अर्थ करना कविता को नष्ट करना है। इंग्लैंड में आई.ए. रिचड्र्स ने टी.एस. इलियट की 'वेस्टलैंड' कविता की दुरूहता का समर्थन करते हुए दुरूहता को युग-धर्म घोषित किया। रिचड्र्स के शिष्य विलियम एम्पसन ने आगे बढ़कर सात प्रकार की अस्पष्टताएँ निर्धारित कर दीं। अमरीका तो ख़ैर हर काम को बड़े पैमाने पर करने का हौसला रखता है; लिहाजा वहाँ 'नई समीक्षा' नाम से एक अलग स्कूल ही खड़ा हो गया, जिसके अनुयायी एक-एक शब्द की बाल की खाल निकालकर पिल पड़े। इस प्रकार आधुनिक कविता की जटिलता के विश्लेषण के नाम पर 'जटिलता का सम्प्रदाय' ही खड़ा हो गया, जिसके विरुद्ध नई पीढ़ी के कवियों को विद्रोह की आवाज़ उठानी पड़ी।

स्वभावत: हिन्दी इस क्षेत्र में भी पिछड़ी रही। संयोग से आलस्य ने बचा लिया। वैसे, अज्ञेय ने 'तार सप्तक' के अपने वक्तव्य में 'जटिलता के सम्प्रदाय' का बीजारोपण कर दिया था। उन्होंने तत्कालीन अंग्रेज़ी काव्य की मान्यताओं को प्रतिध्वनित करते हुए स्पष्ट शब्दों में कहा था कि आज के कवि की भाषा को किसी हद तक गूढ़, 'अलौकिक' अथवा दीक्षा-द्वारा-गम्य (esoteric) माना जाना अनिवार्य है। कुछ दिनों तक इस 'अनिवार्यता' का निर्वाह भी हुआ, परन्तु प्रयोगकाल के बाद ही वह गूँज चुपचाप दब गई।

दरअसल दुरूहता का भी एक अपना आकर्षण है। आधुनिक चित्रकला की दुर्बोधता ने व्यवसायियों तक को आकृष्ट कर लिया। चित्रकारों ने चित्र बनाए, कला-समीक्षकों की सेना ने व्याख्याएँ कीं और व्यवसायियों ने पूँजी खड़ी कर ली। कविता बेशक चित्र नहीं है; लेकिन जो लोग दुर्बोध चित्रों से व्यवसाय कर सकते हैं, उनके लिए जाने किस रूप में दुरूह कविता भी उपयोगी साबित हो जाए।

समस्या काफ़ी जटिल है और इसे सुलझानेवाले शायद और आएँ। 'समाधान' मेरे पास नहीं है। अपनी हालत तो कुछ ऐसी ही है कि :

जो सुलझ जाती है गुत्थी, फिर से उलझाता हूँ मैं।

इस हिम्मत और तबीयत पर दाद मिलनी चाहिए।

[श्री शिक्षायतन कॉलेज, कलकत्ता, द्वारा 28-30 नवम्बर, 1959 को आयोजित परिसंवाद में दिया गया व्याख्यान]

रोमांटिक बनाम आधुनिक

सवाल दरअसल छायावादी काव्य के स्वीकार-अस्वीकार का नहीं, बल्कि छायावादी दृष्टि को स्वीकार-अस्वीकार करने का है। छायावादी दृष्टि और छायावादी काव्य एक नहीं हैं। छायावादी दृष्टि के बावजूद छायावादी कवियों ने हिन्दी साहित्य को अनेक कालजयी कृतियाँ दी हैं। उन कृतियों के लिए आज के कवियों में भी सम्मान का भाव है। डॉ. रामविलास शर्मा की तरह ही आज के कवि भी निराला को अपना मानते हैं और उनसे प्रेरणा लेते हैं। इसलिए छायावाद की पूर्ण अस्वीकृति की बात एकदम बेबुनियाद है। दरअसल यह एक प्रवाद है, जिसका प्रचार जानबूझकर आज के लेखन के विरोधियों ने कर रखा है। छायावाद की पूर्ण अस्वीकृति उतनी ही ग़लत है जितनी पूर्ण स्वीकृति। डॉ. शर्मा के आज के वक्तव्य तथा दूसरे लेखों से स्पष्ट है कि वे भी छायावाद को पूर्णत: स्वीकार नहीं करते। फिर बहस का मुद्दा क्या है? क्या ऐसा है कि छायावाद के जिन तत्त्वों को डॉ. शर्मा स्वीकार करते हैं, उनको आज के कवि अस्वीकार करते हैं?

डॉ. रामविलास शर्मा भी यह मानते हैं कि आज के लेखक में एक 'नया यथार्थवादी रुझान' है। ज़ाहिर है कि इस 'नये यथार्थवादी रुझान' के अनुसार ही आज के लेखक छायावाद को भी स्वीकार-अस्वीकार करते हैं। छायावादी कविता में जहाँ यथार्थ है, वह स्वीकार्य है; बाक़ी यदि अस्वीकार्य समझा जाता है तो इस पर डॉ. शर्मा को भी एतराज नहीं होना चाहिए। आज के कवियों ने निराला से समझौताहीन-विद्रोह की भावना ली है और इसी विद्रोही भावना के साथ वे आज अपने परिवेश से जूझ रहे हैं। यह सही है कि वे निराला जैसा नहीं लिखते—यही नहीं कि लिख नहीं सकते, बल्कि लिखना भी नहीं चाहते। फिर भी आज के लेखन में जिस यथार्थ भाषा और प्रतीक योजना की दाद डॉ. शर्मा ने दी है, वह कहीं न कहीं निराला से प्रेरित है। छायावाद से भिन्न रचना करने का अर्थ छायावाद की अस्वीकृति नहीं है। सृजन का यह अद्भुत विरोधाभास है कि किसी कवि को स्वीकार करके भी उससे भिन्न रचना की जाती है। इस दृष्टि से सृजनशीलता के बुनियाद में ही अस्वीकृति है।

वस्तुत: आज के कवियों का विरोध मुख्यत: छायावादी दृष्टि से है। इसका प्रमुख कारण सामाजिक-राजनीतिक है। छायावादी युग का सम्बन्ध राजनीति में

गांधी और नेहरू की विचारधारा से है, जिसका दुष्परिणाम आज के लेखकों के सामने है। उनके मन में इस राजनीति के विरुद्ध तीव्र विद्रोह है। इसीलिए वे इस राजनीति से सम्बद्ध छायावादी दृष्टि के भी ख़िलाफ़ हैं। यथार्थ का दबाव इतना तीखा है और उसे हू-ब-हू देखने का आग्रह इतना प्रबल है कि छायावादी इन्द्रजाल को तोड़ना ज़रूरी मालूम होता है। यदि पूर्ववर्ती लेखकों ने इस छायावादी जाल को पूरी तरह तोड़ने में तत्परता दिखाई होती तो इस बारे में आज के कवियों का क्षोभ काफ़ी कम होता।

इस पृष्ठभूमि से स्पष्ट है कि आज के कवियों का छायावाद-विरोध टी.एस. इलियट का असर नहीं, बल्कि अपनी ही तीस वर्षों की परम्परा की विरासत है। छायावाद-विरोध के मामले में आज के कवि प्रगतिवाद और नई कविता ही नहीं, बल्कि स्वयं निराला-पंत के भी अनुगामी हैं जिन्होंने सन् '36-'37 तक आते-आते छायावाद को अस्वीकार कर दिया था।

छायावाद-विरोध की इस लम्बी शृंखला में सबसे रोचक बात यह है कि बाद में आनेवाली हर पीढ़ी ने अपने पूर्ववर्ती दौर को, उसके छायावाद-विरोध के बावजूद रोमांटिक कहा—प्रयोगवादियों ने प्रगतिवाद को, नये कवियों ने प्रयोगवाद को, आज के युवा कवियों ने नई कविता को; और इन्हें भी कुछ लोग मूलत: रोमांटिक कहने लगे हैं। कितना प्रबल है छायावादी संस्कार कि हिन्दी कविता इतने संघर्ष के बाद भी उससे मुक्त नहीं हो सकी। क्या आज की यह बहस भी इस बात का प्रमाण नहीं है?

इलियट के असर की बात यदि छायावाद-विरोध के इतिहास में कहीं उठ सकती है तो प्रयोगवाद में। प्रमाण है अज्ञेय के 'त्रिशंकु' में संकलित 'रूढ़ि और मौलिकता' शीर्षक निबन्ध, जो इलियट के 'ट्रेडीशन एंड इंडिविजुअल टैलेंट' का छायानुवाद है, 'तार सप्तक' का प्रकाशन भी लगभग इसी समय हुआ था और डॉ. रामविलास शर्मा 'तार सप्तक' के एक कवि हैं। उन्हें इलियट की असंगतियों का बोध है। वे स्वयं इलियट के असर में नहीं हैं लेकिन उनके दिमाग़ में इलियट के व्यापक असर की याद ताजा है। शायद इसीलिए वे आज के कवियों को प्रबोधित करने के लिए इलियट की असंगतियों का हवाला दे रहे हैं। इलियट ने रोमांटिसिज़्म का विरोध भी किया और कुछ रोमांटिक कवियों तथा कविताओं की सराहना भी की। विरोध प्रतिक्रियावादी था, सराहना प्रगतिशील थी। निष्कर्ष यह कि इलियट से प्रभावित कवियों को छायावाद-विरोध छोड़कर छायावादी कविता को सराहना चाहिए। डॉ. शर्मा स्वयं भी आज छायावाद के सकारात्मक पक्ष पर ज़्यादा बल दे रहे हैं। 'तार सप्तक' के पहले वक्तव्य में जहाँ वे छायावाद के बारे में एकदम ख़ामोश हैं, दूसरे संस्करण के नये वक्तव्य की शुरुआत ही इस वाक्य से होती है कि 'मेरी कविताओं का घनिष्ठ सम्बन्ध छायावादी कविता—और उससे भी अधिक

छायावादी कवियों से है।' आख़िर छायावादी कविता से अपने 'घनिष्ठ सम्बन्ध' की घोषणा करने की आवश्यकता सहसा क्यों आ पड़ी?

इलियट की असंगतियों का एक पहलू और है, जिसका ज़िक्र नहीं किया गया। इलियट ने एक ओर मिल्टन की मूर्ति तोड़ी तो दूसरी ओर मिल्टन पर श्रद्धा के फूल भी चढ़ाए—यह तो कहा गया, लेकिन यह नहीं कहा गया कि इन दोनों कार्यों के बीच लगभग ग्यारह साल का अन्तर है। यह कालगत अन्तर एकदम महत्त्वहीन नहीं। शुरू का विद्रोही मूर्तिभंजक इलियट धीरे-धीरे प्रतिष्ठित होकर अन्ततः प्रतिष्ठानों के साथ हो गया। आज छायावाद के सकारात्मक पक्षों पर बल देकर डॉ. रामविलास शर्मा भी कहीं इलियट का अनुसरण तो नहीं कर रहे? इतना पता तो उन्हें भी होगा कि कुछ क्षेत्रों में आज नई कविता के विरुद्ध छायावाद तथा उत्तर छायावाद को खड़ा करने की कोशिशें हो रही हैं—कभी सीधे और कभी रस-सिद्धान्त की बैसाखी के सहारे! क्या डॉ. शर्मा भी उसी पक्ष में खड़े होना चाहते हैं? क्या विडम्बना है! 'अन्याय जिधर है उधर शक्ति!'

आकस्मिक नहीं कि डॉ. रामविलास शर्मा अब साहित्य में भावधारा या अनुभूति को सर्वोपरि स्थान दे रहे हैं। कल तक वे विचारधारा को सर्वोपरि मानते थे। आधुनिक भाव-बोध के दूसरे विरोधी भी काव्य में 'अनुभूति' और 'रागात्मकता' का ही मंत्र जपते रहते हैं फिर अन्तर कहाँ रहा? विचार और अनुभूति का यह द्वैत तो दूसरों की कमज़ोरी थी। हृदय और बुद्धि के झगड़े तो छायावाद युग के हैं। 'डिस्सोसिएशन ऑफ़ सेंसिबिलिटी' का मिथ तो इलियट ने खड़ा किया था। डॉ. शर्मा तो उस मार्क्सवाद के विश्वासी हैं जिसमें इन्द्रियबोध, भाव और विचार को यांत्रिक रूप में न देखकर इनके पारस्परिक घात-प्रतिघात से निर्मित एक समग्र चेतना को स्वीकार किया जाता है। आज की काव्य-चर्चा में व्यवहृत 'भाव-बोध' उस समग्र चेतना की अवधारणा के अधिक निकट है या छायावादी युग का अनुभूति और विचार वाला द्वैत? आधुनिक भाव-बोध का विरोध किधर ले जा रहा है डॉ. शर्मा को?

सवाल आधुनिक भाव-बोध वाले साहित्य को 'सहानुभूति' देने का नहीं, बल्कि ठीक-ठीक समझने का है। बिना समझ के सहानुभूति का कोई अर्थ नहीं। जिस तरह छायावाद एक नहीं था, उसी तरह 'आधुनिक भाव-बोध' भी एक नहीं है—इसमें भी कई रंग हैं। इसलिए आज के कवियों के छायावाद-विरोध के भी कई रंग हैं। छायावाद का विरोध करते हुए कुछ कवि एक-दूसरे ढंग की रूमानियत में जा फँसे हैं तो बहुत-से ऐसे भी हैं जो यथार्थ के और भी गहरे स्तरों की खोज की ओर अग्रसर हो रहे हैं। इसलिए महत्त्वपूर्ण प्रश्न छायावाद के विरोध या समर्थन का नहीं बल्कि आज के यथार्थ को अधिक से अधिक उसकी यथार्थता में देखने के माध्यमों और औजारों को बनाने का है। रचनाकार की समस्या सृजन की है और सृजन के

लिए ख्वामख्वाह परम्परा-भक्ति प्रदर्शित करना ज़रूरी नहीं है। यदि छायावाद के सकारात्मक पक्ष को स्वीकार करके भी कोई कवि आज की परिस्थिति के उपयुक्त सृजन नहीं करता तो उसकी छायावाद-स्वीकृति की कोई सार्थकता नहीं।

यदि जो सामन्त-विरोधी, साम्राज्यवाद-विरोधी परिस्थिति छायावाद युग में थी, वही आज भी है तो इसका मतलब यही है कि आज भी छायावाद जैसी कविता लिखी जानी चाहिए अथवा वैसी कविता चल सकती है। लेकिन सवाल परिस्थिति की 'सामान्यता' का नहीं, बल्कि 'विशिष्टता' का है—सामान्य के अन्दर होनेवाले विशिष्ट परिवर्तनों का है। यथार्थवादी दृष्टि ऐसे ब्योरों की बारीकी में जाती है और कहना न होगा कि सच्चा सृजन इसी दृष्टि से सम्भव होता है।

[20 नवम्बर, 1967 को नई दिल्ली में 'आलोचना' पत्रिका द्वारा आयोजित संगोष्ठी में दिया गया वक्तव्य। रामविलास शर्मा, शमशेर बहादुर सिंह, श्रीकान्त वर्मा, भारतभूषण अग्रवाल, अजित कुमार, नरेश सक्सेना और प्रेम प्रकाश डोभाल के वक्तव्यों के उपरान्त प्रमुखत: रामविलास जी के वक्तव्य को ध्यान में रखकर नामवर जी ने विशेष रूप से छायावाद के प्रसंग में ये बातें कहीं। सम्पूर्ण बातचीत 'वसुधा' के रामविलास शर्मा के कृतित्व पर केन्द्रित अंक-51, जुलाई-सितम्बर, 2001 में प्रकाशित है।]

उपनिवेशवादी स्वच्छंदतावाद और आधुनिकता

मुझे खुशी है कि दिल्ली विश्वविद्यालय के जर्मनिक एंड रोमंस स्टडीज विभाग ने आज के समय में स्वच्छंदतावाद पर परिचर्चा आरम्भ की है। मैं आपका ध्यान इस ओर दिलाना चाहता हूँ कि जिस रूप में आधुनिकता पर वाद-विवाद हमारे देश में हो रहा है, विशेष रूप से उत्तर-आधुनिकता के दायरे में, इस विचार-विमर्श में मुख्य रूप से सामयिक मुद्दों से जुड़े लोग; राजनीतिशास्त्र, समाजशास्त्र, दर्शनशास्त्र से जुड़े बौद्धिक लोग भाग ले रहे हैं। आश्चर्य की बात है कि इस संवाद में स्वच्छंदतावाद को कोई जगह नहीं दी गई है।

हाल ही में मैंने जावेद आलम की पुस्तक 'इंडिया लिविंग विद मॉडर्निटी' पढ़ी। जावेद की यह एक बहुत अच्छी किताब है। इसमें विस्तारपूर्वक बंकिम-केन्द्रित चर्चा की गई है। गांधी को भी शामिल किया गया है, लेकिन इस पुस्तक में रवीन्द्रनाथ टैगोर का उल्लेख नहीं किया गया है और न ही आधुनिकता की सारी बहस में कहीं भी स्वच्छंदतावाद का ज़िक्र है। दरअसल आज के बौद्धिक वर्ग के अनुसार आधुनिकता में स्वच्छंदतावाद के लिए कोई जगह नहीं है।

1966 में मैं 'आलोचना' पत्रिका के साथ जुड़ा। उसका तीसरा अंक, जो अक्टूबर-दिसम्बर, 1966 में आया था, मैंने उसमें स्वच्छंदतावाद और आधुनिकता को लेकर चर्चा चलाई थी। शायद यह वही समय था जब छात्र और युवा-आन्दोलनों का उदय हुआ था। नक्सलबाड़ी आन्दोलन शुरू हो चुका था। कविता के क्षेत्र में इलियट और पाउंड की आधुनिक कविता की परम्परा की 'नई कविता' का कमोबेश अन्त हो चुका था। इस सन्दर्भ में 'स्वच्छंदतावाद बनाम आधुनिकता' पर 'आलोचना' में चर्चा शुरू हुई और डॉ. रामविलास शर्मा से मैंने उसकी शुरुआत करवाई। रामविलास जी को मैंने इसलिए चुना क्योंकि वह आधुनिक कविता के पहले संग्रह 'तार सप्तक'—जो 1943 में आया था और अज्ञेय द्वारा सम्पादित था—के कवियों में से एक थे। रामविलास शर्मा अंग्रेज़ी के प्राध्यापक और मार्क्सवादी आलोचक भी थे। इस तरह 'स्वच्छंदतावाद बनाम आधुनिकता' की यह बहस 1966 में शुरू हुई। इस बहस में मुरली मनोहर प्रसाद सिंह भी शामिल थे। उसमें बहुत सारे लोग, जैसे गिरिजाकुमार माथुर जो 'तार सप्तक' के ही एक कवि थे, भारतभूषण अग्रवाल

और श्रीकान्त वर्मा भी शामिल थे जिनको लोग शायद यहाँ न जानते हों। मैं विस्तार में नहीं जाना चाहता कि उस चर्चा के दौरान क्या तथ्य निकलकर आए या क्या स्थापनाएँ दी गईं, सिर्फ़ इसका ज़िक्र कर रहा हूँ।

इससे पहले 1962 में इस विषय पर 'दी न्यू लेफ्ट रिव्यू' (अंक 16, 17, 18) में बहस चली थी। इस बहस में स्टैनले मिशेल (Stanley Mitchell) के कुछ विचार शामिल थे। ये वही स्टैनले मिशेल हैं जिन्होंने वाल्टर बेंजामिन के लेखन पर 'अंडरस्टैंडिंग ब्रेख़्त' शीर्षक पुस्तक सम्पादित की थी। इस सारी चर्चा से भी ऐसा लगा था कि अंग्रेज़ी बौद्धिकों के बीच स्वच्छंदतावाद को लेकर एक नई सोच और रुचि है।

जब 1966 में 'आलोचना' का अंक आया तब एक नया राजनीतिक वातावरण था। राज्यों में ग़ैर-कांग्रेसी सरकारों ने सत्ता सँभाल ली थी। पहली बार कुछ बदलाव आया था। यह नेहरू-युग के बाद का दौर था। जिस तरह का उत्साह युवाओं में भरा था, उसका उदाहरण कुछ हद तक नक्सलबाड़ी आन्दोलन में देखा जा सकता है। कविता और बाक़ी के साहित्य में भी इसी तरह का उत्साह मिलता है। इस समय की दो मुख्य घटनाएँ भी याद रखनी चाहिए : भारत-चीन सीमा-विवाद और भारत-पाकिस्तान युद्ध। जिस तरह का उग्र राष्ट्रवाद हम आज देख रहे हैं, वह उस समय कुछ मिली-जुली सरकारों में जनसंघ के शामिल होने से राजनीतिक मंच पर प्रकट हुआ था।

यह वह राजनीतिक वातावरण था जिसमें हम मानते हैं कि साहित्य के क्षेत्र में आधुनिकतावाद कमोबेश ख़त्म हो चुका था। इस सन्दर्भ में हम विकल्प के रूप में अपनी साहित्यिक विरासत या पुरानी परम्पराओं के बारे में सोच रहे थे। इसलिए अच्छा लग रहा है कि फिर आधुनिकता पर चर्चा के सन्दर्भ में स्वच्छंदतावाद पर चर्चा हो रही है। क्या रोमांटिक आधुनिकतावाद जैसा कुछ है या हो सकता है? आधुनिकतावाद के बहुत सारे रूपों में स्वच्छंदतावाद का क्या स्थान है? क्या स्वच्छंदतावाद का आधुनिकतावाद से कोई सम्बन्ध है?—इन सारी बातों की मैं यहाँ चर्चा करना चाहता हूँ।

आधुनिकता पर वाद-विवाद में हमारे बौद्धिक 19वीं सदी और स्वतंत्रता-पूर्व 20वीं सदी को एक हद तक चर्चा में ले आते हैं—राजा राममोहन राय से लेकर बंकिम, इकबाल और गांधी के सारे आन्दोलन तक। यह आश्चर्यजनक है कि यह सब आधुनिकता पर वाद-विवाद का हिस्सा है जबकि संस्कृति और साहित्य का क्षेत्र लगभग पूरी तरह ग़ायब है। इस बात को रेखांकित करने की ज़रूरत है कि क्या आधुनिकता पर सारा वाद-विवाद यूरोपीय सन्दर्भ को ध्यान में रखकर किया जा रहा है या भारत का भी इसमें कोई स्थान है?

आज इस आधुनिकता पर ख़ूब हमले हो रहे हैं। आधुनिकता-विरोध की लहर

चल रही है। इस लहर को स्वच्छंदतावाद-विरोधी लहर से जोड़ा जा सकता है या नहीं—इस प्रश्न ने मेरी दिलचस्पी को जगाया और मेरा ध्यान खींचा और यही वह प्रस्थान-बिन्दु है जिससे मैं आगे बढ़ूँगा।

ऐसा देखने में आया है कि आज हम बहुत-सी वस्तुओं को एकवचन में ही समझते हैं, क्योंकि एकवचन और बहुवचन में अन्तर समाप्त हो गया है। आधुनिकता को एकवचनीय अवधारणा की तरह देखा जा रहा है और स्वच्छंदतावाद के साथ भी ऐसा ही है। हमने दोनों अवधारणाओं को स्थिर कर दिया है मानो स्वच्छंदतावाद इस जगह है और आधुनिकतावाद इस जगह और सारी चर्चा इसी दायरे में हो रही है! आधुनिकतावाद और स्वच्छंदतावाद बहुवचन हो सकते हैं। बल्कि, स्वच्छंदतावाद और आधुनिकतावाद बहुवचन ही हैं। इस तथ्य को फिर से देखने की ज़रूरत है। यहाँ प्रश्न यह उठता है कि रोमांटिक आधुनिक है या यह आधुनिक था? क्या यह सम्भव है कि हम अपनी विरासत के साथ फिर से सम्बन्ध स्थापित करें और इस चर्चा में इसकी क्या भूमिका हो सकती है, इसे देखें?

इस सम्बन्ध में मैं आपका ध्यान वाद-विवाद के तीसरे दौर की ओर दिलाना चाहता हूँ। 1985 में मार्शल बर्मन ने अपनी चर्चित पुस्तक 'ऑल दैट इज सोलिड मेल्ट्स इंटू एयर' प्रकाशित की थी। आधुनिकता और आधुनिकतावाद को 'फोकस' करने के लिए इस पुस्तक में मार्क्स का एक पैराग्राफ लिया गया था। फिर से 'दी न्यू लेफ्ट रिव्यू' ने इस पुस्तक की ओर ध्यान खींचा और पेरी एंडरसन ने फिर इस पर एक लेख 'आधुनिकता और क्रान्ति' शीर्षक से लिखा। आधुनिकता और क्रान्ति का आपस में सम्बन्ध हो सकता है, यह भारत में हुए 'डिबेट' में 'रिफ्लेक्ट' नहीं हुआ जिसका ज़िक्र मैंने अभी किया है। बहुत ही बनावटी, पूरी तरह अमूर्त दार्शनिक भाषा इस 'डिबेट' की विशेषता रही।

आधुनिकता के बहुत-से ऐसे पद हैं जिन पर चर्चा होनी चाहिए, लेकिन दुर्भाग्य से इस देश की चर्चाओं (debate) में उनको जगह नहीं मिली। शायद जर्मनिक एंड रोमंस स्टडीज विभाग द्वारा करवाई जा रही यह चर्चा उन क्षेत्रों पर कुछ प्रकाश डाल सके।

मैं फिर कुछ प्रश्न उठाना चाहता हूँ, विशेष रूप से भारत में रोमांटिक आन्दोलन के सन्दर्भ में। भारतीय साहित्य में कोई एक स्वच्छंदतावाद नहीं था। यूरोपीय साहित्य की तरह यहाँ कोई एक स्वच्छंदतावाद नहीं था। बंगला, हिन्दी, उर्दू, पंजाबी, मराठी और मलयालम में अलग-अलग स्वच्छंदतावाद थे। यह ठीक है कि यहाँ एक समान भारतीय सन्दर्भ है जिसे हम उपनिवेशवाद कहते हैं। कुछ चीज़ें सच में 'कॉमन' हैं, लेकिन स्थानीय कमियों और ऐतिहासिक विकास से सम्बन्धित अन्तर भी है। लेकिन एक आदमी ऐसा है जो समूचे भारतीय स्वच्छंदतावाद का प्रतिनिधित्व करता है। जिसने समूचे भारतीय स्वच्छंदतावाद को प्रभावित और प्रेरित किया, वे हैं—रवीन्द्रनाथ

टैगोर। मैं विशेष रूप से उनके सैद्धान्तिकी और साहित्यिक कर्म का ज़िक्र करना चाहता हूँ। यह ज़रूरी क्यों है? बंगाली बौद्धिक वर्ग अपने बंगला जातीयता के लगाव के लिए जाना जाता है। लेकिन उन्होंने भी—चाहे वह पार्थ चटर्जी हों या आशीष नन्दी—राष्ट्रवाद के सन्दर्भ में टैगोर पर अभी एक पुस्तक लिखी है, लेकिन रवीन्द्रनाथ को आधुनिकता की चर्चा में कहीं भी शामिल नहीं करते हैं।

बंकिम को लेकर एक पूरी जमात खड़ी हुई और एक यूनिवर्सिटी भी विकसित हो गई। अचानक बंकिम बहुत प्रसिद्ध हो गए—भारतीय जनता पार्टी के लिए भी और उन बौद्धिकों के लिए भी, जो अपने-आपको भारतीय जनता पार्टी से भी ज़्यादा 'सोफिस्टीकेटेड' समझते हैं। इसलिए मैंने विशेष रूप से रवीन्द्रनाथ टैगोर का ज़िक्र किया। जिस तरह स्वच्छंदतावाद पर विश्व स्तर पर कोई भी चर्चा शेली के बिना अधूरी है, पुश्किन के बिना अधूरी है, उसी तरह रवीन्द्रनाथ टैगोर के बिना भी अधूरी है।

जहाँ तक 'स्वच्छंदतावाद' और 'आधुनिकतावाद' का सम्बन्ध है, सबसे बड़ी मुश्किल 'आधुनिकता' और 'आधुनिकतावाद' से सम्बन्धित है। पेरी एंडरसन का तर्क सही है जब वह आधुनिकता को 'इम्प्टिएस्ट कल्चरल कैटेगरी' कहते हैं। 'गॉथिक' (Gothic) स्पष्ट तौर पर परिभाषित है। इसी तरह 'बारोक' (baroque), 'क्लासिसिज़्म' (classicism), 'मैनेरिज्म' (mannerism)। यहाँ तक कि 'रोमांटिसिज़्म' सब तरह की 'डाइवरसिटी' के होते हुए भी अच्छी तरह से परिभाषित है। इसकी तुलना में आधुनिकता एक ख़ाली चौखटा है जिसमें कोई भी अर्थ भरा जा सकता है। इसी कारण आधुनिकता और आधुनिक को उसी रूप में परिभाषित किया जाता है जैसाकि कोई चाहता है। कैसे आधुनिक, आधुनिकता और आधुनिकतावाद को समझा जाए, इसके बारे में मैं यहाँ बात करना चाहूँगा।

जब रवीन्द्रनाथ टैगोर ने कविता लिखनी शुरू की, वह अभी उन्नीसवीं सदी ही थी। मैं यहाँ स्पष्ट करना चाहता हूँ कि भारतीय सन्दर्भ में स्वच्छंदतावाद को आम तौर पर बीसवीं सदी की घटना समझा जाता है। हिन्दी साहित्य में स्वच्छंदतावाद का सम्बन्ध 1920 से 1936-38 के समय या आज़ादी के संघर्ष के समय—जो गांधी के सत्याग्रह से प्रमुख रूप से शुरू हुआ—से जोड़ा जाता है या माना जाता है। अगर ऐतिहासिक रिकॉर्ड को सीधा रखें और आप रवीन्द्रनाथ को ध्यान में रखें तो स्वच्छंदतावाद भारत में पहले ही 19वीं सदी के अन्तिम दशकों में शुरू हो चुका था। स्वच्छंदतावाद उस समय की रवीन्द्रनाथ टैगोर की सारी कविताओं से शुरू हुआ। पहली प्रसिद्ध कविता 'निर्झरेर स्वप्नो भांगा' 1882 में लिखी गई जो 'प्रभात संगीत' पुस्तक में प्रकाशित हुई। बहुत-से लोग सोचते हैं कि सूर्य का उदय तभी हुआ जब उनकी आँख खुली। इसलिए बहुत-सी भारतीय भाषाओं में स्वच्छंदतावाद के सूर्य का उदय गांधी के आने के साथ 1920 के आसपास ही माना जाता है। रवीन्द्रनाथ के लिए 'प्रभात संगीत' 19वीं सदी में 1882 में ही आ चुका था। इस समय तक

गांधी भारत के आसपास भी नहीं थे। लोकमान्य तिलक भी पास नहीं थे। 'प्रभात संगीत' में पहली बार आज़ादी के आह्वान 'निझरेर स्वप्नो भांगा' के 'भांग भांग भांग कारा' के शब्दों में सुनाई पड़े।

स्वच्छंदतावाद में रोमांटिक कल्पना (विचार) में प्रात: या संध्या के दृश्य अक्सर रहते हैं। पूरा सूरज रोमांटिक नहीं हो सकता और न ही रात का पूरा कालापन ही रोमांटिक हो सकता है। कुछ अँधेरा, कुछ उजाला चाहे वह संध्या का धुँधलका हो या प्रभात का, इसे रोमांटिक समझा जाता है। जो लोग स्वच्छंदतावाद के बारे में कुछ और नहीं जानते, वे इन धुँधलके दृश्यों से इन्हें पहचानते हैं। 'प्रभात संगीत' में सुबह और शाम के ये धुँधलके दृश्य पहली बार सामने आए। इस संग्रह में बहुत सारे ऐसे दृश्य हैं और बहुत सारी कविताएँ शाम पर हैं। जिस 'दु:समय' कविता से इसकी शुरुआत होती है, वह एक चर्चित कविता है।

स्वच्छंदतावाद कुछ और चीज़ों के लिए भी जाना जाता है। हमने कल्पना के उड़ान की बात की। कल्पना और स्वच्छंदतावाद का आपस में नजदीकी सम्बन्ध है। रवीन्द्रनाथ के एक काव्य संग्रह का नाम ही 'कल्पना' है। यह पुस्तक 19वीं सदी में आई—1883 के आसपास। इसमें उनकी प्रसिद्ध कविता 'सोनार तारी' या 'सुनहरी नाव' शामिल है। नाव एक ओर 'रोमांटिक इमेज' है जो दुनियाभर की रोमांटिक कविता में मदमस्त नाव (drunken boat) के रूप में मिलती है।

मैं यहाँ फिर से दुहराना चाहता हूँ कि कोई यह पूछ सकता है कि स्वच्छंदतावाद आधुनिक है या नहीं? लेकिन भारत में स्वच्छंदतावाद 19वीं सदी के अन्तिम दशकों में शुरू हुआ, न कि 20वीं सदी के शुरू में या इसके दूसरे दशक में। मैंने 19वीं सदी का अन्तिम दशक इसलिए कहा क्योंकि अगर हम उस समय के इंग्लैंड को देखें, उस समय इंग्लैंड में स्वच्छंदतावाद की क्या दशा थी? स्वच्छंदतावादी कवि वड्‌र्सवर्थ की मृत्यु इसी समय के आसपास या कुछ समय पहले हुई थी। टेनिसन प्रतिष्ठित कवि थे और यह स्वच्छंदतावाद का अन्त उसकी शाम थी। स्वच्छंदतावाद का महान दौर जो ब्लेक (Blake) के साथ शुरू हुआ और जिसमें शेली, कीट्स, वॉयरन शामिल थे, समाप्त हो गया। ये सभी ख़त्म हो चुके थे। लोग कहते हैं कि ब्रिटिश साम्राज्य में सूरज कभी अस्त नहीं होता। शायद वह कोई दूसरा सूरज होगा। जब स्वच्छंदतावाद का सूरज इंग्लैंड में छिप रहा था या छिप चुका था, उसी समय भारत में इसका उदय हो रहा था। इन दो तथ्यों को ध्यान में रखने की ज़रूरत है।

जब स्वच्छंदतावाद का इंग्लैंड में अन्त हो रहा था, उस समय टेनिसन प्रतिष्ठित कवि थे। उनका प्रभाव दूर तक फैला हुआ था। यहाँ तक कि भारत में भी 'गोल्डेन ट्रेजरी' के पाठकों ने टेनिसन की कविता 'इन मेमोरियम' पढ़ रखी थी। ऐसे समय में रवीन्द्रनाथ टैगोर एक उपनिवेश में पैदा हुए और 'भांग भांग भांग कारा' जैसी कविता लिखी जो शेली की याद दिलाती है। यह टेनिसन की याद नहीं दिलाती, न

ही इसके बाद के वड्र्सवर्थ के समय की। यह पहली बात है जिसका मैं उल्लेख करना चाहता हूँ।

दूसरी बात जो मैं रवीन्द्रनाथ के सम्बन्ध में कहना चाहता हूँ कि उन्होंने डब्ल्यू. बी. यीट्स पर लेख लिखा जिसके अन्त में 'बंगाब्द' का उल्लेख है। 'बंगाब्द' बंगला का 1310 साल है जो फसल कटने के आधार पर गिना जाता है। इसमें 593 साल जोड़ने से हमें अंग्रेज़ी साल मिल जाएगा। 'कवि यीट्स' शीर्षक लेख 20वीं सदी के शुरू में लिखा गया था। रवीन्द्रनाथ ने कभी भी टी.एस. इलियट पर नहीं लिखा जबकि उन्होंने उसे पढ़ा था और कई जगहों पर उल्लेख भी किया है। लोग कह सकते हैं कि उन्होंने यीट्स पर इसलिए लिखा, क्योंकि उन्होंने रवीन्द्रनाथ को नोबल पुरस्कार दिलाया था या शायद इसलिए कि उन्होंने 'गीतांजलि' पर एक कविता लिखी थी। पर यह यीट्स पर निबन्ध लिखने और इलियट पर न लिखने का कारण नहीं है। आख़िर उन्होंने यीट्स पर क्यों लिखा?

इलियट और यीट्स, दोनों में से कौन महान कवि है, यह विवाद भारत में बहुत बाद में दिल्ली विश्वविद्यालय में शुरू हुआ। अगर मुझे ठीक याद है तो प्रतिपाल चन्द राजन, जो यीट्स के प्रशंसक बन गए थे और उन्होंने यीट्स पर एक पुस्तक भी लिखी थी, इस चर्चा में शामिल थे।

रवीन्द्रनाथ ने उस समय यीट्स पर निबन्ध लिखा जब इलियट को आधुनिक कवियों में सबसे महान समझा जाता था। अगर आप ध्यान से निबन्ध देखें तो इसमें आयरलैंड और आयरिश स्वतंत्रता-संग्राम मुद्दे पर ध्यान केन्द्रित किया गया है जिसमें मार्क्स और एंगल की भी गहरी रुचि थी। स्वतंत्रता-संग्राम के दौरान भारत में भी आयरलैंड के प्रति गहरी रुचि थी। अगर कोई उस समय की पत्रिकाओं को देखे तो वह देख सकता है कि आयरिश स्वतंत्रता-संग्राम के नायकों के बारे में कितना लिखा गया है। रवीन्द्रनाथ ने लिखा है कि यीट्स की कविता आयरिश मानसिक स्वतंत्रता की अभिव्यक्ति है। इंग्लैंड के ख़िलाफ़ उनकी स्वतंत्रता की लड़ाई है जिसने आयरलैंड पर अत्याचार कर उसे ग़ुलाम बना रखा है। यीट्स ने आयरलैंड की पौराणिक कथाओं और मिथकों का व्यवहार किया है—चाहे उनमें से कुछ को अन्धविश्वास माना जाता है, परन्तु यीट्स ने इनका प्रयोग कविता लिखने के लिए किया है जो किसी अन्य अंग्रेज़ी कवि ने नहीं किया। रवीन्द्रनाथ ने ऐसी कविता को आधुनिक कविता कहा है। यह आधुनिक कविता है, क्योंकि आयरलैंड जैसे उपनिवेश में यह आयरिश लोगों की आज़ादी की अभिलाषा, अभिव्यक्ति की स्वतंत्रता को दर्शाती है। ऐसे समय में जब राजनीतिक संघर्ष के लिए बहुत कम जगह थी तब एक सांस्कृतिक क्रान्ति हुई थी और कविता ने इस क्रान्ति के माध्यम के रूप में काम किया। यीट्स ने अपनी कविता, कला के माध्यम से आयरलैंड की आत्मा को अभिव्यक्ति दी। इसीलिए रवीन्द्रनाथ ने उन्हें आधुनिक कहा। यीट्स

के शुरुआती दौर की उनके 'टॉवर' कविता लिखने से पहले की अंग्रेज़ी कविता के बारे में रवीन्द्रनाथ लिखते हैं : 'मुझे पुराने अंग्रेज़ी साहित्य से बहुत प्रसन्नता मिलती है। इसने न सिर्फ़ मुझे सौन्दर्यबोधक प्रसन्नता दी है बल्कि ज्ञानोदय भी दिया है। परन्तु आज मैं एक बन्द यूरोप पर दुख महसूस करता हूँ, विशेष रूप से आधुनिक अंग्रेज़ी साहित्य में।'

वह लिखते हैं कि यह अंग्रेज़ी साहित्य संकुचित मानसिकता का है। यह रूढ़िवादी है। ऐसे समय में जब इलियट की कविता विद्रोह और क्रान्ति की प्रतीक समझी जाती थी, रवीन्द्रनाथ की नज़र में यह रूढ़िवादी है। संकुचित मानसिकता की है, जबकि यीट्स स्वतंत्रता के कवि हैं। 19वीं सदी के अन्त और 20वीं सदी के शुरू में जिस अंग्रेज़ी कविता को आधुनिक समझा जाता था, रवीन्द्रनाथ टैगोर का उसके प्रति यह नज़रिया था। यीट्स के सम्बन्ध में उन्होंने 'स्वदेशिकता' पद का प्रयोग किया। मुरली मनोहर जोशी की स्वदेशिकता नहीं बल्कि गांधी की स्वदेशिकता। रवीन्द्रनाथ के अनुसार, यीट्स ने आयरिश राष्ट्र और राष्ट्रवाद को, उसकी प्राचीन परम्पराओं, मिथकों, पौराणिक कथाओं, लोककथाओं और समूची संस्कृति को अभिव्यक्ति दी है। यही कारण है कि रवीन्द्रनाथ टैगोर यीट्स को आधुनिक मानते हैं।

यहाँ से रवीन्द्रनाथ ने आधुनिकता और आधुनिकतावाद में अन्तर किया। इसलिए स्वच्छंदतावाद ने शुरू से ही भारत में आधुनिकता और आधुनिकतावाद में अन्तर किया है। असल में उन्होंने दो तरह के आधुनिकतावाद में अन्तर किया : आयरिश कवि डब्ल्यू.बी. यीट्स के आधुनिकतावाद में और अमरीका से लौटे अंग्रेज़ी कवि टी.एस. इलियट के आधुनिकतावाद में। रवीन्द्रनाथ ने यह इसलिए लिखा क्योंकि यीट्स को पढ़ते हुए उन्हें अपने देश, अपनी स्वतंत्रता और अपने संघर्षों की याद आई। मैंने यह इसलिए कहा क्योंकि भारत एक स्तर पर अपने और आयरलैंड में सम्बन्ध देखता है।

आज जब जर्मनिक एंड रोमंस स्टडीज विभाग ने स्वच्छंदतावाद पर यह परिचर्चा शुरू की है तो मुझे भी कुछ हद तक जर्मन रोमांसवाद के साथ सम्बन्ध दिख रहा है। सच कहूँ तो, स्वच्छंदतावादी दर्शन या वह दर्शन जो स्वच्छंदतावादी आन्दोलन के साथ शुरू हुआ, इसकी गहरी जड़ें जर्मनी में ही मिलती हैं। यह न सिर्फ़ श्लेगेल-बन्धुओं (Schlegel brothers) में मिलती हैं, बल्कि कांट और हेगेल में भी। कहना चाहिए, इस स्वच्छंदतावाद की कुछ झलक, चाहे आलोचना के रूप में ही, कार्ल मार्क्स में भी मिलती है, जैसाकि मार्शल बर्मन (Marshall Berman) की पुस्तक 'ऑल दैट इज सोलिड मेल्ट्स इंटू एयर' में बताया गया है कि आधुनिकता का आधुनिकीकरण से भी सम्बन्ध है और अगर आधुनिकीकरण का पूँजीवाद से कुछ भी सम्बन्ध है तो जिस व्यक्ति ने 'दास कैपिटल' लिखी, वह भी पक्के तौर पर इस आधुनिकता का हिस्सा है। स्वच्छंदतावादी दर्शन-भाव की कुछ झलक हेन

(Heine), शिलर (Schiller) और यहाँ तक कि गोयथे (Goethe) जैसे कवियों में भी दिखाई पड़ती है। लेकिन 18वीं सदी के अन्त और 19वीं सदी के शुरू में जर्मन स्वच्छंदतावाद और भारतीय स्वच्छंदतावाद किस तरह से सम्बन्धित थे?

स्वच्छंदतावादी आन्दोलन जर्मनी में उस समय शुरू हुआ, जब फ्रांस में क्रान्ति हो चुकी थी और नेपोलियन ने जर्मनी को हरा दिया था। जर्मनी उपनिवेश नहीं था, लेकिन यूरोप में यह जर्मनी का काला दौर था। मार्क्स और एंगेल ने भी इसके बारे में लिखा है। एक तरफ़ फ्रांस में क्रान्ति हो रही थी और दूसरी ओर जर्मनी अँधेरे में डूबा हुआ था। इसी सन्दर्भ में यह कहा गया है कि मिनेर्वा (सरस्वती) का उल्लू सिर्फ़ अँधेरे में अपने पंख फैलाता है। इस जर्मनी में पिछड़ेपन और सामन्तवाद की जड़ें अभी भी मजबूत थीं और पूँजीवाद और औद्योगिकीकरण की प्रक्रिया का अभी उतना विकास नहीं हुआ था जितना इंग्लैंड और फ्रांस में हो चुका था, जबकि नीदरलैंड में ऐसा हो रहा था। इस पिछड़े हुए जर्मनी में, जैसाकि मैदाम दे स्टेल (Madame de Stael) लिखते हैं : 'जर्मन सौन्दर्यशास्त्र के माध्यम से राजनीति में शामिल हुए थे जबकि सीधे राजनीति में शामिल होने की न ही उनके पास जगह थी और न ही सम्भावना।' कांट और हेगेल राजनीति में शामिल नहीं थे। उनकी तन्मयता सौन्दर्य में थी। श्लेगेल, शिलर और गोयथे भी राजनीति में 'एस्थेटिक' के माध्यम से ही शामिल थे।

भारत में भी उन्नीसवीं सदी के अन्त और बीसवीं सदी के शुरू में राजनीति भारतीय राष्ट्रीय कांग्रेस की स्थापना करने, साल में एक बार मीटिंग करने, माँगों की पिटीशन तैयार करने और वायसराय को इसे देने तक सीमित थी। भारत में कोई बड़ा आन्दोलन नहीं हो रहा था। जागीरदारी अभी भी क़ायम थी। दरअसल 1857 के संग्राम के बाद अंग्रेज़ों ने जागीरदारी को ख़त्म करने की जगह उन राजकुमारों को फिर से स्थापित किया, जो 1857 के संग्राम में आगे थे। जागीरदारी व्यवस्था लॉर्ड कर्नवालिस के द्वारा पुन: स्थापित की गई। नवाब का शासन बंगाल में जारी रहा। यह एक नये तरह की जागीरदारी व्यवस्था थी। यहाँ तक कि जब अंग्रेज़ों ने एक के बाद सभी भारतीय रियासतों को हरा दिया तो आधे से ज़्यादा जागीरदारी शासन के अधीन थी। रियासत और नई जागीरदारी व्यवस्था के कारण सामन्ती वर्ग सत्ता की चरम सीमा तक पहुँच गया। इस सामन्ती भारत में बौद्धिक वर्ग की स्थिति बहुत कमज़ोर थी—कुछ हद तक जर्मनी की तरह, जबकि जर्मनी के पड़ोस में क्रान्ति हो चुकी थी। उस समय भारतीय बौद्धिकों की दशा शायद जर्मन बौद्धिकों की तरह ही थी—विशेष कर बंगाल के बौद्धिकों की दशा। यह इसलिए था क्योंकि बंगला रेनेसांस के कारण बंगाल की चेतना अन्य जगहों की तुलना में अधिक जाग्रत थी।

जर्मन बौद्धिकों की सबसे बड़ी विडम्बना यह थी कि न तो वह पुरानी जागीरदारी

को स्वीकार कर सकते थे और न ही विकल्प के तौर पर फ्रांस की क्रान्ति को। वे न तो पूँजीवादी व्यवस्था को और न ही जागीरदारी व्यवस्था को स्वीकार कर सकते थे। पूँजीवाद और जागीरदारी को मिलाने से एक अजीब तरह की नई परिस्थिति पैदा हो रही थी, लेकिन सबसे महत्त्वपूर्ण तथ्य यह है कि वे फ्रांस की क्रान्ति द्वारा पैदा चुनौतियों को स्वीकार नहीं कर सकते थे। इस दौरान एक विशेष तरह के जर्मन स्वच्छंदतावाद का जन्म हुआ जिसने अपना राजनीतिक संघर्ष सौन्दर्य के माध्यम से शुरू किया। इसलिए इसकी सारी दुविधाएँ रवीन्द्रनाथ के उस दौर के समान थीं जब वे 'सोनार तारी' लिख रहे थे : 'निरुद्देश्य यात्रा कोथाये आमा के निये जाबे रे—स्वप्न सुन्दरी?' यात्रा की मंज़िल का पता नहीं है क्योंकि दूर-दूर तक औपनिवेशिक क्षितिज का अन्त दिखाई नहीं देता था। इसका कोई विकल्प नहीं था।

स्वच्छंदतावाद का जन्म ऐसे संकटकाल में हुआ जिसे पेरी एंडरसन ने भी अपने निबन्ध में तीन तर्कों द्वारा दिखाने की कोशिश की है। शेली के समय की इंग्लैंड की हालत कुछ हद तक जर्मनी से बेहतर और अलग थी। इसमें अर्द्ध-रईस, अर्द्ध-औद्योगिक पूँजीवाद और मज़दूर-आन्दोलन का उदय हो रहा था। लेकिन यह स्थिति पुनरुत्थानशील न थी। कोई बड़ा मज़दूर-आन्दोलन उन दिनों दिखाई नहीं दिया। अंग्रेज़ी स्वच्छंदतावाद ऐसे वातावरण में उत्पन्न हुआ। जर्मन स्वच्छंदतावाद का जन्म इससे बदतर वातावरण में हुआ। अगर आप दुनिया के दूसरे हिस्सों में देखें तो पुश्किन के उदय के दौरान रूसी स्वच्छंदतावाद का उदय तब हुआ जब 1812 में दिसम्बर क्रान्ति को दबा दिया गया था। यह ज़ारशाही (Czarist) का समय था। पीटर की तमाम रैलियों के बावजूद बड़ा पूँजीवाद रूस में विकास नहीं कर सका और यहाँ तक कि जर्मनी से भी काफ़ी पीछे था। इस तरह स्वच्छंदतावाद का जन्म अर्द्ध-सामन्ती, अर्द्ध-पूँजीवादी सन्दर्भ में हुआ जिसमें नौकरी-पेशा वर्ग कमज़ोर था और आत्माभिव्यक्ति का कोई संगठित संघर्ष नहीं हुआ था। इस तरह से यह बहुत-से देशों में हुआ। भारत में भी चाहे रवीन्द्रनाथ टैगोर ने इस सन्दर्भ में लिखना शुरू किया। लेकिन आन्दोलन में एक नया तत्त्व जुड़ा जो भारतीय स्वच्छंदतावाद को जर्मन स्वच्छंदतावाद और अंग्रेज़ी स्वच्छंदतावाद से अलग करता है। अगर कहीं समानता है तो यह रूसी स्वच्छंदतावाद के साथ है क्योंकि समान कारण किसान-विद्रोह है।

आधुनिकता पर परिचर्चा में हमने बंगाल के रेनेसांस पर बात की, हमने भारतीय रेनेसांस पर बात की, लेकिन इन सारी बातों में हम यह भूल गए कि भारत में अंग्रेज़ी राज से पहले, भारत में उनके पहुँचने से पहले जो कि 1770 से 1880 का समय है, यहाँ पर बहुत सारे तत्कालीन किसान-विद्रोह हुए। सबसे अन्तिम और बड़ा विद्रोह पबना में हुआ था। अगर हम उन किसान-आन्दोलनों की पृष्ठभूमि में देखें तो इसका चरम 1920 में गांधी द्वारा चलाए असहयोग आन्दोलन के दौरान चौरीचौरा घटना के रूप में देखते हैं। स्वच्छंदतावाद की शुरुआत चाहे उन्नीसवीं सदी में रवीन्द्रनाथ ने

अपने-आप की, लेकिन यह सच्चे अर्थों में एक आन्दोलन समूचा भारतीय परिदृश्य में—हिन्दी, बंगला, मराठी, गुजराती, मलयालम, असमी, उड़िया में—असल में असहयोग आन्दोलन के दौरान बना। उस दौरान यह सिर्फ़ स्वच्छंदतावाद नहीं था। असहयोग आन्दोलन उस समय हुआ जब भारत एक उपनिवेश था। यह शायद उपनिवेशों में पहला देश था जहाँ लोगों ने इस तरह का बड़ा आन्दोलन शुरू किया। चौरीचौरा में जहाँ बड़ी संख्या में किसान आए थे, उस विद्रोह का प्रतीक बन गया।

इसलिए यही वह समय था जब स्वच्छंदतावादी आन्दोलन सीधा राजनीतिक बन गया। यह सिर्फ़ एक 'एस्थेटिक सब्स्टीट्यूट' नहीं था, जैसाकि जर्मनी में था। यही कारण है कि भारत में स्वच्छंदतावादी आन्दोलन की लम्बी आयु रही। 1880 से शुरू होकर यह 1940 तक चला। यह साठ सालों तक चला, न कि सिर्फ़ बीस सालों तक। रवीन्द्रनाथ की मृत्यु 1941 में हुई। 1880 से 1941 के लगभग साठ सालों में स्वच्छंदतावादी आन्दोलन राजनीतिक बन गया और जो राजनीतिक आकार इसने लिया, उसने स्वच्छंदतावाद की सीमा और इसके अन्दरूनी विवाद को उजागर कर दिया।

1922 में असहयोग आन्दोलन वापस ले लिया गया। इसी दौरान एक असाधारण विवाद का जन्म हुआ। रवीन्द्रनाथ टैगोर ने कलकत्ते के यूनिवर्सिटी इंस्टीट्यूट में एक भाषण दिया जिसका शीर्षक था : 'सत्तेर आह्वान' या 'सच की पुकार'। यह वही समय था जब विदेशी कपड़े जलाए जा रहे थे और वह गांधी जी के आह्वान पर जलाए जा रहे थे। रवीन्द्रनाथ इसके पक्ष में नहीं थे। गांधी एक ओर विदेशी कपड़े जला रहे थे तो दूसरी ओर चरखे को एक प्रतीक के रूप में चुनकर उन्होंने एक आन्दोलन शुरू किया। रवीन्द्रनाथ ने अपना निबन्ध 'सत्तेर आह्वान' 1921 में लिखा और गांधी ने उसका उत्तर दो महीने बाद 'यंग इंडिया' के अक्टूबर अंक में दिया।

रवीन्द्रनाथ, जिनको गांधी 'गुरुदेव' कहकर सम्बोधित करते थे, जो पहले ही 1910 में 'गोरा' लिख चुके थे, जिन्होंने बंग-भंग आन्दोलन के दौरान स्वदेशी आन्दोलन में भाग लिया था और राष्ट्रीय आन्दोलन के विकास में एक सक्रिय भूमिका निभाई थी। रवीन्द्रनाथ एक एक्टिविस्ट थे और जिन्होंने बहुत सारी कविताएँ लिखी थीं, उसी रवीन्द्रनाथ ने राष्ट्रवाद पर भी लिखा और इसे सबसे ख़तरनाक चीज़ कहा। उनके लिए यह सिर्फ़ किताबों तक सीमित विषय न था, उन्होंने विदेशी कपड़ों को जलाते समय राष्ट्रीय सनक को महसूस किया था। उस राष्ट्रीय सनक के ख़िलाफ़ उन्होंने 'सत्तेर आह्वान' नामक निबन्ध लिखा। यह एक लम्बा निबन्ध है और इसका अंग्रेज़ी अनुवाद सहज ही उपलब्ध है। रवीन्द्रनाथ इस निबन्ध में कहते हैं :

'आज विश्वव्यापी चेतना के उदय के समय अगर हमारे राष्ट्रीय संघर्ष में यह विश्वव्यापी आवाज़ ग़ायब है तो यह सिर्फ़ हमारी गरीबी को दिखाता है। मैं यह नहीं कहता कि हमें हमारे प्रस्तावित योजना से सम्बन्धित कार्यों को छोड़ देना चाहिए।

प्रात:काल जब पंछी जागते हैं तो इनके जागने का उद्देश्य सिर्फ़ भोजन ढूँढ़ना नहीं होता। उनके न थकनेवाले दो पंख आकाश की चुनौती को स्वीकार करते हैं। रोशनी देखने की खुशी उनके गाने के रूप में बाहर निकलती है। यह विश्वव्यापी मानव की चेतना की पुकार हमारी चेतना को बुला रही है।'

रवीन्द्रनाथ ने इस लेख में विश्वव्यापकता की बात की है : 'हमें यह नहीं भूलना चाहिए कि विदेशी कपड़ों को जलाना एक छुपे हुए राष्ट्रीय अहंकार, एक तरह के राष्ट्रवाद को प्रदर्शित करता है।'

रवीन्द्रनाथ ने जलती आग में इस राष्ट्रीयता को देखा। इस जलती आग के सामने उन्होंने कहा कि स्वच्छंदतावाद के दो पहलू हैं। अगर स्वच्छंदतावाद राष्ट्रीय स्वतंत्रता के लिए एक आन्दोलन है तो यह ज्ञानोदय की विश्वव्यापकता को भी स्वीकार करता है। अगर आप स्वच्छंदतावाद के एक पक्ष पर ही ज़ोर देते हैं तो आप देखेंगे, वे सारे लोग जो हिन्दुत्व की बात करते हैं, रोमांटिक बन जाएँगे। स्वच्छंदतावाद का अर्थ है राष्ट्रीय संघर्ष—आज़ादी के लिए एक राष्ट्रीय संघर्ष। लेकिन ज्ञानोदय जो तर्क के नाम पर विश्वव्यापकता की बात करता है, वह भी स्वच्छंदतावाद में शामिल है।

रवीन्द्रनाथ में ये दोनों पक्ष थे। जहाँ उन्होंने इसमें तोड़-मरोड़ देखा, वहाँ उन्होंने आवाज़ उठाना ज़रूरी समझा। रवीन्द्रनाथ ने यह 1921 में किया जब असहयोग आन्दोलन और बॉयकाट अपने चरम पर था। यह वही कवि है जिसने 1919 में 'नाइटहुड' उपाधि लेने से इनकार किया था। इसलिए आप उनकी नीयत पर शक नहीं कर सकते। आप यह नहीं कह सकते कि उन्होंने अंग्रेज़ों को खुश करने के लिए यह किया। एक ओर वह 'नाइटहुड' की उपाधि लेने से इनकार कर रहे हैं तो दूसरी ओर गांधी के आह्वान पर विदेशी कपड़ों को जलाने से शुरू हुई भीतरी राष्ट्रीयता का विरोध भी कर रहे हैं। रवीन्द्रनाथ इसे 'सत्तेर आह्वान' कहते हैं।

गांधी ने रवीन्द्रनाथ के ख़िलाफ़ वाद-विवाद की लड़ाई शुरू की। रवीन्द्रनाथ के इस पूरे लेख से गांधी ने सिर्फ़ पंछी, जो प्रात:काल आसमान में उड़ता है, वाला बिन्दु चुना। कहा :

'जब युद्ध होता है, कवि वीणा, वकील वकालत की रिपोर्ट और स्कूली बच्चे अपनी किताबें रख देते हैं। जब युद्ध समाप्त हो जाता है तो कवि अपना सच्चा राग गाता है। जब घर को आग लगती है तो सभी घरवाले बाहर आ जाते हैं और आग बुझाने के लिए बालटी उठाते हैं। जब मेरे आसपास सब खाने के लिए मर रहे हों तो मुझे सिर्फ़ भूखों को खाना खिलाने का काम ही करने योग्य लगता है। यह मेरा दृढ़ विश्वास है कि भारत ऐसा घर है जिसमें आग लगी है क्योंकि इसके मनुष्य प्रतिदिन झुलस रहे हैं। ये भूख के कारण मर रहे हैं, क्योंकि भोजन ख़रीदने के लिए इनके पास कोई काम नहीं है। अपने विदेशी कपड़े जलाकर मैंने अपनी शर्म जला दी है। अपनी काव्यमयी सूझ के प्रति सच्चा कवि आनेवाले कल के लिए जीता है

और हमें भी ऐसा ही करना चाहिए। वह हमारी सराहना-भरी दृष्टि के लिए प्रात:काल आसमान में उड़ते हुए, प्रशंसा के गीत गाते हुए पक्षियों की सुन्दर तसवीर पेश करता है। इन पक्षियों के पास दिन का भोजन है और वे अपने आराम किये हुए पंखों के साथ उड़ते हैं जिनकी नाड़ियों में पिछली रात नया ख़ून प्रवाहित हो चुका है, परन्तु मुझे उन पक्षियों को देखकर दुख होता है जो शक्ति के लिए अपने पंखों को फड़फड़ा नहीं सकते। एक मानवीय पक्षी भारतीय आसमान के नीचे कमज़ोर हो जाता है तब वह थका हुआ महसूस करता है। करोड़ों के लिए यह एक अन्दरूनी सजगता या अन्दरूनी मूर्च्छा है। यह एक न बताई जा सकनेवाली दुखदायक स्थिति है जिसे जानने के लिए उसे महसूस करना ज़रूरी है। मुझे कबीर के गीत के साथ दुखी मरीज की तुलना करना असम्भव लगता है। करोड़ों भूखे सिर्फ़ एक कविता के बारे में पूछते हैं—जीवन देनेवाला भोजन। उन्हें यह नहीं दिया जा सकता। उन्हें यह खुद कमाना चाहिए और वे सिर्फ़ अपने माथे के पसीने से इसे कमा सकते हैं। टैगोर को भी दूसरों की तरह चरखा कातने दो। उन्हें अपने विदेशी कपड़े जलाने दो। आज यही कर्तव्य है। परमात्मा आनेवाले कल का ध्यान रखेगा। जैसाकि गीता में कहा गया है—कर्म करो।'

यह गांधी हैं। आप देख सकते हैं कि आधुनिकता की बहस में रवीन्द्रनाथ एक ओर छिपे हुए राष्ट्रवाद की भर्त्सना करते हैं तो दूसरी ओर विश्वव्यापकता की बात करते हैं। फिर गांधी भारत के उस भूखे पंछी की ओर से उत्तर देते हैं। दोनों सही हैं। विवाद के स्वभाव को ध्यान में रखते हुए चुनाव मुश्किल है। गांधी अपनी जगह सही हैं और रवीन्द्रनाथ अपनी जगह। ऐसा नहीं है कि सिर्फ़ गांधी बहस में शामिल हो रहे हैं। भारतीय रोमांसवाद में 1920-21 के आसपास और उसके बाद भी भूखे पंछी को जगह मिली। रवीन्द्रनाथ की कविताओं में भी यह है। यह उनके साहित्यिक कामों और कहानियों में भी है। लेकिन मैं हिन्दी कवि सूर्यकान्त त्रिपाठी 'निराला' की 'बादल-राग' शीर्षक कविता से उदाहरण देना चाहता हूँ जो उन्होंने उसी समय के आसपास लिखी थी। कविता यों है :

रुद्ध कोष, है क्षुब्ध तोष
अँगना अंग लिपटे भी
आतंक अंक पर काँप रहे हैं
धनी, वज्र-गर्जन के बादल
त्रस्त नयन-मुख ढाँप रहे हैं।
जीर्ण बाहु, है शीर्ण शरीर,
तुझे बुलाता कृषक अधीर
ऐ विप्लव के वीर!

मैंने निराला का उल्लेख इसलिए किया क्योंकि निराला उन कवियों में से हैं जिन्होंने रवीन्द्रनाथ को बंगला में पढ़ा है। निराला ने रवीन्द्रनाथ पर एक पूरी पुस्तक भी लिखी है। निराला रवीन्द्रनाथ का बहुत सम्मान करते थे, जैसेकि गांधी जी करते थे। इसके बावजूद निराला ने इस विवाद को लेकर 'चरखा' शीर्षक से एक लेख लिखा। इसमें उन्होंने कहा कि गांधी ठीक कहते हैं कि रवीन्द्रनाथ को चरखा कातना चाहिए। निराला ने गांधी का पक्ष लिया क्योंकि निराला बैसवाड़ा के किसानों से सम्बन्धित थे—वे किसान, जो अपने अधिकारों के लिए लड़े। जो उस दौर के बाबा रामचन्द्र के नेतृत्व में अपनी ज़मीन के लिए लड़े।

इसलिए उपनिवेशवादी स्वच्छंदतावाद सिर्फ़ राष्ट्रीय स्वतंत्रता की लड़ाई का प्रतिनिधित्व नहीं करता। भारतीय स्वच्छंदतावाद भी जागीरदारी विरोधी था। अंग्रेज़ी स्वच्छंदतावाद पूँजीवादी क्रान्ति का सिर्फ़ जागीरदारी विरोधी हिस्सा था। भारतीय औपनिवेशिक स्वच्छंदतावाद न सिर्फ़ जागीरदारी विरोधी था बल्कि साम्राज्यवाद-विरोधी भी था। वह स्वच्छंदतावाद के इन दोनों पक्षों को मिलाता है। इसलिए यह ऐसा स्वच्छंदतावाद है जिसकी किसी भी अन्य देश के स्वच्छंदतावाद से तुलना मुश्किल है।

मैं दुनिया के दूसरे हिस्सों के देशों—पोलैंड, हंगरी, इटली—में स्वच्छंदतावाद के बारे में ज़्यादा नहीं कहूँगा। जब कोई विश्व साहित्य में स्वच्छंदतावाद को देखता है तो यह देखकर हैरानी होती है कि यहाँ फ्रांस की क्रान्ति हुई, वहाँ पर स्वच्छंदतावाद दुनिया के दूसरे हिस्सों की तुलना में कमज़ोर दिखाई पड़ता है। सबसे महान स्वच्छंदतावाद रूस का है। पुश्किन का स्वच्छंदतावाद। फ्रांस ने कौन-सा कवि पैदा किया—केवल विक्टर ह्यूगो को छोड़कर, जिसने कुछ कविताएँ लिखीं! फ्रांस का स्वच्छंदतावाद मुख्य रूप से फिक्शन के क्षेत्र में व्यक्त हुआ। स्टेनहाल, बाल्ज़ाक और ब्लादेर—ये कितने स्वच्छंदतावादी थे! यह एक अजीब विडम्बना है। तथ्य यह है कि इन सभी में से कोई शेली फ्रांस में पैदा नहीं हुआ, कोई पुश्किन वहाँ पैदा नहीं हुआ और न ही कोई हेन (Heine)।

यह भारतीय स्वच्छंदतावाद की अपनी विशेषता है कि इसके पास सिर्फ़ बंगला में टैगोर नहीं हैं, बल्कि दूसरी भारतीय भाषाओं में भी ऐसे कवि हैं जिन्हें आप 'जूनियर टैगोर' कह सकते हैं। वे स्वच्छंदतावादी थे। उर्दू में इकबाल जैसा कवि था। इकबाल के बारे में सभी तरह की बातें कही गई हैं। बहुत-से लोग उन्हें पाकिस्तान का 'क्रिएटर' भी कहते हैं। फिर भी इस सन्दर्भ में इकबाल बंकिम से ज़्यादा अच्छे हैं। उन्होंने इस्लाम के ख़िलाफ़ चाहे जो भी कहा हो, हिन्दुत्व के ख़िलाफ़ कुछ भी नहीं कहा, जबकि बंकिम ने न सिर्फ़ हिन्दुत्व का प्रचार किया बल्कि मुसलमानों और इस्लाम की बेइज्जती भी की। इकबाल अक्सर राम को 'इमाम-ए-हिन्द' कहते थे।

जर्मन स्वच्छंदतावाद धर्म पर ज़ोर देने के कारण भारतीय स्वच्छंदतावाद से अलग है। श्लेगेल ने स्वयं ईसाइयत को स्वच्छंदतावाद का ज़रूरी अंग माना है। धार्मिक तत्त्व जर्मन स्वच्छंदतावाद में अधिक हावी थे। इसकी तुलना में भारतीय स्वच्छंदतावाद में लोगों की अपेक्षा के उलट टैगोर, निराला अधिक धर्मनिरपेक्ष थे। आप बंकिम के लेखन में हिन्दुत्व के रूप में धर्म देख सकते हैं। रवीन्द्रनाथ भी बंकिम की तरह हिन्दुत्व की प्रशंसा कर सकते थे लेकिन उन्होंने ऐसा नहीं किया। रवीन्द्रनाथ का 'गोरा' हिन्दुत्व के विरुद्ध है। वह भारतीयता के नजदीक है। यह हिन्दुत्व की विडम्बना है कि 'गोरा' में प्रतिबिम्बित हुई है। वह कहता है कि अपनी सारी ज़िन्दगी वह यही सोचता रहा कि वह हिन्दू है और अन्त में वह महसूस करता है कि हिन्दुत्व में उसके लिए कोई जगह नहीं है। इसलिए जर्मन स्वच्छंदतावाद की तुलना में भारतीय स्वच्छंदतावाद अधिक धर्मनिरपेक्ष है। हम उस समय धर्मान्धिता के शिकार नहीं बने।

और अन्त में मैं कहना चाहूँगा, भारतीय स्वच्छंदतावाद और इसके विरोधाभासों और दूसरे पक्षों के बारे में बहुत कुछ कहा जा चुका है। यह एक अजीब विडम्बना है कि यहाँ का बौद्धिक वर्ग, जिनको अंग्रेज़ी भाषा की अच्छी जानकारी है, शुरू से ही भारतीय स्वच्छंदतावाद को पचा नहीं पाया है। दुर्भाग्य से नई आलोचना के प्रभाव से यह भारतीय बौद्धिकों में एक 'कल्चर' बन गया है। यह परम्परा इलियट और एफ.आर. लेविस पर आधारित है। आधुनिकतावाद और इलियट-पाउंड के आधुनिकतावाद से डील करते हुए यह परम्परा अपना पहला कर्तव्य भारतीय स्वच्छंदतावाद को ख़ारिज करना समझती है, जिस तरह उन्होंने अंग्रेज़ी स्वच्छंदतावाद को दफना दिया और प्रयोग के नाम पर नई तरह की कविता शुरू की—'नई कविता'।

रवीन्द्रनाथ के सबसे बड़े विरोधी बुद्धदेव बसु थे जो अपने-आपको आधुनिक कहते थे। रवीन्द्रनाथ ने अपने अन्तिम उपन्यास 'शेषेर कविता' में अमित राय के रूप में बुद्धदेव बसु को याद किया है। आज के बौद्धिक, जो आधुनिकता की परिचर्चा में हिस्सा लेते हैं और अपने-आपको उत्तर-आधुनिक कहते हैं, जो गांधी के अनुयायी हैं—जैसे पार्थ चटर्जी, आशीष नन्दी; स्वच्छंदतावाद को स्वीकार करने के नाम पर ये न सिर्फ़ टैगोर को भूल गए हैं, बल्कि गांधी के भी एंटी-थीसिस हो गए हैं। यह उनका अपमान है। यह उन्हें नहीं पहचानते। गांधी, जिन्होंने टैगोर से बहस की। ये लोग बुद्धदेव की परम्परा में खड़े हैं। आधुनिकतावाद के बाद उत्तर-आधुनिकता की घटना से खुशी से भरे हुए, जो हमें उत्तर-उपनिवेशवाद से मिला है, हम अपनी स्वच्छंदतावादी विरासत को भूलते जा रहे हैं—कीमती विरासत, जटिलताओं और विरोधाभासों से भरी हुई; जो समृद्ध, बहुआयामी और आम आदमी के नजदीक है। आज के अँधेरे भरे दौर में यह हमें चेतावनी देता

है कि चाहे जर्मन स्वच्छंदतावाद का दर्शन हाईडेगर से हिटलर तक चला गया, लेकिन भारतीय स्वच्छंदतावाद की विरासत, टैगोर की विरासत, हिन्दुत्व को शक्ति नहीं देगी और न ही इसके साथ जुड़ेगी। दरअसल आज हिन्दुत्व का सबसे बड़ा विपक्षी हमारी स्वच्छंदतावादी परम्परा में ही है जो हमारे नजदीक है, जो धर्मनिरपेक्ष है। इसकी तमाम सीमाओं और कमियों के बावजूद इसमें भविष्य के लिए विज़न है। स्वच्छंदतावाद ने हमें यादें दी हैं। इसने हमें विज़न भी दिया है। आज के युग में हम विस्मृति के शिकार हो गए हैं। उत्तर-आधुनिक युग में हम यूटोपिया को भी 'आउटडेटेड' मानने लगे हैं। स्वच्छंदतावाद ने हमें एक समाजवादी यूटोपिया दिया है। मैंने जानबूझकर समाजवादी यूटोपिया कहा है। यह रवीन्द्रनाथ के 'लेटर फ्रॉम रशिया' में है। समाजवाद का सपना हमारे स्वच्छंदतावाद में है। यह टैगोर और निराला, दोनों में है। अगर हम इस समाजवादी सपने को ज़िन्दा रखना चाहते हैं तो हमें इसे अपने स्वच्छंदतावाद में ढूँढ़ना चाहिए।

['नया ज्ञानोदय' : अगस्त, 2017 में प्रकाशित। दिल्ली विश्वविद्यालय के जर्मनिक और रोमंस स्टडीज विभाग में 'स्वच्छंदतावाद' पर हुई परिचर्चा में दिया गया भाषण]

बीसवीं शताब्दी का भारतीय साहित्य : नई चुनौतियाँ

बीसवीं शताब्दी में विश्व साहित्य की सबसे बड़ी घटना है प्रति-उपनिवेशीकरण (Decolonization)। शताब्दी का अन्त तो अभी नहीं हुआ, लेकिन साहित्य में यूरोप और अमरीका के वर्चस्व का अन्त हो गया। साहित्य-सृजन के केन्द्र में अब यूरोप और अमरीका नहीं, बल्कि लैटिन अमरीका, अफ्रीका और एशिया के देश हैं। सर्जनात्मक दृष्टि से उत्तेजक और स्फूर्तिप्रद कृतियाँ इन्हीं देशों से आ रही हैं और पहल भी सम्भवत: इन्हीं देशों के लेखकों के हाथ है। जहाँ लैटिन अमरीकी और अफ्रीकी लेखक यूरोपीय भाषाओं के माध्यम से ही यूरोप और अमरीका के साहित्य को चुनौती दे रहे हैं, भारत जैसे एशियाई देश के लेखक मुख्यत: ग़ैर-यूरोपीय अपनी भाषाओं में प्रति-उपनिवेशीकरण की प्रकिया को तेज़ कर रहे हैं। लैटिन अमरीका, अफ्रीका और एशिया में वैसे तो यह प्रक्रिया शताब्दी के आरम्भ के साथ ही शुरू हो गई थी, लेकिन द्वितीय विश्वयुद्ध के बाद से इसमें और तेज़ी आई है। इस नये साहित्यिक उभार को वशीभूत करने के लिए यूरोप और अमरीका के साहित्यिक सिद्धान्तकारों ने समय-समय पर अनेक सैद्धान्तिक संकल्पनाएँ प्रस्तुत की हैं। कभी 'कामनवेल्थ लिट्रेचर' और 'न्यू लिट्रेचर इन इंग्लिश', तो कभी 'पोस्ट-कॅलोनियल लिट्रेचर'। इसी प्रकार की नवीनतम संकल्पना है 'तृतीय विश्व साहित्य'। 'तृतीय विश्व साहित्य' की परिकल्पना एक प्रकार से गेटे के 'विश्व साहित्य' की प्राचीन परिकल्पना का ही नवीन रूपान्तर है किन्तु इतनी मासूम नहीं। प्रकारान्तर से यह 'प्रथम विश्व साहित्य' का वर्चस्व (Hegemony) क़ायम रखने की चाल है और ध्यान से देखें तो 'तृतीय विश्व साहित्य' की संकल्पना उपनिवेशोत्तर युग का नया 'प्राच्यवाद' (Orientation) है। लगता है, अपने-आपको परिभाषित करने के लिए यूरोप और अमरीका को अब भी एक 'अन्य' (Other) की आवश्यकता है। सवाल यह है कि क्या हमें भी आज उसी प्रकार उस 'अन्य' की आवश्यकता है? मेरी समझ में बीसवीं शताब्दी के भारतीय साहित्य के मूल्यांकन का यही परिप्रेक्ष्य है।

मुद्दा चाहे 'परम्परा' और 'आधुनिकता' का हो, चाहे क्षेत्रीय और राष्ट्रीय 'अस्मिता' का, रूपगत 'नये प्रयोगों' का हो अथवा 'लोकधर्मी' रूपों का—इन सबके मूल में कहीं-न-कहीं प्रति-उपनिवेशीकरण की ही समस्या है। सवाल यह है

कि भारतीय लेखक आज प्रति-उपनिवेशीकरण की प्रक्रिया के प्रति कितने जागरूक और सक्रिय हैं? प्रश्न कोरा बुद्धि-विलास नहीं, जैसाकि औसत विचार-गोष्ठियों के वातावरण में होता है। प्रश्न का सीधा सम्बन्ध हमारी सर्जनात्मक ऊर्जा से है। और आज मैं अत्यन्त विनम्रता के साथ आपके सम्मुख यह कहने की अनुमति चाहता हूँ कि स्वाधीनता-प्राप्ति के बाद भारतीय लेखकों में प्रति-उपनिवेशीकरण की जुझारू वृत्ति में पहले की पीढ़ी के लेखकों की तुलना में मंदी या शिथिलता आई है। शायद इसीलिए हमारे बीच कोई गाबिएल गार्तिया मार्केस नहीं है और न चिनुआ अचेवे या गुगी वा थॅवांगो ही। मुझे अक्सर महसूस होता है कि आज तथाकथित 'तृतीय विश्व साहित्य' के अन्तर्गत भारतीय साहित्य अफ्रीकी और लैटिन अमरीकी साहित्य से पिछड़ गया है—ख़ास तौर से, उपन्यासों और कहानियों और नाटकों की विधा में। कहने की आवश्यकता नहीं कि यह बात मैं अन्दर की गहरी पीड़ा के साथ कह रहा हूँ, किसी प्रकार की भर्त्सना या अभियोग के रूप में नहीं।

कहीं ऐसा तो नहीं कि हम अपने स्वाधीनता-संग्राम के दिनों की ऊष्मा खो बैठे हैं? न आज वह राष्ट्रीय भावना है, न राष्ट्रवाद ही! यह सही है कि राष्ट्रवाद भी प्रति-उपनिवेशीकरण के संघर्ष का एक बौद्धिक उपकरण मात्र है, कोई शाश्वत सनातन संकल्पना नहीं जिसे देश की जनता के हर मर्ज के इलाज के रूप में पेश किया जाए। लेकिन क्या ऐसा नहीं लगता कि हमने उपनिवेशवाद और साम्राज्यवाद (जिस शब्द का प्रयोग अब कम-कम ही दिखाई देता है) के साथ मन-ही-मन कहीं-न-कहीं चुपचाप समझौता कर लिया है। क्या इसका कुछ सम्बन्ध हमारी 1947 की आज़ादी से है? हममें से कितने लोगों को यह एहसास है कि हमें आज़ादी मिली नहीं, बल्कि हमने आज़ादी ली? 'मिलने' और 'लेने' में जो फ़र्क़ है, उसे कौन नहीं जानता! आज़ादी लेने की बात होती तो हम खंडित देश की खंडित स्वाधीनता क्यों लेते? जिस देश ने 1905 में बंग-भंग को अस्वीकार कर दिया था, उसी ने 1947 में देश का विभाजन कैसे स्वीकार कर लिया? इन दो घटनाओं ने हमारे साहित्य को जिस हद तक प्रभावित किया, उस पर कभी गहराई से विचार किया गया है? प्रश्न कोरा राजनीतिक नहीं, बल्कि भारतीय अस्मिता और भारतीय मानव की आन्तरिक संरचना का है। बंग-भंग के प्रतिरोध में उठे स्वदेशी आन्दोलन ने भारतीय अस्मिता को टूटने से बचाया, तो 1947 में देश-विभाजन की स्वीकृति ने उस अस्मिता को खंडित किया।

भारतीय साहित्य में मानसिकता के इन दो रूपों के कितने दूरगामी परिणाम हुए, उन्हें दो युगों के दो उपन्यासों के द्वारा समझने की कोशिश की जा सकती है : एक है रवीन्द्रनाथ का 'गोरा' (1910) जिसकी पृष्ठभूमि में बंग-भंग है और दूसरा है यू.आर. अनन्तमूर्ति का 'संस्कार' (1965)। 'आत्मानं बिद्धि'—अपने को जानो, 'गोरा' के ग़ौर मोहन का भी मूलमंत्र है और 'संस्कार' के प्राणेशाचार्य का भी।

अपनी अस्मिता की खोज में दोनों ही प्राचीन हिन्दू परम्परा में प्रवेश करते हैं और संयोग से दोनों के लिए ही यह तथाकथित ब्राह्मण ग्रंथों और शास्त्रों की परम्परा है। इसके अतिरिक्त ग़ौर मोहन और प्राणेशाचार्य सामान्य लोकजीवन के सम्पर्क में भी आते हैं। ग़ौर मोहन शहर छोड़कर गाँव में जाता है, वास्तविक भारत की खोज में और प्राणेशाचार्य परिस्थितिवश गाँव के सामान्य लोगों के सम्पर्क में आने के लिए विवश होता है। लोक-सम्पर्क का यह अन्तर महत्त्वपूर्ण है। दूसरे ब्योरों में जाना यहाँ सम्भव नहीं, इसलिए संक्षेप में सिर्फ़ यह देखें कि पीड़ादायक अन्तर्मंथन की बड़ी या छोटी यात्रा में दोनों पुरुषों की उपलब्धि क्या है?

गौर मोहन प्राणपण से हिन्दू होने की कोशिश करता है लेकिन अन्त में सहसा पाता है कि जन्म से हिन्दू न होने के कारण हिन्दू समाज में उसके लिए सभी दरवाजे बन्द हैं। इस आघात से वह हताश नहीं होता, बल्कि जैसे चीख़कर कहता है : मैं मुक्त हो गया हूँ। वस्तुत: गोरा का अन्तिम वक्तव्य पूरा-का-पूरा उद्धृत करने योग्य है। फिर भी यहाँ उसका एक अंश ही प्रस्तुत है :

'मैं दिन-रात जो होना चाह रहा था, पर हो नहीं पा रहा था, आज मैं वही हो गया हूँ। आज मैं सारे भारतवर्ष का हूँ। मेरे भीतर हिन्दू, मुसलमान, ख्रिस्तान—किसी समाज के प्रति कोई विरोध नहीं है। आज इस भारतवर्ष में सबकी जात मेरी जात है, सबका अन्न मेरा अन्न है।'

'संस्कार' के प्राणेशाचार्य की उपलब्धि है : 'ज्ञान का फल चखने के बाद' हाड़-मांस का एक वास्तविक मनुष्य होने का एहसास। स्वयं लेखक के शब्दों में : 'आचार्य जी को न केवल किसी प्रकार का पश्चात्ताप हुआ, बल्कि उन्होंने एक हलकापन महसूस किया, मानो उन्होंने अपनी छिनी हुई स्वतंत्रता प्राप्त कर ली हो, मार्ग-दर्शन की ज़िम्मेदारी से मुक्त हो गए हों और सब प्रकार के अधिकारों के बोझ से छुटकारा पा लिया हो! मैं किस प्रकार का व्यक्ति हूँ? तुम लोगों जैसा ही हूँ—एक ऐसे अन्त:करण वाला प्राणी जिसे लालसाएँ और जुगुप्सा तुम्हारी ही तरह उद्वेलित करती हैं। विनय और दीनता का शायद यह पहला पाठ मैंने पढ़ा : 'पापोऽहं पापकर्माहं, पापात्मा, पापासम्भव:'। नहीं, नहीं, यह भी झूठ है। रटे हुए इन मंत्रों को भूलना होगा—मन को किसी अबोध बाल-मन की तरह स्वतंत्रता से विचरने देना होगा। आचार्य ने आँखें मूँद लीं, एक लम्बी साँस ली और साहस बटोरा।—लेकिन उनके मुँह से केवल यही शब्द निकले : 'मैं भटक गया हूँ और मैं हार गया हूँ। मुझे कुछ भी नहीं मालूम। आप सब लोग वैसा ही करें जो आप अपने दिलों में समझें।'

प्राणेशाचार्य अन्तत: 'उद्विग्न, प्रत्याशित' (Anxious, Expectant) ही दिखाई पड़ते हैं। इस मुक्ति से, इस नई अस्मिता से न नायक आश्वस्त है, न लेखक और न शायद पाठक ही।

'गोरा' और 'संस्कार' का अन्तर इतना स्पष्ट है कि अतिरिक्त व्याख्या अनावश्यक है। यदि 'गोरा' जैसा आत्मविश्वास का स्वर 'संस्कार' में नहीं है तो इसे लेकर कोई शिकायत भी नहीं। यह दो भिन्न युगों की दो मानसिकताओं का अन्तर है और दोनों ही मानसिकताएँ सच्ची हैं। लेकिन विचारणीय है वह दृष्टि, जो दोनों उपन्यासों की सृजन-प्रक्रिया में सक्रिय है। 'संस्कार' पढ़ते समय गोरा के अन्तिम वक्तव्य का यह अंश सन्दर्भ-भेद के बावजूद एक नई अर्थ-व्यंजना के साथ अनायास याद आता है :

'अब तक मैं अपने साथ बराबर एक अदृश्य व्यवधान लिये हुए ही घूमता रहा हूँ, उसे किसी तरह पार नहीं कर सका। इसीलिए मेरे मन के भीतर एक बड़ा गहरा शून्य था। इसी शून्यता को मैं तरह-तरह से अस्वीकार करने की कोशिश करता रहा, बल्कि उस शून्यता को ही तरह-तरह के कारूकार्य (नक़्क़ाशी) करके और भी सुन्दर बनाने की कोशिश करता रहा।...आज कारूकार्य करने की उस व्यर्थ चेष्टा से निष्कृति पाकर मैं फिर से जी उठा हूँ।'

'संस्कार' में कारूकार्य 'गोरा' से कहीं अधिक है। उपन्यास कला की दृष्टि से, निस्सन्देह, बेहतर कृति है, किन्तु क्या अनन्तमूर्ति में अपनी शून्यता को कारूकार्य से भरने की व्यर्थता का वैसा ही आत्मसजग बोध है, जैसा रवीन्द्रनाथ कहते हैं? 'एलिगरी' दोनों ही उपन्यास हैं—और फ्रेडरिक जेम्सन की एक विवादास्पद अवधारणा उधार लेकर कहें तो 'नेशनल एलिगरी' भी। गोरा का रूपक स्पष्टत: 'राष्ट्रीय' है, 'संस्कार' का प्रच्छन्न। एक तरह से देखें तो 'संस्कार' पर भारतीयता की छाप अधिक स्पष्ट है। अंग्रेज़ी अनुवाद में ए.के. रामानुजन ने संस्कृत और कन्नड़ शब्दों के लिए अन्त में जो लम्बी व्याख्यात्मक टिप्पणियाँ दी हैं, वे जैसे अंग्रेज़ी दुनिया से चिल्ला-चिल्लाकर कहती हैं कि यह ठेठ भारतीय उपन्यास है। रवीन्द्रनाथ को शायद भारतीयता के ऐसे प्रदर्शन की आवश्यकता न थी। हिन्दू होने के लिए ग़ौर मोहन ने प्राणेशाचार्य से कम कर्मकांड नहीं किये, लेकिन उन संस्कारों का प्रबल आग्रह 'संस्कार' में ही अधिक है। एरिक हाब्सबॉम से शब्द उधार लेकर कहें तो 'उपभोज्य अतीत' (Usable past) रवीन्द्रनाथ और अनन्तमूर्ति, दोनों की ही कृतियों में है क्योंकि भारतीय अस्मिता की खोज में दोनों ही लेखक अतीत की यात्रा करते हैं, लेकिन अनन्तमूर्ति उस अतीत को जड़ से उखाड़कर उसकी गन्ध का आस्वाद लेते हैं और उस पर मुग्ध भी होते हैं। इस दृष्टि से 'संस्कार' का निम्नलिखित अवतरण काफ़ी प्रतीकात्मक है :

'चिरायते की बेल का एक छोटा पौधा अचानक उसके हाथों से लगा। उन्होंने उसे उखाड़ने की कोशिश की। बेल की जड़ें ज़मीन में फैल चुकी थीं, उसे वे उखाड़ न सके। घास की छोटी-छोटी जड़ों की तरह, जो ज़मीन के ऊपरी, नम भाग में ही जमी होती हैं, चिरायते की बेल की जड़ें नीचे कठोर भूमि तक पहुँच

चुकी थीं। वे बैठ गए और दोनों हाथों से बेल को उखाड़ने लगे। लगभग आधी जड़ ही उखड़कर उनके हाथ आ पाई। उन्होंने उसे सूँघा। बस, जड़ में एक विशेष प्रकार की गन्ध बस गई थी जो वहाँ की तपिश और ठंडक, वहाँ की मिट्टी और ऊपर के आकाश—सबको मिलाकर बनी थी। यह गंध उनके अन्तर् के प्राणों तक जा बसी। एक लालची व्यक्ति की तरह उस जड़ को सूँघते हुए वे वहाँ बैठे रहे।'

चिरायते की बेल का यह पौधा अनन्तमूर्ति के लिए गोया अतीत का भारतीय संस्कार है, उसे उखाड़कर प्रत्यक्ष अनुभव करने की इस प्रक्रिया में किसी को सार्त्र, कामू के किसी उपन्यास की अस्तित्ववादी अनुभूति की झलक मिल सकती है और कोई चाहे तो भारत के किसी भग्नावशेष की खुदाई करनेवाले अंग्रेज़ पुरातत्त्वविद् के अनुभव को भी याद कर सकता है। लेकिन 'संस्कार' में भारतीय अतीत की जड़ों को खोदकर देखने की प्रवृत्ति सच्ची है, इसमें कोई सन्देह नहीं। वह एक अन्तरंगी (Insider) की पीड़ा है, इसीलिए वे ब्राह्मणवाद के एक पक्ष पर ऐसी मर्मस्पर्शी चोट कर सके। किन्तु इसके साथ ही स्वीकार करना पड़ेगा कि आदिवासियों और गाँव के साधारण लोगों के लिए वे 'संस्कार' के नायक प्राणेशाचार्य के समान ही बहिरंगी (Outsider) ही बने रहते हैं—अंशत: 'गोरा' के रवीन्द्रनाथ के समान, लेकिन कुल मिलाकर उनसे भी अधिक। गोरा को इस बात का पूरा अहसास है कि गाँव-समाज के लिए वह बाहर का आदमी है। रवीन्द्रनाथ गाँव के जीवन को कुछ कम ही रोमांटिक रूप में देखते हैं।

अन्तत: दोनों उपन्यासों में जो बुनियादी अन्तर है, वह उनकी राजनीति को लेकर। हिन्दू समाज की धार्मिक और सामाजिक कमज़ोरियों की आलोचना बहुत कुछ एक जैसी है, 'गोरा' में ज़्यादातर वैचारिक स्तर पर, 'संस्कार' में भोगे हुए जीवनानुभव के स्तर पर। लेकिन 'गोरा' स्पष्टत: राजनीतिक उपन्यास है। राजनीतिक स्तर पर वह उपनिवेशवाद का प्रत्याख्यान करता है स्पष्ट रूप में, जबकि 'संस्कार' उपनिवेशीकरण के बारे में मौन है, गोया स्वाधीन भारत में उपनिवेशवादी अवशेष समाप्त हो गए हैं। 'गोरा' के उपनिवेशवाद-विरोध को सरलीकरण की संज्ञा दी जा सकती है, किन्तु इस प्रश्न पर 'संस्कार' की चुप्पी को क्या नाम दिया जाएगा?

कहीं ऐसा तो नहीं है कि स्वाधीनता-प्राप्ति के बाद उपनिवेशवाद अनजाने ही हम भारतीय लेखकों में से बहुतों की मानसिकता का एक अंग बन गया है? फ्रेडरिक जेम्सन के शब्दों में 'राजनीतिक अवचेतन (Political Unconscious), शायद इसीलिए हम लोग उससे सचेत संघर्ष नहीं कर पाते। इसका एक उदाहरण तो यही है कि हम अपनी भारतीय अस्मिता की परिभाषा भी अपने भूतपूर्व उपनिवेशवादी स्वामियों की भाषा और उनके द्वारा निर्मित संकल्पनाओं के माध्यम से ही करने को विवश होते हैं। पिछली पीढ़ी के लेखक सम्भवत: इस मामले में हमसे कहीं

अधिक आत्मसजग थे। उदाहरण के लिए जब गोरा विदेशी अदालतों और कानूनों को मानने से इनकार करता है तो वह एक तरह से साहित्य और संस्कृति के क्षेत्र में भी उपनिवेशवादी निकष को चुनौती देता है। 'गोरा' की यह ललकार स्वाधीन भारत के बुद्धिजीवियों में कम ही सुनाई पड़ती है :

'हम अपने देश को विदेशी की अदालत में मुजरिम (अभियुक्त) की तरह खड़ा करके विदेशी कानून के अधीन उसका विचार होने न देंगे। विलायत के आदर्श से एक-एक बात मिलाकर हम लज्जित न होंगे, न गौरव ही मानेंगे। जिस देश में जन्मे हैं, उस देश के आचार, विश्वास, शास्त्र या समाज के लिए दूसरों के या स्वयं अपने सामने ज़रा भी संकुचित न होंगे। देश का जो कुछ है, सभी को सबल और सगर्व भाव से सिर-माथे पर लेकर देश को और अपने-आपको अपमान से बचाएँगे।...हम अच्छे हैं कि बुरे, सभ्य हैं कि असभ्य, इसके बारे में हम किसी को भी कोई जवाब देना नहीं चाहते।...हम...केवल सोलह आने यह अनुभव करना चाहते हैं कि हम, हम हैं।'

यह है भारत का 'स्वदेशी' स्वर और कहना न होगा कि इसके पीछे 1905 के स्वदेशी आन्दोलन की ताक़त है। आज न वैसा आन्दोलन है और न वह स्वर ही। यह ज़रूर है कि इस बीच कुछ विचारकों ने कृष्णचन्द्र भट्टाचार्य के कुछ वर्ष बाद के लेकिन स्वाधीनता-संग्राम के ही दौर के एक विस्मृत लेख 'विचारों में स्वराज' (Swaraj in Ideas, 1929) को पुनर्मुद्रित कर भारतीय दर्शन की एक पत्रिका में उस पर व्यापक चर्चा की, लेकिन कहना कठिन है कि वह विचार-आचार में कितना उतरा!

विचार और आचार के बीच की यह फाँक भारतीय जीवन में पहले भी रही है और इस खाई को पाटने के प्रयत्न भी निरन्तर होते रहे हैं, जिसके उदाहरण भी अनेक हैं लेकिन इस बीच यह खाई कुछ ज़्यादा ही बढ़ गई है। चिन्ता की बात तो यह है कि स्वयं विचार के भीतर ही फाँक पड़ गई है। सच तो यह है कि 1947 में देश के ही दो टुकड़े नहीं हुए, बल्कि भारतीय मानस खंड-खंड हो गया और यह मानसिक विखंडन (Fragmentation) सिर्फ़ धार्मिक और साम्प्रदायिक नहीं है। विखंडन की यह प्रक्रिया ज़्यादा गहरी और व्यापक है। इस खंडित मानसिकता ने समकालीन साहित्य की सृजन-प्रक्रिया को किन-किन रूपों में और कितनी दूर तक प्रभावित किया है, इसकी गहराई से पड़ताल ज़रूरी है।

प्रसंगवश यहाँ कुछ-एक पहलुओं की ओर ही संकेत करना सम्भव है। रोज़मर्रा की ज़िन्दगी में दिखाई पड़ता है कि आज़ादी के बाद अंग्रेज़ी ही नहीं, अंग्रेज़ियत के प्रति आम लोगों में आकर्षण बढ़ा है और इसका असर बोलचाल की भाषा तक पर पड़ा है। साहित्य-सृजन की भाषा भी इस खिचड़ीपन से अछूती नहीं है। भाषा-शैली के अध्येताओं ने लक्षित किया है कि हिन्दी ही नहीं, बल्कि कमोबेश भारत की सभी भाषाओं का अपना ठेठ—देसी ठाठ चरमराने लगा है। उन्नीसवीं

शताब्दी के अन्तिम दशकों और बीसवीं शताब्दी के आरम्भिक दशकों के तथाकथित अविकसित गद्य में यह देसी ठाठ कहीं अधिक था। बात केवल कुछ शब्दों की ही नहीं है, यह कैंसर वाक्य-विन्यास और मुहावरों तक फैल चला है यानी भाषा की हड्डी-मज्जा और रगों में। ऐसे दूषित माध्यम में लेखक का साहित्य-सृजन किस हद तक सुरक्षित रह सकता है?

यदि भाषा किसी के सोच की कुछ भी झलक देती है तो यह कहना ग़लत न होगा कि उपनिवेशीकरण के प्रति हममें से बहुतों का रवैया नरम पड़ गया है और इस नरमी ने द्वैधवृत्ति (Ambivalances) को जन्म दिया है। धीरे-धीरे यह द्वैधवृत्ति इस हद तक हमारे स्वभाव का अंग बन गई है कि साहित्य में इसका एक नया सौन्दर्यशास्त्र और साहित्यशास्त्र खड़ा कर दिया गया है। वे साहित्यिक कृतियाँ बेहतर मानी जाती हैं, जिनमें दो टूक कहने की जगह सन्देह, दुविधा, अनिश्चय अथवा विडम्बना का भाव हो। प्रबुद्ध लेखक अब खुले पाठ (Open text) की हिमायत करने लगे हैं। इस प्रक्रिया में अनेक दोष भी गुण हो जाते हैं और वह भी समकालीन जीवन की दलील पर। ऐसा सोच प्रति-उपनिवेशीकरण के संघर्ष में किस तरह दुविधाहीन हो सकता है?

भारत के कुछ समकालीन मनीषियों ने तो यहाँ तक मान लिया है कि यूरोप की यात्रा से गुज़रकर ही हम अपने को दुबारा पा सकते हैं, क्योंकि 'पूर्व में हमारे लिए कोई दूसरा रास्ता खुला ही नहीं है—सिवाय यूरोपीयकरण के साथ चलते हुए और उससे परे निकल जाने के।' दर्शन के विद्वान जड़ावलाल मेहता के इस कथन से सहमति व्यक्त करते हुए हिन्दी के सुपरिचित कथाकार निर्मल वर्मा कहते हैं कि 'यदि पिछले दो सौ वर्षों का औपनिवेशिक अनुभव यूरोप की 'यात्रा' नहीं तो और क्या है?' इसमें कोई शक नहीं कि आत्म के उपनिवेशीकरण का प्रत्याख्यान वे भी ज़रूरी समझते हैं किन्तु साहित्य-सृजन में वह प्रक्रिया जिस प्रकार घटित होगी, इसका संकेत नहीं देते। वे वक्तव्य इस बात के सूचक हैं कि उपनिवेशीकरण किस हद तक हमारे मानस में घर कर गया है।

अंग्रेज़ी की भारतीय लेखिका अनिता देसाई के एक हाल में प्रकाशित लेख में समकालीन भारतीय लेखकों की इस भारत-यूरोप यात्रा पर कुछ अतिरिक्त प्रकाश पड़ता है। सलमान रुश्दी के उपन्यास 'शेम' के 'जादुई यथार्थवाद' के भारतीय मूल की चर्चा करने के बाद उन्होंने लिखा है कि 'इसके तुरन्त बाद युवतर लेखकों की बाढ़ आ गई जो एक ऐसी पुरानी शैली में कहानी कहने की ओर लौट रहे हैं जो आश्चर्यजनक ढंग से 'अद्यतन' भी है और 'नवीनतम' भी। उनके प्रक्षेप-पथ का अनुसरण करते हुए इन्होंने पाया कि पश्चिम की दिशा में वे इस हद तक चले गए कि पृथ्वी के गोलाकार होने के कारण अन्तत: पूर्व में ही फिर लौट आए।' इस विदग्धता की दाद देते हुए भी मन में यह जिज्ञासा बनी रहती है कि क्या साहित्य-

सृजन की प्रक्रिया में पश्चिम से होकर पूर्व में लौटने का रास्ता इतना जादुई और आसान है? क्या इस यात्रा में कहीं कुछ नहीं बदलता? फिर इसी बात का क्या भरोसा कि यात्री पूर्व में वापस लौटेगा ही?

अलबत्ता इस पूर्व-पश्चिम-पूर्व की यात्रा ने एक छद्म भारतीयता से भरी हुई साहित्यिक कृतियों को जन्म दिया है जो ऊपर से भारतीय दिखती हैं लेकिन होती हैं वस्तुत: किसी पश्चिमी नमूने का चर्बा। कहने की ज़रूरत नहीं कि ऐसा कौशल हरफ़नमौला विदेशी पलट और बहुत 'अक्लमंद' लेखक ही दिखा सकते हैं। इन रचनाओं में भारतीयता का आभास देनेवाले वे सारे नुस्खे होते हैं, जो आदिवासियों की ज़िन्दगी पर बनी बम्बइया 'मसाला' फ़िल्मों में मिलते हैं। निस्सन्देह, पश्चिम में ऐसी छद्म भारतीयता वाली कलाकृतियों को खुली दाद मिली है। उन्हें 'तृतीय विश्व साहित्य' की 'प्रामाणिक' कृति के रूप में प्रचारित भी किया गया है क्योंकि अपनी 'आधुनिकता' से अघाया हुआ पश्चिम 'तृतीय विश्व' से यही अपेक्षा करता है।

'डेडलस' (शीत, 1987) के जिस अंक में अनिता देसाई का 'आज का भारतीय कथा साहित्य' शीर्षक उक्त लेख छपा है, उस विशेष अंक का विषय ही है : 'एक और भारत' (Another India) और सम्पादकीय 'आमुख' में भारत के इसी पक्ष पर बल दिया गया है। बानगी के लिए 'आमुख' का यह एक वाक्य काफ़ी है : 'किसी अध्ययन में भारत की आधुनिकता सिर्फ़ इसी रूप में प्रस्तुत हो सकती है कि वह उन सबका भी लेखा-जोखा करे जो उस समाज में आदिम हो और जिसने आधुनिक टेक्नोलॉजी की ताक़त के सामने आसानी से घुटने न टेके हो।'

दो साल पहले इसी 'डेडलस' पत्रिका के 'शीत, 1987' के अंक में कैथलीन डी. मैकार्थी का एक लेख छपा था, जिसका शीर्षक था : 'शीतयुद्ध से सांस्कृतिक विकास तक : फोर्ड फाउंडेशन की अन्तरराष्ट्रीय सांस्कृतिक गतिविधियाँ, 1950-1980'। इस लेख में बताया गया है कि फोर्ड फाउंडेशन ने किस प्रकार दक्षिण एशिया और दक्षिण-पूर्व एशिया के दोनों देशों में 1967 से अपनी सांस्कृतिक गतिविधियों की नीति में परिवर्तन किया। इससे पहले फोर्ड फाउंडेशन 'कांग्रेस फॉर कल्चरल फ्रीडम' नाम की संस्था को आर्थिक अनुदान देकर ख़ास तौर से एशिया में और आम तौर से दुनिया के अन्य देशों में साम्यवाद के विरुद्ध वातावरण बनाने के लिए व्यापक सांस्कृतिक अभियान चला रहा था। किन्तु 1966 में जब 'न्यूयॉर्क टाइम्स' ने इस तथ्य का रहस्योद्घाटन किया कि 'कांग्रेस फॉर कल्चरल फ्रीडम' का अमरीका की बदनाम गुप्तचर संस्था 'सी.आई.ए.' के साथ सम्बन्ध है तो फोर्ड फाउंडेशन ने कुछ समय तक तो उस संस्था के बदले हुए नाम के साथ स्थापित नई संस्था को आर्थिक अनुदान जारी रखा, लेकिन फिर उसके एकदम बन्द हो जाने के बाद स्वयं ही 'सांस्कृतिक विकास' की नीति पर अमल शुरू किया। इस नई नीति में ज़ोर 'आधुनिक होने' की अपेक्षा 'अस्तित्व बनाए रखने और अपना

एक नाम होने' पर था। दूसरे शब्दों में 'अस्मिता' 'आधुनिकता' से ज़्यादा ज़रूरी है, फिर वह अस्मिता 'धार्मिक' हो या 'जातिगत', 'नस्ल-सम्बन्धी' हो या क्षेत्रीय अथवा भाषायी! इसीलिए इन पिछड़े देशों की प्राचीन परम्पराओं की रक्षा पर विशेष ध्यान दिया गया।

आकस्मिक नहीं है कि भारत में इन तरह-तरह की 'अस्मिताओं' के आन्दोलन इसी क्षण के आस-पास शुरू हुए। इन आन्दोलनों के पीछे पश्चिम के किसी योजनाबद्ध षड्यंत्र का होना अनिवार्य हो न हो, किन्तु इन दोनों के बीच किसी प्रकार के सम्बन्ध को एकदम अनदेखा करना मुश्किल है।

यही वह समय है जब भारत के कुछ मुखर बुद्धिजीवियों ने आधुनिकीकरण के विरुद्ध अभियान शुरू किया। यूरोपीय शिक्षा और संस्कृति में रसे-बसे सहसा भारतीय परम्परा के प्रेमी बन बैठे। साहित्य में कल तक आधुनिकता की हिमायत करनेवाले अचानक आधुनिकता के विरोधी हो गए। मजा यह है कि यह सब गांधी जी के 'हिन्द स्वराज' का नाम लेकर किया जा रहा है। भारत के बुद्धिजीवियों के बीच यह नव-गांधीवाद के उदय का काल है।

'तृतीय विश्व' की कल्पना भी लगभग इसी समय की गई, जिसने आगे चलकर 'तृतीय विश्व साहित्य' की परिकल्पना को जन्म दिया। स्पष्टत: यह परिकल्पना 'भेद बुद्धि' (Difference) की बुनियाद पर क़ायम है जिसकी असंगति की मीमांसा अनेक विचारकों ने की है। प्रसंगवश यहाँ इतना ही कहना है कि इस परिकल्पना ने इस बीच अफ़्रीकी, एशियाई और लैटिन अमरीकी लेखकों का सारा ध्यान इस सोच-विचार में लगा रखा है कि 'तृतीय विश्व साहित्य' की अपनी निजी विलक्षणता क्या है? इधर की पत्रिकाओं में 'तृतीय विश्व साहित्य' के लक्षणशास्त्र पर जो व्यापक चर्चा हो रही है, उसे इसी बौद्धिक व्यायाम का अंग समझना चाहिए। इस चर्चा में सबसे ज़्यादा दिलचस्पी वे लेखक ले रहे हैं, जो भारत में अंग्रेज़ी के लेखक अथवा अध्यापक हैं। सारी चर्चा का निचोड़ यह है कि 'नॉवेल' नाम की विधा यूरोप से ग्रहण करने के बावजूद तीसरी दुनिया के लेखकों ने उसे अपने देश की परम्परागत कथा-शैली के अनुसार एक हद तक ढालकर नया रूप दिया है और यह रूपगत प्रयोग स्थानीय विशिष्ट जीवन-पद्धति और जीवनानुभूति की अभिव्यक्ति के अनुरोध से किया है। तात्पर्य यह कि 'तृतीय विश्व उपन्यास' उन्नीसवीं शताब्दी के यथार्थवादी यूरोपीय उपन्यासों का पिछलग्गू नहीं, बल्कि एक नया और नितान्त भिन्न कथा रूप है। ध्यान देने की बात यह है कि 'भिन्न' प्रमाणित करने का प्रयास सिर्फ़ अध्यापक-आलोचक ही नहीं कर रहे हैं, बल्कि स्वयं रचनाकार भी अपनी भिन्नता प्रदर्शित करने की होड़ में लगे हैं। अपनी समझ से ये लेखक-अध्यापक भी एक प्रकार का 'प्रति-उपनिवेशीकरण' ही कर रहे हैं, किन्तु यह ऐसा 'प्रति-उपनिवेशीकरण' है जो 'भूतपूर्व उपनिवेशवादियों' तथा अभूतपूर्व साम्राज्यवादियों

द्वारा सम्मानित और पुरस्कृत भी हो रहा है। बीसवीं शताब्दी के अन्त की अनेक विडम्बनाओं में से यह एक है।

पश्चिम में ठेठ 'भारतीय' लेखक के रूप में प्रचारित कुछ लेखक इतने अधिक भारतीय हो रहे हैं कि चिन्ता होती है। इनकी अति-भारतीयता के सम्मुख फणीश्वरनाथ रेणु, गोपीनाथ मोहन्ती, तकषी शिवशंकर पिल्लै, शिवराम कारन्त, विभूतिभूषण बन्द्योपाध्याय, ताराशंकर बन्द्योपाध्याय और मानिक बन्द्योपाध्याय ही नहीं, प्रेमचन्द और शरच्चन्द्र भी कम भारतीय दिखते हैं।

गनीमत है कि बीसवीं शताब्दी के भारतीय साहित्य में लेखकों का एक ऐसा भी समुदाय या वर्ग (संगठन नहीं) है जो अंग्रेज़ी शिक्षा से बहुत कुछ वंचित रह जाने के कारण इस नव-उपनिवेशवादी विचारधारा की गिरफ्त से बचा रह गया है। वे लेखक उपनिवेशवाद और साम्राज्यवाद द्वारा घर्षित परम्परित समाज के भुक्तभोगी अंग हैं और इस नाते उनमें मुक्ति की छटपटाहट भी अधिक है। पिछले कुछ दशकों में विभिन्न भारतीय भाषाओं में 'दलित साहित्य' नाम से अभिहित अथवा अनभिहित जो साहित्य रचा गया है, उसमें बहुत कुछ ऐसा भी है जो प्राणवान और सार्थक है। विचित्र विडम्बना है कि इधर के सार्थक साहित्य-सृजन का एक अच्छा-ख़ासा हिस्सा भारतीय समाज के उन लोगों की ओर से आया है जो हाशिये पर रहे हैं। देश और विदेश की प्रभुत्वशाली शक्तियाँ इस साहित्य को भी किसी-न-किसी प्रकार अपने डैनों के अन्दर समेटने की तरकीबें कर रही हैं और इसके फलस्वरूप इस खित्ते में भी छद्म घुस आया है। पर अभी आवश्यकता सिर्फ़ आत्मसजग होने की है, चिन्ता की उतनी नहीं। अस्मिता की सार्थक अभिव्यक्ति का एक रूप यह भी है, ज़रूरी नहीं कि भारतीय अस्मिता के नाम पर इसे विवादी स्वर माना जाए! बीसवीं शताब्दी का अन्त ऐसे ही अन्य स्वरों के भी उभरने का संकेत दे रहा है!

सवाल अब भी अपनी जगह है। उपनिवेशीकरण के नये हमले का मुकाबला कैसे करें? अपनी परम्परा से? लेकिन कौन-सी परम्परा? परम्परा स्वयं ही एक पुनर्निर्मिति है। वर्तमान द्वारा अतीत का मनोवांछित पुनराविष्कार। कल के उपनिवेशवादी और आज के साम्राज्यवादी हमारे अतीत का एक ऐसा रूप प्रस्तुत कर रहे हैं जो आदिम है और बहुत कुछ हमारे पिछड़ेपन का सूचक। स्वयं हमारे घर के हिन्दू सम्प्रदायवादी परम्परा के रूप में कुछ और पेश कर रहे हैं जो बेहद इकहरा है—इकहरा और संकुचित।

'राष्ट्रवादी रूपक' से भी आज काम निकलने की सम्भावना नहीं है। उपनिवेशवाद के ख़िलाफ़ राष्ट्र की तसवीर इस्तेमाल करें तो किसका राष्ट्र? क्या राष्ट्र उसका है जिसके हाथ में राजसत्ता है? फिर उनका राष्ट्र क्या है जो इस राजसत्ता से पीड़ित होने के कारण उसे बदलना चाहते हैं? जो लोग इन चालीस वर्षों की आज़ादी में

भी इनसान से एक दर्जा नीचे रहने के लिए मजबूर हैं, वे इस राष्ट्रवाद के साथ अपने-आपको कैसे एकाकार करें?

राष्ट्र की अस्मिता के लिए कोई दलित अपनी अस्मिता को कब तक कुर्बान करे? बीसवीं शताब्दी की आरम्भिक राष्ट्रीय चेतना अब फिर जाग्रत नहीं की जा सकती और न अब उसकी याद दिलाने से ही काम बनेगा।

समस्या का सामना हमें वर्तमान की ही भूमि पर करना पड़ेगा। और इस धरातल पर यह कहकर हम निकल भागने का रास्ता नहीं निकाल सकते कि उपनिवेशीकरण तो भारतीय समाज के एक सीमित भाग का हुआ है और कुल मिलाकर वह एकदम सतही है। सांस्कृतिक उपनिवेशीकरण चाहे जितना सीमित और सतही हो, लेकिन प्रभुत्व की स्थिति में वही है। आज़ादी के बाद के भारत में सांस्कृतिक और साहित्यिक 'अवाँगार्द' यानी हरावल दस्ता होने का दावा करनेवाला यही तबका रहा है और भारतीय साहित्य को आधुनिक बनाने और विकसित करने का दावेदार भी। यह तबका प्रति-उपनिवेशीकरण का भी दावा करता है—यह और बात है कि इसमें काफ़ी कुछ छद्म प्रति-उपनिवेशीकरण है।

प्रति-उपनिवेशीकरण का अर्थ समूचे पश्चिम का नकार नहीं है। पश्चिम के साहित्यकारों में भी आज ऐसे अनेक लेखक हैं जो उपनिवेशवाद और साम्राज्यवाद के ख़िलाफ़ कलम लेकर खड़े हैं। 'तृतीय विश्व साहित्य' की विशिष्ट अस्मिता के नाम पर पश्चिम की इस परम्परा से नाता तोड़ लेना कमनिगाही होगी।

एक समय था जो तथाकथित 'द्वितीय विश्व' का समाजवादी साहित्य इस 'तृतीय विश्व साहित्य' के लिए प्रेरणा और स्फूर्ति प्रदान करता था। आज उस 'द्वितीय विश्व' का शीराज़ा बिखर चला है। लेकिन इसका यह अर्थ नहीं कि वहाँ का साहित्य भी विसर्जित हो गया। कहने की आवश्यकता नहीं कि उस दुनिया का साहित्य आज कहीं अधिक उन्मुक्त और उत्तेजक है। यही नहीं बल्कि हमारे लिए काफ़ी उपयोगी भी।

इस परिप्रेक्ष्य में यदि हम चाहें तो बीसवीं शताब्दी की चुनौतियों पर विचार कर सकते हैं। कोई बना-बनाया समाधान मेरे पास नहीं है, शायद किसी के पास न हो। हो भी तो ज़रूरी नहीं कि उस समाधान से सबको सन्तोष हो जाए। एक लेखक तो सिर्फ़ सवाल करने में विश्वास करता है और यह सवाल कभी-कभी चीज़ों को एक परिप्रेक्ष्य में रखने से भी खड़ा हो जाता है। अपनी कोशिश भी फ़िलहाल यही रही है और इरादा भी।

अन्त में एक बात और। यह अजीब बात है कि आज भविष्य के बारे में कोई कुछ नहीं कह रहा, जबकि बीसवीं शताब्दी के ख़त्म होने में अभी एक दशक बाक़ी है। एक दशक—किसी भी अप्रत्याशित के लिए उन्मुक्त, उद्विग्नता के लिए पर्याप्त। हम क्यों भूल रहे हैं कि यह वही शताब्दी है जिसमें दो-दो विश्वयुद्ध हो चुके हैं

और ऐन हमारी आँखों के सामने तीसरे विश्वयुद्ध का रिहर्सल चल रहा है। एकदम अप्रत्याशित! यह याद दिलाने के लिए कि साम्राज्यवाद अभी ख़त्म नहीं हुआ है। ख़त्म हुआ है तो समाजवाद, जिसे किसी समय विश्व का भविष्य समझा जाता था और जिसके बारे में पश्चिम के ही एक लेखक ने लिखा था कि मैं भविष्य को देख आया हूँ, कमाल कर रहा है। आख़िर इतिहास किधर जा रहा है? उस 'प्रगति' की धारणा का क्या हुआ, जिसमें उन्नीसवीं शताब्दी के यूरोप की और मध्य बीसवीं शताब्दी के भारत की इतनी गहरी आस्था थी? इस सन्दर्भ में मुझे वाल्टर बेंजामिन का वह फ़रिश्ता याद आ रहा है जो सचमुच इतिहास है। उसका रुख़ अतीत की ओर है। जहाँ हम घटनाओं की श्रृंखला देखते हैं, उन्हें वह एक महाप्रलय के रूप में देखता है, विध्वंस के बाद विध्वंस और उसके पैरों के सामने मलबे का ढेर। फ़रिश्ता पाँव टिकाना चाहता है। लेकिन स्वर्ग से एक अंधड़ आ रहा है, वह अंधड़ उसके डैनों में घुस आता गया है—इतने वेग से कि वह अपने डैने बन्द भी नहीं कर सकता। यह अंधड़ उसे भविष्य की ओर ठेल रहा है जबकि भविष्य की ओर उसकी पीठ है और उसके पाँवों के नीचे का मलबा आसमान छू रहा है। यह अंधड़ वही है, जिसे हम 'प्रगति' कहते हैं।

क्या इतिहास की इस विडम्बनापूर्ण तसवीर के बाद भी कुछ कहना शेष रह जाता है?

[साहित्य अकादेमी द्वारा 20-24 फरवरी, 1991 को नई दिल्ली में आयोजित 'भारतीय साहित्य : शती समाप्ति मूल्यांकन' विषयक संगोष्ठी के मुख्य व्याख्यान के लिए लिखित निबन्ध। प्रकाशन की सूचना उपलब्ध नहीं]

भारत के आरम्भिक उपन्यास : देश और उपन्यास का साथ-साथ जन्म

अतीत में इस तरह के अनावश्यक विवाद बहुत उठे हैं कि किस भाषा का कौन-सा उपन्यास भारत का पहला उपन्यास कहा जा सकता है। यह बड़े सन्तोष की बात है कि इस सेमिनार के शीर्षक में 'आरम्भिक उपन्यास' शब्द का बहुवचन में प्रयोग किया गया है। ऐतिहासिक तिथिक्रम से सम्बन्धित बहसें हमें कहीं नहीं ले जातीं। दुनिया के बहुत सारे हिस्सों में, जैसे खुद लातीनी अमरीका में, यूरोप की तुलना में उपन्यास कुछ देर से आया। भारत में भी ऐसा ही हुआ। इस विलम्ब की इतिहाससम्मत व्याख्या ज़रूरी लगती है। लेकिन विलम्ब का मतलब अल्पविकास हो, यह ज़रूरी नहीं। भूलना न चाहिए कि 'एकान्त के सौ वर्ष' जैसा महान उपन्यास एक ऐसी भूमि से आया, जहाँ उपन्यास का आगमन अभी कुछ ही अरसे पहले हुआ है।

यहाँ एक बुनियादी फ़र्क है। लातीनी अमरीका में कहानी कहने की केवल मौखिक परम्परा उपलब्ध थी। भारत में एक लम्बी लिखित परम्परा भी रही है। मैं संस्कृत की तुलना में आख्यान की प्राकृत और पालि परम्पराओं पर अधिक ज़ोर देना चाहूँगा। यहाँ तक कि नौवीं सदी में भी जैन आख्यान मिल जाता है। लेकिन नौंवी सदी से उन्नीसवीं सदी तक एक अन्तराल-सा दीखता है। इस अन्तराल के ऐतिहासिक तर्क को समझने के लिए हमें इस दौर की सांस्कृतिक दशाओं पर ग़ौर करना चाहिए और सोचना चाहिए कि इस पूरी सहस्राब्दि में आख्यानपरक रचनाओं का ऐसा अभाव क्यों है।

एक विधा के रूप में उपन्यास की हमारी समझ बुनियादी रूप से एक औपनिवेशिक समझ है। अंग्रेज़ विद्वानों को लगता था कि भारत के उपन्यास पश्चिमी उपन्यासों की सीधी नक़ल हैं। उन्होंने भारतीय उपन्यास को एक कलमी पौधे की तरह देखा तो हमने भी अपने आरम्भिक उपन्यासों को कुछ क्षमा माँगती नज़रों से ही देखना शुरू किया। रामचन्द्र शुक्ल ने बीच का रास्ता निकाला कि ढाँचा तो आयातित था, लेकिन विषयवस्तु हमारी अपनी थी। उत्तरवर्ती साहित्येतिहासकार शिशिर कुमार दास ने इस तर्क को यों आगे बढ़ाया कि भारतीय उपन्यास पश्चिमी नमूने और देसी आख्यान-परम्पराओं के बीच के तनाव से उपजा है। उपन्यास बुनियादी रूप से एक उपार्जित रूप है, इस धारणा को फिर से जाँचने की ज़रूरत है। हम बंकिमचन्द्र चटर्जी से शुरुआत कर सकते हैं।

उन्होंने पहले-पहल अंग्रेज़ी भाषा में एक अंग्रेज़ी ढंग का उपन्यास लिखा था। लेकिन उनका पहला मौलिक काम 'कपाल कुंडला' है। इसका ढाँचा 'कादम्बरी' के क़रीब है और इसमें अनुकरणात्मक तत्त्व बहुत कम हैं। आज तक हमारे कुछ सर्वश्रेष्ठ उपन्यास ऐसे हैं, जिन्हें एकरैखिक नहीं कहा जा सकता। उड़िया में गोपीनाथ मोहन्ती, बंगाली में ताराशंकर बन्द्योपाध्याय और हिन्दी में फणीश्वरनाथ रेणु के उपन्यास ऐसे ही हैं। जहाँ तक मलयालम के आरम्भिक उपन्यासों का सवाल है, मुझे लगता है कि इन्दुलेखा की तुलना में मार्तंड वर्मा पर अधिक ध्यान दिया जाना चाहिए। इन्दुलेखा को जो माहात्म्य हासिल है, वह इसीलिए है कि वे उपन्यास के पश्चिमी ढंग के अधिक क़रीब हैं।

भारत में उपन्यास का जो औपनिवेशिक प्रारूप विकसित हुआ, उसमें ढाँचे पर ज़ोर दिया गया—इस उम्मीद के साथ कि वह यथार्थवादी ढर्रे पर मध्यवर्गीय जीवन को अपनी विषयवस्तु बनाए। लेकिन रूप और अन्तर्वस्तु अनिवार्यत: असम्बद्ध धारणाएँ नहीं हैं। हेडेन हाइट की 'रूप की अन्तर्वस्तु' की अवधारणा हमारे काम की है। उनकी पुस्तक 'मेटाहिस्ट्री' (पराइतिहास) में एक आँखें खोलनेवाली पंक्ति है : 'आख्यान विमर्श के रूप मात्र नहीं होते, जिन्हें तरह-तरह की वास्तविक अथवा काल्पनिक अन्तर्वस्तु से सुविधानुसार भरा जा सके। सच तो यह है कि उनके पास पहले से ही एक अन्तर्वस्तु होती है, जिसे बोलकर या लिखकर बाद में मूर्त रूप दिया जा सके।' दूसरे शब्दों में, जिसे हम आख्यान कहते हैं, वह रूप-निर्देशित एक पूर्वनिर्धारित अन्तर्वस्तु के साथ आता है। रूप स्वयं ही अन्तर्वस्तु है। अगर आप उपन्यास को एकरैखिक आख्यान के रूप में लें तो आप पाएँगे कि जीवन के प्रति इसका दृष्टिकोण लगभग वैसा ही है, जैसाकि उन्नीसवीं सदी के प्रत्यक्षवादी (पॉजिटिविस्ट) चिन्तकों का था। जैसे ही आप किसी ख़ास रूप को मंज़ूर करते हैं, वैसे ही आप उस रूप में निहित अन्तर्वस्तु के ग़ुलाम बन जाते हैं।

यही कारण है कि हमें आरम्भिक उपन्यासों के स्थापित मान्यताक्रम (कैनन) पर फिर से ग़ौर करना चाहिए और जिन पाठों को हमने 'उपन्यास जैसे नहीं' कहकर ख़ारिज कर दिया था, उनकी पुन:परीक्षा करनी चाहिए। जिन्हें हम उपन्यास न कह सके, उनके पास एक भिन्न अन्तर्वस्तु थी। चूँकि हमने यथार्थवाद को उपन्यास की पहचान मान रखा था, इसलिए अनेक रचनाएँ हमारी दृष्टि से ओझल रहीं। मैं अभी हिन्दी की ही बात करूँगा, लेकिन अन्य भाषाओं में भी मिलते-जुलते उदाहरणों की कोई कमी नहीं है। आचार्य रामचन्द्र शुक्ल ने 'हिन्दी साहित्य का इतिहास' लिखा था, जोकि आज तक अपने ढंग की सर्वश्रेष्ठ पुस्तक है और आलोचनात्मक साहित्येतिहास लेखन का प्रतिमान भी। यहाँ मैं उनके लेखन की एक विसंगति की ओर संकेत करना चाहता हूँ। उन्होंने लिखा है कि लाला श्रीनिवासदास का 'परीक्षा गुरु' (1885) हिन्दी में लिखा अंग्रेज़ी ढंग का पहला उपन्यास है। आचार्य ने अपनी अंगुली इसी पुस्तक पर रखी तो इसलिए कि इसमें समकालीन वास्तविकता का यथार्थवादी ढंग से चित्रण किया गया है। इसके ठीक पहले उन्होंने जगमोहन सिंह के 'श्यामा-स्वप्न' (1885) की भरपूर सराहना तो की, लेकिन

वे इसे उपन्यास का दर्ज़ा न दे सके, क्योंकि उनके लेखे वह उस रूप की विधागत कसौटियों पर खरा नहीं उतरा। 'श्यामा-स्वप्न' यथार्थवादी रचना नहीं है। यह कादम्बरी शैली में अधिक है—स्वप्नों और फंतासियों से भरा हुआ, किसी प्राचीन रोमांस की तरह।

लेकिन अगर यथार्थवाद को ही उपन्यास की एकमात्र कसौटी मान लिया जाए तो हम 'एकान्त के सौ वर्ष' का क्या करेंगे? और कमल कुमार मजूमदार की उस उल्लेखनीय बंगाली रचना 'अन्तर्जली यात्रा' का क्या होगा? दोनों में यथार्थवाद नहीं है। शुक्ल जी ने 'श्यामा-स्वप्न' की भरपूर सराहना की है कि किस तरह यह उन्नीसवीं सदी का पहला हिन्दी आख्यान है, जिसमें मातृभूमि के 'विज़न' और **स्वप्न** को अचूक ढंग से चित्रित किया गया है। इसकी प्रगीतात्मक भाषा अतीत के महान कवियों की याद दिलाती है। लेकिन फिर भी वे इसे उपन्यास न कह सके।

यूरोप की तुलना में उत्तरी अमरीका में भी उपन्यास का उदय देर से हुआ। इस पर लेसली फिड्लर की टिप्पणी आपके ध्यान में होगी : 'देश और उपन्यास साथ-साथ जन्म लेते हैं।' हमें भारतीय सन्दर्भ में इस टिप्पणी की जाँच करनी चाहिए, ताकि हम उन कथाओं की पहचान कर सकें जो हमारे देश और इस साहित्यिक विधा की समान जन्मकुंडली की ओर संकेत करती है। इस सिलसिले में हमें 1857 पर ग़ौर करना चाहिए, जो भारत की आज़ादी के लिए लड़े गए पहले महायुद्ध का वर्ष है। भारत में उपन्यास का उदय इस विराट राजनीतिक उथल-पुथल के बाद ही हुआ, यह संयोग मात्र नहीं है।

आज तक अंग्रेज़ी पढ़े-लिखे बहुतेरे मध्यवर्गीय बुद्धिजीवी 1857 को इस नाम से पुकारना नहीं चाहते। वे अधिक से अधिक 'विद्रोह' या 'बग़ावत' जैसे पद इस्तेमाल करते हैं। 1947 के बाद, जब हमारे आज़ाद देश में अधिकाधिक इतिहास लिखा जा रहा था, इतिहासकार एस.एन. सेन को इस परिघटना का बयान करने के लिए शब्दों की कमी महसूस हो रही थी। उनकी पुस्तक का नाम था : '1857'। न 'विद्रोह', न 'बग़ावत', न 'भारत का पहला स्वाधीनता संग्राम'। इस अन्तिम पद के साथ हालाँकि सावरकर का नाम जुड़ा हुआ है, लेकिन सबसे पहले यह स्वयं कार्ल मार्क्स द्वारा सुझाया गया था। भारत के वे मार्क्सवादी जो आम तौर पर आर्थिक या राजनीतिक सैद्धान्तिकी के क्षेत्र में किसी मौलिक अवदान के लिए नहीं जाने जाते, 1857 का सन्दर्भ आते ही परम मौलिक हो उठते हैं। उनके लेखे 1857 का उभार राजवंशों के असन्तोष का परिणाम था। जब इस देश के बुद्धिजीवी 1857 के मन्तव्य को भी नहीं देख पा रहे, वे इसे भारत का प्रथम स्वाधीनता-संग्राम तक नहीं कह पा रहे, तो उनसे उपन्यास की राजनीतिक जड़ों की तलाश की उम्मीद कैसे की जाए? एक देश के रूप में भारत की अवधारणा 1857 से शुरू होती है, भले ही वह उस क्षण एक सम्प्रभु राज्य न हो सका। और याद रखना होगा कि भारत में उपन्यास इसी अहम् तारीख़ के बाद लिखे जाने शुरू हुए।

उत्तरी अमरीका में भले ही ऐसा न हुआ हो, लेकिन एशिया, अफ्रीका और लातीनी अमरीका में तो उपन्यास और देश के सह-उद्भव को साफ़-साफ़ देखा जा

सकता है। और आपकी इजाज़त हो तो तो मैं इनमें रूस को भी शामिल करूँगा। दिसम्बरवादी आन्दोलन के अनन्तर ही पुश्किन ने 'बेलकिन की कहानियाँ' लिखीं और उसके बाद 'कप्तान की बेटी' उपन्यास। और इसके बाद आया गोगोल का 'ओवरकोट' और लेर्मोन्तोव का 'हमारे समय का नायक'। इसके बाद ही आए टॉल्स्टॉय, दोस्तोएव्स्की, तुर्गनेव। देश और उपन्यास ने साथ-साथ जन्म लिया।

वे कौन-से उपन्यास हैं जो हमें एक देश के जन्म के संकेत मुहैया कराते हैं? मैं पाता हूँ कि ऐसे बहुतेरे उपन्यासों के केन्द्र में स्त्रियाँ हैं। वह कोई पतिता हो सकती है (जैसे 'उमराव जान' में) या कोई दासी (केवल परदे में छुपी हुई नहीं, बल्कि महलों में क़ैद की हुई भी) या प्रेम में अनुगामिनी की भूमिका निभाती हुई। फ्रेडरिक जेम्सन के मुहावरे में कहें तो हमारे 'राष्ट्रीय रूपकों में अक्सर एक उत्पीड़ित स्त्री नायिका के रूप में प्रकट होती है।' भारत में जब उपन्यास और देश का सह-उद्भव होता है, तो सहसा स्त्री-मुक्ति का प्रश्न केन्द्र में आ जाता है। 'परीक्षा गुरु' जैसी रचनाएँ, जो तद्युगीन वास्तविकता का प्रत्यक्ष चित्रण करती हैं, उस युग की सबसे महत्त्वपूर्ण रचनाएँ नहीं हैं। सबसे महत्त्वपूर्ण उस युग के वे पाठ हैं, जिनमें सच्चाई और भ्रम का सहसंचरण होता है, जिनमें वास्तविकता और आकांक्षाएँ घुलमिल जाती हैं, जैसा कभी-कभी सपनों में होता है। यह सबसे अधिक प्रेम-कथाओं में दीखता है। वे कल्पना से रची गई कथा-सृष्टियाँ हैं, वास्तविकता की कोरी नक़ल नहीं, न वैसा कोई दूसरा नमूना। हमारे तकनीक केन्द्रित दृष्टिकोण के कारण ऐसी रचनाएँ हमारी दृष्टि से ओझल रही हैं। हम अन्तर्वस्तु के रूप या रूप की अन्तर्वस्तु की बात नहीं करते।

ऐसे उपन्यासों की पहचान और उनकी विकास-रेखाओं की खोज हमारी बौद्धिक मुक्ति की प्रक्रिया बन सकती है। आज सन् 2000 में, जिसे कई लोग एक नई सहस्राब्दि का आग़ाज मान रहे हैं, हमें भारतीय उपन्यास के इतिहास पर अपने ही ढंग से विचार करना शुरू करना चाहिए। भारत के आरम्भिक उपन्यासों की चर्चा करते समय, हमें जिन सवालों का सामना करना है, उनका सम्बन्ध न तिथिक्रम से है, न रूप-विधान से। असली सवाल है ऐतिहासिक चेतना का। इस सवाल का सामना करना उन विद्वानों के बूते की बात नहीं है, जो अभिलेखागारों से आँकड़े इकट्ठा किया करते हैं। यह उन सच्चे साहित्यालोचकों का काम है, जो इतिहास और सांस्कृतिक उत्पादन के अन्त:क्रिया की थोड़ी साफ़ अवधारणात्मक समझ रखते हों।

[अनुवाद : आशुतोष कुमार]

[साहित्य अकादेमी द्वारा मार्च, 2000 में केरल विश्वविद्यालय के तुलनात्मक साहित्य केन्द्र के साथ तिरुवनन्तपुरम् में 'भारत के आरम्भिक उपन्यास' विषय पर आयोजित सेमिनार का उद्घाटन भाषण। साहित्य अकादेमी द्वारा इसी शीर्षक से प्रकाशित अंग्रेज़ी पुस्तक में पहली बार प्रकाशित। हिन्दी में पहली बार अनूदित होकर 'अभिनव भारती' के 'उपन्यास और प्रतिरोध' शीर्षक अंक में 'प्रश्नों का पुनर्सूत्रीकरण' शीर्षक से 2008 में प्रकाशित]

‘अंग्रेज़ी ढंग का नॉवेल’ और भारतीय उपन्यास

कैसी विडम्बना है कि उन्नीसवीं शताब्दी में जब अंग्रेज़ी ‘ओरिएंटलिस्ट’ कादम्बरी, कथा-सरित्सागर, पंचतंत्र जैसी भारतीय कथाओं के पीछे पागल थे, स्वयं भारतीय लेखक ‘अंग्रेज़ी ढंग का नॉवेल’ लिखने के लिए व्याकुल थे। ये हैं उपनिवेशवाद के दो चेहरे!

निस्सन्देह कुछ लोग अपनी भाषा में ‘अंग्रेज़ी ढंग का नॉवेल’ लिखने में कुछ-कुछ कामयाब भी हो गए। उदाहरण के लिए लाला श्रीनिवास दास का ‘परीक्षागुरु’ (1882), जिसे आचार्य रामचन्द्र शुक्ल ने ‘हिन्दी में अंग्रेज़ी ढंग का पहला उपन्यास’ माना। लेकिन पूरा-पूरा ‘अंग्रेज़ी ढंग का नॉवेल’ सबसे न बन पड़ा। ख़ास तौर से उनसे जो सर्जनशील रचनाकार थे; जैसे हिन्दी से ही उदाहरण लें तो ठाकुर जगमोहन सिंह, जिनकी कथाकृति ‘श्यामा-स्वप्न’ किसी भी तरह ‘अंग्रेज़ी ढंग का नॉवेल’ नहीं है। ऐसे सर्जनशील रचनाकारों के सिरमौर हैं बंकिमचन्द्र, जिन्हें प्रथम भारतीय उपन्यासकार होने का गौरव प्राप्त है।

छब्बीस वर्ष की कच्ची उम्र में बंकिमचन्द्र ने ‘दुर्गेशनन्दिनी’ (1865) नाम का अपना पहला बंगला उपन्यास प्रकाशित किया और एक साल के बाद ‘कपालकुंडला’ (1866); फिर तीन साल के अन्तराल के बाद ‘मृणालिनी’ (1869)। इनमें से एक भी ‘अंग्रेज़ी ढंग का नॉवेल’ नहीं है। जगमोहन सिंह के ‘श्यामा-स्वप्न’ के समान ही ये तीनों उपन्यास किसी ‘अंग्रेज़ी ढंग के नॉवेल’ की अपेक्षा संस्कृत की ‘कादम्बरी’ की याद दिलाते हैं। यह भी एक विडम्बना ही है। एक लेखक कथा की पुरानी परम्परा से मुक्त होकर एकदम आधुनिक ढंग की नई कथाकृति रचना चाहता है और परम्परा है कि उसके सर्जनात्मक अवचेतन का संचालन कर रही है। कम्बल बाबाजी को कैसे छोड़े! इस तरह बंकिमचन्द्र की रचना-प्रक्रिया से गुज़रकर जो चीज़ निकली, उसके लिए सही नाम एक ही है—रोमांस!

उपन्यास का अर्थ जिनके लिए ‘अंग्रेज़ी ढंग का नॉवेल’ है—फिर उसकी परिभाषा जो भी हो—वे इसे बंकिमचन्द्र की विफलता मानेंगे लेकिन मेरी दृष्टि से लेखक की इस विफलता में ही भारतीय उपन्यास की सार्थकता निहित है। भारतीय उपन्यास के मूलाधार उन्नीसवीं शताब्दी के ये ‘रोमांस’ ही हैं, न कि तथाकथित अंग्रेज़ी ढंग के उपन्यास! उन्नीसवीं शताब्दी के भारतीय मानस का सही प्रतिनिधित्व

'कपालकुंडला' करती है, 'परीक्षागुरु' नहीं। 'परीक्षागुरु' का महत्त्व अधिक से अधिक ऐतिहासिक है और वह भी सिर्फ़ हिन्दी के लिए, जबकि 'कपालकुंडला' अपने ज़माने की अत्यधिक लोकप्रिय कृति होने के साथ ही स्थायी कीर्ति की हकदार है। तथाकथित 'अंग्रेज़ी ढंग के नॉवेल' का तिरस्कार करके ही बंकिमचन्द्र के रोमांसधर्मी उपन्यासों ने भारतीय राष्ट्र के भारतीय उपन्यास की अपनी पहचान बनाने में पहल की।

अंग्रेज़ी ढंग के 'नॉवेल' का तिरस्कार वस्तुत: उपनिवेशवाद का तिरस्कार है। भारत से पहले अंग्रेज़ी ढंग के 'नॉवेल' को उत्तरी अमरीका अस्वीकार कर चुका था। हाथोर्म और मेल्विल ने 'रोमांस' की रचना की थी, किसी अंग्रेज़ी ढंग के 'नॉवेल' का अनुकरण नहीं किया। 'स्कार्लेट लेटर' और 'मोबी डिक' ऐसे 'रोमांस' हैं जिन्हें 'राष्ट्रीय रूपक' के रूप में आज भी ग्रहण किया जाता है। अंग्रेज़ी साम्राज्यवाद से अपने-आपको मुक्त कर अमरीकी प्रतिभा ने आख्यान के रूपबन्ध में भी स्वतंत्रता प्राप्त की। इस प्रकार उत्तरी अमरीका में राष्ट्र और उपन्यास का जन्म साथ-साथ हुआ। तब तक के अंग्रेज़ी 'नॉवेल' के रूपबन्ध में एक स्वतंत्र राष्ट्र की उद्दाम आकांक्षाओं का अँटना सम्भव न था। नये राष्ट्र ने एक नितान्त नये उन्मुक्त रूपबन्ध का सृजन किया।

भारत के भाग्य ऐसे न थे। 1857 के प्रथम स्वतंत्रता-संग्राम का अन्तरराष्ट्रीय पराजय में हुआ।

किन्तु राष्ट्र की आत्मा ने पराजय स्वीकार न की। कल्पना में स्वतंत्रता-संग्राम गोया अब भी जारी था। कहनेवाले लाख कहें कि ब्रिटिश-साम्राज्य में सूर्य नहीं डूबता और इस न्याय से अंग्रेज़ी ढंग के 'नॉवेल' को ही आख्यान की सार्वभौम विधा का आदर्श मानते रहें, लेकिन भारत के स्वतंत्रचेता लेखक ने इसे स्वीकार नहीं किया। उसके लिए तो 'सितारों से आगे जहाँ और भी हैं...तेरे सामने आसमाँ और भी हैं'।

इस जहान और आसमान का ही दूसरा नाम है भारत। स्वतंत्र राष्ट्र के रूप में भारत। आँखों के सामने रोज़-रोज़ दिखाई पड़नेवाला भारत नहीं। असली भारत। मनोवांछित भारत। कल्पना का भारत। इस भारत का निर्माण ही मुख्य मुद्दा था। निश्चय ही यह एक प्रकार की कल्प-सृष्टि है। कल्प-सृष्टि कल्प-सृजन से ही सम्भव है। उपन्यास यही कल्प-सृजन है। गल्प से गल्प की सृष्टि। एक गल्प उपन्यास, दूसरा गल्प राष्ट्र। यह दूसरा 'गल्प' गले से जल्दी नहीं उतरता। परविचार करें तो राष्ट्र भी एक गल्प ही है। कुल मिलाकर राष्ट्र एक प्रतिमा ही तो है। इसके निर्माण में अतीत की कितनी पुरागाथाएँ, मिथक, किंवदंतियाँ, लोककथाएँ, स्मृतियाँ, इतिहास-पुराण आदि का योग होता है! कहना कठिन है कि इसमें कितना वास्तविक है और कितना काल्पनिक। बेनेडिक्ट एंडरसन ने शायद इसीलिए राष्ट्र को 'कल्पित जनसमुदाय' (इमैजिंड कम्यूनिटी) कहा है।

आधुनिक युग में इस राष्ट्र नाम के गल्प के निर्माण का सबसे सशक्त माध्यम उपन्यास है : छापकर पढ़ने के लिए तैयार की गई गद्यकथा। छापेखाने के साथ ही उपन्यास अस्तित्व में आया। लगभग समाचार-पत्रों के साथ। और यह आकस्मिक नहीं कि अनेक उपन्यास पहले-पहल पत्रिकाओं में ही धारावाहिक रूप से प्रकाशित हुए। इन धारावाहिक उपन्यासों के द्वारा धीरे-धीरे पढ़नेवालों का एक सुनिश्चित समुदाय बना। इसे कुछ विद्वान 'प्रिंट कम्यूनिटी' कहना पसन्द करते हैं। यह समुदाय वाचिक परम्परा द्वारा निर्मित समुदायों से भिन्न है—अपनी चेतना में भी और अपने ढाँचे में भी। इस प्रकार आधुनिक राष्ट्र को उपन्यासों की 'निर्मिति' कहा जाए तो अतिशयोक्ति न होगी।

इतिहास भी उपन्यास के समान ही एक प्रकार की कल्प-सृष्टि है। आख्यान दोनों का आधार है और आख्यान-रचना मूलत: कल्पना का ही व्यापार है। आकस्मिक नहीं कि इतिहास-लेखन और उपन्यास-रचना का आरम्भ लगभग साथ-साथ हुआ—यहाँ तक कि अधिकांश आरम्भिक उपन्यास 'ऐतिहासिक उपन्यास' हैं। बंकिमचन्द्र को इतिहास और उपन्यास की इस सजातीयता का पूरा एहसास था। अपने प्रसिद्ध ऐतिहासिक उपन्यास 'राजसिंह' (1882) के चौथे संस्करण के 'विज्ञापन' में उन्होंने लिखा है : 'इतिहास का उद्देश्य कभी-कभी उपन्यास द्वारा सिद्ध हो सकता है। उपन्यास-लेखक सर्वत्र सत्य (तथ्य) की शृंखला में नहीं बँधे होते। इच्छानुसार वे अपनी अभीष्ट-सिद्धि के लिए कल्पना का आश्रय ले लेते हैं। पर सर्वत्र उपन्यास इतिहास के आसन को ग्रहण नहीं कर सकता।'

फिर भी उन्नीसवीं शताब्दी के भारत में राष्ट्र-निर्माण की दिशा में उपन्यास ने जो भूमिका निभाई, उससे इतिहास की तुलना सम्भव नहीं है। इसका मुख्य कारण उपन्यास के रूपबन्ध की सर्जनात्मकता है। जैसाकि रूसी चिन्तक बाख्तीन ने दिखलाया है, उपन्यास अपनी प्रकृति से ही 'संवादधर्मी' है, 'बहुभाषी' है। उपन्यास के ढाँचे में समाज के विभिन्न स्तरों के चरित्र आपस में मिलते हैं और अपनी-अपनी बोली-बानी में एक दूसरे से बात करते हैं—इस प्रक्रिया में उपन्यास का संसार सहज ही एक ऐसे राष्ट्र के रूप में सामने आता है जिसमें सभी सदस्यों की भागीदारी एक समान नागरिक की-सी प्रतीत होती है।

इसके अतिरिक्त, किसी राष्ट्र की अपनी पहचान उसकी भाषा है; और कहना न होगा कि गद्य के सबसे लोकप्रिय रूपबन्ध के रूप में उपन्यास ने ही भारत की आधुनिक भाषाओं को मानक रूप दिया। यह मानकीकरण छपे हुए गद्य के बिना सम्भव ही न था। संतों-भक्तों ने आधुनिक भारत की लोकभाषाओं को साहित्यिक रूप में प्रतिष्ठित किया तो उपन्यास ने उन्हें राष्ट्रीय रूप प्रदान किया। इस दृष्टि से हिन्दी-भाषी क्षेत्र में उपन्यास की भूमिका विशेष रूप से उल्लेखनीय है। आधुनिक खड़ी बोली हिन्दी का उदय एक ऐतिहासिक घटना है।

उपन्यास ने यदि राष्ट्र का रूप निर्मित किया तो राष्ट्रीय कल्पना ने उपन्यास के रूप-निर्माण में भी नियामक भूमिका अदा की। इस प्रकार राष्ट्र-निर्माण और उपन्यास के बीच द्वन्द्वात्मक सम्बन्ध है। इस द्वन्द्व के ही कारण उन्नीसवीं शताब्दी के अधिकांश भारतीय उपन्यास 'राजनीतिक' हैं। कथानक चाहे ऐतिहासिक हो, चाहे सामाजिक अथवा नितान्त निजी प्रेम की कहानी, अन्तत: उनसे कोई न कोई राजनीतिक अर्थ ध्वनित होता है। सम्भवत: इसी बात को लक्षित करते हुए अमरीका के प्रसिद्ध मार्क्सवादी समालोचक फ्रेडरिक जेम्सन ने भारत-सहित तीसरी दुनिया के सभी देशों के उपन्यासों को 'नेशनल एलिगरी' (राष्ट्रीय रूपक) कहा है।

बंकिमचन्द्र के उपन्यासों के माध्यम से 'राष्ट्रीय रूपक' की परिकल्पना को आसानी से समझा जा सकता है। 'राजसिंह' (1882) के सन्दर्भ में तो बंकिमचन्द्र ने स्पष्ट शब्दों में स्वीकार किया है कि 'हिन्दुओं का बाहुबल ही मेरा प्रतिपाद्य है'। कारण यह है कि 'अंग्रेज़ साम्राज्य में हिन्दुओं का बाहुबल लुप्त हो गया है।' इसी प्रकार 'मृणालिनी' (1869) में भी उनका स्वदेश प्रेम स्पष्ट रूप में व्यक्त हुआ है। सिर्फ़ सत्रह घुड़सवारों को लेकर बख़्तियार खिलजी ने बंगाल को जीता था, इस कहानी पर बंकिमचन्द्र को बिलकुल विश्वास न था। वे बंगाली जाति के शौर्य-वीर्य के प्रति इतने आस्थावान थे कि 'मृणालिनी' के द्वारा वे इस जातीय कलंक को दूर करने में प्रवृत्त हो गए। कहने की आवश्यकता नहीं कि बख़्तियार खिलजी की बंगाल-विजय भी एक रूपक ही है। इससे अनायास ही अंग्रेज़ों की बंगाल-विजय व्यंजित है।

बंकिमचन्द्र इस राष्ट्रीय कलंक से इतने उद्वेलित थे कि अपने पहले उपन्यास 'दुर्गेशनन्दिनी' में भी इसका ज़िक्र करना न भूले। तीसरे ही अध्याय में वे लिखते हैं : 'यह परिच्छेद इतिहास-सम्बन्धी है। पाठकवर्ग बहुत अधीर हों तो इसे छोड़ सकते हैं; किन्तु ग्रंथकार की यह सलाह है कि अधैर्य अच्छा नहीं। पहले-पहल बंगदेश में बख़्तियार खिलजी के मुहम्मदीय जयध्वजा फहराने पर मुसलमान बेरोकटोक कई शताब्दी तक उसके राज्य का शासन करते रहे।'

वैसे, 'दुर्गेशनन्दिनी' मुख्यत: 'रोमांस' है जिसके केन्द्र में हिन्दू राजकुमार जगत सिंह और मुस्लिम शहज़ादी आयशा की प्रेम-कहानी है। यह प्रेम-कहानी दुखान्त है। प्रेम की परिणति विवाह में नहीं होती। फिर भी आयशा का आत्मबलिदान मन पर अमिट छाप छोड़ जाता है। आयशा के आदर्श प्रेम के सामने राजकुमार का सारा शौर्य-पराक्रम फीका पड़ जाता है। रोमांस में जो एक जीवट या साहस होता है, वह इस प्रेमकथा का अतिरिक्त आकर्षण है। इसमें अद्‌भुत का भी पुट है और रहस्य की भी सृष्टि है। इन सबको आकर्षक रंग देता है बंगाल के प्राकृतिक परिवेश का आँखों-देखा वास्तव-सा चित्रण। क्या यह सब एक रूपक नहीं है?

राष्ट्रीय रूपक का इससे अच्छा उदाहरण है : 'कपालकुंडला'। शुद्ध रोमांस। दुखान्त यह भी है। दुर्गेशनन्दिनी की तरह यहाँ भी नायक की एक पूर्वपत्नी है—

अधिक ईर्ष्यालु और पतित भी। पृष्ठभूमि है गंगा सागर का वन्य, असाधारण और रोमांचक परिवेश। अन्तिम दृश्य हहराते समुद्र में कपालकुंडला की छलाँग और उसे बचाने के प्रयास में नायक की भी जल-समाधि। लगता है, गोया कपालकुंडला स्वयं ही वह हहराता सागर है। एक हहराते समुद्र-सी युवती! पुरुष की काम्या! उस वार में निमज्जित होता पुरुष! क्या यह सब कुछ रूपक नहीं प्रतीत होता है?

यदि रोमांचक 'मोबी डिक' अमरीका का राष्ट्रीय रूपक हो सकता है तो 'कपालकुंडला' बंगभूमि का रूपक क्यों नहीं? कुछ समीक्षक तो ऐसे प्रेम-केन्द्रित 'रोमांस' को 'राजनीति का कामशास्त्र' (इरोटिक्स ऑफ़ पॉलिटिक्स) कहना चाहते हैं।

जो हो, इसमें कोई शक नहीं कि बंकिम के प्रेम-केन्द्रित रोमांस कोरे प्रेम से कुछ अधिक अर्थ व्यंजित करते हैं। प्रेमियों का आत्मबलिदान कहीं राष्ट्रीय आदर्श के लिए आत्मबलिदान का सन्देश देता है तो कहीं प्रेमियों का मिलन-प्रसंग अधिक व्यापक एकता की ओर संकेत करता है।

तात्पर्य यह कि उन्नीसवीं शताब्दी के भारतीय 'रोमांस' लोकरंजन तक ही सीमित न थे, बल्कि उनमें एक राष्ट्रीय भावना भी अन्तर्निहित थी, जिससे समसामयिक पाठक कहीं-न-कहीं परिचित थे। इस प्रकार वे ऊपर-ऊपर से यथार्थ से दूर दिखते हुए भी अपने निहितार्थ में कहीं अधिक वास्तविक थे : सत्य के निकट, सत्य के निदर्शक। काल्पनिक होते हुए भी ये रोमांस यथार्थ में हस्तक्षेप करने में समर्थ थे; बहुत कुछ अनैतिहासिक होते हुए भी इतिहास के निर्माण में प्रयत्नशील थे; और विषयवस्तु में स्पष्टत: राष्ट्रीय न होते हुए अन्तर्वस्तु में राष्ट्रीय रूपक का आभास देते थे।

इनके विपरीत तथाकथित 'अंग्रेज़ी ढंग के नॉवेल' चाहे जितने यथार्थवादी दिखाई पड़ें, अन्तत: अनुकरणधर्मा थे : रूपबन्ध में एक परायी विधा के अनुकरणकर्ता और अन्तर्वस्तु में प्रदत्त यथार्थ के पीछे चलनेवाले; क्योंकि उनके पास यथार्थ में हस्तक्षेप करनेवाली 'कल्पना' ही नहीं थी। अधिक से अधिक वे पुरानी नीति-कथाओं के समान अन्त में नीरस उपदेश देकर ही सन्तुष्ट हो सकते थे; जैसे कि 'परीक्षागुरु'। औसत अंग्रेज़ी उपन्यासों की तरह उस ज़माने के ज़्यादातर भारतीय सामाजिक उपन्यास बहुत कुछ 'घरेलू उपन्यास' बनकर रह गए।

विरोधाभास प्रतीत होते हुए भी यह तथ्य है कि भारतीय उपन्यास में सच्चे यथार्थवाद का विकास इन 'घरेलू उपन्यासों' के द्वारा नहीं, बल्कि बंकिमचन्द्र जैसे 'रोमांसकारों' के उपन्यासों से ही हुआ। वैसे, बंकिम के रोमांसधर्मी उपन्यासों में भी यथार्थ के चित्र कम नहीं हैं। उदाहरण के लिए 'आनन्द मठ' में ही बंगाल के गाँवों की दुर्दशा के चित्र। निश्चय ही शताब्दी का अन्त होते-होते क्रमश: इस यथार्थवाद में व्यापकता भी आई और गहराई भी। फकीर मोहन सेनापति का उड़िया उपन्यास 'छ माण आठ गुंठ' विकास की इस ऐतिहासिक प्रक्रिया की अन्तिम परिणति है और सर्वोत्तम उपलब्धि भी। यह उपन्यास एक प्रकार से प्रेमचन्द के उपन्यासों का

पूर्वाभास है। उपनिवेशवादी दौर का वही दलित किसान, ज़मींदार द्वारा किसान के खेत का हड़प लिया जाना, गाय का छिन जाना, मुकदमेबाजी, कोर्ट-कचहरी, वकील-मजिस्ट्रेट, अंग्रेज़ी न्याय का नाटक, जेल, क्षुब्ध किसान का हिंसात्मक प्रतिशोध आदि। फिर भी यह किसी अंग्रेज़ी ढंग का नॉवेल नहीं है। बंकिमचन्द्र की तरह ही बीच-बीच में संस्कृत के श्लोक, श्लोकों की मनोरंजक व्याख्याएँ, ठेठ भारतीय व्यंग्य, फिर भी आद्यन्त व्याप्त करुणा! उन्नीसवीं शताब्दी के समूचे भारतीय उपन्यास-साहित्य में 'छ माण आठ गुंठ' अनूठी कृति है—अनुपम और अद्वितीय। उपन्यास के अन्त में विक्षिप्त प्रलाप करते हुए मंगराज का प्राण-त्याग अमिट छाप छोड़ जाता है। यथार्थ और फैंटेसी एक साथ। यह उपन्यास भी अन्ततः एक 'राष्ट्रीय रूपक' है। किसी एक व्यक्ति की व्यथा-कथा यह नहीं है, बल्कि जैसे पूरे समूह की, देश की आत्मा की चीत्कार है! 'छ माण आठ गुंठ' पूरा भारत है।

स्पष्ट है कि उन्नीसवीं शताब्दी के अन्त से पहले ही भारतीय उपन्यास अपनी अस्मिता प्राप्त कर चुका था। उसने इस अस्मिता का निर्माण किया था। इस अस्मिता का निर्माण अंग्रेज़ी उपनिवेशवाद के विरोध की प्रक्रिया में हुआ था, अंग्रेज़ी ढंग के 'नॉवेल' की नक़ल से नहीं। अंग्रेज़ी 'नॉवेल' ने तो भारतीय उपन्यास के विकास-क्रम में उल्टे बाधा ही डाली।

इतिहासाचार्य विश्वनाथ काशीनाथ राजवाड़े ने बहुत पहले अपने 'कादम्बरी' (1902) शीर्षक लेख में चेतावनी दी थी कि केवल अंग्रेज़ी उपन्यासों—वह भी 'सोसायटी नॉवेल्स'—का परिचय भारतीय उपन्यासकारों के लिए हानिकर सिद्ध हुआ है। इसके बदले भारतीय उपन्यासकारों का साक्षात्कार यदि उन्नीसवीं शताब्दी में ही रूस के टॉल्स्टॉय और फ्रांस के बाल्ज़ाक जैसे उपन्यासकारों की महान कृतियों से हो गया होता तो भारतीय उपन्यास का नक्शा कुछ और ही होता।

कभी-कभी यह ख़याल भी आता है कि यदि सभी भारतीय भाषाओं ने मराठी की तरह 'नॉवेल' के लिए 'कादम्बरी' संज्ञा स्वीकार कर ली होती तो शायद अपनी जातीय स्मृति अधिक सुरक्षित रहती और अपनी परम्परा का प्रत्यभिज्ञान हमारी कथात्मक सर्जनात्मकता में कुछ और रंग लाता।

इस धारणा की पुष्टि आचार्य हज़ारी प्रसाद द्विवेदी के उपन्यास 'बाणभट्ट की आत्मकथा' (1946) से होती है। एक तरह से देखें तो 'बाणभट्ट' की आत्मकथा' भारतीय उपन्यास की भी आत्मकथा है। रूपबन्ध में प्राचीन और नवीन का अद्भुत संयोग। 'कादम्बरी' कथा की तरह आरम्भ में मिस कैथराइन का कथान्तर, लेकिन कथानक का विकास व्योमकेश शास्त्री के शब्दों में 'आजकल की डायरी शैली' में। 'कथा-लेखक जिस समय कथा लिखना शुरू करता है, उस समय उसे समूची घटना ज्ञात नहीं है।' तात्पर्य यह कि 'नैरेटर' भूत-वर्तमान-भविष्य—सब कुछ का जानकार सर्वज्ञ नहीं है। 'कादम्बरी' की तरह ही अपनी कथा की अपूर्णता का

उल्लेख करके लेखक ने क्या यह संकेत देना चाहा है कि उसकी दृष्टि में उपन्यास ऐसा रूपबन्ध है जो कहीं ख़त्म नहीं होता और एक जगह समाप्त होने के बाद भी कल्पना के लिए खुला रहता है?

कुल मिलाकर प्राचीनता का आभास देती हुई भी 'बाणभट्ट की आत्मकथा' कितनी नई है—नई और ताज़ा! किसी कालजयी कृति के लक्षण इसके अलावा और क्या होते हैं?

इसी प्रकार यदि अन्तर्वस्तु पर दृष्टिपात करें तो पूरी कथा 'एलिगरी' (रूपक) है। 'ओरिएंटलिस्ट' कैथराइन अपने 'बाण' को खोजती हुई भारत आती हैं; शोणनद के किनारों की बीहड़ यात्रा करती हैं। हाथ लगती है एक पुरानी पोथी और वे तन्मय होकर नैश जागरण करती हुई उसका हिन्दी अनुवाद करती हैं। कैसी विडम्बना है कि जिस समय भारतीय उपन्यासकार अंग्रेज़ी 'नॉवेल' की नक़ल में विकल थे, एक यूरोपीय महिला भारत की एक अतिप्राचीन पोथी में अपने लिए जाने क्या पा जाती है कि उल्था करने में प्राणपण से जुट जाती है! यह किसकी 'आत्मकथा' है? बाण की? भट्टिनी की? निउनिया की? कैथराइन की या फिर स्वयं 'बाणभट्ट की आत्मकथा' के आपातत: सम्पादक और प्रकाशक व्योमकेश शास्त्री की? यह व्योमकेश शास्त्री वही हैं जिन्हें आचार्य हज़ारी प्रसाद द्विवेदी अपना अभिन्न कहते हैं। कैथराइन की डाँट और व्योमकेश पंडित का अनुचिन्तन सुनें तो यह किसी व्यक्ति की कथा नहीं, बल्कि 'आत्मा' की कथा है और आत्मा सार्वभौम है, किसी देश या व्यक्ति तक सीमित नहीं। तात्पर्य यह कि 'बाणभट्ट की आत्मकथा' 'ऑटोबायोग्राफी' के अर्थ में किसी व्यक्ति का आत्मचरित नहीं, बल्कि समूह की अन्त:कथा है। 'एलिगरी' या रूपक और किसे कहते हैं? यहाँ व्यक्ति और समूह में कोई अन्तर नहीं; व्यक्ति की कथा ही समूह की कथा बन जाती है। फ्रेडरिक जेम्सन के अनुसार यह 'नेशनल एलिगरी' (राष्ट्रीय रूपक) है और पश्चिमी दुनिया की विकसित पूँजीवादी सभ्यता से भिन्न विकासशील देशों में कथा-सृजन का स्वधर्म!

इस अर्थ में 'बाणभट्ट की आत्मकथा' आधुनिक भारत का 'राष्ट्रीय रूपक' नहीं तो और क्या है? एक राष्ट्र द्वारा अपनी अस्मिता की खोज और उसका पुन: प्रत्यभिज्ञान! फिर इतनी आत्मसजगता कि फिर से अपने-आपको पहचान लेने के बाद भी मन पूरी तरह आश्वस्त नहीं है। सन्तुष्ट भी नहीं। इस स्वचेतनता का प्रमाण है उपन्यास का यह अन्तिम वाक्य : अन्तरात्मा के अतल गह्वर से कोई चिल्ला उठा, 'फिर क्या मिलना होगा?'

क्या यही प्रश्न आज के भारतीय उपन्यास के भविष्य को लेकर नहीं किया जा सकता?

['साखी' : अक्टूबर-दिसम्बर, 1992]

उपन्यास और राजनीति

बंकिमचन्द्र (1838-94) भारत के पहले उपन्यासकार हैं और उनका 'आनन्द मठ' (दिसम्बर, 1882) भारत का पहला राजनीतिक उपन्यास। 'आनन्द मठ' की ख्याति 'वन्दे मातरम्' (रचना-काल 1876) के कारण है क्योंकि यह गीत उस उपन्यास का मूल सन्देश है। बंकिमचन्द्र की आशा के अनुरूप 'बाद में देश के लोग इस गीत को लेकर उन्मत्त हो उठे।' पहली बार 1896 में कांग्रेस अधिवेशन के अवसर पर कविवर रवीन्द्रनाथ ठाकुर ने मंच से यह गान गाया था। किन्तु 1905 में बंगभंग के विरोध में उठे आन्दोलन के दौरान यह गान बंगाल में जन-जन के कंठ से गूँज उठा। इसके बाद तो राष्ट्रीय स्वाधीनता-आन्दोलन की प्रगति के साथ सारे भारत ने इसे राष्ट्रगान के रूप में अपना लिया। इस क्रम में देश ने इसमें आवश्यकतानुसार परिवर्तन भी किया। बंकिमचन्द्र ने बंगाल की तत्कालीन जनसंख्या को ध्यान में रखकर मूल गीत में 'सप्तकोटि कंठ' और 'द्विसप्तकोटि भुजैः' लिखा था। भारत की जनता ने इसकी जगह पहले तो 'त्रिंशकोटि कंठ' और 'द्वित्रिंशकोटि भुजैः' किया, फिर 'कोटि-कोटि कंठ' और 'कोटि-कोटि भुजैः' कर लिया। इस प्रकार 1947 में भारत को स्वाधीनता मिलने के समय तक 'वन्दे मातरम्' हमारे स्वाधीनता-संग्राम का राष्ट्रगान था। 1937 में जब कांग्रेस के नेतृत्व में प्रान्तीय सरकारें बनीं तो उन सरकारों ने भी 'वन्दे मातरम्' को अपने राष्ट्रगान की मान्यता दी, निश्चय ही पूरे गीत को नहीं बल्कि आरम्भ के केवल दो छंदों को। निश्चय का कारण था मुस्लिम समुदाय की आपत्ति। आपत्ति हुई 'वन्दे मातरम्' में निहित 'मूर्तिपूजा' के भाव पर। 'वन्दे मातरम्' में हिन्दुत्व की गन्ध मिलने की यह पहली मुखर घटना है। उल्लेखनीय है कि मुस्लिम सम्प्रदायवाद के उग्र उभार का भी यही काल है। साम्प्रदायिक विद्वेष की इस अग्नि से 'आनन्द मठ' भी न बच सका। बाज़ार से 'आनन्द मठ' की राशि-राशि प्रतियाँ ख़रीदकर एक जगह जमा की गईं और उनकी होली जलाई गई। 'आनन्द मठ' के विरुद्ध मुस्लिम-विरोध के इस आरोप ने इतना ज़ोर पकड़ा कि देशभक्ति का मूल स्वर दब गया और आगे चलकर इस दबाव में धर्मनिरपेक्ष लोगों ने भी 'आनन्द मठ' को इस दोष का भागी मानकर उसका तिरस्कार किया। इस प्रतिक्रिया में निश्चय ही कुछ हाथ हिन्दू सम्प्रदायवाद का

भी है, जिसने 'आनन्द मठ' को हिन्दू पाद पादशाही के प्रचार का अस्त्र बनाया। 'आनन्द मठ' की शतवार्षिकी के अवसर पर पश्चिम बंगाल में अभी कुछ समय पहले जो विवाद उठा था, वह इसी राजनीतिक वातावरण की अद्यतन अभिव्यक्ति है। कहना न होगा कि यह विवाद स्वयं 'आनन्द मठ' से अधिक आज की बढ़ती हुई साम्प्रदायिकता पर टिप्पणी है।

इतिहास की कितनी बड़ी विडम्बना है कि जो 'आनन्द मठ' एक युग तक देशभक्ति का बीज-मंत्र था, वह अन्ततः साम्प्रदायिकता के दलदल में फँस गया। कहते हैं कि एक समय था जब भारत के विप्लवी एक हाथ में गीता और दूसरे हाथ में 'आनन्द मठ' लेकर विप्लव-मंत्र की दीक्षा लेते थे। इस विप्लवी दल में सिर्फ़ हिन्दू ही न थे, अनेक मुसलमान भी थे। बहुत सम्भव है कि मुसलमान विप्लवी के एक हाथ में गीता की जगह कुरान रहता रहा हो, लेकिन दूसरे हाथ में तो 'आनन्द मठ' ही होता था। 'आनन्द मठ' से प्रेरणा प्राप्त करनेवालों में अहिंसात्मक सत्याग्रही भी थे, यद्यपि उसमें 'सन्तान' नामधारी संन्यासियों के सशस्त्र संघर्ष की कहानी कही गई है। स्पष्ट ही सशस्त्र विप्लव के विश्वासी युवकों और अहिंसात्मक सत्याग्रहियों की उभयनिष्ठ भावना एक ही थी—देशभक्ति, और लक्ष्य भी एक ही था—देशमुक्ति! यह भी तथ्य है कि 'आनन्द मठ' में जहाँ-जहाँ तत्कालीन मुसलमान शासकों के विरुद्ध सन्तान दल की कटूक्तियाँ हैं, उन्हें भी स्वाधीनता-संग्राम के प्रथम सेनानियों ने अंग्रेज़ शासकों के विरोध में ही ग्रहण किया और इस प्रकार उन्हें देशभक्ति और देशमुक्ति के मूल सन्देश को ग्रहण करने में कोई भ्रम नहीं हुआ। स्वाधीनता-सेनानियों की 'आनन्द मठ' के मूल कथ्य की यह समझ, वस्तुतः, 'आनन्द मठ' के समग्र अर्थ का अभिन्न अंग है और इस रूप में 'आनन्द मठ' के किसी भी मूल्यांकन में इस ऐतिहासिक अर्थ की अवहेलना अवैज्ञानिक है। साहित्य समीक्षा में अब यह स्वीकार किया जा रहा है कि किसी कृति का एकमात्र अर्थ वही नहीं है, जो लेखक का अभिप्रेत रहा है, बल्कि बाद के पाठकों द्वारा गृहीत अर्थ भी उसका अभिन्न अंग है। इस दृष्टि से 'आनन्द मठ' के सौ वर्षों का इतिहास उस पर साम्प्रदायिकता के आरोप के विरुद्ध पर्याप्त पुष्ट प्रमाण है। फिर भी स्वयं 'आनन्द मठ' के पाठ का परीक्षण आवश्यक है।

स्वयं बंकिमचन्द्र की पत्रिका 'बंग दर्शन' में धारावाहिक रूप से प्रकाशित होने के बाद 'आनन्द मठ' का प्रथम पुस्तकाकार प्रकाशन 15 दिसम्बर, 1882 को हुआ। एक वर्ष के अन्दर ही 1883 में दूसरा संशोधित संस्करण निकला, जिसमें काफ़ी जोड़-छोड़ है। तीन वर्षों के अन्तराल पर 1886 में दो संस्करण और हुए। अन्त में 1892 में बंकिमचन्द्र ने पंचम संस्करण प्रकाशित किया जो बाज़ार में सुलभ है तथा अन्य भाषाओं में उसी के अनुवाद भी हुए। इन संस्करणों की तुलना से कुछ महत्त्वपूर्ण तथ्य सामने आते हैं। पहली बात तो यह है कि प्रथम संस्करण में निष्ठुरतापूर्वक

प्रजा से राजस्व वसूल करनेवाले मोहम्मद रज़ा खाँ के लिए लिखा था : 'एक तो देशी, दूसरे मुसलमान।' द्वितीय संस्करण में बंकिमचन्द्र ने यह वाक्यांश हटा दिया। स्पष्ट ही मुसलमानों की भावना को ध्यान में रखकर ही ऐसा किया गया होगा।

दूसरी ओर अंग्रेज़ी सेना और सन्तान दल के संघर्ष से सम्बद्ध दो अध्यायों में प्रथम संस्करण के अन्तर्गत जहाँ-जहाँ 'अंग्रेज़' शब्द आया है, दूसरे संस्करण में उसकी जगह बंकिमचन्द्र ने 'यवन' तथा इसी अर्थ के वाचक ऐसे अन्य शब्द रख दिये जिनसे 'मुसलमान' का भ्रम होता है। किन्तु प्रसंग से स्पष्ट है कि शब्द परिवर्तन के बावजूद ये सभी शब्द वस्तुत: अंग्रेज़ का ही अर्थ द्योतित करते हैं क्योंकि सन्तान दल का संघर्ष तो अंग्रेज़ों से ही होता है, मुसलमान शासक तो इस प्रसंग में कहीं सामने आते ही नहीं।

आपातत: ये दोनों परिवर्तन परस्पर विरोध प्रतीत होते हैं, किन्तु ध्यान से देखा जाए तो वास्तविक परिवर्तन पहला ही है क्योंकि उस वाक्य से सामान्य मुस्लिम समाज की भावना को ठेस पहुँचने की आशंका थी और बंकिमचन्द्र इस मामले में इतने संवेदनशील थे कि उसे हटा देना ही उन्हें उचित प्रतीत हुआ। दूसरे प्रकार का परिवर्तन निश्चय ही अंग्रेज़ सरकार के सेंसर से बचने के लिए किया गया था। उपन्यास के आरम्भिक पाठकों की समझ को दाद देना चाहिए कि उन्होंने इन परिवर्तनों में निहित लेखक के अभिप्राय को सहज ही भाँप लिया और इस प्रकार उन्हें साम्प्रदायिक विद्वेष का भ्रम नहीं हुआ।

इस प्रसंग में बंकिमचन्द्र के विशेषज्ञों ने एक और तथ्य का उल्लेख किया है जिसकी चर्चा प्रासंगिक है। बंकिमचन्द्र आरम्भ में नास्तिक थे। उनके 'दुर्गेशनन्दिनी', 'चन्द्रशेखर' आदि आरम्भिक उपन्यासों में अनेक मुसलमान चरित्र अपने उज्ज्वल रूप में चित्रित हुए हैं। 'बंगला इतिहास' शीर्षक प्रबन्ध में उन्होंने पठान शासन की प्रशंसा इस बात के लिए की है कि वह बंगला साहित्य का स्वर्ण-युग है और उसमें विद्यापति, चंडीदास, चैतन्यदेव तथा वैष्णव गोस्वामियों-जैसी महान साहित्यिक विभूतियाँ हुईं। एक अन्य प्रबन्ध 'बंगाल के कृषक' में बंकिमचन्द्र ने हाशिम शेख जैसे कृषक के दुखों का वर्णन बड़ी मार्मिकता से किया है। किन्तु 1878 के बाद बंकिमचन्द्र में एक परिवर्तन घटित हुआ। वे छह महीने की छुट्टी लेकर काशी, मथुरा, प्रयाग आदि तीर्थों की यात्रा के लिए निकले। वहाँ उन्होंने हिन्दू मन्दिरों पर तुर्कों और मुग़लों के अत्याचारों की जो कहानियाँ सुनीं, उनका बंकिमचन्द्र के मन पर कहीं गहरा असर हुआ। इस परिवर्तन का पहला प्रभाव 'राजसिंह' नामक उपन्यास में दिखाई पड़ता है। यहाँ हिन्दुत्व के लिए अतिरिक्त चिन्ता भी है और मुग़ल शासकों के लिए आक्रोश भी। 'आनन्द मठ' ठीक इसके बाद की रचना है, जिसकी मूल कथा 1771 के संन्यासी-विद्रोह पर आधारित है, किन्तु उसमें प्रसंगवश नवाबी शासन की अराजकता की भी चर्चा आ गई है। इस प्रकार विरोध के मुख्य

लक्ष्य तो अंग्रेज़ शासक ही हैं, किन्तु नवाबी शासन की अराजकता के वर्णन में क्षोभ के कुछ छींटे मुसलमान नवाब के कारण सामान्य मुसलमानों पर भी पड़ गए हैं। ऐसा प्रतीत होता है कि 'आनन्द मठ' के आरम्भिक पाठकों के सम्मुख यह तथ्य जितना स्पष्ट था, बाद के पाठकों के लिए ग़लतफ़हमी का कारण बन गया। फिर भी 1878 के बाद बंकिमचन्द्र की मानसिकता में जो परिवर्तन आया, उसे नज़रअन्दाज़ नहीं किया जा सकता। इस वैचारिक परिवर्तन की दिशा ग़लत थी। इसका प्रभाव उनके सर्जनात्मक साहित्य पर भी पड़ा। विचारों में ग़लत मोड़ के कारण साहित्य की कलात्मकता को भी क्षति पहुँची। रवीन्द्रनाथ और शरतचन्द्र जैसे बंकिमचन्द्र के प्रशंसकों ने भी दुख के साथ यह स्वीकार किया है कि अपनी साहित्य-रचना के परवर्तीकाल में बंकिमचन्द्र प्रचारक बन गए थे।

किन्तु 'आनन्द मठ' में साम्प्रदायिकता के साथ ही अंग्रेज़-भक्ति की समस्या भी विचारणीय है। यह तथ्य है कि सरकारी कर्मचारी होने के कारण बंकिमचन्द्र ने अंग्रेज़ी सेंसर से बचने के लिए 'आनन्द मठ' के बाद के संस्करणों में अंग्रेज़ों की प्रशंसा के अनेक वाक्य जोड़े। फिर भी ध्यान देने की बात यह है कि अंग्रेज़-विरोध के मूल स्वर को उन्होंने सुरक्षित रखा। इस प्रकार समूची कृति में एक दिलचस्प अन्तर्विरोध दिखाई पड़ता है। इस दृष्टि से उपन्यास के अन्तिम अध्याय में किये गए परिवर्तन सबसे दिलचस्प हैं। अंग्रेज़ों की प्रशंसा-सम्बन्धी जो भी वाक्य बाद के संस्करणों में जोड़े गए हैं, वे उस चमत्कारी अति मानवीय महापुरुष के मुख से कहलाए गए हैं, जैसे :

'व्रत सफल हुआ है—तुमने माता का मंगल किया है—अंग्रेज़ों का राज्य स्थापित किया है।'

'शत्रु कौन है? शत्रु अब कोई नहीं। अंग्रेज़ मित्र-राजा है। अब अंग्रेज़ों से युद्ध में विजयी हो, ऐसी शक्ति किसी में नहीं।'

किन्तु इन तमाम बातों के प्रतिवादस्वरूप स्वयं सत्यानन्द के वचन प्रथम संस्करण से अन्त तक अक्षुण्ण रहे। जैसे :

'शत्रुओं के रुधिर से सिक्त कर मैं माता की प्यास बुझाऊँगा।'

'हाय माँ! तुम्हारा उद्धार न कर सका। फिर तुम म्लेच्छों के हाथ पड़ोगी।'

इस प्रकार वे अंग्रेज़ी सेंसर को चकमा देते हुए भी अपने मूल वक्तव्य को अक्षुण्ण रखने में सफल हुए। आज कोई चाहे तो इसे बंकिम की कायरता कह सकता है, किन्तु लेखक के दुस्साहस और रचनात्मक ईमानदारी का इससे अच्छा प्रमाण दूसरा क्या होगा!

इस प्रसंग में दुखद सिर्फ़ इतना है कि बंकिमचन्द्र ने 'आनन्द मठ' के अन्त का यह अत्यन्त संकेतपूर्ण अंश बाद के संस्करणों में निकाल दिया : 'विष्णुपद मंडप जनशून्य हुआ। उस समय सहसा उस विष्णु मंडप में दीप उज्ज्वलतर होकर

जल उठा। बुझा नहीं। सत्यानन्द जो आग जला गए, वह सहज ही न बुझी। इसके बाद की कथा बाद में कहूँगा।'

और बाद की वह कथा बंकिम कभी न कह सके। कहते हैं कि वे 'झाँसी की रानी' के बारे में एक उपन्यास लिखना चाहते थे। शायद बाद की कथा यही थी—'आनन्द मठ' वाले संघर्ष के अगले चरण की कथा। वह कथा वर्षों बाद स्वाधीनता-संग्राम की तेज़ी के दौरान लिखी गई—हिन्दी में। किन्तु क्या यह सच नहीं है कि वह आग तो बंकिमचन्द्र ही जला गए थे : 'आनन्द मठ' में?

['आलोचना' : जनवरी-मार्च से अप्रैल-जून, 1983]

प्रेमचन्द और टॉल्स्टॉय

1. प्रेमचन्द ने 4 मार्च, 1914 को अपने दोस्त 'ज़माना' सम्पादक मुंशी दया नारायण निगम को एक पत्र में लिखा था : 'आजकल काउंट टॉल्स्टॉय के किस्से पढ़ चुका हूँ। तब से कुछ उसी रंग की तरफ़ तबीयत माइल है। यह अपनी कमज़ोरी है और क्या! यह क़िस्सा जो मैं रवाना करूँगा, इसमें लुत्फ़े तहरीर की मुतलक़ कोशिश नहीं की गई। सीधी-सीधी बातें लिखी हैं।' ('चिट्ठी-पत्री-1', पृ. 29) इस प्रसंग में प्रेमचन्द की जीवनी 'प्रेमचन्द : कलम का सिपाही' (1962) में अमृत राय ने लिखा है : 'टॉल्स्टॉय की नीति-कथाएँ उन्होंने (प्रेमचन्द ने) भी पढ़ी थीं, उनका असर अपने लिखने में लिया था और गांधी जी के रंगमंच पर आने के पहले उनमें से तेईस कहानियों का भारतीय परिवेश के अनुसार रूपान्तर करके 'प्रेम प्रभाकर' के नाम से छपा चुके थे। इनमें टॉल्स्टॉय की लगभग सभी प्रसिद्ध नीति-कथाएँ आ गई थीं—मनुष्य का जीवन आधार क्या चीज़ है? (दैट व्हेयरबाई मेन लिव), एक चिनगारी घर को जला देती है (नेग्लेक्ट अ फायर एंड इट विल नाट बी क्वेन्ड), प्रेम में परमेश्वर (व्हेयर लव इज देयर गॉड इज आलसो), बाल लीला (चिल्ड्रेन मे बी वाइजर दैन देयर एल्डर्स), एक आदमी को कितनी भूमि चाहिए (हाउ मच लैंड डज ए मैन रिक्वायर?), अंडे के बराबर दाना (द ग्रेन दैट वाज़ लाइक ऐन एग), धर्म-पुत्र (द गॉड सन) आदि। प्रेम, दया, क्षमा, परोपकार, अहिंसा, त्याग, अपरिग्रह, आत्मशुद्धि की शिक्षा उन्होंने भी टॉल्स्टॉय से पाई थी। उसी प्रभाव में 'सेवा-मार्ग' और 'उपदेश' जैसी नीति-कथाएँ भी उन्होंने लिखीं जिनमें सेवा को ही, परोपकार को ही सबसे बड़ी सिद्धि बताया गया है।' (पृ. 165)

2. मुंशी दयानारायण निगम को 16 सितम्बर और 17 सितम्बर, 1917 को प्रेमचन्द ने फिर लिखा कि 'आपने काउंट टॉल्स्टॉय का सवानही (जीवनी वाला) मजमून जो फ़ाइल से निकालकर अलग रख दिया है, उसकी मुझे सख़्त ज़रूरत है। एक मज़मून लाला लाजपत राय का है और दूसरा किसी और साहब का...उनका एक हिन्दी एडीशन शाया करने की नीयत है।' (पृ. 65-66)

3. डॉ. इन्द्रनाथ मदान के प्रश्नों का उत्तर देते हुए प्रेमचन्द ने 26 दिसम्बर 1934 के पत्र में स्पष्टत: स्वीकार किया है कि उनके ऊपर विक्टर ह्यूगो और रोम्याँ

रोलाँ के अलावा टॉल्स्टॉय का असर पड़ा है। ('चिट्ठी-पत्री-2', पृ. 236) इससे पहले 23 मार्च, 1932 के एक पत्र में उन्होंने उपेन्द्रनाथ अश्क को टॉल्स्टॉय की पुस्तक 'What is Art' पढ़ने की सलाह दी थी। ('चिट्ठी-पत्री-2', पृ. 240)

4. इस बात के पर्याप्त प्रमाण हैं कि प्रेमचन्द ने 1930 तक टॉल्स्टॉय के तीन प्रसिद्ध उपन्यास 'वार एंड पीस', 'अन्ना कारेनिना' और 'रिजरेक्शन' पढ़ लिये थे। 1931 में चाँद कार्यालय, इलाहाबाद से 'रिजरेक्शन' का हिन्दी अनुवाद 'पुनर्जीवन' नाम से प्रकाशित हो चुका था और प्रेमचन्द इसके अनुवादक रुद्रनारायण अग्रवाल को व्यक्तिगत रूप से जानते थे। उन्होंने जैनेन्द्र कुमार को 28 नवम्बर, 1934 में लिखित एक पत्र में रुद्रनारायण अग्रवाल की सहायता के लिए सिफ़ारिश करते हुए लिखा था कि उसने 'रिजरेक्शन' के अलावा 'वार एंड पीस' का भी अनुवाद कर लिया है लेकिन उसके लिए कोई प्रकाशक नहीं मिल रहा है। इसके अतिरिक्त 1933 में कविनाथ पांडेय ने 'अन्ना कारेनिना' का हिन्दी अनुवाद 'अन्ना' नाम से, पुस्तक मन्दिर काशी से प्रकाशित करवाया और प्रेमचन्द ने इसकी भूमिका लिखी। इस भूमिका से स्पष्ट है कि प्रेमचन्द ने 'अन्ना कारेनिना' के अलावा 'वार एंड पीस' भी पढ़ रखा था।

5. 'अन्ना कारेनिना' के हिन्दी अनुवाद की भूमिका में प्रेमचन्द ने लिखा है कि 'मैंने आज लगभग 20 साल हुए, जब यह पुस्तक पढ़ी थी।' आगे टॉल्स्टॉय की रचनाशक्ति के विषय में प्रेमचन्द लिखते हैं कि 'टॉल्स्टॉय की रचनाशक्ति अद्भुत थी, कल्पनाशक्ति अलौकिक थी। जीवन का ऐसा कोई विभाग, ऐसा कोई अंग नहीं है जिस पर उसकी तेज़ नज़र न पड़ी हो। और उसके मस्तिष्क में जो चीज़ एक बार पहुँच जाती थी, वह अलौकिक हो जाती थी। ऊँची-से-ऊँची या निकृष्ट-से-निकृष्ट सोसाइटी का चित्रण वह समान बारीकी और सच्चाई के साथ करता है।...कहीं भी वह बन्द नहीं है, कहीं भी वह अजनबी नहीं है, कहीं भी वह भटकता नहीं है।...ऐसा कोई स्थल नहीं है, जहाँ चतुर कलाकार को भ्रम या कठिनाई का सामना करना पड़ा हो।' प्रेमचन्द की दृष्टि में 'क्रान्ति की भावना टॉल्स्टॉय की रचनाओं की प्रेरक थी।' यही नहीं बल्कि प्रेमचन्द टॉल्स्टॉय के विचार को 'सम्पूर्णतः सोशलिस्ट' समझते थे। वे लिखते हैं कि 'युवावस्था ही में उसकी आत्मा धर्म और समाज और राष्ट्रीयता के मिथ्या, घातक, स्वार्थमय व्यापारों से विद्रोह करने लगी थी। धर्म में सेवा और त्याग और उपकार का भाव ग़ायब होकर केवल अन्धविश्वास और स्वार्थ-लिप्सा रह गई थी।...समाज में ऊँच-नीच का भेद, उस भ्रातृभाव का अभाव, जो ईसा के उपदेशों का मूल तत्त्व था, और जिसने मुट्ठी-भर धनियों और अधिकारियों को सारी जाति का भाग्य-विधाता बना दिया था, उसके लिए असह्य था। उसके विचार में उपजीवी वर्ग समाज का सबसे बड़ा शत्रु था।' टॉल्स्टॉय के विचारों की शक्ति पर प्रकाश डालते हुए प्रेमचन्द ने लिखा कि 'उनका ज्ञान, उनकी सेवा, उनका वैराग्य

सन्देहों और विचारों और मानसिक द्वन्द्वों से होकर निकला था और इसीलिए उसमें इतनी शक्ति, इतनी तीव्रता थी।'

इस सन्दर्भ में उर्दू के मशहूर शायर और प्रेमचन्द के अत्यन्त निकटवर्ती मित्र रघुपति सहाय 'फ़िराक' के एक संस्मरण का यह अंश उल्लेखनीय है : 'टॉल्स्टॉय के नाविल 'अन्ना कारेनिना' की वह मुक्तकंठ से प्रंशसा करते थे। टॉल्स्टॉय के कलम का जादू उन पर चल गया था लेकिन जैसाकि मैंने अपने एक शेर में कहा है—बात वो कह ऐ इश्क़, कि सुनकर सब क़ायल हों, कोई न माने—कुछ इस तरह की प्रतिक्रिया उन पर 'अन्ना कारेनिना' पढ़कर हुई थी।' ('प्रेमचन्द : कलम का सिपाही', पृ. 174-75)

6. 'अन्ना कारेनिना' को 'वार एंड पीस' के साथ रखकर देखते हुए प्रेमचन्द ने उसी भूमिका में लिखा था : ''वार एंड पीस' के बाद टॉल्स्टॉय ने 'अन्ना कारेनिना' की रचना की और हमारे विचार में उनकी रचनाओं में इसका स्थान अगर कम है तो 'वार एंड पीस' से ही। और वह भी केवल इस दृष्टि से कि इसका क्षेत्र उतना फैला हुआ नहीं है। लेकिन फैलाव में जो कमी है, वह उसकी गहराई ने पूरी कर दी है।'

7. टॉल्स्टॉय के महान उपन्यास 'वार एंड पीस' को प्रेमचन्द ने एक और प्रसंग में फिर याद किया। एक आलोचक ने प्रेमचन्द के उपन्यास 'कर्मभूमि' की आलोचना करते हुए उस पर यह आरोप लगाया कि 'कर्मभूमि' राष्ट्रीय आन्दोलन को पृष्ठभूमि में रखकर लिखी गई है। एक गुजराती लेखक माणिकलाल जोशी को 20 दिसम्बर, 1933 के पत्र में प्रेमचन्द ने इसका स्पष्टीकरण देते हुए लिखा कि 'वह इस बात को भूल जाते हैं कि लगभग सब महान उपन्यासों का कोई-न-कोई सामाजिक उद्देश्य होता है या कोई-न-कोई महान आन्दोलन उसकी पृष्ठभूमि में होता है। टॉल्स्टॉय का 'वार एंड पीस' मास्को पर नेपोलियन की चढ़ाई के इतिहास के अलावा और क्या है? मगर उसने अपने पन्नों में उस संघर्ष को ज़िन्दा कर दिया है। उसने ऐसे चरित्र और ऐसी घटनाएँ प्रस्तुत की हैं जिनसे मानव प्रकृति में उसकी आश्चर्यजनक अन्तर्दृष्टि का पता चलता है। सबसे महत्त्वपूर्ण वस्तु चरित्रों का विकास है। अगर लेखक को इसमें सफलता मिली है तो फिर उसे आलोचकों से डरने का कोई कारण नहीं है।' ('चिट्ठी-पत्री-2', पृ. 254)

8. प्रेमचन्द पर टॉल्स्टॉय के प्रभाव के प्रश्न को लेकर हिन्दी में एक दिलचस्प घटना घटित हो चुकी है। श्री अवध उपाध्याय नामक एक सज्जन ने 1926 में 'सरस्वती' के अन्तिम छह अंकों में 'प्रेमचन्द की मौलिकता' शीर्षक एक लेखमाला के द्वारा यह प्रमाणित करने का प्रयास किया कि 'प्रेमाश्रम' 'रिजरेक्शन' की छाया है। इस प्रसंग में यह भी उल्लेखनीय है कि उन्होंने प्रेमचन्द के 'रंगभूमि' नामक उपन्यास को थैकरे के 'वैनिटी फ़ेयर' की नक़ल साबित करने की कोशिश की। इस लेख-माला की अन्तिम किस्त में, जो दिसम्बर, 1926 की 'सरस्वती' में प्रकाशित

हुई है, लेखक ने 'प्रेमाश्रम और रिजरेक्शन' के तुलनात्मक अध्ययन का निष्कर्ष इस प्रकार दिया है : 'रिजरेक्शन में ग्राम्य जीवन का अत्यन्त ही मनोहर चित्र खींचा गया है, जिसे पढ़कर मन मुग्ध हो जाता है। नेहलूड्फ़ (?) गाँव वालों के लाभ के लिए एक आश्रम खोलना चाहता है। वह ज़मींदार है। अतएव गाँव वालों के लाभ के विचार से वह घाटा सहना चाहता है। वह गाँव वालों की दशा का अध्ययन कर उनके प्रेम के कारण अन्त में एक 'प्रेमाश्रम' खोलने पर उतारू हो जाता है। परन्तु वह चाहता है कि उसकी लिखा-पढ़ी भी हो जाए, जिससे पीछे भी गाँववालों को किसी प्रकार का कष्ट न हो। इसीलिए वह गाँव वालों को एकत्र करता है और कहता है कि इस काग़ज़ पर तुम लोग हस्ताक्षर कर दो। इतने पर गाँव का एक आदमी कहता है— हस्ताक्षर! हस्ताक्षर क्यों?

'प्रेमाश्रम' के खुल जाने पर गाँववालों का ही लाभ होता। इससे नेहलूड्फ़ को व्यक्तिगत कोई लाभ नहीं था, तथापि गाँव वाले प्रेमाश्रम के नियमों से सम्बन्ध रखनेवाले पत्रों पर हस्ताक्षर करने से डरते थे। रूस के कृषक इतने भोले-भाले थे।

प्रेमचन्द जी ने भी अपने 'प्रेमाश्रम' में गाँव वालों का अच्छा चित्र खींचा है। परन्तु मैं निस्संकोच भाव से कह सकता हूँ कि प्रेमचन्द जी को वैसी सफलता नहीं मिली है। हाँ, उन्होंने 'रिजरेक्शन' के भावों को चित्रित करने का अच्छा प्रयत्न किया है।

प्रेमचन्द जी ने भी अपने 'प्रेमाश्रम' में एक प्रेमाश्रम खोल दिया है। उनका यह प्रयत्न सर्वथा उचित है। दोनों पुस्तकों में समानता होने के लिए यह अत्यन्त आवश्यक था।

टॉल्स्टॉय के 'रिजरेक्शन' में नेहलूड्फ़ और कतूशा का विवाह नहीं हुआ था और इन्हीं दोनों का इसमें अधिक वर्णन है। एक प्रकार से उपन्यास के यही नायक और नायिका हैं।

परन्तु 'रिजरेक्शन' का नेहलूड्फ़ 'प्रेमाश्रम' के ज्ञानशंकर के बराबर है और कतूशा गायत्री के। अतएव प्रेमचन्द जी के 'प्रेमाश्रम' में भी ज्ञानशंकर और गायत्री की प्रधानता होनी चाहिए। उन्होंने किया भी ऐसा ही है। 'रिजरेक्शन' में दोनों का विवाह नहीं हुआ है, अतएव 'प्रेमाश्रम' में भी ज्ञानशंकर और गायत्री का विवाह नहीं होना चाहिए, अतएव नहीं हुआ है।

नेहलूड्फ़ ने अपने जीवन के लगभग सारे समय को कतूशा से मिलने के प्रयत्न में ही बिता दिया है। इसी प्रकार ज्ञानशंकर ने भी गायत्री के लिए बड़ा प्रयत्न किया है। परन्तु अन्त में कतूशा ने नेहलूड्फ़ को अस्वीकार कर दिया है। इसी प्रकार गायत्री ने भी अन्त में ज्ञानशंकर को नहीं स्वीकार किया है। दोनों का अन्त भी अच्छा ही है।

'रिजरेक्शन' में कचहरी की बुरी दशा का अच्छा वर्णन किया गया है। उसमें यह भी दिखलाया गया है कि कचहरी में कभी-कभी झूठ का सच और सच का झूठ हो जाता है। प्रेमचन्द जी ने भी कचहरी का अच्छा दृश्य खींचा है।

'प्रेमाश्रम' और 'रिजरेक्शन' में इतनी समानताएँ हैं कि उन सबके दिखलाने से एक पोथा तैयार हो जाएगा। पाठकों के मनोविनोद के लिए हमने यहाँ केवल दिग्दर्शन मात्र कराया है।

9. तुलनात्मक अध्ययन के इस दिलचस्प उदाहरण पर आगे कोई टिप्पणी करने से पहले प्रसंगवश इतना और उल्लेखनीय है कि श्री अवध उपाध्याय ने उक्त दोनों उपन्यासों के सभी चरित्रों की समानता सिद्ध करने के लिए अनेक गणितीय समीकरण भी प्रस्तुत किये हैं। कारण सम्भवत: यह है कि श्री अवध उपाध्याय स्वयं गणित के ही अध्येता थे। गणित की अमूर्त पद्धति दो साहित्यिक कृतियों की तुलना के लिए कितनी घातक हो सकती है, इसका सबसे रोचक उदाहरण सम्भवत: यह समीक्षा है। ख़ैरियत है कि हिन्दी में यह समीक्षा कभी गम्भीरता से ग्रहण न की गई; और अब तो लोग प्राय: उसे भूल भी गए हैं। फिर भी यह समीक्षा टॉल्स्टॉय और प्रेमचन्द की सच्ची तुलना करने के लिए उत्तेजित अवश्य करती है।

10. आरम्भिक प्रेमचन्द परवर्ती टॉल्स्टॉय के विचारों से काफ़ी प्रभावित थे, यह सही है। उनकी आरम्भिक कृतियों में प्रेम के आदर्श को समस्याओं के समाधान के रूप में प्रस्तुत किया गया है, यह भी सच है। इस दृष्टि से गांधी जी के समान ही प्रेमचन्द भी टॉल्स्टॉय के प्रभाव में थे। किन्तु इसके साथ ही यह भी तथ्य है कि जिस 'प्रेमाश्रम' का अन्त 'प्रेमाश्रम' की स्थापना में होता है, उसी में ज़मींदारों के विरुद्ध किसानों का हिंसात्मक संघर्ष भी चित्रित है। इस अन्तर्विरोध को अनदेखा करना असम्भव है। प्रेमचन्द के सम्मुख प्रेम का आदर्श तो था पर यथार्थ के संघर्ष से उन्होंने आँखें फेरी न थीं।

इसके अतिरिक्त टॉल्स्टॉय और प्रेमचन्द के विकास की दिशा एक दूसरे के सर्वथा विपरीत है। टॉल्स्टॉय यदि 'युद्ध और शान्ति' के यथार्थवाद से 'पुनरुत्थान' के आदर्शवाद की ओर अग्रसर होते हैं तो प्रेमचन्द 'सेवासदन' के आदर्शवाद से क्रमश: 'गोदान' के यथार्थवाद की मंज़िल तक पहुँचते हैं। वस्तुत: 'प्रेमचन्द बहुत-सी असंगतियों के बीच से गुज़रते हुए क्रान्तिकारी यथार्थवाद की तरफ़ आ रहे थे—एक ऐसे यथार्थवाद की तरफ़ जो जीवन का सही चित्र देते हुए पाठक में अपने जीवन की परिस्थितियों को बदलने की, एक नया जनवादी और स्वाधीन जीवन-निर्माण करने की प्रेरणा भी दे।'

वस्तुत: टॉल्स्टॉय और प्रेमचन्द का अन्तर दो भिन्न युगों का अन्तर है। टॉल्स्टॉय का युग जहाँ समाप्त होता है, प्रेमचन्द का युग वहाँ से शुरू होता है। बीसवीं सदी के आरम्भ का भारत उन्नीसवीं सदी के उत्तरार्द्ध के रूप से बहुत-सी बातों में भिन्न है। प्रेमचन्द भारत के जिस राष्ट्रीय मुक्ति-आन्दोलन के अंग हैं, उसमें भी सामन्ती शोषण के विरुद्ध किसानों के संघर्ष की भूमिका निश्चय ही महत्त्वपूर्ण है, किन्तु यह आन्दोलन प्रथमत: साम्राज्यवाद के विरुद्ध समस्त भारतीय जनता का था,

जिसमें मज़दूरों और किसानों के साथ ही मध्यवर्ग और पूँजीपति वर्ग भी शामिल था। इसलिए टॉल्स्टॉय जहाँ धर्माचार्यों की कटु आलोचना करते हैं, नारी की गरिमा चित्रित करते हैं और रूसी जनता—विशेषत: किसानों के सक्रिय प्रतिरोध के अनूठे चित्र खींचते हैं, वहाँ प्रेमचन्द उन्हें अपने निकट पाते हैं। किन्तु जहाँ टॉल्स्टॉय में धर्म-प्रचार, अहिंसावाद, राजनीति से उदासीनता, स्त्री पराधीनता का समर्थन आदि की प्रवृत्ति दिखाई पड़ती है, प्रेमचन्द क्रमश: टॉल्स्टॉय से दूर जाते दिखाई पड़ते हैं। निस्सन्देह किसानों के पक्षधर दोनों थे, किन्तु किसानों की जीवन-दृष्टि के जितने गहरे अन्तर्विरोध टॉल्स्टॉय में मिलते हैं, प्रेमचन्द के साहित्य में उनसे काफ़ी कम हैं। प्रेमचन्द का किसान अपनी तमाम मनोगत दुर्बलताओं के बावजूद टॉल्स्टॉय के औसत किसान से कहीं अधिक निर्भ्रान्त और लड़ाकू है।

11. यदि प्रेमचन्द टॉल्स्टॉय के समान ही अत्याचारी और अन्यायी के प्रति प्रेम करने का उपदेश देते तो उनके समकालीन प्रतिक्रियावादी लोगों ने उनपर 'घृणा का प्रचारक' होने का आरोप न लगाया होता। उल्लेखनीय है कि जिस 'सरस्वती' पत्रिका में प्रेमचन्द के 'प्रेमाश्रम' को टॉल्स्टॉय के 'रिजरेक्शन' की नक़ल कहा गया था, उसी में आगे चलकर प्रेमचन्द को 'घृणा का प्रचारक' भी कहा गया। इस सन्दर्भ में प्रेमचन्द के समकालीन और समशील आलोचक रामचन्द्र शुक्ल का उद्धरण अत्यन्त अर्थपूर्ण है। अपने प्रसिद्ध ग्रंथ 'हिन्दी साहित्य का इतिहास' (1930) में उन्होंने लिखा है कि 'उपन्यास के क्षेत्र में देखिए तो एक ओर प्रेमचन्द ऐसे प्रतिभाशाली उपन्यासकार हिन्दी की कीर्ति का देशभर में प्रसार कर रहे हैं, दूसरी ओर कोई उनकी भर-पेट निन्दा करके टॉल्स्टॉय का 'पापी के प्रति घृणा नहीं, दया' वाला सिद्धान्त लेकर दौड़ता है।' टॉल्स्टॉय का 'पापी के प्रति घृणा नहीं दया' वाला सिद्धान्त हिन्दी जनता के लिए कितना अग्राह्य था, इसे व्यक्त करते हुए शुक्ल जी ने अन्यत्र स्पष्ट लिखा है कि 'केवल प्रेम और भ्रातृभाव के प्रदर्शन और आचरण में ही काव्य का उत्कर्ष मानने का जो एक नया फैशन टॉल्स्टॉय के समय से चला है, वह एकदेशीय है। दीन और असहाय जनता को निरन्तर पीड़ा पहुँचाते चले जानेवाले क्रूर आततायियों को उपदेश देने, उनसे दया की भिक्षा माँगने और प्रेम जताने तथा उनकी सेवा-शुश्रूषा करने में ही कर्तव्य की सीमा नहीं मानी जा सकती, कर्मक्षेत्र का एक मात्र सौन्दर्य नहीं कहा जा सकता।' ('चिन्तामणि', पहला भाग, पृ. 301) कहने की आवश्यकता नहीं कि टॉल्स्टॉयवाद की अपर्याप्तता के बारे में ये विचार अकेले रामचन्द्र शुक्ल के नहीं, बल्कि प्रेमचन्द और उनके साथ ही स्वाधीनता-प्रेमी समस्त भारतीय जनता के हृदय की सच्ची वाणी है।

[सम्भवत: 1960-70 के मध्य लिखित, प्रकाशित
परन्तु प्रकाशन की तथ्यात्मक जानकारी अनुपलब्ध]

भारतीय उपन्यास की अवधारणा

कविता और कहानी पर विचार करने के साथ ही ज़रूरी है कि उपन्यासों पर भी विचार किया जाना चाहिए। सच पूछिए तो आधुनिक हिन्दी साहित्य का इतिहास उपन्यासों के बिना अधूरा ही रहेगा—साहित्य का इतिहास ही नहीं, बल्कि उस युग से जुड़ा हुआ जो हमारा आधुनिक जीवन है।

यह इसलिए भी ज़रूरी हुआ कि बहुत-से लोगों ने इस बीच भारतीयता की लहर के चलते, भारतीय उपन्यासों के बारे में कुछ ऐसी स्थापनाएँ कीं जो एक ख़ास काट की और एक ख़ास तरह की परम्परा को ही भारतीय परम्परा कहना चाहते हैं, या भारतीय परम्परा के रूप में स्थापित करना चाहते हैं।

दूसरे लोग कुछ ऐसे लोग थे जिन्होंने धारणा बनाई कि उपन्यास तो भारतीय है ही नहीं, यह यूरोपीय विधा है और यूरोपीय विधा के रूप में भारत में इसका आयात किया गया है। बाहर से आई यह विधा जब भारत की ज़मीन पर रोपी गई तो ठीक-ठीक विकास नहीं कर सकी। इसलिए कुछ लोगों ने यहाँ तक कहा कि भारतीय उपन्यास जैसी कोई चीज़ है ही नहीं।

इसमें कुछ सैद्धांतिक स्थापनाएँ बन्धक थीं। जब तक उन सैद्धान्तिक स्थापनाओं की जाँच-पड़ताल न की जाए, तब तक भारतीय उपन्यास और उसके अन्तर्गत भारतीय उपन्यास के चरित पर विचार करना कठिन है।

उनमें से एक धारणा तो हेगेल द्वारा व्यक्त की गई थी, जिसे मार्क्सवादी आलोचक जॉर्ज लूकाच ने भी दुहराया है। वह यह कि उपन्यास आधुनिक मध्यवर्ग का महाकाव्य है। चूँकि मध्यवर्ग या कि जिसे बुर्जुआ कहते हैं, वह यूरोप में ही बना, पैदा हुआ। और वह मध्यवर्ग और बुर्जुआ भारत में देर से विकसित हुआ। देर से विकसित होने के साथ ही वह एक तरह से परजीवी या परोपजीवी रहा। इसलिए यह अपना महाकाव्य वैसा नहीं तैयार कर सका, जैसाकि यूरोप के मध्यवर्ग ने यूरोपीय उपन्यास के रूप में किया।

यह पूरी की पूरी सैद्धान्तिक समझ हमारे यहाँ इस तरह स्वीकार कर ली गई और स्थापित हो गई कि भारतीय उपन्यास के मुख्य चरित्र को समझने में कठिनाई होने लगी। इस समझ के चलते लोगों ने भारत के जो महत्त्वपूर्ण, बल्कि कहना चाहिए

कि भारतीय उपन्यास की जो अपनी पहचान वाले लेखक हैं, उनका अवमूल्यन भी हुआ। उदाहरण के लिए प्रेमचन्द को लोगों ने कहा कि इनके उपन्यास उन्नीसवीं सदी के अंग्रेज़ी उपन्यासों की नक़ल पर लिखे हुए दूसरे-तीसरे दर्जे के यथार्थवादी उपन्यास हैं।

इन उपन्यासों का महत्त्व अधिक से अधिक इसी रूप में स्वीकार किया गया कि ये भारत के गाँवों और भारत के किसानों के बारे में लिखे गए हैं। मुझे लगा कि इस पूरी स्थापना की जाँच-पड़ताल की जाए। तथ्यों के आधार पर फिर देखा जाए कि भारतीय उपन्यास के पीछे कौन-सी जीवन-दृष्टि है, कौन-सी ऐतिहासिक पृष्ठभूमि है और फिर इस पृष्ठभूमि में ये उपन्यास अपना कौन-सा चरित्र ग्रहण करते हैं।

इस सिलसिले में मैंने उन्नीसवीं सदी के उपन्यासों पर ख़ास तौर से ध्यान दिया। जिन उपन्यासों का आज हम ऐतिहासिक महत्त्व तो स्वीकार करते हैं, लेकिन उन्हें अविकसित कलाहीन मानते हैं और मानते हैं कि इनसे उपन्यास के उदय का आभास तो मिलता है, लेकिन यह महत्त्वपूर्ण नहीं है, उस सिलसिले में मैंने देखा कि हिन्दी का पहला उपन्यास 'परीक्षा-गुरु' माना जाता है। ज़ाहिर है कि 'परीक्षा-गुरु' एक अंग्रेज़ी ढंग का नॉवेल है। लेखक ने इसे इसी समझ के तहत लिखा भी है।

उसी दौर में जो दूसरी वृत्तियाँ लिखी गईं—उदाहरण के लिए जगमोहन सिंह ने 'श्यामा-स्वप्न' नाम का उपन्यास लिखा, जिसे लोगों ने कहा कि यह तो उपन्यास है ही नहीं। 'कविता की बहुत सारी पंक्तियाँ उद्धृत हैं'—यह कहते हुए वे भूल गए कि हिन्दी में ऐसे कई उपन्यास लिखे गए जिसमें कविता की बहुत सारी पंक्तियाँ उद्धृत हैं। अज्ञेय जी ने 'नदी के द्वीप' में कविताएँ बहुत उद्धृत की हैं, 'शेखर : एक जीवनी' में कविता उद्धृत की हैं। इसके कारण कोई श्रुति उनकी नहीं हुई है। इसके लिए उनकी आलोचना भी नहीं की गई। लेकिन 'श्यामा-स्वप्न' को उपन्यास नहीं माना गया।

मेरी यह समझ बनी कि गहरा सम्बन्ध उपन्यास का इन देशों में उनके उस चरित्र से है जिसे हम उपनिवेशवादी चरित्र कहते हैं। उपनिवेशों में जहाँ साहित्य की एक बड़ी लम्बी और समृद्ध परम्परा रही है, भारत में जहाँ 'दशकुमारचरित' की रचना हुई हो, जहाँ 'कथासरित्सागर' की रचना हुई हो, जहाँ 'जातक' लिखे गए हों जहाँ 'लीलावरी कहा' या 'वसुदेव' जैसी प्राकृत की कथाकृतियाँ हों, उस देश में यह कैसे सम्भव है कि आगे चल करके जब गद्य का विकास होता है, उपन्यास अपनी परम्परा से आख़िर किस रूप में जुड़ता है? क्या ग्रहण करता है? मुझे लगा कि उन्नीसवीं सदी में एक लेखक वे थे, जो अंग्रेज़ी उपन्यासों को सामने रख करके रोज़मर्रा की ज़िन्दगी का यथार्थ चित्र उपस्थित करते थे। लेकिन कुछ दूसरे उपन्यास हैं जो यथार्थवादी शैली में नहीं लिखे गए हैं, बल्कि उन्हें आप 'रोमांस' कह सकते हैं, 'रम्याख्यान' कह सकते हैं, जो अद्‌भुत की और फैंटेसी की सृष्टि करते हैं।

इस क्रम में मैंने देखा कि भारत ही नहीं बल्कि भारत के बाहर लैटिन अमरीका के देशों में, स्वयं उत्तर अमरीका के आरम्भिक उपन्यास आम तौर से फैंटेसी के रूप में लिखे गए हैं। उदाहरण के लिए पहला अंग्रेज़ी प्रसिद्ध उपन्यास 'मोविडिक' मिलविल का यथार्थवादी उपन्यास नहीं है। एक एडवेंचर की कथा है, एक जीवित साहस की कहानी है—प्रतीत्कात्मक शैली में लिखी हुई। जहाँ सफ़ेद ह्वेल प्रतीक बन जाता है अमरीका की आदिम उद्दाम भावना का, जो मुक्ति चाहती है। क्योंकि हमें नहीं भूलना चाहिए कि उत्तरी अमरीका भी उपनिवेश था इंग्लैंड का एक ज़माने में।

इस क्रम में मैंने देखा कि स्वाधीनता की भावना जिन उपनिवेशों में प्रबल थी वहाँ उपन्यास का उदय दूसरे ढंग से हुआ। मध्यवर्ग के महाकाव्य के रूप में नहीं हुआ, बल्कि उपन्यास का उदय उपनिवेशों में 'राष्ट्रीय रूपक' (नेशनल एलिगरी) के रूप में हुआ। कभी-कभी यह इतिहास का सहारा लेता था। कभी-कभी इतिहास के अलावा कल्पित यथार्थ का भी सहारा लेता था। उन्नीसवीं सदी के भारत के सबसे बड़े उपन्यासकार बंकिमचन्द्र, जिनकी कृतियाँ बहुत-सी भाषाओं में प्रतिदर्श रही हैं, मॉडल रही हैं, उनकी 'दुर्गेशनन्दिनी' सच पूछिए तो यथार्थवादी उपन्यास नहीं है, वह ऐतिहासिक उपन्यास भी नहीं है। वह एक तरह का 'रम्याख्यान' है। इसका सबसे उत्कृष्ट उदाहरण तो 'कपालकुंडला' है। 'कपालकुंडला' एक फैंटेसी है जहाँ सभ्यता के विरुद्ध निसर्ग को, प्रकृति को और निसर्ग की कन्या जो कापालिक द्वारा समुद्र के किनारे सुन्दरवन में पलती है, वह कपालकुंडला सच पूछिए तो उस भारतीय चेतना का प्रतीक बनकर प्रकट होती है जो अपने आवेग में उद्दाम है। प्रकृति के समान ही सभ्य समाज से, या कहना चाहिए कि परिश्चम की आधुनिक सभ्यता से मुक्त एक नई राष्ट्रीय चेतना का प्रतीक है। और इस दृष्टि से हिन्दी में अगर कोई उपन्यास है तो 'श्यामा-स्वप्न' है। 'श्यामा-स्वप्न' फैंटेसी के रूप में है।

तब तथ्यों के आधार पर मुझे यह सिद्धान्त-सूत्र मिला कि भारत में उपनिवेशवादी दौर में उपन्यास का विकास यूरोपियन उपन्यास के रास्ते नहीं हुआ, बल्कि अपनी प्राचीन परम्परा के रास्ते हुआ—जिन्हें हम रोमांस कहते हैं, जिन्हें हम फैंटेसी कहते हैं, जिन्हें हम स्वप्नलोक की अद्भुत कथा कहते हैं। उन उद्भूत कथाओं के द्वारा राष्ट्र की चेतना का उदय हुआ। दूसरे शब्दों में कहें तो भारत में उपन्यास का उदय यथार्थवाद के रास्ते नहीं हुआ बल्कि सच्चे भारतीय उपन्यास का उदय राष्ट्रीय रूपक के रूप में हुआ। नेशनल एलिगरी के रूप में हुआ। इस नेशनल एलिगरी को आगे चलकर यथार्थ जीवन की घटनाओं ने एक दूसरा रूप दिया जिसकी अभिव्यक्ति हम फकीर मोहन सेनापति के 'छ माण आठ गुंठ', जैसे उड़िया उपन्यास में देखते हैं, जो उन्नीसवीं सदी का सबसे श्रेष्ठ उपन्यास है। यह उपन्यास एक स्तर पर यथार्थवादी ग्रामीण जीवन को लेकर लिखा गया है। लेकिन दूसरे स्तर पर देखें तो फैंटेसी का सहारा लेता है। और तब यह 'छ माण आठ गुंठ' जैसे राष्ट्रीय रूपक

है जहाँ भगिया अपने छै बीघा ज़मीन को जिसे ज़मींदार हड़प लेता है, इस ज़मीन के खो जाने की पीड़ा में पागल हो जाता है। वह कष्ट सहता है लेकिन बार-बार उस ज़मीन को वापस लेना चाहता है। उपन्यास को पढ़ करके मुझे लगता है, जैसे यह रूपक है। यह छोटा किसान केवल छै बीघा ज़मीन नहीं हासिल करना चाहता, बल्कि, भारत की आम जनता अपने देश को जिसे अंग्रेज़ों ने हड़प लिया है, उसे वापस लाना चाहती है। 'छ माण आठ गुंठ' इस तरह से नेशनल एलिगरी है। राष्ट्रीय रूपक है। वह केवल गाँव का यथार्थवादी चित्रण नहीं है। इस दृष्टि से देखें तो प्रेमचन्द के सारे उपन्यास जिन्हें हम यथार्थवादी उपन्यास के रूप में देखते हैं जिसमें गाँव के किसान की संघर्ष-कथा देखते हैं, वह संघर्ष की कथा राष्ट्रीय रूपक है। 'रंगभूमि' का सूरदास केवल अपनी ज़मीन को सिगरेट की फैक्टरी होने से नहीं बचाना चाहता बल्कि वह गांधी के 'हिन्द स्वराज' का भाष्य है जहाँ अपने भारत को आधुनिक-औद्योगिक सभ्यता की विकृतियों से मुक्त कराना चाहता है। 'गोदान' को भी देखें तो होरी की सारी चिन्ता इतनी ही है कि एक गाय हो। यह एक छोटी आकांक्षा है। विचित्र विडम्बना है कि वह गाय मिलती भी है और मिलकर हाथ से निकल जाती है। खेत उसके बिक जाते हैं, वह किसान से मज़दूर बन जाता है। अंग्रेज़ दूर-दूर तक नहीं है पूरे उपन्यास में, सारा संघर्ष किसान और ज़मींदार के बीच दिखाई पड़ता है। लेकिन जिस औपनिवेशिक व्यवस्था का अंग बनता है, जहाँ होरी अपनी छोटी-सी आकांक्षा भी नहीं पूरी कर पाता। मुझे लगता है कि 'गोदान' को नेशनल एलिगरी के रूप में भी देखा और पढ़ा जा सकता है। इसलिए उपन्यासों पर काम करते हुए मैंने महसूस किया कि भारतीय उपन्यास के बारे में उपन्यास का, चाहे वह हेगेल का कथन हो, चाहे जॉर्ज लूकाच जैसे मार्क्सवादी आलोचक का कथन हो, यह भारतीय उपन्यास के साथ न्याय नहीं करता।

इस दृष्टि से विचार करने पर हमें देखना पड़ेगा कि भारतीय उपन्यासों के विकास का इतिहास नये सिरे से लिखा जाना चाहिए, जिसके केन्द्र में मध्यवर्ग का जीवन नहीं, बल्कि स्वाधीनता-संग्राम के विकास की टेढ़ी-मेढ़ी रेखाओं से गुज़रता हुआ उपन्यास विकसित हुआ है। ज़ाहिर है कि इसके समान्तर उपन्यास की एक दूसरी धारा भी है। उसकी मैं उपेक्षा नहीं कर रहा हूँ। जैनेन्द्र जी के उपन्यास, अज्ञेय जी के उपन्यास इस दूसरी धारा के अन्तर्गत हैं। बावजूद इसके भारतीय उपन्यासों की मुख्य धारा वही है जिसकी नींव फकीर मोहन सेनापति ने डाली, प्रेमचन्द ने डाली, जिसका विकास फणीश्वरनाथ 'रेणु' के यहाँ हुआ, जिसका विकास आगे चलकर 'राग दरबारी' में हुआ।

इस तरह उपन्यास के ढाँचे को देखें और साथ ही इनकी शैलियों को देखें। फिर देखें, प्रच्छन्न रूप में कैसे ये उपन्यास ठेठ यूरोपीय यथार्थवादी उपन्यास नहीं, जिस अर्थ में डिकेंस के उपन्यासों को यथार्थवादी उपन्यास कहा जाता है।

तब मुझे लगा कि हम लोगों ने, ख़ास करके मार्क्सवादी आलोचकों ने, जिन्होंने यथार्थ का पल्ला पकड़ा है, यह भूल जाते हैं कि यथार्थ तक तो ठीक है उपन्यास का सम्बन्ध, बल्कि साहित्य का गहरा सम्बन्ध यथार्थ या जीवन की सचाई या वास्तविकता से होना चाहिए। लेकिन वास्तविकता कई रूपों में अपने को व्यक्त करती है। कभी-कभी वास्तविकता फैंटेसी के रूप में भी व्यक्त होने को बाध्य होती है। यदि ऐसा नहीं होता तो मुक्तिबोध की 'अँधेरे में' कविता फैंटेसी होते हुए भी गहरे यथार्थ को कैसे व्यक्त करती? दोस्तोएव्स्की के उपन्यास उसी फैंटेसी की सृष्टि करते हैं। इस दृष्टि से मुझे लगा, उपन्यास और यथार्थवाद को यांत्रिक रूप में देखने पर हम भारतीय उपन्यास के साथ न्याय नहीं कर सकेंगे।

वी.एस. नायपॉल : नोबेल, अमेरिका परस्ती और इसलाम-विरोध

वीरेन्द्र सेंगर : वीएस नायपॉल भारतीय मूल के ब्रिटिश लेखक हैं। दो दिन पहले ही उन्हें साहित्य के लिए नोबेल पुरस्कार देने का ऐलान हुआ है। भारत के तमाम लोग खुश हैं कि रवीन्द्रनाथ टैगोर के बाद नायपॉल ऐसे दूसरे भारतीय मूल के शख्स हैं जिन्हें यह सम्मान मिला है। लेकिन आपकी प्रतिक्रिया तो काफी तल्ख है! आखिर इसकी मूल वजह क्या समझी जाए?

नामवर सिंह : मेरी तल्खी की वजह यही है कि नायपॉल को यह पुरस्कार राजनीतिक वजहों से दिया गया है। पहले भी साहित्य व शान्ति के लिए नोबेल पुरस्कार राजनीतिक कारणों से दिये गए हैं। इन मामलों में विवाद भी उठे हैं। चर्चिल को साहित्य का नोबेल मिल चुका है। यद्यपि वे अच्छी अंग्रेजी लिखते थे, लेकिन साहित्य के लिए उनका कोई बड़ा योगदान नहीं था।

वीरेन्द्र सेंगर : स्वीडिश अकादमी द्वारा दिये जानेवाले नोबेल पुरस्कारों की विश्वसनीयता तो सारी दुनिया में है। हो सकता है, कुछ अपवाद रहे हों?

नामवर सिंह : अपवादों की बात नहीं है। ऐसे तमाम मामले हैं। सोवियत संघ के कवि बोरिस पास्तरनाक को उनके एक उपन्यास 'डॉ. जिवागो' (जिसे साम्यवादी सत्ता ने प्रतिबन्धित कर दिया था) पर नोबेल मिला था। दरअसल, यह उपन्यास मार्क्सवाद और साम्यवाद के विरोध में लिखा गया है। सोवियत संघ को धर्मसंकट में डालने के लिए यह पुरस्कार दिया गया था। वह भी एक कवि को उपन्यासकार के रूप में। इसकी सिर्फ एक ही वजह थी कि यह विचारधारा पुरस्कार देनेवालों को अपने माफिक लग रही थी। यही वजह है कि फ्रांस के मशहूर अस्तित्ववादी व दार्शनिक ज्याँ पॉल सार्त्र, जो उपन्यासकार व कहानीकार भी थे, को काफी देर से नोबेल पुरस्कार दिया गया। सार्त्र का प्रभाव यूरोप में ही नहीं, पूरी दुनिया में रहा है। वे तीसरी दुनिया के देशों के संघर्षों के साथ थे। वियतनाम युद्ध में उन्होंने अमरीका का विरोध किया था। बहरहाल, उन्होंने यह कहकर यह पुरस्कार लेने से इनकार कर दिया कि 'यह पुरस्कार तो आलू का बोरा है'। पिछले वर्ष भी साहित्य के लिए जो पुरस्कार दिया था, उसको लेकर विवाद रहा है। यह पुरस्कार एक ऐसे चीनी

लेखक को दिया गया था, जो पेरिस में रहता है। तीसरी दुनिया के बहुत कम लोगों को नोबेल दिया गया है। यह पुरस्कार समय-समय पर बहस के दायरे में आता रहा है। हालाँकि कुछ श्रेष्ठ लेखकों को भी नोबेल पुरस्कार दिया गया लेकिन काफी देर से। भारत में रवीन्द्रनाथ टैगोर के बाद तो किसी को यह सौभाग्य नहीं मिला, जबकि यहाँ कई लोग इसके पात्र रहे हैं और आज भी हैं।

वीरेन्द्र सेंगर : नायपॉल को मिले नोबेल में आप खास राजनीति कैसे देख रहे हैं?
नामवर सिंह : 11 सितम्बर को अमरीका में हुए आतंकी हादसे के बाद जो घटनाक्रम चल रहा है, वह महत्त्वपूर्ण है। अमरीका अफगानिस्तान, तालिबान और ओसामा बिन लादेन के खिलाफ युद्ध लड़ रहा है। ऐसे में नायपॉल को पुरस्कार दिये जाने का एक खास सन्दर्भ हो सकता है।

वीरेन्द्र सेंगर : किस तरह का?
नामवर सिंह : दरअसल, उन्होंने दो किताबें लिखी हैं इसलाम के विरोध में। पहली किताब तो यात्रा-वृत्तांत है। ईरान, पाकिस्तान, मलेशिया और इंडोनेशिया जैसे इसलामी देशों की यात्रा करके उन्होंने 'अमंग दि बिलीवर्स' लिखी। इसके बाद उन्होंने दूसरी किताब लिखी : 'बियॉन्ड बिलीव'। इन किताबों में लगभग वही स्थापनाएँ हैं जो कि 1990 के आसपास के 'फॉरेन अफेयर्स जनरल' में अमरीका के सैम्युअल पी. हटिंग्टन के प्रकाशित लेख में हैं। हटिंग्टन ने 'सभ्यताओं का संघर्ष' नाम से वह लेख लिखा था जो बाद में किताब के रूप में भी आया। दरअसल, आज अमरीका जो कर रहा है, वह उसका एक घोषणापत्र जैसा था। इसमें सैम्युअल ने कहा था कि सोवियत संघ के बिखरने के बाद दुनिया में विचारधाराओं का संघर्ष खत्म हो गया है। इसलिए अब दुनिया में बड़ी सभ्यताओं के बीच संघर्ष होगा। पश्चिमी देशों को उन्होंने ईसाई सभ्यता माना और एशिया की तीन बड़ी सभ्यताओं में उन्होंने इसलाम को ऐसी सभ्यता के रूप में चिह्नित किया जिसका ईसाइयत से टकराव तय है। इसलाम को उन्होंने पश्चिम का सबसे खतरनाक दुश्मन करार दिया। हटिंग्टन की इस अवधारणा के बाद इराक से अमरीका का टकराव और बढ़ा। अब अफगानिस्तान से नया सिलसिला शुरू हुआ है। नायपॉल भी इसी पृष्ठभूमि से जुड़े हैं।

वीरेन्द्र सेंगर : सीधे तौर पर नायपॉल ने तो ऐसा कुछ नहीं लिखा?
नामवर सिंह : जब 1992 में अयोध्या में बाबरी मस्जिद गिराई गई थी तो इसे उन्होंने हिन्दू गर्व का प्रतीक माना था। बाद के यात्रा-वृत्तान्तों में इसलाम के खतरे बताने में उनकी कुशलता को काफी महत्त्व दिया गया। इसलिए 11 सितम्बर के बाद के घटनाक्रम को देखते हुए नायपॉल को पुरस्कार दिया जाना कुछ सवाल तो उठाता ही है।

वीरेन्द्र सेंगर : नोबेल पुरस्कार देनेवाली स्वीडिश अकादमी इतनी जल्दी अमरीकी

दबाव से प्रभावित हो भी सकती है?

नामवर सिंह : पुरस्कार देने का निर्णय करनेवाला निर्णायक मंडल तो बदलता रहता है। ऐसे राजनीतिक दबाव से ये पुरस्कार प्रभावित होते रहे हैं। इसलिए इस बार भी शक है। क्योंकि नायपॉल को इस बार ही क्यों चुना? उनका नाम तो 8-10 वर्षों से चल रहा था। लेकिन इस मौके पर नायपॉल को पुरस्कृत करके दुनिया को एक खास राजनीतिक सन्देश देने की कोशिश जरूर लगती है।

वीरेन्द्र सेंगर : उनके लेखन के प्रति आपकी कसौटी क्या है?

नामवर सिंह : नायपॉल के पुरखे भारत के थे। इनका जन्म तो त्रिनिदाद में हुआ था। यह भी पहले एक उपनिवेश रहा है। अब ये ब्रिटेन में रहते हैं। वहाँ उन्हें 'सर' की उपाधि दी गई है तो इसका कोई कारण होना चाहिए। एक 'उपनिवेश' में पैदा होने के बावजूद नायपॉल का रुख 'उपनिवेशी' के बारे में बहुत ही नकारात्मक है। दरअसल, वे 'उपनिवेश' को भी एक गुण मानते हैं। उदाहरण के लिए इनकी दो किताबों का जिक्र कर रहा हूँ। भारत-चीन युद्ध के बाद ये 1964 में भारत आए थे। भारत का दौरा करने के बाद इन्होंने 'एरिया ऑफ डार्कनेस' किताब लिखी थी।

उस समय भी भारत की 'मीडिया' ने इस किताब पर काफी रोष व्यक्त किया था। आजादी मिलने के 16 वर्ष बाद भी उन्हें यह मुल्क अन्धकार का क्षेत्र ही लगा था। दूसरी पुस्तक 'इंडिया-अ-वुंडेड सिविलाइजेशन' यानी 'भारत की घायल सभ्यता'। इसमें भी कड़ा प्रहार है भारत के पिछड़ेपन पर। तीसरी पुस्तक उन्होंने 'इंडिया-अ-मिलियन म्यूटिनीज' कश्मीर की यात्रा के बाद लिखी। इसमें उन्होंने लिखा कि भारत में एक कश्मीर का ही संघर्ष नहीं है। ऐसे दस लाख विद्रोह हैं। इस किताब में हिन्दुस्तान के टुकड़े-टुकड़े होने पर जश्न जैसा मनाया गया है। यहाँ नक्सलवादी हैं, पूर्वोत्तर में विद्रोही, पंजाब में आंदोलन है। इन सबका विवरण ऐसा दिया गया है कि टुकड़ों में टूटना भारत की नियति है। भारत के सन्दर्भ में लिखी गई इन तीनों पुस्तकों को मैंने अच्छी तरह पढ़ा है। मुझे लगा कि नायपॉल के पुरखे भले भारत में रहे हों, लेकिन उन्होंने जिस नजर से भारत को देखा है, वह वास्तविक भारत नहीं है। उन्होंने तो भारत की गरीबी-बेहाली को ही बेचने का काम किया है। इसलिए मुझे नहीं लगता कि उनका लेखन दुनिया को भारत की आत्मा का परिचय कराने वाला है, सो हम गर्व करें कि एक भारतीय मूल के लेखक को नोबेल मिला है तो चलो, हम खुश हो लें। मुझे तो इसमें जरा भी गर्व नहीं है।

वीरेन्द्र सेंगर : लेकिन भारत में नायपॉल के पुरस्कार मिलने पर तो लोग खुश हैं। खास तौर पर 'हिन्दुत्ववादी' तो कुछ ज्यादा ही प्रसन्न हैं?

नामवर सिंह : लेकिन ये हिन्दुत्ववादी भी समझ लें कि नायपॉल का हिन्दुत्व भी जरा अलग है। उनके जैसा नहीं है। दरअसल, नायपॉल अमरीका जैसे साम्राज्यवादी

और उपनिवेशवादी देशों की मानसिकता को खाद-पानी पहुँचाते हैं।

वीरेन्द्र सेंगर : एक तरफ अपने लेखन में नायपॉल ने भारत के नकारात्मक पक्षों को ही उजागर किया है, तमाम भारतीय परम्पराओं पर तीखे कटाक्ष किए हैं, लेकिन हमारे प्रधानमंत्री वाजपेयी ने बधाई सन्देश में कहा है कि उनके लेखन में भारतीय परम्पराओं के मूल्य प्रतिबिम्बित होते हैं। इसे क्या कहेंगे?
नामवर सिंह : मैं यही कहूँगा कि 'दिल बहलाने को गालिब खयाल अच्छा है'। ये खुद अपनी पीठ ठोंक लें कि 'हिन्दुत्व' को अन्तरराष्ट्रीय स्तर पर पहचान मिली है, लेकिन यह हकीकत नहीं है। मुझे शक है कि यह टिप्पणी करनेवाले प्रधानमंत्री ने नायपॉल की कोई किताब पढ़ी भी है।

वीरेन्द्र सेंगर : तमाम समीक्षाओं में तो यह कहा जा रहा है कि नायपॉल बहुत अच्छा अंग्रेजी का गद्य लिखते हैं। आप क्या कहते हैं?
नामवर सिंह : इसमें कोई शक नहीं है, उनकी अंग्रेजी बहुत अच्छी है। वे अच्छे गद्यकार हैं। बहुत पठनीय गद्य लिखते हैं। उनकी जैसी अंग्रेजी लिखने वाले बहुत कम लेखक हैं। यह सच है। 'बुकर' पुरस्कार उन्हें उनके उपन्यास पर मिला है, यात्रा-वृत्तान्त पर नहीं मिला है। शुरुआती दौर में उन्होंने कुछ अच्छे उपन्यास लिखे हैं। इसमें एक है : 'अ हाउस फॉर मिस्टर बिस्वास'। बहुत अच्छा है। फिर भी इनका साहित्य नोबेल की कोटि का नहीं कहा जा सकता। यदि यह नायपॉल को इस साहित्य पर मिलता है तो ऐसे तमाम लेखक भारत में आज भी हैं, जिन्हें यह मिलना चाहिए। क्योंकि इनका लेखन नायपॉल से कुछ अच्छा ही बैठेगा।

वीरेन्द्र सेंगर : ऐसे भारतीय लेखक आपकी नजर में कौन हैं?
नामवर सिंह : तीन-चार लेखक तो हैं ही। सबके नाम बताने की जरूरत नहीं है। इनमें कुछ के नाम छूट जाएँगे तो लोग नाराज हो जाएँगे।

वीरेन्द्र सेंगर : फिर भी एक-दो नाम तो लीजिए?
नामवर सिंह : नायपॉल ने कन्नड़ लेखक यू.आर. अनन्तमूर्ति की सराहना में अपनी एक किताब में लम्बा लेख लिखा है। प्रसिद्ध उपन्यासकार अनन्तमूर्ति का उपन्यास 'संस्कार' किसी मायने में नायपॉल के उपन्यासों से ज्यादा श्रेष्ठ बैठेगा। उन्हीं को नोबेल मिल जाना चाहिए। उत्कृष्टता की कसौटी पर तो नायपॉल के उपन्यास खरे नहीं हैं। केवल अच्छी अंग्रेजी के लिए साहित्य का नोबेल दिया जाए, यह गले के नीचे नहीं उतरता।

वीरेन्द्र सेंगर : नायपॉल के विचारों को तो आधुनिक माना जाता है?
नामवर सिंह : यह सब कैसे कहा जा सकता है? मेरे खयाल से उनके विचार घनघोर प्रतिक्रियावादी हैं। उनके विचार विश्व में विद्वेष फैलाने वाले हैं। सारे इसलाम को खारिज कर देना और हिंसक मानना कहाँ की आधुनिकता है? इसलामी देशों

में कुछ अरब लेखक, कुछ ईरानी लेखक बहुत अच्छे हैं। कुछ उर्दू लेखक बहुत अच्छे हैं। इसलामी देशों में कई तरह की अच्छी संस्कृतियाँ हैं, लेकिन इन्हें नायपॉल जैसे लोग खारिज कर डालते हैं।

वीरेन्द्र सेंगर : स्वीडिश अकादमी बोर्ड के एक सदस्य पेट वेस्टबर्ग ने तो कहा है कि नायपॉल सभी धर्मों के प्रति धुर आलोचनात्मक दृष्टि रखते हैं। वे धर्म को ऐसा रोग मानते हैं जो आदमी के सोचने, समझने और जोखिम उठाने की सहज ललक को कम करता है। इस टिप्पणी के बारे में क्या कहेंगे?

नामवर सिंह : कोई शख्स सभी धर्मों के प्रति आलोचना का भाव रखता हो तो इसी वजह से वह 'सेक्यूलर' नहीं हो जाता। नायपॉल इसीलिए प्रगतिशील नहीं हो जाएँगे कि वे सभी धर्मों का विरोध करते हैं। जो लोग किसी पर विश्वास नहीं करते, वे खूँखार और खतरनाक भी हो सकते हैं। एक बात और है कि यदि नायपॉल के लेखन में मानवतावाद की झलक होती और दलितों व शोषितों के प्रति नाइंसाफी के खिलाफ संघर्ष की गूँज होती तो भी एक बात होती। लेकिन उनके लेखन में ऐसा कुछ भी नहीं है।

वीरेन्द्र सेंगर : आखिर वे 'हिन्दुत्व' से कैसे प्रभावित हुए होंगे?

नामवर सिंह : उनके पूर्वज भले हिन्दू रहे हों लेकिन उनमें सच्चे हिन्दू वाला हिन्दुत्व भी नहीं है। वे तो केवल 'हिन्दुत्व' को भुनाकर हिन्दुस्तान की भावनाओं का दोहन भले कर लें लेकिन मुझे उनमें कहीं से 'हिन्दुत्व' नहीं लगता।

वीरेन्द्र सेंगर : गृहमंत्री आडवाणी ने तो कुछ भावुक होकर नायपॉल को भारत में स्थायी रूप से रहने का निमंत्रण दे डाला है। इसकी वजह क्या हो सकती है?

नामवर सिंह : नायपॉल का भला भारत के लिए क्या सन्देश हो सकता है? उनकी नजर में तो भारत ऐसी जगह है जहाँ दस लाख विद्रोह हैं, अन्धकार की दुनिया है और क्षत-विक्षत सभ्यताओं का अखाड़ा है। ऐसे में वे यहाँ आकर क्या रोशनी देंगे? वह तो आडवाणी और वाजपेयी ही जानें! हाँ, इतना हो सकता है कि नायपॉल के यहाँ आने से अन्ध राष्ट्रवाद को बल जरूर मिलेगा। वे पाकिस्तान के खिलाफ एक 'राष्ट्रवादी' उन्माद को बढ़ाने में जरूर मददगार हो सकते हैं।

वीरेन्द्र सेंगर : आपने नायपॉल के नोबेल को सीधे अफगानिस्तान के हमलों से जोड़ दिया है। इस तरह आप इसका श्रेय आतंकी हादसों को ही देते हैं?

नामवर सिंह : दरअसल, मैं समझता हूँ कि नायपॉल को नोबेल तो ओसामा बिन लादेन और तालिबान ने ही दिला दिया है। यदि अफगानिस्तान के प्रति अमरीका ने खार नहीं खाई होती तो नायपॉल अभी भी नोबेल के इन्तजार में बने रहते। चूँकि वे इसलाम के विरोध में लिखते हैं, इसलिए ऐसा शक है और गहरा शक तो है ही।

[14 अक्टूबर, 2001 के वाराणसी/इलाहाबाद से निकलने वाले किसी अखबार में प्रकाशित]

उत्तर-आधुनिकता और हिन्दी साहित्य

पोस्ट मॉडर्निज़्म पर बहस पश्चिम में समाप्त हो चुकी है। फ्रांस में पैदा हुआ, लेकिन वहाँ इस पर अब कोई चर्चा नहीं है, अमरीका में परवान चढ़ा, अमरीका में भी इस पर कहीं बात नहीं होती। आजकल अमूर्त शब्द थ्योरी पर बात हो रही है इसलिए ऑफ़्टर थ्योरी—केवल थ्योरी। अब पोस्ट मॉडर्निज़्म की तमाम चीज़ों पर बात करते हैं। आप मैगजीन, किताबें उलटकर देख जाइए, वहाँ थ्योरी की नहीं, ऑफ़्टर थ्योरी की मैं बात कर रहा हूँ। पहले पोस्ट मॉडर्निज़्म अमरीका में हुआ था। फेड्रिक जेम्स ने इस पर दस साल पहले किताब लिखी थी। उसके बाद इस पर कुछ नहीं लिखा गया। तो निकल गया है साँप, अब लकीर पीटा करें। जब साँप निकल जाता है तो लकीर पीटा करते हैं, हिन्दुस्तान वाले। इसलिए अब पोस्ट मॉडर्निज़्म पर बहस नहीं है, ख़ाली मुर्दे को हम ढो रहे हैं। इसलिए मैं पोस्ट मॉडर्निज़्म पर कुछ नहीं बोलूँगा। मैं पोस्ट मॉडर्न वर्ल्ड के बारे में बोलूँगा।

उत्तर-आधुनिक दुनिया और यह साथ जो अमरीका में कुछ दिनों से पोस्ते पुनिया कर रहे हैं, यह एक दूर का सूचक है। एक युग बदल चुका है। दूसरा युग है। क्या नाम दिया जाए? कुछ कर रहे हैं तो हम पहले वाले के बाद पोस्ट लगाकर बात करते हैं इसलिए पोस्ट मॉडर्न पोस्टकोलोनियल पोस्ट है और शब्द से हम चर्चा करना चाहते हैं। रामचरित लिखा जा चुका था तो भवभूति ने उत्तर रामचरित लिखा। रामायण में भी उत्तरकांड किया गया।

उत्तर-चरित, उत्तर-रामचरित, उत्तर-कांड—इससे मालूम होता है, आम तौर पर इस प्रकार के प्रयोग हुए थे। तो उसके साथ एक और परिकल्पना आई जिस पर हमें विचार करना चाहिए। हम लोगों ने अपने पूरे लौकिक काल को सतजुग, त्रेता, द्वापर और कलियुग नाम से बाँट रखा था और लगकर जो समय का साहित्य मिलता है, हमारे सामने है, लौकिक संस्कृत जिसको कहते हैं, और उसके बाद का तो हमारा ध्यान जाना चाहिए कि कौन-सा समय था जब हमें कलियुग का बोध पहली बार हुआ? जब तक मुझे याद है, भवभूति का समय यदि सातवीं-आठवीं शताब्दी है तो दसवीं-ग्यारहवीं शताब्दी के आस-पास श्रीहर्ष का समय है। श्रीहर्ष के 'नैषधचरित' में पूरा-का-पूरा अध्याय है कलियुग का। 'नैषध-चरित' में पहली

बार कलियुग का वर्णन हुआ। कालिदास ने कभी कलियुग का वर्णन नहीं किया। वाल्मीकि के यहाँ कलियुग का एहसास नहीं मिलता। पंडित लोग मुझसे ज़्यादा जानते होंगे। उसके बाद यहाँ कलियुग का संत-साहित्य में वर्णन है। 'कलिजुग हम सौं लड़ि पड़ा, मुहकम मेरा बाँच'—कबीर ने कहा, लेकिन केवल प्रसंगवश।

हमारे यहाँ यह परम्परा रही है और उसी परम्परा के अनुरूप चिन्तन हुआ है। इसलिए अपनी परम्परा में स्वयं हम लोग देखें। गोली मारो अमरीका को। ध्यान जाना चाहिए कि यूरोप तो बहुत दिनों तक मॉडर्न रहा और हम लोग उनकी नक़ल करके मॉडर्निज़्म पर बहस करते थे।

इलाहाबाद में आधुनिकता पर बड़ी बहस हुई थी। आधुनिक-बोध, आधुनिक-भाव, आधुनिकता के सम्बन्ध में 'परिमल' में काफ़ी बहस हुई थी। आधुनिकतावाद और आधुनिकता में अन्तर है। अपने ढंग में हम लोग भी इस बदले युग का एहसास कर रहे हैं। हिन्दी में सुधीश पचौरी ने सबसे ज़्यादा किताबें उत्तर-आधुनिकता पर लिखी हैं, और उन्हें ही इसका सबसे ज़्यादा ज्ञान है। लेकिन छोटे-बड़े परिवर्तनों का एहसास हिन्दी में हम लोगों को होता है। हम लोग बराबर उन परिवर्तनों की चर्चा करते रहे हैं, और इन सारे परिवर्तनों पर चर्चा होनी चाहिए। उत्तर-आधुनिकता से ज़्यादा चर्चा उत्तर-उपनिवेशवाद पर होनी चाहिए। पोस्ट कोलोनियलिज़्म हमारे लिए ज़्यादा महत्त्वपूर्ण हैं, क्योंकि हम उपनिवेशवाद से संघर्ष करके मुक्त हुए हैं। साम्राज्यवाद के विरुद्ध उपनिवेशवाद था, अंग्रेज़ी उपनिवेशवाद। उसके विरुद्ध एक क्रान्तिकारी राष्ट्रवाद हमारा था और गांधी जी के नेतृत्व में ख़ास तौर से हम लोगों ने उपनिवेशवाद का अन्त किया। तो उत्तर-आधुनिकता की चर्चा के साथ उत्तर-उपनिवेशवाद की चर्चा शुरू हुई थी और आजकल काफ़ी लोग पोस्ट कोलोनियलिज़्म पर ज़्यादा लिख रहे हैं। ये शब्द जो बार-बार आते हैं, इन शब्दों के मायाजाल का मर्म समझना ज़्यादा ज़रूरी होता है। व्याख्या करने की अपेक्षा है, इसलिए यह मैं कहना चाहता हूँ कि पोस्ट मॉडर्निज़्म के साथ पोस्ट कोलोनियलिज़्म पैदा हुआ। अत: ख़ास तौर से पोस्ट कोलोनियलिज़्म या उपनिवेशवाद (भूमंडलीकरण) आदि शब्द जो आते हैं, उन शब्दों का भी मायजाल है। इस मायाजाल में हम कहीं फँस न जाएँ, इसलिए इन बातों का विचार करना ज़रूरी है। जैसे हमारे यहाँ पुराण है। एक-एक पद को तोड़-तोड़कर देखते हैं—भाव, मर्म क्या है? इसके पीछे क्या प्रयोजन है?

आपको याद होगा, अगर याद दिलाएँ तो पोस्ट कोलोनियलिज़्म शब्द जब नहीं चला था तब एक थर्ड वर्ल्ड चलता था—तीसरी दुनिया। इस नाम की पत्रिका भी निकलती थी। लेकिन जैसे ही सेकेंड वर्ल्ड ख़त्म हुआ अर्थात् रूस ख़त्म हुआ तो फर्स्ट वर्ल्ड अमरीका तो अपनी जगह फर्स्ट है, थर्ड ध्वस्त हो गया। कोई अर्थ नहीं रह गया तीसरी दुनिया का, क्योंकि दूसरी दुनिया का रूस ग़ायब हो गया।

चीन के होने के बावजूद, क्यूबा के होने के बावजूद दूसरी दुनिया बची हुई है थोड़ी-सी। इसलिए लोगों ने कहा कि थर्ड वर्ल्ड नहीं कहना चाहिए। अब इसको पोस्टकोलोनियल कहना चाहिए। यह शब्द कब आया, कैसे आया, चूँकि विषय एकेडमिक है तो एकेडमिक पर थोड़ी चर्चा तो करनी पड़ेगी। शब्दों की खोल उतारनी पड़ेगी। 1978 में पहली किताब एडवर्ड सईद की निकली थी 'ओरिएंटलिज़्म', जिस पर हमारे दिवंगत मित्र रामस्वरूप जी ने एक लेख लिखा है। हटिंगटन पर भी लिखा है। जब ऐसी नई चीज़ें आती थीं, तो उन पर उनकी दृष्टि भी रहती थी। 1978 में 'ओरिएंटलिज़्म' पर किताब लिखकर सईद ने और जो किया हो, लेकिन 100-150 साल का पश्चिम का जो पूरा दर्शन-चिन्तन था, उसको उसने चुनौती दी। जैसे मैक्समूलर आदि ने हमारे साहित्य की बड़ी महिमा गाई है। विलियम जेम्स ने कहा कि साहब, यह आपको काबू में रखने के लिए, बौद्धिक रूप से आप पर क़ब्ज़ा करने के लिए 'ओरिएंटलिज़्म' आया था। पूर्व क्या है, यह छवि रची और बनाई हमारे पूरे साहित्य को लेकर—अनुवाद करके, जैसेकि बालि को वरदान था, कि जो उसके सामने आए, उसका आधा बल उससे छीन लेता था। उसने कहा था कि पश्चिम ने पूर्व को समझने के लिए इतनी ज्ञानराशि पूरी-की-पूरी रची और अनुवाद किया, व्याख्या की, समझाया कि तुम क्या हो। तुम खुद नहीं जानते कि क्या हो। जो मैं कह रहा हूँ, उसके आईने में तुम अपनें को देखो और जो तुम्हारा ज्ञान है, वही ताक़त है। इसके अनुसार उन्होंने हमारे दिल और दिमाग़ पर क़ब्ज़ा कर लिया। ग़ुलाम बनाने में ज़्यादा समर्थ हुई सेना से, फौज शासन से ज़्यादा ज्ञान ताक़तवर चीज़ साबित हुई। सारे हिन्दुस्तानी अंग्रेज़ बनने की कोशिश में है। इस प्रकार एडवर्ड सईद ने लिख करके बहुत बड़ा हमला लिया। उसके जवाब में पोस्ट कोलोनियल शब्द की नई थ्योरी दी गई कि यह सईद की किताब कोलोनियल पीरियड के बारे में है और उपनिवेशवाद ख़त्म हो गया है।

अब हमें उत्तर-उपनिवेशवाद के बारे में चर्चा करनी चाहिए। उत्तर-उपनिवेशवाद के समय में हम-आप समान हैं। कोई किसी का स्वामी नहीं है, और इंटरनेशनल सेमिनार पोस्ट कोलोनियलिज़्म पर हो रहा है, जिसमें अंग्रेज़ी के डिपार्टमेंटवाले ज़्यादा भाग लेंगे। यह बहुत जल्दी हो गया क्योंकि पोस्ट मॉडर्निज़्म चला नहीं। पोस्ट कोलोनियलिज़्म के नाम पर उन्होंने नया जाल फेंकने की कोशिश की और उससे निकलकर जो चीज़ आई, वह ज़्यादा ख़तरनाक है। आप सोचिए कि एक ज़माने में हम लोग किन चीज़ों पर बहस करते थे—पूँजीवाद, साम्राज्यावाद पर। शब्दकोश से पूँजीवाद ग़ायब हो गया, साम्राज्यवाद ग़ायब हो गया। हम लोग ब्रिटिश इम्पीरियलिज़्म पर बात करते थे। लोगों ने कहा कि कहीं सुनाई नहीं देता साम्राज्यवाद शब्द। पोस्ट कोलोनियलिज़्म शब्द नखदंतविहीन है। इम्पीरियलिज़्म शब्द बड़ा ख़तरनाक शब्द है। साम्राज्यवाद, क्योंकि हम जानते थे कि साम्राज्यवाद

शब्द का क्या मतलब होता है। साम्राज्यवाद कहते हुए जलियाँवाला बाग़ याद आता है, चौरीचौरा याद आता है, 1942 याद आता है, लेकिन उपनिवेशवाद तो नखदंतविहीन कोई बड़ा सुन्दर-सा शब्द लग रहा है। इसमें जैसे ही आगे कोई बढ़ा तो एक हिन्दुस्तानी ने ही नया शब्द गढ़ा। उसका नाम होमी भाभा है। पारसी पहले इंग्लैंड में थे, बाद में अमरीका चले गए हैं। बड़ा सम्मान उनका हुआ। बड़ी किताबें हैं उनकी तो उन्होंने एक शब्द दिया—हाइब्रेडिटी। हाइब्रीड—जिसे हम लोग कलमी आम के नाम से जानते हैं। कलम लगाई जाती है। इन ब्रीडिंग का उल्टा हाइब्रीड है। एक तो आज के ज़माने में शुद्ध नाम की कोई चीज़ रह नहीं सकती है इसलिए हाइब्रीड पोस्ट कोलोनियलिज़्म एक मुख्य चीज़ है जिसे सीधे-सीधे कहें—दोगलापन। बुरा लगता है कहने में, कलमी अच्छा लगता है कहने में क्योंकि कलमी आम बड़ा अच्छा होता है। कलम होती है इसलिए पूरब और पश्चिम की कलम होनी चाहिए। इस पर काफ़ी बहस चली है। उस कलम की एक मिसाल आपको देना चाहता हूँ जिस पर एक बड़ा अच्छा लेख विष्णु खरे ने लिखा है। ऑक्सफोर्ड ने अंग्रेज़ी की डिक्शनरी छापी है, जिसमें बताने की कोशिश की है कि इंग्लिश इतनी समृद्ध हो गई है, कि उसमें हिन्दी के कितने शब्द आ गए हैं, लेकिन मैं कहना चाहता हूँ, कि हिन्दी के शब्द जब हमने ले लिये तो अंग्रेज़ी तुम्हारी भाषा उसी प्रकार हो गई। इसमें हिन्दी का मान नहीं बढ़ता, हिन्दी का शब्द अगर किसी ने ले लिया तो, हिन्दी क्या है, क्या बहस कर रहे हो, अंग्रेज़ी तो उसका है। क्या कर रहा है, आपके शब्द को लेकर? यानी यह हाइब्रेडिटी का नमूना है। यह केवल भाषा की बीज नहीं है, संस्कृति की चीज़ नहीं है, अब तो खान-पान में हाइब्रेडिटी बढ़ गई है।

फास्ट फूड, यूरोपियन म्यूजिक, हाइब्रेडिटी का पूरा मार्केट पश्चिमी माल से भरा हुआ है, हाइब्रीड हो गया। हमारे यहाँ की पुरानी चीज़ें ख़त्म हो गई हैं। सौ तरह के शरबत बनते थे हमारे यहाँ, वे सब ग़ायब हो गए, इस नये शरबत के कारण। और यह हाइब्रेडिटी केवल खान-पान में, म्यूजिक में नहीं, आउटसोर्सिंग नाम की जो नई चीज़ आई है, वे कम्पनियाँ असेम्बुल करेंगी। सारे पाट्‌र्स यहीं हमारे ही यहाँ और ब्रांड उनका होगा। इसलिए मुफ़्त में, कहना चाहिए, कम खर्च के माल तैयार करेंगे आपके मुल्क में क्योंकि यहाँ से उनके यहाँ लेबर बड़ा महँगा है, यहाँ सस्ता लेबर मिलता है, थोड़े में काम हो जाएगा। हाइब्रेडिटी का एक नमूना यह है कि जो कल्चरल चीज़ों से बाहर निकला तो वह बिजनेस में आ रहा है।

आप समझेंगे कि साहित्य की चर्चा न करके मैं कहना चाहता हूँ कि ये जो बड़े लुभावने शब्द है, इन शब्दों के कितने दूर व्यापी अर्थ हैं, इस पर हमारा ध्यान जाना चाहिए। अनावश्यक इनकी चर्चा करके अपना समय ही नहीं, अपना दिमाग़ भी ख़राब करेंगे। कबीर ने निर्गुण ब्रह्म के बारे में जितना कहा है, उससे ज़्यादा इसके

पद्य माया के बारे में है। माया पर जहाँ कहा कि 'माया बड़ी ठगिनि हम जानी' तो पंडित के घर इस रूप में बैठी, फलाने के घर बैठी, तो माया इतने रूपों में है। इस प्रकार पश्चिम की जो माया है, अलग-अलग अवधारणाओं, पदों, शब्दों के द्वारा हमारे देश के तथाकथित बौद्धिकों और बुद्धिजीवियों को लुभा रही है कि अप-टू-डेट बने रहने के लिए उन्हीं की चर्चा करके वे पंडित बने हुए हैं, और वहाँ सेमिनार करने के लिए इंटरनेशनल सेमिनार में जाने के लिए पत्र पाते हैं, विदेशी यात्रा करते हैं, प्रसन्न रहते हैं। लेटेस्ट मॉडल की गाड़ी लेना और लेटेस्ट थ्योरी पर विचार करना, दोनों लगभग एक ही तरह का काम है। लेटेस्ट मॉडल की गाड़ी ख़रीदकर शान से सड़क पर निकलना, लेटेस्ट पर चर्चा करके अपने को बहुत बड़ विद्वान साबित करना, अप-टू-डेट बताना, दोनों काम एक ही तरह का है, एक ही कोटि का है। इसलिए मैंने कहा कि मैं पोस्ट मॉडर्निज़्म पर चर्चा करने से पहले इस ठगिनी की ठग-विद्या के बारे में आपको बताऊँगा और आप स्वयं सतर्क रहें इसलिए मैं अपनी केवल व्यथा-कथा ही कह सकता हूँ। इसलिए मैंने इसके बारे में कुछ नहीं कहा। इसको अगर मजहबी माना जाए तो अकबर इलाहाबादी के शब्दों में मजहबी बहस मैंने की ही नहीं, फालतू अक्ल मुझमें थी ही नहीं, तो जिनके पास भैया, फालतू अक्ल हो, वो पोस्ट मॉडर्निज़्म पर लेख लिखें। मेरे पास इतनी फालतू अक्ल नहीं कि इन चीज़ों के बारे में मगजपच्ची करूँ कि इन वादों के बावजूद दुनिया बदल गई हैं और जब दुनिया बदल गई हैं, तो पुरानी चीज़ों से काम नहीं चलेगा। मसलन, मैं कहना चाहता हूँ, पुराने पापी हैं। पुराने पापी माने मार्क्सवादी हैं। सत्यप्रकाश जी ने उनकी ओर इशारा भी किया था, सारे-के-सारे पुराने पापी हैं। लियोतार मार्क्सवादी, दरीदा मार्क्सवादी, फूको मार्क्सवादी तो ये सारे-के-सारे पुराने पापी हैं, और ये पुराने पापी जो मार्क्सिस्ट रहे हैं, उन्होंने सफाई दी है कि मेरा डीकांस्ट्रक्शन एक प्रकार का मार्क्सवाद नहीं। फूको लियोतार के शिष्य थे जिन्होंने 'फॉर मार्क्स' किताब लिखी है इसलिए सारे पुराने पापी यानी मार्क्सवादी पोस्ट मॉडर्निस्ट हुए। इससे क्या मतलब है इनका? कुछ स्वयं को पोस्ट मॉडर्निस्ट न कह करके पोस्टमार्क्सिस्ट कहते हैं। यह विचित्र विडम्बना है कि सारे-के-सारे पोस्टमार्क्सिस्ट हैं, लेकिन हमारे देश में सुधीश पचौरी पुराने जनवादी लेखक संघ के सदस्य हैं और एक ज़माने में सी.पी. एस. के फ़ेलो ट्रैवेलर हुआ करते थे। मुझसे ज़्यादा क्रान्तिकारी थे सुधीश पचौरी, इसलिए पोस्टमार्क्सिस्ट से पोस्टमॉडर्निस्ट हो गए। जब मार्क्सिस्ट थे, मॉडर्निज़्म का विरोध करते रहे हैं क्योंकि मॉडर्निज़्म को माननेवाले टी.एस. इलियट वगैरह थे। तो फासिज़्म को समर्थन देनेवाले थे, तो मॉडर्निज़्म का विरोध किया इन लोगों ने। लेकिन पोस्ट मॉडर्निज़्म के रूप में जो पोस्ट हैं, मॉडर्निज़्म जो अब बीत गया है इसलिए उसका जश्न मना रहे हैं। मैं आपका ध्यान ब्योरे में न ले जा करके इसके बारे में कहना चाहता हूँ।

यह पोस्ट मॉडर्निज़्म 70 के दशक के आसपास आया है। किताबों के रचनाकाल आप देखें दरीदा का, फूको का। फूको ज़रा-सा बाद में आया है। लियोतार का, तो हम देखेंगे, यह 60 और 70 के दशक का काल था। 1968 में फ्रांस में, मुम्बई में रिवोल्यूशनरी छात्रों ने इसका प्रयोग किया था। देगाल इसके बाद आए। असफल हुई थी मई क्रान्ति। इसे स्टूडेंट्स रिवोल्ट के नाम से जाना जाता है। इत्तफाक से जवाहरलाल नेहरू यूनिवर्सिटी उसी समय बनी थी। सारे विद्रोही और क्रान्तिकारी, हर रंग के जे.एन.यू. में पाए जाते थे। माओ का कल्चरल रिवोल्यूशन रिवेलियन का पीरियड था। भारत में नक्सल मूवमेंट सबसे उग्र और प्रबल था। उसकी असफलता और फेलियर से निकली हुई वह पोस्ट मॉडर्न फ़िलासफ़ी है। हवाई से हवाई विचार भी किसी-न-किसी ऐतिहासिक वास्तविकता से पैदा होता है। ये प्रेत होते हैं लेकिन वे आदमी के स्थूल भेजे से इन आँखों में दिखाई पड़ते हैं। जीवित आदमी को ही प्रेत का एहसास होता है। प्रेत को प्रेत का एहसास होता है कि नहीं, इस बात को हम नहीं जानते हैं। विचार अगर प्रेत है तो उन प्रेतों के लिए बड़ी ठोस भौतिक परिस्थिति होती है, जहाँ से ये पैदा होते हैं। पोस्ट मॉडर्निज़्म खुद अपना इतिहास नहीं बताता, इसलिए हमें ज़रूरत इस बात की है कि हम उसे उसका इतिहास बताएँ। तुम कब पैदा हुए हो, किन परिस्थितियों से पैदा हुए हो? निहायत क्रान्तिकारी परिस्थितियाँ थीं, और लगता था, दुनिया उलट-पलट हो जाएगी। उलट-पलट नहीं हुई। देगाल आए। 1968 में पेरिस की क्रान्ति पैदा हो गई, बन्द हो गई। कैम्पस में सिहटिन, टिचिन और क्या-क्या हुआ करता था, बन्द हो गया। जवाहरलाल नेहरू यूनिवर्सिटी अपने ढर्रे पर चलने लगी। आई.पी.एस. और आई.ए.एस. निकलने लगे वहाँ से। आख़िरी क्रान्तिकारी सीताराम येचुरी निकले थे। मुरली मनोहर प्रसाद सिंह दिल्ली यूनिवर्सिटी में थे, वे लड़ाई करते रहे। लेकिन हमारे यहाँ जे.एन.यू. से निकलनेवाले आपके डी.पी.टी. थे जो किस रास्ते से कहाँ-कहाँ से होते हुए कहाँ पहुँचे और आजकल कहाँ है, उसकी चर्चा न करना ही बेहतर है। ऐसे दौर से पोस्ट मॉडर्निज़्म पैदा हुआ था। अत: उसे उसका इतिहास बताना बहुत ज़रूरी है। उसके इतिहास के साथ उसे याद करना बहुत ज़रूरी है, लेकिन उसके साथ एक और चीज़ याद करना ज़रूरी है। वह यह कि लगभग उसी समय वियतनाम युद्ध हुआ था। उसकी चर्चा इसलिए ज़रूरी है कि इराक में लगभग वियतनाम दोहराया जानेवाला है।

इनको शर्मसार हो करके वहाँ से भागना ही पड़ेगा। यह वही दौर है जब पोस्ट मॉडर्निज़्म पैदा हुआ। पोस्ट मॉडर्निज़्म क्या है? और पराजय में जो विचारधारा पैदा होती है, वह पोस्ट मॉडर्निज़्म के रूप में निकलता है। उसे क्रान्तिकारी विचारधारा तो कही जा सकती थी लेकिन वह मार्क्सवाद की जगह नहीं ले सकती थी। पोस्ट मॉडर्निज़्म के आने के बाद मार्क्सवाद की चर्चा ख़त्म हो गई। स्वयं मार्क्सवादी

ने मार्क्सवादी किताबें पढ़ना बन्द कर दिया। एक ज़माने में हम लोग बड़ी बहस किया करते थे, पर आज तो पता नहीं कि सी.पी.आई. और सी.पी.एम. के लोग मार्क्स को पढ़ते हैं कि नहीं। क्या पढ़ते होंगे, मुझे नहीं मालूम। बल्कि कहना चाहिए कि गीता, रामचरितमानस पढ़नेवाले ज़्यादा मिल जाएँगे। कम्यूनिस्ट मेनिफेस्टो पढ़नेवाला कोई नहीं मिलेगा। यह पढ़ना बन्द हो गया। भूतपूर्व मार्क्सवादी पोस्ट मॉडर्निस्ट हो गए।

मार्क्सवाद क्यों अप्रासंगिक हो गया, यह जाने बग़ैर पोस्ट मॉडर्निज़्म की चर्चा नहीं की जा सकती है। जिस दिन बर्लिन की दीवार गिरी थी और स्तालिनवाद के अत्याचारी की दास्तान खुल करके सामने आई थी तो मार्क्सवाद उस दिन नहीं मरा था, उसके कारण नहीं मरा था। मार्क्सवाद मरा था इसलिए कि इस बीच में मार्क्स ने जिस 'पूँजी' पर किताब लिखी थी, उस 'कैपिटल' का चरित्र बदल गया था। वह कैपिटलिज़्म नहीं रह गया था। जिस कैपिटलिज़्म के बारे में मार्क्स ने किताब लिखी थी, जिसे पूँजी कहते थे, हम पूँजीवाद कहते थे तो उस पूँजीवाद की बुनियाद थी औद्योगिक क्रान्ति जहाँ चिमनी का धुआँ होता था, कोयले की खान से निकला हुआ मज़दूर हुआ करता था। इंडस्ट्री थी और इंडस्ट्रियल कैपिटलिज़्म था। 80 और 90 के दशक के बाद अब जो कैपिटलिज़्म दिखाई पड़ रहा है, वह आई.टी. टेक्नोलॉजी से बड़ा साफ़-सुथरा हो गया है। अब तो कम्प्यूटर जैसी चीज़ है। सारी दुनिया इतनी कम्प्यूटराइज हो गई है कि चिमनी ग़ायब हो गई। इलेक्ट्रिसिटी को जिस रूप में पैदा किया जा रहा है, इसलिए वह मज़दूर उन्नीसवीं शताब्दीवाला वह मज़दूर नहीं रह गया जिस पर अपना लारेंस ने लिखा था। कोयले की खानों पर लिखे हुए नॉवेल अब नहीं रह गए क्योंकि उस तरह के मज़दूर पीछे पड़ गए। पूँजीवाद का चरित्र पूरा-पूरा बदल गया, और पूँजीवाद औद्योगिक क्रान्ति-उद्योग नहीं रहे बल्कि पूँजीवाद (फाइनेंस) वित्तीय पूँजी कैपिटल हो गया। बैंकिंग का सेंसेक्स का पसारा यहाँ से वहाँ जो साफ़-सुथरा देख रहे हैं आप, कहीं कोई क्रान्ति नहीं और नई सरकार बनने के साथ ही धमाक से सेंसेक्स गिरा और लगा कि बाज़ार गया।

आपको याद होगा, मैं जब नई कहानीवाली लेखमाला में लिखा करता था तो पहला लेख मैंने लिखा था फैंटेसी पर, और मार्क्स का एक उद्धरण दिया था जिसमें मार्क्स ने कमोडिटी के बारे में लिखा था जो 'कैपिटल' का पहला चैप्टर है और कमोडिटी यानी कहा कि यह तो तिलिस्म है। जिस कमोडिटी की हम बात करते हैं, यह तो एक जादुई चीज़ है और चौकोर में होता है। जैसे दूधनाथ के उपन्यास में या उदय प्रकाश की फैंटेसी का ज़िक्र जहाँ आप देखेंगे कहानियों, कविताओं में तो एक फैंटेसी की जादुई माया की दुनिया है। फाइनेंस कैपिटल यूनिवर्सल मनी इज एक्चुअली द गॉड। और मनी नोट नहीं है, रुपया

नहीं, सिक्का नहीं है। बड़ी आसानी से बिना कहीं पहुँचे एक जगह से मनी दूसरी जगह पहुँच जाती है, दुनिया के एक कोने से दूसरे कोने तक। वह मौजूद है ब्रह्म के समान, सर्वत्र है। इसलिए कैपिटल का रूप इतना बदल गया। मार्क्स ने कहा था, जिस दिन कैपिटल बदलेगा, स्थिर नहीं रह सकता। अपना चरित्र बदलेगा, पूँजी बदलेगी और अब वह ज़माना गया कि आपके पास सोना है तो घड़े में डाल करके गाड़ के रख दीजिए तो बड़े भारी सम्पत्तिवाले हो गए। गया मामला, अब कोई गाड़कर नहीं रखता, पर बड़े सेठों के घर में आप पूरा तलाश लीजिए, एक टका नहीं मिलेगा आपको। जितने बड़े करोड़पति हैं अदृश्य हैं उनकी पूँजी लेकिन है उनके ही पास। इसलिए फाइनेंस कैपिटल प्रवाहशील, गतिशील है, अमूर्त ब्रह्म के समान है और उस अमूर्त ब्रह्म पर काबू आप मास्को से लेनिनग्राद पर बैठकर नहीं कर सकते हैं।

आज की दुनिया अच्छी है या बुरी, यह मैं कोई फैसला नहीं देता, लेकिन वह दुनिया नहीं है जो दुनिया गांधी जी ने देखी थी, जिसके ख़िलाफ़ वे या जवाहरलाल लड़े थे। अब जिस दुनिया में हैं, उसे पढ़ना पड़ेगा। क्योंकि मार्क्स पर एक जीवनी, वीन ने बहुत अच्छी बायोग्राफी लिखी है, वह अमरीका में है। मेहनत करके लिखी है। अभी दो-तीन साल पहले किताब आई है। उस आदमी ने कहा कि वहाँ बालस्ट्रीट में घूम करके जितना पूँजीवाद को मैंने नहीं समझा, उतना मार्क्स के 'कैपिटल' को दुबारा पढ़ने के बाद समझा कि मार्क्स सही है और कैपिटल के लॉस को जितनी बारीकी से वह जानता था, उतनी बारीकी से दूसरे पोस्टमार्क्सिस्ट नहीं जानते, फिर पढ़ना पड़ेगा। ख़ैर, पढ़ें या न पढ़ें, यह और बात है। इसलिए इस बदली हुई नई दुनिया को समझने के लिए उत्तर-आधुनिकतावादी लोगों ने कुछ अवधारणाएँ दी हैं, उनकी जाँच-परख होनी चाहिए। पर आप देखेंगे, एक युग बीत गया है, नया युग आया है और उस नये युग में अत्यन्त परस्पर विरोधी चीज़ें आपको वैसे ही दिखाई पड़ेंगी। पोस्ट मॉडर्निज़्म उसके बारे में कहता है। लियोतार ने मार्क्सवाद का विरोध करने के लिए कहा कि महाआख्यान (ग्रैंड नैरेटिव) या ग्रैंड नरेशन का युग समाप्त हो गया। महाआख्यान समाप्त हो गया तो छोटे आख्यान का होना चाहिए और उसने कहा कि इसलिए महाआख्यान से मेरा मतलब मार्क्सवाद से है। क्योंकि मार्क्सवाद के इतिहास की एक बड़ी कहानी है। मार्क्सवाद से ले करके समाजवाद तक अग्रगण्य नैरेटिव रहता है, हम इसको नकारते हैं।

हमें इलाहाबाद पर गर्व होना चाहिए। लक्ष्मीकान्त वर्मा और विजयदेव नारायण साही (दोनों मित्र स्वर्गीय हैं) इसी इलाहाबाद में लघुमानव के बहाने कविता पर बहस-लेख लिखे था, और वह 50 के दशक के बीच के महान् महानायकों का ज़माना नहीं है। लघुमानव का ज़माना है। इलाहाबाद पर हम गर्व कर सकते हैं

कि जो बात पोस्ट मॉडर्नी लोग बाद में कह रहे हैं, बीस साल पूर्व इलाहाबाद वालों ने पहली बार लघुमानव कहा था। छोटे का ज़माना है और उस समय हम लोगों ने जब बात की थी, लघुमानव पर कि महाआख्यान नहीं। अब आज उस बहस को दोहराने की ज़रूरत नहीं है कि जिस समय पोस्ट मॉडर्निज़्म यह बात कर रहा था ग्रैंड नैरेटिव की और फाइंड ऑफ़ हिस्ट्री की हर महाचीज़ का विरोध उस समय जब लोग कर रहे थे, उनके सामने एक ओर जवाहरलाल नेहरू जो महानायक हैं और दूसरी ओर राममनोहर लोहिया जो लघुमानव हैं। हर तरह से लघु थे और लघु लोगों का युग चला। मेरे ख़याल से विराट और लघु लोगों का युग आज तक चल रहा है, लेकिन सारी बात कहते हुए ये लोग भूल गए। विराट और लघु की डाइलेक्टिक्स साथ-साथ चलती है। कभी-कभी छोटा आदमी जो है, छोटे लोग जो हैं न, वही बड़ा होता है। हिटलर जैसा क्या पिद्दी का शोरवा महामानव बन गया था, क्षमा करें। आडवाणी जी जैसे महामानव को आज देखें। पूर्व प्रधानमंत्री अटल बिहारी वाजपेयी को देखें, ये क्या थे और सहसा इंडिया साइन और गौरव यात्रा में सबसे बड़ी विभूति, विराट् उन्हीं का चेहरा दिखाई पड़ता है। लघु को विराट् होते देर नहीं लगती। ब्रेख्त की कविताओं को पढ़ें तो हिटलर को पुतैइया कहा जाता था। अंग्रेज़ कहा करता था। मामूली पेंटर जो है। विराट् की डाइलेक्टिक्स को देखना-समझना चाहिए। दोनों साथ-साथ चलते हैं, इतिहास में। महाआख्यान और लघु आख्यान, दोनों में—यह भारत को बताने की ज़रूरत नहीं है।

महाभारत लघु आख्यानों से बना हुआ एक विराट् आख्यान है। इसलिए ग्रैंड नैरेटिव और लघु नैरेटिव परस्पर विरोधी नहीं हैं, उनमें एक द्वन्द्वात्मक सम्बन्ध है, यह बात जब कहने की कोशिश कर रहे थे तो उनके पोस्ट मॉडर्निज़्म को भूल गए। जिस पोस्ट मॉडर्निज़्म के बारे में लियोतार जब कह रहे थे तो भूल गए कि देगाल कब पैदा हुआ था। इतिहास में दोनों घटनाएँ साथ घटती हैं। आधा सच कह रहा था उत्तर-आधुनिकतावाद। एक ओर समाजवाद ध्वस्त हुआ। अनेक छोटे-छोटे देश अमरीकी साम्राज्यवाद के सामने पराजित हुए। लेकिन इसी बीच में एक विराट् शक्ति के रूप में अमरीका पैदा हुआ, इसको कैसे भूल सकते हैं? और यही नहीं, जो यूरोप के इतिहास में भी नहीं हुआ था, वह हुआ। पहली बार यूरोपियन यूनियन बनी, सारे छोटे देश मिल करके एक विराट् के रूप में हो गए। कहाँ ग्रैंड नैरेटिव ख़त्म हो रहा है? ग्रैंड नैरेटिव ख़त्म हो रहा है, हिन्दुस्तान जैसे देश में। यहाँ देश छोटे-छोटे टुकड़ों में हो रहा है। झारखंड अलग तेलंगाना एक नया (राज्य) बनने जा रहा है। बड़ी मुश्किल से छोटे-छोटे टुकड़ों को जोड़कर आज़ादी की लड़ाई में हमने ग्रैंड नैरेटिव तैयार किया था। एक बड़े भारत के रूप में। यानी पोस्ट मॉडर्न थ्योरी पश्चिम में बड़े आख्यान के लिए हिमायत करता है। उनकी सचाई हो सकती

है, लेकिन जो तीसरी दुनिया है पोस्ट कालोनियल वर्ल्ड, वह छोटे-छोटे टुकड़े में तोड़ने के छोटे आख्यानों के बहाने हो रहा है। यही है पोस्ट मॉडर्निज़्म। इसलिए पोस्ट मॉडर्निज़्म वह दुधारी तलवार है जो पश्चिम के लिए और सन्देश देता है तथा हमें दूसरा सन्देश देता है।

आख़िरी बार मार्क्स ने भी कहा था, और बोडिया ने 'साइबेलेक्रा' शब्द का प्रयोग किया है कि दुनिया जो है, वह हर चीज़ अपनी छायाकृति के रूप में, छायाछवि के रूप में; दूसरे शब्दों में मूर्त चीज़ें अपने बिम्बों में, प्रतीक में, सिम्बल्स में, इमेजेज में दिखाई देती हैं। स्वयं चीज़ों का महत्त्व नहीं है बल्कि उनकी छाया महत्त्वपूर्ण है। महत्त्वपूर्ण वह नहीं है : महत्त्वपूर्ण है आपकी छवि, जो टेलीविज़न पर आती है या होर्डिंग में आती है। आज अटल बिहारी वाजपेयी जी स्वयं क्या हैं, क्या करते हैं, नहीं मालूम। उनकी छवियाँ ख़ूब घूम रही हैं। सुधीश पचौरी को आप पढ़ेंगे, तो छवियों की ताक़त महत्त्वपूर्ण है। सोचिए, कम-से-कम दो-तीन हफ़्तों तक लग गया था कि इंडिया सचमुच साइन कर रहा है, और फ़ीलगुड हो रहा है। छवियाँ ही सच थीं। छाया ही सच्ची थी क्योंकि लोगों का ध्यान ही नहीं जाता था। यानी अनरियलिटी बिकेम रियलिटी। हम लेखक लोग; मार्क्सवादी, प्रगतिशील लोग; ख़ास तौर से मार्क्सवाद, यथार्थवाद या सामाजिक यथार्थवाद, क्रिटिकलिज़्म, सोशलिज़्म—सारे रियलिज़्म पर मत्था पीटकर हम लोग मर गए, और धीरे-धीरे यह मालूम हो गया कि रियल क्या है, अनरियल क्या है। इसमें फ़र्क़ मिट गया इस दुनिया से।

अब फिर हम वेदान्त की ओर जा रहे हैं तो इसमें कोई बात तो होगी। कबीर ने ब्रह्म पर जितना कहा, उससे ज़्यादा माया पर कहा। तुलसीदास के 'रामचररितमानस' और बाबा का विश्वास करें तो पूरा 'रामचरितमानस' तो माया की, सीता की कहानी है और माया के राम की कहानी है। पैदा जब हुए थे, अपना अद्‌भुत रूप दिखाया तो माता कौशल्या तो घबड़ा गई थीं। और हाथ जोड़कर उन्होंने कहा कि बेटा, तुम अपने असली रूप में आओ। और जैसे ही माया के रूप में आए तो पूरी कहानी ही मायामय हो गई। अगर रामचरितमानस पर विश्वास किया जाए तो सीता का हरण भी माया है। माया का मृग आया, माया की सीता का हरण कर ले गया। युद्ध जो हुआ, वह भी माया था। सीता लौटी, वह भी माया थी। आग में जलना माया था। बाद में, यहाँ तक कि अन्त में बाबा ने देखा कि जो राज्य राम को मिला होगा, वह भी माया ही था। आगे की कहानी बाबा ने नहीं कही लेकिन वाल्मीकि कह गए थे कि राम द्वारा सीता को दोबारा जो वनवास दिया गया, वह भी माया था और अन्त में राम ने जो शरीर त्याग की, वह भी माया थी, तो पूरी-की-पूरी अवतारी राम की जो कहानी कही गई है, वह माया की कहानी कही गई है। ब्रह्म की कहानी तो हो ही नहीं सकती है। हम लोग धन को, सम्पत्ति को माया कहते हैं। अरे, माया के चक्कर में पड़े हैं, माने पैसे के चक्कर में पड़े हैं, लेकिन सचाई तो यह है कि वही

माया जो है, वही खाना भी देती है, कपड़ा भी देती है, जीने का सहारा भी देती है, लेकिन है तो माया। पोस्ट मॉडर्निज़्म ने रियलिज़्म की रियलिटी की औकात बता दी कि जिस यथार्थ के पीछे भाग रहे हो, उस यथार्थ से ज़्यादा ताक़तवर तो अयथार्थ है। मुक्तिबोध की कविताओं में छायावादी लोग जिसको कहते हैं—छाया तन बहु छायाहीन।...चक्र रच रहे थे खल निसाचर, चल कुहुक ताना-बाना। प्रथम प्रश्नवाली कविता में है—छाया तन, वह छायाहीन। भूत का लक्षण यह है, जिसकी छाया न पड़े। जो स्वयं छाया है, उसकी छाया क्या पड़ेगी? छाया उसकी पड़ेगी जो यथार्थ होगा। इसलिए छाया तन, वह छायाहीन। कुल मिला करके एक ऐसी छाया जो इमेजेज की दुनिया है और इस इमेजेज की दुनिया में ताक़त है। असल चीज़ यह है कि हम बाहुबलियों का जो नाम लेते हैं, हमने-आपने सहाबुद्दीन को नहीं देखा है लेकिन सहाबुद्दीन के नाम का बज रहा है डंका। सोचिए कि वर्ल्ड से महत्त्वपूर्ण चल रहा है यह अंडरवर्ल्ड। कुछ लोगों के नाम के आतंक पर काम होता है। सच पूछिए तो आज की दुनिया में हम साक्षात् चले जाएँ और कहें कि यह काम करें तो शायद बैंकवाले बिलकुल नहीं मानेंगे। कहेंगे, सिग्नेचर चलता है। सशरीर आप चले जाएँ, सिग्नेचर अगर नहीं मिलता तो आप सिर पटक करके मर जाएँगे, वह देगा नहीं पैसा। पोस्ट मॉडर्न की एक बहुत बड़ी देन है कि यथार्थ की औकात, असलियत बताती है, और बताती है कि यथार्थ से ज़्यादा ताक़तवर अयथार्थ होता है। इसलिए हिन्दी की वे कहानियाँ ज़्यादा महत्त्वपूर्ण हैं, अर्थवान् हैं, ताक़तवर हैं जो इस फैंटेसी-लोक की सृष्टि करती हैं। इमेजेज कहता है। इसने साहित्य को बहुत दूर तक प्रभावित किया है। यथार्थवाद हल्का है, छोटा है, कमज़ोर है। वह साहित्य जो उसे पहचाने, चाहे कोई छोटा आख्यान रचे, चाहे बड़े आख्यान में छोटे-छोटे आख्यान रचे, जैसे दूधनाथ ने 'आख़िरी कलाम' में रचा है, जैसे उदय प्रकाश ने 'वारेन हेस्टिंग्स के साँड' में रचा है यद्यपि थोड़ी कमज़ोर कहानी है। लेकिन 'पीली छतरी' के आरम्भिक अध्यायों में वही है। अखिलेश कुछ ऐसे रचने की कोशिश करते हैं। वे साहित्य और कविताएँ महत्त्वपूर्ण हैं जो इस लोक का आभास देती हैं। उसकी अपेक्षा पुराने ढंग के वर्णनों से भरे हुए त्योहारों से ठसी हुई कहानियाँ और उपन्यास लिख करके कुछ लोग अपना वक़्त और दूसरों का वक़्त बर्बाद कर रहे हैं।

पोस्ट मॉडर्निज़्म की प्रकारान्तर से यह देन है। उनके द्वारा वांछित नहीं बल्कि उनके द्वारा बाई प्रोडक्ट के रूप में प्राप्त हुई। यह इस दुनिया की रचाई है। इसलिए इस दौर से पढ़ रहा था, आप लोगों ने शायद पढ़ी हो, 'लोलिता इन तहराम' एक महिला की लिखी हुई कहानी है। उपन्यासों के माध्यम से लिखी हुई कहानी है। यूनिवर्सिटी से कोई निकाल दी गई थी, जो अपने घर के कुछ लोगों को ले करके उपन्यासों के ऊपर बात करती है। 'लोलिता' जैसे उपन्यासों पर और जिस लोलिता को अश्लील समझ करके ख़ारिज कर दिया था, बताया है कि लोलिता को किस

तरह से, उसका हीरो जो है, वह अब्दुल्ला खुमैनी की तरह का आदमी है—एक फासिस्ट और एक छोटी-सी भोली-भाली लड़की को फुसला करके जो करते हैं, वह आतंक की और टेरर की कहानी है, सेक्स की कहानी है। यानी एक ऐसा साहित्य जो नये ढंग का नॉवेल है। पुराने ढर्रे की कहानी कहनेवाला नहीं है।

कवि शशि थरूर ने 'महाभारत' पर एक किताब लिखी थी। उसका नाम रखा था : 'द ग्रेट इंडियन नॉवेल'। मुझे लगता है, 'ग्रेट इंडियन नॉवेल' है क्योंकि एक युग की समाप्ति पर लिखा हुआ, उसके अन्त पर लिखा हुआ पोस्ट मॉडर्निस्ट नॉवेल है। 'महाभारत' द ग्रेट पोस्ट मॉडर्निस्ट नॉवेल है। उसका दूसरा नाम 'युगान्त' है। इरावती कर्वे ने इसे युगान्त कहा है। यह उत्तर-आधुनिकता को सही ढंग से समझने-प्रस्तुत करने का तरीक़ा है। उसकी काट आप वैसे ही एक नॉवेल लिख करके करें, जिनमें यह एक युग बीत चुका है। हम लोग बिलकुल दूसरे युग में रह रहे हैं। उसकी नई मिसाल है कि जिसको प्रधानमंत्री चुना गया हो, वह कह रहा हो कि अन्तरात्मा की आवाज़ आ रही है। मैं प्रधानमंत्री नहीं बनना चाहता। हमारे इतिहास में, स्वाधीन भारत के इतिहास में आज तक ऐसा नहीं हुआ। अच्छा है या बुरा है, ग़लत है या सही है, मैं नया निर्णय लेता। एक नये युग की शुरुआत है। लोकतंत्र में एक नई समस्या पैदा हो रही है। संविधान में सोचा भी नहीं गया था कभी कि ऐसा होगा तो क्या होगा और इससे लगता है कि तमाम चीज़ों के साथ-साथ बहुत-सी चीज़ें बहुत तेज़ी से बदल रही हैं। पोस्ट मॉडर्निज़्म और कुछ नहीं देता है तो कम-से-कम एक युगान्त को महसूस करने का एहसास तो कराता ही है।

[19 मई, 2004 को राजर्षि पुरुषोत्तमदास टंडन व्याख्यानमाला के अन्तर्गत 'उत्तर-आधुनिकता और हिन्दी साहित्य' विषय पर दिया गया व्याख्यान]